미국은
어떻게 세계를
위험에 빠뜨리는가

THE MYTH OF AMERICAN IDEALISM

미국은
어떻게 세계를
위험에 빠뜨리는가

노엄 촘스키, 네이선 J. 로빈슨 지음　심운 옮김

메디치

우리 미국인들은 독특한 선민(우리 시대의 이스라엘)이며, 세상의 자유라는 성궤를 짊어지고 있다. … 하나님은 우리 민족에게 위대한 일을 예정하셨고, 인류 역시 이를 기대한다. … 우리는 세상의 개척자들이며 … 아무도 가보지 않은 광야를 가로질러 우리가 주인인 신세계에서 새로운 길을 개척하기 위해 보내진 존재다.

—허먼 멜빌Herman Melville, 《하얀 재킷White-Jacket》에서

미국인의 가장 중요한 이상理想은 이상주의다. 미국이 이상주의자들의 나라라는 말은 아무리 반복해도 지나치지 않다. 이것이야말로 미국인이 강력하고 지속적인 반응을 보이는 유일한 동기다.

－캘빈 쿨리지Calvin Coolidge

강자는 항상 약자가 이해할 수 있는 범위를 넘어서는 위대한 영혼과 광대한 견해를 가지고 있다고 스스로 생각하며, 자신이 하나님의 법을 위반하는 때에는 이는 하나님을 섬기려고 그러는 것이라고 생각한다.

－존 애덤스John Adams

차례

2부

권력 시스템의 이해

머리말

네이선 J. 로빈슨

나는 고등학교 때 노엄 촘스키Noam Chomsky의 저서를 처음 접했다. 한 친구가 그의 저서 《패권인가 생존인가Hegemony or Survival》와 《촘스키, 실패한 국가, 미국을 말하다Failed States》를 선물해주었다. 이 책들이 나에게는 최초의 좌파 정치 입문서였으며, 내 인생을 바꾸는 경험이 되었다. 부시Bush 대통령 시절, 온 나라가 전쟁 열기에 휩싸여 있을 때 촘스키는 강경 주전론자主戰論者들의 선전 선동에 대처하며, 미국의 전쟁으로 인한 인명 피해를 세상에 알리는 이성적 목소리를 대변해준 반가운 존재였다. 그는 다른 사람들이 좀처럼 묻지 않는 질문을 던졌고, 언론에서 언급하지 않는 사실에 주의를 환기시켰다. 나는 촘스키의 글을 읽으면서, 기존의 통념에 의문을 제기하고 정부 문서와 주류 언론의 이면을 파헤치며 분석하는 법을 배웠다.

특히 수천 통의 편지와 이메일에 일일이 답장을 보내며 인내심을 가지고 대중과 소통하려는 촘스키의 엄청난 의지 덕분에 수십만 명의 사람들이 그에게서 가르침과 영감을 받았다. 촘스키는 그의 저서를 접했거나 강연을 들었거나 혹은 그와 교류했던 수많은 사람의 삶을 변화시켰다. 셀 수 없이 많은 사람들이 노엄 촘스키에게 질문이나 조언을 요청하는 이메일을 보냈다가 장문의 개인적인 답장을 받고 놀랐다는 일화를 가지고 있다. 나 역시 그렇게 그를 알게 되었다. 처음 보낸 이메일의 제목은 기억나지 않지만, 사려 깊은 답장을 받았을 때 느꼈던 기쁨은 아직도 기억한다.

2015년, 나는 촘스키가 대변했던 인본주의적 자유주의 사회주의 세계관을 제시하는 좌파 성향의 잡지 《커런트 어페어스Current Affairs》를 창간했다. 창간 초기 그가 구독 신청을 하여 매우 기뻤다. 그는 독립적인 진보 미디어를 항상 강력하게 지지해왔으며, 소규모 출판사에서 낸 많은 책을 호평하고, 잘 알려지지 않은 작가들의 작품을 소개해왔다. 그는 우리를 공개적으로 지지하며, 자신과 소통하는 사람들에게 《커런트 어페어스》 기사를 공유함으로써 우리 작업에 힘을 실어주었다.

2018년 나는 애리조나 대학교에서 강의하고 있던 그를 인터뷰하러 투손을 방문했다. 인터뷰가 끝난 후 그는 나를 차에 태우고 캠퍼스를 가로질러 갔는데, 나는 그가 주차하기 위해 얼마나 많은 시간을 들이는지 보고 놀랐다. 플라톤과 마르크스에 비견될 만큼 뛰어난 두뇌의 소유자가 주차 공간을 찾기 위해 기를 쓰는 모습이 실감 나질 않았다. 촘스키 교수가 우크라이나 전쟁에 대해 미국의 책임이 크다고 주장한 이후, 2022년 우리가 진행한 또 다른 인터뷰는 많은 관심을 끌었다. 구십이 훨씬 넘은 나이에도 불구하고, 그는 기존 대외 정책에 대한 날카로운 반대 의견을 제시하며, 강력한 반향을 불러일으키는 힘을 잃지 않고 있었다.

나는 항상 촘스키의 사상을 한 권의 책으로 더 체계적으로 정리할 수 있으면 좋겠다고 생각해왔다. 2022년에 나는 그에게 책을 공동 집필할 수 있을지 물었다. 미국의 권력이 전 세계에 어떻게 행사되는지, 미국의 폭력이 자기 미화 신화를 통해 어떻게 감추어지는지에 대한 그의 시각을 정리해보고 싶다고 그에게 설명했다. 그의 저작 전반에 걸친 통찰을 한 권의 책에 담는다면, 미국의 대외 정책에 대한 그의 핵심 비평을 사람들에게 소개할 수 있을 것이라 생각했다. 그의 비평은 미국의 극단적이고 혐오스러운 군사주의를 정당화하는 데 이용되는 여러 이야기 및 선전에 비판적, 해체적으로 접근하고 있다.[1] 그는 이 프로젝트에 흔쾌히 동의했고, 우리는 1년 동안 서로 글을 주고받으며 작업을 진행했다. 먼저 그가 인터뷰, 기사, 서문, 서론, 서신, 토론, 서적에서 해당 주제에 대해 언급한 일련의 내용을 수집했다. 그런 다음 나는 그와 함께 그의 입장을 명확하게 표현하는 문장으로 편집하고, 보충 설명과 증거를 더한 다음 그의 추가 의견 및 여러 가지 수정 내용을 반영했다.

물론 나의 지적 영웅 중 한 명과 이런 큰 프로젝트에서 긴밀하게 협력할 수 있다는 점은 기쁨이자 특권이다. 하지만 우리가 이 책을 함께 집필하면서, 그 기쁨은 지적인 관심사가 아니라 긴급하고 심각한 위협에 대한 글을 쓰고 있다는 사실과, 주제의 우울함에 의해 반감되었다. 이 책은 단지 기록을 바로잡으려는 시도만이 아니다. 이 책은 사회 활동가로서 인생의 마지막을 향해 가는 한 사람이 대중운동의 필요성을 역설하는 호소문이기도 하다.

촘스키는 결코 냉소주의자가 아니다. 그는 이상주의적 미사

여구로 권력욕을 숨기려는 사람들의 위선을 비판하지만, 그 자신은 여전히 진지한 이상주의자다. 그는 자유와 민주주의의 세계적 확산을 믿기 때문에 이러한 개념을 왜곡하는 사람들을 혐오한다. 그는 평범한 사람들의 도덕적, 지적 능력을 믿고 있으며, 세계 문제를 이해하는 데 특별한 천재성이나 통찰력이 필요하다는 생각을 거부한다.

그는 전쟁과 환경 파괴의 미래에 굴복할 수밖에 없다고 믿지 않는다. 우리는 다가올 미래의 세계 평화를 위해 싸울 수 있고, 또 싸워야 한다. 부분적으로 아나키즘에서 영감을 받았는지, 촘스키는 소수집단이 중요한 결정을 내리는 것이 아닌, 평범한 사람들이 정치에 의미 있게 참여하는 분권화된 민주주의에 대한 비전을 품고 있다. 수많은 잔학 행위와 착취의 사례를 열거한 촘스키의 저작을 읽는 것은 괴로운 경험이 될 수 있다. 그러나 비관적으로 보일 수 있는 관점의 밑바탕에는 인간에 대한 깊은 사랑, 폭력에 대한 증오, 그리고 상황이 지금과는 달라질 수 있다는 확고한 믿음이 있다는 점을 기억할 가치가 있다.

서론

고결한 목표와 마피아 논리

모든 통치 권력은 자신의 통치를 정당화하는 이야기를 가지고 있다. 그 누구도 자신의 역사에서는 악당이 아니다. 선한 의도와 인도적 원칙을 전면에 내세우는 일은 끊임없이 이어져왔다. 하인리히 힘러Heinrich Himmler조차도 유대인 학살을 설명하면서, 나치는 "우리 민족을 사랑하기에 이처럼 어려운 임무를 수행"했을 뿐이며, 따라서 "우리의 마음, 우리 영혼, 우리 성격에 결함이 있어서 그런 일을 한 것은 아니"라고 주장했다. 히틀러Hitler 자신도 체코슬로바키아를 점령하면서 민족적 충돌을 없애고 문명화된 독일의 자비로운 지도 아래 모두가 조화를 이루며 살도록 함으로써 "모두의 평화와 사회 복지를 증진"하려고 했을 뿐이라고 말했다. 역사상 최악의 범죄자들도 종종 자신을 인류의 가장 위대한 영웅이라고 자처했다.[1]

학살을 동반한 제국의 정복 행위는 원주민에게 이익이 되게끔 그들을 문명화시키는 사명으로 지금까지도 묘사되고 있다. 1930년대 일본의 중국 침략 당시, 일본군이 난징 대학살을 자행할 때에도 일본 지도자들은 중국 국민을 위한 "지상 낙원"을 건설하고, 중국의 "도적"(즉, 일본의 침략에 저항하는 사람들)으로부터 중국인들을 보호하는 임무를 수행 중이라고 주장했다. 히로히토裕仁 일왕은 1945년 항복 연설에서 "우리는 일본의 자기 보존과 동아시아의 안정을 위해 미국과 영국에 선전포고를 했으며, 다른 나라의 주권을 침해하거나 영토 확장에 나서려는 의도는 전혀 없었다."고 주장했다. 고인이 된 팔레스타인계 미국인 학자 에드워드 사이드Edward Said는 지배를 옹호하는 그럴듯한 지적 논리를 즉각 만들어내는 계층은 언제나 존재한다면서 "모든 제국은 공식 담화에서, 자신들은 다른 제국들과는 다르며, 처한 상황이 특별하고, 계몽, 문명화, 질서유지 및 민주주의를 가져올 사명을 가지고 있으며, 무력은 최후의 수단으로만 사용한다고 말해왔다."고 지적했다.[2]

사실상 모든 대량 학살이나 범죄적 침략 행위는 높은 도덕적 원칙을 들먹이며 합리화될 수 있다. 막시밀리앙 로베스피에르Maximilien Robespierre는 1794년에 프랑스의 공포정치를 정당화하면서 "테러는 그 무엇도 아닌 신속하고, 엄격하고, 굳건한 정의이며, 따라서 미덕의 발산"이라고 주장했다. 권력을 가진 사람들은 일반적으로 자신을 이타적이고 공정하며 관대한 사람으로 표현한다. 고인이 된 좌파 성향의 저널리스트 앤드루 콥킨드Andrew Kopkind는 "가장 괴물 같은 임무를 자비로운 행위처럼 보이게 하려는 정치인들의 보편적인 욕망"을 지적한 바 있다. 부도덕하다고 생각되는 행동을 드러내놓고 하기 어렵기 때문에 사람들은 자신이 하는 일이 옳고, 자신의 폭력이 정당하다고 스스로를 설득해야 한다. (식민지 지배자, 독재자, 관료, 배우자, 직장 상사 등 누구라도 상관없이) 누군가 다른 사람에게 권력을 행사할 때는 이데올로기가 필요하며, 그 이데올로기는 대개 그들의 지배가 피지배자에게 이익이 된다는 믿음으로 귀결된다.[3]

미국의 지도자들은 항상 미국의 신성한 원칙을 고상한 언어로 설명해왔다. 이런 이야기는 건국 이래 일관되게 이어져왔다. 미국은 "언덕 위의 빛나는 도시"로서 세계의 모범이며, 자유와 민주주의에 헌신하며, 다른 나라와는 구별되는 예외적인, "없어서는 안 될 국가"라고 주장해왔다.[4] 미국 대통령은 "자유세계의 지도자"라는 말도 했다. 버락 오바마Barack Obama는 미국은 "세계 역사상 가장 위대한 자유의 힘이며 앞으로도 그럴 것"이라고 말했다. 조지 W. 부시George W. Bush는 미국을 "사명을 가진 국가"라고 표현하며 "그 사명은 미국의 가장 기본적인 신념에서 비롯되었고, 미국은 지배하려는 욕망도, 제국의 야망도 없으며, 미국의 목표는 민주적 평화"라고 주장했다. 미국 정부는 명예롭다. 실수는 할 수 있지만 범죄는 저지르지 않는다. 범죄에는 악의적인 의도가 필요하지만 미국은 그러한 의도가 없다. 미국은 계속해서 다른 나라에 속고 있다. 미국은 어리석고 순진하며 이상주의적일 수 있지만 결코 사악하지는 않다는 말들이 계속되어왔다.[5]

결정적으로, 미국은 사회 내 지배집단의 이익에 근거하여 행동하지 않는다고 말을 한다. 다른 국가들만 그렇게 한다는 것이다. 찰스 볼런Charles Bohlen 대사는 1969년 컬럼비아 대학교에서 "[미국] 정책을 설명할 때 어려운 점 중 하나는 과거 다른 나라 대부분의 대외 정책과는 달리 미국의 정책은 국가의 물질적 이익에 뿌리를 두고 있지 않다는 점"이라고 설명한 바 있다. 국제

관계를 논할 때 미국의 기본 원칙은 '우리'는 선하다는 것이다. 여기서 '우리'는 (국가와 국민은 하나라는 전체주의적 원칙에 따라) 정부를 의미한다. 비록 실행 과정에서 오류가 있을 수는 있지만, 기본적으로 '우리'는 자비롭고 평화와 정의를 추구한다. 아울러 '우리'는 우리만큼 고결한 수준에 이르지 못한 악당 때문에 좌절된다는 인식 또한 퍼져 있다. 옥스퍼드와 예일 대학교 교수이자 저명한 역사학자인 마이클 하워드Michael Howard는 이 '지배적인 정설'을 다음과 같이 요약했다. "미국은 계몽주의의 본래 이상을 거의 훼손하지 않고 보존해왔다. … 특히 이러한 가치의 보편성을 잘 보존해왔다." 하지만 미국은 "제2차 세계대전 이래로 미국이 이룬 업적, 관대함 그리고 선의에 걸맞은 세계적 위상을 누리지 못하고 있다."[6]

미국이 예외적인 국가라는 말을 정치인 대부분은 물론 저명한 학자나 대중 지식인도 지속적으로 반복한다. 하버드 대학교 정부학 교수인 새뮤얼 헌팅턴Samuel Huntington은 저명한 학술지 《국제 안보International Security》에 기고한 글에서 미국의 "국가 정체성"은 다른 국가와 달리 "자유, 민주주의, 평등, 사유재산, 시장 등 일련의 보편적인 정치적, 경제적 가치에 의해 정의된다."고 설명했다. 따라서 미국은 전 세계의 이익을 위해 "국제사회에서의 주도권"을 유지해야 할 엄숙한 의무가 있다는 것이다. 대표적인 좌파 자유주의 지식인 저널인 《뉴욕 리뷰 오브 북스The New York Review of Books》에 실린 글에서 카네기 국제평화재단의 전 이사장은 "국제 안보, 세계경제 성장, 자유, 인류 복지에 대한 미국의 기여는 너무나 자명하게 독특하고, 다른 나라의 이익을 위한 것이 분명했기 때문에 미국인들은 오랫동안 [미국이] 다른 종류의 나라라고 믿어왔다."고 주장했다. 다른 국가가 자국의 이익을 추구하는 동안 미국은 "보편적 원칙을 발전시키려고 노력한다."는 것이다.[7]

이러한 주장에 대한 증거는 대체로 제시되지 않는다. 이러한 주장은 정의의 문제Matter of Definition(어떻게 정의하느냐에 따라 어떤 개념이나 문제가 다르게 인식될 수 있다 – 옮긴이)이므로 사실로 간주되어 증거는 필요하지 않다는 것이다. 심지어 미국이라는 특수한 경우에는 사실 자체가 무의미하다는 입장도 있다. 현실주의 국제관계 이론의 창시자인 한스 모건도Hans Morgenthau는 미국이 "초월적 목적transcendent purpose"을 가지고 있다는 일반적인 견해를 발전시켰다. 이는 "미국의 목적을 수호하고 증진해야 할 영역이 전 세계로 확대되었기 때문"에 미국의 목적은 국내뿐만 아니라 전 세계에 평화와 자유를 확립하는 것이 되었다는 것이다. 세심한 학자였던 그는 이 "초월적 목적"과 역사적 기록이 근본적으로 일치하지 않는다는 것을 파악했다. 그러나 그는 이러한 불일치에 현혹되어서는 안 된다고 주장했다. "현실의 남용을 현실 자체와 혼동해서는 안 된다"는 것이다.[8]

억압적이고 범죄적이며 대량 학살을 자행하는 정부조차 미덕의 언어로 잔학 행위를 은폐하기 때문에, 그 수사修辭를 진지하게 받아들여서는 안 된다는 점은 말할 필요도 없다. 미국인들이 자기기만에 대한 면역력이 뛰어날 것이라고 기대할 이유는 없다. 악을 저지르는 사람과 선을 행하는 사람 모두 항상 선을 행한다고 공언한다면, 국가의 이야기는 진실을 가늠하는 데 가치가 없다. 양식 있는 사람들은 국가의 행위가 고결한 의도에서 비롯되었다는 지도층의 주장에 거의 관심을 기울이지 않는다. 왜냐하면 모두 그렇게 주장하기 때문이다. 중요한 것은 기록된 역사다.

미국이 민주주의와 인권을 증진하기 위해 최선을 다하고 있다는 주장은 통념이다("윌슨적 이상주의" 또는 "미국 예외주의"라고도 한다). 그러나 실상은 다음과 같은 이론에 더 부합한다. 미국은 다른 강대국과 매우 흡사하다. 미국은 자국민 중 지배적인 위치를 차지하는 사람들의 전략적, 경제적 이익을 추구한다.[9] 실제로 미국은 원칙과 법을 준수하는 것이 미국 엘리트의 이익에 부합하는 경우를 제외하고는 일반적으로 도덕적 원칙과 법치를 거의 완전히 무시한 채 행동해왔다. 주요 정치인들이 진정한 인도주의적 관심을 가졌다는 증거는 거의 없으며, 국내 엘리트들의 이익에 반하지 않는 범위 **내에서만** 인도주의적 관심이 실행된다. 미국의 대외 정책은 명시된 이상에 따라 이루어지는 경우가 거의 없으며, 오히려 애덤 스미스Adam Smith가 "시대를 마론"하고 "인류의 주인들의 사악한 행동 원칙"이라고 지칭했던 것에 훨씬 더 일치한다. 그 원칙은 바로 "모든 것은 자신을 위한 것이고 다른 사람을 위한 것은 아무것도 없다."는 것이다.[10]

이를 마피아 독트린Mafia Doctrine이라고 부르기도 한다. 그 논리는 간단하고 또한 완전히 합리적이다. 즉, 대부의 말씀이 곧 법이고, 대부의 말을 거역하는 사람은 처벌받으며, 대부는 때때로 관대할 수 있지만 반대 의견은 용납하지 않는다는 논리다. 어떤 작은 가게 주인이 보호비를 내지 않으면 대부는 부하들을 보내 돈을 징수할 뿐만 아니라 다른 사람들로 하여금 불복종이 허용된다는 생각을 갖지 못하도록 두들겨 패버린다. 그러나 대부들 역시 자신은 친절하고 자비로운 사람이라고 스스로를 확신시키려 하는 것으로 알려져 있다.[11]

우리는 이러한 폭력의 특권을 프랭클린 D. 루스벨트Franklin D. Roosevelt가 그 유명한 4대 자유, 즉 **언론의 자유, 종교의 자유, 가난으로부터의 자유, 공포로부터의 자유**를 제시할 때 언급하지 않은 '제5의 자유'로 생각할 수도 있다. 미국은 다른 자유의 근간이 되는 근본적인 추가 자유, 즉 기존의 특권을 보호하고 발전시키기 위해 어떤 행동도 취할 수 있다는 지배의 자유를 항상 주장해왔다. 이 추가 자유를 지속시키는 것이야말로 미국 정부가 전 세계에서 하는 행위의 상당 부분을 설명하는 운영 원칙이다. 위의 네 가지 자유가 다섯 번째 자유와 양립할 수 없는 것으로 인식되는 경우(지속적으로 발생한다), 네 가지 자유는 부지불식간에, 아무런 관심도 끌지 못한 채 뒷전으로 밀려난다.[12]

마피아의 논리가 어떻게 작동하는지 역사의 한 페이지로 살펴볼 수 있다. 다음은 1958년 국가안전보장회의 기획위원회가 중동 문제를 논의하기 위해 작성한 문서에서 발췌한 내용이다. 이 문서는 미국이 직면한 문제를 제기하고, 두 가지 가능한 입장에 대한 논거를 제시한다.

> **질문**: 미국은 쿠웨이트와 페르시아만의 통제권을 유지하기 위해 무력을 사용하는 데 있어 영국을 지지하거나, 필요한 경우 지원할 준비를 해야 하는가?

1. **그러한 조치를 정당화하는 논리:** 확실한 석유 공급원은 서유럽의 지속적인 경제적 생존을 위해 필수적이다. 만약, 영국이 쿠웨이트와 페르시아만 지역의 석유를 합리적인 조건으로 확보할 수 없게 되고, 해당 지역으로부터 영국에 대한 대규모 투자가 중단되고, 또한 페르시아만 석유가 영국 파운드화에 제공하는 지원을 상실하게 된다면 자국의 재정 안정성에 심각한 위협이 될 것이라고 영국은 주장한다. 만약 [가말 압델] 나세르 이집트 대통령이 페르시아만 석유 생산 지역에 대한 지배적인 영향력을 확보한다면, 서방이 수용할 만한 조건으로 이 지역 석유에 접근하는 것에 심각한 위협이 될 수 있다. 수용 가능한 조건으로 페르시아만 석유에 지속적으로 접근하는 유일한 방법은 현재의 석유 개발권을 지속적으로 유지할 것을 주장하는 한편, 필요한 경우 무력을 동원해서라도 우리의 현재 지위를 방어할 준비를 하는 것이다.
2. **그러한 조치에 반대하는 논리:** 이 지역을 유지하기 위해 무력을 사용해야 한다면(또는 무력 사용 의지를 공개적으로 시사하기만 해도), 급진적인 범汎아랍 민족주의 세력과의 타협으로 확보할 수 있는 이점 대부분은 사라질 것이며, 다른 중립국과의 관계에도 악영향을 미칠 것이다. 타협이야말로 쿠웨이트 및 페르시아만 석유에 대한 지속적인 접근을 보장하는 토대를 제공할 것이다.[13]

여기서 쿠웨이트 국민들의 이해관계는 전혀 고려되지 않았다는 점에 주목해야 한다. 즉, 조지 오웰George Orwell이 최초로 사용하고 마크 커티스Mark Curtis가 가다듬은 용어인 “비인간unpeople”(가치가 없다고 취급되거나 무시당하는 사람—옮긴이) 취급을 받은 것이다.[14] **권리**에 대한 논의가 전혀 없다는 점도 주목할 필요가 있다. 무슨 권리로 미국은 영국이 쿠웨이트와 페르시아만에 대한 통제권을 유지할 수 있도록 돕기 위해 무력을 사용한다는 것인가? 영국은 무슨 권리로 그러한 통제권을 유지하겠다는 것인가? 물론 도덕적으로 말하자면 대답은 ‘전혀 없다’다. 그러나 미국의 ‘이익’을 추구하기 위해 언제 어디서든 무력을 사용할 수 있다는 것이 기본적인 전제로 받아들여지고 있다. 따라서 필요한 유일한 논쟁은 무력이 미국의 이익에 도움이 **되는지**뿐이다. (예를 들어, 미국에 분노하는 아랍 민족주의자들의 반발이 있을 수 있다.)(아랍 민족주의자들이 반발하면 미국 국익에 도움이 되지 않을 수도 있기에 이 점을 고려한다는 의미—옮긴이) 부도덕한 행위는 대외 홍보상 문제를 야기하지만, 그 행위의 부도덕성 자체는 중요하게 보지 않는다. (정책 결정에 도덕성 자체는 중요하지 않으며, 오히려 대외적으로 어떻게 비칠까가 더 중요하다—옮긴이) 마찬가지로, 마피아 대부도 과도한 무력 사용으로 인해 중요한 관계가 위태로워질 수 있다고 걱정할 수는 있다. 그러나 그가 자제력을 발휘하는 것은 도덕적 이유 때문은 아니다.[15]

또 다른 예를 들자면, 존 F. 케네디John F. Kennedy가 쿠바를 맹렬히 공격하던 시기, 미국에 미칠 현실적인 결과는 논의의 대상이었지만 공격받는 사람들의 권리는 전혀 중요시되지 않았다. 라틴아메리카 학자 호르헤 도밍게스Jorge Domínguez는 내부 문서를 검토하면서 다음과 같이 말한다. “거의 1,000쪽에 달하는 문서에서 미국 정부가 지원하는 테러리즘에 대하여 미국 관리가 그나마 도덕적 차원의 반대 비슷한 주장을 제기한 것은 단 한 번뿐이었다." 국가안전보장회의의 한 일원은 "우발적이고 무고한 사람이 희생될 수도 있는 공습은 … 일부 우방국에서 나쁜 여론을 불러일으킬 수 있다."는 의견을 냈다. 이와 같이 국제사회에 비칠 이미지만 중요시하는 생각은 쿠바 미사일 위기 기간 동안 지속적으로 내부 회의에서 제기되었다. 당시 로버트 케네디Robert Kennedy는 쿠바에 대한 전면 공격은 "엄청난 사상자를 발생시킬 것이며, 우리는 크나큰 질타를 받을 것"이라고 경고했다. (사상자 발생보다 국제사회의 비난을 더 걱정한다. 즉 미국의 국익을 먼저 생각한다는 의미—옮긴이) 이러한 태도는 극히 드문 예외를 제외하고는 오늘날까지 계속되고 있다. 중요한 것은 '미국의 이익'이다.[16]

그러나 '국익'이라는 용어 자체가 미화된 표현이다. 이 말의 실제 의미는 부유한 국내 소수 엘리트 계층의 이익이란 뜻이다. 정작 전쟁에서 목숨을 잃는 미국 노동자 계급은 자신을 죽음으로 몰아가는 전쟁으로 인해 어떠한 '이익'도 얻지 못한다. 정부가 학교 건물을 수리하는 데 사용할 돈을 무기 구입에 지출하는 것도 그들의 이익에 도움이 되지 않는다. 실제로 미국이 해외에서 벌이는 행위가 여론의 심판을 받는 경우가 있는데, 이때 타 국가의 '이익'을 위해 행했다는 그 행위가 해당 '국가'에서는 지지받지 못하는 것으로 판명되는 경우가 종종 있다. 정교한 선전 시스템은 대중을 어둠 속에 가두어놓아야 하는데, 진실이 알려지면 대중이 인식하는 '이익'에 대한 관점이 미국 엘리트들이 가지는 관점과는 매우 다르다는 사실이 즉시 드러날 것이기 때문이다.

다음에 우리가 '러시아'나 '이란'이 저지른 일에 대한 이야기를 들을 때에도 이 점을 잊지 말아야 한다. 전체주의자들은 국가가 한목소리를 내고 있고, '국익'을 가지고 있다고 우리가 생각하도록 만든다. 국가의 행위를 마치 전체로서의 국가 행위인 것처럼 언급하는 것이 관례이며, 정책을 논의할 때 불가피한 측면이 있기는 하지만, 이러한 방식은 궁극적으로 오해를 불러일으킨다. 블라디미르 푸틴Vladimir Putin이 감옥에 가둔 수천 명의 영웅적인 반전 시위대는 자신들도 통치자만큼 러시아를 대표한다고 주장할 자격이 있다.[17] 그렇기 때문에 이 책을 '미국은 테러적이고 파괴적'이라고 주장하는 책으로 해석하는 것은 오류다. 만약 여러분이 여기서 '미국'을 모든 미국인의 집합체를 의미하는 것으로 이해한다면 말이다. 많은 미국인들이 정부의 행위에 반대하기 위해 거리로 나서 목숨과 생계를 걸고 위험을 감수했다. 물론, 미국 국민들이 정부가 어떤 행위를 하는지 알았을 때의 이야기이기는 하지만.

제국주의 대전략의 원칙: 세계는 우리의 것이다

현대 미국 전략의 기본 원칙은 제2차 세계대전 중에 설계되었다. 전쟁이 막바지에 이르자 미국의 전략가들은 미국이 역사상 유례가 거의 없는 패권적 지위를 차지하며 세계를 지배하는 강대국으로 부상할 것이라는 사실을 잘 알고 있었다. 전쟁 기간 동안 미국의 산업 생산은 세 배 이상 증가한 반면, 주요 경쟁국들은 극도로 약화되거나 사실상 피폐화되었다. 미국은 세계에서 가장 강력한 군사력을 보유하고 있었다. 미국은 서반구(그리고 대양)에 대한 확고한 통제권을 가졌다. 고위급 정책 입안자들과 대외 정책 조언자들은 새로운 글로벌 시스템에서 미국이 "의심할 여지 없는 권력을 확보"하는 동시에, 미국의 글로벌 설계를 방해할 수 있는 국가들의 "주권 행사를 제한"해야 한다고 마음먹었다.[18]

윈스턴 처칠Winston Churchill은 "세계 정부는 배부른 나라에 맡겨야 한다."며 당시의 지배적인 정서를 대변했다. 그는 부유한 국가는 "더 많은 것을 추구할 이유"가 없는 반면, "세계 정부가 굶주린 국가의 수중에 떨어진다면 항상 위험이 따를 것"이라고 주장했다. 스탠더드 오일 컴퍼니의 레오 웰치Leo Welch도 비슷한 열망을 표현하면서 미국이 "세계라는 기업의 대주주로서 책임을 다해야 한다"고 했다. 그것도 일시적이 아니라 "영구적인 의무"로서 책임져야 한다고 말했다.[19]

1939년부터 1945년까지 외교협회와 국무부는 광범위한 연구를 통해 '그랜드 에어리어Grand Area' 계획이라는 정책을 수립했다. 그랜드 에어리어라 함은 미국 경제가 필요로 하는 바를 충족시켜야 하는 지역으로서 "세계를 통제하기 위해 전략적으로 필요한" 모든 지역을 의미했다. 한 정책 기획자는 "과거에 존재했던 대영제국은 다시는 나타나지 않을 것"이라며, "미국이 그 자리를 대신해야 할지도 모른다"고 생각했다. 또 다른 기획자는 미국이 "세계를 안정시켜야 한다는 마음가짐을 키워야 한다"고 솔직하게 말했다. 그랜드 에어리어에는 최소한 서반구, 극동 지역,

그리고 당시 미국이 해체 및 인수 과정에 참여 중이던 이전의 대영제국이 포함되어야 했다. 이상적으로는 서유럽과 남유럽, 중동의 석유 생산 지역도 포함할 것이고, 사실 가능하다면 모든 지역을 포함하려는 것이었다. 그랜드 에어리어의 특정 지역을 다룬 세부 계획 및 이를 조직하고 치안을 담당할 국제기구에 대한 세부 계획도 마련되었다.[20]

국무부 정책기획국장이자 제2차 세계대전 이후 질서를 설계한 주요 인물 중 한 명인 조지 케넌Gorge Kennan은 기본 구상을 담은 중요한 기획 문서를 1948년 작성했다.

> 우리는 전 세계 부의 약 50퍼센트를 보유하고 있지만 인구는 6.3퍼센트에 불과하다. … 이런 상황에서 우리는 부러움과 분노의 대상이 될 수밖에 없다. 다가오는 미래에 우리의 진정한 과제는 이러한 격차를 꾸준히 유지할 수 있는 관계를 고안하는 것이다. … 오늘날 이타주의라는 사치와 세계를 후원하는 사치를 누릴 수 있다고 우리 스스로를 속일 필요는 없다. … 인권, 생활수준 향상, 민주화와 같은 막연하고 … 비현실적인 목표에 대한 언급은 더 이상 하지 말아야 한다. 우리가 권력의 개념을 가식 없이 다루어야 할 날이 멀지 않았다. 그때는 이상주의적 구호에 방해받지 않을수록 좋다.[21]

그는 이러한 목적을 달성하기 위한 "최우선 요건"은 "완전한 재무장 프로그램의 신속한 이행"이라고 인식했으며, 이는 지금과 마찬가지로 당시에도 "미국의 군사적, 경제적 우위를 달성하기 위한 종합 정책"의 핵심 요소였다. 이러한 군사 및 경제 우위 정책은 1940년대 기획 문건부터 조지 W. 부시, 오바마, 트럼프Trump, 바이든Biden 행정부가 발표한 국가안보 전략 보고서에 이르기까지 모든 곳에 공개적으로 명시되어 있다. 이를 실행하기 위해서는 민주주의와 인권을 도외시하는 것을 넘어, 엄청난 잔인함으로 민주주의와 인권에 적극적으로 대항하는 일도 서슴지 않았다.[22]

미국의 정책 입안자들은 미국이 주도하는 글로벌 시스템 내에서 세계 각 지역이 수행해야 할 기능도 구체화했다. 1949년 케넌이 책임자로 있던 국무부 정책기획국 관리의 말을 빌리면, 동남아시아의 "주요 기능"은 "일본과 서유럽을 위한 원자재 공급처이자 시장"이었다. 한편, 중동은 "엄청난 전략적 힘의 원천이자 세계 역사상 가장 큰 물질적 포상 중 하나"였으며, "외국인 투자 분야에서 아마도 세계에서 가장 풍요로운 경제적 포상"이었다. 이 말은 미국 이외에 다른 누구도 간섭할 수 없다는 것을 의미했고, 따라서 '민족주의'(자국민에 의한 국가 자원의 통제)는 심각한 위협이었다. 1958년 국무부 메모에는 "근동 지역이 급진적 민족주의의 지배하에 놓이게 된다면, 자원에 대한 서방의 접근이 끊임없이 위협받을 것"이라는 내용이 실려 있었다.[23]

라틴아메리카 정책은 "미국 경제를 위한 더 크고 효율적인 공급원을 개발하고, 미국의 수출 시장을 확장하며, 미국 자본의 투자 기회를 확대하기 위해" 설계되었으며, "미국의 이익과 지배를 방해하지 않는 선에서" 지역 개발을 허용했다고 CIA 역사학자 제럴드 헤인스Gerald Haines는 설명했다. 라틴아메리카에 대해 헨리 스팀슨Henry Stimson 전쟁부 장관은 "우리의 뒷마당으로 인식되는 지역 정도는 우리 뜻대로 하게 해달라는 것이 너무 많은 것을 요구하는 것은 아니라고 생각한다"고 말했다. 윌리엄 하워드 태프트William Howard Taft 대통령은 "우리의 인종적 우월성으로 인해 사실상 미주 대륙 전체가 도덕적으로 이미 우리 것이 되었기 때문에, 미주 대륙 전체가 실제로도 우리 것이 될 날이 멀지 않았다."고 앞서 이미 예견한 바 있다.[24]

라틴아메리카 국가들은 미 국무부 한 관료가 "신민족주의 철학"이라고 묘사한 정책을 옹호했다. 이는 "보다 폭넓은 부의 분배를 가져오고, 국민의 생활수준을 향상시키기 위해 설계된 정책"을 의미한다. 또 다른 미 국무부 전문가는 "라틴아메리카 사람들은 국가 자원 개발의 첫 번째 수혜자는 그 나라 국민이 되어야 한다고 확신하고 있다."고 보고했다. 이러한 우선순위는 미국의 계획과 정면으로 배치되는 것이었다. 이 문제는 1945년 2월에 열린 미주 지역 회의에서 정점에 달했다. 이 회의에서 미국은 "모든 형태의" 경제 민족주의를 종식시킬 것을 촉구하는 '미주 경제 헌장Economic Charter of the Americas'을 발표했다. 한 국가의 자원에 대한 첫 번째 수혜자는 미국 투자자와 현지 사업 파트너여야 하며, "해당 국가의 국민"은 아니라는 것이다. "보다 폭넓은 부의 분배"나 "국민의 생활수준" 향상은, 우선권을 가진 수혜자들의 이익을 위해 설계된 정책에서 예기치 않게 파생된 경우가 아니라면, 있을 수 없다는 의미다.[25]

이러한 세계 경영의 기본 정책은 오늘날까지 지속되어왔다. 이 정책의 목표는 다음과 같다. 미국이 관리하는 "전반적인 질서

체계" 속에서 다른 강대국들을 견제하고, 세계 에너지 공급에 대한 통제권을 유지하고, 미국이 인정할 수 없는 형태의 독립적 민족주의를 금지하고, 미국 내에서 자국민들이 국가 정책에 대해 캐묻지 못하도록 막는 것이다.[26]

진실 직시하기: 피해자들이 겪는 폭력의 현실

지배권 추구로 인해 발생하는 인적 피해는 언론에서 다루지 않거나 다루더라도 지속되지 않기 때문에, 대중 대부분에게는 전달되지 않는다. 전쟁의 폐해는 가려진다는 말이다. 애덤 스미스가 지적했듯이, 전쟁터에서 멀리 떨어져 살면서 분쟁을 추상적 개념이나 통계의 집합체로만 접하는 사람들에게 전쟁은 심지어 일종의 "오락"처럼 느껴질 수도 있다. 또한 스미스는 안전하게 "대제국"에 거주하는 사람들에게 "신문에서 자국 함대와 군대의 활약상을 읽는 것"은 흥미진진하지만, 평화는 "그 오락의 마침표를 뜻하거나 지속되는 전쟁으로 인한 정복과 국가의 영광에 대한 수많은 희망의 종지부를 의미하기에" 실망스럽기조차 할 수 있다고 말했다.[27]

대외 정책에 대한 논의는 종종 냉정하고, 추상적이며, 무균적無菌的(인간의 감정이 배제된 차가운 현실을 바탕으로 이루어진다는 의미 – 옮긴이)인 경우가 많다. 핵전쟁 계획을 전문적으로 연구하는 '국방 지식인' 커뮤니티를 취재한 페미니스트 학자 캐럴 콘Carol Cohn은 "추상화抽象化와 완곡어법을 정교하게 사용하며 단조로운 단어를 나열하여 화자나 청자가 그 말 이면裏面에 숨은 핵 홀로코스트의 현실을 접할 수 없게 만드는" 어휘 구사에 불편함을 느꼈다. 그녀는 이 커뮤니티의 남성들을 "호감이 가고 훌륭한 사람들"이라고 생각했지만, "커피포트 옆에 서서 잡담하면서 세상을 폭파하는 이야기를 아무렇지도 않게 나누는 끔찍할 정도로 무감각한 이들의 태도에 … 계속해서 충격을 받았다". 추상화와 완곡어법은 또한 우리가 굳이 희생자들의 눈을 직접 바라보지 않아도 되도록 우리를 보호한다. 희생자들은 우리의 의식에서 제거된다. 그들은 말을 하지 않는다.[28]

전쟁을 가까이서 목격한 사람들은 '공포' 혹은 '고통'과 같은 단어로는 전쟁의 참혹함을 제대로 전달할 수 없다는 사실을 잘 알고 있다. 애슐리 밴필드Ashleigh Banfield는 한 강연에서 이라크 전쟁에 대해 비판적인 발언을 했다가 NBC에서 해고되었다. 그는 미국인들이 민간인 희생자의 현실을 반영하지 않는 선별된 이미지만 보고 있기 때문에, 전쟁이 실제로 어떤 것인지 이해하지 못한다고 말했다. 예를 들어, 미군에 배정된 기자들은 군인들이 건물에 M16 소총을 발사하는 장면은 보여주지만, 총알이 어디에 떨어졌는지, 박격포가 폭발하면 어떤 일이 일어나는지는 보여주지 않는다. "피어오르는 연기는 박격포가 폭발할 때의 실제 모습이 아니다."라고 그녀는 말했다. 단지 미국인들이 본 것은 한 줄기 연기였으며, 결과적으로 "이 전쟁의 겉모습은 보여주지만, 그 안에 숨은 공포는 완전히 배제했다"는 의미다. 미국 드론이 결혼식 파티를 공격하거나 미군 탱크에 어린이가 깔려 죽었을 때의 모습이 방영된 적은 없다. 그런 끔찍한 광경을 목격한 사람들의 증언이나 희생자를 애도하는 유가족의 목소리도 거의

전해지지 않는다.[29]

《뉴욕 타임스The New York Times》에서 수십 년간 종군기자로 근무한 크리스 헤지스Chris Hedges는 다음과 같은 글을 썼다.

> 전쟁을 실제 목도한다면 그리고 전쟁이 젊은이의 정신과 신체에 미치는 영향을 알게 된다면, 우리는 전쟁의 신화를 받아들이기가 더욱 힘들어질 것이다. 아프가니스탄이나 우크라이나에서 희생된 학생들의 처참한 시신 위에 서서 그 부모들의 통곡을 들어야 한다면, 아프가니스탄 여성의 해방이나 아프가니스탄과 우크라이나 국민에게 자유를 가져다주겠다는 진부한 말은 가당치도 않게 들릴 것이다. … 텔레비전 보도는 우리에게 힘에 대한 본능적 스릴을 느끼게 해주는 측면이 있지만, 총알, 탱크 포탄, 철 파편 폭탄, 대포탄이 끼치는 영향에 대해서는 보여주지 않는다. 우리는 전쟁의 짜릿함을 조금 맛보지만 전쟁의 실제 모습, 냄새, 소음, 혼란, 무엇보다도 압도적인 공포를 보지는 못한다.[30]

전쟁으로 인한 사상자는 미군 모병 자료에 나타나지 않는다. 도널드 트럼프는 보기에 좋지 않다는 이유로 군 퍼레이드에서 "상이군인"이 등장하는 것을 원하지 않는다고 말했다. 전쟁의 상흔은 깨끗이 지워내야 한다고 생각하는 모양이다.[31]

선전 선동과 신화라는 안개

미국에서는 국가가 심각한 범죄를 저질렀을 수 있다고 암시하는 것조차 수치스럽고 비애국적인 행위로 간주될 수 있다. 예를 들어, 2013년에 유엔 주재 미국 대사로 지명된 서맨사 파워Samantha Power는 상원 청문회에서 미국 대통령이 범죄를 "저지르거나", 혹은 범죄를 "지원"했다는 것을 암시할 수 있는 이전 발언을 부인하도록 강요받았다. 파워는 마르코 루비오Marco Rubio 상원의원에게 "미국 정책이 잘못된 것이었다고 사과하지 않을 것"이라고 약속하며, 미국은 "세계의 빛"이라고 확실하게 말했다. 미국 대외 정책의 비판자로 널리 알려진 파워는 르완다 학살 사태에 대한 미국의 불개입을 예로 들며 "불완전한 인간으로서 우리는 때때로 조금은 다르게 행동했다면 좋았을 일들을 저지를 때가 있다."라고만 말했을 뿐이었다. 그런데도 루비오 의원은 미국이 범죄를 저질렀을 수 있다는 가능성마저도 부인하라고 파워를 압박했다.

> **루비오 상원의원:** 그래서 저는 르완다 사태를 미국이 "허용한" 범죄라고 표현하겠습니다. 그래서 귀하가 언급하신 이 나라가 "저지른" 또는 "지원한" 범죄는 무엇입니까?
>
> **파워:** 다시 말씀드리지만, 이 나라는 지구상에서 가장 위대한 나라입니다. 우리는 사과할 것이 없습니다.
>
> **루비오 상원의원:** 그렇다면 우리가 저지른 범죄나 지원한 범죄는 지금 생각나지 않는다는 말인가요?

> **파워:** 저는 미국 정책이 잘못된 것이었다고 사과하지 않을 것입니다. 저는 인준이 확정된다면 미국이라는 간판 뒤에 당당히 서 있을 것입니다.
>
> **루비오 상원의원:** 이해합니다만, 미국이 범죄를 저지르거나 지원했다고 생각하십니까?
>
> **파워:** 저는 미국이 지구상에서 가장 위대한 나라라고 믿습니다. 정말입니다.
>
> **루비오 상원의원:** 그럼 미국이 범죄를 저질렀거나 혹은 지원했는지 묻는 질문에 대한 귀하의 답변은 미국이 지구상에서 가장 위대한 국가라는 것이군요?
>
> **파워:** 미국은 인권의 선도자이며 인간 존엄성의 리더입니다. 아시다시피, 미국이 인권의 리더로서 이토록 강력한 이유는 이라크 아부 그라이브 교도소에서 발생한 사건과 같은 실수를 저질렀을 때 드러납니다. 그리고 실수는 언제 어디서나 발생하기 마련입니다. 아무도 그것을 자랑스러워하지 않습니다. 전 세계에서 작전 중인 미군 대부분은 명예와 존엄을 지키며 작전을 수행하고 있습니다. 우리는 관련된 사람들에게 책임을 묻습니다. 인권이 중요하다고 믿기 때문에 그렇게 하는 것입니다. 우리는 국제 인도주의 법률 원칙을 신봉하며 그 법을 준수합니다. 우리는 다른 나라와 달리 원칙을 지키는 나라입니다.[32]

미국 정치 엘리트 중에는 정책 결정에서 기본적인 도덕성은 고려 대상이 아니라고 거리낌 없이 인정하며, 국익에 도움이 된다면 어떠한 야만적 행위도 정당화될 수 있다고 믿는 사람들이 있다. 아칸소주의 공화당 상원의원인 톰 코튼Tom Cotton은 외교정책 선언문에서 "미국 전략의 목표는 미국 국민의 안전, 자유, 번영"이라고 주장한 바 있다. 그에게는 전략 목표가 합법적인지, 민주적인지, 도덕적인지보다 미국에 좋은지가 훨씬 더 중요하다. 자신을 위해 다른 사람을 해치는 것은 합법적이라는 입장이다. 코튼은 독재 정권이 미국을 지지한다면 미국은 독재 정권을 지원해야 한다고 솔직하게 말한다. "아무도 디엠, 소모사, 이란 국왕, 무바라크[미국이 지원한 일련의 독재자들]를 자선단체로 오인하지는 않는다. … 그러나 결국 중요한 것은 그 나라가 민주적이냐 비민주적이냐가 아니라 친미적이냐 반미적이냐다."라고 주장한다.[33]

그러나 미국을 지지한다면 독재 정권도 좋다는 원칙을 기꺼이 지지하는 코튼조차도 폭력이 실제로 어떤 모습인지에 대해서는 깊이 생각하지 않는다. 그는 자유에 대해 듣기 좋은 추상적인 이야기만 하고 있을 뿐이다. 그는 대중들이 피해자에게 관심을 보이거나, 그들에 대해 너무 깊게 생각하기를 바라지 않을 것이다.

이 책의 핵심 주장을 '미국은 세계 최악의 국가다' 또는 '미국은 세계의 모든 문제에 책임이 있다'라고 오해하기 쉽지만, 이는 논리적이지 않다. 미국 정부를 비판하는 사람들은 "미국 혐오자" 또는 "미국부터 비난하는" 사람들로 분류되어왔다.[34] 사실 이 책의 핵심 주장은 미국만이 특별히 악한 나라는 아니라는 온건한 것이다. 미국은 지금까지의 다른 많은 강대국보다 더 나쁘지는 않다.[35] 단지 미국은 특별히 강력하며, 위험한 거짓 신화에 사로잡혀 있을 뿐. 글로벌 초강대국으로서 미국은 독특한 위험을 제기하고 있으며, 강대국이 도덕적 기준에서 벗어나는 것은 약소국이 그러는 것보다 훨씬 더 중대한 영향을 미친다.

미국이 물질적 이해관계를 중시하고, 뛰어난 기술력을 갖추고, 동시에 하위 계층의 고통과 불행을 완전히 무시한 역사상 최초의 강대국은 아니다. 오만한 자기 망상은 민족 국가의 역사에서 흔히 볼 수 있는 현상이며, 이러한 망상은 국가로 하여금 스스로의 행동에 대해 정직하게 성찰하지 못하게 하기 때문에 위험한 것이다. 러시아인, 프랑스인, 탄자니아인들의 정치적 행동을 분석함에 있어, 그들의 동기에 의문을 제기하고, 공식적인 미사여구 뒤에 숨겨진 장기적인 이익의 관점에서 그들의 행위를 해석하는 것에 불편함을 느낄 사람은 아무도 없을 것이다. 그러나 미국의 동기가 순수하다는 믿음은 이미 굳어진 신념으로 자리 잡고 있어, 분석의 대상이 되는 것조차 허용되지 않는다. 우리의 지식사知識史를 망가뜨린 순진함과 독선의 오랜 전통은 오늘날 미국이 표방하는 진정성과 선의가 어떻게 해석되어야 하는지에 대하여 전 세계에 경고하는 역할을 해야 한다.

그렇다면 이 책은 왜 러시아나 중국의 범죄가 아닌 미국의 범죄에 초점을 맞추는 것인가? 그들이 중대한 범죄를 저지르지 않는다는 것은 아니다. 그보다는 다른 사람의 잘못은 비난하면서 자신의 잘못은 도외시하는 것은 도덕적 가치가 없다는 아주 단순한 윤리적 관점 때문이다. 여기에 더해, 우리의 행위에서 야기된 예측 가능한 결과에 대한 책임은 우리가 져야 한다는 생각 때문이다. 다른 사람의 행위로 인한 예측 가능한 결과에 대해 우리는 책임질 이유가 없다.

따라서 미국인이 책임져야 하는 대상은 바로 미국 정부이고, 정부 행위에 가장 큰 영향력을 행사할 수 있는 사람도 바로 미국인이기 때문에 미국인들은 일차적으로 자신의 정부 행위를 비판해야 한다. 미국이 전 세계에서 예방 가능한 잔혹 행위의 2퍼센트에 대해서만 책임이 있다는 결론에 이르더라도, 우리가 직접 영향을 미칠 수 있는 대상이 미국 정부이기 때문에 우리 비판의 주된 초점은 미국 정부를 향해야 한다.

누구도 쉽게 반박할 수 없는 도덕적 진리는 보편성의 원칙이다. 즉, 우리는 다른 나라에 적용하는 것과 동일한 기준, 사실 더 엄격한 기준을 우리 자신에게 적용하여야 한다. 델포이의 신전에는 유명한 격언이 새겨져 있다. **너 자신을 알라**. 미국의 행동을 평가할 때 다음과 같은 간단한 질문을 던져보는 것도 도움이 된다. 특정 행위를 미국이 아닌 경쟁 강대국이 행한다면 미국은 어떻게 판단할 것인가? 이 질문을 진지하게 받아들인다면, 다른 나라가 저질렀다면 중대 범죄라고 비난할 행위를 미국이 저지른 사례를 찾는 것은 어렵지 않다.

그러므로 기본적인 도덕 기준을 적용해보자. 우리가 테러리즘을 비난한다면, 미국의 행위를 평가해보고 그 행위가 테러리즘에 해당하는지 가늠해보자. 테러는 항상 다른 나라에서 범하는 행위라는 식으로 치부하지만 말고. 우리가 침략 전쟁에 반대하고 이를 자행하는 이들을 헤이그(국제사법재판소International Court of Justice, ICJ와 국제형사재판소International Criminal Court, ICC

가 있는 도시－옮긴이)에 보내야 한다고 믿는다면, 그 기준을 우리 자신에게도 기꺼이 적용할 용의가 있는지 살펴보자. 미국이 인도주의와 민주주의에 헌신하는 국가라는 명제를, 미국 역시도 인류 역사상 거의 모든 다른 지배 세력과 비슷하며 마피아 독트린 혹은 사악한 행동 원칙에 따라 행동한다는 대립 가설과 비교해보자. 미국의 의사결정과 권력 사용에 영향을 미치는 이해관계와 이념을 살펴보고 우리가 발견한 것을 정직하게 바라볼 용기를 갖도록 하자.

이러한 점들은 단순한 학문적인 논의가 아니다. 미국의 정책결정은 매우 중대한 결과를 초래하며 매우 위험하기 때문에 이를 변화시키는 것은 도덕적으로도 가장 시급한 일이다.

일반적인 권력 시스템

어느 한쪽 편을 들어야 한다는 통념, 즉 미국 편이 되거나 아니면 적국의 옹호자가 된다는 통념을 깨는 것은 어려울 수 있다.[36] 그러나 타인의 지배를 받는 것이 아니라 스스로를 통치하는 세상에 도달할 희망을 가지려면 전 세계 국가에서 공통적으로 나타나는 부당한 특징을 볼 수 있어야 한다.

어떤 국가의 대외 정책을 연구하든, 우리가 가장 먼저 마주하는 것은 공식 교리다. 그 교리는 국가 정책에는 명예로운 의도가 담겨 있었다고 설명하며, 동시에 때때로 실패한 적이 있더라도 이는 사악한 적의 계략 때문인 것으로 치부한다. 예를 들어, 냉전 기간 동안 소련Soviet Union의 선전 선동은 평화, 민주주의, 인권에 대한 소련의 헌신을 선언하고 소련의 태도를 방어적인 것으로 묘사하는 반면, 미 제국주의를 전 세계 무질서와 고통의 주요 원인으로 지목하는 것이었다. 미국의 공식 교리는 마치 거울을 보듯 이와 정확히 반대였다.

냉전은 서로 대립하는 두 체제 간의 경쟁으로 이해되었고, 일부 좌파는 소련이 우월하고 더 평등한 사회 형태라는 잘못된 믿음을 가졌다. 그러나 미국과 소련의 유사점은 차이점만큼이나 중요했다. 둘 다 초강대국이었지만 정부에 대한 의미 있는 대중적 통제가 결여되어 있었다. 두 국가의 지배 이념(마르크스·레닌 공산주의와 자유 시장 자본주의)은 모두 실제 사회 작동 방식을 제대로 설명하는 데 실패했다.[37] 두 국가 모두 피라미드 형태의 권력 구조를 가지고 있었으며, 소수의 핵심 의사결정권자가 최상위에 있고 다수의 일반 대중이 최하위에 위치해 있었다. 세계산업노동자연맹Industrial Workers of the World의 1900년대 고전적 포스터인 '자본주의 시스템의 피라미드'는 단순한 도식이지만 대체로 정확하다. 맨 위에는 ("우리가 너희를 지배한다."는) 지도층이 있고, 맨 아래에는 "모두를 먹여 살리고", "모두를 위해 일하는" 노동자들이 있다. 많은 국제적 충돌이 최상위 계층의 이해관계와 관련되어 있지만, 그 충돌로 인한 고통과 희생은 전적으로 최하위 계층의 사람들에게 돌아간다.

이 책의 목적은 미국이 실제로 세계에서 어떻게 권력을 행사해 왔는지, 그 결과 수많은 무고한 사람들에게 어떤 영향을 미쳤는지, 현재 미국의 대외 정책이 인류의 미래에 어떤 위험을 초래하는지를 보여주는 것이다. 그러기 위해서는 자기중심적인 신화의 밑바닥을 파고들어가 수많은 사실적 증거를 면밀히 검토해야 한다. 미국 지도자들이 어떤 가치관을 가지고 있는지 알아낼 수 있는 유일한 방법은 그들의 말이 아닌 행동을 살펴보는 것이다. 그리고 여기서 우리는 불편한 외국 정부를 전복시키고, 역사상 가장 억압적인 독재 정권을 지원하고, 세계 여론을 거스르고, 확립된 국제법을 노골적으로 위반하며, 인도주의적으로 재앙적인 결과를 초래한 불법 전쟁을 벌이는 등의 충격적인 기록을 발견하게 된다. 이러한 기록에는 선거 개입, 핵 위협, 기후 범죄, 다른 나라가 했다면 테러 국가로 지정될 만한 노골적인 암살까지 포함된다.

사실을 철저히 재구성하면 화려한 수사와 실제 기록 사이의 커다란 간극이 드러날 것이라는 희망을 가지고, 우리는 지난 반세기 동안 전 세계를 상대로 미국이 행한 행위를 기록할 것이다. 각 장章은 해당 사건의 전체 역사를 보여주기 위함이 아닌 국가적 신화가 진실을 압도했음을 보여주는 증거를 제시하려는 목적으로 작성되었다. 논의되는 범죄는 고대의 역사가 아니다. 그 사건을 경험한 사람들이, 비록 그들의 목소리는 들리지 않더라도 오늘날에도 여전히 살아 있다. 그 상처는 여전히 생생하다.

그런 다음, 2부에서는 이러한 사례들 간의 공통점을 살펴볼 것이다. 부도덕한 행위에 대하여 일부러 못 본 척하는 기술, 자신을 찬양하는 놀라운 능력, 그리고 아무것도 알아내지 못하도록 차단하는 지적知的 무기에 대해 알아볼 것이다. 먼저, 전 세계를 대상으로 한 미국의 행위를 설명하는 데 있어 국내 권력 구조에 대한 이해가 어떻게 도움이 되는지 살펴볼 것이다. 우리는 소위 '국익 추구'가 실제로는 어둠 속에 갇혀 의미 있는 의사결정 과정에서 배제된 압도적 다수 미국인의 이익에 부합하지 않는다는 것을 살펴볼 것이다. 이어서 국제법과 미국의 관계, 그리고 미국이 다른 나라에게 준수할 것을 요구하는 것과 동일한 규칙을 미국에는 적용하지 않으려는 세계대전 이후 대통령들의 태도를 살펴본다. 마지막으로, 미국 정책에 대한 '여론 조작' 과정에서 언론과 국가 선전의 역할을 살펴본다.

결론 부분은 우리 시대에 세계가 직면한 가장 시급한 위험을 파악하고, 대중운동의 연대를 통한 행동으로 재앙을 피할 수 있는 가능성을 검토하며 마무리한다. 오늘날 인류는 기후 재앙과 핵전쟁 가능성 등 인류의 미래 전체를 위협하는 심각한 위기에 직면해 있다. 인류 역사상 가장 위험한 순간에 세계에서 가장 강력한 국가에 사는 데 따르는 도덕적 책임을 다하는 것이 우리가 직면한 과제다.

전 세계 사람들을 대상으로 설문조사를 한 결과, 사람들은 미국을 러시아나 중국보다 세계 평화와 민주주의에 대한 더 큰 위협으로 생각하는 것으로 나타났다. 여기에 기록된 많은 내용은 미국의 침략으로 인한 피해자들 입장에서는 오랫동안 알고 있던 사실이다. 미국 대통령이 인도적 가치에 대한 미국의 헌신에 대해 말하는 것을 듣는다면 그들은 웃을 수밖에 없다.[38]

미국에 살고 있는 사람들에게는 이른바 고결한 의도에 대한 미국 신화의 이면을 꿰뚫어보는 것이 매우 중요하다. 그렇게 되면 대외 정책 수립에서 지배적인 엘리트 집단의 이익이 기본적인 도덕 원칙보다 더 중요하며, '미국 예외주의'는 허구라는 것을 명백히 알 수 있을 것이다. 그러나 중요한 사실은 그것이 위험한 허구라는 것이다. 미국 이상주의의 신화는 엄청난 인명 피해와 파괴를 초래한 행동을 변명하는 데 이용되고 있다. 이 신화 때문에 전범들에게 책임을 묻지도 못했다. 지금에 이르러서는, 이 신화로 인해 미국인들은 자국 정책이 인류 자체의 파괴를 불러올 수 있다는 사실을 알아차리지 못한다.

하지만 상황은 바뀔 수 있다. 우리는 행동할 수 있다. '세계 질서'와 '국내 질서'는 모두 기존의 권력 구조를 반영하는 제도 내에서 내려진 결정에 기반한다. 그 결정은 다르게 내려질 수 있다. 제도는 수정되거나 바뀔 수 있다. 국가권력과 사적 권력의 기존 조직으로부터 이익을 얻는 사람들은 자연스럽게 기존 제도는 불가피한 것이라고 말할 것이다. 그러나 그들을 믿을 이유는 없다. 특히 세계정세를 지배하는 부유한 국가에서는 시민들이 기존의 공식적인 제도 내에서도 쉽게 대안을 만들어낼 수 있다. 기존 제도가 돌에 새겨진 것처럼 불변은 아니다.

1부

기록:
행동에서 드러난 이상주의

큰 나라는 원하는 것을 하고,
작은 나라는 받아들여야만 하는 것을 받아들인다.
—투키디데스Thucydides

1장

글로벌 사우스 길들이기

1973년 9월 11일, 아우구스토 피노체트Augusto Pinochet 장군은 민주적으로 선출된 살바도르 아옌데Salvador Allende 대통령을 축출하고 칠레의 권력을 찬탈했다. 피노체트는 최근 역사에서 가장 잔인한 독재자 중 한 명으로, 대량 학살과 고문을 자행하고 해외로 도피한 반체제 인사들을 추적, 암살하는 프로그램을 가동했으며 수만 명의 사람을 투옥했다. 그가 칠레 민주주의를 한 세대 동안 중단시킨 셈이다. 인구 비율로 환산하면, 피노체트의 테러가 미국에서 발생했다면 15만 명의 사망자와 100만 명의 고문 피해자를 양산했을 뿐만 아니라 대통령 축출과 선거 제도의 종말로 이어졌을 것이다. 첫 번째 9·11(1973년 9월 11일 발생한 피노체트의 군사 반란—옮긴이)은 전형적인 국가 테러였다.

미국 국가안보 보좌관을 지내고 훗날 국무부 장관까지 역임한 헨리 키신저Henry Kissinger는 회고록에서 이 같은 결과를 초래한 미국의 역할에 대해 솔직하게 털어놓았다. 그는 아옌데의 좌파 정권은 "미주 대륙에서 미국의 입지에 대한 항구적인 도전"을 제기했다고 평가했다. 키신저는 "미국이 외교와 군사개입 사이의 회색 지대에서 행동해서는 안 된다는 주장을 받아들일 수 없다"고 강조하며, 다른 나라의 선거에 개입하거나 쿠데타를 도모하는 것의 정당성에 대한 우려를 일축했다. 그는 아옌데가 처음 당선됐을 때 리처드 닉슨Richard Nixon이 격분하여 이렇게 말했다고 회상한다. "아옌데의 집권을 막기 위해 할 수 있는 일은 뭐든지 적극적으로 해야 한다. 아옌데를 제거할 가능성이 조금이라도 있다면 시도해봐야 한다." 닉슨 정부의 CIA는 칠레군 총사령관 르네 슈나이더René Schneider 장군이 헌법 수호를 고집하는 것이 쿠데타 성공의 걸림돌이 된다고 보고, 그를 살해하려는 음모에 자금을 지원했다. 닉슨은 "칠레에 대한 원조를 삭감하고, '비명을 지를 때까지' 칠레 경제를 쥐어짜야 한다"고 명령했다. 즉 칠레 국민들의 삶을 최대한 비참하게 만들어 잘못된 투표에 대한 벌을 주어야 한다는 것이다.[1]

피터 콘블루Peter Kornbluh는 미국 국가안보문서보관소가 발간한 〈피노체트 파일The Pinochet File〉에서 기밀 해제된 문서를 통해 아옌데가 당선된 순간부터 미국 정부가 어떻게 그를 약화시키고 파괴하려 했는지를 보여준다. 그는 또한 미 정부가 쿠데타 이후 피노체트에 대한 지원을 아끼지 않으면서도 미국의 역할에 대해서는 계속 거짓말을 했다는 사실도 밝힌다. 닉슨 행정부는 아옌데가 취임하자 '보이지 않는 봉쇄'를 단행했다. "국가안전보장회의 기록을 살펴보면, 아옌데 정부가 출범하자 닉슨 행정부는 칠레에 대한 다자 및 양자 원조를 중단하기 위해 신속하고 조용한 정치적 움직임을 보였고", 그 결과 발생한 경제적 혼란을 아옌데의 정책 탓으로 돌렸음을 분명히 알 수 있다. 키신저는

1974년 상원에서 "미국의 의도는 아옌데를 불안정하게 하거나 전복하려는 것이 아니었다."고 거짓 증언했으나, "사실상 내부적으로는 [아옌데의] 몰락이나 전복으로 이어질 행동 방침을 권고했다". 키신저는 아옌데의 성공을 허용할 수 없는 이유를 닉슨에게 명확하게 설명하면서, "국민들의 무책임한 행동으로 한 나라가 공산주의화되는 것을 왜 우리가 지켜보고만 있어야 하는지 이해할 수 없습니다. 칠레 유권자들이 스스로 결정하도록 내버려두기에는 이 문제가 너무 중요합니다."라고 말했다. 아옌데는 미국의 국익에 "매우 심각한 위협"을 가했는데, 여기에는 "미국의 투자금(총 10억 달러) 손실 가능성"과 칠레가 번영할 경우 세계에 미칠 "모델 효과"도 포함되어 있었다. "성공적인 마르크스주의 정부의 사례"는 다른 곳에서 "선례적 가치"를 가질 것이며 "유사한 현상의 모방적 확산"은 "세계 균형과 그 균형 안에서의 미국의 입지에 상당한 영향을 미칠 것"이다. 닉슨 자신도 "칠레에서 우리의 주요 관심사는 [아옌데가] 자신의 입지를 굳히고, 국제사회가 그를 성공한 사례로 바라보게 될 가능성이다."라고 말했다.[2]

따라서 아옌데가 취임한 지 며칠 후, 닉슨은 국가안전보장회의를 소집하여 '아옌데의 몰락'을 가져올 방법을 논의했다. 1970년 CIA는 전문電文을 통해 "아옌데를 쿠데타로 전복시키는 것이 확고하고 지속적인 정책"이며 "모든 적절한 자원을 동원하여 이 목표를 위해 최대한 압박할 것"을 약속하면서, "이러한 행동이 비밀스럽고 안전하게 실행되어 미국 정부와 미국의 손길이 잘 보이지 않도록 하는 것이 필수적"이라고 적시했다.[3]

스티븐 M. 스트리터Stephen M. Streeter는 미국 기록물을 바탕으로 한 포괄적인 연구에서 "닉슨 행정부의 최대 목표는 헌법적 수단이나 군사 쿠데타를 통해 아옌데를 대통령 자리에서 축출하는 것이었고, 최소 목표는 칠레를 처벌하여 다른 라틴아메리카 국가가 칠레의 사회주의 노선을 모방하려는 유혹을 받지 않도록 하는 것이었다."고 결론지었다. 아옌데가 몰락하자 닉슨 행정부는 곧바로 피노체트 군사정권을 껴안았다. 키신저는 피노체트에게 칠레 민주주의를 종식시킴으로써 "서방에 큰 봉사"를 했다고 말했다.[4]

아옌데의 문제는 그가 좋은 본보기가 될 가능성이 있었고, 이는 미국에 위협이 됐다는 점이다. 만약 그의 독립적 민족주의 정책과 좌파 경제정책이 성공했다면 비슷한 정책을 추구하도록 다른 국가들에도 영감을 주었을 것이다. 이는 미국의 힘을 약화시킬 수 있었다. 그래서 아옌데는 사라져야 했다.

제2차 세계대전 후 조지 케넌과 같은 전후 정책 입안자들은 서방 산업사회가 재건되어 미국산 제품을 수입하고 투자 기회를 제공하는 것이 미국 기업의 건전성에 매우 중요하다는 사실을 깨달았다.

그러나 또 한 가지 중요한 점은 기업이 지배적 위치에 놓인 가운데 노동자는 분열되어 약화되고, 재건의 부담을 고스란히 노동자 계급과 빈민의 어깨에 지우는 전통적인 질서를 회복하는 것이었다. 이를 가로막는 가장 큰 걸림돌은 반파시스트 저항이었다. 따라서 미국은 전 세계에서 이를 적극적으로 탄압했으며,

앞서 파시스트 활동을 한 사람이나 나치 협력자들이 집권하는 것을 선호하기도 했다.[5] 이를 위해 때로는 극단적인 폭력이 필요한 경우도 있었지만, 선거 결과를 뒤집거나 절실히 필요한 식량을 주지 않는 등 부드러운 방법으로 수행한 경우도 있었다.

전후 유럽에 대한 '위협'은 소련의 침략이 아니라는 점을 미국의 정책 입안자들은 잘 알고 있었다. 그러나 해리 트루먼Harry Truman 행정부는 국민들이 다르게 생각하도록 유도했다. 1947년 조지 케넌은 "우리를 위협하는 것은 러시아의 군사력이 아니라 러시아의 정치력"이라고 결론 내렸다. 역사학자 멜빈 레플러Melvyn Leffler는 "소련의 힘은 미국의 힘에 비할 바가 아니었다."고 설명하며, "소련은 소진되고 피폐한 국가"였기 때문에 미국 관리들은 "소련의 군사적 침략을 상정하지 않았다"고 주장했다. 실제적 위협은 "극단적 민족주의의 부활 가능성 혹은 독립적 중립주의의 대두"였다. 정책 입안자들은 "안보를 힘의 상관관계라고 규정"하고, "힘은 자원에 대한 통제 혹은 접근이라고 정의"했다. 이 논리에 따르면 미국의 자원 통제력에 대한 위협은 국가안보에 대한 위협으로 간주되었다.[6]

레플러가 주장한 것처럼, 전쟁 후 전 세계 사람들은 "보다 정의롭고 공정한 사회와 경제 질서"를 원했고 "개혁, 국유화, 사회복지"를 요구했다. 사람들은 이제 "정부가 경기변동의 불확실성, 자본가들의 탐욕, 자연계에서 가끔씩 발생하는 재난으로부터 자신들을 보호해주기를 기대"했으며, 이를 "자신들이 감내한 희생과 극복한 고난에 대한 당연한 대가"로 여겼다.

예를 들어, 이탈리아에서는 전쟁 중에 공산당이 주도하는 노동자 및 농민 기반 운동으로 독일군 6개 사단의 진격을 저지했고, 그 결과 북부 이탈리아가 해방되었다. 그러나 미군은 이탈리아에 진주하면서 이런 반파시스트 저항 세력을 해산하고 전쟁 이전 파시스트 정권의 기본 구조를 복원했다. CIA는 1948년 중요한 이탈리아 선거에서 공산당이 합법적으로 집권할 가능성을 우려했다. 이에 따라 이전 파시스트 경찰을 복원하고, 노조를 와해시키고, 원조를 보류하는 등 다양한 수단을 동원했다. 하지만 과연 공산당을 패배시킬 수 있을지는 불확실했다. 최초의 국가안전보장회의 문서인 〈NSC 1〉(1948)에는 공산당이 선거에서 승리할 경우 미국이 취할 여러 가지 조치가 자세히 열거되어 있었다. 계획된 대응 중 하나는 이탈리아 내 비밀 작전에 군사적 지원을 함으로써 무력으로 개입하는 것이었다. 미국은 "이탈리아를 피비린내 나는 내전에 빠뜨리고 제3차 세계대전의 발발을 초래할 수 있음"에도 불구하고 좌파 세력을 막기 위해 쿠데타를 지원하는 것을 기꺼이 고려했다. 이탈리아 국민의 의사를 당연하게 무시한 것이다.[7]

선거 개입은 정기적으로 이루어졌다. 1948년부터 1970년대 초까지 CIA는 승인된 정당과 관련 단체에 6,500만 달러 이상을 제공했다. "우리는 특정 정치인의 비용을 보전해주기 위해 돈가방을 전달했다."라고 전 CIA 요원 F. 마크 와이엇F. Mark Wyatt이 인정했다.[8] 실제로 1946년부터 2000년까지 미국은 전 세계에서 80건이 넘는 선거 개입 작전을 수행했다. 《뉴욕 타임스》 국가 안보 담당 기자인 스콧 셰인Scott Shane은 가짜 뉴스 심기, 선호 후보에게 '현금 가방 전달하기' 등 이러한 작전이 오늘날까지도 계속되고 있다며, "최근 몇 년간 CIA가 외국 선거를 조종하기 위해 어떤 일을 했는지는 여전히 비밀에 부쳐져 있으며, 앞으로도 수십 년간 밝혀지지 않을 수 있다."고 지적한다. 셰인은 "이러한 행위는 계속될 것"이라는 한 전직 CIA 요원의 말과 "계속 그렇게 하길 바란다"는 또 다른 요원의 말을 인용했다. 블라디미르 푸틴이 미국 대선에 영향을 미치려는 시도에 대해 극심한 히스테리가 있었음에도, 이것이 합법적인지에 대한 문제는 공개적 논의조차 이루어지지 않았다.[9]

그리스에서는 나치가 철수한 후 영국군이 진주했다. 그들은 부패 정권을 세웠고, 이는 새로운 저항을 불러일으켰다. 전후 쇠퇴기에 접어든 영국은 통제력을 유지할 수 없었다. 1947년 미국은 그리스 내전에 개입하여 임시정부를 무너뜨리는 전쟁을 지원했다. 그 결과 최대 16만 명이 사망했다. 이 전쟁의 와중에 고문이 난무했고, 그리스인 수만 명이 정치적 망명을 했으며, 수감된 좌파를 "재교육"하는 프로그램이 진행되었고, 노조는 와해되었으며, 독립 정치의 가능성이 사실상 사라져버렸다. 많은 사람이 생존을 위해 이민을 떠나야 했다. 수혜자는 미국 투자자들과 나치 협력자들이었던 반면, 주요 피해자는 공산주의자들이 주도한 반나치 저항군에 속한 노동자와 농민이었다. 그리스 국민의 의사에 반해 미국이 그리스를 미국의 의도대로 움직인 사례는 이후 베트남 전쟁의 모델이 되었다. 1964년 아들라이 스티븐슨Adlai Stevenson은 유엔에서 이렇게 설명했다. "1947년 그리스와 1950년 한국에서처럼 오늘날 베트남에서도 마찬가지다." 로널드 레이건Ronald Reagan의 보좌관들이 중앙아메리카에 대해 논의

할 때도 똑같은 모델을 사용했고, 다른 많은 곳에서도 이 패턴을 따랐다.[10]

미국은 일본에서 이른바 '1947년 역행reverse course of 1947'에 착수하여, 더글러스 맥아더Douglas MacArthur 장군의 군정이 취한 민주화를 향한 초기 조치를 중단시켰다. 역행 정책은 노조와 민주화 세력을 탄압하는 것이었다. 공공 및 민간 부문, 교직에서 좌익으로 의심되는 약 3만 명을 숙청하고 일본 파시즘을 지지했던 기업 세력의 손에 고스란히 나라를 맡겼다. (미국은 일본의 전쟁범죄마저도 은폐했다.) 역사학자 존 다우어John Dower와 히라타 테츠오Hirata Tetsuo는 "적색 숙청(공산주의자 숙청-옮긴이)은 미군 점령기 반공 정책의 일환으로 공격적으로 추진되었지만 … 현실은 노동자와 자본가 간의 대결이었다."고 결론 내렸다. 다우어는 시간이 지나면서 미국이 "'군사 활동 제한과 민주화'라는 본래의 이상을 폐기하기 시작"했으며, "패전과 밀접하게 관련된 개인을 포함하여 일본 사회의 보수 세력, 심지어 우익 세력과 점점 더 공개적으로 손을 잡았다."라고 주장한다.[11]

1945년 한국에 진주한 미군은 주로 일제에 저항했던 반파시스트들로 구성된 민중 정부를 해산하고 일본 파시스트 경찰과 일제강점기에 일제에 협력했던 한국인들을 동원해 잔인한 탄압을 시작했다. 제주도의 한 작은 지역에서 일어난 농민 저항을 진압하는 과정에서 3, 4만 명이 사망한 것을 포함해 한국전쟁 이전에 남한에서 약 10만 명이 살해당했다. 이 학살은 "깊고도 깊은 미국의 책임"(역사학자 브루스 커밍스Bruce Cumings의 말)이며, 미국의 지휘 아래 한국군과 경찰에 의해 자행되었다. 제주도 학살에서 살아남은 83세의 한 생존자는 2022년 미국에 바라는 것이 무엇이냐는 질문을 받고 “진실한 인간적 사과, 찾아와 내 손을 잡아주려는 의지”만 있으면 된다고 말했다. 그는 여전히 기다리고 있다.[12]

좋은 본보기의 위협

1963년 존경받는 자유주의 원로 정치인 딘 애치슨Dean Acheson이 말한 것처럼, 미국 전략의 목표는 “미국의 힘, 지위, 권위”에 대한 어떠한 도전도 막는 것이다. 가장 약하고 가난한 나라가 가장 큰 히스테리를 불러일으키는 경우는 흔하다. 결국, 작고 힘없는 나라가 미국에 도전하면 미국 자체가 ‘종이 호랑이’에 불과하다는 사실이 드러나고 만다. 마이클 그로우Michael Grow가 《미국 대통령과 중남미 국가 개입: 냉전 시대의 정권 교체 추구U.S. Presidents and Latin American Interventions: Pursuing Regime Change in the Cold War》에서 밝힌 것처럼, ‘위협’으로 간주된 국가들은 미국의 안보나 경제적 이익에 실질적으로 위협이 되지는 않았다. 그러나 그 국가들은 다른 국가에서 더 많은 저항을 불러일으킬 동력이 될 수 있고, 또한 미국의 ‘신뢰성’(미국에 저항하면 반드시 보복당한다는 믿음－옮긴이)을 훼손할 수도 있다.[13]

작은 사례를 하나 들어보자면, 영국령 가이아나British Guiana가 있다. 케네디 행정부는 이 나라 선거에 영향을 미치려는 CIA 비밀 작전을 승인한 바 있다. 이 작전의 목표는 사회주의 성향의 치과 의사 체디 자간Cheddi Jagan과 그가 속한 정당의 선거 승리를 막는 것이었다. 케네디 행정부는 '제2의 쿠바', 즉 이 지역에서 또 다른 좌파 정부가 들어서는 것을 용납하고 싶지 않았다. 기밀 해제된 문서와 역사적 기록에 따르면, CIA는 민주주의를 전복하는 데 상당한 재원을 사용할 권한을 부여받았다. 미국은 사회민주주의 발생 가능성을 차단하기 위해 영국으로부터 영국령 가이아나의 독립을 막으려 했다. 미국의 작전에는 폭력과 불안을 선동하는 것이 포함됐다. 미국 관리와 민간인이 살인, 방화, 폭탄 테러를 조장하고 전반적인 공포 분위기를 조성하는 데 관여했다는 기사도 있다. 딘 러스크Dean Rusk 국무부 장관은 "자간이 통치하는 독립된 영국령 가이아나를 용납하는 것은 불가능하다는 결론에 도달했다."라고 영국에 말했다. "어떤 지도자를 용납할 것인지"를 결정하는 것이 미국의 특권처럼 당연시되었다. 영국령 가이아나에 대한 미국의 개입을 연구한 대표적인 역사학자 스티븐 레이브Stephen Rabe는 그 끔찍한 결과를 이렇게 요약한다. "국민이 선출한 정부를 무너뜨리고, 민주적 선거 절차를 훼손하고, 가난한 국가의 경제를 파탄내고, 전쟁 수준의 인종 갈등을 선동했다. 대다수 인도계 주민들(인도에서 건너온 계약 노동자의 후손—옮긴이) 입장에서 보자면, 미국이 포용한 악랄한 인종차별주의자 포브스 버넘Forbes Burnham(영국령 가이아나의 대통령—옮긴이)은 가이아나를 위험하고, 잔인하고, 악몽 같은 곳으로 만든 사람이었다." 영국령 가이아나는 미국에 아무런 경제적 도움이 되지 않았고 '국가 안보'에도 위협이 되지 않았다. 이 개입은 순수한 마피아 논리, 즉 **우리 말이 법이다**에 다름 아니다. 고개를 쳐드는 자에게 모멸감을 줘야 할 필요성은 제국주의적 사

고방식에서 제거할 수 없는 요소다.[14]

또 다른 사례로 국토가 넓고 자원이 풍부한 나라이자 현대 최악의 참혹한 사례 중 하나인 콩고민주공화국Democratic Republic of the Congo을 들 수 있다. 콩고는 1960년 독립 후, 파트리스 루뭄바Patrice Lumumba 총리의 지도력 아래 성공적인 발전의 기회가 있었다. 하지만 서방은 이를 용납하지 않았다. 앨런 덜레스Allen Dulles CIA 국장은 "급진적 민족주의자"로 불리는 사람들이 미국의 투자를 위험에 빠트릴 수 있기 때문에 루뭄바를 "제거하는 비밀 작전이 시급하게 진행"되어야 한다고 판단했다. CIA는 루뭄바를 "영구적으로 제거"하려고 시도했다. 루뭄바는 벨기에 장교들의 지휘 아래 살해당했다. "악어가 가득한 강에 빠질 것"이라는 드와이트 아이젠하워Dwight Eisenhower 대통령의 소원이 실현된 것이다. 이매뉴얼 제러드Emmanuel Gerard와 브루스 쿠클릭bruce Kuklick은 이 살해 사건에 대한 연구 논문에서 "유럽인과 미국인이 루뭄바를 투옥하고 사형을 선고하라고 아프리카 사람들을 들들 볶았는데", 그 이유는 "서방은 경제적, 정치적 능력에서 유럽 국가와 견줄 수 있는 독립된 아프리카 국가를 상상할 수 없었"으며 "루뭄바는 서방이 감내할 수 없는 위대함에 대한 열망"이 있었기 때문이었다고 결론지었다. 이러한 사례는 이뿐만이 아니었다. 식민지 시대 이후 아프리카에 대한 미국의 개입은 광범위하고 은밀했다. 수전 윌리엄스Susan Williams는 《백색 악의惡意: CIA와 은밀한 아프리카의 재식민지화White Malice: The CIA and the Covert Recolonization of Africa》에서 아프리카가 독립을 추구하던 시기는 "또한 CIA가 아프리카에 강렬하고 빠르게 침투하던 시기"와 일치하며, 관련 기록은 "아프리카 내 CIA의 활동 범위와 폭이 믿기 어려울 정도였음을 보여준다"고 기술하고 있다. 콩고는 미국이 선호하는 살인적이고 부패한 독재자 모부투 세세 세코Mobutu Sese Seko에게 정권이 넘어갔다. 스튜어트 리드Stuart Reid는 저서 《루뭄바 계획The Lumumba Plot》에서 "친소 성향의 지도자가 제거되고 친미 성향의 지도자로 대체되었기 때문에" "워싱턴 정가에서는 콩고를 성공적이었다고 평가한다."고 말한다.[15]

베트남과의 전쟁 역시 지배권 확보 필요성에서 비롯되었다. 베트남 민족주의자들은 이를 받아들이지 않았고, 따라서 그들은 제거되어야 했다. 농민이 대부분인 베트남 국민들이 누구를 정복할 것이라고 위협을 가한 것은 결코 아니었다. 그들이 독립의 본보기가 되어 주변 다른 국가들에게 영감을 줄 위험성이 있다는 것이었다. 실제 두려움은 인도차이나 사람들이 독립과 정의를 실현하면 태국 사람들이 따라 할 수 있고, 그들이 성공하면 말라야가 그 뒤를 이을 것이라는 점이었다. 그러면 머지않아 인도네시아가 독립의 길을 걸을 것이고, 그때쯤이면 미국은 '그랜드 에어리어'의 상당 부분을 상실하고 말 것이다.

이는 어떤 의미에서 소위 '도미노 이론'이 옳았다는 것을 의미한다. 공개적으로 제시된 이 이론의 버전은 어처구니없게도, 베트남에서 물리치지 못하면 공산주의가 미국 본토에 침투하고 말 것이라는 것이다. 그러나 진짜 위협은 베트남이 '좋은 본보기'가 될 수 있다는 사실이었다. 1940년대 후반 딘 애치슨부터 현재까지 미국의 정책 입안자들은 "썩은 사과 하나가 상자 속 사과를 모두 망칠 수 있다."고 경고해왔다. '썩음', 즉 사회적, 경제적 발전이 확산될 수 있다는 사실이 바로 위험이다. 그렇기 때문에 영국령 가이아나, 그레나다, 라오스 같은 군소국조차 선을 넘어서는 안 되는 것이다.

이들 군소국이 미국 안보에 위협이 된다는 주장은 너무나 터무니없어 고려할 가치도 없지만, 이들 나라의 가치가 높아서 결코 놓칠 수 없다는 주장도 분명 사실이 아니다. 오히려 관심사는 일종의 '도미노' 효과였다. 썩은 사과 이론에 따르면, 국가가 작고 약할수록, 자원이 빈약할수록 더욱 위험하다. 조지 H. W. 부시George H. W. Bush(아버지 부시 대통령—옮긴이) 정부의 '제3세계 위협'에 대한 국가 안보 정책 검토 자료에 따르면, "훨씬 약한 적"은 단순히 물리치는 것에 만족할 게 아니라, 단호하고 신속하게 물리쳐야 한다고 되어 있다. 그러지 않으면 창피를 당할 뿐만 아니라 국민의 지지를 받지 못할 수 있기 때문이다. "훨씬 약한" 적은 심각한 위협이 되지는 않지만 교훈을 각인시키기 위해 반드시 박살을 내야 한다. 미미하고 가난한 국가가 독립의 길을 걸을 수 있다면 다른 국가들도 뒤따를 수 있다.[16]

미국 투자자들의 요구에 종속된 글로벌 시스템을 원한다면, 그 시스템의 일부조차 이탈을 허용해서는 안 된다. 칠레 사례가 다른 나라 유권자들에게 잘못된 메시지를 보낼 수도 있다. 그들이 나라를 장악할 생각을 한다고 가정해보자. 이건 용납되지 않는다. 존 포스터 덜레스John Foster Dulle 국무부 장관은 라틴아메리카를 "어른들에게나 주어진 특권과 권리를 행사하는 못된 아이들"에 비유하며, "엄격한 손길, 권위적인 손길"이 필요하다고 평가했다(아이젠하워 대통령에게 못된 아이들을 더 효과적으로 통제하려면, "등도 좀 두드려주고, 대통령이 그들을 좋아한다고 생각하게 만드는 것이 유용할 수 있다."고 조언하기도 했지만). 라틴아메리카의 인권 전문가인 역사학자 라스 슐츠Lars Schoultz는 국가안보국가National Security States(국가안보를 구실로 통제를 강화하는 권위주의적 정부–옮긴이) 수립의 목표는 "다수의 정치 참여를 배제함으로써 기존의 사회경제적 특권 구조에 대한 위협을 영구적으로 파괴하는 것"이라고 결론 내렸다.[17]

때로는 요점이 명확하게 설명되는 경우도 있다. 1954년 미국이 과테말라 민주주의를 전복하고자 계획하고 있을 때, 국무부 관계자는 과테말라의 "농업 개혁은 강력한 선전 무기"이며, "노동자와 농민을 지원하는 광범위한 사회적 프로그램"은 사회적 불평등이 심한 다른 중앙아메리카 국가에서 "강력한 호소력"을 가지게 될 것이라고 지적했다. 즉, 과테말라는 "온두라스와 엘살바도르의 안정에 위협이 되고 있다"는 의미였다.[18]

달리 말하면, 미국이 원하는 것은 '안정', 즉 '상류층과 외국 대기업'의 안정이다. 공식 민주적 장치를 통해 이를 달성할 수 있다면 더할 나위 없이 좋다. 그런 경우가 아니라면 좋은 본보기로 인해 발생하는 '안정에 대한 위협'은 다른 나라에 감염되기 전에 제거돼야 한다. 그렇기 때문에 아주 작은 얼룩도 큰 위협을 제기할 수 있다.

쿠바: 지옥 같은 작은 공화국

미국이 지원한 독재자 풀헨시오 바티스타Fulgencio Batista가 축출된 직후, 쿠바는 미국의 가혹한 공격 대상이 되었다. 피델 카스트로Fidel Castro는 1959년 초 집권했다. 1960년 3월에 카스트로를 축출하자는 결정이 비밀리에 내려졌다. 새로 들어선 존 F. 케네디 행정부는 1961년 쿠바 정부를 전복하기 위해 준準군사조직을 동원하여 피그스만灣 침공 작전을 수행했지만 치욕적인 패배를 당했다.

그 실패는 미국 정부의 히스테리를 불러일으켰다. 당시 국무부에서 근무하던 체스터 볼스Chester Bowles는 고위 관리들이 보인 대체적인 태도가 "감정적이고 거의 야만적이었다"고 기억하며, "[카스트로가] 우리에게 이럴 수는 없다. 우리가 그자를 한번 손봐줘야 한다."고 반응했다고 회상했다. 케네디는 쿠바를 상대로 "지구상에서 일어날 수 있는 최고의 공포"를 불러일으키는 전쟁을 시작했다. 작전 책임자였던 그의 동생 로버트 케네디는 "쿠바에서 스파이 활동, 사보타주, 전반적인 혼란을 일으킬" 쿠바인을 찾고자 했다. 쿠바 태스크포스The Cuba Task Force는 "경제적으로 중요한 목표물 파괴"를 목표로 작전을 시작했다.[19]

카스트로 암살을 위한 CIA의 수많은 음모는 지금까지도 악명높으며, (폭발성 시가, 독 묻은 잠수복 등) 코믹해 보이기까지 한다. 국가원수를 암살하는 데 이처럼 열성적인 국가가 미국이 아닌 다른 나라였다면, 테러 국가로 간주될 것이다. 사실, "미국 요원들이 미국 비행기를 납치하거나 미국 목표물을 폭파하고 이를 쿠바에 뒤집어씌워 침공의 명분을 쌓자는 CIA의 제안"을 포함하여 훨씬 더 미치광이 같은 범죄가 획책된 적도 있다. 이 제안은 실행되지는 않았지만, 다른 많은 형태의 테러는 실행되었다. 어떤 임무에서는 “일곱 명으로 구성된 팀이 철교를 폭파하고 기차가 탈선하는 것을 지켜보았으며 설탕 창고를 불태우기도 했다”. 설탕에 오염 물질을 넣은 적도 있고, 쿠바로 운송되는 윤활유에 “눈에 보이지도 않고, 추적할 수도 없는 화학물질”을 부어 디젤엔진을 손상시키는 등 “우리가 상상할 수 있는 거의 모든 일을 했다”고 한 CIA 관계자가 훗날 말했다. 키스 볼렌더Keith Bolender는 저서 《다른 쪽에서 들려오는 목소리: 쿠바를 향한 테러 역사의 구술Voices from the Other Side: An Oral History of Terrorism Against Cuba》에서 “반세기 동안 쿠바 국민은 상상할 수 있는 거의 모든 형태의 테러를 견뎌왔다.”고 기술한다. 여기에는 민간인을 대상으로 한 폭탄 테러, 마을 공격, 심지어 생물학적 테러까지 포함된다. ‘가해자’는 “주로 쿠바계 미국인 반혁명 세력이며, 이들은 다양한 미국 정부 기관으로부터 훈련, 자금, 지원을 받은 것으로 알려져 있다”고 설명한다.[20]

1962년 케네디는 쿠바에 대한 전면적인 금수 조치를 명령했다. 국제법을 정면으로 위반한 이 명령은 의약품과 식료품의 거래마저 금지하고 있었다. 고위 관리들은 내부적으로 “쿠바 국민들도 쿠바의 현 정권 탄생에 책임이 있다.”고 말했다. 따라서 미국은 그들을 처벌할 권리가 있으며, 나아가 “[쿠바 국민이] 배고프면 카스트로를 쫓아낼 것”이라고 주장했다. 케네디는 금수 조치가 “굶주린 쿠바인들의 불편을 가중시켜” 피델 카스트로의 퇴진을 앞당길 것이라는 데 동의했다. 1960년 국무부의 한 고위 관료는 이 전략을 명확히 설명했다. 카스트로는 “경제적 불만과 고난에 따른 환멸과 불평을 통해 제거될 수 있기 때문에 … 쿠바의 경제를 약화시킴으로써 굶주림, 절망 및 정부 전복을 불러오기 [위한] 가능한 모든 수단을 신속히 가동해야 한다."고 이 관료는 말했다. 이러한 경제 조치는 "쿠바 국민에게 공산주의를 지향한 대가를 각인시키는 효과를 가져올 것"이라는 것이다. 미국은 쿠바를 외교적으로 고립시키는 데는 성공했지만, 다른 라틴아메리카 국가가 케네디의 노력에 동참하도록 독려하는 데는 실패했다. 아마도 이는 1961년 어느 멕시코 외교관이 지적한 문제 때문일 것이다. 그는 "쿠바가 미국 안보에 위협이 된다고 공개적으로 선언하면 4,000만 멕시코인들은 웃겨 죽을 것"이라고 말했다.[21]

이 금수 조치에 대한 심층적인 연구에서, 살림 람라니Salim Lamrani는 얼마나 극단적인 제재가 지속되었는지 지적한다. 미국은 쿠바를 고립시키는 데 협조를 거부한 국가들에게 "강력한 외교적 압박"을 가했으며, 심지어 경제원조를 중단하겠다고 위협하기도 했다. 1999년 국무부는 자메이카의 한 기업을 압박해 쿠바에 호텔 단지를 건설하지 못하도록 막는 데 성공했다. 스웨덴 기업 에릭슨Ericsson은 쿠바의 장비를 수리했다는 이유로 175만 달러의 벌금을 물었으며, 한 미국 기업은 쿠바에 보리를 판매했다는 이유로 재무부로부터 135만 달러의 벌금을 부과받았다. (람라니는 이는 전시에도 식료품 교역을 제한하지 못하도록 규정한 국제법을 위반한 것이라고 다시 한번 지적한다.) 물론 금수 정책의 영향은 심각했다.[22]

특히 필수 의약품 부족으로 의료 체계가 막대한 타격을 입었다. 국제앰네스티는 "금수 조치가 물 공급 부족, 의약품 부족을 심화시켰을 뿐만 아니라, 영양실조를 초래하여 주로 여성과 어린이에게 영향을 미쳤다."고 밝혔다. 1992년 의회는 민주당 의원들이 발의하고 빌 클린턴Bill Clinton 대통령이 강력히 지지한 '쿠바 민주주의 법Cuban Democracy Act, CDA'을 통과시켰다. 미국세계보건협회American Association of World Health가 1년간 진행한 조사 결과, 미국의 경제 전쟁 확대는 "심각한 영양 결핍"과 "수만 명이 신경병증을 앓게 되는 사태"를 초래했고, 결국 "비극적인 인명 피해"로 이어졌다는 사실이 밝혀졌다. "인도주의적 재앙을 피할 수 있었던 유일한 이유는 쿠바 정부가 보유한 탁월한 보건 시스템 때문"이었다. 이 시스템은 "제3세계에서 모범적인 의료 모델로 한결같이 인정"받고 있다. 유엔 인권이사회The UN Human Rights Council는 금수 조치가 "쿠바 시민이 인권을 향유하지 못하도록 직접적으로 제한"한다고 결론지었다. 그러나 지배적인 정치 논리의 틀에서 보자면, 이러한 제재는 인권침해로 간주되지 않는다. 오히려 공식적으로 내세운 제재의 목적은 쿠바의 인권침해에 대응하는 조치라는 것이다.[23]

특히 엘리트 계층에서 항의하는 목소리가 거의 나오지 않는다는 점을 주목할 필요가 있다. 전 세계는 물론, 미국 국민 대다수도 미국의 대對쿠바 정책을 반대한다. 그러나 미국의 역대 정부는 쿠바에 대한 불법적이고 잔인한 정책을 광신적으로 유지해왔다. 라스 슐츠가 2009년 연구에서 지적했듯이, 미국은 "반세기 동안 단순히 쿠바와의 정상적인 외교 및 경제 관계를 거부한 것만이 아니라" 여기에 더해 "지난 50년의 대부분을 공개적이고 적극적으로 쿠바 정부를 전복시키려고 시도했고, 자유 쿠바 지원 위원회Commission for Assistance to a Free Cuba의 완곡한 표현을

빌리자면 '쿠바의 전환을 서두르려고' 노력해왔다".[24]

쿠바가 미국에 저지른 죄는 무엇인가? 이러한 히스테리적 접근 방식, 집단적 처벌, 수십 년에 걸친 노골적 테러 지원은 무엇으로 설명할 수 있을까? 미국은 왜 작은 섬나라를 파괴하기 위해 기꺼이 국제법을 위반하고, 전 세계 여론을 그토록 무시했을까? 람라니는 수십 년에 걸쳐 대중에게 설명한 내용이 조금씩 바뀌어왔다고 지적한다. 처음에는 카스트로의 미국 소유 재산 국유화(실상은 쿠바의 부富를 쿠바에 귀속한 것) 때문인 것으로 설명했다. 그다음에는 쿠바와 소련의 관계였다. (이 설명은 결코 타당하지 않았다. 소련과의 관계는 원인이라기보다는 미국 정책이 초래한 결과에 더 가까웠기 때문이다.) 그다음은 쿠바의 글로벌 사우스(주로 남반구에 위치한 개발도상국—옮긴이) 해방운동 지원 때문이라는 것이었다. 마지막으로, 냉전이 끝나고 쿠바에 대한 가혹한 정책의 정당성이 무너진 이후에 정책 입안자들은 쿠바의 인권침해가 깊이 우려된다는 이유를 내세웠다. (전 세계 인권침해국에 대한 미국의 지원은 평소와 다름없이 지속되고 있었기 때문에 웃음밖에 나오지 않는 설명이다.)[25]

사실 우리는 국무부 기록 연보年報를 통해 "쿠바의 위협", 즉 "성공적인 저항"이 무엇인지 잘 알고 있다. 카스트로는 미국 투자자들의 이익에 경멸을 표하고 재분배주의 정책에 몰두했다. 만약 이 모델이 성공해서 널리 퍼지면, 전 세계에서 '미국의 이익'(즉, 미국 기업의 이익)에 위협이 될 수 있었다. 존 F. 케네디는 유세에서 "카스트로가 권력을 잡는 데 이용했던 빈곤과 불만, 미국에 대한 불신이 거의 모든 라틴 국가에서 스멀스멀 타오르고 있다."고 우려했다. 리처드 닉슨은 1959년 피델 카스트로와의 만남을 기록한 메모에서 "내가 가장 우려한 바는 카스트로가 공산주의에 대해 순진한 태도를 보이는 것보다" 그가 "지배적인 다수 의견, 즉 폭도들의 목소리에 거의 노예처럼 복종하는 것"이라고 분명히 밝혔다. 닉슨은 카스트로가 "민중의 뜻이 무엇이든 간에 그때그때 그것을 수행하는 것이 자신의 책무라는 생각에 사로잡혀 있는 것 같았다"고 말했다.[26]

라틴아메리카 사절단의 책임자였던 아서 슐레진저 주니어 Arthur Schlesinger Jr.는 쿠바 혁명으로 인해 "자기 문제는 스스로 해결하자는 카스트로 사상이 확산될 위험"이 있다고 케네디에게 보고했다. 그는 이 사상이 라틴아메리카 전역에서 큰 호소력을 얻었는데, 그 이유는 남미에서는 "토지나 기타 부富의 분배가 유산계급에게 크게 유리한 데다가 … [그리고] 쿠바 혁명 사례에서 자극받은 가난하고 소외된 계층이 이제 인간다운 삶의 기회를 요구하고 있기 때문"이라고 말했다. CIA는 "라틴아메리카 전역의 사회적, 경제적 상황으로 인해 지배 권력에 대한 반발이 일어나고 급진적 변화를 위한 선동이 들끓는 등 카스트로의 그림자가 크게 드리우고 있다."고 분석했다.[27]

쿠바를 지배하려는 미국의 시도는 1823년 미국이 미주 대륙을 지배할 권리가 있다고 선언한 먼로 독트린Monroe Doctrine으로 거슬러 올라간다. 존 퀸시 애덤스John Quincy Adams는 내각 동료들에게 미국의 힘은 커지고, 영국의 힘은 쇠퇴하여 사과가 나무에서 떨어지는 것처럼 "정치적 중력"의 법칙에 따라 쿠바(실제로는 미주 대륙 전체)가 미국의 수중에 떨어질 것이라고 시사했다. 역사학자 아다 페러Ada Ferrer의 기록에 따르면, 미국은 "항구적이고 간접적인 통치권"을 행사할 권리와 "쿠바 요청 없이도 군사적으로 개입할" 권리가 있다고 주장했다. 실제로 키스 볼렌더가 설명했듯이, 미국은 "쿠바에 대한 소유권이 당연하고 예정된 것이며, 국가의 중요한 기대를 충족시키는 데 핵심"이라고 믿었다. 미국의 선전 선동 과정에서 쿠바는 "무력한 여성, 무방비 상태의 아기, 지도가 필요한 아이, 무능한 자유 투사, 무지한 농부, 천박하고 은혜를 모르는 자, 교양머리 없는 혁명가, 바이러스 같은 공산주의자" 등으로 다양하게 묘사되면서 쿠바인은 자신의 나라를 통제하지 못하는 존재로 일관되게 그려졌다.[28]

1898년에 이르러, 애덤스의 정치적 중력 법칙이 그 마법을 발휘했고, 미국은 "쿠바 해방"으로 알려진 군사작전을 수행할 수 있게 되었다. 다만 그 실체는 쿠바가 스페인 통치에서 해방되는 것을 막기 위한 개입이었으며, 이로 인해 역사학자 어니스트 메이Ernest May와 필립 젤리코Philip Zelikow가 적절하게 표현한 대로 쿠바는 미국의 "사실상의 식민지"로 전환되었다. 쿠바의 주요 항구인 관타나모만은 1903년 쿠바가 총구 앞에서 강압적으로 서명할 수밖에 없었던 조약에 따라 실제 식민지로 남았다. 최근 이곳은 미국이 지지하는 군사정권의 공포를 피해 탈출한 아이티 난민들을 수용하는 구금 시설로, 그리고 미국에 해를 끼쳤거나 혹은 해를 끼치려 했다고 의심되는 사람들을 고문하는 장소로 사용되었는데, 이는 소위 조약이라고 일컬어지는 1903년 조약의 여러 조문을 위반한 행위다.[29]

"사실상의 식민지"는 1959년 해방을 맞았다. 해방 후 몇 달 만에 미국의 공격이 시작됐고, 폭력과 경제적 질식이라는 무기를 사용하여 '그 지옥 같은 작은 공화국'의 주민을 처벌했다. 이 작은 공화국은 인종차별주의자이자 팽창주의자인 시어도어 루스벨트Theodore Roosevelt를 무척 화나게 만들었고, 그는 "그 국민을 지구에서 쓸어내버리고 싶다"고 말할 정도였다. 오늘날까지도 쿠바인들은 자신들의 역할이 주인을 섬기는 것, 즉 독립적으로 행동하지 않는 것이라는 점을 거부하고 있다. 람라니는 "쿠바 국민이 피해를 보고 있는 경제적 포위 상태는 미국이 (국가 안보에 위협이 된 적이 없는 국가에 대해 평화 시에도 전시 조치를 적용함으로써) 쿠바를 미국에 편입시키려는 오래된 식민지적 야망을 여전히 버리지 않았음을 상기시켜준다."고 결론 내린다.[30]

우리 집 뒷마당

바이러스에 대처하는 방법은 바이러스를 박멸하고 감염 가능성이 있는 대상에게 백신을 접종하는 것이다. 쿠바가 살아남기는 했지만, 위협적인 잠재력을 발휘할 수 없는 상태로 살아남았다. 라틴아메리카는 가혹한 독재라는 '백신 접종'을 받았다. 대표적 사례가 군사정권 수립으로 이어진 1964년 브라질 쿠데타다. 링컨 고든Lincoln Gordon 당시 브라질 대사는 본국으로 보낸 전문에서 장군들이 "민주적 반란"을 일으켰다고 보고했다. 그는 이 반란은 "자유세계의 위대한 승리"이며 이로 인해 "민간투자 환경이 크게 개선될 것"이라고 기뻐했다. 미국 정부가 카스트로의 복사판으로 여겼던 인물을 제거함으로써 브라질 군부는 "20세기

중반 가장 결정적인 자유의 승리"를 이룩한 셈이었다. 브라질은 1985년까지 군사 통치를 유지했다.[31]

1954년 발표된 국가안전보장회의의 한 정책 성명서는 미국의 교리를 솔직하게 드러낸다. 이 성명서는 "상당 부분 국민을 향한 호소로 유지되는 민족주의 정권을 추구하는 라틴아메리카의 경향"을 인지하면서, "반미 편견" 및 "낮은 생활수준을 즉각적으로 개선하라는 대중의 요구", 두 가지 모두에 우려를 표명하고 있다. 따라서 공식 정책은 "해당 지역에서 급진적, 민족주의적 정권으로 향하는 흐름을 저지하는 것"으로 설정되었다. 민족주의는 필연적으로 미국의 이익보다는 자국민의 이익을 우선시하는 정부를 요구받기 때문에, 라틴아메리카에서의 민족주의는 용납될 수 없다. 미국의 임무는 이들 국가가 "민간 기업 시스템을 기반으로 경제를 운영하고", 또한 "민간투자에 유리한 정치 및 경제 환경을 조성"하며, "미국의 목표를 이해하고 이를 지향하는" 군대를 보유하도록 하는 것이다. 라틴아메리카에 대한 미국의 정책 목표는 다음과 같다. "미국의 세계 정책을 지원하는 미주 대륙의 연대", "질서 있는" 발전, 군사력 발전을 통한 "미주 대륙의 보호", 공산주의 "위협" 제거, 미국의 원자재 접근권, 다른 지역에서의 미국 대외 정책에 대한 지지 확보, "미국 노선에 따른 라틴아메리카 군부의 조직, 훈련, 교리 및 장비의 표준화"다. 정책 목표에 자주 정부와 시민 자유에 대한 이상주의적 수사가 전혀 없다는 점에 주목할 필요가 있다.[32]

1949년 국무부 정보 보고서에 따르면, '공산주의자'라는 단어는 미국 정치신학(종교적 개념이나 신학적 논리가 국가권력과 사회

질서 등에 미치는 영향을 탐구하는 학문-옮긴이) 분야에서 "정부가 국민의 복지에 직접적인 책임이 있다."고 믿는 사람들을 지칭하기 위해 자주 사용되는 용어였다. 혹은 존 포스터 덜레스의 정의에 따르면, '공산주의자'는 "항상 부자들을 약탈하고 싶어하는 가난한 사람들"에게 호소하는 사람이다. 미국이 인식한 주요 위협은 공산주의로 인해 각국이 "서구의 산업 경제를 보완하려는 의지와 능력을 감소시키는 방식으로" 경제 변화를 유도할 것이라는 점이다. [이는 본질적으로 정확하며, 미국 정치 담론에서 '공산주의'에 대한 유용한 조작적 정의operational definition(사물 또는 현상을 객관적이고 실험적으로 기술하기 위한 것. 즉, 추상적 개념을 측정 가능한 방식으로 규정한 것-옮긴이)라 할 수 있다.] 이런 배경을 고려하면 존 F. 케네디가 "엘살바도르와 같은 문민형 군사정권이야말로 라틴아메리카에서 공산주의 침투를 가장 효과적으로 억제할 수 있는 정부 형태"라고 말한 것은 놀랄 일이 아니다.[33]

패턴은 정해졌다. 예를 들어 과테말라의 경우, 민주적 자본주의 성향의 대통령인 하코보 아르벤스구스만Jacobo Árbenz Guzmán은 투표권 확대, 노동자 조직화 허용, 그리고 가난한 사람들에게 미경작 토지 분배 등 우려스러운 민족주의 정책을 추진했다. 이러한 조치는 당연히 큰 불안을 야기했다. 1953년 CIA 비망록을 보면, 과테말라의 상황을 "사회 개혁과 민족주의 정책에 대한 강력한 지지에 기반한 … 공산주의의 영향력"으로 인해 "미국의 이익에 불리한" 상황이라고 묘사했다. 이러한 '급진적' 정책 중에는 "외국의 경제적 이익 탄압, 특히 유나이티드 프루트 컴퍼니사에 대한 박해"가 포함되어 있었고, 이 정책은 거의 모든 과테말라인이 지지하거나 혹은 묵인했다. 정부는 "지금까지 정치적으로 무기력했던 농민층을 동원"하는 한편, 대지주의 힘을 약화시키는 작업을 진행했다. 설상가상으로 과거를 특징짓는 "군사독재, 사회적 후진성, '경제 식민주의'로부터 과테말라를 해방시키기 위한" "강력한 국민운동"이 조직되었다. 토지개혁의 성공은 주변 국가의 '안정'을 위협했고, 고통받던 주변 국가의 국민들은 여기에 주목하지 않을 수 없었다. 역사학자 그레그 그랜딘Greg Grandin은 아르벤스구스만이 "엄청난 인기"를 누렸으며 "정치적 민주주의의 이상을 사회적 영역으로 확장해야 할 사명감"을 가지고 있었다고 지적한다. 간단히 말해, 이는 매우 심각한 상황이었다.[34]

그래서 CIA는 "심리전의 진보된 기술을 모조리 활용"하여 쿠데타를 성공적으로 수행했다. 과테말라의 민주주의는 종말을 고했다. 과테말라는 미주 대륙 최악의 도살장 중 하나로 전락하고 말았다.[35]

과테말라는 1954년 쿠데타로 민주주의가 붕괴된 후 잔인한 군부 장교들에 의해 통치되었고 순식간에 내전으로 빠져들었다. 중남미 전문 역사학자 커스틴 웰드Kirsten Weld에 따르면, 이 당시 과테말라 주재 미국 고문단은 "미국의 영향력을 유지하고, 미국 기업의 이익을 보호하고, 전 세계에서 '공산주의'를 억제하기 위한 목적으로" "사회 변화를 요구하는 목소리를 말살하려는 과테말라 엘리트 집단의 노력을 방조하고 조장했다". 1968년 국무부 문건이 인정하듯, 미국은 과테말라 보안군이 "과거처럼 공산주의 예속으로부터 국가를 보호하는 역할보다는 정당한 사회 변화를 탄압하는 과두정치의 억압 도구로서 계속 이용될 것"임을 잘 알고 있었다.[36]

1977년, 인권침해가 너무 심각해지자 지미 카터Jimmy Carter 행정부는 표면적으로는 과테말라에 대한 군사원조를 중단했다. (그러나 '인권'을 중시한다는 카터 행정부 역시 실제로는 1978년부터 1980년까지 국무부 군사 지원 프로그램과 해외 군사 판매 프로그램을 통해 과테말라에 수백만 달러를 지원했다.) 레이건 행정부는 과테말라의 인권에 관심을 갖는 척하는 시늉마저 더 이상 하지 않았다. 레이건은 과테말라의 군사독재자 리오스 몬트Ríos Montt를 따뜻하게 포용하고, 그가 "부당한 비난"을 받고 있다고 변호하며 그를 "과테말라의 민주주의를 위해 전적으로 헌신하는" "훌륭한 도덕성을 갖춘 사람"이라고 묘사했다. 레이건은 국제 인권 단체가 과테말라 군대가 저지른 학살을 문서로 기록하고 있는 와중에도 군사원조를 복원하겠다고 약속했다. 사실 과테말라 정부는 미군 및 미 정보기관과의 긴밀한 협력하에 미주 대륙 현대사에서 최악의 대량 학살 중 하나를 자행하고 있었다. 결국 리오스 몬트는 80년 형을 선고받았다. 이는 전직 국가원수가 자국 내 대량 학살 혐의로 유죄판결을 받은 최초의 사례다. 과테말라의 저널리스트 훌리오 고도이Julio Godoy는 "백악관의 일부 인사가 중앙아메리카인의 피를 바쳐가면서 아즈텍 신을 숭배한다고 믿고 싶을 정도다."라고 말했다.[37](문명은 신에게 제사를 지내며 대규모 인신공양을 하는 것으로 알려져 있다—옮긴이)

미국이 미주 대륙의 살인자들을 지원한 역사를 기록하려면 여러 권의 책을 써야 할 정도다.[38] 그레그 그랜딘은 “냉전 말기까지 미국이 훈련시키고, 자금 및 장비를 지원하고 선동한 라틴아메리카 보안군은 피비린내 나는 공포 통치, 즉 수십만 명을 살해하고, 비슷한 숫자의 사람을 고문했으며, 수백만을 망명으로 내몰아서 이 지역은 아직 그 여파에서 회복하지 못하고 있다.”는 글을 썼다. 예를 들어 볼리비아에서는 1971년 후안 호세 토레스Juan José Torres 대통령이 우고 반세르Hugo Banzer 장군에게 축출되었다. 토레스는 노동자 계급(농민, 학생, 교사, 광부 등)을 대표하는 인민 의회를 설치했는데, 이러한 ‘급진적’ 정책을 미국은 용납할 수 없었다. 헨리 키신저는 토레스가 “극도로 민족주의적이고 좌파적이며 반미 성향”이라며 우려했고, 곧 CIA에 토레스를 제거하기 위한 “긴급 작전 개시”를 명령했다. 반세르의 쿠데타는 미국의 지원을 받았으며, 집권 후에는 미국의 막대한 군사원조를 받아 세력을 강화했다(반세르 정부는 첫해에만 6,300만 달러를 지원받았다). 반세르 정권은 수천 명을 체포하고 고문했으며, 155명이 흔적도 없이 ‘실종’되었고, 1만 9,000명을 나라 밖으로 내몰았다. 그럼에도 불구하고 어니스트 시라쿠사Ernest Siracusa 미국 대사는 반세르를 “매력적이고”, “공감할 줄 아는”, “전형적인 가톨릭 신자이자 가정적인 사람”으로 묘사하면서 그가 억압하려는 “의도”는 없었다고 주장했다.[39]

토레스는 미국이 수십 년 동안 지원한 국가 테러 프로그램인 콘도르 작전Operation Condor의 일환으로 1976년 납치되어 살해되었다. 콘도르 작전은 ‘테러리스트’ 또는 ‘전복 세력’으로 여겨지는 사람들을 ‘찾아내 죽이는’ 것을 목표로 한 미주 대륙 전역의 우파 라틴아메리카 군사정부 간의 협력 작업이었다. 1976년 국무부 메모에 따르면 "전복 세력"이라 함은 "정부 정책에 반대하는 거의 모든 사람"을 포함한다고 언급되어 있다. 콘도르 작전 전문가인 존 딘지스John Dinges는 기밀 해제된 기록물을 바탕으로 쓴 글에서, 미국이 "고문 수용소, 시체 처리장, 화장터를 운영하는 대량 살인자들 및 미국에서조차 테러를 저지르는 자들을 친근하게 포용했다"고 언급했다(이는 피노체트의 요원들이 워싱턴 DC 거리에서 반체제 경제학자 올랜도 리텔리에르Orlando Letelier를 암살한 사건을 지칭한 것이다). 딘지스에 따르면, 군사정권들은 "미국의 인권 정책이 대외적이고 전술적인 것에 불과하며, 민주주의를 전복하고 수천 명의 자국민을 살해한 정권을 미국이 지지한다는 사실을 믿도록 유도되었을 뿐만 아니라 비밀회의에서 이 점을 분명히 언질받았다"고 한다.[40]

아르헨티나에서는 1976년 쿠데타로 이사벨 페론Isabel Perón 대통령이 축출되고, 그 후 "국가 재편 과정"이라고 불리는 호르헤 라파일 비델라Jorge Rafael Videla 장군의 군사독재 체제가 시작되었다. 이때의 정부 전복은 미국 제럴드 포드Gerald Ford 행정부의 암묵적인 동의와 지지를 얻었다. 비델라는 "서구 문명과 기독교에 반하는 사상을 통해 다른 사람들을 선동"하는 모든 사람에게 "테러리스트"라는 딱지를 붙이고, 이러한 가짜 '테러'에 진짜 테러로 대응했다. 스티븐 레이브는 아르헨티나 보안군이 "라플라타에서 고등학생 7명을 납치해 그중 6명을 살해한 이유는 학생들이 시내버스의 학생 요금 보조금 폐지에 항의하는 지나친 용기를 냈기 때문"이며, "하반신 마비 장애인 호세 리보리오 포블레José Liborio Poblete를 살해한 이유는 기업에 일정 비율의 장애인 근로자를 고용하도록 요구하는 탄원서를 작성했기 때문"이라고 설명한다. 비델라 통치 기간 동안 미국은 아르헨티나와 강력한 외교 관계를 유지했으며, 이는 헨리 키신저 국무부 장관의 수차례 공식 방문으로 입증되었다. 레이브에 따르면, 키신저는 아르헨티나 독재 정권의 '국가 테러'를 즉각적으로 승인하며 아르헨티나 외무부 장관에게 "귀국이 권위를 세워야 한다는 점을 이해한다"면서 "해야 할 일이 있다면 신속히 처리해야 한다"는 요청만 했다고 한다.[41]

마나과의 종양 덩어리

1980년대 미국의 대중앙아메리카 정책은 공산주의의 확산을 막는다는 구실하에 좌파운동 혹은 대중운동을 분쇄하겠다는 잔인한 집착으로 특징지어진다. 산디니스타Sandinista(반제국주의 및 사회주의를 표방하는 니카라과 정치 세력-옮긴이)가 소모사Somoza 독재 정권을 전복시킨 이후 니카라과에 대한 미국의 개입은 특히 극악한 사례로 꼽힌다. 처음에 미국은 현상 유지를 목표로 '소모사 없는 소모사주의Somocismo'(독재자 소모사 가문이 수십 년간 유지했던 정치, 경제, 사회체제-옮긴이)를 시도했으며, 이는 본질적으로 다른 독재자를 꼭두각시로 내세워 현 상태를 그대로 유지하려는 것이었다. 로런스 페줄로Lawrence Pezzullo 대사는 "조율만 신중하게 하면, 소모사 퇴진 후에도 질서를 유지하고 산디니스타를 견제할 수 있을 만큼 GN(소모사의 악명 높은 민병대인 국가방위군Guardia Nacional)을 보존할 가능성이 더 높다."는 희망을 내비쳤다. "우리가 여전히 중앙아메리카의 정치적 결과를 좌우하는 결정적인 세력임을 보여줘야 하며, 다른 나라의 개입을 허용하지 않을 것"이라고 카터 대통령의 보좌관인 즈비그뉴 브레진스키Zbigniew Brezezinski는 선언했다. 이 계획이 실패하자 카터 행정부는 소모사의 국가방위군을 미국의 중앙아메리카 내 세력 기반으로 유지하려 했다.[42]

로널드 레이건 대통령 시절에는 이 전략이 대규모로 확대되어 니카라과에 대한 잔인한 작전으로 이어졌다. 자국민의 상황을 개선하고, 개발 과정에 국민을 적극적으로 참여시키고자 했던 산디니스타 정부를 흔들기 위해 미국은 경제 전쟁과 더불어 테러 전쟁을 벌였다. 산디니스타의 이러한 노력은 이 지역에서 성공적이고 독립적인 좌파 정부의 모범적 사례가 될 수 있기 때문에 미국의 헤게모니에 위협이 되었다. 헨리 키신저는 "우리가 중앙아메리카를 관리하지 못한다면" 여타 다른 국가들에게 "우리가 과연 세계 균형을 관리하는 방법을 알고 있는지"에 대한 의구심을 불러일으킬 것이라고 설명했다. 니카라과를 "미국 국가안보"에 대한 "비상한 위협"이라고 선언했던 로널드 레이건은 미국인들이 스스로에게 "어떻게 그렇게 작은 나라가 그토록 큰 위협이 될 수 있는가?" 같은 질문을 던질지 모른다는 점을 인식했다. 그래서 그는 우리가 "마나과Managua(니카라과의 수도-옮긴이)의 악성종양을 무시할 수 없다"고 강조하며, 만약 무시한다면 종양은 "신세계New World 전체로 퍼져 치명적인 위협이 될 것"이라고 주장했다.[43]

라틴아메리카 전문가인 토머스 W. 워커Thomas W. Walker와 크리스틴 J. 웨이드Christine J. Wade가 쓴 글에 따르면, 혁명 후 초기 몇 년 동안 "산디니스타의 가장 중요한 장기적 관심사는 대다수 니카라과 국민의 낙후된 생활 조건을 개선하는 것"이었다고 한다. 그러나 "국내 경제 상황과 퇴출된 독재자 및 그 측근들로부터 물려받은 막대한 국제 부채"로 인해 이 프로젝트의 실행이 어려워졌다. 그럼에도 불구하고 정부는 영양실조 감소, 임대료 인하, 문맹률을 획기적으로 개선한 국가 문해력 십자군National Literacy Crusade 도입(1980년 유네스코 최우수 프로그램상 수상) 등 일부 영역에서 인상적인 성과를 거두었다. 그러나 워커와 웨이드의 글처럼 "미국이 지원하는 대리전쟁 그리고 이와 관련된 경제 침략"은 "시골 학교, 진료소, 식량 저장 시설, 탁아소, 기본적인 개발 프로젝트"를 유명무실하게 만들었다. 1980년대 후반에는 전쟁 관련 지출이 국가 예산의 절반 이상을 차지하게 되었고, 이로 인해 사회 프로그램에 절실히 필요한 자원을 빼앗길 수밖에 없었다.[44] 그레그 그랜딘은 레이건 정부의 정책이 니카라과에 미친 결과를 자세히 조사했다. 1984년까지 콘트라Contra(산디니스타 정권에 대항한 친미, 반정부 민병대－옮긴이)는 미국의 '고문 매뉴얼'을 사용하여 "시골 지역에서 수천 명의 민간인을 살해하고, 고문하고 … 사람의 신체를 훼손했다". 마침내 전쟁이 끝났을 때는 이미 수만 명의 니카라과인이 사망한 상태였다.[45]

인접한 엘살바도르에서도 미국은 오랫동안 가혹한 탄압과 고문, 살인을 자행한 독재자들을 지원했다. 그러나 1970년대 후반에 이르러 농민회, 협동조합, 노동조합, 교회 기반 성경 공부 모임에서 발전한 자조 단체 등 이른바 '대중조직'이 성장하기 시작했다. 이로 인해 민주주의가 확산될 위협이 고조되었다.

1980년 2월, 엘살바도르의 대주교 오스카 로메로Óscar Romero는 카터 대통령에게 서신을 보내 엘살바도르를 통치하는 군부 정권에 대한 군사 지원을 중단해달라고 호소했다. 로메로는 미국이 엘살바도르에 대한 새로운 군사원조를 고려하고 있는 것에 깊이 우려를 표명했다. 만약 그렇게 된다면, "대통령님의 정부는 더 큰 정의와 평화를 증진시키는 대신" 오히려 "가장 기본적인 인권을 인정받기 위해 지속적으로 투쟁해온 국민 조직에 대한 불의와 탄압을 더욱 심화시킬 것입니다."라고 경고했다.[46]

몇 주 후, 로메로 대주교는 미사 집전 중 암살당했다. 신나치주의자 로베르토 다우비손Roberto d'Aubuisson이 (다른 수많은 잔학 행위 중에서도) 이 암살의 배후로 추정된다. 암살 2주 전인 1980년 3월 7일, 엘살바도르에 비상사태가 선포되었고, (미국의 지속적인 지원과 개입을 바탕으로) 국민에 대한 전쟁이 시작되었다. 첫 번째 주요 공격은 온두라스군과 엘살바도르군이 협력하여 실행한 군사작전인 리오숨풀에서의 학살이었다. 이 과정에서 300명에서 600명 정도의 사람들이 잔인하게 살해당했다. 유아들이 정글칼로 토막 나고, 여성들은 고문 후 익사당했다. 그 후 며칠 동안 강에서 사체 일부가 발견되었다. 농민들이 이 전쟁의 주요 희생자였으며, 노동운동가, 학생, 성직자, 또는 민중의 이익을 위해 일한다고 의심되는 사람들도 함께 희생되었다.[47]

카터 대통령 재임 마지막 해와 레이건 대통령 임기 초반 엘살바도르 군부에 대한 미국의 개입과 지원의 결과로 엘살바도르의 사망자 수는 가파르게 상승했다. NPRNational Public Radio(미국 공영 라디오 방송－옮긴이)이 요약한 바에 따르면, "미국의 정책 입안자들은 엘살바도르에 민주 정부를 수립해야 한다고 주장했지만, 현실은 무고한 민간인을 납치, 고문, 학살하는 것으로 알려진 부패한 군부에 미국이 자금을 지원한 것이었다". NPR은 당시 엘살바도르에서 취재 활동을 하던 저널리스트 빅터 아발로스Victor Abalos의 말을 인용하여 "쓰레기매립지에서는 항상 사체가 발견되었다. … 젊은이, 노인, 여성, 남성, 많은 사람에게 생명은 그저 하찮은 것이었다."고 보도했다. 교회가 "가난한 사람을 우선적으로 돌보겠다는 입장"을 취했기 때문에 성직자들은 특별히 더 의심을 받았고, 성경은 체제 전복적인 것으로 간주되었으며 교회 주변에는 "애국자가 되려면 성직자를 죽여라"라는 내용의 전단지가 나붙었다.[48]

미국이 창설하고 훈련시키고 장비를 제공한 아틀라카틀 대대Atlacatl Battalion의 개입은 미국이 얼마나 깊이 공모했는지를 보여준다. 이 대대의 특징은 살인, 강간, 고문을 포함한 극단적인 폭력을 행사한다는 점이다. 이 부대는 1981년 3월 미 육군이 엘살바도르에 반군 토벌 전문 군 인력을 파견하면서 결성되었다. 아틀라카틀 대대는 처음부터 대량 학살에 관여했다. 한 미국인 훈련 교관은 병사들을 두고 "유난히 잔혹하다. … 우리는 부대원에게 포로를 잡아오는 대신 귀를 베어오는 행위를 하지 않도록 교육하는 것이 항상 어려웠다."고 설명했다. 1981년 12월, 이 대대는 엘모소테 학살로 알려진 작전에 참여했으며, 이 과정에서 살인, 강간, 방화로 인해 1,000명이 넘는 민간인이 목숨을 잃었다. 레이건 행정부는 학살 보도를 대수롭지 않게 여겼고, 우익 언론은 이를 "선전 선동"에 불과하다고 일축했으며, 《뉴욕 타임스》는 이 기사를 보도한 기자를 다른 부서로 재배치했다. 마크 허츠가드Mark Hertsgaard 기자는 이 학살 보도가 "미국 정책의 근간이 되는 도덕 기반을 부정"하고 "미국이 중앙아메리카에서 지원하고 있는 것은 민주주의가 아니라 억압"이라는 점을 시사했기 때문에 행정부에 위협이 된 것이라고 설명한다.[49]

1980년대 중앙아메리카에서 미국이 얻은 결과는 엄청난 비극이었다. 이는 끔찍한 인명 피해 때문만이 아니라, 엘살바도르, 과테말라, 니카라과에서 거둔 초기 성과 덕분에 민주주의를 향한 실질적인 진전을 기대할 수 있었으나 그 가능성을 앗아갔다는 이유 때문이었다. 이러한 노력은 성공할 수도 있었고, 비슷한 문제를 겪고 있는 다른 국가에 유용한 교훈을 줄 수도 있었다. 그러나 그 위협은 성공적으로 차단되었다.[50]

건설적인 유혈사태: 인도네시아와 동티모르

1965년에서 1966년 사이, 인도네시아 공산당Communist Party of Indonesia은 CIA가 "20세기 최악의 대량 학살 중 하나"라고 분석한 사건으로 소멸되었다. 이후 수십 년 동안 학살을 주도한 세력이 인도네시아를 통치했기 때문에, 실질적인 조사가 이루어지지 않았고 사망자 추정치도 정확하지 않다. 통상 50만 명이 희생되었다고 추정되지만, 최대 100만 명에 이를 수도 있다. 인도네시아 공산당은 세계에서 가장 성공적인 좌파 정당 중 하나였으며, 인도네시아 유일의 대중 기반 정당이었다. 하지만 단기간 내에 소멸되었고, 독립적 민족주의자였던 수카르노Sukarno는 권좌에서 쫓겨나고, 살인적인 독재자 수하르토Suharto가 그 자리를 대신하게 되었다.[51]

제프리 로빈슨Geoffrey Robinson은 저서 《살육의 계절: 인도네시아 학살의 역사, 1965-66The Killing Season: A History of the Indonesian Massacres, 1965-66》에서 학살에 대해 자세히 서술하고 있다. 희생자들은 "극심하게 가난하거나 중산층 중에서도 하위에 속한 사람들(농부, 농장 노동자, 학교 교사, 학생, 예술가, 무용수, 공무원 등)이었으며, 이들은 시골 마을과 농장 또는 지방 도시와 마을 외곽의 판자촌에 거주했다". 이들은 "인도네시아 전역에 산재한 킬링 필드"에서 … "손 칼, 낫, 정글 칼, 긴 칼, 얼음 송곳, 죽창, 쇠막대기 및 기타 일상적인 도구로 살해당했다". 참혹함은 극심했다. 빈센트 베빈스Vincent Bevins는 다음과 같이 전한다. 목격자들이 묘사한 바에 따르면, "상상할 수 있는 가장 충격적인 장면, 끔찍한 폭력의 난무로 인해 너무나 두려운 나머지 무슨 일이 있었는지 이야기하는 것만으로도 정신적으로 무너져내려 스스로의 정신상태를 의심할 정도였다"고 한다.[52]

잔학 행위가 보도되었음에도 미국 내에서는 인도네시아 정부에 대한 찬사가 이어졌다. 이러한 르완다식 학살은 자유세계의 승리로 보도되었는데, 이는 가해자들이 독립적인 좌파 반대 세력을 제거함으로써 인도네시아가 친서방 성향의 정부를 유지하도록 보장했기 때문이었다. 《타임Time》은 인도네시아 공산주의자들의 소멸을 "수년 동안 서방이 보도한 아시아 뉴스 중 최고"라고 표현했고, 《애틀랜틱The Atlantic》은 "청렴한" 수하르토가 "공산주의자들을 공격함"으로써 "인도네시아에 최선이라고 여겨지는 일을 단행했다"고 독자들에게 전했다. 《뉴욕 타임스》는 노골적으로 희열에 차서 이 사건을 새로운 "아시아의 한 줄기 빛"으로 묘사했다. 《뉴욕 타임스》는 "베트남에서 맞닥뜨린 정치적 어려움"에도 불구하고 "아시아의 다른 곳에서는 더 희망적인 정치적 발전"이 있었다고 언급했다. 《뉴욕 타임스》는 "학살"이라고 솔직하게 표현하면서도 "이 거대하고 전략적인 군도群島에 대한 통제권은 더 이상 미국에 극도로 적대적인 세력의 수중에 있지 않다."고 보도했다.[53]

미국은 이 대학살을 단순히 환영한 것에 그치지 않았다. 오히려 학살이 실행되도록 적극적으로 지원했다. 이는 당시에도 잘 알려진 사실로, 《뉴욕 타임스》는 "미국은 어떤 공로도 주장하지 않으려고 조심하고 있지만 … 베트남에서 미국의 힘을 과시하지 않았다면 이 쿠데타가 애초에 시도되었을지, 그리고 미국이 간접적으로 비밀리에 지원하지 않았다면 이 쿠데타가 유지될 수 있었을지 의문"이라고 보도한 바 있다. 이후 밝혀진 증거들은 미국이 깊이 개입했음을 입증했다. 미 대사관의 전문에는 "현재 진행되는 필사적인 정치권력 투쟁에서 우리가 승리하기를 바라는 세력의 입지를 강화"하기 위한 비밀 지원 요청과 "PKI[인도네시아 공산당]를 상대하기 위해 소형 무기와 장비가 필요할 수 있다"는 언급이 있었다. 심지어 미국은 이들이 암살당할 것을 뻔히 알면서도 수천 명의 공산주의자 명단을 인도네시아군에 제공하기

도 했다.[54]

실제로 미국은 1940년대부터 "PKI를 무력화시키고, 수카르노 대통령을 약화시키거나 제거하기 위해 꾸준하게 노력"했으며, 군부의 권력 장악을 오랫동안 독려해왔다고 로빈슨은 말한다. 베빈스는 기록을 다음과 같이 요약한다. "1950년대 이래 미국의 전략은 인도네시아 공산당을 파괴할 방법을 찾는 것이었다. 이는 그들이 비민주적으로 권력을 장악했기 때문이 아니라 국민적 지지를 받았기 때문이었다." 이 학살은 좌파를 파괴하고 인도네시아를 군부의 통제하에 두기 위한 오랜 노력의 결과물이었다. 자카르타 주재 미국 대사관은 1958년 "선거를 통한 일반적인 민주적 수단으로는 공산당을 이길 수 없다"면서, 따라서 "경찰과 군에 의한 점진적 공산주의자 제거 작업과 더불어 공산당 불법화가 비교적 가까운 장래에 일어날 가능성이 없지 않다."고 보고했다. 같은 날 합동참모본부는 "반체제 세력의 성공을 보장하거나 또는 수카르노 정부 내 친공산주의 세력을 확실히 억제하기 위해 공개적 조치를 포함하여 필요한 행동을 취해야 한다"고 촉구했다.[55]

자카르타 주재 미국 공관에서 정치 담당관으로 일했던 로버트 마텐스Robert Martens는 공산주의자 명단을 제공해 학살을 도왔다고 인정했으나 사과는커녕 다음과 같이 말했다.

> 명단은 군대에 상당한 도움이 되었다. 아마도 많은 사람이 죽었을 것이고, 내 손에도 피가 많이 묻었지만 그게 전부 나쁜 것은 아니다. 결정적인 순간 강한 타격을 가해야 할 때가 있다.[56]

당시 국무부의 인도네시아 전문가였던 하워드 페더스필Howard Federspiel은 1990년 이렇게 말했다. "그 사람들이 공산주의자인 이상, 아무도 그들이 도살당하고 있다는 사실에 신경쓰지 않았다. … 아무도 그 문제에 대해 분노하지 않았다." 국가안보문서보관소에서 진행한 인도네시아·동티모르 문서화 프로젝트의 책임자인 브래들리 심슨Bradley Simpson은 증거를 바탕으로 다음과 같은 결론을 내린다. "미국과 그 동맹국들은 인도네시아가 역내 정치 경제 체제에 재편입되기 위해서는 PKI와 그들의 민간인 지지 세력에 대한 대규모 학살이 불가피한 전제 조건이라고 보았으며, 따라서 미국은 군부 주도의 PKI 당원 학살을 부추기고 촉진하기 위해 모든 힘을 다했고, 미국 관리들은 PKI의 비무장 지지자들의 처형이 충분히 이루어지지 않을까봐 오히려 걱정했다." 서방 국가들은 "무고한 방관자로 남아 있지 않았고" 오히려 "PKI와 관련자들의 정치적, 물리적 파괴와 수하르토의 집권을 돕기 위한 조직적인 캠페인을 시작했다"고 제프리 로빈슨은 결론지었다. 폭력이 "외세의 영향과 무관한 국내 정치 세력에 의해 발생되었다"는 주장은 "사실이 아니다". 왜냐하면 "서방 국가들은 군이 좌파에 맞서 강력한 조치를 취하도록 독려하고, 대량 학살을 포함한 광범위한 폭력을 조장했으며, 군부가 정치적 권력을 공고히 다지는 데 일조했기 때문이다".[57]

따라서 미국 정부는 CIA 스스로 20세기 최악의 잔혹 행위 중 하나라고 지칭한 사건을 선동하고 지원한 직접적인 책임이 있다.[58] 하지만 이 사건은 공론화된 적이 없다. 베빈스는 그 이유를 다음과 같이 설명한다. 미국이 "폭력 충돌 발생 조건을 조성"한

다음, "미국의 지정학적 목적을 달성하기 위한 수단으로 민간인 대량 학살을 자행하도록 오랜 협력자들을 지원하고 지도"했다는 진실은 너무도 추악하여 인정할 수 없었기 때문이다. 미국이 세계에서 선하거나 긍정적인 역할을 한다고 믿고 싶은 미국인이라면 도저히 이를 인정할 수 없었던 것이다. 베빈스는 "냉전에 대한 인식, 미국인이라는 사실이 가지는 의미, 세계화가 이루어지는 방식에 대한 우리의 생각과 실제 현실에서 발생한 사건 사이의 괴리가 너무 커서 차라리 이를 외면하는 것이 더 쉬웠다."라고 회고한다.

다시 말해, 이 이야기는 진실을 너무나도 속속들이 드러내기에 알려질 수 없다. 그래서 알려지지 않은 것이다. 이러한 사건들은 20세기 초 발생한 수십만 필리핀인 학살, 아메리카 원주민의 대량 학살 그리고 공식 역사에 기록되기에는 부적합한 다른 사건들과 마찬가지로 조지 오웰이 말한 기억 구멍 속으로 사라져 잊혔다.

수하르토 정권에 대한 미국의 지원과 원조는 학살 작전이 성공한 이후에도 수십 년간 지속되었다. 1975년 수하르토는 포르투갈로부터 막 독립한 동티모르를 침공하여 좌파 정부를 전복시키고 수십만 명을 살해하며 수십 년 지속될 점령을 시작했다. 사람들은 건물이나 들판으로 내몰려 집단적으로 살해당했다. 유엔 안전보장이사회는 인도네시아에 철수를 명령했지만 소용없었다. 당시 유엔 대사였던 대니얼 패트릭 모이니핸Daniel Patrick Moynihan은 소용이 없었던 이유를 이렇게 설명했다. 그는 회고록에서 "미국은 미국이 원하는 대로 상황이 흘러가기를 원했"고 "이를 위해 노력했다"고 밝혔다. 이로 인해 유엔이 "어떤 조치를 취하든 이를 완전히 무력화"시킬 수 있었다고 자부심을 드러냈다. 동티모르 침공 당시 자카르타 주재 미 대사관에서 CIA 고위 요원으로 근무했던 C. 필립 리히티C. Philip Liechty는 수하르토가 침공을 개시해도 된다는 승인을 미국으로부터 받았으며, 인도네시아군에 "필요한 모든 것"을 미국이 제공했다고 고백했다. 민간인 대량 사망 소식이 전해지자 CIA는 "최대한 오랫동안 이를 은폐하려 했다".[59]

지미 카터는 1978년 자신이 대통령으로 있는 한 "미국 정부는 전 세계에서 인권 향상을 위한 노력을 계속해나갈 것"이며 "지구상의 그 어떤 세력도 우리를 그 약속에서 떼어놓을 수 없다"고 선언했다. 그는 인권이 "우리 외교정책의 영혼"이라고 주장했다. 그럼에도 불구하고 카터는 인도네시아에 대한 무기 지원을 오히려 확대했고, 이는 동티모르 저항군을 진압하는 데 사용되었다. 미 국무부가 의회에 밝힌 미국의 공식 입장은 "우리는 [인도네시아인들에게] 그들이 처한 상황을 이해하고 있음을 밝히는 한편, 그들이 느끼는 압박감과 현재 진행 중인 전투에 대한 우려, 그리고 사태 전개로 빚어질 사회 불안 가능성을 이해했다는 점을 분명히 했다"는 것이었다. 사실, 인도네시아의 공격 이외에는 어떠한 전투도 벌어지지 않았으며, (국무부 역시 인정했듯이) "이러한 공격의 대략 90퍼센트는 미국이 제공한 장비로 이루어졌다".[60]

결국 사망자 수는 20만 명에 이르렀고, 이는 홀로코스트Holocaust 이후 인구 대비 최악의 학살 중 하나로 기록되며, 동티모르 인구의 3분의 1이 사망했는데 그중 상당수는 굶어 죽었다. 동티모르 독립에 대한 종합 연구서인 《동티모르의 독립The Independence of East Timor》의 저자 클린턴 페르난데스Clinton Fernandes는 "인도네시아는 저항 세력을 소탕한다는 군사적 목표를 다른 모든 고려 사항보다 우선시한" 반면, "서방 국가들은 수하르토 정권과의 우호적 관계 유지를 최우선 순위로 두었다"고 말한다. "미국이 인도네시아에 제공한 항공기가 대규모 사망자 발생의 주요 요인"이었음에도 불구하고, 서방의 항의는 미미했고 보도도 거의 없었다. 존 필저John Pilger는 동티모르에 대해 이렇게 말한다. "지구상에 더 외딴 곳이 있을 수도 있다. 그렇지만 학살 세력에 의해 이토록 유린당하고 학대당하며, '국제사회'로부터 이렇게 철저히 버림받은 곳도 없다. 그 국제사회의 주요 국가들이야말로 바로 20세기 최악의 조명받지 못한 범죄의 공범이라고 할 수 있다."[61]

미국 대통령들은 1991년 수백 명의 티모르 독립 지지 시위대가 학살된 사건이 국제 언론에 보도된 후에도 수십 년간 수하르토를 지지했다. 1995년 《뉴욕 타임스》의 한 기사는 클린턴 행정부가 수하르토와 이처럼 우호적 관계를 유지한 이유로 "미국 내각에는 수하르토를 언제든지 환영할 고위 관리가 넘쳐난다."는 점을 들었다. 그는 "경제 규제를 완화"하고 "인도네시아를 외국인 투자자에게 개방하는" 등의 조치를 통해 "워싱턴을 만족시키는 방법을 잘 알고" 있었다. 《뉴욕 타임스》는 수하르토를 "우리가 선호하는 인물"이라고 칭한 행정부 고위 관리의 말을 인용해, 워싱턴에서 냉대받았던 피델 카스트로(결국 카스트로 역시 독재자이긴 했지만)와 그를 비교했다. 국가안보문서보관소의 문서에 따르면, 인도네시아 노동 관행에 대한 조사를 중단하는 등 "클린턴 행정부는 사실상 마지막까지 수하르토를 지지했으며", 수하르토의 군대가 정권에 반대하는 시위대를 학살하는 상황에서도 "인도네시아 군부를 안정을 보장하는 세력으로 간주했다." 수하르토가 "학생들의 반反수하르토 시위를 잔인하게 진압하고 민주화 운동 인사들을 납치"했을 때조차도 빌 클린턴은 수하르토에게 직접 전화를 걸어 이렇게 말했다. "대통령님의 지도력 덕분에 인도네시아와 그 국민들이 전례 없는 경제 성장과 번영을 누리고 있습니다. 저는 대통령님께서 지금의 어려움을 극복하실 수 있다고 확신합니다."[62]

클린턴은 민주적 반대 세력을 억압하는 것이 미국의 지속적인 지지를 받는 데 아무런 장애물이 되지 않는다는 점을 분명히 했다. 수하르토는 학살, 고문 및 기타 학대의 가장 끔찍한 기록을 세우면서도 "우리(미국—옮긴이)가 선호하는 인물"로 남았다. 수하르토는 이러한 분위기에 취해 자제력을 잃고, 국제통화기금IMF의 혹독한 처방을 이행하는 데 주저하는 실수를 저질렀다. 1998년 매들린 올브라이트Madeleine Albright 국무부 장관은 마침내 수하르토에게 "업적을 지키기" 위해서라도 사임하고 "민주적 정권 이양"을 진행하라고 촉구했다. 그러자 몇 시간 후 수하르토는 자신이 직접 지명한 부통령에게 권력을 이양했다. 미국의 지원이 끊기자마자 수하르토가 실권했다는 사실은 미국이 동티모르에서 자행되는 고문을 언제라도 쉽게 중단시킬 수 있었음을 보여준다.[63]

성공적인 저항: 이란

제2차 세계대전 이후 이란에서는 민족주의 흐름이 형성되었다. 이러한 민족주의 운동은 모든 사회 계층의 이란인들에게 호소력을 발휘할 수 있는 강력한 카리스마를 지닌 전통적 자유주의자 모하마드 모사데그Mohammad Mosaddegh를 중심으로 결집되었다. 모사데그는 1951년 총리에 취임하자 영국이 독점하고 있던 이란 석유의 국유화를 추진했다. 1953년에 이르러 미국은 모사데그가 물러나야 한다는 데 영국과 의견을 같이했다. 그의 의회 정권은 쿠데타로 전복되었고, 보다 고분고분한 레자 팔라비Reza Pahlavi 국왕이 권력을 되찾았다. 결국 CIA는 이 쿠데타가 "정부 최고위층에서 입안하고 승인한 대외 정책의 일환으로, CIA의 지휘하에 수행되었다"고 인정했다.[64]

역사학자 로함 알반디Roham Alvandi와 정치학자 마크 J. 가시오로프스키Mark J. Gasiorowski는 "영국과 미국은 1953년 쿠데타에서의 자신들의 역할을 공개적으로 부인함으로써 이란 국왕이 난처한 상황에 처하지 않도록 했고, 또 이란과의 긴밀한 정치적, 경제적 관계를 위태롭지 않게 만들었다."고 분석한다. 심지어 논란의 여지가 없는 증거가 드러난 후에도 미국의 역할에 대한 부인이나 축소가 "미국 정부의 최고위층에까지 이르렀다"고 지적한다. 또한 "미국 국민이 1953년 이란에 대한 CIA의 개입에 대해 죄책감을 느끼게 되면, 오늘날 이란에 대한 미국의 또 다른 개입을 지지할 가능성이 낮아질 수 있다는 우려"도 있었다. 실제로, 이란이 미국에게 가지는 불만의 근원을 이해한다면 미국 국민들이 공식적인 적국에 공감할 위험성이 커진다. 따라서 국민들이 자국의 외교정책에 대한 진실을 알지 못하게 해야 한다. 그러나 국무부 관리 앤드루 킬고어Andrew Killgore가 회상했듯, 내부적으로는 "[우리가] 한 나라의 진로를 바꿨기" 때문에 이란에서의 개입은 "단일 작전으로는 CIA의 가장 큰 승리"이자 "위대한 미국의 국가적 승리"로 간주되는 분위기가 팽배했었다.[65]

국왕은 반체제 인사들을 투옥, 고문, 처형했으며, 이로 인해 국제앰네스티로부터 주요 인권침해자로 비난받았지만, 미국의 지원을 받아 향후 26년 동안 권력을 유지했다. 쿠데타의 결과 중 하나는 미국 석유 회사들이 석유 채굴권의 40퍼센트를 차지한 것이었다. 이는 미국이 세계 주요 에너지 매장량을 전반적으로 장악해가는 과정의 일부였다. 미국은 또한 국왕의 핵 프로그램 추진을 지원하고, 이란 핵 기술자를 훈련시켰다. 미국 관리들은 원자력 발전이 이란에 유익할 것이라고 강력하게 주장했다. (이란이 공식적인 적국이 된 후에 논리는 바뀌었고, 이란이 평시 핵 프로그램을 합법적으로 이용하는 것은 불가능한 것으로 간주되었다.)[66]

《뉴욕 타임스》는 이란인들뿐만 아니라 독립적 민족주의 노선을 따르려는 모든 이들에게 교훈을 주었다는 점에 만족했다.

> 자원이 풍부한 개발도상국들은 이제 광적인 민족주의로 치닫는 국가가 치러야 하는 막대한 대가에 대해 교훈을 얻었다. … 이란의 경험이 다른 나라에서 모사데그와 같은 인물의 등장을 막을 수 있기를 바라기는 어렵겠지만, 적어도 그 경험이 더 합리적이고, 더 멀리 내다보는 지도자들의 입지를 강화하는 데

기여할 수는 있다.[67]

1979년 이란인들은 또 하나의 괘씸한 행위를 저질렀다. 미국이 옹립하고 지지했던 폭군을 축출하고 미국의 지시에 따르지 않고 독자적인 길을 걸었던 것이다. 카터 행정부는 군사 쿠데타 지원을 고려했다(실용적인 이유로 단념했다). 중동 분석가 마한 아베딘Mahan Abedin의 말에 따르면, "가능한 한 국왕의 정권을 유지"하려 시도했지만 그 전략은 빠르게 실패로 돌아갔다고 한다.[68]

이란에 대한 미국의 적대적 행위는 1980년대 내내 계속되었다. 이라크의 사담 후세인Saddam Hussein은 미국의 강력한 지원 아래 이란을 침공했다. 이 전쟁으로 수십만 명이 사망하고 이란은 황폐화되었으며, 이때 사담은 화학무기까지 사용했다(이 역시 미국의 지원하에). 레이건 행정부는 이란이 쿠르드족에게 화학무기를 사용했다는 거짓말을 하며 비난했고, 의회가 사담의 화학전을 비난하지 못하도록 막았다. 전쟁이 끝난 후, 조지 H. W. 부시 행정부의 국방부는 이라크의 무기 과학자들을 미국으로 초청해 폭탄 생산 기술을 교육시켰으며, 이는 이란에 심각한 위협이 되었다. 미국 국민은 이러한 사건을 기억하지 못할 수도 있지만 이란인들은 기억하고 있다.[69]

오늘날 '이란의 위협'은 서구의 강박관념에 불과하다. 의심할 여지없이 이란은 끔찍한 인권유린의 기록이 있는 근본주의 정권이다. 그러나 이 사실은 논점과 무관하다. 지구상에서 사우디아라비아보다 더 극단적인 근본주의 정권은 없다. 사우디아라비아는 극단주의 와하비-살라피Wahhabi-Salafi(사우디아라비아의 엄격하고 보수적인 이슬람－옮긴이) 버전의 이슬람을 전 세계에 전파는 것을 목표로 하는 선교 국가다. 사우디아라비아 정부는 예멘에서 대규모 아사를 초래하고, 학생이 가득 탄 버스를 비롯한 민간인 표적을 미국이 제공한 무기로 폭격하는 등 우리 시대의 가장 끔찍한 인도주의적 위기 중 하나를 야기했다. (미국은 폭격에 나선 사우디아라비아 비행기에 항공유를 제공하기도 했다.) 사우디아라비아 정권은 또한 《워싱턴 포스트Washington Post》 칼럼니스트 자말 카슈끄지Jamal Khashoggi를 살해하고 뼈톱으로 신체를 훼손했다. 그러나 사우디아라비아는 여전히 트럼프 및 바이든 행정부와 좋은 관계를 유지하고 있으며, 조 바이든은 카슈끄지의 약혼녀의 간청을 무시하면서, 살인 사건에서 "벗어나 앞으로 나아가겠다"고 강조하며 무함마드 빈 살만Mohammed bin Salman과 우호적인 주먹 부딪히기 인사를 나눴다. 바이든 행정부는 심지어 카슈끄지 유족이 사우디아라비아 지도자를 상대로 승소하지 못하도록 하기 위해 법정에까지 나섰다. 미국 대통령들이 사우디아라비아 독재 정권을 따뜻하게 포용하는 행태로 인해 '인권'이나 '민주주의'가 특정 국가를 공식적인 적으로 규정하는 데 영향을 미치는 요소가 된다거나, 또는 이란이 적대국으로 분류되는 이유가 해당 정부의 억압적 행위와 관련이 있다는 가식적 주장이 무색해진다.[70]

현재 이란에 대한 공포는 이란의 핵무기 개발 가능성에 초점이 맞춰져 있다. 그러나 몇 가지 사실을 짚어볼 필요가 있다. 첫째, 이란이 실제로 핵무기를 개발하고 있는지는 불확실하다. 의회조사국Congressional Research Service은 "미국의 공식 평가에 따르면 이란은 2003년 말 핵무기 프로그램을 중단했으며, 이후 이를 재개하지 않았다."고 분석한다. 둘째, 이란은 이스라엘, 인도, 파키스탄이라는 핵보유 3개국과 인접해 있으며, 이들 국가는 미국의 지원을 받고 있고, 핵확산 금지 조약NPT의 가입도 거부하고 있다. 마지막으로, 이란은 미국과 이스라엘로부터 지속적으로 무력 위협을 받고 있으며, 핵 억지력을 확보하는 것이 합리적인 선택이 될 수도 있다.[71]

이스라엘 군사 역사가 마틴 반 크레벨드Martin Van Creveld는 "전 세계는 미국이 결국 아무런 이유 없이 이라크를 공격하는 모습을 목격했다. 그러므로 이란이 핵무기 개발을 시도하지 않는다면 오히려 제정신이 아니라고 봐야 한다."고 했다. 특히, 유엔헌장을 위반하는 공격 위협을 지속적으로 받고 있는 상황에서는 더욱 그렇다. 정보 전문가인 토머스 파워스Thomas Powers는 이란이 핵무기를 원하는 이유에 대한 미국 주류 언론의 논의는 거의 없으며, "이란은 폭탄이 있다면 서슴없이 사용할 만큼 미친 광신도들이 지배하는 나라"라는 가정만이 널리 퍼져 있다고 지적한다. 사실 이란도 다른 국가들과 같은 이유, 즉 공격을 억제하기 위해 핵무기를 원할 가능성이 크다고 파워스는 말한다. "강압 외교의 수단으로서 핵무기는 거의 쓸모가 없지만 대규모 공격이나 정권을 위협하는 공격을 차단하는 데는 매우 효과적이다. 이란이 다른 동기를 가지고 있다는 증거는 없으며, 공격이 실제 발생할 가능성을 이란이 두려워할 이유는 충분하다." 파워스는 미국 대통령들이 이란을 공격할 수도 있다고 공개적으로 위협한 오랜 역사를 지적하며, 이라크 침공 사례는 이러한 위협을 심각하게 받아들여야 할 확실한 이유를 제공한다고 지적한다. 그는 또한 핵 보유국은 "함부로 위협할 수 없으며", 이란 정권은 핵무기가 "이란을 이웃 국가와 비슷한 운명에서 구원할 수 있다"고 합리적으로 믿고 있을 가능성이 크다고 덧붙였다. '이란의 위협'을 논할 때, 이란이 받는 위협 역시 고려해야 하며, 또한 상호 어떻게 비교되는지도 살펴봐야 한다. 이란은 이스라엘 과학자를 암살하거나 시설을 파괴하는 공작을 하지 않지만, 이스라엘은 이란을 상대로 그러한 행위를 한다. 베냐민 네타냐후Benjamin Netanyahu는 이란이 "실제로 핵 공격을 당할 수 있다는 위협을 느껴야만 한다"고 주장했지만, 이스라엘의 핵무기는 불법이며 비밀로 유지해야 한다는 점을 의식한 듯 이 발언을 철회했다.[72]

1979년 이후 미국은 간헐적으로 가혹한 제재를 통해 이란 국민을 공격해왔다. 인권 단체 휴먼라이츠워치Human Rights Watch는 이러한 제재가 "이란인의 건강권 및 필수 의약품에 대한 접근성에 심각한 위협을 가하고 있으며(약품 부족이 제재로부터 기인한다는 점은 거의 확실하다) 그 영향은 간질 환자를 위한 필수 의약품 부족부터 암 환자용 화학 요법 의약품 부족에 이르기까지 광범위하다."고 경고했다. 트럼프 행정부는 이란 국민에 대한 집단적 처벌이 의도치 않은 결과가 아니라 제재의 본래 목적임을 분명히 했으며, 마이클 폼페이오Michael Pompeo 국무부 장관은 "[미국의 제재로] 이란 국민의 상황이 훨씬 더 악화되었으며, 이로 인해 이란 국민이 들고일어나 정권의 행동을 변화시키는 결과를 가져올 것이라고 확신한다"고 떠벌였다. 바이든은 이란이

자국 석유로부터 수익을 얻을 수 있도록 일부 허용했지만 대부분 동일한 접근 방식을 유지했다.[73]

2014년 이란과 유엔 안전보장이사회 5개 상임이사국, 유럽연합은 이란의 핵 프로그램에 제한을 가하는 합의에 도달했다. 핵군축 전문가들은 이 합의를 두고 "불안정한 지역에서의 핵 경쟁 위험을 성공적으로 감소시켰다"고 평가하며 환영했다. 2017년 미국은 이란이 이 핵 합의를 준수하고 있음을 인증했다. 국제원자력기구IAEA 역시 이란의 합의 준수를 확인하며 "2009년 이후 이란이 핵폭발 장치 개발과 관련된 활동을 하고 있다고 믿을 만한 징후가 없다."고 결론지었다. 그럼에도 불구하고 2018년 도널드 트럼프는 이 합의에서 탈퇴하고, 합의에 따라 해제되었던 제재를 다시 부과하며 합의를 파탄 냈다. 이란은 미국에 합의 복귀를 거듭 촉구하며, "미국이 복귀하는 즉시 한 시간 이내에" 합의에 복귀하겠다고 약속했다. 2022년 바이든 정부의 이란 특사는 합의 복귀와 관련된 질문을 받고 "우리는 그 문제에 시간을 낭비하지 않을 것"이라고 대답했다. 바이든의 국무부 부장관 후보자인 커트 캠벨Kurt Campbell은 "그 문제는 논의의 대상이 아니"라고 했다. 대신 "우리는 외교적으로, 국제적으로 그들을 고립시켜야 한다."고 덧붙였다. 미국이 파기한 합의를 위반한 대가를 이란이 치르고 있는 것이다.

미국은 이란을 "세계 최악의 테러 지원국"으로 간주하고 있다. 주요 범죄로 꼽히는 것의 하나가 이란의 사이버 공격이다. 국무부의 테러리즘에 대한 국가 보고서State Department's Country Report on Terrorism는 이란이 "강력하고 공격적인 사이버 프로그램을 보유하고 있으며 외국 정부와 민간 부문을 대상으로 한 사이버 공격을 지원해왔다"고 경고한다. 국가정보국장실의 2023년 연례 위협 평가보고서2023 Annual Threat Assessment 역시 "이란의 사이버 작전에 대한 전문성 증대와 공격적 작전 실행 의지는 미국과 동맹국의 네트워크 및 데이터 보안에 큰 위협"이라고 명시하고 있다. 보고서는 또한 이란의 기회주의적인 접근 방식(사이버 공격이 용이한 기회를 틈타 공격을 시도한다는 의미–옮긴이)으로 인해 미국 내 주요 기반시설 소유자가 공격의 표적이 될 가능성이 높다고 지적한다.[74]

어떤 국가가 '도발적' 또는 '공격적' 행위로 비난받는 상황에서, 미국 역시 동일한 행위를 저지르는 경우가 종종 있다. 실제로 2013년 국토안보부 대테러정책 담당 부차관보를 역임한 토머스 워릭Thomas Warrick은 "2010년 6월 이란 내 지멘스 산업제어시스템ICS을 겨냥한 '스턱스넷Stuxnet' 악성코드가 들통난 이후, 이란이 사이버 공격 능력을 개발했다."고 설명한 바 있다. "최초의 확인된 사이버 무기"로 알려진 스턱스넷은 미국과 이스라엘 정보기관이 공동 개발했으며, 오바마 행정부 시절 이란의 핵 프로그램을 저지하기 위해 유포시켰다. 게리 세이모어Gary Samore 백악관 군축 및 대량살상무기 조정관은 "이란의 핵 원심분리기에 문제가 발생해서 다행"이라며 "우리는 그들의 상황을 복잡하게 만들기 위해 할 수 있는 모든 일을 하고 있다."며 미국이 스턱스넷으로 이란을 공격했다는 점을 사실상 시인했다. 이란은 스턱스넷 및 다른 사이버 무기로부터 반복적으로 공격을 받았으며, 2019년에는 정체불명의 '국가기관'에 의한 은행 시스템 공격도 있었다.[75] 오바마 대통령은 취임 초기 "이란의 주요 핵 농축 시설을 관장하는 컴퓨터 시스템에 대한 더욱 정교한 공격을 비밀리에 지시함으로써 미국 최초의 지속적인 사이버 무기 사용을 크게 확장했다". 트럼프 행정부는 이란에 대한 사이버 공격을 반복적으로 사용했다고 인정했다.[76]

이란이 극악무도한 잔혹 행위를 자행하는 단체에 무기를 제공하고 그들을 후원한다는 사실은 분명하다. 이 점에서 이란은 미국을 포함한 다른 국가들과 유사하게 행동한다. 그러나 만약 이란이 멕시코시티 국제공항에서 미국이 지원하는 동맹국의 대군을 지휘하는 지휘관과 더불어 미국 서열 2위의 고위 관료 혹은 주요 장군을 살해한다면 어떻게 될까? 이는 전쟁 행위이자 심각한 테러 범죄로 해석될 것이 확실하다. 미국이 이란의 장군 가셈 솔레이마니Qassim Soleimani를 바그다드 공항에서 암살한 것이 바로 이런 행위에 해당한다. 초법적 즉결 처형을 조사하는 유엔의 특별보고관은 이러한 살인 행위가 "적대 행위를 규율하는 국제법을 약화시킬 위험이 있다"고 규탄하며, 다른 국가들이 미국과 비슷한 행동을 한다면 "글로벌 대재앙"이 일어날 수 있다고 경고했다. 그러나 국제법 위반이자 이라크의 주권을 노골적으로 침해한 사건임에도 불구하고 미국에서는 찬사를 받았다. (트럼프에 대해 비판적 입장을 취했던 공화당 인사들에게도 "드디어 좋아할 만한 일이 하나 생겼다".) 미국 소비자들은 심지어 콜 오브 듀티Call of Duty 비디오 게임에서 이 암살을 역할극처럼 체험할 수도 있다. 깡패 같은 초강대국은 국제사회가 어떻게 생각하는지 신경쓸 이유가 없다.[77]

인권의 정치 경제학

조지 케넌은 중남미 국가 대사들을 대상으로 한 브리핑에서 미국 정책의 주요 관심사 중 하나가 "우리의 원자재 보호"라고 설명했다. 누구로부터 우리의 원자재를 보호한다는 말일까? 주로 원자재를 보유한 국가의 자국민으로부터 보호해야 한다는 의미다. 그렇다면 그 나라 국민으로부터 원자재를 어떻게 보호할 것인가? 케넌은 무자비해야 한다고 말했다. "불쾌한 대답일 수도 있다"고 인정하면서, "우리는 현지 정부가 경찰을 동원한 탄압을 가하는 것을 용인하는 데 주저해서는 안 된다."고 덧붙였다. 이는 "부끄러운 일이 아니"라고 말하며, "공산주의자들은 본질적으로 반역자"이기 때문에 "방종하고, 느슨하고, 공산주의자들에게 침투당한 자유주의 정부보다는 강력한 정권이 집권하는 것이 더 낫다."고 그는 주장했다. ('공산주의'란 용어는, 우리가 살펴보았듯, 공산주의를 신봉하든 아니든 간에 명령을 거부하는 모든 사람에게 적용되는 용어였다.)[78]

마찬가지로, 아이젠하워의 비밀 공작 관련 자문위원회는 둘리틀 보고서Doolittle Report를 통해 "공공연히 세계 지배를 목표로 삼는 타협 불가능한 적"이 존재하는 상황에서 미국은 "규칙조차도 없는" "근본적으로 혐오스러운 철학"을 받아들여야 한다고 권고했다. 이 철학의 핵심은 "지금까지 허용되었던 행동 규범이 적용되지 않으며" 유일한 목표는 적을 "전복하고, 교란하며, 파괴"하는 것이다. 미국은 "인권, 생활수준 향상, 민주화 같은 모호하고 비현실적인 목표"를 제쳐두고 케넌과 둘리틀의 행동 지침을 일관되게 추종했다. 미국의 '국익'에 부합하면 인권침해자조차도 용인되지만, 그러지 않으면 용인되지 않는다는 것이 일반적인 원칙이었기 때문에 '인권을 중시하는' 지미 카터 대통령조차 미국과 동맹을 맺은 잔혹한 인권침해자들을 지원했다. 라스 슐츠의 연구에 따르면 "미국의 원조는 자국민을 고문하는 라틴아메리카 정부에 불균등하게 흘러가는 경향이 있었다."고 한다. 미국이 지원을 제공하는 기준은 특정 국가가 얼마나 많은 원조를 필요로 하는지 여부와는 무관하며, 오직 미국의 부와 특권을 위해 그 나라가 봉사하려는 의지가 있는지 여부와 관련이 있음을 시사한다.[79]

이러한 사실이 쿠바, 이란 또는 1980년대 산디니스타 정부의 인권 기록에 대한 변호가 될 수는 없다. 다만, 이 사실들은 미국이 부르짖는 원칙이 얼마나 공허한지 보여준다. 지난 수십 년 동안 미국 군사원조의 주요 수혜국은 이스라엘과 이집트였다. 이집트는 역사상 가장 가혹한 독재 정권 아래서 고통받고 있지만, 바이든 행정부는 인권침해자에 대한 지원을 금지하는 현행 미국 법령을 준수하지 않고 법령이 요구하는 사항을 유예해가며 이집트에 무기를 계속 공급하고 있다. 이스라엘은 국제 인권 단체들이 보편적으로 비난하는 아파르트헤이트apartheid(남아프리카 공화국의 인종차별 정책을 의미하나, 이스라엘의 팔레스타인에 대한 차별을 부각시키기 위해 사용했다−옮긴이) 정권을 유지하고 있다. 기록은 말보다 더 많은 것을 말해준다.[80]

독재 정권을 지원하는 패턴은 오늘날까지 계속되고 있으며, 인권에 대한 헌신을 크게 공언하는 민주당 출신 대통령들도 예외가 아니다. 예를 들어, 2023년에 국제앰네스티와 휴먼라이츠워치를 비롯한 여러 인권 단체는 압둘라디 알카와자Abdulhadi al-Khawaja의 생명을 구해달라고 탄원하는 공동서한을 바이든 행정부에 보냈다. 알카와자는 걸프 인권센터Gulf Centre for Human Rights와 바레인 인권센터Bahrain Center for Human Rights의 공동 설립자인 62세의 인권 운동가다. 그는 바레인 독재 정권에 의해 12년 동안 수감되어 "심각한 신체적, 성적, 정신적 고문을 당했다". 그의 건강은 악화되었고 필요한 의료 처치를 받지 못한 상태였다. 알카와자는 수백 명의 다른 정치범들과 함께 단식투쟁을 벌이고 있었다. 잔인하기로 악명 높은 바레인 독재 정권하에서 이런 형태의 투쟁은 흔하지 않다.[81]

바이든 행정부에 보낸 서한에서, 인권 단체들은 대통령이 바레인에 영향력을 행사해 알카와자의 석방을 이끌어내달라고 호소했다. 그러나 그들은 굳이 편지를 보내는 수고를 할 필요가 없었다. 바이든 행정부는 바레인과 새로운 안보 조약을 흔쾌히 체결하면서 다른 국가와 무력 분쟁 시 미국이 바레인을 지켜줄 것을 약속했다. 퀸시 국정운영연구소Quincy Institute for Responsible Statecraft는 바레인을 방어하겠다는 미국의 약속은 설득력 있는 정당성을 갖추지 못했다고 지적했다. 바레인 정권은 외부 위협에 직면하지 않았다. 오히려 "바레인 정권이 직면한 안보 위협은 외부의 침략이 아니라 국민 다수를 차지하는 시아파를 억압하는 인기 없는 수니파 정권으로 인한 내부 갈등이다".[82]

바이든 행정부는 독재 정권과의 '포괄적인 안보 통합 및 번영 협정'을 발표하면서, 이 동반자 관계로 인해 "국방 및 안보 협력의 확대, 상호 운용성 증진 및 상호 정보 역량 구축을 통한 억지력 강화"를 포함하여 여러 방면에서 양국 협력이 강화될 것이라고 자랑스럽게 밝혔다. 발표 말미에 가서야 양국이 "보편적 가치, 인권, 기본적 자유의 중요성에 대한 건설적인 대화를 계속할 것"이라고 설명하면서 아주 짧게 인권에 대해 언급하는 데 그쳤다.[83]

바이든의 바레인 독재 정권 포용 정책은 압둘라디 알카와자의 딸인 마리얌 알카와자Maryam al-Khawaja에게 씁쓸한 실망을 안겨주었다. 그녀는 NPR과의 인터뷰에서 아버지의 상태는 악화되어가는데 미국 정부는 지금까지 인권에 대한 "립 서비스"만 하고 있었다고 말했다. 이 안보 협정은 "2011년 아랍의 봄 당시 왕국을 휩쓴 봉기를 진압한 걸프 군주제에 반대하는 바레인 활동가 및 기타 비판 세력에게 분노와 실망을 안겨주었다".[84]

바이든 행정부가 바레인 독재 정권에 반대하는 활동가들이 원하는 바를 전혀 신경쓰지 않은 것이 분명하다. 바레인이 정치범을 계속 구금하는 한 미국이 군사 파트너십을 맺지 않겠다는 의사를 밝히는 것은 매우 쉬웠을 것이지만 그렇게 하지 않았다. 오히려 바이든 정부는 글로벌 패권 경쟁에서 중국과 러시아에 대응하기 위해 페르시아만 국가와의 관계를 강화하려고 노력해왔다. 여타 대국들보다 더 강력한 국가로 남으려는 지정학적 목표가 우선시되면서 바레인 활동가들의 인권은 중요하지 않은 것으로 간주된 것이다.

미국은 인권침해 자체를 문제삼지 않는다. 모든 것은 가해자가 누구인가에 따라 다르다. 바이든은 위구르를 탄압하는 중국을 처벌하는 법안에 서명했지만, 사우디아라비아의 무함마드 빈 살만과 같은 독재자와는 기꺼이 주먹을 부딪치는 인사를 나누고, 거대한 감옥과도 같은 가자지구에서 팔레스타인인을 말살하는 이스라엘에 끊임없이 무기를 제공해왔다. 이상理想이 선택적으로 적용된다는 사실을 알게 되면, 특정 사례에 적용하거나 적용하지 않는 선택의 기준은 무엇인지 물어볼 수밖에 없다. 미국이 견제하고자 하는 강대국의 범죄와 폭력에는 반대하고, 소중한 파트너나 동맹국의 범죄와 폭력은 지지하는 것을 일반적인 원칙으로 한다. 그렇다면 기준은 단 하나다. 즉, 미국의 국익에 부합하면 무엇이든 선善, 이를 훼손하면 악惡인 것이다.[85]

2장

동남아시아 전쟁

베트남 전쟁이라고 불리는 분쟁의 역사는 잔인하고 이기적인 폭력이 어떻게 이타주의로 포장될 수 있는지를 잘 보여주는 사례다. 2017년, 저명한 영화제작자 켄 번스Ken Burns는 PBSPublic Broadcasting Service(미국 공영방송–옮긴이) 다큐멘터리 시리즈 〈베트남 전쟁The Vietnam War〉 10부작을 발표했다. 이 작품의 내레이터는 전쟁이 "운명적인 오해, 미국의 과신, 냉전의 오산 속에서 좋은 사람들에 의해 선의로 시작되었다"고 요약한다. 그러나 일단 시작된 전쟁은 "상황에 따라 그때그때 대처해나가려는" 대통령들이 내린 "비극적인 결정"을 통해 지속되었다.

이러한 논조는 1975년 앤서니 루이스Anthony Lewis가 정립한 것으로, 그는 이 전쟁을 "선善을 행하려다" 발생한 "재앙적인 실수"로 회상한다. 마찬가지로 하버드 대학교의 역사학자 존 킹 페어뱅크John King Fairbank는 이 전쟁을 "지나친 정의감과 사심 없는 호의에서 비롯된 재앙"이라고 묘사했다. 《뉴스위크Newsweek》는 "미국이라는 나라가 탄생할 때 품었던 숭고한 희망과 이상주의가 … 인도차이나에서 미국의 뜻을 이루지 못한 실패로 인해 좌절되고 말았다."고 한탄했다. 오늘날에 와서 민주당의 떠오르는 스타 피트 부티지지Pete Buttigieg는 이를 "실패가 예정된 정글에서의 임무"라고 부르며, 그레이엄 그린Graham Greene의 소설 《조용한 미국인The Quiet American》(베트남 전쟁을 배경으로 한 소설로, 순진하고 이상주의적인 미국 외교관인 주인공은 베트남에서 미국식 민주주의를 실현하려다 오히려 혼란을 초래한다 – 옮긴이)의 순진한 주인공을 상기시켰다. 소설 속 주인공은 "선한 의도와 무지"로 인해 골칫거리로 전락했다. ("나는 그가 일으킨 모든 문제에 대해 그보다 더 좋은 의도를 가졌던 사람을 본 적이 없다.") 심지어 이러한 평가를 두고 미국이 지나치게 자기반성을 한다고 생각하는 사람들도 있다. 맥스 헤이스팅스Max Hastings는 그의 저서 《베트남: 장대한 비극, 1945-1975Vietnam: An Epic Tragedy, 1945-1975》에서 "진보적 미국인들은 전쟁에 대해 정부를 비판하는 데 있어 거의 자학적인 태도를 취했다."고 평가한다.[1]

사실 베트남 전쟁에 대한 진정한 서사는 실현 가능성이 없는 목표를 추구하는 '고결한 동기'의 이야기가 아니었다. 그것은 변명할 수 없는 이유로 저지른 범죄의 이야기였다.

1961년, 국방부 태스크포스의 일원으로 베트남을 방문한 대니얼 엘스버그Daniel Ellsberg가 내린 결론은 "베트남에서 성공할 가능성은 낮다"는 것이었다. 엘스버그의 정보원들은 그에게 미국의 지원을 받는 남베트남 독재자 응오 딘 디엠Ngô Đình Diệm이 지속적인 미국의 군사 지원 없이는 권력을 유지할 수 없을 것이라고 알려주었다. 미국이 지원을 중단하는 순간, 디엠 정권의 붕괴는 불가피했다. 당시 "헌신적인 냉전 전사"였던 엘스버그 입장에서는 이는 불편한 소식이었다. 왜냐하면 이 소식은 미국이 베트남에서 공산주의 정부를 받아들이거나 혹은 인기 없는 통치자를 무한정 지지해야 한다는 것을 의미했기 때문이었다.[2]

처음에 엘스버그가 제기한 의문은 미국 정책의 도덕성에 대한 것이 아닌, 그 정책이 현실적으로 현명한 선택인지에 대한 것이었다. 그는 디엠 독재 정권에 대한 미국의 지원이 전략적으로 어리석은 선택이라고 생각했으며, 미국이 베트남에서 '승리'할 가능성에 대해서도 비관적이었다. 그럼에도 불구하고 그는 베트남 정책이 선의에서 비롯되었다고 믿었고, 그 후로도 몇 년 동안 그 신념을 고수했다. 심지어 미국이 친미 정부 지원을 위해 남베트남을 전면 침공한 이후에도 그 신념은 유지되었다. 당시에도, 그리고 여러 면에서 오늘날까지도, 이 문제에 대해 용납되는 논쟁의 범위는 한쪽에서는 매파에 의해, 다른 한편으로는 비둘기파에 의해 규정되었다. 매파는 미국이 충분한 노력을 기울이면 '남베트남 방어', '베트남 국민에 대한 통제', 나아가 '미국식 민주주의' 확립에 성공할 수 있다고 믿었다. 반면 비둘기파는 이러한 숭고한 목표가 합리적인 비용으로 달성될 수 있을지 의문을 제기했다. 젊은 시절의 엘스버그처럼 미국이 '성공'할 수 있을지 의문을 품은 사람도 일부 있었다. 하지만 이들 역시 미국이 꼭 '성공'해야 하는지에 대해서는 고민하지 않았다. (현실적인 성공 가능성에 대한 고민은 있었지만, 성공해야만 하는 당위성, 즉 도덕적, 윤리적인 고민은 하지 않았다 – 옮긴이)

베트남에 대한 미국의 의사결정에 관한 내부 비밀 연구인 '펜타곤 페이퍼Pentagon Papers'(미 국방부가 작성한 베트남 전쟁에 관한 비밀 보고서—옮긴이) 작업을 시작하고 나서야 엘스버그는 자신의 견해가 잘못되었음을 깨달았다. 1940년대와 1950년대로 거슬러 올라가 전쟁의 기원을 연구한 끝에, 전쟁이 "선의의 실수"라는 생각은 역사적 기록과 일치하지 않는다는 것을 알게 된 것이다. 오히려 그 기록들은 전쟁이 "처음부터 잘못"된 일이었고, "범죄"이자 "악"이었으며, "정당성의 부스러기조차 없었음"을 보여주고 있다.

미국 정부는 오랫동안 "자유롭고 독립적인 남베트남"을 "공산주의 북베트남의 점령"으로부터 보호하고 있다는 서사를 펼쳐왔다. 그러나 실상 미국은 애초부터 베트남의 독립과 자유를 저지하려 노력해왔다. 선의의 실수 이론은 애초에 전쟁이 어떻게 발발했는지에 대한 기본적인 사실을 외면할 때에만 유지될 수 있다. 미국은 1945년 프랑스로부터의 베트남 독립을 반대했고, 프랑스가 식민지 지배를 유지하기 위해 벌인 잔혹한 전쟁에 자금을 지원했다. 프랑스가 패배하자 미국은 프랑스의 역할을 이어받아 베트남에 민주주의를 도입하자는 모든 제안을 가로막았다. 엘스버그는 "국민의 전폭적인 지지를 받으며 독립을 선언한 옛 식민지의 주권을 자신들이 가지고 있다고 주장하는 프랑스를 미국이 외교적으로 지지"했던 시절에 대해 얼마나 충격을 받았는지 기술하고 있다. 실제로, 그는 "미국은 프랑스가 베트남 독립운동을 진압하기 위한 군사작전을 계속하도록 긴급히 압박했고, 그 과정에 소요되는 자금을 거의 전적으로 지원했다."고 기록했다.

1945년 9월 2일, 하노이의 바딘 광장에서 호찌민Hồ Chi Minh은 베트남이 프랑스 식민 통치로부터 독립한다고 선언했다. 호찌민은 연설에서 베트남의 열망과 미국 독립 혁명의 원칙을 명확히 비교하며, 그가 토머스 제퍼슨Thomas Jefferson의 수사학을 면밀히 연구했음을 보여주었다. 그는 "모든 인간은 평등하게 창조되었다."고 선언한 뒤, "80여 년 동안 프랑스 제국주의자들은 자유, 평등, 박애의 기준을 남용하여 우리 조국을 침략하고 동료 시민들을 억압했다."고 연설했다. 그는 그들의 만행을 열거했다. "그들은 우리 국민에게서 모든 민주적 자유를 박탈했다. … 그들은 학교보다 감옥을 더 많이 지었다. 그들은 우리 애국자들을 무자비하게 살해했고, 우리의 봉기를 피로 물들인 강물 속에 잠재웠다. … 그들은 우리의 논, 광산, 산림, 원자재를 강탈했다." 식민지 지배 세력에 대한 구체적인 혐의를 나열한 호찌민의 비난은 미국 독립선언서의 수사적 구조를 의도적으로 반영하고 있다는 점에서 미국인들에게 친숙하게 들릴 것이다. (제퍼슨이 제기한 조지 3세George III의 혐의 중 일부는 도덕적으로 설득력이 떨어진다. 예를 들어 "그는 우리 사이에서 내란을 불러일으키려 했으며[영국이 노예를 해방시키겠다고 약속한 것을 언급하며], 그 내란을 일으키기 위해 우리와 경계를 맞대고 있는 무자비한 인디언 야만인들을 끌어들여 미국인들과 싸우게 만들려고 시도했다." 등.)[3]

호찌민은 베트남의 자유와 독립을 선언하며 프랑스와의 모든 관계를 단절했다. 그는 민족자결에 대한 미국의 명시적 약속을 근거로 미국의 지지를 호소했다. 1917년에도 베트남 독립을 위해 우드로 윌슨Woodrow Wilson의 지지를 얻으려 했으나 실패한 호찌민은 해리 트루먼 대통령에게 직접 호소했다. 1946년 트루먼에게 보낸 전보에서 호찌민은 프랑스가 "하노이에서 **기습 군사작전**coup de main과 무력 침공을 하고자 적극적인 준비를 하고 있습니다."라고 주장하며, "따라서 저는 대통령님 개인은 물론 미국 국민 여러분께 우리의 독립을 지지해주시고, 협상이 대서양 헌장과 샌프란시스코 헌장의 원칙에 더욱 부합할 수 있도록 긴급히 개입해주실 것을 가장 간절한 마음으로 호소합니다."라고 썼다. 트루먼에게 보낸 별도의 서한에서 호찌민은 미국이 "유혈사태와 불법 침략을 막기 위해 나서지 않는다면 수백만 명이 고통받을 것"이라고 경고했다.[4]

호찌민의 호소에 응답은 없었다. 미국은 프랑스로부터의 베트남 독립을 지지하지 않았다. 사실 미국은 베트남을 재정복하려는 프랑스의 노력을 지원하기 시작했고, 곧 "프랑이 아닌 달러가 … 베트남 전장에서 사용된 거의 모든 폭탄과 총알을 사는 데 쓰였다". (전쟁 비용은 프랑스가 아닌 미국이 부담했다 – 옮긴이) 심지어 맥스 헤이스팅스Max Hastings는 이 전쟁에 대해 미국인들이 느끼는 도덕적 불편감을 "자유주의적 마조히즘liberal masochism"이라고 표현하면서 "베트남 국민의 이익은 … 해리 트루먼 대통령의 우선순위에서 낮은 위치에 있었다."고 언급했다. 사실 베트남 국민의 이익 따위는 존재하지도 않았다. 당시 프랑스 외무부장관을 지낸 조르주 비도Georges Bidault에 따르면, 미국은 베트남을 물리치는 데 도움이 된다면 프랑스에 원자폭탄 두 개를 제공하겠다고 비공식적으로 제안하기까지 했다고 한다.[5]

프랑스에 대한 미국의 지원은 동남아시아의 전략적 자원과 당시 미국이 구축하던 글로벌 시스템에서 동남아시아가 갖는 중요성에 대한 우려에서 비롯된 것이었다. 아이젠하워는 윈스턴 처칠에게 "프랑스만으로는 이 문제를 해결할 수 없으며 … 만약 프랑스가 이 문제를 해결하지 못하고 인도차이나가 공산주의자들의 손에 넘어간다면, 아시아와 태평양 전역에서 힘의 균형이 바뀌면서 미국과 영국의 전략적 입지에 궁극적으로 미칠 영향은 재앙적일 수 있습니다."라며 우려를 털어놓았다. 미국의 정책 입안자들은 프랑스 식민주의를 지지하고 베트남의 자결권을 반대한다는 사실에 대해 어떤 환상도 가지고 있지 않았다. 국무부는 초기부터 호찌민이 "압도적 다수의 국민에게 민족주의와 자유를 위한 투쟁의 상징"으로 자리 잡았다고 지적했다. 1948년 9월에 이르러 국무부는 이렇게 개탄했다. "공산주의자 호찌민이 인도차이나에서 가장 강력하고 아마도 가장 능력 있는 인물이라는 불편한 진실"을 감안할 때, "미국은 인도차이나 문제에 대한 실질적인 해결책을 제시할 수 있는 능력이 없다".[6]

1954년 베트남 민족주의자들이 결국 프랑스 점령군을 물리치자 미국은 즉시 프랑스의 자리를 이어받아 토착 민족주의와 맞서 싸우기 시작했다. 프랑스와 베트남 독립동맹Viet Minh 사이의 전투를 종식시키기 위해 체결된 제네바 협정Geneva agreement은 1956년 선거를 통해 베트남을 통일하도록 규정하고 있었다. 그러나 이 협정은 미국과 응오 딘 디엠에 의해 급속히 무력화되었다. 선거를 치르면 베트남이 독립동맹의 통치 아래 통일될 것이라는 점을 모두가 당연하게 여겼기 때문이다. 역사학자 조지 카힌George Kahin은 "미국 정보 소식통들이 디엠은 모든 전국 규모의 선거에서 패배할 것이라는 데 만장일치로 의견을 모았다."고 결론 내렸다. 베트남 독립동맹은 "베트남에서 주도권을 잡기 위한 투쟁이 군사적 차원에서 정치적 차원으로 옮겨질 것이라고 확신했기에" 선거를 통한 통일 규정에 동의했다. 이는 "군사 영역에서보다는 정치 영역에서의 자신들의 입장이 프랑스와 그에 협력한 부역자들에 비해 훨씬 더 우위에 있다는 독립동맹 지도부의 확신에 근거한 것이었다". 실제로 아이젠하워는 회고록에서 만약 선거가 실시되었다면 "아마도 인구의 80퍼센트가 공산주의자 호찌민에게 투표했을 것"이라고 인정했다. 미국이 선택한 남베트남 진영조차도 "솔직히 말해, 정치적 기반만 보자면 우리는 지금 공산주의자들과 경쟁할 만큼 강하지 않다."고 거듭 강조했다. 따라서 남베트남 정권은 제네바 협정의 정치적 합의를 거부하고 예정된 선거를 거부했다.[7]

린든 존슨이 "아시아의 윈스턴 처칠"이라고 불렀던 디엠은 고비 때마다 미국의 지원을 받아 폭력적 수단으로 남베트남 국민을 통제했다. 1972년 미 국방부를 위해 작성된 한 연구 보고서는 "진짜 공산주의자와 공산주의자로 의심되는 사람들, 그리고 그들에게 동조하는 주민들을 향한 무수한 범죄와 비이성적인 진압 행위가 자행되었다는 점에 의심의 여지가 없으며, 효율성이란 구실로 잔혹함이 용인되었고, 이러한 무자비한 행위 과정에서 확고한 적과 잠재적 우군의 구분조차 철저히 무시되었다."는 결론을 내렸다. 1959년, 저널리스트 데이비드 호담David Hotham은 디엠이 "모든 반대세력을 완전히 분쇄"했으며, 이는 "온전히 태평양 반대편에서 건너온 막대한 달러 원조 덕분에 가능했다"며, "디엠의 주요 지지자는 자유 베트남이 아닌 북미 대륙에서 찾을 수 있다."는 글을 썼다. 역사학자 크리스천 애피Christian Appy는 "디엠의 가혹한 통치에 대해 아는 미국인은 거의 없었다."며, "1959년 지방을 순회하며 국가안보에 위협이 된다고 생각되는 사람을 즉결 처형하는 순회 재판소를 만들어 단두대로 반체제 인사의 목을 자르는 등 잔혹함이 극에 달했다는 사실도 사람들은 몰랐다."고 기록한다. 이러한 국가 테러는 새로운 저항을 불러일으켰다. 1959년에 이르러, 남부의 독립동맹 간부들은 하노이에 있는 북부 지도부로부터 정당방위를 목적으로 한 무력 사용을 승인받았다. 이러한 저항은 미국이 옹립한 정권을 빠른 붕괴의 길로 몰아갔다. 이 정권은 당시까지 이미 수만 명을 살해했고, 도시 엘리트뿐만 아니라 많은 농민으로부터도 외면당하고 있었다.[8]

케네디 행정부는 남베트남에서 전쟁을 확대했다. 1961년에서 1962년, 미군은 집중 포격과 고엽제 살포 등으로 (당시 인구의 약 85퍼센트를 차지하고 있던) 농촌 사회를 직접 공격하기 시작했다. 자유주의 역사학자 스탠리 카르노우Stanley Karnow의 말을 빌리자면, "농민들을 무장 수용소에 가두어 그들이 [남베트남 민족해방전선National Liberation Front(베트콩Viet Cong)을] 지원하지 못하도록 하는 것이 대체적인 계획이었다". 수백만 명의 사람들이 강제 수용소("전략 마을")로 잡혀 갔다. 미국은 이곳이 베트콩으로부터 소위 "보호"받을 수 있는 공간이라고 주장했지만, 정작 미국 스스로도 베트남인들이 자발적으로 베트콩을 지지하고 있었다고 인정한다.[9]

미국 언론은 계속해서 그렇지 않다고 주장했지만, 남베트남

집권 정부는 민주적 정당성을 가지고 있는 것처럼 보이려는 노력조차도 거의 하지 않았다. 실제로 부패하고 무능한 디엠은 미국조차도 만족시키지 못했다. 마침내 케네디 정부는 쿠데타를 승인했고, 이는 그의 암살로 이어졌다. 디엠의 초기 후임자 중 한 명은 자신이 차기 국가원수가 될 것이라는 사실을 "미국인 고문이 사이공에서 쿠데타가 계획되어 있고 내가 대통령이 될 것이라고 말했을 때 비로소 알게 되었다"고 기자들에게 털어놓았다. 맥스웰 테일러Maxwell Taylor 장군은 "합리적으로 만족할 만한 수준의 정부 수립"이 필요함을 매우 솔직하게 말하며, 민간 정부든 "군사독재"든 우리가 만족하지 못하면 이들 정부를 교체해야 한다고 말했다. 미국은 프랑스 식민지배의 협력자였던 응우옌 까오 키Nguyễn Cao Kỳ와 응우옌 반 티에우Nguyễn Văn Thiệu 두 사람을 통치자로 앉혔다. 이들이 갖춘 유일한 자격은 공산주의자와의 정치적 타협을 거부하고 싸울 의지가 충만해야 한다는 미국의 조건을 충족시켰다는 점뿐이었다. 선출되지 않은 정부가 권력을 유지할 수 있었던 것은 오로지 그 목표가 미국 행정부의 목표와 동일했기 때문이었다.[10]

미국이 옹립한 정부가 국민적 지지를 받지 못한다는 사실은 모든 면에서 명백했다. 미국의 저명한 학자 더글러스 파이크Douglas Pike는 그의 저서 《베트콩Viet Cong》에서 "민족해방전선을 제외하고는 남베트남 내에서 진정한 대중 기반 정당이 존재한 적이 없다."고 말했다. 남베트남의 상황을 가장 잘 아는 미국 관리로 널리 알려진 존 폴 반John Paul Vann은 1965년 "현재 남베트남 정부의 대중적 정치 기반은 존재하지 않으며", 그 이유는 현

정부가 단순히 "프랑스 식민 통치의 연장선상에서 프랑스인을 상류층 베트남인으로 대체한 것에 불과하기" 때문이라는 글을 썼다.[11]

남부에서 정치적 기반을 구축할 수 없었던 미국 정부는 전쟁을 확대했다. 남베트남, 라오스, 캄보디아를 중립국으로 만들자는 민족해방전선의 제안을 포함하여 평화적 해결을 위한 모든 시도를 계속 차단한 미국은 정치적 해결을 피할 다른 방법을 모색하지 못한 채 인도차이나 전역에서 섬멸 전쟁을 벌였고, 이 과정에서 남베트남은 항상 미국 공격의 가장 큰 타격을 감수해야 했다.

1965년 미국의 지상 침공이 시작될 무렵, 남베트남에서는 이미 15만 명이 넘는 사람들이 목숨을 잃었다. 이들 대부분은 미국이 옹립한 정권의 국가 테러의 희생자들이었거나, 저널리스트 버나드 폴Bernard Fall의 말을 빌리자면, "미국 무기와 네이팜탄, 공군 폭격, 구토 가스로 인해" 사망한 사람이었다. 1965년 1월부터 미국은 남한 용병 연인원 약 30만 명을 고용하여 잔혹 행위를 벌였다. 1967년에 이르러 (극심한 반공주의자였던) 폴조차도 "문화적, 역사적 실체로서의 베트남은 … 이 정도 규모의 지역에 가해진 사상 최대 규모의 군사적 타격 앞에, 시골 지역이 문자 그대로 초토화되면서 멸망의 위기에 처해 있다."고 결론지었다.[12]

리처드 닉슨은 전쟁을 끝내기는커녕 오히려 전쟁을 확대하며 "역사상 가장 많은 폭탄을 투하한 인물"이 되었다. 그는 "필요하다면 핵무기를 써서"라도 "그 빌어먹을 나라를 파괴"하고 "북베트남을 박살"내겠다고 약속했다. 미군은 "가속화된 평정 작전

accelerated pacification campaign"이란 이름의 군사행동을 감행했다. 그러나 이는 실제로는 수만 명을 살해하며 민족해방전선과 그나마 남아 있던 농민 사회의 대부분을 파괴하는 대량 학살 작전이었다. 닉슨은 이 전쟁이 베트남 국민을 돕기 위한 목적의 전쟁이거나 혹은 침략을 견제하기 위한 전쟁인 척도 하지 않았다. 이제 이 전쟁은 미국의 '신뢰성'을 시험하는 전쟁이 되었다. "우리는 여기서 굴욕당하지 않을 것이며, 우리는 패배하지 않을 것이다."라고 그는 선언했다. 이에 대해 크리스천 애피는 닉슨이 "하프타임에 절망에 빠진 감독처럼 패색이 짙은 팀에게 체면을 위해서라도 더 열심히 싸워달라고 간청하는 것처럼 들렸다."고 논평했다. 실제로 종군기자 마사 겔혼Martha Gellhorn은 베트남에 도착했을 때, 전쟁이 마치 스포츠 경기처럼 취급되는 현실에도 놀랐지만, 전쟁을 "마치 영웅팀과 악마팀 사이에서 '시체 수'와 '살해율'에 따라 승패를 가리는 축구 경기처럼 묘사하는 미군 장교들의 비인간적인 태도"에 경악을 금치 못했다. 그러나 최대한 많은 베트남인을 죽여야만 '승리'하는 그런 스포츠라면, 그것은 차라리 반인도적 범죄라고 표현하는 것이 더 정확하다.[13]

지상전

이 전쟁의 역사를 되짚어볼 때, "베트남에서 무슨 일이 일어났는지" 이야기하면서도 정작 베트남에서 실제로 무슨 일이 벌어졌는지에 대한 제대로 된 논의는 놓치기 쉽다. (베트남에서 어떤 사건이 발생했는지 나열하기만 하는 역사적 접근은 있지만, 실제로 사람들이 겪은 일에 대한 심층적 논의는 하지 않는 경우가 많다 – 옮긴이) 우리는 전쟁의 배후에 있는 정치적 의사결정에 대해 이야기할 수 있지만, 희생자들에게 전쟁이 실제로 어떤 경험이었을지에 대해서는 진정으로 체감할 수 없다. 미국이 실제로 어떻게 했는지 좀 더 면밀히 들여다볼 필요가 있다.

가장 큰 피해는 하늘로부터 발생했다. 대규모 공중폭격으로 나라의 상당 부분이 달 표면의 풍경처럼 황폐화되었다. '스피디 익스프레스Speedy Express'와 '볼드 마리너Bold Mariner'와 같은 대규모 테러 작전은 저항 세력의 민간인 근거지를 파괴하는 데 그 목적이 있었다. 7년 동안 미국과 남베트남군 전투기는 340만 회에 걸쳐 전투 출격하였다. 1965년부터 1968년까지 미국은 시간당 32톤의 폭탄을 북베트남에 투하했다. 2,500만 에이커(약 1억 100만 제곱미터 – 옮긴이)의 농지가 포화 폭격(일정 지역에 집중적으로 폭격을 가하는 전술 – 옮긴이)의 대상이 되었고, 전쟁 기간 동안 (라오스와 캄보디아를 포함하여) 동남아시아에는 700만 톤의 폭탄이 투하되었다. 이 중 네이팜탄만 40만 톤에 달했다. 이는 제2차 세계대전 전체 기간 동안 투하된 폭탄 총량의 세 배가 넘는 양이며, 폭탄의 위력을 합치면 히로시마 원자폭탄 640개 분량을 넘어선다. 꽝찌성省에서는 "3,500개 마을 중 폭격받지 않은 마을은 11개에 불과"했으며, 성의 성도 지역은 "평방킬로미터당 3,000개의 폭탄이 집중적으로 투하되었다". 북베트남을 폭격해 "석기시대로 되돌려놓겠다"는 커티스 르메이Curtis LeMay 공군 참모총장의 공언은 허풍이 아니었다. 한 북베트남 군인은 1킬로미터 떨어진 곳에서도 "B-52의 폭격 굉음이 고막을 찢어 밀림

속 주민 다수가 영구적인 청각장애를 갖게 되었다."고 말했다. 그는 또한 폭탄이 떨어져 패인 자리는 "거대했다. 폭과 깊이가 각각 30피트(약 9미터－옮긴이)에 달했으며 … B-52의 폭격을 처음 몇 차례 겪었을 때 … 내가 마치 지구 종말의 한가운데 갇힌 듯한 느낌이었다."고 회고했다.[14]

수많은 민간인이 사망했을 뿐만 아니라, 끊임없는 폭격으로 인해 대다수 국민에게 지속적인 공포 분위기가 조성되었다. 사랑하는 사람을 잃거나 불구가 된 사람들에게는 평생의 고통과 트라우마가 남았다. 마을 전체가 폐허로 변하고, 농장이 파괴되었으며, 여성, 어린이, 노인이 불에 타 죽었다. 수천 톤의 CS 최루가스와 7,000만 리터에 달하는 독성 고엽제 및 제초제, 에이전트 오렌지와 그보다는 덜 알려진 화학물질인 에이전트 블루를 포함한 여러 화학무기가 살포되었다. 이는 베트남 농민들의 농작물에 피해를 주기 위한 전략의 일환이었다. 생물학자 아서 웨스팅Arthur Westing은 "남베트남의 들판과 산림에 전례 없는 규모로, 그리고 지속적으로 제초제를 살포한 결과 … 대규모 농작물 피해가 발생했고, 내륙과 해안 산림 생태계 역시 즉각적으로 광범위하게 황폐화되었으며, 노출된 사람들에게 다양한 건강 문제를 일으켰다."고 평가했다. 생물학자 E. W. 파이퍼E. W. Pfeiffer는 고엽제로 인해 맹그로브숲 절반이 사라졌으며, 그 결과 "살아 있는 녹색식물은 어디에도 남아 있지 않고", "죽음의 회색 풍경"만 펼쳐져 있다고 언급했다. 하노이 대학교의 생물학자 조 꾸이Do Quy는 "한때 시원하고 습하며 온대성의 비옥했던 지역들이 이제는 영양분이 다 빠진 채 굳어버린 침출토가 가득한 건조하고 작열하는 기후를 가진 지역으로 변해버렸다."며, 이는 "전례 없는 규모의 군사 전술로 환경을 고의적으로 파괴"한 결과라고 분석했다.[15]

고엽제는 암과 선천성기형을 유발하는 물질로, "남베트남 정글의 5분의 1, 맹그로브숲의 3분의 1 이상, 그리고 벼농사 지역에 살포되었다". 이로 인해 거의 500만 명의 베트남인이 독성 화학물질에 노출되었다. 농작물 파괴는 그 자체로 악의적이고 잔인한 행위였다. 반군을 지원하던 가난한 농민들의 땅을 파괴함으로써 반군을 굶주리게 하려는 목적을 지닌 전략이었다. 랜드연구소RAND Corporation(주로 국가안보, 공공 정책, 사회문제, 과학 및 기술 등을 연구하는 미국의 싱크탱크－옮긴이)는 1967년, "농작물 파괴 프로그램에 따른 고통은 거의 전부 민간인들이 부담하고 있는 것으로 보인다."고 지적했다.[16]

그 파괴는 지구 종말을 연상시킬 만큼 끔찍했다. 닉 터스Nick Turse는 남베트남 장군 두 명의 말을 인용해 "미군의 화력 사용으로 인해 많은 마을이 완전히 파괴되었으며 … 가옥은 잿더미로 변했고, 무고한 사람들이 목숨을 잃었고, 수많은 사람들이 난민이 되었으며, 농경지는 버려졌고, 시골 인구의 절반 정도가 피난을 떠났다."고 말했다. 전쟁을 옹호하는 역사학자인 귄터 루이Guenter Lewy에 따르면, 이미 1962년부터 "전략 마을Strategic Hamlet(시골 지역의 주민을 민족해방전선, 즉 베트콩과 분리시키기 위해 남베트남 정부가 별도로 조성한 마을－옮긴이)로 주민들을 몰아가기 위해 일부러 특정 지역의 마을에 포격과 공습을 가했다."고 한다. "폭격을 통해 주민들을" '안전'으로 몰아넣는다는 발상은 모순적으로 보일 수 있지만, 이는 베트콩이 지배하는 지역에 폭격을 가하면 주민들은 자신의 이익을 위해서라도 자발적으로 아군 지역으로 이주하게 될 것이라는 미국의 이론에 따른 결과였다. 터스는 "집은 불타고, 마을 전체가 불도저에 밀려 파괴되었으며, 사람들은 물도, 음식도, 거처도 부족한 더러운 난민 캠프나 지저분한 도시 빈민가로 쫓겨갈 수밖에 없었다."고 설명했다.[17]

저널리스트 닐 시핸Neil Sheehan은 마을 파괴와 난민 발생이 우연이 아닌, 윌리엄 웨스트모얼랜드William Westmoreland 미군 사령관의 승인에 따른 정책이었다는 사실을 확인했다. 시핸은 다음과 같이 설명한다.

> 미국인들은 이를 "난민 생산"이라고 불렀다. … 폭격과 포격으로 사람들을 집에서 쫓아내는 것. 어느 날 웨스트모얼랜드와 함께 밖에 있을 때, 내가 그에게 물었다. "장군님, 민간인에게 부상을 입히고, 마을을 폭격하고 포격하는 것에 마음이 불편하지 않으십니까?" 그는 대답했다. "그래, 닐, 문제이긴 하지. 하지만 적으로부터 국민들을 빼앗아오는 거잖아. 그렇지 않나?" 나는 속으로 생각했다. '이 냉혈한 자식. 넌 네가 무슨 짓을 하는지 정확히 알고 있구나.'[18]

결국 미국 정책 평가단은 "주민들의 의사에 반해 철조망 안에 가두는 것은 주민들의 충성심과 지지를 얻기 위한 첫걸음이 아니"라고 결론 내렸다. 그러나 웨스트모얼랜드는 마을 주민을 노숙자로 만들거나 수용소에 가두는 것이 게릴라가 마을을 점령하지 못하게 하는 방안이라고 공개적으로 밝히며, "공산주의자들의 계획을 저지하기 위해서는 '물'에서 '물고기'를 제거하거나, '물'을 빼 '물고기'가 생존할 수 없도록 해야 한다."고 주장했다. 그가 말하는 "물"은 바로 마을 주민들이었다. 1967년까지 이 정책은 100만 명의 난민을 양산했다.[19]

루이처럼 확고한 전쟁 옹호파 역사학자들도 기본적인 사실에 대해서는 부정하지 않는다. 사실 루이의 책은 표면적으로는 미국의 정책을 강력하게 옹호하고 있지만, 미국의 베트남 파괴 규모에 대한 충격적인 증거를 담고 있다. 그는 "인력을 대신해 화력을 비교할 수 없을 정도로 아낌없이 사용한 점이 베트남 전쟁에서 미군 전술의 뚜렷한 특징"이라는 한 미국 장교의 평가를 인용한다. (실제로 웨스트모얼랜드는 전쟁에서 승리할 수 있는 계획을 묻는 질문에 군사 전략으로 답하지 않았다. 대신 그는 그저 "화력"이라고만 답했다.) 이 "아낌없는 화력 사용"은 제1차 세계대전 이후 미국이 채택하기 시작한 다음과 같은 격언을 응용한 것이었다. "사람이 아닌 포탄을 소비하라". 이는 곧 어떤 대가를 치르더라도 미국인 사상자를 최대한 줄이고, 파괴는 극대화하겠다는 전략인 것이다. 그러나 '위험 최소화'라는 철학은 좋은 의미처럼 들릴 수 있지만, 그 결과는 참혹하다.[20]

예를 들어, 비행기가 공중에서 네이팜탄을 투하하는 것은 미국인의 위험을 최소화하고 손쉽게 '포탄을 소비'하는 방법이지만 민간인 학살로 이어질 가능성이 높다. 켄 번스와 제프리 워드 Geoffrey Ward는 다큐멘터리와 동반 출간된 동명同名의 책 《베트남 전쟁The Vietnam War》에서 네이팜탄은 "120갤런(약 450리터 –

옮긴이)짜리 알루미늄 탱크 하나로 길이 150피트(약 45미터－옮긴이), 폭 50피트(약 15미터－옮긴이) 면적을 화염에 휩싸이게 할 수 있는 효과적인 무기였고, 수많은 미국인과 남베트남 병사들의 생명을 구할 수 있었지만 수많은 베트남 민간인을 죽거나 다치게 했다."고 말한다. 루이는 공식 교전규칙상 "절대적으로 필요한" 경우에만 마을에 네이팜탄 공격을 허용했다고 말하지만, "실제로는 이 규칙이 그러한 무기 사용을 제한한 것으로 보이지는 않는다."라고 인정한다.[21]

이러한 파괴는 현지 주민에 대한 비인간화dehumanization(타인을 인간과 다른 또는 인간보다 못한 존재로 간주하는 모든 행위나 생각－옮긴이)를 통해 더욱 수월하게 이루어졌다. 베트남에서 복무한 미군들의 증언에 따르면, 기초 훈련 때부터 "지휘관들은 그들을 베트남인이라고 부르지 말라"고 가르쳤다고 한다. "모두 구크gook(아시아인들을 지칭하는 모욕적인 인종차별적 용어－옮긴이) 또는 딩크dink(베트남인을 지칭하는 인종차별적 표현－옮긴이)라고 부르라"고 지시받았다는 것이다. 베트콩에 대해서는, "그놈들은 짐승과 같다. 개네들 얘기할 때 사람인 것처럼 말해서는 안 된다. … 그놈들은 자비심이나 걱정을 마음에 품고 상대해서는 안 되는 대상이라고 지휘관들이 말했다."는 증언이 나왔다.[22]

베트남에 대한 공격에는 조작과 파괴를 수월하게 만든 중요한 인종차별적 기반이 있었다. '동양인'은 민감한 서양인만큼의 고통을 느끼지 못하고 힘 앞에 굴복하는 하등동물이라는 반복적인 주장은 실제 정책에 영향을 미쳤다. 미국의 개입을 비판적으로 지지했던 사이공 주재 미 정보국US Information Agency 책임자 존 메클린John Mecklin은 베트남 농민들은 "미국의 여섯 살짜리 어린이 수준을 약간 넘어서는" 사고 능력을 가지고 있으며, 수백 개 수준의 어휘로 옹알거리듯 서로 대화한다고 주장했다. 웨스트모얼랜드는 '동양인'의 사고방식에서는 이러한 살상이 별 문제가 되지 않는다고 다음과 같이 대놓고 인종차별을 했다. "동양인은 서양인만큼 생명에 높은 가격을 매기지 않는다. 사람이 많지 않은가. 동양에서 생명의 가격은 싸다. 동양의 철학이 표현하듯 생명이란 중요한 것이 아니다." 그러니 오두막에서 여성과 아이들을 산 채로 불태워도 미국인의 양심에 그다지 가책이 되지는 않았던 것이다.[23]

병사들은 베트남 언어나 문화에 대해 거의 아무것도 배우지 못했다. 한 특수부대 대령은 베트남에서 복무하는 미국인들이 베트남어를 배울 필요가 없는 이유를 이렇게 설명했다. "구크 놈들 언어를 배울 필요는 없지. 어차피 걔들은 죽게 돼 있어. 우리가 그놈들 싹 다 죽일 거니까." 현지 주민들도 모두 똑같은 '구크 놈'들이기 때문에 민간인과 전투원의 구분은 종종 대충 이루어졌다. 터스는 베트남에서 민간인 사상자가 많았던 이유 중 하나로 비공식적이지만 (때로는 말하기도 하고, 때로는 말하지 않는) 널리 퍼져 있던 "구크 놈 따위 규칙mere gook rule"을 지목한다. 즉 민간인 사망자가 발생했거나 혹은 교전규칙 위반으로 사망자가 발생했더라도, 시신이 '구크 놈 따위'에 불과하다면, 아무도 살인에 대한 책임을 지지 않았다는 것이다. 터스는 한 해병이 다른 해병에게 한 말을 인용한다. "전혀 신경 쓰지 마. 그냥 구크 몇 놈 더 죽는 것일 뿐이야. 놈들이 빨리 죽을수록 우리는 더 빨리 세상으로 돌아갈 수 있어." 베트남 참전 용사 팀 오브라이언Tim O'brien은 그의 소설《그들이 가지고 다닌 것들The Things They Carried》에서 "네이팜탄에 타 죽은 베트콩 간호사를 바삭바삭한 벌레"에 비유한다거나, 베트남 아기를 "구운 땅콩"이나 "아삭아삭한 간식"에 빗대는 비인간적인 표현을 담아냈다.[24]

익명의 한 병사는 "아무도 베트남인을 신경쓰지 않았다."고 단도직입적으로 말했다. 민간인이 사망해도 이를 적군 사망자로 간주했기 때문에 크게 문제삼지 않았으며, 군인들은 "그것이 죽었고, 그것이 베트남인이면, 결국 베트콩이 죽은 것이다."라는 규칙을 따랐을 뿐이라고 말했다. (여기서 사용된 "그것"이란 단어에 주목해야 한다.) 심지어 루이마저도 "베트콩 사망자로 보고된 사람 중 상당수가 실제로는 무기를 소지하지 않은 마을 주민이었다는 것은 분명하다."고 인정한다.[25]

이 전쟁의 가장 충격적인 측면 중 하나는 무엇보다도 '전사자 수'를 우선시하는 미군 지도부의 전략이다. 웨스트모얼랜드는 의도적으로 소모전을 벌여 가능한 한 많은 전사자를 발생시킴으로써 민족해방전선과 북베트남 정규군의 전의를 꺾으려 했다. 전장의 지휘관들은 가능한 한 많은 베트남인 시체를 만들어내야 한다는 강박관념에 사로잡혔다. "전사자 수가 모든 걸 말해주니", "무차별 살상에 대한 압력"은 "현실적으로 거부할 수 없는 것이었다"고 한다. "사살자 수" 경쟁이 벌어졌고, 병사들은 사살자 수를 극대화하면 휴가나 맥주 한 상자를 보상으로 받았다. 상관들은 "사살자 수를 늘리지 않으면 자넨 곧 잘릴 거야, 대령." 같은 말을 하곤 했다. 한 웨스트포인트 출신 참전 용사는 "한 달간 놈들 4,000명을 죽이고, 다음 달 말까지는 6,000명을 죽이겠다."는 사령관의 전략 설명을 들었던 기억을 떠올린다. 장교의 진급은 시체 수에 달려 있었고, "많은 고위 장교들은 소속 부대에 '할당량'을 설정했다".[26]

저명한 전쟁 회고록 작가인 필립 카푸토Philip Caputo의 회고에 따르면, 영토 점령과 같은 전통적인 전략적 군사 목표는 존재하지 않는 것처럼 보였다고 한다. 유일한 목표는 대량살상이었다. 그는 이런 말을 들었다고 회고한다.

> 여러분의 임무는 베트콩을 죽이는 것이다. 그게 다다. 고지를 점령하러 온 게 아니다. 마을을 점령하러 온 것도 아니다. A 지점에서 B 지점, C 지점으로 이동하기 위해서도 아니다. 단지, 베트콩을 죽이기 위해서 왔다. 최대한 많이 죽여라.

하지만 카푸토는 "어떻게 베트콩과 민간인을 구별해야 하는지는" 명확하지 않았다고 말한다. 누군가 도망치면, "그 사람이, 심지어 여자라고 하더라도 적이라는 증거"로 추정되었다고 한다. "우리를 좋아한다면 도망치지 않았을 것"이라는 논리다.[27]

베트남인들의 엄청난 사망자 수는 우연이 아닌 정책 때문이었다. 수백 명의 민간인이 미군에 의해 총살당한 밀라이 학살 사건은 미국이 전쟁을 어떻게 수행했는지 안다면 이해할 수 없는 사건도 아니다. 밀라이 사건은 일탈이 아니었을 뿐만이 아니라, 만약 일탈이라면 오히려 충격으로 받아들여질 사건이다. 왜냐하면 전쟁 기획자들의 목표는 대규모 유혈사태를 일으키는 것이었기 때문이다. 이것이 "선을 이루는 과정에서 발생한 실수"라고 묘사되는 바로 그 전쟁의 현실이다.

"곁다리 쇼": 라오스와 캄보디아

'베트남 전쟁'은 주변 국가에도 엄청난 폭력을 가한 전쟁이었다는 점에서 오해의 소지가 있는 명칭이다. 미국은 라오스에서 1964년부터 1973년까지 라오스 공산군과 북베트남군 양쪽 모두를 공격하며 58만 회에 달하는 폭격을 가했다. "거의 10년에 걸쳐 8분마다 비행기가 한 대씩 출격"한 셈이다. 라오스 국민 한 명당 1톤의 폭탄이 투하되었고, 전쟁으로 인해 라오스 국민 10명 중 1명이 목숨을 잃었다. 전쟁이 끝날 때까지 "미국 항공기는 펜실베이니아주 약 두 배 크기의 내륙국에 209만 3,100톤의 폭탄을 투하했는데, 당시 라오스 인구는 300만 명도 안 되는" 수준이었다. 라오스는 제2차 세계대전 당시 일본과 독일이 받은 폭격을 합친 것보다 더 많은 폭격을 받아 세계 역사상 가장 많은 폭격을 당한 국가가 되었다.[28]

인류학자이자 라오스 전문가인 레아 자니Leah Zani는 라오스 작전이 공산주의 정부의 집권을 막지는 못했지만, "이제 막 수립된 공산주의 국가가 기본 인프라와 사회 시스템을 구축하지 못하도록 방해하는 데에는 성공"했으며, "미국이 국민이나 의회의 지지 없이도 최소한의 지상군 병력으로 장기 분쟁을 지속할 수 있다는 점을 입증했다."는 점에서 미국 정책 입안자들 사이에서는 "성공으로 간주"되었다고 지적한다. 저널리스트 조슈아 컬랜

칙Joshua Kurlantzick은 "라오스는 (대통령과 CIA 입장에서 볼 때) 매우 성공적이어서 앞으로 수십 년 동안 새로운 유형의 대규모 비밀 전쟁의 표본이 될 것"이라고 말한다. "값싼 비용으로 라오스의 공산주의자들을 수년 동안 사실상 꼼짝 못하게 만든 전쟁"이라는 측면에서 성공적이었으며, 대통령이 일방적으로 전쟁을 선언하고 새로운 방식, 즉 비밀리에 대규모 공격을 명령하여 종종 공중 무기도 사용할 수 있는 방식의 전쟁 모델을 만들어냈다는 점에서 정보기관이 운용하는 준군사조직이 수행하는 작전의 전형이 되었다."[29]

라오스는 여전히 지구상에서 전쟁으로 가장 심각하게 오염된 곳 중 하나다. 50년이 넘는 기간 동안 폭탄으로 인한 인명 피해가 계속되고 있으며, 폭격이 중단된 이후에도 2만 명 이상의 라오스인이 목숨을 잃었다(그보다 더 많은 사람들은 불구가 되었다). 희생자의 거의 절반이 어린이다. 2021년 한 해만 해도 60건이 넘는 폭발 사고가 있었다. 물론 죽음과 신체 상해는 피해의 일부일 뿐이며, 숨겨진 폭탄이 산재한 환경에서 살아가는 데서 오는 트라우마와 공포 또한 심각한 문제다. 초등학생들은 폭탄을 만지지 않도록, 각종 폭탄의 종류를 식별하는 법을 배운다.[30]

2013년, 《뉴욕 타임스》는 "수백만 개의 불발탄으로부터 라오스를 구하려는 한 여성의 사명"이라는 제목의 기사를 실었다. 이 기사는 라오스계 미국인 여성 차나파 캄봉사Channapha Khamvongsa가 "아직도 고국에 묻혀 있는 수백만 개의 폭탄을 제거하기 위해" "한결같이 노력"하고 있다고 알렸다. 기사에 따르면, 캄봉사 여사의 로비 활동 결과, 미국은 불발탄 제거에 대한 연간 지출을 부족하나마 1,200만 달러만큼 더 늘렸다고 한다. 《뉴욕 타임스》는 캄봉사 여사가 난민들이 그린 폭격 그림을 모아놓은 "프레드 브랜프먼Fred Branfman의 그림모음집을 접한 후 행동에 박차를 가하게 되었다"고 전한다. 이 책에는 베트남 전쟁과 사실상 아무런 관련이 없는 외딴 지역에 사는 가난한 농민들이 겪은 고통이 고스란히 담겨 있었다. 그러나 《뉴욕 타임스》는 브랜프먼이 밝힌 중요한 내용에 대해서는 보도하지 않았다. 해당 기사는 라오스 공격에 대한 통상적인 설명만을 되풀이했을 뿐이다. 즉, "공격 목표는 북베트남 군대, 특히 상당 부분 라오스를 통과하는 호찌민 트레일Ho Chi Minh Trail(라오스와 캄보디아를 경유해 북베트남과 남베트남을 이어주는 병참 루트－옮긴이)을 따라 배치된 북베트남군, 그리고 북베트남의 동맹 세력인 라오스 내 공산주의자들이었다."는 내용을 실었을 뿐이다. "가장 충격적인 폭로"는 린든 존슨이 라오스로 비행기 방향을 돌릴 만한 "군사적 이유가 없었다"는 것이라고 브랜프먼은 설명한다. 1969년 10월 몬티글 스턴스Monteagle Stearns 미 대사관 부대사는 "많은 비행기가 놀고 있었고, 그렇게 비행기를 아무 할 일 없이 그냥 놔둘 수는 없었다."고 미국 상원 외교위원회에 증언했다.[31]

《뉴욕 타임스》가 캄봉사 여사의 활동을 보도한 지 10년이 지난 2023년 불발탄의 1퍼센트도 채 제거되지 않았다. 현재와 같은 제거 속도라면 "라오스가 불발탄이 없는 나라가 되려면 앞으로도 100년이 걸릴 것"이라는 말이 나온다. 미래 세대의 라오스 어린이들 역시 불구가 되거나 죽지 않기 위해 계속해서 폭탄 도표를 공부해야 할 것이다. 이 모든 일이 단지 비행기가 할 일을

만들어주기 위해 벌인 일이었다.[32]

1970년, 리처드 닉슨은 헨리 키신저 국가안보 보좌관에게 전화를 걸어 캄보디아에 대한 불법 폭격을 확대하라고 지시했다. 키신저는 알렉산더 헤이그Alexander Haig 장군에게 대통령이 "캄보디아에서 대규모 폭격 작전을 원한다"고 전하며, "날아다니는 것은 무엇이든, 움직이는 것은 무엇이든 폭격하라."고 지시했다. 어떤 국가의 기록에서도 이렇게 명백한 대량 학살 의도가 담긴 선언을 찾기는 어려울 것이다. 표면적으로는 라오스에서와 마찬가지로 캄보디아에서 작전 중인 북베트남군을 겨냥한 폭격이었다. 수백만 톤의 폭탄이 투하되었다. "많은 경우, 캄보디아 마을은 수 시간에 걸쳐 수십 발의 폭탄을 맞았고" 그 결과 "거의 전멸에 가까운 피해"가 발생했다. 당시 한 미국 관리는 "살아남을 수 있는 것은 아무것도 없었다"고 말했다. 이 폭격으로 5만 명에서 15만 명의 캄보디아 민간인이 사망한 것으로 추정되지만, 전문가 테일러 오언Taylor Owen과 벤 키어넌Ben Kiernan은 "투하된 폭탄의 양이 추정 당시 알려진 것보다 다섯 배나 많았기 때문에 사상자 수는 확실히 더 많을 것"이라고 말했다.[33]

이 폭격으로 "처음에는 혁명 성공 가능성이 희박해 보였던 반군 공산주의 단체인 크메르루주Khmer Rouge에 평범한 캄보디아 사람들이 몰려들었다."고 한다. 크메르루주 장교였던 치트 도Chhit Do는 훗날 이 폭격이 어떻게 신병 모집의 도구로 작용했는지 설명했다. 그는, 파괴로 인해 "겁에 질리고 반쯤 미쳐"버린 상태에서 "주민들은 우리가 무슨 말을 하든 곧이곧대로 믿었으며",

"폭격에 대한 불만 때문에 크메르루주와 계속 협력하게 된 것"이라고 말했다. 크메르루주는 "캄보디아에 경제적, 군사적 불안정을 야기하는 미국의 정책이 없었다면 권력을 잡을 수 없었을 것"이라고 키어넌은 결론지었다. "미국 B-52 폭격기의 캄보디아 시골 지역에 대한 융단 폭격"은 "폴 포트Pol Pot의 부상浮上을 가능케한 가장 중요한 요인"이었다. 그의 정권은 불과 몇 년 만에 170만 명을 처형하는 대량 학살을 자행했다.[34]

크메르루주의 '킬링필드'는 미국에서 크게 주목받았다. 그러나 크메르루주에 대한 미국의 **지원**에 대해서는 그다지 알려져 있지 않다. 크메르루주 정권이 집권하는 동안 미국은 "중국에게 폴 포트를 지원하도록 독려"했고, 중국과 태국의 크메르루주 지원에 대해 "반공개적으로 묵인했다"고 즈비그뉴 브레진스키는 밝혔다. 키신저는 크메르루주가 집권했을 때, "우리는 그들과 친구가 될 것이며, 그들이 살인을 일삼는 깡패들이지만 그런 일로 우리 국익에 방해가 되지 않도록 하겠다."고 말했다.[35]

폴 포트 정권이 전복되고 잔학 행위의 규모가 밝혀진 후에도 미국은 여전히 크메르루주가 유엔 의석을 유지할 수 있도록 지원했으며, "대량 학살이나 기타 반인도적 범죄에 대해 조사하거나 기소하려는 시도에 반대했다". 1989년까지 미국은 "크메르루주 정권을 대량 학살 정권으로 묘사하려는 모든 시도조차 평화회복에 역효과를 낸다고 주장하며 거부했다". 이는 전적으로 무자비한 전략적 계산에 따른 것이었다. 미국은 크메르루주가 베트남 정부에 반대한다는 이유로 그들을 편리한 동맹국으로 여겼다.[36]

헨리 키신저는 캄보디아에서의 자신의 역할에 대한 질문을 받자, 누군가 자신에게 의문을 제기할 수 있다는 사실에 스스로 당황한 듯한 반응을 보였다. 그는 "나는 상상력이 부족해서 도덕적인 문제까지는 보지 못했다."고 말했다. 그렇다면 다른 사람들은 상상력이 더 풍부했나 보다. 쫓겨난 캄보디아 국왕 노로돔 시아누크Norodom Sihanouk는 "캄보디아의 비극에 책임이 있는 유일한 두 사람"은 "크메르루주를 만든 닉슨과 키신저"라면서 크메르루주의 부상에 대해 키신저와 닉슨을 정면으로 비난했다.[37]

마찬가지로 크메르루주의 잔학 행위를 고발한 성직자 프랑수아 폰쇼Francois Ponchaud는 범죄를 저지른 크메르루주 관리들을 처벌하려는 재판에 회의적인 시선을 보냈다. 폰쇼는 재판이 선택적이고 위선적으로 진행될 것이라고 생각했다. 크메르루주 정권에 대한 미국의 지지를 언급하며 그는 이렇게 물었다. "누구에게도 심판받지 않을 국제적 살인자인 미국에 대해서는 무슨 말을 해야 할까?"[38]

전쟁, 재평가

1945년부터 1975년까지 미국이 처음에는 지원만 하다가 나중에 직접 참전한 동남아시아 전쟁은 20세기 최대의 범죄 중 하나다. 세계 최고의 기술 초강대국이 작은 나라의 시골 농민들을 상대로 사실상 모든 파괴적 능력(핵무기는 제외, 하지만 여러 번 사용을 고려했다)을 사용했다. 전쟁에서 미국인 한 명이 사망할 때마다 약 40명의 베트남인이 목숨을 잃었다.

베트남 전쟁은 종종 미국의 패배로 취급되지만, 부분적인 승리라고 부르는 것이 더 정확할 것이다. 부정적인 측면은 미국이 옹호한 정권이 무너졌다는 것이다. 긍정적인 측면은 지역 전체가 폐허가 되었고, 성공적인 독립적 발전의 '바이러스'가 다른 지역을 '감염'시킬 수 있다는 두려움이 사라졌다는 것이다. 존슨 대통령의 고문인 월트 로스토Walt Rostow는 과거를 돌이켜보며 "존슨이 한 일에 어쩌면 필요 이상의 비용이 들었을지도" 모르지만, 궁극적으로 그는 "동남아시아를 구했고 오늘날 우리는 아시아에서 힘의 균형을 유지하고 있다"고 논평했다.[39]

베트남에서 자행된 특정 잔학 행위를 기록하고 분석하는 것도 중요하지만, 결론적으로 전쟁 자체가 범죄라는 점이 더욱 중요하다. 이 전쟁은 고결한 동기 때문에 발발한 것이 아니었다. 미국 지도자들은 자신들이 베트남 국민의 이익을 대변하기 위해 행동에 나선 것이 아니며, 합리적 관점에서 볼 때 "민주주의"라고 부를 수 있는 무엇인가를 수호하는 일을 하고 있지 않다는 사실을 충분히 인지하고 있었다. 이 전쟁은 단지 미국이 영향력 상실과 패배의 굴욕이 두려워서 벌인 것이었다. 베트남에 대한 정책은 제2차 세계대전 이후 세계 질서를 위해 확립된 일반적인 교리 틀 안에 있었다. 미국은 제2차 세계대전 후 베트남의 독립을 인정하지 않았으며, 식민 통치를 이어가려는 프랑스를 지지하다가 이후 프랑스의 자리를 이어받아 재식민지화를 시도했다. 마침내는 대규모 침공을 감행했고, 그 절정기에 이르러 인기 없고 독재적이지만 미국에는 우호적인 정부를 유지시키기 위해 50만 명의 병력을 투입했다. 미국은 프랑스 편에 서기로 했을 때부터 그것이 민족주의 세력에 맞서는 일이고, 자신들이 지지하는 세력이 정치적 경쟁을 견딜 수 없다는 사실을 충분히 알고 있었다. 평화적 수단에 의존하는 것은 결코 선택지가 될 수 없었던 것이다.

미국 국민들은 자신들이 자유 국가인 남베트남을 북베트남의 침략으로부터 보호하기 위해 싸우고 있다고 듣고 있었다. 그러나 실상 미군은 남베트남에서 미 정부가 지지하는 독재 정권을 유지하기 위해, 그리고 베트남 국민 대다수의 여론을 뒤집기 위해 싸우고 있었다. 미국 국민들은 공산주의자인 **북**베트남인들과 싸우고 있다고 듣고 있었지만, 실제로는 대부분 **남**베트남 민중과 싸우는 경우가 많았다. 미국 언론에서 북베트남 폭격은 폭넓게 거론되었지만, 훨씬 더 심각한 남베트남 폭격은 그다지 다루지 않았다. 이는 미국이 "방어"하고 있는 나라를 폭격했다는 사실을 인정하는 것이 전쟁의 공식적인 명분과 조화를 이루기 어려웠기 때문이다. 남베트남에 대한 침공과 점령은, 만약 공식적인 적에 의해 자행되었다면 우리가 정확히 "침략"이라고 불렀을 행위다. 따라서 미국은 소련이 1980년대에 아프가니스탄을 "방어"했다고 주장하는 것과 같은 의미에서 "남베트남을 방어"했던 것이다.

펜타곤 페이퍼에 따르면, 국방부의 전쟁 목표는 "미국의 굴욕적인 패배를 피하는 것이 70퍼센트, … 남베트남 (그리고 그와 인접한) 영토를 중국으로부터 지키기 위한 것이 20퍼센트, 나머지 10퍼센트는 남베트남 국민들이 더 나은 그리고 더 자유로운 방식의 삶을 누릴 수 있도록 하기 위한 것"이라고 한다. 그러나 이는 미국에 대한 매우 관대한 시각이다. 베트남인에 대한 미국의 관심이 10퍼센트라는 것은 지나치게 과대평가한 것이다. 미국 정책의 어떤 부분도 남베트남 국민에게 "더 나은, 더 자유로운 방식의 삶"을 제공하기 위해 설계되지 않았다. 그들에게 훨씬 더 나쁘고 덜 자유로운 방식의 삶을 강요하게 될 것이라는 점을 충분히 인지하고 수행된 전쟁이었다. 미국은 베트남의 농촌 사회를 파괴하고, 농민을 학살했으며, 살아남은 사람들을 강제수용소로 몰아넣었다.[40]

미국이 특정 잔학 행위를 자제했을 때조차 자제한 이유가 인명 피해에 대한 고려 때문은 아니었다. 1966년, 존 맥노튼John McNaughton 국방부 차관보가 댐과 수문을 파괴해서 대량 기아를 유발하자고 제안했을 때, "국민을 표적으로 한 공격"은 "해외와 국내에서 비생산적인 반발의 물결을 일으킬 것"이라는 이유로 채택되지 않았다. (채택되지 않은 이유는 인명 피해가 아니라 국내외 비난 때문이었다–옮긴이) 리처드 닉슨은 헨리 키신저가 폭격으로 인한 민간인 사상자를 우려한 것에 대해 키신저를 질책했다. ("당신은 민간인에 대해 빌어먹을 걱정을 하고 있지만 나는 신경도 안 써요. 난 신경 안 써.") 이에 키신저는 "전 세계가 한목소리로 대통령님을 도살자로 몰아세우는 것을 원치 않기 때문에" 걱정하는 것이라고 대답했다. 키신저 자신은 베트남인들의 목숨이 아니라 다른 나라들이 내릴 도덕적 판단, 즉 현실 정치에 대한 우려를 염려했다. 실제로 키신저는 가장 끔찍한 전쟁범죄를 승인하는 데 주저함이 없었고, 닉슨이 그의 이인자가 '민간인'을 걱정하는 인물이라고 생각한 것은 오해였다.[41]

미국으로 돌아온 후 반전운동에 참여한 베트남 참전용사 W. D. 에르하트W. D. Ehrhart는 전쟁의 경험으로 인해 세상에서 미국의 역할에 대한 자신의 관점이 근본적으로 바뀌었다고 말한다. 어린 시절에 "나는 존 웨인John Wayne 영화와 오디 머피Audie Murphy 영화를 끼고 살았다". 그래서 베트남에 가기만 하면 공산주의로부터 그들을 구해줄 존재로서 "나를 베트남 국민들이 두 팔 벌려 환영할 것이라 기대했다". 그러나 그는 베트남 사람들이 "나를 싫어한다"는 사실을 알게 되었고, 곧 그 이유도 깨달았다. "고등학교 때 내가 가진 인식은 베트콩이 베트남 국민을 공포에 몰아넣고, 미군과 싸우지 않으면 죽여버리겠다고 강요한다는 것이었다. 그러나 베트남에 와서 내가 점차 깨달은 것은 베트콩이 굳이 그렇게 할 필요가 없다는 것이었다. 미 해병 순찰대가 어떤 마을 혹은 폐허가 된 그 마을의 잔해를 한 바퀴 돌고 난 다음이면, 베트콩은 필요한 모든 병력을 확보할 수 있었다."(미 해병대의 행위를 목격한 마을 주민들은 자발적으로 베트콩에 가담했다는 의미－옮긴이) 전쟁을 가까이서 경험해보고 나니, "내가 살던 세상, 내가 살던 나라에 대해 믿었던 모든 것"이 무너져내렸다. 또한 그는 "우리 나라에 대해 들었던 모든 것은 신화"였으며, 실제로는 "서방 세계가 제3세계를 다시 식민지로 종속시키려 하고 있었다."는 사실을 깨닫게 되었다. 에르하트는 베트남에 가기 전 들어서 알고 있던 베트남은 "그 나라의 실제 모습과는 전혀 달랐다"고 말했다.[42]

베트남, 라오스, 캄보디아에서 미국이 저지른 만행의 현실을 직시한 사람은 미국 내에서는 거의 없었다. 나중에 노벨 평화상을 수상하게 된 지미 카터는 "피해는 양쪽 모두 입었다."라는 이유로 베트남 전쟁에 대한 사과를 거부했다. 그는 미국이 "영토를 점령하거나 미국의 의지를 타국에 강요하려는 의도가 전혀 없이" 베트남에 갔기 때문에 "책임을 떠안을 필요는 없다"고 덧붙였다.[43]

물론, 양쪽 모두가 피해를 본 것은 아니다. 즉, 베트남 폭격기로 미국인의 마을과 도시가 초토화된 적은 없었다. 전쟁의 실상은 미국인의 선의, 민족자결에 대한 존중, 정의에 대한 헌신 등 익숙한 신념에 도전장을 던진다. 이러한 신념이 약화되면, 미국은 더 이상 전복, 폭력 그리고 테러를 거리낌없이 수행하기가 껄끄러워지게 되며, 이는 결코 용인될 수 없는 것이다. 따라서 반대 의견을 가진 국민의 방해 없이, 국가가 자유롭게 권력을 행사할 수 있도록 하기 위해 실제 역사를 재구성해야만 하는 것이다.

3장

9·11과 아프가니스탄의 몰락

2001년 9월 11일 테러 직후, 조지 W. 부시는 유명한 질문을 던졌다. "왜 그들은 우리를 미워할까?" 부시는 자신만의 간단한 답을 내놓았다. "그들은 우리의 자유, 즉 종교의 자유, 언론의 자유, 투표의 자유, 집회의 자유를 싫어하기 때문이다." 그러나 1997년 CNN 기자와의 인터뷰에서 테러의 실제 주모자인 오사마 빈 라덴Osama bin Laden은 "왜 그들은 우리를 미워할까"라는 질문에 다른 대답을 내놓았다. 그의 대답에는 "우리의 자유"나 "투표"는 등장하지 않았다. 대신 지하드jihad(이슬람 무장투쟁 – 옮긴이)를 하고 있는 이유를 "미국 정부가 직접적으로 혹은 이스라엘의 팔레스타인 점령을 지원함으로써" 팔레스타인에 대해 "극도로 부당하고, 끔찍하며, 범죄적인 행위를 저질렀기" 때문이라고 말했다. 그는 "미국 하면 무엇보다도 최근 폭발 사건이 발생한 카나에서 머리와 팔이 잘려나간 무고한 어린이들이 가장 먼저 떠오른다."고 덧붙였다.[1]

1996년 레바논에서 발생한 카나 학살 사건을 기억하는 미국인은 거의 없을 것이다. 이스라엘군Israel Defense Forces(이하 IDF)

은 800명의 민간인이 피신해 있던 유엔 건물에 포탄을 발사했다(이들은 IDF의 명령으로 집을 떠나 대피해 있던 사람들이었다). 이 공격으로 민간인 106명이 사망했으며, 그중 절반은 어린이였다. 여기에 더해 유엔 직원 4명을 포함하여 120명이 부상당했다. 사건 발생 1년 뒤, AP 통신은 이 참사가 남긴 피해의 한 단면을 보도했다. "일곱 살 어린이 리나 타키Lina Taqi는 절뚝거리며 걷고, 왼팔을 간신히 움직이며, 거의 말을 하지 않는다. 그녀의 아버지 역시 사망했다." 리나는 "1년 전 이스라엘 포병이 민간인이 가득한 유엔 평화유지군 기지를 포격했을 때 인생이 산산조각 난 사람 중 한 명"이다. 리나의 여덟 살 언니도 목숨을 잃고 남은 것은 찢긴 "잠옷 조각"뿐이었다. 리나 자신도 머리에 파편상을 입고 6개월간 치료를 받았지만, 팔다리 기능이 완전히 회복되지 못했다. 어머니에 따르면, 리나는 밤마다 "몸을 떨고, 정신을 차리지 못하거나, 환각에 시달리거나, 오줌을 싸면서" 깨어나곤 한다고 한다.[2]

유엔 사무총장의 군사 자문역은 조사 결과 이 건물에 대한 공격이 실수일 가능성은 낮다고 결론 내렸다. 국제앰네스티 조사에 따르면, "IDF는 유엔 기지의 위치와 대피 중인 민간인의 존재를 통보받고도 의도적으로 유엔 기지를 공격했다."고 한다. 실제로 공격을 감행한 이스라엘 포대 소속의 군인들은 "그 사건이 실수라고 말하는 사람은 아무도 없었다."고 훗날 언론에 고백하며, "그것은 전쟁이었고", 희생자는 "그저 아랍인 무리"일 뿐이었다고 말했다. 유엔총회는 유엔 기지의 피해에 대한 금전적 배상을 이스라엘에 청구하는 온건한 조치를 취하는 데 그쳤다. 이 결의

안에 반대표를 던진 국가는 미국과 이스라엘뿐이었다. 이스라엘은 레바논이 그 피해를 자초했다며 배상금 지급을 거부했다.[3]

9·11 테러 이후, 빈 라덴은 '미국에 보내는 편지'에서 "우리가 당신들과 싸우며 당신들을 반대하는 이유는 무엇일까? 대답은 매우 간단하다. … 당신들이 우리를 공격했고, 지금도 계속해서 우리를 공격하고 있기 때문이다."라고 질문에 답하며 다시 한번 자신의 정당성을 주장했다. 빈 라덴은 무엇보다도 이스라엘의 팔레스타인 점령에 대한 미국의 지원과 그곳에서 벌어진 "억압, 폭정, 범죄, 살인, 추방, 파괴, 황폐화"를 언급했다. "팔레스타인에서 흘린 피에 대해서도 똑같이 복수해야 한다. 팔레스타인 사람들만 울지 않을 것이고, 팔레스타인 여성들만 남편을 잃지 않을 것이며, 팔레스타인 아이들만 고아가 되지 않는다는 것을 알아야 한다." 빈 라덴은 다른 불만 사항도 언급했는데, 대부분 미국의 대외 정책과 관련이 있다. "미국이 국제적 영향력과 군사적 위협을 동원해 우리의 부와 석유를 헐값에 약탈하고", "체첸에서 우리를 향한 러시아의 잔학 행위를 지원하고", "카슈미르에서 우리를 향한 인도의 탄압을 지원하고", 경제 제재를 통해 이라크 어린이를 죽음에 이르게 한다는 것이다.[4]

빈 라덴은 미국의 위선을 공격했다. 미국은 대량살상무기를 보유할 권리를 주장하면서도 다른 나라도 같은 권리가 있다는 것을 부정하며, 미국인들은 "국제법의 결의와 정책을 존중하지 않으면서도 … 같은 행동을 하는 다른 사람들을 선택적으로 처벌하고 싶어한다."고 비난했다. 그는 물었다. "자유를 부르짖는 자들아, 너희는 얼마나 많은 억압과 폭정, 불의를 저질렀는가?"

빈 라덴은 대외 정책에 대한 불만을 나열한 후 미국의 도덕성을 규탄했다. 그는 미국이 "산업 폐기물과 가스로 자연을 파괴하고도" 교토 의정서Kyoto Protocol에 서명하기를 거부했다고 지적했다. 미국이 "여성을 소비재처럼 착취했다"고 비난했다. 그는 "클린턴 대통령이 백악관 공식 집무실에서 저지른 부도덕한 행위"를 미국인들이 용인한 점과 마약 사용, 도박, 성 노동에 대한 미국의 관용에 혐오감을 드러냈다. (다만, 그는 공화당이 미국 내 사회문제를 개선하기 위해 꾸준히 노력한 점에 대해서는 인정하지 않았다.)

빈 라덴의 편지는 분명 광기 어린 내용이며, 노골적인 반유대주의로 가득 차 있다. (빈 라덴은 "유대인들이 미국 경제를 장악했고" "미국인을 그들의 종으로 만들고 있다"고 주장하며, 이는 "벤저민 프랭클린Benjamin Franklin이 경고했던 것과 정확히 일치한다"고 말한다. 하지만 "유대인"이 "미국에 큰 위험 요인"이라는 프랭클린의 경고는 오래전부터 위조된 것으로 알려져왔다.[5]) 그는 민주주의에서는 일반 시민이 정부의 행위에 대한 책임을 져야 하므로 그들을 정부 정책의 대표자로 취급하는 것이 공정하다고 주장하지만, 민간인을 공격한 것에 정당성을 부여하는 그의 이러한 논리는 설득력이 없다. (그는 미국 정부가 선전을 통해 국민이 정부 정책을 알지 못하게 하려고 노력한다는 점을 감안하지 않는다.) 그는 복수라는 시대착오적인 원칙을 신이 지지한다고 주장한다. "우리의 마을과 도시를 파괴한 자가 누구든지 … 우리는 그들의 마을과 도시를 파괴할 권리가 있다." 의심할 여지없이 빈 라덴은 광신적이고 살인적인 성향이지만, 그의 모든 공개 발언을 살펴보면

9·11 테러를 단순히 폭력적인 종교적 광신에서 비롯된 행위로만 볼 수 없다는 점은 분명하다. 그의 주장의 기본 골자는 9·11 테러는 정당한 복수였으며, 미국에게 가한 자신의 폭력은 미국의 폭력에 대응한 보복이었다는 것이다.

빈 라덴의 잔인한 극단주의 전술은 무슬림 세계에서는 전혀 대표성이 없는 변두리 전술이었다. 그러나 미국에 대한 분노는 다른 사람들도 함께 느끼고 있었다. 부시가 그들은 "우리의 자유를 싫어한다"고 선언한 지 며칠 후, 《월스트리트 저널The Walstreet Journal》은 전 세계 무슬림들을 대상으로 미국에 대한 그들의 견해를 인터뷰하며 이 문제를 진지하게 분석한 일련의 기사를 연재했다. 인터뷰 대상자들은 엘리트 전문직 종사자들이었다. 이들은 대체로 친미 성향이었지만 "미국이 무한한 힘을 바탕으로 혐오스럽고, 억압적인 여러 정권을 지지하고 있다."는 인식을 공유하고 있었다. 미국에 대한 이러한 분노는 "아랍 땅을 점령한 이스라엘은 옹호하면서, 이와 본질적으로 동일한 행동을 한 이라크에 대해서는 경제제재와 군사 공격을 계속하는 미국의 이중 잣대"에서 비롯되었다. "미국이 무슬림 세계의 모든 계층에서 이러한 격한 분노와 반감을 불러일으키는 이유"는 미국의 대외 정책이 "스스로가 소중하게 여긴다고 주장하는 이상理想에 부합하지 못하기 때문이다".[6] 따라서 "부유한 사업가들조차 미국의 이중 잣대에 염증을 느끼고 있다". 한 카타르 엔지니어는 "우리가 미국인에게 반감을 가지는 이유는 단지 미국인이어서가 아니라, 이러한 억압적인 통치자들이 미국의 지지를 받고 있기 때문"이라고 말했다.

조지타운 대학교의 무슬림·기독교 이해 센터Center for Muslim-Christian Understanding 존 에스포지토John Esposito 소장은 "이는 문명의 충돌이 아니라 미국의 대외 정책을 둘러싼 충돌"이라고 말했다. 에스포지토는 "미국과 거래하는 사업가들"을 포함하여 무슬림 세계의 많은 사람들이 이번 공격으로 미국이 중동 정책을 다시 생각하는 계기가 되기를 희망한다고 말했다. 2005년, 《파이낸셜 타임스Financial Times》의 데이비드 가드너David Gardner도 마찬가지로 무슬림 세계의 많은 사람들이 9·11로 인해 더 이상 "서방과 서방이 지지하는 아랍 독재자들이 자신들에 대한 맹목적인 분노를 키우는 정치적 환경을 계속해서 무시할 수는 없을 것"이라고 생각한다고 보도했다.[7]

국민들이 정부 정책을 깊이 따져보지 않도록 공격에 대한 설명을 듣기 좋은 이야기로 지어낸 사람은 조지 W. 부시 대통령 혼자만이 아니었다. 2001년 9월 16일, 《뉴욕 타임스》의 세르주 슈머만Serge Schmemann은 공격자들이 "자유, 관용, 번영, 종교적 다원주의, 보편적 참정권 등 서구에서 소중히 여기는 가치에 대한 증오심" 때문에 행동했다고 설명했다. 이러한 "근본주의자"들은 미국을 "음란, 부패, 탐욕, 배교"의 땅으로 보았고, 쌍둥이 빌딩을 "소돔과 맘몬"의 상징으로 여겼다는 것이다. 가해자가 직접 열거한 실질적인 불만에 대한 언급은 전혀 없었다.[8]

테러리즘의 뿌리를 이해한다고 해서 테러가 정당화되는 것은 아니다. 사실 가장 테러 행위를 반대하는 사람들이야말로 미래의 폭력을 예방하기 위해 테러의 원인을 이해하려고 가장 많은 노력을 기울일 것이다.

2001년 9월 11일의 끔찍한 잔학 행위는 국제사회에서 전례 없는 사건이었다. 1812년 전쟁(1812년 6월부터 1815년 2월까지 미국과 영국이 벌인 전쟁—옮긴이) 이후, 미국이 자국 영토 내에서 공격을 받은 일은 없었다. (진주만 사례가 예외로 자주 인용되지만, 진주만은 식민지 전초기지인 군사시설이었으며, 하와이가 미국의 주州로 편입된 것은 진주만 공격으로부터 거의 20년이 지난 뒤였다. 진주만과 9·11을 비교하는 것은 영국이 점령한 인도의 군사시설에 대한 공격을 런던 공격에 비유하는 것과 비슷하다.) 미국은 다른 나라 국민에게 폭력을 행사하는 데는 익숙하지만, 폭력을 당하는 쪽은 아니었다.

9·11 테러는 범죄로 다룰 수도 있는 사안이었다. 그랬다면 전례에 부합하는 이성적인 대응이 되었을 것이다. 가해자의 국가를 침공하는 것은 법 위반에 대한 비정상적인 대응이다. IRAIrish Republican Army(아일랜드 독립을 위해 무장투쟁하는 단체—옮긴이)가 런던에서 폭탄을 터뜨렸을 때, 아무도 웨스트벨파스트(IRA의 근거지—옮긴이)(또는 IRA에 막대한 자금을 지원한 보스턴)에 대한 공습을 요구하지 않았다. 오클라호마시티 폭탄 테러가 극우 민병대와 연계된 백인 우월주의자가 자행한 것으로 밝혀졌을 때에도 아이다호나 몬태나(일부 백인 우월주의자들이 활동하는 것으로 알려진 지역—옮긴이)를 공습해야 한다는 요구는 없었다. 대신 범인을 수색하여 찾아내 체포하고 법정에 세워 유죄판결을 내렸다.

하지만 부시 행정부의 접근 방식은 달랐다. 범죄자(오직 범죄자만)를 찾아내 처벌하는 대신, 미국은 동맹 세력과 연합하여 아프가니스탄을 침공함으로써 "글로벌 테러와의 전쟁"을 시작했다. 이 전쟁은 계속 확대되었고, 결국 수백만 명이 목숨을 잃고 말았다.[9] 브라운 대학교의 전쟁 비용Cost of War 프로젝트에 따르면, 9·11 이후 전쟁의 직접적인 폭력으로 약 100만 명이 사망하고, 간접적인 사망자가 360만에서 380만 명에 달하며, 제2차 세계대전 이후 최대 규모인 3,800만 명의 난민이 발생한 것으로 밝혀졌다.[10]

테러 공격 이후, 부시 행정부는 당시 아프가니스탄을 통치하던 탈레반Taliban에게 오사마 빈 라덴을 즉시 미국에 인도할 것을 요구했다. 이에 대해 탈레반은 미국이 빈 라덴의 유죄를 입증할 증거를 제시한다면 그를 재판에 회부하겠다고 제안했다. 부시는 이를 거부했다. 빈 라덴을 중립적인 제3국에 넘기자는 탈레반의 제안도 고려하지 않았다. 자신의 요구는 협상 대상이 아니라고 부시는 말했다. 그는 증거를 제시하려 하지 않았다(사실 당시에는 증거가 없었다). 협상에 나서지도 않았다. 역사학자 카터 머케이지안Carter Malkasian은 부시가 콜린 파월Colin Powell 국무부 장관에게 "전쟁을 피하기 위한 정상적인 외교 조치였을 탈레반과의 협상 라인을 열라"고 지시하지 않았다고 지적한다.[11]

사실 9·11 훨씬 **이전부터** 탈레반은 미국과 접촉해 빈 라덴을 '중립적인 국제기구'의 감독하에 재판에 회부하겠다고 제안했지만, 미국 정부는 이에 관심을 보이지 않았고 응답도 하지 않았다. 1980년대 아프가니스탄에서 미국의 비밀 작전을 감독했던 밀턴 비어든Milton Bearden CIA 지부장은 9·11 이후 《워싱턴 포스트》와의 인터뷰에서 탈레반이 오랫동안 빈 라덴을 "제거하고 싶다"는 신호를 미국에 보내왔으며, "빈 라덴을 미국이 체포하도록 덫을 놓으려 했지만" 미국은 이에 위협으로 대응했다고 증언했다. 사실 탈레반과 빈 라덴의 관계는 "심각한 갈등 상태"였으며, 탈레반은 빈 라덴을 여러 차례 가택 연금한 바 있다.[12]

미국 정부는 탈레반과 범죄인 인도 협상에 들어가는 대신, 즉시 파키스탄에 "아프가니스탄 민간인에게 식량과 기타 구호물자를 공급하는 트럭 운송을 차단"하고, 식량 공급을 대폭 줄임과 동시에 구호 요원을 철수시킬 것을 요구했다. 이로 인해, 국제위기그룹International Crisis Group의 사미나 아메드Samina Ahmed가 지적했듯이, "수백만 명의 아프가니스탄인들이 … 심각한 기아 위험에 빠졌다". 구호 단체들이 거세게 항의했고, 미국이 폭격하면 어떤 일이 벌어질지 경고도 받았지만, 이러한 조치가 아프가니스탄 국민에게 초래할 인도주의적 결과에 대한 논의는 거의 없었다.[13]

2001년 10월 첫 주에 부시 대통령은 "지속적인 자유 작전Operation Enduring Freedom"을 개시하며, 탈레반 정권을 파괴하기 위해 "순항 미사일과 장거리 폭격기를 동원해 아프가니스탄을 공격"했다. 그는 "탈레반은 대가를 치르게 될 것"이라며, 이번 공격은 "신중하게 표적을 선정했다"고 발표했다. 이는 많은 테러리즘 학자들이 선호하는 접근 방식이 아니었다. 그들은 "성급한 군사적 대응을 자제하라고" 경고하며, 대신 "경찰 작전과 신중함"을 권고했다. 군사 역사가인 마이클 하워드는 《포린 어페어스Foreign Affairs》에 실은 기고문에서 "유엔의 감독하에 경찰 작전으로 … 대응해야 한다며 범죄 공모자들을 추적, 체포하여 국제 법정에서 공정한 재판을 받게 하고, 유죄판결을 받으면 합당한 형을 치르게 해야 한다."는 현명한 제안을 했다. 그러나 신보수주의 작가 로버트 케이건Robert Kagan에 따르면, 부시 자신은 "복수를 원했다"고 한다. 콜린 파월은 대통령이 "누군가를 죽이고 싶어한다"는 인상을 받았다. 실제로 9월 20일, 부시는 대통령 집무실에서 종교 지도자들에게 "피를 보고 싶다는 욕망을 통제하기 힘들다"고 말했다.[14]

머케이지안의 글에 따르면, 미국은 지구상에서 가장 가난한 나라 중 하나를 상대로 "F-15E 공격 전투기, 항공모함 탑재 F-18C 전투기, 블랙 B-2 스텔스 폭격기, 40년 된 베트남 시대 B-52G/H 폭격기, … 프로펠러 구동 AC-130 스펙터 건십gunship을 투입했으며, 이 건십은 … 150밀리미터 포, 25밀리미터 개틀링 포, 40밀리미터 포를 탑재하여 … 마치 하늘을 나는 포병 부대와도 같았고, 이 유인有人 항공기들 외에도 신형 프레데터 드론까지 가세했다."고 한다. 미군이 폭격할 목표물이 금방 부족해졌다. 이는 "탈레반이 본부나 공격 대상이 될 만한 인프라도 거의 없는 조직이었기 때문"이었다. 베테랑 중동 특파원인 패트릭 콕번Patrick Cockburn은 "미국이 아프가니스탄이나 이라크에서 절대로 설명하지 않는 것은 왜 중세 시대를 벗어나지 못한 마을을 상대로 제3차 세계대전을 대비해 설계된 무기를 사용했는가다. 이로 인해 많은 민간인 사상자 발생이 불가피했다."라고 지적했다.[15]

폭격이 시작된 후 탈레반은 아프가니스탄에 대한 미국의 폭격을 중단하는 조건으로 빈 라덴 인도 회담을 다시 제안했다. (탈레반은 빈 라덴이 유죄라는 증거 요구는 포기했다.) 탈레반은 폭격을 '테러 공격'으로 규정했고, 이 전쟁에서 아프가니스탄 민간인 사망자 수는 9월 11일 테러 사망자 수인 3,000명을 빠르게 넘어섰다. 10월 말 휴먼라이츠워치의 기록에 따르면, 아프가니스탄의 한 외딴 마을에 대한 끔찍한 폭격이 있었는데, 이 지역 주민들은 "이곳에는 탈레반이나 알카에다alQaeda의 근거지가 전혀 없다고 단호하게 말했다"고 한다. 마흔 살의 한 어머니는 미국의 소위 "신중하게 선정된 표적" 공습으로 남편과 여섯 자녀를 모두 잃었다. 미국의 폭탄은 유엔과 국제적십자사 시설에 떨어졌고, 이로 인해 여러 명의 직원이 사망했으며, 시설의 위치를 미리 통보받았음에도 불구하고 "5만 5,000명의 아프가니스탄 장애인을 위한 식량과 담요를 보관하고 있던 [국제 적십자사의] 유일한 시설 대부분이 파괴되었다".[16]

당시 아프가니스탄에서 취재 중이던 NPR 기자 세라 체이스Sarah Chayes는 "해방되어야 할 아프가니스탄 민간인들이 오히려 폭격으로 트라우마를 겪었다."고 말하며, 자신이 만난 아프가니스탄 난민들은 공포에 질려 "폭격 이외에는 다른 생각이나 말을 할 수 없었다"고 회상한다. 체이스는 "[자신이] 매일 들었던 고통, 즉 부시 대통령에게 제발 폭격을 멈춰달라는 간청"을 기사로 다뤘다. 그러나 당시 미국 언론은 전쟁에 대한 부정적인 보도를 꺼렸고, 한 CNN 특파원은 민간인 사상자를 촬영하지 말라는 지시를 받았다고 주장했다. 심지어 NPR의 한 편집자는 체이스가 "탈레반의 선전을 유포하고 있다"고 비난하면서 그녀의 취재원은 "빈 라덴 지지자"일 것이라고 말했다.[17]

무고한 민간인을 무분별하게 살해한 것은 "테러와의 전쟁"이 아니라 그 반대다. 즉, 그것은 바로 테러 그 자체다. 그러나 미국 관리들은 이에 무관심한 반응을 보였다. 한 마을에서 "AC-130 건십의 맹렬한 폭격"으로 수십 명의 민간인이 사망한 후, 국방부 관계자는 "우리가 그곳 사람들이 죽기를 원했기에 죽은 것"이라며, "우리는 우리가 원했던 목표를 정확히 타격했다"고 말했다. (도널드 럼즈펠드Donald Rumsfeld 국방부 장관은 "특정 마을에 대해서는 언급할 수 없다"고 말했다.) 또 다른 마을은 10월에 2,000파운드(약 907킬로그램－옮긴이)의 폭탄으로 초토화되었는데, 탈레반은 맞히지도 못한 채 무고한 주민 100명이 목숨을 잃었다.[18]

아프가니스탄 내 반反탈레반 세력은 이 폭격에 경악을 금치 못했다. 반탈레반 세력의 주요 지도자 중 한 명인 압둘 하크Abdul Haq는 미국이 "힘을 과시하려"고만 할 뿐, "아프가니스탄인들의 고통이나 얼마나 많은 아프가니스탄 사람이 생명을 잃게 될지는 신경쓰지" 않았다며 격렬한 반대 의사를 표명했다. 하크는 미국의 폭격이 오히려 반탈레반 세력의 노력을 약화시키고 있다고 주장했다. 그의 생각은 혼자만의 것이 아니었다. 2001년 10월, 수백 명의 부족 원로와 또 다른 반탈레반 아프가니스탄 지도자들이 모인 회의에서는 한목소리로 폭격이 무고한 사람들을 겨냥한 것이라고 선언하며 이를 중단해달라고 요구했다. 이들은 비록 탈레반을 증오하지만, 학살과 파괴 이외의 다른 방법으로 탈레반 정권을 무너뜨려야 한다고 강조했다. 언론은 이를 "부족 원로, 이슬람 학자, 계파 수장 정치인, 전직 게릴라 지휘관들까지 뜻을 모은 보기 드문 장면"이라고 보도했다. 이들은 많은 부분에서 이견을 보였지만, 한목소리로 "미국에게 공습 중단을 촉구"하고, 국제 언론에 "무고한 사람들에 대한 폭격" 중단을 호소했다. 이들은 더 이상의 죽음과 파괴 없이도 탈레반 정권 전복이라는 목표를 달성 가능하다고 믿고 다른 수단을 강구할 것을 거듭 촉구했다.[19]

아프가니스탄의 대표적인 여성 인권 단체인 아프가니스탄 여성 혁명 협회Revolutionary Association of the Women of Afghanistan, RAWA는 2001년 10월 11일, 무고한 민간인이 피를 흘리게 될 미국의 "아프가니스탄에 대한 대규모 공격"에 강력히 반대하는 성명을 발표했다. 이들은 외세에 의한 살인적 공격이 아니라 "아프가니스탄 민족의 봉기를 통해" "탈레반과 알카에다라는 골칫거리를 근절"해야 한다고 촉구했다. 또한 "비록 미국은 탈레반과 알카에다의 군사 및 테러 기지만 공격할 것이며 정확한 목표만 대상으로 하고 비례의 원칙(공격 수단이나 방법이 상대방의 위협이나 공격에 비해 지나치게 과도해서는 안 된다는 원칙–옮긴이)에 따라 행동할 것이라고 주장하지만, 지난 7일간 우리가 지켜본 바에 따르면 미국의 공격으로 수많은 여성, 남성, 어린이, 젊은이와 노인이 피를 흘릴 것이라는 점은 의심의 여지가 없다"고 덧붙였다.[20]

도널드 럼즈펠드는 "미국이 이 전쟁을 시작하지 않았다"는 논리로 어떠한 민간인 사망에 대해서도 미국의 책임을 부인했다. 즉, "무고한 아프가니스탄인이든 무고한 미국인이든 이 전쟁의 모든 사상자에 대한 책임은 알카에다와 탈레반에 있다."고 말했다. 하지만 탈레반은 미국을 공격하지 않았고, 미국은 국제법을 명백히 위반하면서까지 전쟁을 일으켰으므로 그의 주장은 터무니없다. 주권국가에 대한 무단 침공이 범죄행위라는 지적에 대해 부시 자신은 "국제 법률가들이 뭐라고 말하든 상관없다"며 "우리는 놈들을 혼내줄 것"이라고 비웃었다. (적용 가능한 법적 기준에 따르면 정당방위를 위한 무력행사는 무력 공격을 받았을 때에만 정당화되며, 여전히 유엔 안전보장이사회의 승인을 받아야 한다. 미국은 '아마도' 안전보장이사회의 승인을 받을 수 있었음에도 승인을 구하지 않았는데, 승인을 구하면 미국이 무력행사 전에 상위 기관의 승인을 받아야 한다는 원칙을 인정하는 셈이 되고, 부시 행정부는 이 원칙을 믿지 않았기 때문이다.) 사실, 미국의 공격을 정당화할 충분한 근거가 전혀 없었기 때문에 럼즈펠드의 논리(전쟁을 시작한 자에게 모든 사상자에 대한 책임이 있다)대로라면, 미국의 공격으로 발생한 모든 폭력은 미국에게 책임이 있다는 결론이 된다.[21]

탈레반은 6주 만에 전복되었고 항복하겠다고 제안했다. 도널드 럼즈펠드는 "우리는 항복을 협상하지 않는다."고 선언했고, 11월 독일 본에서 열린 정치적 타결을 위한 협상에서도 탈레반은 배제되었다. 전후 아프가니스탄 정부의 고위 자문역을 역임한 마숨 스타넥자이Masoom Stanekzai는 탈레반을 포함시키지 않은 것은 "역사적 실수"였다고 훗날 평가했다. 카터 머케이지안은 "당시의 분위기가 현명한 외교를 할 형편이 못 되었다"고 말한다. 미국 대표단 수석대표의 말에 따르면, 그 분위기는 다음과 같았다. "그들은 패배했다. 왜 그들이 포함되어야 하는가?" 럼즈펠드는 "탈레반과의 평화를 거부"하며 하미드 카르자이Hamid Karzai 신임 아프가니스탄 대통령에게 탈레반을 포용하는 "어떠한 거래"도 "미국의 이익에 반할 것"이라고 경고했다. 머케이지안은 "이런 편협하고 융통성 없는 접근 방식은 전후 정치적 합의로 적대 세력을 포용하는 외교적 지혜에 어긋나는 것"이며, 이후 이어진 긴 전쟁의 단초가 되었다고 지적한다. 초기에 카르자이가 탈레반이 제기한 평화 제의를 거론하자, 부시 행정부는 협상을 금지하고 심지어 아프가니스탄 정부가 접촉해서는 안 되는 사람들의 '블랙리스트'까지 제공했다. 아프가니스탄계 미국 외교관 잘메이 할릴자드Zalmay Khalilzad는 "2001년 12월 미국이 탈레반과 대화할 의지가 있었다면 미국의 최장기 전쟁은 미국 역사상 가장 짧은 전쟁 중 하나로 기록되었을 것"이라고 믿고 있다.[22] 아프가니스탄에서 근무했던 포린 서비스Foreign Service(미국무부 산하 기관으로 외교 임무를 지원하거나 해외에 거주하는 미국인을 보호하는 역할을 수행한다-옮긴이)의 외교관 토드 그린트리Todd Greentree는 "한쪽이 승리하면 다른 쪽은 무기를 내려놓고 승리한 쪽과 화해한다"는 "아프가니스탄의 전쟁 방식"을 미국이 "위반했다"고 말한다.[23]

물론 부시 행정부는 탈레반 전복의 결과를 거의 고민하지 않았다. 머케이지안은 "재건, 경제개발 및 제도에 대한 대규모 투자"는 없었다고 지적했다. 라이언 크로커Ryan Crocker 대사는 럼즈펠드가 "우리의 임무는 나쁜 놈들을 죽이는 것이다. … [일단] 나쁜 놈들을 죽이고 나면 그다음에 무슨 일이 벌어지든 누가 신경이나 쓰겠는가?"라는 태도를 보였다고 회고했다. 이 전쟁은 아프가니스탄에 민주주의를 가져오거나 여성 인권을 신장시키기 위한 전쟁이 아니었으며, 돌이켜보면 두 가지 모두 전쟁을 정당화하기 위해 뒤늦게 가져다 쓴 명분에 불과했다.[24]

사실 부시의 아프가니스탄에 대한 관심은 급격히 식었다. 이라크 침공 계획은 2001년 9월 11일에 이미 시작되었다. 공격 당일 오후, 도널드 럼즈펠드는 "UBL[빈 라덴]만 잡아서는 부족하니, S.H.[사담 후세인]도 동시에 공격할 수 있는지 판단할 수 있도록" "최고의 정보를 신속하게" 제공해달라고 CIA에 요청했다. 2002년 3월 빈 라덴 추적에 관한 질문을 받자, 부시는 "나는 그 사람에 대해 그렇게 신경쓰지 않는다."고 답했다가 나중에는 그런 말을 한 적이 없다고 부인했다. 빈 라덴이 더 이상 아프가니스탄을 "실질적으로 장악"하지 않았다고 판단했기 때문에, 부시 입장에서는 그는 더 이상 우선순위가 아니었다. (물론 빈 라덴은 "아프가니스탄을 장악"한 적이 없었고, 오히려 탈레반은 그를 귀찮은 존재로 여기고 그를 포기하겠다고 제안했었다.)[25]

부시의 관심이 이라크에 집중되자 아프가니스탄 전쟁은 중요하지 않은 것으로 취급되었고 그 목표도 모호해졌다. (사실 목표가 있었던 적도 없다. 9·11 테러에 책임이 있는 자로 의심되는 사람들과 비슷하게 생긴 이들을 죽임으로써 9·11 희생자의 죽음에 대한 복수를 하겠다는 것 외에는.) 도널드 럼즈펠드의 메모에 따르면, 럼즈펠드가 대통령에게 "프랭크스Franks 장군과 맥닐McNeill 장군을 만나고 싶으십니까?"라고 묻자 부시는 "맥닐 장군이 누굽니까?"라고 물었고 럼즈펠드는 "아프가니스탄을 책임지는 장군"이라고 설명해야 했다. 부시는 "글쎄, 굳이 만날 필요는 없겠는데요."라고 대답했다.[26]

막대한 자금이 아프가니스탄에 투입되었다. 인플레이션을 감안하더라도, 제2차 세계대전 이후 서유럽에 원조한 마셜플랜

Marshall Plan(제2차 세계대전 이후 서유럽 국가 재건을 위한 미국의 원조 계획-옮긴이)을 능가하는 금액이 지출되었다. 한때는 "미국 정부가 투입한 자금이 아프가니스탄의 자체 GDP와 맞먹을 정도였다."고 한다. 하지만 크레이그 휘틀록Craig Whitlock의 말처럼, 그 돈을 불에 태워버리는 것이 오히려 나았을지 모른다. "미국 관리들은 아프가니스탄인들이 필요로 하지 않거나 원하지 않는 프로젝트에 막대한 금액을 낭비했다. 자금의 상당 부분은 과도한 비용을 청구하는 건설업자나 부패한 아프가니스탄 관리들의 주머니로 흘러 들어갔고, 미국이 자금을 지원한 학교, 병원, 도로는 (혹 준공되었다 하더라도) 부실시공이나 관리 부족으로 그 상태가 형편없었다." 실제로 "미국 자금의 상당 부분은 아프가니스탄 경제에 유입되지 못한 채 미국 건설업자들의 배만 불렸다".

미국이 그 돈으로 만들어낸 것은 "생존을 위해 미국의 군사력에 의존하는 부패하고 무능한 아프가니스탄 정부였다"고 휘틀록은 설명한다. 유엔에 따르면, 부패는 그 정도가 심각해서 2012년 무렵에는 인구의 절반이 공공 서비스를 받으려고 뇌물을 썼고, 그 결과 연간 수십억 달러의 뇌물이 발생했다. 세계정치연구소Institute of World Politics에 따르면, 민병대는 "자신들의 지위를 이용하거나 혹은 정부 및 미군과의 긴밀한 관계를 이용하여 도로를 통제하고, 수익성 높은 계약을 따내며, 지역 강자로 자리매김하고, 때로는 외국 세력과 탈레반 세력 양측 모두와 협력해 이익을 극대화했다".[27]

2009년, 로드릭 브레이스웨이트Rodric Braithwaite는 《파이낸셜 타임스》에 기고한 글에서 "평화와 재건을 가져온다는 연합군의 주장에 당연히 지지를 보내야 할 아프가니스탄 언론인, 전직 무자헤딘Mujahideen(아프가니스탄의 반군 게릴라 단체-옮긴이), 전문직 사람들, '연합군'을 위해 일하는 사람들" 사이에서조차 "'연합군'과 그들의 정책에 깊은 환멸"을 느끼는 사람들이 있었다고 전했다. 많은 사람들이 미국을 불법 침략자로, 아프가니스탄 정부를 미국의 꼭두각시로 보았기 때문에 탈레반에 가담한 것은 놀라운 일이 아니었다.[28]

휘틀록은 "미국은 부패를 방치함으로써 그들이 전쟁을 감수하면서까지 떠받치려 했던 아프가니스탄 정부의 정통성을 무너뜨리는 데 일조했다."는 점이 근본적인 문제라고 지적한다. "판사, 경찰서장, 관료가 뇌물을 챙기는 상황에서, 많은 아프가니스탄인들이 민주주의에 염증을 느끼고 오히려 질서유지를 기대하며 탈레반 측으로 돌아섰다." 미국이 훈련시킨 아프가니스탄 지역 경찰은 "주민들을 약탈하는 책임감 없는 민병대"로 변질되었고, "잔인하다는 악명을 떨치며 인권 단체의 비난을 샀다". 이들은 아프가니스탄에서 "가장 불신받는 기관"이 되었다. 한 관리는 "아프가니스탄 신입 경찰의 30퍼센트가 정부에서 지급받은 무기를 들고 탈영하여 '개인 검문소를 설치'하고 사람들을 강탈하는 것으로 추정"했다. 약탈 경찰 외에도 "유령" 경찰(월급 명단에는 있지만 실제로는 존재하지 않는 경찰)도 많았다. 휘틀록은 "아프가니스탄 군대와 경찰이 서류상으로는 튼튼해 보였지만 … 상당수가 유령 병력, 즉 출근하지 않는 사람으로 밝혀졌고", "미국 정부의 감사 결과, 아프가니스탄 지휘관들이 경찰 숫자를 부풀

려서 존재하지 않는 인력의 급여 (미국 납세자들이 지급한) 수백만 달러를 착복했다."는 내용의 글을 썼다.

《뉴욕 타임스》의 덱스터 필킨스Dexter Filkins 기자는 이 모든 것은 비밀이 아니고, 미국 정부의 모든 사람이 "아프가니스탄 정부가 약탈적이라는 것을 알고 있었다"고 말하며, 이를 "수직적으로 통합된 범죄 기업vertically integrated criminal enterprise", 즉 "VICE"라고 불렀다. 하지만 패트릭 콕번은 일부 부패는 절박함에서 비롯되었다는 점을 상기시킨다. "경찰은 한 달에 120달러를 버는데 … 그들이 가족을 부양할 유일한 방법은 뇌물을 받는 것이다." 아프가니스탄 군인과 경찰은 또한 위험한 일을 하고 있었다. 한때 매일 30명에서 40명이 사망했다고 추정되는데, "아프가니스탄 정부는 사기를 떨어뜨리지 않기 위해 정확한 숫자를 비밀로 유지했다". 2019년에 연구원들은 "전쟁을 치르는 동안 제복을 입은 아프가니스탄인이 6만 4,000명 넘게 사망했으며, 이는 미군과 NATO군 사망자 수의 약 18배에 달하는 수치"라고 결론지었다.[29]

NPR의 세라 체이스 기자는 "아프가니스탄인들의 안보 우려"와 "외국인의 안보 우려"가 매우 달랐다고 기사에 썼다. 미군과 NATO군은 "탈레반 잔당"을 걱정했던 반면, "아프가니스탄인들이 두려워한 것은 바로 미국이 권력을 쥐어준 정부의 실질적인 약탈"이라는 것이다. 그녀는 아프가니스탄인들이 민주주의를 받아들일 준비가 되어 있지 않다고 믿는 이들에 대해 비판적이었다. 사실 아프가니스탄 사람들은 자신의 것을 강탈하지 않는 유능한 정부를 원했을 뿐이다. 그들은 민주주의를 "갈망하고" 있었으며, "자국의 운명을 결정하는 데 어떤 식으로든 실질적으로 참여하기를 원했다". 그러나 "미국이 권력 유지를 도왔던 굴 아가 쉬르자이Gul Agha Shirzai 같은 군벌들 때문에 그런 바람을 거의 이루지 못했다"고 그녀는 말했다. 미국의 정책이 사실상 "민주주의를 가로막고 있었다"고 덧붙였다.[30]

체이스는 수백 명의 탈레반 전쟁 포로를 컨테이너에서 질식시켜 죽인 압둘 라시드 도스툼Abdul Rashid Dostum과 같이 잔인한 아프가니스탄 군벌들을 지원한 미국을 맹렬히 비난한다. 아프가니스탄 투르크 위원회Turkic Council of Afghanistan의 악바르 바이Akbar Bai는 도스툼을 "세계에서 가장 악랄한 도살자이자 범죄자"로 묘사하며 "많은 사람, 심지어 어린 소녀와 소년을 포함하여 여자뿐만 아니라 남자까지 강간"했다고 밝힌다. 도스툼은 자신이 미성년 소녀와 성관계를 가진 것을 알아챈 전처를 살해하도록 지시한 혐의를 받고 있다. 그는 "아프가니스탄에서 미국의 남자"가 되어 CIA의 급여 명단에도 올라 있었다. 미국의 지원을 받은 정부에서 도스툼은 결국 아프가니스탄의 부통령이 되었지만, 그의 존재는 오바마 정부가 그의 미국 방문을 금지해야 할 만큼 수치스러운 것이었다. 도스툼은 결국 "경호원에게 돌격 소총을 사용하여 정적을 강간하라고 명령한 혐의로 아프가니스탄에서 형사 고발된" 상황을 벗어나기 위해 국외 도피했다.[31]

휘틀록이 보여주었듯, 대중에게는 많은 진실이 가려졌다. 아프가니스탄 재건을 위한 특별 감찰관은 모든 정부 발표에서 "거짓의 냄새"가 났다고 표현했다. 이러한 현상은 부시 대통령 시절부터 시작되었지만, 휘틀록은 오바마 행정부 참모들 역시 "오해의 소지가 있거나, 근거가 없거나, 명백히 거짓인 수치들을 과장하며 이를 새로운 차원으로 끌어올렸다"고 지적한다. 2011년 힐러리 클린턴Hillary Clinton은 상원에서 학교 출석률 증가, 유아 사망률 감소, "새로운 종자를 제공받았거나 기다 기술을 훈련받은 수십만 농부" 및 아프가니스탄 여성에게 제공된 십만 건의 소액 대출 통계를 인용하며, "대부분의 아프가니스탄인들의 삶이 더 나아졌다."고 말했다. 그러나 "훗날 정부 감사관들은 오바마 행정부가 영아 사망률, 기대 수명, 학교 등록률에 관한 많은 통계치를 부정확하거나 검증되지 않은 데이터를 기반으로 발표했다고 결론 내렸다." 특별 감찰관은 정부가 "데이터가 잘못되었다는 것을 알면서도" 진전 상황을 과장하여 제시하려는 욕구 때문에 이를 사용했다고 비판했다. 휘틀록은 "사상자 수와 기타 수치가 나빠 보일 때조차 백악관과 국방부는 모든 결과를 승리의 근거로 제시하면서 자신들에게 유리한 방향으로 왜곡했다."고 말한다. 예를 들어, 자살 폭탄 테러는 "반군이 직접 전투를 벌이기에는 너무 약하다는 신호"라고 해석했고, "미군 사망자가 증가한다는 것은 미군이 적을 상대로 전투를 벌이고 있는 증거"라고 주장했다.[32]

2010년 위키리크스WikiLeaks가 아프가니스탄 전쟁 일지를 폭로하자, 미국과 그 동맹국들이 그때까지 보고하지 않았던 끔찍한 폭력 사례 다수가 대중에게 공개되었다. 《가디언The Guardian》의 표현에 따르면, "탈레반 무장 세력"에 대한 표적 공격이라고 발표된 사례는 종종 "민간인의 희생을 초래한 실수"였으며, 그중에는 "미군 순찰대가 … 버스에 기관총을 난사하여 승객 15명이 부상당하거나 사망한" 사례도 포함되어 있었다.[33]

칸다하르주에서는 육군 하사가 마을 주민 16명을 학살하는 등 더욱 극단적인 잔학 행위도 발생했다. 아프가니스탄 10대 청소년을 살해한 혐의를 받은 호주 군인은 이를 자랑하다가 법정에서 비난받았다. "내가 그년의 머리에 총을 쏴서 … 뇌를 날려버렸지. 내가 본 것 중 가장 아름다운 장면이었어."라고 말했다는 증언이 나왔다. 2015년, 전쟁 중 가장 끔찍한 사건이 발생했다. '해머'라는 고유 식별명을 가진 미 공군 AC-130 공격기가 쿤두즈에 있는 국경없는 의사회Doctors Without Borders 병원을 공격해 침대에 누워 있던 환자를 산 채로 불태우고 모두 42명의 목숨을 앗아갔다. (국경없는 의사회는 이 외상 센터의 GPS 좌표를 사전에 미국 측에 제공했었다.)[34]

아프가니스탄 사람들을 더욱 모욕하고 소외시킨 것은 고문 관행이었다. 《인터셉트The Intercept》의 제임스 라이즌James Risen이 보도한 바와 같이, 미국은 비밀 고문실을 설치하고 "중앙아시아, 아프리카, 중동에서 이곳으로 이송되어온 아프가니스탄인과 외국인 포로를 고문했다". 이들은 "길게는 이틀 동안 팔이 묶여 매달리거나, 벽에 처박히거나" "방수포 위에 벌거벗고 누운 채 몸 위에 쏟아지는 얼음물을 견뎌야 했는데" 적어도 한 명은 저체온증으로 사망했다. 라이즌은 "아프가니스탄에서 미국의 고문 관행에 대해 책임지는 사람은 아무도 없었다."고 지적한다.[35]

무장 드론의 사용은 더욱 악몽 같은 결과를 가져왔다. 《뉴욕타임스》는 "정부 내부에서도 자신들이 누구를 죽였는지 확실히 알지 못한다."면서 "공습에 대한 독립적인 조사 결과, 행정 당국이 인정한 것보다 훨씬 더 많은 민간인 사상자가 발생했다."고 보도했다. 드론 사용의 비판자가 되어버린 드론 조종사 브랜든 브라이언트Brandon Bryant는 어린아이를 죽인 것이 "뇌리에 각인되어 있다"고 말한다. 그는 "민간인 사망자의 총계가 정부의 추정치를 훨씬 상회한다."고 믿는다. "정부가 스스로를 속이기" 때문이라고 생각한다. 공격받은 사람들에는 수십 명의 잣 재배 농부와 결혼식 하객도 포함되어 있었다. 이런 참상이 드러날 때마다 미국 관리들은 "각 공격이 의도한 목표를 명중했다고 주장하면서, 미사일이 마을 족장이나 마을 장로 모임 참석자를 사망케 했다는 주장을 무시했다". (결과가 모두에게 나쁘기만 한 것은 아니었다. 미국 방위 산업체들은 떼돈을 벌었고 대규모 드론 산업이 꽃을 피웠다.)[36]

물론 아프가니스탄인들에 대한 미국의 범죄는 탈레반 지지에 기름을 부었다. 라이즌은 "미군과 아프가니스탄 정부군이 한밤중에 집에 들이닥쳐 사람들을 끌어내고 죽이거나 체포"하는 "야간 급습"이 사람들의 분노를 불러일으켜서 "마을 전체가 탈레반을 지지하기로 마음을 바꾸었다."고 지적한다. 아난드 고팔Anand Gopal 기자는 탈레반을 떠났다가 "미국이나 정부의 괴롭힘 때문에" 다시 탈레반에 합류한 열한 명의 탈레반 지도부급 인사들의 신원을 파악했다. 머케이지안은 "지나치게 공격적이고 정보가 빈약한 미국의 대 테러 작전은 아프가니스탄 사람들을 화나게 했고, 이탈했던 탈레반 인사들을 다시 폭력으로 몰아넣었다."고 지적한다.[37]

역대 미국 대통령들은 전쟁을 이어나가면서 지속적으로 이런 사실들을 부인했다. 휘틀록은 버락 오바마가 실제로는 전쟁을 종식시키지 않고 종전한 척했다고 주장한다. 도널드 트럼프 시기에는 전쟁이 "미국인의 눈에 훨씬 덜 띄게" 진행되었지만 "기록적인 숫자의 아프가니스탄 민간인이 죽고 다치는 등, 새로운 차원의 혼란"에 이르렀다. 트럼프는 무차별적인 폭력을 확대하고, 소위 '모든 폭탄의 어머니Mother of All Bombs'를 투하했는데, 이는 전투에서 사용한 폭탄 중 가장 강력한 재래식 폭탄으로, 수많은 ISIS(수니파 극단주의 무장단체－옮긴이) 전투원뿐만 아니라 교사 한 명과 그의 어린 아들까지 사망하게 만들었다. 이를 두고 하미드 카르자이는 "비인간적이고 잔인하게 우리 나라를 위험한 신무기의 시험장으로 오용"한다고 비난했다. 미국의 고비용 개입을 끝내기 위해, 트럼프는 탈레반이 미군과 연합군에 대한 공격 중단 등에 동의하면 미국의 철수를 약속하겠다는 협정을 탈레반과 체결했다. 이 합의는 아프가니스탄 정부의 참여 없이 이루어졌고 (한 미국 관리는 "그들이 동의하든 안 하든 무슨 상관이냐?"는 태도가 지배적이었다고 설명했다) 탈레반의 아프가니스탄 장악을 앞당기는 결과를 낳았다.[38]

트럼프와 마찬가지로 바이든 역시 정치적 타격을 감수하더라도 아프가니스탄에서 빠져나오고 싶어했다. 그래서 신속하지만 비참한 철수를 명령했고, 그 과정에서 미국의 핵심 동맹이던 많은 아프가니스탄인들을 버렸다. 《뉴욕 타임스》의 덱스터 필킨스 기자는 이것은 명백히 "용서할 수 없는" 결정이자, "범죄"라고 지적한다. 그 이유는 아프가니스탄인들은 "미국을 위해 싸우고, 목숨을 걸고, 그러다가 많은 사람들이 미국을 위해 죽었는데, 미국은 수천 명을 그대로 남겨두고 떠났기" 때문이라고 그는 덧붙였다. 그는 바이든 행정부가 아프가니스탄에 노력이나 비용을 더 많이 투입할 "가치가 없다"고 판단한 것 같다며, 2001년 이후로 미국 대통령들은 아프가니스탄인들의 목숨을 하찮게 여겨왔다고 결론짓는다.[39]

20년 후인 2021년, 미국은 아프가니스탄에서 마지막 미사일을 발사했다. 구호 요원 한 명과 어린이 일곱 명이 사망했다. 미군은 처음에 이를 "정당한 공격"이라 불렀고, 폭탄을 가진 테러리스트를 공격한 것이라고 주장했다. 《뉴욕 타임스》의 오랜 조사 끝에 정부가 거짓말을 하고 있다는 사실이 다시 드러나자, 미국방부는 처음의 주장을 철회하고 그 공격이 비극적 실수였다고 인정했다. 하지만 아무도 처벌받지 않았다.[40]

무고한 아프가니스탄인에 대한 끔찍한 폭력, 미국 관리들의 뻔뻔한 선전 선동, 가해자에 대한 처벌 부재가 혼합된 이 전쟁의 끝은 확실히 미국다운 결말이었다.

미국과의 전쟁 이후 아프가니스탄의 상황은 참혹했다. 세계식량계획World Food Program, WFP은 2021년 말 아프가니스탄 국민의 98퍼센트가 충분한 식량을 얻지 못하고 있으며, 수백만 명이 기아에 직면해 있다고 경고했다. 2023년 9월에 이르러 WFP는 재원이 거의 고갈됐다며, "수백만 명의 가족이 다음 끼니를 위해 필사적으로 노력하지만, 배고픔과 굶주림 중 하나를 선택해야 하는 상황에 처했다"고 주장했다. (모두에게 나누면 모두가 배고프고, 일부에게 나누면 나머지 일부가 굶어야 하는 안타까운 상황 – 옮긴이) 아프가니스탄에서 들려오는 뉴스는 가슴을 아프게 한다.

가족을 먹여 살리기 위해 아이들이 쓰레기를 뒤지는 등, 아동 노동이 눈에 띄게 증가하고 있다. 일부 부모는 다른 자녀를 먹여 살리기 위해 자녀 중 한 명을 팔아야만 했다. 다른 부모들은 자신의 장기나 자녀의 장기를 팔아야만 했다.[41]

이러한 참상은 직접적으로 미국의 잘못 때문이었다. 2021년 8월 탈레반이 아프가니스탄을 장악한 이후, 미국은 아프가니스탄 중앙은행의 자산 90억 달러를 동결했다. 이 조치로 "아프가니스탄은 사실상 다수의 외국 은행과의 거래가 끊겼고, 중앙은행은 유보금을 활용해 현금 흐름을 강화할 수단이 막혔다". 바이든 행정부는 동결한 돈의 절반을 9·11 희생자와 관련된 미국인 가족에게 제공하겠다고 발표했으나, 정작 아프가니스탄 국민은 9·11과 아무런 관련이 없었다. 《블룸버그Bloomberg》의 루스 폴러드Ruth Pollard는 이를 "완전한 절도 행위"라고 지적하며 이렇게 주장한다. "문제는 그 돈의 소유권이 미국이 아닌 아프가니스탄에 있다는 점이다." 《뉴욕 타임스》는 "미국 정부가 미국 내 외국 자산을 압류하는 것은 매우 이례적인 일"이라는 절제된 논평을 내놓았다.[42]

아프가니스탄의 주요 여성 단체 대표들은 조 바이든에게 공개서한을 보내 이 결정의 부당함을 강력하게 비판했다. 그들은 "미국이 재분배하려는 자금은 알카에다 테러범이나 탈레반의 행위에 책임이 없는 아프가니스탄 국민들의 것"이라고 지적하며, "세계 최빈국의 자원에 대해 세계 최강국이 내린 이 같은 결정은 극히 불공정하다"고 주장했다.[43] 또한 이들은 "미국과 동맹국들이 벌인 이른바 '테러와의 전쟁' 속에서 매년 수천 명의 아프가니스탄인들이 목숨을 잃고 있다."며, "아프가니스탄 국민으로부터 자금을 빼앗는 것은 역사상 최악의 인도주의적 위기를 겪고 있는 국가에 대한 가장 비인도적이고 부적절한 대응"이라고 지적했다.[44]

아프가니스탄의 아메리칸 대학교 교수인 오바이둘라 바헤르Obaidullah Baheer는 "아프가니스탄이 장기적으로 생존하려면 지속가능한 경제가 필요하며, 연방 준비금은 그 기초가 된다."라는 명백한 이유를 들며, 이번 결정에 대한 아프가니스탄인들의 엄청난 분노를 설명했다. 아프가니스탄 기아 종식 본부End of Afghan Starvation의 설립자인 나세르 샤할레미Naser Shahalemi는 이 끔찍한 인도주의적 상황에 경악을 금치 못하며 다음과 같이 말했다. "아프가니스탄 국민들은 굶주리고 있는데, 게다가 자금 또한 묶여버렸다. 그들은 은행 카드에 접근할 수 없다. 은행 계좌에도 접근할 수 없다. … 제재 때문에 자신의 돈도 묶여버렸다. … 아프가니스탄 사람들에게 그 돈은 필수적이기 때문에 이번 조치는 절대적으로 말이 되지 않는다." (바이든 행정부는 이러한 탄원을 무시하고 자금을 풀어주지 않았다.)[45]

국제위기그룹의 로럴 밀러Laurel Miller는 미국 정책의 영향이 "민간인에게는 재앙과 같았다"고 지적하며, "새로운 정권을 고립시키려는 서방의 즉각적 조치가 아프가니스탄의 붕괴를 촉발했다."고 밝혔다. 국제구조위원회International Rescue Committee의 데이비드 밀리밴드David Miliband는 "현재의 인도주의적 위기로 지난 20년간의 전쟁보다 훨씬 더 많은 아프가니스탄인이 사망할 수 있다."고 경고한다. 마크 와이스브로트Mark Weisbrot는 "바이든 행정부는 전쟁을 끝내지 않았다. 다만, 다른 수단으로 전쟁을 계속하고 있으며, 이는 더 폭력적이고 불안정한 방식인 것으로 드러나고 있다."고 결론 내린다.[46]

미국은 미국이 만든 지옥에서 탈출할 길조차 마련해주지 않았다. 바이든 행정부는 인도주의적인 이유로 미국에 들어오려는 아프가니스탄인들의 입국 신청 중 90퍼센트 이상을 거부했다. 정부는 아프가니스탄 난민과 우크라이나 난민에게 서로 다른 기준을 적용했다. 예컨대, "인도주의적 이유로 미국에 입국하려는 아프가니스탄 난민과는 달리, 우크라이나 난민은 575달러의 행정 수수료를 낼 필요가 없고, 예방접종 증명서를 제출하지 않아도 되며, 미국 대표와 대면 영사 면접을 할 필요가 없다". (여론조사에 따르면 아프가니스탄 난민은 덜 호의적으로 받아들여지는 경향이 있는데, 이는 언론에서 우크라이나인을 "미국인과 닮은" 그리고 "문명화된" 난민으로 묘사하는 데도 일부 원인이 있을 것이다.)[47]

미국이 도덕적으로 조금이라도 진지하다면, 스스로에게 이렇게 질문을 던져보아야 한다. 미국이 저지른 그 모든 행위 이후, 미국은 아프가니스탄 국민에게 무엇을 빚지고 있는가? "세계 역사상 가장 위대한 자유의 힘"이라고 스스로에게 해온 이야기를 정말로 믿는다면, 미국은 과연 어떻게 행동해야 하는가?

다음 몇 가지 분명한 조치부터 시작할 수 있을 것이다. 아프가니스탄인의 난민 신청을 거부하는 것은 양심에 반한다. 로럴 밀러는 "단체로서의 탈레반에 대한 제재는 해제하고 (일부 개인에 대한 제재와 무기 금수 조치는 그대로 유지한 채) 농촌 개발, 농업, 전기, 지방행정 등 특정한 국가 기능에 자금을 지원하고, 중앙은

행의 운영을 회복시켜 아프가니스탄을 세계 금융 시스템에 다시 연결시켜야 한다."고 권고한다. 제재는 정부의 범죄에 대해 국민을 처벌하는 것이며 이는 정당화될 수 없다.[48]

아프가니스탄 전쟁은 종종 고결한 실패, 즉 미국의 선의가 잘못된 방향으로 흘러간 또 다른 사례로 일컬어진다. 라지브 찬드라세카란Rajiv Chandrasekaran의 설명에 따르면, 버락 오바마에게 아프가니스탄 전쟁은 "두 개의 무너진 탑(9·11 공격으로 무너진 세계무역센터 트윈타워-옮긴이) 때문에 시작된 정당한 전쟁이었지, 잘못된 정보와 대량살상무기에 대한 과장된 주장에서 비롯된 전쟁은 아니었다". 그러나 사실, 아프가니스탄에 대한 공격은 그 어떤 정당성도 없는 중대한 범죄였다. 아프가니스탄 국민도, 권위주의 탈레반 정부도 모두 9·11 공격을 계획하거나 실행하지 않았다. (실제로 탈레반은 공개적으로 9·11을 비난하며, 가해자들을 법의 심판대에 세울 것을 요구했다.)[49]

그렇다면 미국은 왜 아프가니스탄을 공격했을까? 부시는 9·11 공격 이후 "미국의 힘을 과시하고 싶어했다". 마이클 하워드는 이를 "카타르시스"에 대한 욕망과 "미국의 명예를 모욕"한 데 대한 "복수"라고 설명하면서, 이러한 욕구는 "길고 세심한 경찰 조사로는 충족될 수 없었을 것"이라고 덧붙였다.[50] 보복 욕구나 힘을 과시하고자 하는 욕망은 미국 외교 역사에서 낯설지 않다. 이는 마피아 논리에 가깝다. 즉, 힘을 과시하고 상대를 제압하는 수단으로 극단적인 폭력을 사용하는 것이다.

그렇다면 미군이 아프가니스탄에 계속 주둔했던 이유는 무엇일까? 부분적으로는 미국이 지원하는 현지 정부가 스스로 생존하는 데 필요한 국민적 지지를 확보할 수 없다는 사실이 분명해졌음에도 불구하고, 어떤 미국 대통령도 '패배'를 원하지 않았기 때문이다. 2012년 패트릭 콕번은 "미국과 영국의 문제는 아프가니스탄에서 너무 많은 사람을 죽이고 너무 많은 돈을 써버린 탓에 전쟁을 승리로 포장할 수 있는 무엇인가가 없으면 철군하기 어렵다는 것"이라고 지적했다. 전쟁의 '진정한' 동기가 무엇이었든 간에, 부시에서 바이든에 이르기까지 어떤 미국 대통령도 아프가니스탄 국민의 복지를 개선하려는 진지한 노력을 기울인 적은 없었다.[51]

미국 정책 입안자들의 고결한 의도를 옹호하는 이들이 여전히 존재한다. 카터 머케이지안은 미국이 탈레반과 외교적으로 협상하기를 거부하고, 탈레반 전복이 초래할 사태에 무관심했던 결과 끔찍한 사태를 낳았다는 점을 인정하면서도, 이 전쟁을 미국의 안녕과 아프가니스탄의 안녕을 맞교환한 "끔찍한 거래"로 정의한다. 그는 "전쟁은 의도치 않은 일이었다."고 말하며, "우리가 집에서 좀 더 편히 잠들 수 있도록 아프가니스탄의 내전 상태를 되살린 것"이라고 설명한다. 즉, 미국인의 안전을 지키기 위해 아프가니스탄 국민을 위험에 노출시켰다는 것이다.

'고작 잠 좀 편히 자자고' 세계에서 가장 가난한 나라 중 하나를 파괴했다는 말이냐며 공격하면, 머케이지안의 주장을 충분히 비판한 것으로 들릴 수도 있을 것이다. 그러나 이러한 비판은 차치하고라도 그의 논리는 여전히 옳지 않다. 부시 행정부가 "또 다른 테러 공격으로부터 미국인을 보호"하고 싶었다면, 원래 테러를 일으킨 범죄 조직을 추적했을 것이다. 그러나 부시 행정부는 복수를 원했고, 수천 명의 무고한 사람들을 죽인 불법적인 전쟁을 시작했다. 아프가니스탄인의 생명과 미국의 안녕 사이에 '거래'가 있었다면 말할 필요도 없이 추악한 거래가 되겠지만, 그런 거래는 존재하지 않았다. (아프가니스탄인을 희생시켜 미국의 안전을 도모하려 했다는 주장은 거짓이며, 전쟁의 이유는 오로지 복수심과 힘의 과시였다는 의미 – 옮긴이) 미국이 성공적으로 힘자랑을 한 이후, 빈 라덴에 대한 부시의 관심은 급격히 사그라들었다. 무장한 드론은 자발적으로 배치되는 것이 아니므로, 피해는 '우발적'인 것이 아니었다. 그것은 희생자의 존엄성에 대한 무관심에서 비롯된 것이었다.

아프가니스탄에서의 전쟁범죄를 옹호하려는 사람들은 탈레반이 없었던 기간에 여성 권리가 향상되고 사회 기반시설이 조성되었다는 점을 언급할지 모른다. 그러나 가장 우울한 사실은 만약 미국이 애초에 침공하지 않았다면 오늘날 탈레반이 권좌에 오르지 못했을 가능성이 컸다는 점이다. 2001년 무렵 탈레반은 이미 인기가 없었다. 패트릭 콕번은 "탈레반의 잔인함과 개인의 사생활을 통제하려는 집착 때문에 그들은 오래전부터 환영받지 못한 존재였다."고 주장하며, 심지어 "순수한 즐거움을 좇아 연날리기를 하는 사람들조차 구타를 당하거나 감옥에 갇히는 등 처벌을 받았다."는 기사를 게재했다. 탈레반이 다시 힘을 얻게 된 주요한 이유는 미국 점령 세력과 연계된 현지 정부에 대항하는 자유 투사로 자신들을 포장할 수 있었기 때문이었다. 압둘 하크는 미국의 폭격 작전이 오히려 반탈레반 저항 세력의 입지를 약화시켰다고 지적하며, 미국이 아프가니스탄을 내버려두었다면 언젠가 그 저항 세력이 대중적 지지를 받는 정부를 수립할 수 있었을 것이라고 주장했다. 그렇다면 아프가니스탄인들이 탈레반의 강화된 통치 아래서 끝없는 고통을 겪고 있는 것에 대한 주된 책임은 미국에 있을지도 모른다.[52]

4장

이라크: 세기의 범죄

2003년부터 2011년까지 미국이 이라크에서 벌인 전쟁은 금세기 가장 치명적인 침략 전쟁이자, 아마도 지난 30년 동안 저질러진 범죄 중 최악의 사례일 것이다.[1] 조지 부시가 무심코 실언으로 털어놓았듯이, 이 전쟁은 "전적으로 정당하지 않으며 잔인한 것이었다". 전쟁 결과 최소 50만 명의 이라크인이 사망했다. 그중 약 30만 명은 처참한 죽음을 맞이했다. 즉, 연합군의 공습으로 몸이 산산조각 나거나, 검문소에서 총에 맞거나, 미국의 침략과 점령으로 촉발된 반군의 자살 폭탄 테러로 목숨을 잃었다.[2]

다른 이들은 의료 시스템의 붕괴로 죽음을 맞았다. 동료들이 살해되거나 납치당하자 의사들이 대거 국외로 도피한 것이다. 영양실조와 기아가 악화되면서 아동 사망률과 영아 사망률도 증가했다. 수백만 명의 이재민이 발생했고, 미국의 폭격으로 발생한 독성 물질은 "선천성 기형, 불임, 생식불능"을 유발했다. 수십만 명의 아이들이 부모를 잃어 "고아 세대"를 형성했고, 이 중 많은 어린이가 노숙자가 되어 거리를 떠돌게 되었다. 국가 기반시설은 붕괴되었고, 도서관과 박물관은 약탈당했으며, 대학 시스템은 무너졌다. 수년 동안 바그다드에서는 자살 폭탄 테러가 일상화되었고, 폭력적인 사망 사건이 발생할 때마다 부상자나 트라우마에 시달리는 사람들은 당연히 더 많아졌다. 2007년 적십자는 "아이들이 학교 가는 길에 시신을 보는 공포에서 벗어날 수 있도록 누구든지 길거리에서 시신을 수습해달라고 어머니들이 호소하는 상황"이라고 증언했다. 이라크 점령 후 16개월 만에 급성 영양실조는 두 배로 증가하여 부룬디 수준에 이르렀으며, 이는 아이티나 우간다보다 훨씬 높은 수준이었다. 이를 숫자로 계산하면, 약 40만 명의 이라크 어린이들이 "만성 설사와 단백질 결핍을 특징으로 하는 '소모성 질환'으로 고통받고 있다는 의미다".[3]

전쟁 초기의 지지자 중 일부는 침묵을 지키고 있다. 일부는 기록에 대해 거짓말을 하고 있다. (신보수주의자 윌리엄 크리스톨William Kristol은 2015년 "우리는 2008년에 전쟁을 성공적으로 마무리할 수 있었다."는 글을 썼다.) 다른 이들은 공개적으로 후회를 표명하면서도, 전쟁을 고결하고 이상주의적인 실수로 포장했다. 예를 들어, 2002년과 2003년에 앤드루 설리번Andrew Sullivan이 쓴 글보다 더 극단적인 전쟁 옹호 주장을 찾기는 어려울 것이다. 그는 "우리가 이 모든 시간이 지나도록 아무런 행동을 하지 않는다면, 악이 성공하도록 방치한다면, 또한 도덕적으로 옳은 일을 할 수 있는 능력을 스스로 믿지 못한다면, 우리는 기독교적 의무 개념에서도 실패할 것"이라는 글을 썼다.

설리번은 분명하게 말했다. "이 전쟁은 정당한 전쟁이다. 우리가 시작한 전쟁이 아니다(사담이 시작했다). 12년도 더 전에." (미국은 어디까지나 방어적 조치만 취하기 때문에 후세인은 미국을 공격한 적이 없었는데도 전쟁을 "시작"했다는 소리를 들어야 한다는 논리다.) 그는 지체할 시간이 없었다고 말하며, "그럼에도 불구하고, 우리가 성급하게 전쟁에 뛰어들었다는 말은 악의적인 날조이며, 고의적인 망각이고, 절대적인 역사 부정이다."라고 강조했다. 침공의 불법성을 지적하는 사람들에 대해서는 "우리는 세계 문제를 해결하는 도구로서 유엔을 포기해야 한다."고 주장했다. 국제적 승인을 받지 못했다는 사실은 오히려 미국이 도덕적인 면에 진심인, 세계에서 몇 안 되는 국가 중 하나라는 사실만 보여줄 뿐이라고 생각했다. 그는 "미국과 영국을 비롯한 몇몇 국가만이 글로벌 규범을 강제하기 위해 생명과 신체 상해의 위험을 감수할 준비가 되어 있다."는 점을 보여준다고 덧붙였다.[4]

그러나 2007년에 이르러 전쟁에서 "해방"되었어야 할 나라가 오히려 완전히 파괴되자, 설리번은 악에 대한 증오가 너무 강해서 이성이 작용하지 않았다고 고백했다. 아울러 당시에는 "너무 순진"했고, "이슬람이라는 악에 맞서 싸우려는 욕망에 사로잡혀" 있었고, "럼즈펠드가 만들어낸 소용돌이 속에서 살해되고 고문당하고 불구가 된" 사람들이 많다는 사실을 알게 된 이후에야 분노를 느끼게 되었다는 글을 썼다.

사망자, 고문 피해자, 불구자에 대한 설리번의 새로운 관심은 칭찬할 만하다(비록 전쟁의 결과로 대규모 인명 피해를 예측할 수 있었으며, 또 이를 여러 차례 경고했음에도 불구하고). 그러나 이 전쟁을 옹호할 수 없다는 것을 깨달은 다른 많은 사람들과 마찬가지로, 설리번 역시 이 전쟁이 비록 "경솔했지만" "고결하고" "옹호할 수 있는" 전쟁이었다고 주장하면서도, "[부시] 행정부의 지나친 무능과 오만으로 인해 전쟁을 효과적으로 수행할 수 없었다"는 입장으로 후퇴했다.

베트남 전쟁의 경우와 마찬가지로, 이라크 전쟁에 비판적인 입장을 표명한 사람들은 실제로 전쟁의 의도가 아니라 전쟁의 실행 방식을 비판했다. 《워싱턴 포스트》의 데이비드 이냐시오David Ignatius는 폴 울포위츠Paul Wolfowitz 국방부 차관에 대한 글을 쓰면서, 그의 훌륭하고 원칙적인 이상주의가 안타깝게도 인간의 불완전함과 맞지 않았다고 안타까워했다. (울포위츠는 원칙과 도덕을 중시하는 이상주의자였지만, 인간 사회의 다양한 모순에 부딪혀 실패했다는 의미—옮긴이) 이냐시오는 이라크 정부를 전복하려는 시도는 "도덕적 측면에서 비난하기는 불가능하다"면서도, "지나친 도덕주의는 국정 운영에 위험을 초래할 수 있다."는 교훈을 남겼다고 말했다. 그는 "울포위츠의 이상주의"는 "존경스러울지는 몰라도" "희망 사항"에 불과하며, "미국의 이익을 보호하기 위한 매우 냉철한 판단으로 다듬어야 한다"고 주장했다.[5]

이냐시오는 이라크 전쟁은 "이 시대의 가장 이상주의적인 전쟁"으로, 이라크 및 주변 지역에서 민주주의를 실현하고자 하는 단 하나의 목적으로 벌어진 전쟁이지만, 바로 그 이상주의 때문에 실패로 끝났다고 주장했다.

마찬가지로, 버락 오바마 역시 이 전쟁이 "처음부터 잘못 기획된 것"이며 "전략적 실수"라고 생각했지만, 전쟁을 시작한 사람들의 선한 의도에 대해서는 부정하지 않았다. 전쟁에 대한 주류 비판자 중에 이 전쟁을 진실 그대로 정의하는 사람은 거의 없다. 즉, 이 전쟁은 폭력을 사용하여 지역을 통제하려는 국가가 자행한 범죄적 침략 행위라고 규정하는 사람은 드물다. 주류 비판 대부분은 미국이 치른 전쟁 비용에 초점을 맞추고 있으며, 이라크와 주변 국가들이 치른 대가에 대해서는 거의 관심을 기울이지 않았다.[6]

이 범죄에 대해 언젠가 제대로 책임을 묻고자 한다면, 먼저 무슨 일이 일어났는지, 왜 일어났는지 파악하는 것이 우선이다.

사담 후세인에 대한 미국의 태도는 1970년대 그가 권좌에 오른 이후 일관되게 유지되어왔으며, 다른 독재자들에 대한 태도와 동일했다. 후세인의 잔혹한 통치는 그가 중동 지역에서 미국의 목표를 지원하는 한 용인될 수 있었지만, 그 목표에 도전하는 순간 용납될 수 없었다. 미국의 입장은 시간이 흐름에 따라 약간의 변동은 있었지만, 후세인이 미국 국민의 안전에 가한 위협(통치 초기부터 마지막까지 존재하지 않았다)이나 후세인이 이라크인, 쿠르드족, 이란인에게 저지른 잔혹 행위(미국은 후세인의 최악의 범죄 기간 동안 기꺼이 그를 무장시키고 지원했다.)에 근거해 달라지지는 않았다. 대신 미국은 마피아 대부의 논리에 따라 후세인이 미국의 규칙을 따를 때는 그를 받아들였고, 불복종할 때는 그를 배척했다. 후세인이 축출된 이유는 다른 많은 '정권 교체' 작전이 실행된 이유와 같다. 즉, 그의 집권 지속이 미국의 역내 권력 행사에 장애물이 되는 경우 혹은 다른 국가들에게 경고할 필요가 있는 경우 그의 반항은 끝났어야만 했다.

후세인은 1979년 이라크를 완전히 장악했고, 곧 미국에 유용한 존재임이 입증되었다.[7] 1980년 후세인은 1988년까지 이어진 이란과의 전쟁을 시작했고, 결국 최대 100만 명의 사망자가 발생했다. 혁명 이후 이란 정권을 응징하고자 했던 미국은 후세인의 침략 전쟁을 전폭적으로 지원했다. 1982년 레이건 행정부는 이라크가 "이란과 페르시아만 유전 사이에 존재하는 유일한 국가"라는 사실을 깨닫고 1979년 팔레스타인 무장 단체를 지원했다는 이유로 등재했던 테러 지원국 명단에서 이라크를 삭제했다. 미국은 후세인의 노골적인 불법 전쟁에 물류 지원, 정보 지원은 물론, 5억 달러를 상회하는 규모의 장비를 제공했다. 미국 질병통제예방센터CDC는 후세인에게 탄저균, 웨스트 나일 바이러스병, 보툴리즘을 일으키는 세균 샘플을 보내 생물무기 개발에 사용하도록 했고, 1988년 다우케미컬은 "화학전에 사용될 것이라는 의혹이 있었음에도 불구하고 이라크에 150만 달러 상당의 … 살충제를 판매했다".[8]

미국은 심지어 전쟁에 직접 참여하기도 했다. 로널드 레이건의 말을 빌리자면, "이란이 무책임한 행동의 대가에 대한 환상을 갖지 않도록 하기 위해" 이란의 원유 시설 및 선박을 폭파했다. (국제사법재판소는 궁극적으로 이 행위가 "미국의 필수 안보 이익을 보호하는 데 필요한 조치로 정당화될 수 없다"고 판결했다.) 미국은 또한 이란 민간 여객기를 공격하여 66명의 영유아와 어린이를 포함한 탑승자 290명 전원을 사망에 이르게 했다. 이 참사에 유감을 표할 기회가 주어졌을 때, 조지 H. W. 부시는 유감 표명 대신 이렇게 말했다. "나는 결코 미국의 잘못을 사과하지 않을 것입니다. 사실관계가 어떻든지 상관없습니다. … 나는 미국의 잘못을 사과하는 그런 사람이 아닙니다."[9]

이라크의 전쟁 방식은 전 세계를 충격에 빠뜨렸다. 후세인의 군대는 화학무기를 사용하여 이란군에게 끔찍한 고통을 가했다. 이라크의 공식 기록에 따르면, 이라크는 1981년부터 화학무기를 사용하기 시작했다. 제1차 세계대전 가스 공격 이후 이 정도 규모의 화학무기가 사용된 것은 처음이었으며, 미국 정부 역시 이 사실을 명확히 인지하고 있었다. 유엔 안전보장이사회가 이라크의 겨자 가스 사용을 규탄하려 했을 때 미국은 이를 저지했다. 이라크가 화학무기를 사용할 것이라는 사실을 알고 있었음에도, 미 국방정보국U.S. Defense Intelligence Agency은 "이란군의 배치, 전투 전술 계획, 공습 계획, 폭탄 피해 평가 정보를 비밀리에 이라크에 제공했다". 《포린 폴리시Foreign Policy》는 2013년 다음과 같은 사실을 확인했다. 1988년, "미국은 위성사진을 통해 이란이 이라크 방어의 허점을 이용해 전략적 우위를 확보하려 한다는 사실을 파악했고", "미국 정보 당국자들은 후세인 군대가 치명적인 신경작용제인 사린을 포함한 화학무기로 공격할 것을 충분히 알면서도 이란군의 위치를 이라크에 전달했다". 사실 CIA는 이란이 이라크의 화학무기 사용을 입증할 증거를 자체적으로 확보하지 못하기를 바라면서, 이라크에 대한 증거를 은폐했다. 《포린 폴리시》는 "미국 고위 관리들은 신경가스 공격 규모에 대한 보고를 정기적으로 받고 있었다."고 지적하며, 내부 문서에는 "미국이 역사상 가장 끔찍한 화학무기 공격에 공모했음을 사실상 공식적으로 인정한 것과 다름없는 내용"이 담겨 있었다고 밝혔다.[10]

국방정보국 고위 관계자는 "이라크군이 전장에서 가스를 사용하는 것은 심각한 전략적 우려 사안은 아니"라고 확인했다. (전략적 우려만이 인정할 수 있는 유일한 우려이며, 도덕적, 법적 우려는 중요하지 않다는 태도다.) 실제로 화학무기의 사용은 "군사 목표물을 겨냥한 경우, 이라크 생존을 위해 불가피한 것으로 인식되었다". 그리고 "화학무기는 대규모 작전을 위한 화력 계획에 통합되어 있었다". 이 프로그램에 참여한 한 퇴역 군인은 "총알이든 수포작용제든 사람을 죽이는 또 다른 방법일 뿐, 아무런 차이가 없다"고 크게 신경쓰지 않는 모습이었다. 이란·이라크 전쟁 당시 이라크가 화학무기를 사용했다는 사실은, 2003년 "부시 대통령이 … 이라크의 '정권 교체'를 정당화하는 근거로 반복해서 인용"하는 사례가 되었다. 쿠르드족 학살 추모일에 부시는, 사담 후세인은 "자비심이나 수치심도 없이 수천 명의 남성과 여성, 어린이를 살해한", "어떤 범죄라도 저지를 수 있는" 인물이라는 점이 증명되었다고 강조했다.[11]

부시는 이러한 범죄에 대한 미국의 공모 사실을 언급하지 않았으며, 아버지 행정부 시절 이 범죄를 지원하고 은폐한 관료들에게 책임을 묻는 데에도 전혀 관심을 보이지 않았다. 사담 후세인이 이러한 공격을 감행할 수 있었던 데에는 미국이 그에게 장비를 지원했을 뿐만 아니라 그의 개입을 은폐하기 위해 국제사회에 거짓말을 한 것도 한몫했다. 2003년, 국제위기그룹의 요스트 힐테르만Joost Hiltermann은 후세인이 화학무기로 수천 명의 쿠르드족을 학살한 1988년 할라브자 학살 사건과 관련하여 미국이 해명해야 할 것이 많다고 지적했다. 미국은 "그것이 이라크의 소행임을 충분히 알면서도 그 공격에는 이라크와 치열한 전쟁을 치르고 있던 이란에도 일부 책임이 있다고 비난했으며", "이 놀라운 궤변의 결과, 세계무역센터 테러와 비견될 이 극악한 행위에 대해 국제사회가 이라크를 강력히 규탄할 의지를 모으지 못했다". 힐테르만은 이 사건을 "미국이 후세인 정권을 종식하겠다는 계획의 정당성"을 입증할 근거로 삼는 것에 지극히 냉소적인 태도를 보였다. 당시 조지 H. W. 부시 행정부에서 근무한 인사들이 이라크의 대량살상무기 프로그램을 강화시켰고 "사실상 이라크 정권의 화학무기 사용을 용인했으며", "이라크가 행한 최악의 잔학 행위를 못 본 체했고, 이 같은 사실에 대해 거짓말을 했음에도" 아무런 책임도 지지 않았기 때문이다.[12]

사담 후세인은 자신의 나라를 파괴하고, 악몽과도 같은 전체주의 국가를 건설했다. 그의 정권에 희생된 사람들의 이야기는 상상할 수 있는 가장 끔찍한 이야기다. 그런데 그는 미국의 보호와 지원 아래 이 같은 행위를 저질렀다. 1990년, 미 의회는 "이라크 정부가 미국산 밀, 쌀, 목재, 가축뿐만 아니라 타이어나 기계 같은 상업용 상품 구매에 사용하던 7억 달러 규모의 대출 보증을 중단했다". 한 공화당 상원의원은 이렇게 말했다. "우리 나라의 어떤 농부도 화학무기를 사용하는 나라, 자국 아이들을 고문하고 처형한 나라에 정부 보조금이 지급된 농산물 판매를 원할 것이라 생각하지 않는다." 아마도 어떤 농부도 원치 않을 것이다. 그러나 부시 행정부는 여러 제한 조치가 "이라크와의 관계에서 미국이 달성하고자 하는 목표에 도움이 되지 않을 것"이라고 주장했다. 미국의 소리Voice of America가 사설에서 후세인의 인권 유린을 비판하자, 부시 행정부는 그러한 비판에 대해 '유감'을 표

명하며 여전히 그를 "그 지역 내 온건 세력"으로 간주했다.[13]

그러나 얼마 지나지 않아 후세인은 결정적인 실수를 저질렀다. 지금까지 제약받지 않고 행동해온 후세인은 쿠웨이트를 침공함으로써 미국이 설정한 레드라인을 넘어버린 것이다. 미국이 쿠웨이트 침공을 반대할 것이라는 사실을 후세인이 예상했는지는 분명하지 않다. 그러나 후세인은 미국 대사로부터 "우리는 쿠웨이트와의 국경 분쟁 같은 아랍·아랍 충돌에 대해 어떠한 입장도 가지고 있지 않으며", "이 문제는 미국과 관련이 없고 … 우리가 바라는 것은 이 문제가 신속히 해결되는 것이다."라는 말을 들은 것은 분명하다.[14] 《뉴욕 타임스》는 침공 당시 조지 H. W. 부시는 후세인에게 "이라크 군대가 [쿠웨이트를] 침공하더라도 미국의 강력한 대응을 두려워할 이유가 없다는 인상을 주었다"고 보도했다. 그러나 CIA 정보 분석가 케네스 폴락Kenneth Pollack은 이 침공이 "페르시아만 지역에서 원유의 자유로운 흐름을 보장하고 적대 세력이 이 지역에서 패권을 확립하는 것을 막으려는 미국의 핵심 목표에 심각한 위협이 되었다"고 지적했다.[15]

당시 비평가들은 부시 행정부가 외교적 해결책을 무시한 채 전쟁 위협으로만 대응하고 있다고 지적했다. 미국이 무력 사용을 준비하는 가운데, 《뉴욕 타임스》는 후세인이 "쿠웨이트 영토의 일부만 차지하고 철수를 고려하고 있다"고 보도했다. 부시 행정부에게 후세인의 이러한 양보는 "악몽 같은 시나리오"(행정부 관료의 말)가 될 것인데, 왜냐하면 후세인의 양보가 미국으로 하여금 "너무 사소한 문제로 전쟁까지 벌인다는 인상을 주는 상황에 놓이게 만들 것"이기 때문이라고 《뉴욕 타임스》는 전했다. 아버지 부시 대통령은 부분 철군은 "시도할 가치가 없다"고 후세인을 설득하고 싶어했다고 신문은 전했다. 미국은 일부 동맹국이 "전쟁을 원치 않으며 … 후세인의 양보가 동맹국들에게 매력적으로 보일"까봐 우려했다. 외교적 해결이 악몽인 이유는 단순히 후세인이 부당 이득을 얻을 수 있기 때문만은 아니었다. "미국이 으르렁거리기만 할 뿐 결코 물지 않는 종이 호랑이처럼 보일 것이기 때문이다." '물지' 않으면, 미국은 신뢰성을 잃게 된다.[16]

아버지 부시 대통령은 반복해서 후세인을 히틀러와 비교하면서 외교적 해결에 관심을 두지 않은 이유를 '뮌헨' 비교Munich comparisons(1938년 뮌헨 협정으로 체코슬로바키아의 주데텐란트 지역이 나치 독일에 양도되었다. 유럽 국가들은 이 협정으로 나치 독일의 요구가 충족되었으므로 전쟁을 피할 수 있다고 생각했으나, 결국 전쟁은 발발하고 말았다. 이러한 배경에서 이 표현은 유화정책이나 잘못된 타협을 경고하는 의미로 자주 인용된다-옮긴이)로 정당화했다. 후세인은 쿠웨이트에서의 철수를 포함하여 여러 제안을 했다(동시에 미국 역시도 최근 파나마를 침공했다는 점을 지적했다). 역내의 "모든 점령 사례"를 "일괄적으로 해결"하자는 제안, 즉 이스라엘도 이라크와 동일한 기준을 적용해야 한다는 제안 등 모든 제안을 미국은 외면했다. 아랍 연맹Arab League은 쿠웨이트 침공을 비난하면서도, 이 분쟁에 외부 세력의 개입을 경고하는 결의안을 채택했다. 하지만, 부시는 자신이 말한 대로 "우리 말이 법이다."라는 것을 보여주기 위해 무력을 사용해 후세인에게 교훈을 주고자 했다. 이탈리아 가톨릭 주간지 《일 사바토Il Sabato》는 협상보다 무력 사용을 고집한 부시가 "노벨 전쟁상"을 받을 자격이 있다고 비꼬았다. 1990년 2월, 《타임스 오브 인디아 The Times of India》는 부시가 이라크의 철군 제안을 거절한 것은 서방 세계가 "강대국들은 아랍의 전리품을 나눠 갖는" 세계 질서를 추구한다는 점을 보여준 "끔찍한 실수"라고 묘사했다. 이 신문은 우리는 "서구 문명의 가장 추악한 면을 보았다. 즉, 지배에 대한 무제한적인 욕망, 첨단 군사력에 대한 병적인 환상, '이질적인' 문화에 대한 무감각, 끔찍한 전쟁선호 사상을 보고야 말았다"고 언급했다.[17]

아버지 부시 행정부는 또한 국민의 지지를 끌어내기 위해 선전을 이용했다. 한 홍보 회사는 이라크 군인들이 쿠웨이트 병원의 인큐베이터에서 아기를 꺼내 바닥에 던져 죽게 했다는 거짓 이야기를 퍼뜨렸다. (잔학 행위에 대한 이야기는 적을 또 다른 히틀러로 만드는 핵심적인 요소다.) 미국 정부는 재빨리 태세를 전환해 미국이 오랫동안 지원해온 바로 그 잔학 행위를 자행했다는 이유로 후세인을 도살자, 미치광이라고 비난했다.[18]

걸프전은 그 자체로 끔찍했다. 아버지 부시 대통령은 미군과의 모든 전투에서 반드시 후세인을 "혼내주겠다"고 공언하며, 압도적 화력을 쏟아부었다. 미들 이스트 워치Middle East Watch의 조사에 따르면, "인구 밀집 지역에 대한 연합군 폭격의 피비린내 나는 결과는 정밀 타격이 성공적으로 수행되었다는 연합군 브리핑 담당자나 부시 행정부 대변인의 안심시키는 발언과는 사뭇 달랐다."는 사실이 밝혀졌다. 미국은 몇 가지 주요 잔학 행위를 저질렀다. 바그다드 공습 대피소를 공격하여 민간인 400명이 사망했고, 여성과 어린이는 형체를 알아볼 수 없을 정도로 불에 타 죽었다. 분유 공장을 폭격하고는 해당 시설이 화학무기 생산 시설이었다고 거짓 주장을 했다. 또한 퇴각 중이던 이라크 병사들을 이른바 '죽음의 고속도로'에 가두고 잔인하게 폭격을 가했는데, 이는 미국의 공격 이후 도로변에 불탄 차량과 시신이 끝없이 이어져 있어 붙여진 이름이다. 병사들은 "움직이는 모든 것"[19]을 죽이라는 명령을 받았고, 그것이 "순무 운반 트럭"일지라도 명령을 따라야 했다. 미국은 중장비를 이용해 수천 명의 이라크 병사들을 참호에 생매장했다.[20]

부시 행정부는 의도적으로 민간 인프라를 표적으로 삼아 이라크에서 수많은 테러 행위를 자행했다. 1991년 《워싱턴 포스트》의 기사에 따르면, 일부 표적은 "전쟁 자체의 양상을 바꾸기보다는, 전후 이라크에 대한 영향력을 확보할 목적으로 폭격한 것이며, 이는 외국의 도움 없이는 이라크가 자체적으로 복구할 수 없는 귀중한 시설을 파괴하거나 손상시키려는 의도적 행위"였다고 한다. 《워싱턴 포스트》는 이러한 "민간 구조물 혹은 시설에 대한 피해"의 대부분이 "부수적 피해"이자 의도하지 않은 것이라고 해명되었지만, 실제로는 고의적으로 이루어졌다고 지적했다.[21]

거짓 명분으로 벌이는 전쟁에서 후퇴하는 군인, 공습 대피소, 전기 생산 시설 및 수처리 시설을 공격하는 행위는 잘못일 뿐 아니라 심지어 범죄로 간주될 수도 있다. 하지만 미국 언론은 걸프전을 도덕적 승리로 묘사했다. 부시는 "미국이 베트남 신드롬을 영원히 극복하게 되었다."는 의미에서 이 결과에 감격했다. ('베트남 신드롬'은 베트남 전쟁 이후 나타난 폭력적 무력 사용에 대한 거부감을 일컫는 말이다.) 그는 미국은 이제 "새로운 신뢰성을 얻게 되었다"고 말했다.[22]

미국이 쿠웨이트에서 목표를 달성하자 부시는 이라크 국민에게 후세인을 타도하기 위해 봉기할 것을 촉구했다. 그는 "이라크 국민은 [후세인을] 물러나게 해야 한다"며 "이라크가 평화를 사랑하는 국가의 일원으로 다시 받아들여질 수 있도록 해야 한다."고 말했다. 바스라, 카르발라, 나자프에서 민간 봉기를 일으키며 "20여 개에 달하는 이라크 반정부 단체 대표들이 미국에 도움을 호소"했다. 그러나 그들은 아무것도 받지 못했다. 부시 행정부가 실제로는 어떤 사람인지도 모를 후세인 이후의 대안세력보다는 약화된 후세인을 선호한다고 은밀히 결정했기 때문이다.[23]

부시 행정부가 특별히 후세인만을 원했던 것은 아니다. 어떤 독재자라도 상관없었을 것이다. 《뉴욕 타임스》 외교 부문 수석 기자 토머스 프리드먼Thomas Friedman이 말했듯이, 미국이 "세상에서 가장 원하는 것"은 "사담 후세인이 없는 이라크 철권통치 군부 정권"이며, 이는 후세인처럼 무자비하게 나라를 통치할 수 있는 그런 정권을 의미한다. 그러나 봉기가 성공하면 이라크가 엉뚱한 사람 손에 넘어갈 수도 있었기에 주저했다. 외교관계위원회 중동 연구 책임자인 레이철 브론슨Rachel Bronson은 "누가 정권을 잡을지 모르기 때문에 정부가 긴장했다."고 말한다. 그렇기 때문에 이라크 반군이 미국의 지원을 기대한다는 점을 알면서도, 후세인이 "반군을 물리치기 위해 네이팜탄, 집속탄, 스커드 미사일을 사용하여 시아파 사원, 묘지, 종교 학교를 공격하는 동안에도 미국 정부는 방관했다"고 덧붙였다. 콜린 파월은 "우리의 실질적인 의도는 미국에게 여전히 적대적인 이란에 대한 대항마로 이라크가 존속할 수 있는 충분한 힘을 남겨두는 것이었다."고 설명했다. 미국과 중동 동맹국들은 "후세인의 죄가 무엇이었든 간에 그는 그가 억압했던 사람들보다 이라크의 안정에 더 나은 희망을 제공했다는 놀라울 정도로 일치된" 견해를 가지고 있었다고 《뉴욕 타임스》의 앨런 코웰Alan Cowell은 보도했다.[24]

후세인의 반란 진압으로 수만 명의 사망자가 발생했다. 즉, 사담 후세인은 그가 미국의 우호적인 동맹이자 무역 파트너였을 때에도 최악의 범죄를 저질렀을 뿐만 아니라, 쿠웨이트에서 쫓겨난 직후에도 최악의 범죄를 저질렀던 것이다. 그러나 미국은 그가 이라크 반군을 학살하는 것을 조용히 지켜봤고, 심지어 반군들에게는 압수된 이라크 무기에 대한 접근도 허용하지 않았다. 이게 무슨 이상주의의 실천이란 말인가.[25]

1990년대 후반 이라크에는 제재와 폭격이 혼합되어 가해졌다. 1990년대 중반에 이르러 제재로 인한 황폐화를 인식한 유엔은 제재의 영향을 완화하기 위해 이라크가 일부 석유 판매 대금을 사회적 목적으로 사용할 수 있도록 관대하게 허용하는 석유·식량 프로그램을 도입했다. 이 프로그램을 지휘했던 저명한 외교관 데니스 할리데이Denis Halliday는 제재가 대량 학살이자 "국가 테러의 한 형태"라고 주장하며, 2년 만에 항의의 표시로 사임했다. 그의 후임 한스 폰 스포넥Hans von Sponeck도 제재가 대량 학살 금지 협약Genocide Convention을 위반했다는 이유로 사퇴하면서, "이라크 사회의 구조가 급속히 약화되고 있다는 압도적인 증거가 있고, 채택된 접근 방식으로 인해 엉뚱한 사람이 처벌받고 있다는 국제적 인식에도 불구하고 제재가 지속되고 있다"며 강력하게 항의했다.[26]

스탠포드 대학교 정치학과 교수 리사 블레이즈Lisa Blaydes는 저서 《억압 상태: 사담 후세인 치하의 이라크State of Repression: Iraq Under Saddam Hussein》에서 이라크에 대한 제재는 "개발도상국에 가해진 가장 엄격한 금융 및 무역 제한 조치 가운데 하나"였으며, 걸프전의 여파와 결합하면서 "이라크 국민에게 인도주의적 재앙"을 초래했다고 지적한다. 이라크는 "산업화 이전" 수준으로 추락했다. 제재는 "국가 전체의 구조적 빈곤"을 초래했으며, 궁극적으로 "15년간 지속된 전쟁 혹은 15년간 이어진 자연재해"와 유사한 결과를 낳았다. 그녀는 "1990년부터 2003년까지 미국의 역대 3개 행정부 모두의 일관된 정책은 이라크에 최대한의 경제적 피해를 입히는 것이었다"고 말한다. 아울러, 이라크 민간인이 입은 피해는 "그것이 미 행정부에 정치적 부담으로 작용하지 않는 한, 미국 정책의 고려 요소가 아니었다"고 분석한다.[27]

2003년 3월, 인류 역사상 가장 강력한 군사력을 가진 나라가 대량살상무기(침공의 명분)도, 방어 능력도 전혀 없는 것으로 밝혀진 형편없이 약한 나라를 공격하였다. 이라크군은 몇 주 만에 무너졌고, 미국 언론은 침략자들을 저지하고 있다고 주장하는 이라크 언론 대변인의 허무맹랑한 확신을 신나게 조롱했다.[28]

미국은 극단적인 폭력을 공격적으로 사용함으로써 일정 부분 성공을 거두었다. 침공과 점령은 잔인했으며 또한 서툴렀다. 휴먼라이츠워치는 "특히 미국과 영국의 지상군이 집속탄(한 개의 폭탄[母彈] 속에 또 다른 폭탄[子彈]이 여러 개 들어 있는 폭탄－옮긴이)을 광범위하게 사용한 것"을 비난하며, 이 무기를 사용하지 않았다면 "전쟁 중 수백 명의 민간인 부상이나 사망을 막을 수 있었을 것"이라고 지적했다. 휴먼라이츠워치는 "미군과 영국 지상군이 거의 1만 3,000개의 집속탄을 발사했고, 이로 인해 거의 200만 개의 자탄이 살포되었으며", 일부는 불발탄으로 남아 "사람들에게 밟혀 폭발하기를 기다리듯 여기저기 흩뿌려졌다"고 보도했다. 한 대령은 "잔인할수록 더 빨리 끝난다."라고 《뉴욕 타임스》에 말했다. 그는 "사담 후세인을 위해 싸우는 마지막 한 사람의 눈알에 파리가 기어다니면 그제야 우리 임무도 끝난다"고 덧붙였다.[29]

이라크를 손쉽게 붕괴시킴으로써 미국에 대한 이라크의 '위협'이 완전히 허황된 것이었음을 보여준 미국은 신식민주의 정권을 수립하는 과정에 착수했다. 이로 인해 독재자 축출 이후 이라크인들이 미국에 가졌던 선의는 순식간에 사라졌다. 조지 W. 부시는 이라크를 통치하기 위해 이 나라에 대한 지식이 전혀 없는 하버드 MBA 출신 L. 폴 브레머L. Paul Bremer를 마치 제국의 총독처럼 임명했다. 브레머는 곧바로 "사담주의Saddamism"를 제거한다는 명분 아래 군대와 경찰을 해산시켜 이라크를 무정부 상태에 빠뜨렸으며, 집권 바트Ba'ath당 의원들의 공직 진출을 금지함으로써 유능한 관리들을 자리에서 물러나게 했다.[30] 부시 행정부는 이라크 문화에 대한 이해가 부족하고, 언어도 구사하지 못하는 공화당 충성파들로 '연합 임시 행정기구Coalition Provisional Authority'를 꾸렸다. 이들 대부분은 미국 밖을 나가본 적 없는 사람이었으며, 이라크에 가기 위해 생애 처음으로 여권을 발급받은 경우도 많았다.[31]

미군은 문제를 폭력으로 해결했다. 수색 과정에서 민가가 약탈당하거나 파괴되었고, 사람들은 갑자기 움직였다는 이유로 총에 맞기도 했다. 전쟁에 반대하는 이라크 참전 용사 단체인 '윈터 솔저Winter Soldier'의 인터뷰는 이라크 주민을 향한 일상적인 비인간화와 폭력이 얼마나 무감각하게 이루어졌는지를 보여주며 충격을 준다. 이라크에 세 차례 파병된 제이슨 워시번Jason Washburn 상병은 한 여성이 커다란 가방을 들고 "우리를 향해 다가오는 것처럼 보였"기 때문에 "우리는 그 여성을 산산조각 나도록 쏴버렸"으나 그 가방에는 식료품만 들어 있었다고 회상한다. 비슷한 사례에 대한 증언도 많다.

> "지휘 계통으로부터 분명히 들었습니다. 제가 아랍어를 할 줄 모른다는 점을 감안해, 불편함을 느낄 정도로 가까이 다가오는 사람에게 즉시 비키라고 명령했을 때 그러지 않는 사람이면 누구든 쏴도 된다고 말이죠. 상부의 대체적인 태도는 '우리가 아닌 저들이 죽는게 낫다'는 것이었습니다. … [어느 순간 우리 지휘관은] 거리에 있는 모든 사람을 적 전투원으로 간주하라고 명령했습니다. 그날 오후 기억나는 장면이 하나 있습니다. 우리가 어느 모퉁이를 돌던 중 비무장 이라크 남성이 문간에서 걸어나왔을 때, 내 바로 앞에 있던 해병이 소총을 들고 그 비무장 남성

을 겨냥했습니다. 그러고는, 어떤 심리적 이유 때문인지, 실제 사격 장면은 기억나지 않습니다. 제가 다음으로 기억하는 건 남자의 시체를 넘어가 그가 나온 방을 수색하는 장면입니다. 그 방은 창고였고, 아랍식 치토스로 가득 차 있었습니다. 거기에는 우리 무기를 제외하고는 어떤 무기도 없었습니다. 몇 주 뒤, 지휘관이 우리에게 말하길 100명이 넘는 적을 '사살'했다 했는데, 제가 아는 한 그중에는 자기가 살고 있는 도시의 거리를 그냥 걸어가다가 총에 맞은 사람들도 포함되어 있다는 것입니다."

—제이슨 웨인 르미외Jason Wayne Lemieux, 병장, 미 해병대

"한번은 적이 택시를 이동 수단으로 이용하고 있으니 모든 택시에 발포하라는 명령이 내려왔어요. 이라크에서는 흰색과 주황색으로 칠하기만 하면 어떤 차라도 택시가 될 수 있습니다. 저격수 중 한 명이 '뭐라고요? 내가 제대로 들은 건가요? 모든 택시를 쏘라고요?'라고 다시 물어봤죠. 중령은 '내 말 들었지, 병사? 모든 택시에 발포해.'라고 대답했습니다. 그 후 모든 부대가 차량에 사격을 가하면서 마을이 불바다가 됐습니다. 이것이 나의 첫 전쟁 경험이었습니다. 그 순간이 이후 파병 기간 동안의 분위기를 결정지었습니다."

—하트 비제스Hart Viges, 미 육군 보병 상병, 82공수[32]

이라크 국민을 대상으로 한 범죄는 광범위하게 자행되었다. 미국이 후세인의 악명 높은 아부 그라이브 교도소를 접수한 뒤, 미군은 수감자("구금자" 포함)를 신체적, 성적으로 학대하고 고문했

으며 심지어 살해하기도 했다. 미군 경비병들은 "수감자들을 빗자루와 인광등燐光燈을 사용해 구타하고 성적으로 학대했으며, 강제로 변기에서 음식을 먹게 하고, 벽에 내던지고, 그들 몸에 소변을 보거나 침을 뱉고, 여성 속옷을 입히고, 개줄을 목에 채워 끌고 다니고, 젖은 바닥에서 자게 하고, 군견으로 위협하고, 화학물질을 붓고, 발가벗겨 동물처럼 타고 놀았다". 부시 행정부는 처음에는 고문에 대한 보고를 은폐하려 하다가 이후 하급 병사들의 책임으로 돌리려 했지만, 소위 "강화된 심문 기법"(고문의 완곡한 표현–옮긴이)에 대한 승인이 도널드 럼스펠드 국방부 장관으로부터 직접 내려왔다는 사실이 결국 밝혀졌다.[33]

베트남에서와 마찬가지로 많은 잔학 행위가 발생했다. 미군 병사들은 어리고, 상당히 무장도 갖춘 상태였고, 동시에 두려움도 있었으며, 자신이 파병되어 있는 나라에 대해 아무것도 몰랐으며, 민간인과 반군을 구분할 수 없었기 때문에 (구분하려는 노력도 별로 하지 않았다) 많은 잔학 행위가 발생한 것이다. 덱스터 필킨스는 총격전을 마치고 돌아오는 두 명의 젊은 병사를 만났다. 그들은 "우리는 그저 사람들을 마구 쐈어요. 그냥 닥치는 대로 죽였어요."라고 고백했다고 밝혔다. 반군과 민간인이 섞여 있었기 때문에 "우린 그냥 민간인도 쏴버렸죠."라고 그들은 말했다. 이 군인은 반군이 여성 뒤에 위치하자 "여자가 방해되네."라고 말하며 그 여성을 사살했다고 했다. 필킨스는 "그가 그 일로 특별히 괴로워하지 않았다."고 회상했다.[34]

NPR의 앤 개렐스Anne Garrels 기자는 이라크인들에 대한 미국의 처우가 반란에 어떻게 기여했는지 회상한다. "미군은 이라크의 문화에 대한 이해가 매우 부족"했으며, 이로 인해 "어느 편에 설지 저울질하던" 이라크인들이 미국에 등을 돌리게 되었다고 지적한다. 그녀는 현지에서 "점령"이 너무나도 엉망으로 관리되어 "경악스러울 정도"였다고 말하며, 긴장한 미군 병사들이 무고한 사람을 학살하는 "사건 사고가 잇따랐다"고 밝혔다. 제이슨 버크Jason Burke는 저서 《9·11 전쟁The 9/11 Wars》에서 점령군의 "역효과를 초래하는 행동"에 대해 비슷한 주장을 펼친다. "[미군] 기습 작전에 동행해본 사람이라면 누구라도 그들의 전술이 지역 주민들에게 미치는 영향을 알 수 있었다." 반군을 수색하는 과정에서 미군은 "용의자들의 집 문에 폭약을 설치해 경첩을 날려버리고, 방을 뒤지고, 수많은 남자들에게 자루를 뒤집어 씌운 채 뙤약볕 아래에서 몇 시간 동안 쪼그려 앉아 '조사'를 기다리게 했다."[35]

2004년 팔루자에 대한 공격은 특히 잔혹했다. 이후 팔루자는 "유령 도시"처럼 "완전히 황폐화"되었다고 이라크 의사 알리 파딜Ali Fadhil은 말했다. 미군의 공격이 시작되었을 때, 의료진 전체가 병원에 갇힌 채 미군의 명령에 따라 "결박당한 상태"에서 아무런 조치도 취할 수 없었다고 의사들은 보고했다. "그 누구도 병원에 접근할 수 없었고, 사람들은 도시에서 피를 흘리며 죽어가고 있었다." 침략자들의 태도는 폐허가 된 어느 집 거울에 립스틱으로 쓰인 메시지에 요약되어 있다. "빌어먹을 이라크라는 나라, 그리고 그 안에 있는 모든 이라크인들은 엿이나 먹어라."[36]

이스라엘이 점령한 팔레스타인 지역에서 활동한 경험이 있는 조 카Joe Carr가 2005년 5월 28일 바그다드 주재 크리스천 피스메이커 팀Christian Peacemakers Team의 일원으로 바그다드에 도착했을 때, 그는 팔레스타인에서 겪었던 고통과 비슷한 경험을 했다. 보안보다는 단지 괴롭히기 위해 몇 안 되는 출입구에서 수 시간씩 기다리게 하는 일, "검문소 때문에 식량 가격이 급등한" 황폐한 도시에서 정기적으로 발생하는 농산물 파괴 행위, 의료 처치가 필요한 사람들을 이송하는 구급차를 차단하는 행위 및 기타 형태의 무작위적인 폭력 등이 그것이다. 미국은 "그 지역 전체를 초토화시켰고, 건물 세 채 중 한 채가 파괴되거나 손상되었다". 입원 치료가 가능한 병원 한 곳은 공격에서 살아남았다. 하지만 미군이 접근을 제한했기 때문에 팔루자와 시골 지역에서 많은 사망자가 발생했다. 집이 파괴된 가구 중 약 4분의 1만이 보상을 받았다. 그마저도 보통 재건축에 필요한 자재 비용의 절반에도 미치지 못하는 금액이었다.[37]

이라크에서 자행된 일에 대한 완전하고도 의미 있는 설명은 지금까지도 없었고, 앞으로도 없을 가능성이 높다. 현재 우리가 가지고 있는 정보는, 첼시 매닝Chelsea Manning이 2007년 영웅적으로 폭로한 영상처럼, 종종 불법 유출된 것이다. 해당 영상에는 미군 헬기 조종사들이 로이터Reuters 특파원 두 명을 포함한 민간인들을 향해 총을 쏘며 (그리고 죽이며) 웃고 있는 모습이 담겨 있었다. 일부 비극은 사고였다고 할 수 있지만, 민간인 피해를 거의 고려하지 않는 자들이 무력을 사용할 때 불가피하게 발생하는 그런 종류의 사고였다.[38] 일부는 고의적이었다. 그러나 무엇보다도, 전쟁 자체가 궁극적으로 범죄였다.[39]

명분과 현실

부시 행정부가 내세운 전쟁의 정당성은 관료와 언론이 끝없이 반복한 거짓말에 근거한 것이었다. 정부는 이라크를 즉시 침공하지 않으면 곧 뉴욕 상공에 "버섯 구름"이 피어오를 것이라고 미국 국민을 공포에 몰아넣었다. 터무니없는 거짓말이 계속 이어졌다. 대표적으로 딕 체니Dick Cheney는 "사담 후세인이 대량살상무기를 보유하고 있다는 것은 의심의 여지가 없다."고 주장하며, "그가 우리의 우방, 동맹국 그리고 우리를 상대로 사용하기 위해 무기를 축적하고 있는 것이 분명하다."고 말했다. 사실 체니도 잘 알고 있듯이(당시에 많은 정직한 관리들도 인정했다) 그 주장은 **의심**을 불러일으켰을 뿐만 아니라, 그 주장을 믿을 만한 타당한 이유도 없었다.[40]

직접적인 정보를 접했던 인사들은 이러한 터무니없는 사실 왜곡에 경악을 금치 못했다. 앤서니 지니Anthony Zinni 장군은 다음과 같이 회상했다. "완전히 충격이었다. 부통령이 이런 말을 했다는 게 믿어지지 않았다. CIA와 함께 이라크 대량살상무기 문제를 다루면서, 랭글리(CIA 본부가 위치한 버지니아의 도시－옮긴이)에서 들은 모든 브리핑을 통틀어도 현재 대량살상무기 프로그램이 진행 중이라고 믿을 만한 증거는 단 한 번도 본 적이 없다." 영국 MI6의 책임자는 논란이 된 메모에서 "정책에 꿰맞추려 사실관계가 왜곡되고 있었다."고 지적했다. 부시 행정부의 대테러 조정관인 리처드 클라크Richard Clarke는 이렇게 말했다. "처음부터 우리의 침공은 불가피한 것처럼 보였다. … 그것은 **집**

착이었고, 확고한 신념이었으며, 모두가 당연하게 여긴 생각이었고, 이미 내려진 결정이었다. 그리고 어떠한 사실이나 사건으로도 뒤집을 수 없었다."[41]

후세인의 대량살상무기 보유에 대해 알려진 사실 중 여러 가지 잘못된 진술이 있었다.[42] 예를 들어, 부시는 공개적으로 이렇게 주장했다. "국제원자력기구에서 … 나온 보고서에 따르면, 그들[이라크]이 무기를 개발하기까지 6개월밖에 남지 않았다고 한다. 더 이상 어떤 증거가 필요한지 모르겠다." 그러나 국제원자력기구 자체도 확인했듯이 그런 보고서는 없었다. 콜린 파월 국무부 장관은 불과 2년 전에 후세인이 "대량살상무기와 관련해 어떠한 유의미한 능력도 개발하지 못했다"고 언급하며, "이웃 국가들에 재래식 무력을 행사할 능력이 없다"고 주장한 바 있다. 콘돌리자 라이스Condoleezza Rice 국가안보 보좌관도 2001년 4월 "우리는 그가 무기를 가지지 못하도록 막을 수 있으며, 그의 군대는 재건되지 않았다."고 말했다. 같은 해에 나온 CIA 보고서는 이렇게 결론지었다. "[걸프전] 이후 기간 동안 이라크가 대량살상무기 프로그램을 재구성했다는 직접적인 증거는 없다."[43]

부시, 체니, 파월, 라이스를 비롯한 관계자들은 전쟁의 필요성을 국민에게 납득시키기 위해 수백 건의 거짓말을 했다. 한 의회 보고서에 따르면, 당시 알려진 사실과 어긋나 "오해의 소지가 있는" 발언이 237건에 달했다고 한다. 사실에 대한 신중한 검토를 방해하기 위해, 그들은 이라크의 위협이 "너무나 급박하여" 더 이상 논의할 시간이 없다고 주장했다. 이라크는 "미국에 대한 중대한 위협"일 뿐 아니라, 실제로 "모든 미국인에게 위협"이 된다는 것이었다. 이 모든 발언은 미국 국민에게 공포와 공황을 불러일으키고, 행정부의 전쟁 추진에 의문을 제기하는 모든 사람을 위험하고 비애국적인 인물로 몰아가기 위한 계산된 전략이었다. 행정부의 주장을 검증하기 위해 시간을 소비하는 것은 인간의 생명을 담보로 무책임한 도박을 하는 것으로 간주되었다. 럼즈펠드는 "대량살상무기를 동반한 또 다른 9·11 가능성"을 언급했다. 2002년 11월, 그는 "사담 후세인이 대량살상무기를 확보해 이를 사용하거나 혹은 알카에다에 넘겨주면 10만 명이 사망할 수도 있다."고 경고했다.[44]

이라크가 9·11 테러에 연루되지 않았다는 사실을 잘 알면서도, 부시와 일부 인사들은 정당한 명분이 결여된 전쟁에 대한 지지를 이끌어내기 위해 미국 국민으로 하여금 알카에다와 후세인의 연관성을 믿도록 유도했다. 행정부 관리들은 연설에서 '알카에다'와 '사담 후세인'이라는 이름을 끊임없이 함께 언급했지만, 후세인이 실제로 9·11 공격을 계획했다고 직접적으로 주장하지 않도록 조심했다(이는 사실이 아닌 것으로 이미 알려져 있기 때문이다). 심지어 국방부는 알카에다와 후세인 사이의 연관성이 없다는 여러 정보기관들의 일치된 판단과는 배치되는 '대안 정보 평가alternative intelligence assessments'(기존 정보 평가와는 다른 관점이나 방법을 통해 정보를 분석, 평가하는 방식-옮긴이)를 만들어내기도 했다. 체니 부통령은 "알카에다와 이라크 정부 사이에 연결고리가 있다는 압도적인 증거가 있다."고 주장했지만, 실제로는 그 반대 증거가 압도적으로 많았다.[45]

부시 대통령은 훗날 자신이 9·11 테러에 대한 미국인의 분노를 사담 후세인에게 돌리려 했다는 지적에 대해 "나는 9·11과 사담 후세인 사이에 직접적인 연관성이 있다고 말한 적이 없습니다."라고 반박했다. 그러나 부시는 연관성을 강하게, 그리고 반복적으로 암시했다. 이라크에 대한 무력 사용 승인을 요청하면서 부시 대통령은 의회에 다음과 같이 말했다. "이라크에 대한 무력 사용은 2001년 9월 11일 발생한 테러를 계획, 승인, 실행 또는 지원한 국가, 조직 혹은 개인을 포함한 국제 테러리스트 혹은 테러 조직에 맞서 필요한 조치를 지속적으로 취하고 있는 미국 및 다른 국가들의 입장과 일치되는 행보입니다." 부시는 또한 이라크에서의 승리를 선언하면서 ('임무 완수' 연설에서) "2001년 9월 11일에 시작된 테러와의 전쟁"의 일환으로 마침내 "알카에다의 동맹을 제거했다"고 말했다.[46]

좀 더 솔직한 매파들은 이것이 순전히 거짓말이라고 노골적으로 인정했다. 케네스 폴락은 2002년에 발표한 사실상 전쟁 옹호 선언문이라 할 그의 저서 《위협적인 폭풍: 이라크 침공이 필요한 논거The Threatening Storm: The Case for Invading Iraq》에서 독자들에게 침공 명분이 알카에다를 막는 데 있었다고 생각하지 말라고 당부하며, 정보 분석에 따르면 "이라크는 2001년 9월 11일의 테러 공격과 관련이 없다고 한다."고 밝혔다. 무엇보다 후세인은 "뜻하지 않게 미국과 전쟁에 휘말릴 수 있다는 점을 우려해 대체로 알카에다를 멀리했다".[47]

'알카에다와의 연계'라는 침공 명분은 아들 부시가 9·11 테러 이전, 즉 정부가 알카에다에 대해 아무런 관심을 기울이지 않던 (이 점은 9·11 테러를 촉진시킨 과실이다) 시기부터 이라크와의 전쟁을 계획하기 시작했다는 사실로 인해 더욱 의심을 사게 되었다. 당시 부시 행정부에서 재무부 장관을 지낸 폴 오닐Paul O'neil은 2001년 초 내각회의에서 정부가 이라크 침공과 후세인 퇴진을 논의했다고 확인했다. "회의는 전쟁 실행 명분을 찾는 것이 핵심이었죠. 그런 분위기였어요. 대통령은 '가서 방법을 좀 찾아보세요.'라고 말했습니다."라고 회고했다. 오닐은 9·11 이전의 문서, 예컨대 "사담 후세인 이후의 이라크 계획"과 "이라크 유전 계약을 원하는 해외투자자"라는 제목의 국방부 문서도 공개했다. 실제로 1998년, 훗날 부시 행정부에서 활동하게 될 다수의 인사가 미국은 "사담 정권을 권좌에서 제거하기 위한 전략을 [실행]해야 한다"는 신념을 공개적으로 밝힌 바 있다.[48]

일단 침공이 시작되자, 사담 후세인이 미국을 위협한다는 생각은 금세 우스꽝스럽게 느껴졌다. 그의 군대는 속절없이 무너졌고, 도망치던 후세인은 곧 농장의 작은 '거미 구멍' 속에 숨어버렸다. 이라크가 미국에 위협이 된다는 생각은, 한때 로널드 레이건이 니카라과를 미국 국가안보에 대한 위협으로 묘사했을 때만큼이나 어처구니없는 것이었다. 사실 이라크는 그저 무너지고 있는 빈곤한 나라였을 뿐이었다. 그러나 역사는 이런 교훈을 준다. 미국의 개입은 그렇지 않아도 최악인 상황을 더욱 악화시킬 수 있다.

전쟁의 핵심 논거가 터무니없음이 드러나자, 명분은 전환되었다. 갑자기 정부는 이라크 침공의 이유가 대량살상무기를 찾는 것이 아니라 (후세인의 무장해제는 당시 "해결해야 할 단 하나의 문제"로 불렸음에도 불구하고) 이라크에 민주주의의 축복을 가져다주려는 우리의 열망 때문이라고 주장하기 시작했다. 중동 학자 오거스터스 리처드 노턴Augustus Richard Norton은 다음과 같이 말했다. "부시 행정부는 이라크의 민주화를 점점 더 강조했고, 학자들은 이러한 민주화 강조 시류에 편승했다."[49]

이라크인들은 이 주장을 믿지 않았다. 갤럽의 여론조사에 따르면, 이라크 침공의 목표가 "이라크 국민을 돕는 것"이라고 믿는 사람은 5퍼센트에 불과했으며, 대부분은 침공 목적이 이라크의 자원을 장악하고 중동을 미국과 이스라엘의 이익에 부합하도록 재편하는 데 있다고 생각했다. 2004년에 이르자 대다수가 미군을 '해방군'이 아닌 '점령군'으로 인식했다. 종파와 배경을 막론하고 이라크인들은 초기부터 점령을 원하지 않는다는 뜻을 분명히 했고, 여론조사에서도 미국이 떠나기를 원한다는 의견이 일관되게 다수로 나타났다. (2020년 이라크 의회가 미군 철수를 의결하자, 도널드 트럼프는 제재를 가하겠다는 위협으로 대응했다. 이것이 바로 미국이 이라크의 민주주의를 존중하는 방식이다.)[50]

이렇게 갑자기 이타적인 목적을 발견했다는 주장을 의심할 이유는 충분했다. 첫째, 가장 분명한 사실은 미국은 독재자로부터 사람들을 해방시키는 데 관심을 가져본 적이 없었고, 오히려 우호적인 독재자를 강력하게 지지해왔다는 사실이다. 주요 질문은 항상 독재자들이 국내적으로 억압적인지보다는 그들이 미국의 '역내 이익'에 부합하는지였다. 이라크는 쿠르드족과 이란인에 대한 범죄를 미국의 지원을 받는 동안 저질렀다. 이러한 잔학 행위를 방조한 미국이 왜 갑자기 가해자 처벌에 관심을 갖게 됐는지에 대한 설명도 없었고, 후세인의 대량 학살을 도운 미국 관리들에게 책임을 묻겠다는 말도 없었다. 후세인이 계속 미국에 협조적이었다면 그의 잔혹성은 사우디 왕실, 수하르토, 피노체트, 이란 국왕과 같은 독재자들과 마찬가지 방식으로 취급되었을 것이다. 즉, 미국이 이 나라들의 인권침해에 대해 공식적으로 불만을 표명하는 경우도 가끔은 있겠지만, 그러한 인권침해가 계속되도록 지원을 계속했을 것이란 말이다.

사실 부시 행정부가 인도주의적 동기를 가지고 있었는지에 대한 질문은 협조적인 독재자들에 대한 태도를 살펴보면 해답을 알 수 있다. 예를 들어, 2005년 《뉴욕 타임스》는 다음과 같이 보도했다. 우즈베키스탄은 후세인에 버금가는 끔찍한 독재자가 통치하고 있었지만 미국은 그를 따뜻하게 포용했다고 보도했다. 9·11 테러 이전, 미 국무부는 수감자를 삶아 죽이는 등 극악무도한 고문에 대한 설명으로 가득 찬 〈공포의 서사시litany of horrors〉라는 보고서를 발표했었다. 그러나 "9·11 테러 직후" 부시는 "우즈베키스탄을 세계 테러와의 전쟁 파트너로 선택하며" 국경 통제 및 기타 보안 조치를 위해 "5억 달러 이상을 제공"했다. 끔찍한 인권 기록에도 불구하고 우즈베키스탄을 침공할 생각은 하지 않았다. 실제로 《뉴욕 타임스》는 "우즈베키스탄의 자국민 수감자 처우가 전 세계로부터 계속 질타를 받고 있는 가운데서도 미국은 테러 용의자들을 우즈베키스탄으로 보내 구금과 심문을 하게 했다는 증거가 늘어나고 있다."고 지적했다.[51]

미국의 전쟁 기획자들이 이라크 국민의 이해관계를 최우선 순위에 두었더라면(혹은 최우선은 아니더라도 높은 순위에 두었더라면), 전쟁 이전부터 제기된 전쟁이 초래할 인도주의적 재앙에 대한 경고에 더 많은 주의를 기울였을 것이다. 1990년부터 2003년까지 지속된 파괴적인 제재로 인해 이라크 국민들이 생존의 위기에 처하자, 국제 구호 및 의료 기관들은 전쟁이 인도주의적 재앙으로 이어질 수 있음을 예견했다. 전쟁이 시작되기 직전인 2003년, 스위스 정부는 30개국이 모인 회의를 주최하여 앞으로 일어날 수 있는 상황에 미리 대비하고자 했다. 미국만 참석을 거부했다. 미국을 제외한 4개 안전보장이사회 상임이사국을 포함한 참가국들은 "인도주의적으로 치명적인 결과를 초래할 것"이라고 경고했다. 국방부 차관보를 역임한 케네스 베이컨Kenneth Bacon 워싱턴 소재 국제난민기구Refugees International 대표는 "전쟁으로 엄청난 난민 유입과 공중보건 위기를 초래할 것"이라고 예측했다. 한편, 전후戰後 이라크에 대한 미국의 인도적 구호 계획은 국제 구호 기관들로부터 "세부 사항이 결여되어 있고, 예산이 턱없이 부족하며, 군대가 지나치게 통제하고 있다"는 비판을 받았다. 유엔 관리들은 "전쟁을 계획하는 사람들에게 전쟁이 어떤 결과를 초래할 수 있는지에 대한 경고를 전달하고자 했으나 [미국 정부는] 크게 관심을 두지 않았다"고 불평했다.[52]

미국이 이라크에 민주주의를 가져오는 데 크게 관심이 없었다는 마지막 증거는 미국이 일관되게 이라크에 민주주의가 도입되는 것을 막으려 시도했다는 점이다. 실제로 미국은 이라크의 주권을 이라크인에게 이양하는 것을 거부했다. 콜린 파월은 이라크를 유엔이 통치하도록 하자는 아이디어를 거부하면서 다음과 같이 말했다. "우리가 이 엄청난 부담을 연합국들과 함께 떠안았는데, 이제 와서 이라크 미래에 대해 지배적 통제권을 가질 수 없게 된다면 이는 공정하지 않다." (부시 자신도 이라크가 결국 자체 지도자를 선출하게 되었을 때, "이라크 해방을 위해 희생한 미국 국민에게 기꺼이 감사할 줄 아는 사람"이 선출되길 원한다고 말했다.) 조지 H. W. 부시의 보좌관이었던 브렌트 스코크로프트 Brent Scowcroft는 이런 점을 궁금해했다. "이라크에서 처음으로 선거를 치렀는데 급진파가 승리하면 어떻게 될까? 우리는 어떻게 할 것인가? 우리는 분명히 그들이 정권을 장악하도록 내버려 두지 않을 것이다."[53]

2003년 6월, 《뉴욕 타임스》는 폴 브레머가 나자프에서 실시될 예정이던 이라크 최초의 지방선거를 취소했다고 보도했다. 그 이유는 '거부주의자'와 '극단주의자', 즉 이라크에 대한 미국의 점령을 반대하는 세력이 승리할 가능성이 높았기 때문이라고 밝혔다. 그 후 미 해병대는 "이 지역의 잘 알려지지 않은 어느 지역 정당 사무실을 급습해 당원 네 명을 체포하고 나흘간 구금했다". 이유는 이들이 "새로 선포된 브레머의 칙령을 위반했기 때문인데, 이 칙령은 이라크 점령군에 대한 폭력 선동 행위를 불법으로 규정하고 있었다". 점령군에 대한 폭력적 저항을 옹호하는 사람에게는 민주주의가 허락되지 않는 모양이다. 《뉴욕 타임스》는 수백 명의 이라크인들이 선거 취소에 항의하기 위해 거리로 쏟아져 나왔다고 보도하며, "선거에서 승리할 것으로 예상한" 한 남성을 인용해 선거가 없어지면 미국인들은 더 폭력적인 저항에 직면할 것이라고 보도했다. ("그들이 우리에게 자유를 주지 않는다면 우리가 어떻게 해야 합니까?")[54]

만약 공식적인 명분이 모두 명백한 선전에 불과한 것이었고, 침공 당시에도 온전히 거짓에 불과했다면, 사람들은 전쟁의 진정한 이유가 무엇인지 의문을 가질 것이다.

이라크인들은 전쟁이 분명 석유 때문이라고 생각했다. 석유는 전 세계 전쟁의 주요 원인이며, 미국 정책 입안자들은 세계 석유 공급에 대한 통제권을 경쟁 강대국에 넘겨주는 것에 강한 거부감을 숨기지 않는다. 에너지원의 통제는 미국의 경제 및 군사력의 원동력이자 세계를 지배하는 지렛대를 제공한다. 이것이 바로 지미 카터의 '카터 독트린'의 근거였다. "페르시아만 지역을 장악하려는 외부 세력의 시도는 미국의 핵심 이익에 대한 공격으로 간주될 것이며, 그러한 공격은 군사력을 포함한 모든 수단을 동원해 격퇴될 것"이라는 내용이 이 독트린의 핵심이다.[55]

조지 H. W. 부시는 1차 걸프전을 설명하면서 전쟁의 명분으로 석유를 내세우는 데 주저하지 않았다. "세계의 막대한 석유 매장량이 사담 후세인의 손에 넘어가면 우리의 일자리, 삶의 방식, 우리의 자유와 전 세계 우방국들의 자유가 모두 타격을 입게 될 것"이라고 주장하며, "우리는 그토록 중요한 자원을 무자비한 자가 지배하는 것을 허용할 수 없고 또한 그렇게 하지도 않을 것이다."라고 부시는 단언했다. 존 애비제이드John Abizaid 전 중부사령부 사령관은 미국의 중동 개입 전반에 대해 "물론 석유 때문이며, 석유가 매우 중요한 요소라는 점을 부정할 수 없다"고 말했다. 실제로 이라크의 주요 수출품이 토마토와 아스파라거스였다면 사담 후세인의 지역 내 영향력에 대한 미국의 우려는 훨씬 덜했을 것이다. 아들 부시 대통령 시절 국무부 정책기획국장을 역임한 리처드 하스Richard Haass는 "이 지역이 이토록 중요한 이유는 [석유와 가스] 자원과 이 자원이 세계경제에 미치는 영향력에서 비롯된 것"이라며, "석유와 그 중요성이 없었다면 이 지역의 전략적 가치는 훨씬 떨어질 것이다."라고 주장했다.[56]

아들 부시 행정부 관리들은 에너지 공급 통제권 확보에 대한 아버지 부시 대통령의 우려와 동일한 우려를 가지고 있었다는 사실을 부인했다. 럼즈펠드는 이 전쟁이 "말 그대로 석유와는 아무런 관련이 없다"고 말했고, 부시의 연설 비서관 데이비드 프럼David Frum은 "미국은 원유 때문에 이라크에서 싸우는 것이 아니다."라고 강조했다.[57] 그러나 케네스 폴락은 후세인이 대량살상무기를 휘두르는 것을 허용할 수 없었던 결정적인 이유 가운데 하나는 그가 "이라크 국익을 위해" 그 힘을 사용할 것이며, 그렇게 되면 미국 등 각국의 양보를 얻기 위해 "필요한 경우 원유 수출을 줄이거나 심지어 완전히 끊을 수도" 있다는 점이라고 설명했다.[58]

럼즈펠드와 울포위츠, 그리고 많은 신보수주의자들은 1998년 클린턴 대통령에게 이라크의 정권 교체를 요구하는 서한을 보냈다. 그들은 "만약 사담 후세인이 대량살상무기 투발 수단을 획득한다면 … 이 지역에 주둔하는 미군, 이스라엘과 온건 아랍 국가 등 우리의 우방과 동맹국의 안전, 세계 석유 공급의 상당 부분이 모두 위험에 처할 것"이라고 경고했다. 오바마 정부에서 국방부 장관을 지낸 척 헤이글Chuck Hagel 공화당 상원의원은 2007년 이라크 전쟁에 대해 이렇게 언급했다. "사람들은 우리가 석유를 위해 싸우는 것이 아니라고 말한다. 그러나 우리는 분명

석유 때문에 싸우고 있다. 사람들은 미국의 국익에 대해 말들을 많이 한다. 도대체 그게 뭘 의미한다고 생각하는가? 우리는 무화과를 얻기 위해 그곳에 간 것이 아니다." 앨런 그린스펀Alan Greenspan 전 연방준비제도이사회 의장 역시 비슷하게 "모두가 알고 있는 사실, 즉 이라크 전쟁이 석유 때문이라는 것을 인정하는 것이 정치적으로 불편하다는 점이 슬프다."고 말했다. 리처드 클라크는 행정부를 내부에서 관찰한 결과, 여러 가지 동기가 작용하고 있다고 믿지만 그중에서도 "대규모의 적대적인 군대를 제거함으로써 이스라엘의 전략적 위상을 개선함"과 동시에 "미국 시장을 위한 또 다른 우호적인 석유 공급원을 확보하여 사우디아라비아산 석유 의존도를 감소"시키는 것이 중요한 동기라고 말했다.[59]

그럼에도 불구하고 이라크 침공이 단지 '석유 때문'이라는 생각은 지나치게 단순화된 것이다. 부시에게는 이스라엘에 대한 후세인의 적대적인 태도 등 그를 축출해야 할 매력적인 이유가 많았다. 개인적인 동기가 지정학적 동기와 서로 얽힌 수도 있다. (예를 들어 베트남에서 유화적인 태도를 보일 경우, 정치적으로 거세당할 수 있다는 린든 존슨의 개인적 두려움 참조.) 침공에 앞서 부시는 이렇게 말했다.

> 위대한 지도자로 인정받기 위한 열쇠 중 하나는 군 통수권자로 인정받는 것이다. [쿠웨이트에서] 이라크군을 몰아냈을 때, 아버지는 많은 정치적 자산을 쌓았지만 그것을 낭비해버렸다. 나에게 이라크 침공의 기회가 주어진다면, 그래서 그 정도의 자산

> 이 쌓인다면, 나는 그것을 낭비하지 않을 것이다. 내가 통과시키고 싶은 법안을 모두 통과시키고 성공적인 대통령 임기를 보낼 것이다.[60]

아들 부시는 성공적인 대통령의 열쇠는 성공적인 전쟁이라고 생각했을 가능성이 크다. 그의 전 언론 비서관은 부시가 "전시 대통령만이 위대한 업적을 이룰 수 있다."고 말하는 것을 들었다고 밝혔다.[61]

부시가 이라크를 침공한 데에는 여러 가지 합리적인 이유가 있었지만, 그중 어느 것도 발표된 명분과는 관련이 없었다. 전쟁은 국내 현안으로부터 국민의 주의를 분산시킨다. 당시 공화당의 국내 정책은 매우 인기가 없었다. 전쟁에 대한 유엔의 지지가 부족한 것조차도 단점이 아니라 오히려 자산이었다. 이유는 국제법을 위반하고도 아무런 불이익도 받지 않음으로써, 부시 행정부는 미국의 무력 사용을 제한할 수 있도록 위임받은 유일한 기관의 권한을 약화시킬 수 있었기 때문이다. 레이건 정부의 국방부 차관보를 지냈으며 부시 행정부의 보좌관을 역임한 리처드 펄Richard Perle은 《가디언》에 기고한 글에서 후세인 몰락이 가져올 긍정적 부수 효과는 "후세인과 함께 유엔도 무너질 것"이라는 점이며, "유엔이 새로운 세계 질서의 토대라는 환상도 함께 사라질 것"이라고 주장했다. 이번 침공은 "국제기구가 집행하는 국제법을 통해 안전을 도모할 수 있다는 자유주의적 자만심"을 종식시킬 것이다. (유엔이 정한 규칙을 준수하면 안전할 것이라는 믿음이 더 이상 유효하지 않게 될 것이라는 의미 – 옮긴이) 이러한 기관들은 미국을 저지할 힘이 없다는 사실이 드러날 것이다. 하버드 대학교 중동사中東史 교수 로저 오언Roger Owen은 미국이 이라크를 공격한 이유를 설명하면서 다음과 같이 지적했다. "시범적인 성격의 조치"는 다른 나라에게 조심하라는 경고가 되며, 그러지 않을 경우 대가를 치를 것이라는 교훈을 남길 것이다. 펄은 이렇게 말했다. "탈레반을 파괴하고, 사담 후세인 정권을 무너뜨림으로써 다른 나라에 보내는 메시지는 '다음은 당신들 차례'라는 것이다."[62]

앤서니 지니 전 중부사령부 사령관은 신보수주의자들의 전쟁 추진 동기에 대해 개인적인 의견을 밝히면서 사실에 부합하는 설명을 제시한다. 그는 "신보수주의자들은 이라크에서 무슨 일이 일어났는지, 그 여파가 무엇인지 전혀 상관하지 않았다."고 지적했다. 그들의 태도는 이랬다. "우리가 우리 힘을 행사"하겠다는데 "무슨 상관이야?". 즉, 여기에는 '이상주의'가 필요 없으며, 순수한 마피아식 사고만 필요하다는 인식이다. 이라크인들의 목숨은 무의미하다는 태도이자 미국의 힘이 성공적으로 행사되었는지 여부만 중요할 뿐이라는 오만이다.[63]

이라크는 미국의 침공으로 황폐화되었고, 그 결과 촉발된 종족 갈등은 나라 전체는 물론 주변 지역까지 분열시켰다. 2004년, 한 이라크 블로거는 "당신들은 전쟁과 점령의 대가를 똑똑히 봐야 한다."라는 글을 썼다. "언론은 미국인의 감정에 상처를 주고 싶지 않아서 이미 죽은 사람들, 그리고 죽어가는 이들로 넘쳐나는 병원의 모습을 보여주지 않는다." 그 잿더미 속에서 악몽 같은 이슬람 국가Islamic State가 등장했고, 이들이 거의 나라를 장악할 뻔했다. 이 전쟁은 글로벌 '테러와의 전쟁'이라는 명분으로 시작되었지만, 실제로는 서방 국가들을 그 어느 때보다 테러에 취약하게 만들었다. 인명과 자원 측면에서 대가는 막대했다.[64]

하지만 금세기 최악의 범죄에 책임이 있는 이들이 기소되거나 처벌된 적은 없다. 미국 내 담론에서도 기소나 처벌이 언급된 적은 없다. 실제로 2021년, 《워싱턴 포스트》의 스타일 프로필 면(인물 심층 취재기사 면-옮긴이)에는 부시가 "미셸 오바마와 함께 사탕을 나누어 먹거나 엘런 디제너러스Ellen DeGeneres와 함께 댈러스 카우보이스(미국 프로 미식축구팀-옮긴이) 경기를 관람하는 모습"이 공개적으로 목격되었다는 기사가 실렸다. 부시는 은퇴 후에 그림을 그리기 시작했으며, 직접 그린 군인 초상화를 모아 《용기의 초상: 미군 전사들에 대한 군 통수권자의 헌정 Portraits of Courage: A Commander in Chief's Tribute to America's Warriors》 화보집을 출간했다. 이 책은 《뉴요커The New Yorker》에서 "놀랍도록 호감 가는", "정직하게 관찰된", "충격적으로 수준 높은" 작품이라는 호평을 받았다. 트럼프 대통령 시절, 일부 민주당 인사들은 부시 전 대통령을 더 친근하고 온건한 공화당 출신 정치인이라고 평가하며, 그의 재임 기간을 호의적으로 회고하기도 했다. 민주당의 해리 리드Harry Reid 상원의원은 "나는 어느 정도의 향수와 애정을 가지고 부시 전 대통령을 회상한다. 내가 그런 감정을 가지게 될 줄 정말 몰랐다."고 말했다.[65]

이런 점이야말로 미국 미디어의 충격적인 면을 단적으로 보여준다. 한 사람이 50만 명이 넘는 사망자를 발생시키고도 그의 그림은 화려하게 소개되는 반면, 사망자는 언급도 되지 않는 그런 면. 조지 W. 부시는 의도적으로 전쟁에 대한 거짓 명분을 제시하고, 한 나라 전체를 파괴했으며, 중대한 국제범죄를 저질렀다. 그는 사람들을 고문하고 때로는 죽음에 이르게 했다. 그러나 그의 대중적 이미지는 이제 민주당 인사들에게조차 향수를 불러일으키는 어리숙한 할아버지의 이미지가 되었다.

부시로 인해 희생된 사람들의 생각은 물론 다르다. 전쟁에서 아들 케이시를 잃고 전쟁 반대 캠페인을 벌였던 신디 시핸Cindy Sheehan은 《워싱턴 포스트》와의 인터뷰에서 이렇게 말했다. “부시는 엘런 디제너러스 같은 사람 옆에 앉아 있을 자격이 없다고 생각해요. 그러면 부시가 좋은 사람처럼 보일 수 있잖아요. 나는 그가 이미지 회복이나 이미지 세탁을 할 자격이 없는 사람이라고 생각해요. 그는 감옥에 있어야 합니다.” 부시 대통령에게 신발을 던진 이라크 언론인 문타다르 알자이디Muntadhar al-Zaidi는 “그의 거짓말, 우리 나라 점령과 우리 국민 살해에 대한 항의의 표시로 그렇게 했다.”고 말했다.[66]

전쟁을 설계한 핵심 인물들은 부유하고 안락한 삶을 누리고 있다. 도널드 럼즈펠드는 2007년 공직을 떠난 후, “럼즈펠드 재단을 설립하여 해외의 자유로운 정치 및 경제 시스템 성장을 지원하기 위한 연구 펠로십과 보조금을 제공하며 공공 서비스를 장려하는 활동을 했다”. 콜린 파월은 “시민 및 글로벌 리더십 학교School for Civic and Global Leadership(콜린 파월의 모교인 CCNY 내부속 교육기관 – 옮긴이)의 비상근 이사회 의장을 역임했다”. 그리고 폴 브레머는 버몬트에서 스키 강사가 되었다. 딕 체니는 폭동

(2021년 1월 6일 발생한 미 국회의사당 공격 사건–옮긴이) 추념일인 1월 6일 국회의사당을 방문했을 때 민주당 의원들의 따뜻한 환영을 받았다. 그리고 조지 W. 부시는 외국 지도자, 군인, 강아지 그림을 그린다. 국제법을 위반한 사람들에 대해 법적 책임을 물으려는 주류의 노력은 전혀 없었다.[67]

거기에 더해, 2022년 해군은 침공 과정에서 벌어진 가장 끔찍한 범죄 중 하나를 기념하기 위해 새로운 상륙함을 USS **팔루자**로 명명해 발표했다. 저널리스트 나빌 살라Nabil Salih는 여성과 어린이를 대량 학살한 "미국의 야만성은 거기에서 끝나지 않았다."며, "앞으로 수 세대에 걸쳐 어머니의 자궁에 영향을 미칠 백린으로 표백된 팔루자의 이름 또한 전쟁의 전리품"이 되었다는 글을 썼다.[68](미군이 팔루자에서 백린탄을 과도하게 사용하여 도시 전체가 마치 하얗게 표백된 듯했다. 이는 여성의 인체에 악영향을 끼쳤으며, 다음 세대에도 이어질 것으로 예상되는 상황에서 팔루자라는 도시명마저도 전리품처럼 군함의 이름으로 이용되었다는 의미–옮긴이)

조지 W. 부시는 이른바 '글로벌 테러와의 전쟁'을 벌였다. 이 전쟁은 명목상 해결하려던 바로 그 문제를 오히려 빠르게 악화시켰다. (테러와의 전쟁으로 오히려 테러가 급증했다는 의미–옮긴이) 부시 행정부에게 미국을 겨냥한 테러 위협을 줄이는 것은 진지한 우선순위가 아니었다. 테러 전문가인 피터 버건Peter Bergen과 폴 크루익생크Paul Cruickshank는 준準공식 데이터를 분석한 결과, '이라크 효과'(이라크 침공의 결과)로 인해 테러가 7배 증가했다는 사실을 발견했다. 미국은 테러에 테러로 맞대응하면서 지하디스트jihadist(이슬람 무장투쟁 세력－옮긴이)들에게 엄청난 신병 모집 도구를 제공한 셈이다. CIA조차도 이라크 점령이 "지하디스트들의 영웅적인 대의명분이 되었으며, 아울러 지하드 세력에게 무슬림 세계에 대한 미국의 개입에 깊은 분노를 불러일으키며 전 세계 지하드 운동의 지지층을 키우는 결과를 초래했다"고 결론 내렸다. 빈 라덴은 9·11 테러를 통해 이보다 더 좋은 결과를 기대하기 어려웠을 것이다. 카터 머케이지안은 "미국을 아프가니스탄으로 끌어들이려 했던 빈 라덴의 꿈이 실현되었다."고 지적한다.[69]

'글로벌 테러와의 전쟁' 기간 동안 무슬림 개인이 미국 민간인을 대상으로 폭력적인 공격을 감행했을 때, 그 공격의 이유로 거의 예외 없이 전쟁에서 미국이 자행한 행위가 언급되었다. J. M. 버거J. M. Berger는 지하디스트가 된 수십 명의 미국계 무슬림을 조명한 저서 《지하드 조Jihad Joe》에서 근본주의 이슬람은 흔히 "서구 사회를 엄격하고 때로는 잔인한 샤리아(이슬람 율법 체계－옮긴이) 해석에 따라 통치되는 범세계적 이슬람 국가로 흡수하려는 의도"와 연관되어 있다고 인식되지만, 이러한 동기는 사실상 "급진화 문제와는 거의 무관"하며, 급진화는 오히려 "거의 항상" 무슬림들이 공격을 받고 있다는 절박한 느낌에서 비롯된다고 지적한다.[70]

9·11 당시 오사마 빈 라덴은 아프가니스탄과 파키스탄 국경의 작은 지역에 있었다. '테러와의 전쟁' 덕분에 테러리즘은 전 세계로 확산되었다.

5장

미국, 이스라엘 그리고 팔레스타인

이 장은 2023년 10월 7일 공격(2023년 10월 7일 하마스Hamas가 가자지구에서 이스라엘을 공격했다–옮긴이)이 일어나기 전인 연초에 완성되었다. 안타깝게도 촘스키 교수는 건강상의 이유로 가장 최근의 전쟁을 반영하기 위한 작업을 함께할 수 없었다. 나는 이 장을 우리가 완성한 당시 글 그대로 두기로 결정했고, 10월 7일 이후를 다룬 부분은 따로 후기를 써서 추가했다. 2023년 초 시점의 분석을 보면, 이스라엘에 대한 하마스의 공격과 그에 따른 이스라엘의 가자지구 전쟁에 대한 중요한 배경을 알 수 있다. 촘스키는 한 노인이 들고 있던 플래카드의 다음과 같은 문구를 인용한 적이 있다. “너희는 내 물을 빼앗고, 내 올리브 나무를 불태우고, 내 집을 파괴하고, 내 일자리를 빼앗고, 내 땅을 훔치고, 내 아버지를 감옥에 가두고, 내 어머니를 죽이고, 내 나라를 폭격하고, 우리 모두를 굶기고, 우리 모두를 모욕했다. 하지만 내가 로켓을 쏘자, 비난받는 쪽은 오히려 나였다.” 이 장에서는 시온주의 초기부터 2018년 평화 시위대에 대한 총격에 이르기까지 팔레스타인인들의 분노와 저항을 불

> 러일으킨 몇 가지 사건을 되짚어본다. 또한 미국이 어떤 방식으로 평화를 가로막았는지도 보여준다. 촘스키는 10월 7일 훨씬 이전부터 이스라엘 팔레스타인 분쟁에 대한 "문명적인 반응"은 다음과 같아야 한다고 주장해왔다. "미국과 이스라엘은 끝없이 이어진 무자비한 공격을 멈추고 경계선을 개방하며 재건을 지원해야 한다. 그리고 가능하다면 수십 년간의 폭력과 억압에 대한 배상을 제공해야 한다."[1]
>
> —네이선 J. 로빈슨

"워싱턴 DC가 무너진다 해도 마지막까지 남을 것은 이스라엘에 대한 우리의 지지일 것이다." 낸시 펠로시Nancy Pelosi는 2018년 이스라엘계 미국인 협의회 전국 회의Israel American Council National Conference에서 이렇게 말했다. 미국과 이스라엘의 긴밀한 관계는 자연스러운 일이다. 두 나라는 공식적으로 공통된 탄생 서사를 공유하고 있다. 박해를 피해 도망친 유럽인들이 누구의 손도 타지 않은 순수한 땅에 문명의 빛을 가져왔다는 이야기다. 로널드 레이건은 "미국과 이스라엘은 자유를 갈망하며, 조상의 꿈을 이루고자 하는 열망을 가진 이민자의 나라로서 비슷한 출발점을 공유하고 있다."고 말한 바 있다. 일부 미국인들은 이스라엘이 팔레스타인과 갈등을 겪는 상황을 미국 건국자들이 경험했던 원주민과의 '불편했던' 관계와 비슷한 상황으로 본다. 영국 국회의원이자 확고한 시온주의자인 리처드 크로스먼Richard Crossman은 시온주의는 "미국 정착민이 서부를 개발한 과정"과 "매우 흡사"하다고 말하며, 이로 인해 미국인들은 "팔레스타인에 거주하는 유대인 정착민은 일단 믿고 보는 반면, 아랍인은 진보의 행진 앞에서 밀려나야 할 원주민으로 간주하게 되었다"고 주장했다. 미국인들은 "처녀지를 개척하고 정복해 백인을 위한 땅으로 만든" 사람들이기에 "원주민과의 싸움"이 무엇을 수반하는지 "쓰라린 경험으로" 알고 있다.[2]

하지만 미국과 이스라엘의 관계는 영적인 것만큼이나 전략적인 관계이기도 하다. 중동은 오랫동안 세계에 값싼 에너지를 공급하는 공급원이었으며, 이 자원을 통제하는 국가는 세계 질서를 바로잡고 조직화하는 데 매우 강력한 역할을 할 수 있는 위치를 차지하게 된다. 1948년 전쟁에서 이스라엘의 군사적 성공에 깊은 인상을 받은 합동참모본부는 신생국가인 이스라엘을 튀르키예 다음가는 중동 지역의 주요 군사 강국으로 평가하면서, "이 지역에서 영국의 영향력 쇠퇴를 상쇄할 수 있는 전략적 이점"을 미국에게 제공하는 국가라는 역사학자 아비 슐라임Avi Shlaim의 말을 인용했다. 10년 후, 국가안전보장회의는 아랍 민족주의 성장을 억제하기 위한 "논리적 귀결"은 "[중동 지역에] 남은 유일하고도 강력한 친서방 세력인 이스라엘을 지원하는 것"이라고 결론 내렸다. 미·이스라엘 동맹은 1967년 이스라엘이 6일 전쟁에서 승리하며 세속적 아랍 민족주의(종교적 측면이 아닌 비종교적, 세속적 측면에서의 단결, 즉 민족이라는 공동체 의식과 정치적 목표를 중심으로 단결을 추구하는 정치이념-옮긴이)를 분쇄함으로써 미국에 크게 기여하면서 굳건해졌다.[3]

조 바이든은 미국이 "이 지역에서 [우리의] 이익을 보호하기 위해 이스라엘에 의존하고 있다"고 솔직하게 인정했다. 상원의 중동 및 석유 전문가였던 헨리 잭슨Henry Jackson은 이스라엘, 이란(국왕이 통치하던 시기), 사우디아라비아가 "그대로 두면 미국의 주요 석유 공급원에 심각한 위협이 될 수 있는 일부 아랍 국가 내 무책임하고 급진적인 세력을 억제하고 통제하고 있다"고 지적했다. 따라서 이스라엘의 행동이 미국의 목표에 부합하는 한, 이스라엘은 점령지 내 요충지를 확보하고, 부유한 산업 사회로 발전하는 데 필요한 외교적, 군사적, 경제적 지원을 받게 될 것이다.[4]

미국의 이스라엘에 대한 지원은 이스라엘의 행위가 '미국·이스라엘' 공동의 행위로 이해되어야 한다는 것을 의미한다. '이스라엘 범죄'라고 할 때, 이는 오해의 소지가 있는 표현이다. 실상은 미국·이스라엘 공동의 범죄이기 때문이다. 이스라엘의 모든 행위는 경제, 외교, 군사, 이념적 지원을 제공하는 미국의 암묵적인 또는 명시적인 승인 아래 이루어진다. 또한 미국 대통령은 자신이 원할 경우, 이스라엘 정책을 변경하고 이스라엘의 폭력을 억제할 수 있다. 미국이 이스라엘에 대해 이야기하는 경우, 중요한 의미에서 그것이 곧 미국 스스로에 대한 이야기임을 기억해야 한다. 미국이 이스라엘을 무장시키고 보호하는 한, 이스라엘의 행위에 대해 미국도 책임이 있다.

가자지구, 2022

나즈와 아부 하마다Najwa Abu Hamada는 다시는 아이를 가질 수 없다. 그녀의 외아들인 할릴Khalil은 다섯 번의 시험관 수정 실패를 포함하여 15년 동안 아이를 갖기 위해 노력한 끝에 간신히 임신에 성공해 얻은 아이였다. 2022년 8월, 할릴은 열아홉 살이었다. 그녀는 아들의 졸업을 손꼽아 기다리며, 곧 결혼도 하길 고대하고 있었다.[5]

할릴이 막 집을 나선 직후, 나즈와는 폭격 소리를 들었다. 당황한 그녀는 밖으로 뛰쳐나갔고, 아들의 가장 친한 친구의 시신을 발견했다. “몇 분 후 아들을 발견했어요.” 나즈와는 이렇게 회상했다. “아들은 피에 흠뻑 젖어 바닥에 쓰러져 있었어요. 저는 구급차를 불러달라고 비명을 질렀습니다.” 며칠이 지난 후에도, 나즈와는 임신을 위한 15년간의 노력과 19년간의 짧은 삶 끝에 할릴이 갑자기 영원히 떠났다는 사실을 믿을 수 없었다. “제겐 아들 말고는 아무도 없었어요.”라고 그녀는 말했다.

나즈와가 느끼는 고통을 상상하는 것은 견디기 힘든 일이다. 하지만 그 주週에 가자지구에서 자녀의 갑작스러운 죽음을 맞이한 부모는 나즈와뿐만이 아니었다. 이스라엘의 공습으로 숨진 수십 명 가운데 15명이 어린이였다. 이 공습은 폭력에 대한 대응이 아니라 ‘선제공격’이었다.

“숨진 아이들의 부모들과 저는 ‘우리 아이들, 우리 아이들!’이라고 외치며 밖으로 뛰쳐나갔습니다. 피로 흠뻑 젖은 아이들의 신체 일부가 흩어져 있었습니다.”라고 60세의 움 모하마드 알나이랍Umm Mohammad al-Nairab은 알자지라 영어 방송Al-Jazeera English Ahmed과의 인터뷰에서 말했다. 공습 당시 그녀의 손자들(아마드Ahmed 11세, 모아멘Moamen 5세)은 길 건너편 슈퍼마켓에 가던 길이었다.

미국에서는 이러한 참상이 보도될 때조차도, 대부분 정치적, 역사적 맥락없이 전달된다.[6] 테러리스트에 대한 선제공격이 필요하다는 이스라엘의 주장 외에는, 왜 나즈와가 아들의 죽음을 겪어야 했는지 미국 독자들이 이해할 수 있도록 돕는 정보는 거의 제공되지 않는다. 또한 미국의 살상 공모에 대한 논의도 찾아볼 수 없다. 여기서 공모란 이스라엘에 대한 지속적인 무기 공급(가자지구에 폭탄을 투하한 이스라엘 비행기는 모두 미국산이다[7]) 뿐만 아니라 이스라엘·팔레스타인 분쟁의 평화적 해결 가능성을 좌절시켜온 수십 년간의 정책을 의미한다.

한 세기에 걸친 분쟁의 기원

이스라엘은 신생국가이며, 그 탄생 배경은 현재의 분쟁을 이해하는 데 매우 중요하다.

팔레스타인에 유대인 국가를 세우려는 계획은 처음부터 근본적인 문제에 부딪혔다. 팔레스타인에는 이미 50만 명이 살고 있었던 것이다. 20세기 초 팔레스타인의 인구는 95퍼센트가 아랍인이었고 유대인은 소수에 불과했다. 팔레스타인 전역에 비유대인 토착민이 다수 존재한다는 불편한 현실로 인해 유대인 국가를 건설하고자 했던 초기 시온주의자들은 국가 수립의 꿈을 포기하거나, 소수민족으로서 통치하거나, 혹은 인종 청소 프로그램에 착수해야만 했다. 지난 20세기 초 팔레스타인의 인구구성은 시온주의자의 꿈을 실현하는 것이 폭력적이고 비민주적이며 인종차별적 사업이 될 수밖에 없음을 의미했다. (이것이 모든 초기 시온주의자가 유대인 국가 건설을 한목소리로 지지하지 않은 이유 중 하나다.) 파와즈 투르키Fawaz Turki는 저서 《상속받지 못한 자: 어느 팔레스타인 망명자의 일기The Disinherited: Journal of a Palestinian Exile》에서 이렇게 말했다. "이스라엘의 성취, 즉 '사막의 기적'에 감탄"하는 사람들 입장에서는 "그 화려함의 이면에 아무 이유 없이 고통받고, 고국에서 그 뿌리마저 뽑히고, 역사적으로 유대인과 조우해도 한 번도 그들을 핍박한 적이 없었지만, 남이 저지른 범죄의 대가를 치러야 했던 어떤 민족의 비극이 있다는 사실을 인정하기 어려울 수 있다."[8]

일부 초기 시온주의자들은 팔레스타인을 사실상 사람이 살지 않는 땅, 즉 "무인 지대"로 묘사하기도 했다. 식민화를 계획한 사람들이 가진 낭만적인 상상 속의 팔레스타인은 그저 유대인들이 이주하여 사막에 꽃을 피울 수 있는 인구밀도가 낮은 땅이었다. 초기 시온주의 지도자 모셰 스밀란스키Moshe Smilansky는 팔레스타인이 "구원자를 간절히 기다리는, 황량하고 대체로 방치된 땅"으로 이야기 속에 등장한다고 말했다. 동유럽 출신 유대인 수필가 아하드 하암Ahad Ha'Am은 1891년에 이런 글을 썼다. "해외에 있는 우리는 에레츠 이스라엘Eretz Yisrael[성경에서 정의한 이스라엘 영토로, 하나님이 야곱(이스라엘)에게 약속하신 땅 – 옮긴이]이 이제는 거의 완전히 황폐화되고 씨앗 하나 뿌려지지 않은 사막이라고 믿는 데 익숙하다."[9]

그러나 아하드 하암을 비롯한 일부 인사는 이것이 사실이 아니며, 실제로는 "나라 전역에서 경작되지 않은 밭을 찾기가 어렵다"는 것을 알고 있었다. 1905년 저명한 유대인 작가 힐렐 자이

틀린Hillel Zeitlin은 정착을 기획하던 시온주의자들은 "실수든 아니면 악의든 … 팔레스타인이 다른 사람의 소유이며, 이미 정착이 완료된 땅이라는 사실을 잊고 있다"고 비판했다. 같은 해, 히브리어 언어학자 이츠하크 엡스타인Yitzhak Epstein은 시온주의 지도자들이 한 가지 부차적인 사실, 즉, "우리가 사랑하는 땅에는 수 세기 동안 그곳에 거주해왔으며, 그곳을 떠날 생각을 한 번도 한 적이 없는 민족이 살고 있다는 '사실'을 간과했다"고 지적했다. 1899년, 예루살렘 시장 유수프 디야 알칼리디Yusuf Diya al-Khalidi는 테오도어 헤르츨Theodor Herzl(현대 시온주의 창시자. 유대인 국가 건설 이론을 정립하고, 정치적으로 추진한 인물—옮긴이)과 서신을 주고받으며 시온주의자들의 계획에 공감을 표했지만, 팔레스타인에는 "다른 사람들이 살고 있다"는 점이 이 계획의 문제라고 설명했다. 그는 정치적 시온주의는 재앙을 초래할 것이라고 결론을 내리고 이렇게 호소했다. "신의 이름으로 팔레스타인을 내버려두시오." 헤르츨은 이를 무시했고, 다른 글에서 "토지수용과 빈민 퇴거 모두 신중하고 은밀하게 진행되어야 한다."라고 썼다.[10]

유대 국가 수립을 솔직하게 지지했던 사람들은 처음부터 자신들의 계획이 식민지 프로젝트이며, 토착민의 의사에 반하여 실행될 수밖에 없다는 점을 인정했다. 수정주의 시오니즘의 창시자인 제브 자보틴스키Ze'ev Jabotinsky는 팔레스타인 사람들이 시온주의에 반대하는 이유를 직설적으로 표현했다. "그들도 자신들에게 불리한 점을 우리만큼 잘 이해하고 있으며", "아즈텍인들이 멕시코를, 그리고 수Sioux족이 아메리카 대평원을 바라보는 것과 같은 본능적인 사랑과 진정한 열정으로 팔레스타인을 바라보기 때문"에 팔레스타인인들이 시온주의에 반대하는 것이라고 말했다. 자보틴스키는 "모든 토착민은 외부인 정착의 위험에서 벗어날 수 있다는 희망이 있는 한, 외부 정착민에 저항할 것"이라며, "팔레스타인의 아랍인들이 현재 하고 있는 일도 바로 그것이며, '팔레스타인'이 '이스라엘 땅'으로 바뀌는 것을 막을 수 있다는 희망의 불꽃이 남아 있는 한, 그들은 계속해서 그렇게 할 것"이라고 결론 내렸다.[11]

팔레스타인에 유대인 국가를 세우는 것은 팔레스타인의 자결권을 부정하는 일이었기 때문에, 자보틴스키는 아랍인들의 "자발적인 합의는 있을 수 없다"는 결론에 도달했고, "원주민과의 합의가 시온주의의 필수 조건이라고 주장하는" 사람들에게 "시온주의에서 벗어날 것"을 촉구했다. 그는 시온주의는 "식민지 개척 사업이며, 따라서 군사력에 따라 성패가 갈린다"고 말했다. 이스라엘의 초대 대통령이 된 차임 바이츠만Chaim Weizmann 역시 "팔레스타인에서 유대인에게 부여된 권리는 현재 거주민 대다수의 동의 여부와 상관없으며, 따라서 그들의 의지에 따라 좌우될 수 없다."고 주장했다. 1940년, 유대인 민족 기금Jewish National Fund의 책임자인 요세프 바이츠Joseph Weitz는 자신의 일기에서 "이 나라에는 두 민족을 위한 공간이 없다"고 결론을 내렸다. 또한 그는 "이 점에 있어서는 타협이 있을 수 없으며 … 우리는 단 하나의 마을, 단 하나의 부족도 남겨둬서는 안 된다."고 썼다. 이스라엘 역사학자 베니 모리스Benny Morris가 말했듯이, 시온주의는 "아랍인들을 정치적, 물리적으로 몰아내고 대체하려

는 … 식민주의적이고 팽창주의적인 이념이자 운동이었다".[12]

또한 자보틴스키는 시온주의는 "중단되든지 아니면 원주민의 의지에 반하여 수행되기 때문에", 성공하려면 "지역 주민과 무관한 별개의 힘, 즉 원주민이 뚫을 수 없는 철벽"의 지원이 필요하다고 판단했다. 시온주의자들은 1917년 밸푸어선언Balfour Declaration을 통해 팔레스타인 내 유대인 국가 건설을 공식 승인한 대영제국에서 그 "철벽"을 발견했다. 아서 밸푸어Arthur Balfour 자신도 대다수 팔레스타인인의 의사와 상관없이 이 계획이 지지받을 것이라는 사실을 숨기지 않았다. ("그곳에 살고 있는 사람들의 견해를 존중해야 한다는 점을 감안하더라도, 내가 이해하기로는 그 지역 위임통치자를 선정하는 과정에서 열강들은 원주민과 상의할 계획이 없다고 알고 있다." 왜냐하면 시온주의의 추동력은 "현재 그 고대 땅에 거주하는 70만 명의 아랍인들의 바람이나 그들의 편견보다 훨씬 더 심오한 것이었기 때문"이다.) 윈스턴 처칠은 "유럽과 아프리카를 잇는 다리 역할을 할 수 있고, 동쪽으로 진출하는 육로를 끼고 있는" 유대인 국가는 "대영제국에 엄청난 이점이 될 수 있다"는 견해를 가지고 있었다. 그는 유대인 시온주의자들은 "자신들의 편의에 따라 현지 주민을 몰아내는 것을 당연하게 여긴다"고 언급했다.[13]

1919년, 미국 정부의 킹·크레인 위원회King-Crane Commission도 시온주의자들로부터 "팔레스타인의 비유대인 주민들을 사실상 완전히 쫓아낼 수 있기를 기대한다"는 의견을 듣고 동일한 결론에 도달했다. 어떤 군사 전문가도 "시온주의 프로그램이 무력 이외의 방법으로 실행될 수 있다고 믿지 않았다". 위원회는 "전체

[비유대인] 인구의 거의 10분의 9가 시온주의 프로그램에 단호히 반대하고 있다."고 지적하며, 이들에게 시온주의 프로그램을 강요하는 것은 "비록 법의 형식은 유지하더라도 [자기 결정의] 원칙과 인권을 심각하게 침해하는 것"이라고 지적했다. 마치 예견하듯 위원들은 다음과 같이 경고했다. "만약 미국 정부가 팔레스타인에 유대인 국가 수립을 지원하기로 결정한다면, 이는 미국이 그 지역에서 무력을 사용할 것이라고 약속하는 것"과 마찬가지다. 왜냐하면 "무력을 통해서만 팔레스타인에 유대인 국가가 설립되거나 유지될 수 있기 때문이다".[14]

아랍인을 어떻게 제거할 것인가에 대한 문제는 시온주의자들 사이에서 공개적인 논의의 대상이었으며, 많은 사람들이 점잖은 표현으로 "이주"(즉, 인종 청소)라고 부르는 정책을 지지했다. 이스라엘의 초대 총리가 된 다비드 벤구리온David Ben-Gurion은 1930년 이렇게 말했다. "나는 강제 이주를 지지한다. 이 정책에서 어떤 부도덕한 점도 찾을 수 없다." 베니 모리스는 "이주 아이디어는 … 당시 이슈브Yishuv(팔레스타인 지역에 정착한 유대인 공동체 – 옮긴이) 지도자 대다수가 문제를 해결할 최선의 해결책으로 꼽던 방안이었다."고 언급한다. 이주는 "불가피한 선택이었고 시온주의에 내재된 것이었다. 그 이유는 시온주의란 '아랍인의' 땅을 '유대인의' 국가로 바꾸려는 것이고, 유대인의 국가는 아랍인의 대규모 이주 없이는 탄생할 수 없기 때문이었다."고 모리스는 말한다.[15]

아랍인에 대한 시각은 유럽인들이 식민지 원주민을 바라보는 시각과 대체로 일치했다. 모리스는 아랍인에 대한 지배적인 인상이 "유럽 식민지 개척자들이 아시아나 아프리카의 원주민을 바라보던 것과 마찬가지의 인식, 즉 원시적이고, 부정직하며, 운명론적이고, 게으르고, 야만적"이라는 것이었다고 말한다. 빈센트 시안Vincent Sheean(1929년 시온주의 지지자로 팔레스타인에 도착했다가 몇 달 후 시온주의에 대한 신랄한 비판자가 되어 떠난 미국인 기자)은 유대인 정착민들이 "[아랍인들을] '미개한 인종'으로 멸시했으며, 일부는 아랍인을 '붉은 인디언'으로, 다른 이들은 '야만인'으로 부른다"는 사실을 알게 되었다. 이스라엘을 "야만에 맞서는 문명의 전초기지"(헤르츨의 표현)로 묘사하는 것은 이후 100년간 흔한 일이었다. 1999년부터 2001년까지 총리를 지낸 에후드 바라크Ehud Barak는 이스라엘을 "정글 속의 저택", "야만에 맞선 문명의 선봉"이라고 표현하며 당시 많은 사람들의 의견을 대변했다. 이러한 이미지는 많은 서구인 사이에서 공유되었다. 에드워드 사이드는 다음과 같이 말했다. "서구의 관점에서 보면, 팔레스타인은 (유럽 출신이기에) 상대적으로 선진화된 유대인 이주민들이 기적적인 건설과 문명화를 이룩한 곳이자, 항상 어리석고, 본질적으로 혐오스럽고, 미개하다고 여겨지는 아랍 원주민 집단과 기술 전쟁을 벌여 훌륭히 승리한 곳으로 인식되어왔다."[16]

아메리칸 인디언이 땅에 대한 진정한 소유권 없이 흩어져 사는 유목민으로 묘사된 것처럼 아랍인 역시 그들이 거주하던 곳과 진정한 연고가 거의 없는 것으로 묘사되었다. 시온주의 정착민들은 원주민을 "13세기에 걸친 단순한 무단 거주자"로 간주했으며, "토지 매입, 회유, 압력을 통해 … 조만간 아랍인을 몰아내고 팔레스타인을 유대 민족의 고향으로 바꿀 수 있다고 믿었다." 고 시안은 말한다. 또한 그는 "팔레스타인의 아랍인들이, 다른 아랍인들과 달리, 자기 나라에 유대인 국가를 세우려는 시도를 반길 것이라고 생각하지 않는다."고 회의적인 시각을 드러냈다.

실제로 팔레스타인 사람들은 이를 환영하지 않았으며, 시온주의 프로젝트가 성공하기 위해서는 자신들에 대한 수탈이 필수적이라는 사실을 알게 된 후 거세게 봉기했다. 1914년 이사 알 이사'Isa al-'Isa는 팔레스타인의 아랍인을 "고국에서 추방당할 위험에 처한 민족"이라고 묘사했다. 이스라엘 외교관 아바 에반Abba Eban은 훗날 "만약 그들이 유순하게 시온주의에 복종했다면 그들은 역사상 최초로 자발적으로 다수 민족의 지위를 포기한 민족이 되었을 것"이라고 지적했다. 1937년 필 위원회Peel Commission가 20만 명의 아랍인을 "이주"(청소)시켜 유대인 국가를 만들자고 제안했을 때, 팔레스타인 아랍인들은 이를 격렬하게 거부했다.[17] 1930년대 후반 팔레스타인의 대규모 봉기에 대해 대영제국은 팔레스타인 지도자들을 살해, 투옥, 추방하는 등 잔인하게 진압했다. (이것이 바로 "철벽", 즉 시온주의의 성공을 보장하는 데 필요한 외부의 힘이 작용한 사례다.)[18]

1947년 팔레스타인인들의 분할안 거부는 종종 합리적이지 않은 행동으로 묘사되지만, 시온주의자들은 "이 분할을 확장을 위한 그리고 더 나아가 팔레스타인 전체를 점령하기 위한 징검다리"로 생각했다는 사실을 굳이 숨기지 않았다고 모리스는 말한다. 라시드 칼리디Rashid Khalidi는 아랍인들이 유엔 분할 계획을 거부했다는 사실에 대해 "어떤 민족도 자기 나라의 55퍼센트 이상을 소수에게 내주는 계획을 수용할 수는 없었을 것"이라고 답했다. 역사학자 앨버트 후라니Albert Hourani는 영미조사위원회Anglo-American Committee of Inquiry에서 시온주의 계획은 필연적으로 "끔찍한 불의를 수반할 수밖에 없으며, 중동의 전체 정치 구조를 무너뜨릴 위험과 함께 끔찍한 탄압과 무질서를 감수해야만 실행될 수 있다"고 증언했다.[19]

1948년, 분할 계획 발표 이후 발발한 전쟁 중에 이스라엘은 '인구 문제'를 해결하기 위한 중요한 조치를 취했다. 팔레스타인 사람들의 기억 속에 '나크바nakba'(재앙)(1948년 발생한 대규모 팔레스타인인 추방–옮긴이)로 알려진 이 조치로 약 70만 명의 팔레스타인 사람들이 고향에서 쫓겨났다.[20] 이스라엘 소설가 S. 이자르S. Yizhar가 1949년 출간한 《히르벳 히제Khirbet Khizeh》에서 "우리는 왔고, 쐈고, 불태웠다. 그리고 우리는 폭파했고, 추방했고, 쫓아냈고, 망명으로 내몰았다."고 그때를 묘사했다. 시온주의 지도자 모셰 샤레트Moshe Sharett는 1948년 "우리는 과거 우리를 먼저 위협했던 거대한 아랍 소수민족을 일거에 제거할 수 있는 모든 가능성을 … 모색하기로 똑같이 결심했다."고 말했다. 1948년, 이스라엘 정부 내 아랍 세계 전문가들은 내부 논의에서 난민들이 "박살나고", "죽을 것"이며, "대부분은 인간 먼지human dust가 되어" 아랍 세계에서 가장 빈곤한 계층으로 전락할 것이라고 충분히 예상하고 있었다.[21]

팔레스타인의 저항은 종종 비이성적인 반유대주의에 근거한 것으로 묘사되기에, 오늘날 이스라엘 국가의 식민주의적 측면을 이해하는 것은 매우 중요하다. 에후드 바라크 이스라엘 총리는 "아랍인들의 문화에는 타협이라는 개념이 없기 때문에" 아랍인들과의 협상은 어렵다고 말했다. 다비드 벤구리온은 동료 시온주의자들에게 "땅을 빼앗기는 것에 맞서 싸우는 민족은 쉽게 지치지 않는다."고 경고하면서 "아랍인들이 침략자이고 우리는 방어자라고 말하면 이는 절반의 진실일 뿐"이라며, "이 나라는 그들의 것이기 때문에 정치적으로 보면 우리가 침략자이고 그들은 방어자"라는 "우리 사이의 진실을 무시하지 말라."고 직설적으로 말했다.[22]

이스라엘은 정복과 인종 청소 속에서 탄생했으며, 팔레스타인의 저항은 처음부터 예견된 일이었다. 그러나 이스라엘은 건국 당시의 원초적 불의를 인정하는 대신 (훨씬 가난하고, 훨씬 약한) 팔레스타인인을 분쟁의 침략자로 묘사하고, 잔존 영토에서조차 자결권을 부정하는 정반대의 접근 방식을 취해왔다. 일부 인사들은 더 나아가 팔레스타인인을 아예 없는 사람 취급을 했다. 골다 메이어Golda Meir는 "팔레스타인 사람 같은 건 없었다. … 그들은 존재하지 않았다."라는 유명한 말을 남겼다. 1969년, 메나헴 베긴Menachem Begin은 이스라엘 국민에게 다음과 같이 말하며 그 땅에 대한 팔레스타인인의 권리를 부정하는 것이 중요한 일임을 분명히 했다. "만약 여기가 이스라엘 땅이 아니라 팔레스타인 땅이라면, 여러분은 이 땅의 경작자가 아니라 정복자입니다. 여러분이 침략자인 것입니다. 이곳이 팔레스타인 땅이라면, 이 땅은 여러분이 오기 전에 이곳에 살던 사람들의 것입니다. 오직 여기가 이스라엘 땅이어야만 여러분이 이곳에서 살 권리가 있습니다."[23]

팔레스타인 사람들은 1948년 "인간 먼지로 전락하지" 않았다. 그들은 자신의 잔존 영토에서 자결권을 쟁취하기 위해 이스라엘 국가 수립 이후 70년 동안 투쟁했다. 이스라엘은 1967년 이래로 팔레스타인에서 가혹한 군사 점령 체재를 유지해왔다. 그 실상은 점령을 규탄하는 독립 인권 단체의 방대한 보고서 중 하나만 슬쩍 보아도 쉽게 알 수 있다. 예를 들어, 2017년 국제앰네스티는 "이스라엘의 무자비한 토지 몰수, 불법 정착 및 소유권 박탈 정책과 만연한 차별이 팔레스타인 사람들에게 엄청난 고통을 가하며, 동시에 그들의 기본적인 권리를 박탈하고 있다."고 결론지었다. 또한 군사 통치로 인해 "점령된 팔레스타인 영토에서의 일상 생활은 모든 측면에서 방해받고" 있으며, "일상적인 굴욕, 공포, 억압이 이어지며 … 사람들의 삶 전체가 사실상 이스라엘의 인질로 잡혀 있는 상태"라고 밝혔다. 여기에 더해 이스라엘은 "정책에 대한 반대를 억누르기 위해 복잡한 군사 법령을 채택했다"고 지적했다.[24]

이스라엘은 "자국민이 점령지에서 불법 정착할 수 있도록 주택과 기반시설을 건설하기 위해 수만 채에 달하는 팔레스타인 건물을 철거하고 많은 사람을 강제 이주시켰으며", 또한 "물과 농경지 등 팔레스타인의 천연자원을 이스라엘 정착촌(이스라엘이 점령지역 내에 조성한 유대인 거주지역 - 옮긴이)을 위한 용도로 전용했다". 앰네스티는 "검문소, 도로 차단, 정착민 전용 도로 등 수백 개에 달하는 서안지구 전역에 걸친 이스라엘군의 통제 조치와 전면적인 통행증 제도로 인해 직장, 학교, 병원에 가려는 단순한 일상조차 팔레스타인 사람들에게는 커다란 고통이 되었다."고 지적한다. 이스라엘은 또한 "팔레스타인 남성, 여성, 어린이에 대해 과도하고 종종 치명적인 무력을 사용한 오랜 전력"이 있다. 그럼에도 "반세기가 넘도록" 이러한 범죄에 대해 "처벌받지 않는 악순환"이 계속되고 있다.

국제 인권 단체인 엠네스티, 휴먼라이츠워치, 베첼렘B'Tselem(점령지 내 이스라엘 인권 정보 센터) 및 유엔 등에서 발간한 보고서를 비롯해 이를 확인할 수 있는 문서는 산더미같이 있다. 이스라엘은 "세계에서 가장 도덕적인 군대"를 보유하고 있다고 주장하면서도, 에크발 아마드Eqbal Ahmad의 말처럼 "없으면 토착 공동체가 생존할 수 없는 네 가지 기본 요소, 즉 땅, 물, 지도자, 문화를 팔레스타인 아랍인들에게서 박탈"하기 위해 고문, 재판 없는 암살, 집단 처벌을 자행해왔다. 베니 모리스는 이스라엘이 선전하는 이미지와 현실의 차이에 대해 설명한다. 그는 "이스라엘인들은 점령이 '계몽적이며', '온건하다'고 믿으며, 또 세상에 그렇게 알리고 싶어한다."고 말한다. 그러나 실상은 "전혀 다르다"고 말하며, 다른 유사한 점령과 마찬가지로 이스라엘의 점령은 "무자비한 힘, 억압과 공포, 협잡과 배신, 구타와 고문, 일상적인 협박, 굴욕, 조작에 기반을 두고 있다"고 지적한다.[25]

최근 수십 년 동안 가자지구의 상황은 특히 끔찍했다. 이스라엘은 2005년에 가자지구에서 공식적으로 철수했지만, 여전히 가혹한 봉쇄를 유지하고 있다.[26] 가자지구는 세계 최대의 창살 없는 감옥이 되었고, 주민들은 높은 인구밀도에 시달리며, 기본적인 영양을 공급받지 못한 채, 일자리마저 박탈당한 상태다. 2012년 유엔 구호 사업기구UNRWA는 긴급한 개선 조치가 없다면 2020년에는 가자지구가 더 이상 "거주 가능한 장소"가 되지 못할 것이라고 경고하는 보고서를 발표했다. 이스라엘이 가자지구로의 건설 자재 반입을 제한하면서 개발은 사실상 불가능해졌다. 에후드 올메르트Ehud Olmert 총리의 보좌관인 도브 바이스글라스Dov Weissglas는 이스라엘의 계획은 "팔레스타인 사람들을 굶주리게 하되, 굶어 죽지는 않게 만들겠다는 것"이라고 설명했다.[27]

이를 위해 보건 관리들은 가자지구 주민 150만 명에게 필요한 최소 칼로리를 계산하고, 이 수치를 이스라엘이 매일 가자지구에 공급할 수 있는 식량 트럭의 수로 환산했다. 중동학자 후안 콜Juan Cole은 2012년에 "가자지구의 5세 미만 팔레스타인 어린이 중 약 10퍼센트가 영양실조로 성장장애를 겪고 있으며 … 빈혈이 만연하여 유아의 3분의 2 이상, 학생의 58.6퍼센트, 임산부의 3분의 1이 고통받고 있다."고 주장했다. 2022년 세이브더칠드런은 "15년간의 봉쇄 생활로 가자지구 어린이 5명 중 4명이 우울함, 비통함, 공포 속에 살아가고 있으며", "어린이, 젊은이, 간병인의 정신 건강이 2018년 비슷한 조사가 있었을 때보다 크게 악화되었다."고 보고했다. 안토니우 구테흐스António Guterres 유엔 사무총장은 가자지구 어린이들의 삶이 "지옥과도 같다"고 말했다. 이스라엘의 행위는 간신히 생존만을 허락하는 것이다. 가자지구를 방문했던 스탠퍼드 대학병원의 의사는 저명한 의학 저널인 《랜싯The Lancet》에서 가자지구의 현실이 현지인의 신체적, 정신적, 사회적 안녕에 "파괴적인" 영향을 미치는 상황을 목격하

고 충격을 받았다며, 가자지구를 "존엄성의 부재를 관찰하는 일종의 실험실"이라고 묘사했다.[28]

어떠한 저항 시도도 이스라엘의 극심한 보복에 직면하게 된다. 예를 들어, 2006년 가자지구 주민들은 끔찍한 범죄를 저질렀다. 즉, 선거에서 하마스를 집권당으로 뽑은 잘못된 선택을 한 것이다. 미국은 즉시 군사 쿠데타 계획을 세우기 시작했다. 미국의 지속적인 지원 아래 이스라엘은 가자지구에서 폭력을 강화하고, 법률에 따라 팔레스타인 당국에 전달해야 할 의무가 있는 자금 지급을 보류하고, 포위망을 강화했으며, 불필요하게 잔혹한 행위였지만 물 공급까지 끊었다. 이스라엘과 미국은 하마스가 통치할 기회조차 갖지 못하도록 했다. 2008년에서 2009년에 걸친 '캐스트 리드 작전Operation Cast Lead'(2008년 12월 하마스의 로켓 발사에 대응해 가자지구에서 실시한 이스라엘의 군사작전－옮긴이)에서 가자지구는 이스라엘군의 무자비한 공격의 대상이 되었다. 즉, 세계에서 가장 가난한 사람 중 일부가 세계 최첨단의 군사 시스템(물론 미국의 무기를 사용하고 미국 외교의 보호를 받는)의 먹잇감이 된 것이다. 이스라엘 언론인 기드온 레비Gideon Levy는 2006년 가자지구 공습을 이렇게 묘사했다. 이스라엘은 "무수히 많은 미사일과 포탄, 폭탄을 가옥에 떨어뜨려 온 가족을 몰살시켰다". 레비는 "무너져가는" 병원에서 "가슴 아픈 장면, 즉 팔다리를 잃고, 인공호흡기에 의존하고, 마비되어, 평생 불구로 살아가야 할 아이들을 목격했다". 아이들이 겪은 충격은 극심했다. "목도한 광경에 충격을 받은 아이들은 말로 표현하기 어려운 공포에 휩싸인 눈으로 집 안에서 웅크리고 있다."[29]

가자지구의 '탈脫개발de-development'(한때 발전했던 지역이 경제적, 사회적, 환경적 이유로 이전보다 더 저발전 상태로 돌아가는 과정–옮긴이)을 연구하는 하버드 대학교의 세라 로이Sara Roy는 가자지구의 상황에 대해 가슴 아프고 충격적인 증언을 2012년에 내놓았다. 지난 반세기 동안, 가자지구는 생산능력을 어느 정도 갖추고 있던 제한된 경제에서 "전례 없는 수준의 실업과 빈곤에 시달리며 인구의 4분의 3이 인도주의적 지원을 필요로 하는" 경제로 전락했다고 말했다. 그녀는 이러한 상황이 "재앙적"일 뿐만 아니라, "고의적이고, 계획적이며, 목적이 뚜렷한" 조치의 결과라고 말한다.[30]

이스라엘의 토지 및 자원 수탈은 불법이다. 예를 들어, 서안지구 정착촌의 불법성은 유엔 안전보장이사회, 국제사법재판소(미국 국적의 판사를 포함하여 만장일치), 제네바 협약 당사국, 국제적십자위원회International Committee of the Red Cross, ICRC는 물론, 여러 외국 정부와 저명한 법학자가 인정하고 있다. 각종 협정, 국제법, 시민 기본권 침해 사례는 일일이 열거하기 어려울 정도로 많다. 예컨대, 1993년 오슬로 협정Oslo Accords에 의해 가자지구와 서안지구는 분리할 수 없는 하나의 영토로 규정되었지만, 이스라엘은 30년 가까이 두 지역을 분리하려는 노력을 기울여왔다. (가자지구와 분리된 서안지구는 이스라엘에 완전히 둘러싸여 있어 팔레스타인 사람들은 외부 세계에 접근할 수 없다.)

'아파르트헤이트'가 이스라엘 점령지의 상황을 정확하게 묘사하는 단어라는 점에 큰 이견은 없다. 데즈먼드 투투Desmond Tutu

대주교와 같이 남아프리카공화국에서 반아파르트헤이트 투쟁을 이끈 지도자들은 이 상황을 남아프리카공화국과 비교했다. ("나는 이스라엘 보안군이 팔레스타인 남성, 여성, 어린이를 조직적으로 모욕하는 것을 목격했다. … 그들이 겪은 모욕은 아파르트헤이트 정부의 보안군에게 집단 구금되고, 괴롭힘 당하고, 모욕과 폭행을 당한 모든 남아프리카공화국 흑인에게는 익숙한 일이다.") 심지어 다비드 벤구리온조차도 이스라엘이 팔레스타인 점령지에서 철수하거나 아니면 팔레스타인인들을 점령지에서 몰아내거나 둘 중 하나를 하지 않으면 곧 아파르트헤이트 국가가 되고 말 것이라고 경고한 바 있다. 이츠하크 라빈Yitzhak Rabin과 에후드 바라크를 비롯한 다른 이스라엘 지도자들도 마찬가지로 아파르트헤이트에 대해 언급했다. 1976년, 라빈은 "유대인 국가 안에서 150만 명 [이상의] 아랍인을 장기적으로 억압하면서 아파르트헤이트에 이르지 않는 것은 불가능하다고 생각한다"고 말했다. 에후드 올메르트는 "만약 두 국가 해법two-state solution(이스라엘과 팔레스타인 두 개의 독립된 주권국가를 각각 인정하여 공존시키는 방안–옮긴이)이 무너지고 남아프리카공화국식으로 동등한 투표권을 위한 투쟁에 직면한다면 이스라엘 국가는 끝장이다."라고 말했다.[31]

이스라엘 점령지역에 이 용어를 적용하는 것에 대해 논란을 만들어내려는 시도가 있었다. 유엔 서아시아 경제사회위원회UNESCWA가 "이스라엘이 팔레스타인 국민 전체를 지배하는 아파르트헤이트 정권을 수립했다."는 공식 보고서를 발표하자, 해당 보고서는 압력을 받아 유엔 웹사이트에서 삭제되었다. 유엔 주재 이스라엘 대사는 "비열하고", "노골적인 거짓말"이라는 표현을 썼다. 그러나 이스라엘 관리들조차도 최근 몇 년간 이 용어를 사용했다. 마이클 벤야르Michael Ben-Yair 전 법무부 장관은 "우리는 점령지에 아파르트헤이트 정권을 수립했다."고 말했으며, 알론 리에Alon Lie 외무부 장관은 팔레스타인 국가가 수립될 때까지 이스라엘은 아파르트헤이트 국가로 간주되어야 한다고 말한 바 있다.[32]

이는 주류 인권 단체의 보고서가 발표되기 이전의 상황이다. 휴먼라이츠워치는 2021년에 발표한 213쪽 분량의 보고서 〈선을 넘다A Threshold Crossed〉에서 "이스라엘 당국이 조직적으로 유대계 이스라엘인에게 특권을 부여하고 팔레스타인인을 차별"하며, "인구수, 정치권력, 토지에서 유대계 이스라엘인의 우위를 유지하려는 목적"을 추구하고 있다는 증거를 상세하게 제시했다. 보고서에 따르면, 이러한 목표 달성을 위해 이스라엘 당국은 "정도의 차이는 두었지만, 팔레스타인인이라는 이유로 그들의 재산을 빼앗고, 사람들을 감금하고, 강제로 분리하고, 예속시켜왔다"고 한다.[33]

국제앰네스티의 판단 역시 직설적이다. 즉, "팔레스타인인에 대한 잔인한 통제 시스템을 유지하기 위한 법률, 정책 및 관행으로 인해 팔레스타인인들은 지리적, 정치적으로 분열되어 있고, 종종 빈곤에 시달리며, 공포와 불안 상태에 놓여 있다."고 결론 내렸다. 베첼렘도 동일한 판단을 내린다. 이 단체는 "지중해와 요르단강 사이의 전체 지역이 한 집단(유대인)이 다른 집단(팔레스타인인)에 대해 확립한 우위를 더욱 강화하고 공고하게 만들

어야 한다는 하나의 원칙 아래 조직화되어 있다."고 평가했다.[34]

팔레스타인에 대한 일상적인 탄압은 갈등 해결을 위한 선의의 협상을 오랫동안 거부해온 (미국의 지원을 받는) 이스라엘의 태도와 맞물려 이어져왔다. 팔레스타인의 거부주의Palestinian rejectionism(팔레스타인이 이스라엘과의 평화협상이나 타협안을 거부하고 저항하는 흐름—옮긴이)와 아랍의 비타협적 태도로 인해 팔레스타인이 자신들의 국가를 가질 수많은 기회를 놓쳤다는 대중의 인식이 퍼져 있지만(물론 팔레스타인 지도부의 심각한 실패도 있었다), 이스라엘은 공정한 해결을 원하지 않는다는 점을 분명히 해왔다.

수십 년 동안 이스라엘 지도자들은 팔레스타인 국가 수립에 반대하는 입장을 노골적으로 밝혀왔다.[35] 1967년 이전 경계선을 기준으로 하는 두 국가 해법이 오랫동안 분쟁 해결의 기본 틀로 여겨졌지만, 1989년 페레스·샤미르Peres-Shamir 연립정부는 요르단과 이스라엘 사이에 "또 다른 팔레스타인 국가"는 있을 수 없다고 선언하며 팔레스타인 국가위원회Palestinian National Council, PNC의 명시적 평화 제안에 대응했다("또 다른"이라고 한 이유는 요르단을 이미 팔레스타인 국가로 간주했기 때문이다). 이츠하크 라빈은 1995년 이스라엘 의회에서, 팔레스타인이 최종적으로 어떤 정치적 지위를 갖든 간에 "우리는 그들이 국가보다 하위 개념의 실체가 되길 바라며, … 1967년 6월 4일 선(6일 전쟁인 제3차 중동전쟁 이전의 경계선—옮긴이)으로 돌아가지 않을 것"이라고 말했다. 베냐민 네타냐후는 "내가 사실상 오슬로 협정을 종식시켰다."고 자랑하며, "두 국가 해법을 따르는 척만 하고 있었음"을 시사했다. 2015년, 네타냐후는 "내 임기 중에 팔레스타인 국가가 수립되는 일은 없을 것"이라고 선언했다. 네타냐후가 속한 리쿠드Likud당의 1999년 정강 정책에는 "요르단강 서쪽에 팔레스타인 아랍 국가 수립을 단호히 거부한다"고 명시되어 있다. 실제로 오슬로 협정의 핵심 설계자인 론 푼닥Ron Pundak은 이 기록을 검토한 후, "네타냐후가 평화 프로세스를 집요하게 방해했다."고 결론 내렸다. 이츠하크 샤미르Yitzhak Shamir는 시간을 벌기 위해 의도적으로 '평화 프로세스'를 이용했다고 인정했다. "나는 10년 동안 자치권 협상을 질질 끌었을 것이고, 그러는 동안 유대와 사마리아 지역의 유대인 인구는 50만 명에 도달했을 것이다."[36] 최근 가장 유망한 협상이던 2001년 타바Taba 협상은 에후드 바라크 이스라엘 총리가 조기에 중단시켰다. 협상을 나흘이나 일찍 중단한 이유를 묻는 질문에 바라크는 협상 진전 가능성을 "단호하게 부인"하며 "어떤 이유에서 끝냈든 달라질 것은 없다"고 답했다.[37]

이스라엘은 평화를 선택할 수도 있었지만, 오히려 영토 확장을 선택했다. 1971년, 이스라엘은 이집트로부터 완전한 평화조약을 제안받았다. 골다 메이어가 이끄는 이스라엘 정부는 이 제안을 검토했지만 거부했다. 그 이유는 시나이반도를 식민지화하기 위해서였다. 지난 50년 동안 이스라엘은 '대大이스라엘Greater Israel'(이스라엘의 확장주의적 영토 주장 개념–옮긴이) 건설을 꾸준히 추구해왔으며, 서안지구의 가치 있는 땅을 단계적으로 점령하는 한편, 팔레스타인인들의 밀집 지역을 점점 더 작고 고립된 지역으로 집중시켰다. 이러는 가운데 정착민 마을은 아직 어느 정도 팔레스타인의 통제하에 남아 있는 지역을 분리하는 역할을 했는데, 이 분리된 영역을 아리엘 샤론Ariel Sharon은 '반투스탄Bantustans'이라 칭했다. 이는 아파르트헤이트 시대에 남아프리카공화국이 흑인들을 위해 따로 할당한 지역을 참고하여 명명한 것이다. 샤론은 1975년 "[이스라엘이] 유대와 사마리아에서(유대와 사마리아는 이스라엘이 서안지구를 지칭하는 용어-옮긴이) 철수하라는 국민들의 명령이 없다는 것을 미국인들에게 증명하기 위해서라도 정착촌을 매일 늘려가야 한다"고 선언한 바 있다. 고인이 된 이스라엘 군사 분석가 레우벤 페다추르Reuven Pedatzur는 "역대 모든 이스라엘 정부, 모든 법률 기관, 이스라엘군 내 모든 부대가 모두 정착촌 사업이 번성하도록 지원해왔다."고 지적했다.[38]

통찰력 있는 이스라엘인들이 오래전부터 지적해온 바와 같이, 이스라엘의 평화 합의 거부는 스스로의 국익에도 부합하지 않는다. 2003년, 신베트Shin Bet(이스라엘 정보기관-옮긴이)의 전직 수장 네 명은 이스라엘이 거부주의(협상이나 타협을 거부하는 태도-옮긴이)를 고수함으로써 스스로 "재앙의 길"에 들어섰다고 말했다. 1996년부터 2000년까지 신베트를 이끌었던 아미 아얄론Ami Ayalon은 "이스라엘이 더 이상 민주주의 국가도, 유대인의 고향도 될 수 없는 방향으로 확실하고 꾸준한 발걸음을 내딛고 있다."고 말했다. 저명한 유대교 정통파 학자이자 과학자인 예샤야후 라이보비츠Yeshayahu Leibowitz는 이스라엘이 "다른 민족을 지배하는 저주에서 벗어나지 못하면", "유대 민족 전체에 재앙을 가져올 것"이라고 경고한 것으로 유명하다.[39]

팔레스타인인들에 대한 지배는 이스라엘이 법치주의에 충실한 민주국가라는 스스로의 주장을 무색하게 만든다. 이스라엘의 대표적인 법률 분석가인 故 모셰 네그비Moshe Negbi는 이스라엘이 "바나나 공화국"(정치적으로 민주화되어 있지 않고 국정이 불안한 나라—옮긴이)으로 전락한 것에 대해 절망했다. 그는 수감자가 "실종"되는 비밀 감옥을 용인하고, 팔레스타인의 아랍인을 고문하거나 살해한 자에게 가벼운 형을 선고하는 등, 민주주의와 법의 원칙을 사법부가 훼손시키고 있다고 지적한다. 마찬가지로 외교 담당 기자인 아키바 엘다르Akiva Eldar와 역사학자 이디트 자르텔Idit Zartel은 "추악하고 인종차별적인" 체제가 팔레스타인 인권을 파괴할 뿐만 아니라 "이스라엘 민주주의의 기본 규범을 무너뜨리고 있다"고 주장한다. 이들은 "아랍 어린이를 잔인하게 살해한 사건에 대하여 매우 가벼운 형량"을 선고한 재판을 포함하여 많은 법원 판결을 검토하며, "사법 체계의 근본을 파괴하고 있다"고 지적한다. 베니 모리스는 "점령지에서 운영되는 군사법원의 행태와 이를 지지한 대법원의 행적은 이스라엘 사법부 역사에서 암흑기로 기록될 것"이라는 글을 썼다.[40]

미국의 역할

미국은 이스라엘의 주요 후원국으로서 매년 수십억 달러의 군사원조를 제공하고 있으며, 미 의회조사국은 이를 통해 "이스라엘 군대가 세계에서 가장 기술적으로 정교한 군대 중 하나로 거듭났다."고 평가한다. 2001년 이후 미국의 해외 군사원조 중 52퍼센트가 이스라엘에 집중되었다. (이집트는 두 번째로 큰 수혜국이다.) 이스라엘에 대한 미국의 군사원조는 이스라엘로 하여금 주변국에 비해 "질적 군사 우위", 즉 역내 최강국 지위를 유지하도록 하겠다는 의도로 제공된다. 원조 금액은 가히 압도적이다. "군사, 경제 및 미사일 방어 자금"의 총액은 "2018년 기준 2,360억 달러에 달하며, 이스라엘은 제2차 세계대전 이후 미국의 최대 누적 원조 수혜국"이 되었다. 미국 법률은 인권침해자에 대한 지원을 공식적으로 금지하고 있으므로 이는 불법이기도 하다. 그럼에도 불구하고, "미국의 자금이 이스라엘 군사 법원 시스템에서의 팔레스타인 아동에 대한 학대, 주택 철거와 퇴거를 통한 팔레스타인인 강제 이주, 불법적인 팔레스타인 토지 합병에 사용되지 않도록 보장하기" 위한 법안은 의회에서 거의 지지를 얻지 못하고 있다.[41]

미국은 또한 팔레스타인과의 분쟁을 종식시킬 수 있는 합의의 이행을 막음으로써 이스라엘을 지원했다. 1970년대 중반 팔레스타인에 살고 있는 팔레스타인 민족의 권리가 외교 의제로 떠오른 이래, "그 실현의 가장 큰 장애물"[42]은 의심할 여지없이 미국이었다. 이 사실은 미국에서는 잘 알려져 있지 않지만, 논란의 여지가 없는 역사다. 1976년, 미국은 주요 아랍 국가와 팔레스타인 해방기구Palestinian Liberation Organization, PLO가 지지한 국제적으로 인정된 경계선(1967년 6일 전쟁 이전의 경계선—옮긴이)에 따른 두 국가 해법을 촉구하는 유엔 결의안에 거부권을 행사했다. 이후 몇 년 동안 미국은 (사실상 홀로) 외교적 해결에 대한 국제적 합의를 계속 차단하고, 대신 이스라엘이 불법 점령한 팔레스타인 영토에서 확장을 이어가도록 지원하는 길을 택했다.

지난 수십 년간 유엔총회는 "[팔레스타인 국민의] 독립 국가에 대한 권리"를 확인하고 "1967년에 시작된 이스라엘 점령을 지체 없이 종식시키고, 두 국가 해법에 기반한 평화 정착을 달성해야 하는 시급성"을 강조하는 결의안을 찬성해왔다. 이스라엘과 미국, 그리고 몇몇 작은 나라가 반대표를 던졌으나, 2020년 결국 163 대 5로 이 결의안은 통과되었다. 평화의 걸림돌이 과연 어느 쪽인지 알고 싶은 사람은 '팔레스타인 문제의 평화적 해결' 결의안의 내용과 투표 결과를 살펴보면 명확한 해답을 얻을 수 있다.[43]

2002년 12월 두 국가 해법 제안을 담은 제네바 협정Geneva Accord이 제시되었을 때, "미국은 지지 메시지를 보낸 정부에 포함되지 않았고" 이스라엘은 이 협정을 거부했다. 마찬가지로 아랍 연맹의 모든 가맹국가가 이스라엘이 1967년 경계선 뒤로 철수하고 분쟁을 정의롭게 해결하는 대가로 이스라엘에 완전한 평화안("아랍 평화 이니셔티브")을 제시한 적이 있다. 하지만 이스라엘은 이 역시 거부했고, 미국은 이를 추진하지 않기로 했다. 해당 사건에 대한 객관적인 검토 보고서에서 론 푼닥은 "미국 정부가 이스라엘의 제안을 받아들이도록 팔레스타인을 설득하는 (때로는 압력을 가하는) 과정에서 종종 이스라엘 총리를 위해 일하는 것처럼 보일 때도 있었다."고 결론지었다. 1988년부터 2003년까지 아랍·이스라엘 협상의 미국 측 고문을 지낸 에런 데이비드 밀러Aaron David Miller는 "평화 프로세스 계획에 명백한 친이스라엘 성향이 있었다"고 말하며, "협상에 참여한 고위급 관리 중 아랍이나 팔레스타인의 입장을 위해 싸울 의지가 없었음은 말할 것도 없고, 그들의 입장을 제시할 의지가 있는 사람이 한 명도 없

었다."고 고백했다.[44]

이스라엘과 관련된 안전보장이사회 거부권 행사 기록은 또 다른 예시다. 조지 W. 부시는 폭력을 줄이기 위해 유엔 옵서버 부대를 해당 지역에 파견할 것을 요구하는 결의안, 모든 테러와 폭력 행위를 규탄하고 감시기구를 설치하기 위한 결의안, 이스라엘의 유엔 직원 살해와 유엔 세계식량계획 창고 파괴에 대한 우려를 담고 있는 결의안, 강제 추방의 불법성을 재확인하는 결의안, 서안지구를 가로지르는 분리 장벽에 대해 우려를 표명하는 결의안, 2004년 3월 사지마비 성직자 셰이크 아메드 야신Sheikh Ahmed Yassin(그리고 옆에 서 있던 여섯 명)의 암살을 규탄하는 결의안, 그리고 많은 민간인을 살해하고 막대한 재산 피해를 입힌 이스라엘군의 가자지구 침공을 규탄하는 결의안 등 다수의 유엔 결의안에 거부권을 행사했다.[45]

부시의 후임자인 버락 오바마 역시 이스라엘과의 관계는 "신성불가침"한 것이어서 "협상 대상이 아니"라고 규정하며 그 못지않게 헌신적인 태도를 보였다. 오바마는 2012년 미국·이스라엘 공공정책위원회American Israel Public Affairs Committee, AIPAC 연설에서 이스라엘을 군사적으로 지원한 사실과 유엔의 인권침해 조사에 대응하여 이스라엘을 보호한 사례를 들며 자신이 역대 어느 정부보다 이스라엘을 존중하고 있다고 자랑했다. 오바마 행정부의 국가안보 부보좌관 벤 로즈Ben Rhodes는 자신의 회고록에서 팔레스타인은 "미국으로부터 말로만 지원을 받았다"며, "네타냐후가 평화에 대해 진지하게 협상하지 않을 것"이 분명했지만 오바마는 "결정적인 순간이면 언제나 이스라엘 편에 섰다"

고 기록했다.[46]

정착촌 확장 반대가 미국의 공식 입장임에도 불구하고, 오바마 행정부는 2011년 정착촌 확장을 제한하라는 유엔 안전보장이사회 결의안에 거부권을 행사하는 놀라운 조치를 취했다. (결국 미국의 공식 입장을 확인하는 결의안에 스스로 거부권을 행사한 셈이다.) 이스라엘이 "팔레스타인 인구 밀집 지역을 서로 간에 체계적으로 … 분리"시키고 있음을 보여주는 지도를 보고 오바마가 "충격을 받았다"는 기사가 나왔다. 그럼에도 그는 이스라엘의 국제법 준수 및 미국의 공식 정책에 대한 협력을 조건으로 내걸고, 이를 미국의 지원과 연계시키려는 노력을 전혀 기울이지 않았다. 《파이낸셜 타임스》의 중동 전문기자 데이비드 가드너는 오바마가 "가장 친이스라엘 대통령, 즉 군사 지원을 가장 후하게 제공하고, 이스라엘이 무력을 행사하면 안전보장이사회 거부권을 행사할 것이라고 가장 신뢰할 수 있는 대통령"이라고 묘사했으며, 이는 정확한 평가였다. 실제로 이스라엘에 대한 오바마의 발언은 이스라엘 우파 정부의 입장과 매우 일치하여 네타냐후 정부 내 군사적 민족주의자이자 노골적인 인종차별주의자인 아비그도르 리에베르만Avigdor Lieberman 외무부 장관은 "오바마의 2011년 유엔 연설에 열정적 찬사를 보내며, 이 연설에 두 손으로 서명할 준비가 되어 있다"고 말했다.[47]

트럼프 행정부는 이스라엘의 지속적인 범죄를 더욱 지지하는 모습을 보였다. 피스 나우Peace Now 보고서에 따르면 트럼프 행정부 4년 동안 "이스라엘 정착촌에 대한 미국의 입장은 … 두 국가 해법에 기반한 국제적 합의를 깨뜨리고 … 합병이라는 명칭은 사용하지 않았지만 사실상의 합병을 추진"했다. 그 결과 "정착촌 건설 승인 건수의 증가, 예루살렘 주변과 헤브론과 같은 매우 민감한 지역에 설정된 비공식 국제 금지선을 넘는 정착촌 건설, 30개가 넘는 새로운 전초 기지 건설"로 이어졌다. 정치학자 제롬 슬레이터Jerome Slater가 지적했듯이, 트럼프는 워싱턴의 팔레스타인 해방기구 사무소를 폐쇄하고, 이스라엘의 골란고원 합병을 지지하고, 팔레스타인에 대한 경제 지원을 중단하고, 미국 대사관을 예루살렘으로 이전하고, 그곳을 이스라엘의 "분할되지 않은" 수도로 인정하고(이로써 "팔레스타인이 동예루살렘에 수도를 건설할 권리를 강력하게 부정함"), 서안지구를 '점령지'라고 부르지 않으며 이스라엘 정착촌을 더 이상 불법으로 간주하지 않겠다고 선언하는 등 여러 조치를 취했다.[48]

트럼프의 "평화 계획"이 성사될 경우, 이스라엘은 요르단강 계곡과 전체 영토의 30퍼센트에 해당하는 서안지구의 모든 정착촌을 합병할 수 있게 된다. 반면 팔레스타인은 "서로 연결되지 않고 떨어져 있는 서안지구 일부 지역 및 이스라엘 남쪽 국경을 따라 가자지구에 인접한 네게브 사막의 일부 영토로 구성된 '국가'를 받게 될 예정"이었다. 팔레스타인 사람들이 트럼프가 "세기의 거래"라고 부른 이 계획을 거부하자, 트럼프의 사위 재러드 쿠슈너Jared Kushner("트럼프의 중동 평화 계획 설계자")는 팔레스타인 사람들이 "국가를 가질 준비가 되어 있지 않다는 것을 그들의 반응을 통해 증명하고 있다"고 말하면서도, "시간이 지나면서 그들도 통치 능력을 갖추게 되기를 희망한다"고 덧붙였다.[49]

트럼프 행정부는 이스라엘의 팔레스타인 점령이 영구적이고 되돌릴 수 없는 것이 되도록 특별한 노력을 기울였다.《폴리티코 Politico》의 기사에서 알 수 있듯, 트럼프는 "팔레스타인 국가 수립의 꿈이 거의 사라졌음을 확신했다". 바이든 행정부에서도 큰 변화는 없었다. 조 바이든은 정치 경력 내내 이스라엘을 확고하게 지지해왔다. 취임 후 그는 팔레스타인 국가 추진에 "사실상 외교적 노력을 기울이지 않았고", 평화 회담의 부활을 거부했고, 트럼프의 정책 대부분을 새로운 현실로 받아들였다. 트럼프와 바이든 모두 1967년 이후 미국 정책의 기본 패턴을 이어가고 있다. 즉, 역대 미국 행정부는 분쟁을 공정하게 재단하는 '정직한 중개인'인 척하면서 국제적으로 합의된 정치적 해결을 거부하는 이스라엘을 일관되게 지지해왔다. 이스라엘의 잘못은 자금을 지원하고 이스라엘이 국제법을 준수하지 못하게 막는 미국의 직접적인 책임이다. 서안지구에서 벌어지고 있는 아파르트헤이트의 비참함과 가자지구에 대한 공습의 공포는 미국 정책의 결과다.[50]

가자지구, 2018

2018년과 2019년, 수만 명의 팔레스타인 사람들이 놀라운 시민 불복종 운동을 벌였다. 이들은 매주 금요일 가자지구와 이스라엘 경계선에 모여 1948년 가족이 추방당한 고향으로 돌아갈 권리를 주장하고, 가자지구에 대한 봉쇄와 예루살렘을 이스라엘 수도로 인정하는 것에 반대하는 시위를 벌였다. 경계선 철조망 근처에서 행진하는 것 자체가 시민 불복종에 해당하는데, 이는 이스라엘이 그 지역을 '출입 금지 구역', 즉 가자 주민 스스로도

발을 들여놓을 수 없는 곳으로 지정했기 때문이다.[51]

시위는 압도적으로 비폭력적이었지만, 이스라엘군은 시위대를 향해 실탄을 발포했다. 수개월의 시위 동안 이스라엘 저격수들은 수백 명의 팔레스타인인을 사살하고, 또 다른 수천 명을 다치게(많은 경우 영구적 불구가 되게) 했다. 총에 맞은 사람 중에는 언론인, 의료진, 어린이, 장애인도 포함되어 있었다. 인권 단체들은 이 학살을 맹렬하게 비난했다. 한 목격자는 당시의 참상을 이렇게 묘사했다.

> 주목할 만한 점은 부상자가 많다는 사실이다. 그리고 느리고 체계적인 총격이 있었다는 점이다. 몇 분마다 … 총소리가 들리고 누군가가 쓰러지는 것을 볼 수 있었다. 그리고 또 다른 총성이 울리고 또 다른 사람이 쓰러졌다. 몇 시간 동안 계속되었다. … 피투성이가 된 시신이 줄줄이 구급차에 실려나갔다. 비현실적 느낌이었고, 끝날 기미가 없어 보였다. 거의 일상이 되어버렸고, 이런 일이 자주 일어났다. 총소리, 쓰러지는 사람, 시신을 운반하는 사람들. 부상자 수가 놀라웠다. 총에 맞은 사람이 너무 많아 몇 명이나 봤는지 말할 수 없을 정도였다. 나는 시리아, 예멘, 리비아에서 전쟁을 취재한 적이 있다. 그래도 이런 광경은 본 적이 없다. 느리고 체계적인 총격. 정말 충격적이었다.[52]

유엔총회는 이러한 총격에 대해 "과도하고, 비례의 원칙에 어긋나고, 무차별적"이라고 규정하는 결의안을 통과시켰다. 2019년 유엔 인권이사회는 2018년 가자지구에서 자행한 이스라엘의 행위에 대한 보고서를 발표했다. 보고서에 따르면, 이스라엘은 샌드위치를 나눠주던 남학생의 얼굴에 총을 쐈고, 축구 선수의 다리에 총을 쐈으며(그의 축구 경력은 거기서 끝났다), 경계선에서 300미터 떨어진 곳에 서 있던 정비공을 총으로 쏴 죽였고, '언론' 표시 조끼를 입은 학생 기자에게 총을 쐈으며, 경계선에서 달아나는 남자를 사살했고, 철책에서 수백 미터 떨어진 곳에서 담배를 피우는 남자에게 총을 쐈다고 한다. 한 대학생은 전화 통화 중 머리에 총을 맞아 사망했다. 팔레스타인 사이클링 팀의 한 멤버는 사이클링 장비를 착용하고 시위를 구경하던 중 다리에 총을 맞아 선수 생활을 마감했다. 보고서에서 가장 충격적인 범죄는 장애인 살해 사건이다. 이스라엘 저격수가 휠체어에 앉은 두 다리가 절단된 장애인(두 다리도 이전 이스라엘의 폭격으로 절단되었다) 및 목발을 짚고 걷는 두 명의 남성 장애인을 총으로 쏴 죽였다고 한다.[53]

물론 이스라엘은 사과하지 않았다. 베냐민 네타냐후 총리는 "이 이사회는 이스라엘에 대한 강박적인 증오심으로 인해 위선과 거짓의 새로운 기록을 세웠다."며 "이스라엘은 하마스의 공격으로부터 그리고 이란의 지원을 받는 테러 조직으로부터 최선을 다해 주권과 국민을 방어할 것"이라고 주장하며 유엔의 보고서를 일축했다.[54]

한편 미국에서는, 팔레스타인인의 죽음에 대해 이스라엘인들은 어떤 느낌이 들었는지(이스라엘인들은 "모든 총알이 정당화되었기를 바랐다")(정당한 사유로 발포했을 것이라는 의미 – 옮긴이)에 대한 기사가 《뉴욕 타임스》 1면에 실렸다. 기사는 가자지구 사람들이 "정치적" 목적("정치적 목적을 위해 사적인 고통이 과시되는" 곳)으로 자신들의 고통을 이용했음을 시사했다. (팔레스타인인들이 국제 여론 자극 등 정치적 목적을 이루기 위해 스스로가 피해를 감수했다는 의미 – 옮긴이) 《뉴욕 타임스》는 《주이시 저널Jewish Journal》 편집자가 기고한 칼럼을 게재했는데, 제목은 다음과 같았다. "이스라엘은 경계선을 보호해야 한다. 필요한 모든 수단을 동원해서라도".[55]

미국은 예상대로 시위대 살해에 대한 조사를 요구하는 안전보장이사회 결의를 저지했다. 이스라엘은 다시 한번 아무런 책임도 지지 않았다.[56]

미국에는 정치인들이 이스라엘에 경의를 표하는 것이 당연시되는 분위기가 존재한다. 가장 좌파 성향을 띠는 민주당 정치인조차도, 어떤 상황이 닥쳐도 이스라엘에 대한 미군의 지원 철회를 전혀 고려하지 않을 것임을 강조해야 하는 압박감을 느낀다.[57] 2019년, 미네소타주 하원의원 일한 오마Ilhan Omar는 친이스라엘 로비의 영향력을 비판하며, 의원들이 이스라엘에 "충성"과 "지원 서약"을 요구받고 있다고 주장해 격렬한 정치적 논란을 불러일으켰다. 이에 대해 오마는 유대인을 혐오한다는 비난을 받았다. 《뉴욕 타임스》의 브렛 스티븐스Bret Stephens는 오마가 "자신이 무엇을 하고 있는지 정확히 알고 있으며", 유대인이 음모를 꾸민다는 고정관념을 의도적으로 자극했다고 말했다. 메건 매케인Meghan McCain은 〈더 뷰The View〉에 출연해 오마의 언급이 "매우 무섭다"고 묘사하면서 눈물을 글썽였다. 《내셔널 리뷰National

Review》의 케빈 윌리엄슨Kevin Williamson은 민주당은 "유대인을 혐오하는 괴짜들이라는 큰 문제를 안고 있다"고 말했다.[58]

팔레스타인인들이 정의와 자결권을 얻으려면, 이스라엘의 범죄에 대한 전폭적인 정치적 지지가 바뀌어야 한다. 100년이 넘는 기간 동안, 팔레스타인 식민지화는 세계가 결국 기정사실로 받아들일 수밖에 없는 현실을 서서히 만들어가는 방식으로 이루어져왔다. 이 정책은 지금까지 성공적이었으며 미국이 군사적, 경제적, 외교적, 이념적 지원을 계속하는 한 지속될 것이다.

이스라엘·팔레스타인 분쟁은 종종 복잡한 문제로 묘사된다. 그러나 사실 이 분쟁은 비교적 단순하다.[59] 이 분쟁은 50년 동안 가혹한 군사적 점령이 지속되어온 영토를 중심으로 벌어지고 있다. 점령자는 세계 초강대국으로부터 막대한 군사적, 경제적, 외교적 지원을 받는 주요 군사 강대국이다. 반면, 피지배층은 고립되고 무방비 상태이며, 그중 많은 이들이 비참한 난민 캠프에서 간신히 생존하는 수준에 머물러 있으며, 식민지 전쟁에서나 볼 수 있는 잔인한 공포를 겪어왔다. 그러다 보니 이들 역시 끔찍한 잔혹 행위를 저지르기도 했다. 오랫동안 미국은 둘 중 하나를 선택할 위치에 있었다. 즉, 이스라엘이 기본적인 민주주의 가치와 국제 규범에 따라 행동하도록 요구할 것인가, 아니면 비도덕적이고 불법적이며 자멸적인 아파르트헤이트 국가 건설에 계속 자금을 지원하고 장려할 것인가? 정책 기조를 바꿀 수 있는 유일한 방법은 미국 국민의 압력뿐이다.

네이선 J. 로빈슨이 작성한 후기, 2024년 4월

노엄 촘스키는 오랫동안 이스라엘이 명운을 걸고 "안보보다 확장"을 선택했다고 주장해왔다. 그가 의미하는 바는 이스라엘이 점령을 지속하고, 팔레스타인 국가 수립을 저지함으로써 스스로를 위험에 빠뜨렸다는 것이다. 즉, "이스라엘 입장에서는 적대적인 사람들을 영토 내부에 붙잡아두려 할 때 훨씬 더 불안정했다. 반면, 긴장을 완화하고, 비무장 팔레스타인 국가와 국경을 맞대는 방식의 정치적 해결이 이루어진다면 훨씬 더 안전해질 것"이라는 말이다. 자칭 이스라엘의 수호자들은 실상 전혀 그런 존재가 아니라고 그는 지적했다. 왜냐하면 팔레스타인에 대한 압제는 결국 분노와 원한을 증폭시키고, 이스라엘을 왕따 국가로 만들었으며, 이스라엘 내부의 도덕적 타락을 가져왔기 때문이다. 촘스키는 이스라엘 안보를 진정으로 염려하는 사람이라면 가자 점령과 봉쇄를 중단하도록 이스라엘을 압박할 것이라고 주장했다.[60]

2023년 10월 7일, 하마스 군인들이 '감옥과 마찬가지인' 가자지구를 탈출해 이스라엘에서 군인과 민간인을 대상으로 끔찍한 학살을 자행했다. 어린이와 노인을 포함해 약 1,200명이 사망했다. 고통스러워하는 가족들을 뒤로하고 수백 명의 인질들이 가자지구로 끌려갔다. 이스라엘이 약속한 "강력한 응징"은 순식간에 이루어졌다. 가자지구는 길이 25마일(약 40킬로미터–옮긴이), 폭 5마일(약 8킬로미터–옮긴이)에 불과하지만, 이스라엘은 수만 발의 폭탄을 투하하여 전체 지역을 초토화시켰다. 학교, 병원, 빵집, 구급차, 난민 캠프가 공격을 받았다. 곧 인구의 절반 이상이 굶주리게 되었고, 가자 주민 10명 중 9명은 식사를 매일 하지는 못하는 상황에 이르렀다. 2023년 한 해 동안 전 세계 모든 분쟁 지역에서 사망한 어린이 수를 합친 것보다 더 많은 어린이가 가자지구에서 몇 달 만에 사망했다. 봄이 되자 팔레스타인 사망자는 3만 명을 넘어섰고, 대부분의 주민들은 집을 떠나야만 했다. 《뉴욕 타임스》의 칼럼니스트 니컬러스 크리스토프Nicholas Kristof는 민간인 학살이 르완다 대학살에 비견될 정도로 광범위했다고 말했다. 가자 주민들이 짧은 휴전 기간 동안 뭐라도 건질 만한 것이 있는지 알아보러 무너진 집으로 돌아오자 이스라엘군은 그 난민들에게 발포했다.[61] 현장은 참혹했다. 끔찍한 화상을 입었거나 신체 일부가 절단된 아이들, 동시에 심각한 감염과 가족의 죽음을 목격한 트라우마로 고통받는 아이들, 이스라엘군이 강제로 중환자실을 철수시킨 뒤 병원 침대에서 썩어가는 죽은 영아들 등.[62]

이스라엘 고위 관리들의 발언은 민간인 생명 보호가 최우선 순위가 아니라는 점을 분명히 보여주었다. 나프탈리 베네트Naftali Bennett 전 총리는 이스라엘의 전력 공급 차단이 가자지구에 미치는 영향에 대해 질문하는 TV 뉴스 진행자에게 "지금 팔레스타인 민간인에 대해 묻는 건가요?"라고 말했다. 일부 사람들은 "일본에는 민간인이 없다."는 제2차 세계대전 시대의 표현을 되풀이하면서 가자 주민들은 하마스에 투표했기 때문에 전투원으로 간주해야 한다고 주장했다. (첫째, 이는 사실이 아니다. 가자 주민 대부분은 18세 미만이므로 하마스가 당선됐을 당시 태어나지도 않았기 때문이다. 둘째, 이것은 하마스와 오사마 빈 라덴이 민간인에 대

한 자신들의 공격을 정당화하기 위해 사용했던 바로 그 논리였다.)[63]

이스라엘 잡지 《+972》는 정보 소식통을 인용해, 이번 대규모 폭격은 “충격을 조성하여”, “민간인들이 하마스에 압력을 가하도록 유도하기 위한 것”이라고 보도했다. 《가디언》은 이번 조사 결과를 요약하며, 이스라엘이 “의도적으로 주거지역을 표적으로 삼아 대규모 민간인 사상자를 발생시킴으로써 사람들이 하마스 통치자들에게 등을 돌리도록 만들려 했다”고 전했다. 한 정보 소식통은 “우연히 일어나는 일은 없다. … 가자지구의 한 가정에서 세 살배기 여자아이가 살해되었다면, 이는 군부 내 누군가가 그 아이가 죽는 것을 대수롭지 않다고 여겼기 때문, 즉 [다른] 목표물을 타격하기 위해 그 정도 희생은 감수할 만하다고 결정했기 때문”이라고 설명했다. 또 다른 《+972》 기사는 이스라엘 정보 소식통을 인용해 때로는 하마스 사령관 한 명을 공격하기 위해 고의로 민간인 “수백 명”을 희생시키는 경우도 있으며, 사실상 아무런 제한이 없다고 밝혔다. 그는 또한 “할 수만 있다면 무엇이든 폭격”하고, “목표물을 최대한 많이, 그리고 최대한 빨리 확보하는 데 중점을 두었으며, 가족 전체가 몰살을 당하든, 누가 죽든 이런 문제는 거의 고려되지 않았다.”고 설명했다.[64]

일부 이스라엘 관리들은 가자지구 공습을 정당화하기 위해 드레스덴과 히로시마에 가한 연합군의 잔학 행위를 거론했다. 실제로 두 달이 지나자 가자지구 북부의 파괴는 민간인을 의도적으로 겨냥한 잔인한 공격으로 악명이 높았던 드레스덴 폭격(제2차 세계대전 당시 연합군의 독일 드레스덴 폭격. 드레스덴의 전략적 중요성은 상대적으로 낮았지만 연합군은 이를 공격 목표로 삼았으며, 군수 단지에 대한 공격뿐만 아니라 민간인 지역도 폭격했다고 알려져 있다－옮긴이)보다 더 심각해졌다. 이스라엘 매체 《하아레츠Haaretz》의 사망자 분석에 따르면, 민간인 사상자 비율은 "20세기를 통틀어 전 세계 모든 분쟁에서 발생한 민간인 희생자 평균보다 현저히 높았다"고 한다. 2023년 가자지구에서 사망한 구호 활동가의 수는 지난 30년간 전 세계 모든 전쟁 지역에서 한 해 동안 사망한 구호 활동가 수를 합친 것보다 더 많았다. 황당하게도 이스라엘의 일부 인사(공식 국가 트위터 계정 포함)는 팔레스타인 사람들이 "팔리우드Pallywood"(팔레스타인과 헐리우드를 결합한 합성어로, 팔레스타인인들이 연기를 하고 있다는 의미－옮긴이)라고 불리는 정교한 부상 연기를 하고 있다고 거짓 주장을 퍼뜨렸다. 한편 서안지구 정착민들은 이 혼란을 틈타 점령지에서 팔레스타인인들을 공격하여 토지를 빼앗고 어린이를 포함한 수백 명을 살해했다.[65]

인종 청소에 대한 노골적인 요구도 많았다. 아옐레트 샤케드Ayelet Shaked 전 법무부 장관은 이스라엘이 "가자 주민에게 가힐 파괴를 이용해" 그들을 다른 나라로 강제로 흩어버려야 한다고 말했다. 베냐민 네타냐후는 가자지구의 인구를 "최소한"으로 "축소"할 계획을 세웠다. 정보부는 가자지구의 인구를 줄이고 난민을 주변 국가로 몰아내는 계획을 검토했고, 네타냐후는 수십만 명의 쫓겨난 가자 주민을 주변 각국이 받아들이도록 로비를 펼쳤다. 니심 바투리Nissim Vaturi 이스라엘 의회 부의장은 "가자 주민들은 여기서 쫓겨나야 한다."고 말했다. 농업부 장관은 1948년 대규모 추방을 언급하며 정부가 "가자의 나크바를 진행하고 있다"고 말했다. 헌법권리센터는 10월 7일 공격에 대한 보복으로 가자 주민 전체를 처벌해야 한다고 주장하는 많은 발언과 행동을 기록했다. 예를 들어, 점령지 내 정부 활동 조정관Coordinator of Government Activities in the Territories, COGAT의 책임자인 가산 알리안Ghassan Alian 소장은 "동물 같은 인간은 그에 걸맞은 대우를 받아야 한다. [가자지구에는] 전기도, 물도 없을 것이며, 오직 파괴만 있을 것이다. 지옥을 원했으니 지옥을 맛보게 될 것이다."라고 말했다. 아흔다섯 살의 이스라엘군 예비역 에즈라 야친Ezra Yachin은 부대원들의 '사기 진작'을 위해 초청된 자리에서 이렇게 독려했다. "한 명도 남기지 마라. 그들에 대한 기억을 지워라. 그들과 그들의 가족, 어머니와 아이들을 지워버려라. 이 동물들은 더 이상 살아서는 안 된다." 미국에서도 비슷한 주장이 나왔다. 가자지구에 대한 모든 인도주의적 지원을 중단하고 그곳을 "나가사키와 히로시마처럼 만들어야 한다"고 촉구한 미국 하원의원도 있었다.[66]

가자지구를 "말벌집"이라고 부르던 가자지구의 IDF 북부여단 참모장 오렌 지니Oren Zini는 "회복에 도움이 될 수 있는 모든 종류의 물품 반입을 반대한다"고 말했다. 그는 또한 "나는 가자를 질식시키는 것이 옳다고 믿는다."고 덧붙였다. 이스라엘 의원 이츠하크 크로이저Yitzhak Kroizer는 "우리의 적, 그리고 우리를 해치려는 자들에게 메시지를 보내기 위해 가자지구를 지도에서 지워야 한다."고 말했다. 같은 해 11월, 이스라엘 국방부 장관의 고문이자 전 국가안전보장회의 의장인 지오라 에이랜드Giora Eiland는 가자지구에서 벌어진 민간인 대량 학살에 대해 충격적일 정도로 노골적인 정당성을 부여하며, 질병으로 사람들이 죽어나가면 이스라엘이 승리하는 데 소요되는 비용이 감소할 것이라고 말했다. 그는 "가자지구 남부의 심각한 전염병으로 인해 승리가 가까워지고 이스라엘 병사들의 사상자가 줄어들 것"이라며 "더 적은 비용으로 더 빨리 전쟁에서 승리하는 방법은 단순히 하마스 전사들을 더 많이 죽이는 것이 아니라 상대방 시스템을 붕괴시키는 것"이라고 주장했다. 또한 그는 "가자지구에 심각한 인도주의적 위기를 조성하는 것은 목표 달성을 위한 필수 수단"이라며, "가자지구는 사람이 살 수 없는 곳이 될 것"이라고 단언했다. 지니 장군은 소원을 이뤘다. 800명이 하나의 화장실을 공유하는 과밀 텐트에 살고 있던 가자 난민들 사이에 심각한 질병이 퍼지기 시작한 것이다.[67]

민간인을 대상으로 한 테러는 하마스를 제거하고 10월 7일 공격의 재발을 막는다는 명분으로 정당화되었고, 휴전을 반대하는 사람들은 이스라엘이 자국의 안보를 보장하는 데 있어 손이 묶여서는 안 된다고 주장했다. 그러나 이는 납득하기 어려운 논리였다. 중도 성향의 민주당 하원의원 세스 몰턴Seth Moulton은 "이스라엘은 지금까지 약 5,000명의 하마스 테러리스트를 사살했지만 그 과정에서 하마스는 약 10만 명의 지지자를 끌어모았다."고 지적했다. 사실 이스라엘의 공습은 안보 목적보다는 복수와 응징에 대한 욕망에 훨씬 가까웠다. 이스라엘은 보이지 않는 경계를 넘은 사람을 '테러리스트'로 간주하여 사살하는 "살인 구역kill zone"을 만들었다. 《주이시 커런츠Jewish Currents》의 데이비드 클리온David Klion 기자는 "아무도 대놓고 말하지는 않지만 이 전쟁의 핵심 동인은 이스라엘 국민의 복수에 대한 열망이다."라고 주장했다. 실제로 이스라엘 내부 정보 소식통은 《+972》에 가자지구의 공격 목표 선정 과정에서 건전한 군사전략이 아닌 "복수심"과 "히스테리"가 작용한 것으로 보인다고 말했다.[68]

늘 그렇듯 미국 정부는 이스라엘을 전폭적으로 지지했다. 조 바이든 행정부는 이스라엘에 대한 "레드라인"은 없다고 말했다. 다시 말해, 이스라엘은 전쟁법을 위반하는 등 무슨 짓을 하더라도 미국의 확고한 지원을 받을 수 있다는 뜻이다. 미국은 유엔에 휴전을 촉구하지 않은 세계에서 몇 안 되는 국가 중 하나다. 심지어 바이든 행정부는 팔레스타인 사망자 통계에 (전혀 근거 없이) 의문을 제기함으로써 이스라엘을 지원했다. 바이든 행정부는 인도주의적 양보를 위해 이스라엘을 압박하고 있다고 주장하면서도, 실제로는 무기 지원 축소를 고려하지 않았고, 오히려 이스라엘에 대한 수십억 달러의 추가 무기 이전 승인을 요청했다(이전 대상 무기의 구체적인 내용은 철저히 비밀로 유지했다). 바이든 행정부는 이스라엘이 더 작은 포탄을 사용하길 원한다고 공개적으로 주장하면서도, 이스라엘에 2,000파운드(약 907킬로그램–옮긴이)짜리 폭탄을 계속 공급했다. 가자지구에서 사상자가 증가하는 상황에서도 이스라엘을 전폭적으로 지원하겠다는 행정부의 경직된 태도에 국무부 내 많은 구성원이 반발하며 항의 서한에 서명했고, 일부는 사임하기까지 했다.[69]

가자지구 사망자 수가 수만 명에 달하면서, 가자 주민들이 전하는 증언은 가슴 아프고 충격적이었다. 가자지구에 남은 몇 안 되는 병원 중 한 곳의 의사인 아메드 모그라비Ahmed Moghrabi는 폭력을 멈춰달라고 전 세계에 호소했다. “어떤 말로도 지금 벌어지고 있는 상황을 설명할 수 없습니다.”라고 그는 말했다. “온통 학살”이고 “공포, 공포, 공포”입니다. 그는 온 가족이 몰살당하고, 아이들은 뼛속까지 불에 타는 등의 참혹한 현실을 전하며, 두 살배기 딸아이의 목숨조차 부지하기 어려울 정도로 굶주리는 자신의 처지도 설명했다. “제발 우리에 대한 집단 학살을 멈춰달라.”고 부탁하며, “간청합니다.”라고 그는 호소했다. 가자지구를 방문한 한 의사는 그곳에서 본 것은 “전쟁이 아니라 말살이었다.”고 묘사했다. 유니세프UNICEF 대변인은 도시에 “남아 있는 것은 아무것도 없다.”며 “공포의 깊이는 우리의 언어로는 표현할 수 없는 수준이다.”고 말했다.[70]

이러한 상황에서도 바이든 행정부는 계속해서 이스라엘에 무기를 보내고, 휴전을 요구하는 유엔 안전보장이사회 결의안에 반복적으로 거부권을 행사했다. 찬성 13표, 반대 1표였다. (결국, 국민의 엄청난 항의 끝에 바이든 행정부는 휴전 결의안에 기권하며 통과를 허용했지만, 이 결의안은 “구속력이 없다”고 주장하며, 집행 노력을 기울이지 않았다.) 유엔총회 역시 찬성 153표, 반대 10표로 휴전 결의안을 통과시켰다(따라서 이 결의안은 전 세계 인구의 5퍼센트만이 반대했고, 그중 미국이 4퍼센트를 차지했다). 바이든 행정부는 국제사법재판소의 이스라엘 대량 학살 소송에서 이스라엘을 강력히 지지했다. 미국은 이스라엘이 대량 학살에 관여했다는 주장을 일축하며, 이스라엘의 팔레스타인 점령을 옹호했다. 또다시 미국은 전 세계 여론을 무시한 채 홀로 서 있었다. 《폴리티코》는 바이든 행정부가 휴전이 의도치 않은 결과를 가져올 수 있다고 보고, 전투 중지를 꺼리고 있다고 보도했다. 즉, "휴전으로 언론인들이 가자지구에 더 폭넓게 접근하여 그곳의 참상을 조명하면 이스라엘에 대한 여론이 뒤바뀔 우려가 있다는 것"이다. 거듭 말하지만, 미국 국민들이 자신들의 '민주적인' 정부가 어떤 일을 하고 있는지 알게 된다면, 이를 용납하지 않을 것이 분명하므로 국민들에게 이를 숨겨야 한다는 논리인 것이다.[71]

2024년 4월, 가자지구에 식량을 공급하던 월드센트럴키친World Central Kitchen 구호 활동가 일곱 명이 이스라엘의 공습으로 사망했다. 공격이 의도적이었다는 증거가 다수 나왔다. 구호 활동가들은 표식이 분명한 차량에 타고 있었으며, 이동 경로를 이스라엘군과 사전 조율한 상태였다. 구호 활동가들의 사망으로 인해 월드센트럴키친 및 다른 구호 단체들은 가자지구에서 기아 구호 활동을 중단하게 되었다.

공습 당일, 바이든 행정부는 이스라엘에 대한 무기 이전을 또 다시 승인했다. 그 일이 있고 나서도, 바이든 행정부는 무기 지원에 어떤 조건도 부과하지 않았다. 전 국무부 관리이자 이스라엘·팔레스타인 협상가인 에런 데이비드 밀러는 바이든의 정책은 불균형한 공감(미국이 팔레스타인보다 이스라엘에 더 치우친 입장을 보인다는 의미—옮긴이)에 기반을 두고 있으며, 미국 대통령은 팔레스타인의 생명을 덜 중요하게 여긴다고 직설적으로 지적했다. 이 점은 팔레스타인인들에게는 오래전부터 명백한 사실이었다. 평화와 정의에 대한 열망을 공개적으로 공언하는 이면에 팔레스타인의 고통을 조장하는 어떤 나라의 위선을 팔레스타인 사람들이 비난하는 것은 당연하다.[72]

6장

거대한 중국의 위협

"중국은 우리의 적이다."라고 도널드 트럼프는 반복해서 선언했다. "그들은 호의라는 개념을 이해하지 못하는 사람들"이라고도 했다. 이에 따라 2017년부터 2021년까지 트럼프 행정부는 미중 관계에 "강한 타격을 가했고", 그 결과 양국 관계는 "수십 년 만에 최저점에 도달했다". 트럼프 행정부 관리들은 중국에 대해 가장 극단적인 매카시즘적 언어를 사용했다. 마이클 폼페이오 국무부 장관은 "중국 공산당의 위협"이 "우리 내부"에 침투했으며, "디모인Des Moines, 피닉스Phoenix, 탤러해시Tallahassee, …에서도 발견될 수 있다"고 말했다. "[중국 공산당은] 미국과 서방이 누리고 있는 바로 그 삶의 방식을 약화시키기 위해 어떤 일도 서슴지 않을 것이다."라고 덧붙였다. 도널드 트럼프의 전 수석 전략가 스티브 배넌Steve Bannon은 "중국은 미국이 직면한 사상 최대의 경제 및 국가안보 위협으로 부상했다."는 글을 썼다. 2020년 7월 크리스토퍼 레이Christopher Wray FBI 국장은 "중국의 위협"이 "우리의 건강, 생계, 안보"를 위협하고 있다고 경고했다.[1]

중국이 어떻게 "우리가 이곳에서 누리고 있는 삶"을 위협한다는 것인가? 이에 대해 레이 국장은 "중국 정부의 야망의 범위"는 "경제 및 기술 분야에서 우리 나라를 능가하는 것"이라고 설명했다. 윌리엄 바William Barr는 중국이 "경제적 전격전economic blitzkrieg"을 펼쳐, "최고의 기술 강국으로서 미국을 뛰어넘어, 세계경제의 지배적 지위로" 올라서려 하고 있다고 주장했다. 이것이 바로 '중국 위협'의 본질, 즉 미국이 더 이상 세계를 지배하지 못할 것이라는 것이다. 반면, 미국 대외 정책은 미국이 영원히 세계를 지배할 자격을 갖추고 있다는 사실을 기본 전제로 하고 있다.[2]

이러한 인식은 트럼프 행정부의 전략 문서에서 명확하게 드러난다. 2017 국가안보전략서National Security Strategy(이하 NSS)는 "중국이 인도·태평양 지역에서 미국을 밀어내고, 국가 주도 경제 모델의 영향력을 확대하며, 자국에 유리하게 역내 상황을 재편하려 한다."고 경고하고 있다. 그런데 (인도·태평양 지역에 위치하지도 않은) 미국이 어떻게 인도·태평양 지역에서 "밀려날 수" 있을까? 하지만 NSS는 인구가 훨씬 많은 중국을 제쳐두고 왜 미국이 아시아에서 우위를 점할 자격이 있는가에 대한 질문은 다루지 않고 있다. NSS는 중국과 러시아가 "미국의 지정학적 우위에 도전"하고 있으며, 미국은 "강대국 경쟁" 속에 갇혀 있다고 진단한다. 이는 미국이 대규모 인명을 신속하게 전멸시킬 수 있도록 군의 능력을 대폭 강화하여 "대규모 전쟁에 대비한 군의 준비태세를 회복"시켜야 한다는 것을 의미한다. NSS는 미국은 "미국의 아들딸들이 결코 공평한 싸움을 하지 않도록" 전 세계 모든 군대를 능가하는 "치명적 능력"을 확보하여야 한다고 권고했다.[3](미

군의 전력이 압도적 우위인 상태에서 전투에 임할 수 있도록 준비해야 한다는 의미–옮긴이)

트럼프 행정부의 "인도·태평양 전략"은 인도·태평양 지역에서 미국의 주요 관심사가 "미국의 우위를 유지하고", "세계에서 가장 빠르게 성장하는 이 지역에서 외교적, 경제적, 군사적 우위를 지속"시켜 중국이 새로운 "영향권"을 형성하지 못하도록 하는 것이라고 밝히고 있다. 다시 말해, 아시아 최대 국가가 훨씬 작은 미국보다 아시아에서 더 큰 힘과 영향력을 갖지 못하도록 해야 한다는 것이다.[4]

중국이 성장함에 따라, 자신의 지역에 대한 '우위'를 유지하기 위한 노력은 점점 더 공격적인 대립을 필요로 하게 될 것이다. 이러한 우위 확보는 미국의 양대 정당 또한 전념하고 있는 사안이기도 하다. 선거운동 기간 조 바이든은 중국에 대해 "트럼프 대통령보다 더욱 강경한 모습을 보이려는 시도"를 했고, 일부 인사로부터 인종차별적이라는 비판을 받는 반중 캠페인 자료를 배포했다. 바이든은 시진핑習近平을 "깡패thug"라고 지칭하며, 《포린 어페어스》 기고문에서 "미국은 중국에 대해 강경하게 대처할 필요가 있다."고 밝혔다.[5]

취임 후 바이든은 대중국 정책을 포함하여 사실상 트럼프의 대외 정책 대부분을 유지했다. 어떤 경우에는 바이든이 훨씬 더 강경했다. 《폴리티코》는 한 기사에서 "중국의 기술 개발을 억제하려는 바이든의 조치는 트럼프가 취했던 조치보다 더욱 강하게 중국 경제에 타격을 줄 것이며 양국 사이를 더 멀어지게 할 것"이라고 경고했다. 이는 또한 "중국의 경제적, 군사적 부상을 억제하기 위한 가장 공격적인 미국의 조치"가 될 것이라고 덧붙였다. 《애틀랜틱》은 논평에서 중국을 응징하고 싶은 유권자들은 2024년 선거에서 트럼프가 아닌 바이든을 선택해야 한다며, 그 이유는 "바이든이 트럼프보다 중국을 더 강하게 타격했고", "중국의 경제와 지정학적 야망에 더 심각한 피해를 입혔기 때문"이라고 언급했다. 다른 나라의 경제를 파괴할 자격이 있다고 여기는 태도는 여전히 당연시되고 있다.[6]

외교 전문 기자 마이클 허시Michael Hirsh는 "막후에서 보면 중국에 대한 두 대통령의 접근 방식에는 거의 차이가 없다."고 말한다. 《폴리티코》는 트럼프의 대중 정책 설계자인 클리트 윌렘스Clete Willems의 말을 인용하여, "[바이든] 행정부는 중국의 자주적 혁신을 그 자체로 국가안보 위협으로 보고 있으며 … 이는 우리가 이전에 가졌던 인식에서 크게 한 발 더 나아간 것"이라고 보도했다. 토니 블링컨Antony Blinken 국무부 장관은 "국제 질서에 대한 가장 심각한 장기적 도전"은 "중화인민공화국People's Republic of China이 제기한 도전"이라고 말했다. 2022 국방 전략서National Defense Strategy는 트럼프의 전략과 마찬가지로 "중국이 제기하는 다영역 위협"에 맞서 싸우고, "인도·태평양에서 중국의 도전을 최우선 과제로 삼을 것"을 명시하고 있다. 이를 위해 바이든 행정부는 "이 지역에 병력과 군사 장비를 계속 증강 배치하고 동맹국들에게도 무기고 확충을 독려"했다고 트럼프 행정부에서 국무부 차관을 역임한 스티븐 E. 비건Stephen E. Biegun은 밝혔다. 사실, 이러한 노선은 버락 오바마 대통령의 "피봇 투 아시아pivot to Asia" 정책에서 시작되었으며, 이는 "미국의 가장 진보된 군사 역량을 아시아에 [우선적으로] 배치하겠다"는 계획을 포함하고 있었다. 오바마는 "미국은 태평양의 강대국이며, 우리는 여기서 떠나지 않을 것"이라고 선언했다.[7]

《뉴욕 타임스》는 "트럼프와 바이든 행정부 모두 쇠퇴기에 접어든 것처럼 보이는 미국이 어떻게 글로벌 지배력을 유지할 수 있을 것인가를 두고 고민해야 했다."고 전한다. 미국은 양대 정당 출신 대통령 아래에서 글로벌 문제에 대해 중국의 역할을 제한하고 중국의 발전을 억제하려 했다는 점을 굳이 숨기지 않는다. '글로벌 지배력 유지'에 대한 열망은 지극히 정당한 선의의 열망으로 취급된다.

미국 정책 입안자들은 오래전부터 미국이 아시아에서 뜻대로 행동할 권리가 있다는 전제를 당연시해왔다. 1949년 중국 공산주의 혁명 이후, 미국 정치인들은 '중국을 잃었다'는 문제를 두고 논쟁을 시작했고, 누가 중국을 '잃게 만들었는가'를 두고 상호 비난을 주고받았다.[8] 이 용어에는 미국이 중국을 소유했다는 암묵적 전제가 깔려 있다. 중국이 미국의 통제를 벗어났다는 생각은 끔찍한 일이었다. 오늘날 미국은 중국이 지역 패권국이 될 희망이 없음을 중국에 증명하려고 시도하고 있으며, 그 방법은 '군사 우선주의' 접근법이다. 미국, 영국, 호주는 "극초음속 무기 개발에 협력하며 3자 안보 협정을 확대하여 미국과 동맹국이 중국의 급속한 군사력 팽창에 대응할 수 있도록 할 것"이라고 발표했다. 마이클 클레어Michael Klare가 지적했듯이, 2022년 국방수권법National Defense Authorization은 "미군 기지, 군 병력, 점점 더 군사력을 키워가는 우방 국가의 네트워크로 중국을 둘러싸기 위한 상세한 청사진을 제공하며 … 이를 통해 중국군을 자국 영토 내에 가두고, 미래에 위기가 닥쳤을 때 중국 경제를 마비시키는 것을 목표로 한다". 미 국방부는 "중국은 미국의 중국 봉쇄 의지가 점점 더 강해질 것으로 보고 있다."고 말한다. 미국의 인도·태평양 정책은 본질적으로 중국 봉쇄를 중심으로 수립된 만큼, 중국이 그렇게 느끼는 것은 놀라운 일이 아니다.[9]

중국을 위협으로 규정하는 이들은 그 주장을 정당화하기 위해 중국의 악행 목록을 즉시 제시할 수 있다. 물론 중국에는 반대 의견 탄압 및 위구르족에 대한 억압 등 심각한 인권침해가 존재한다. 중국은 남중국해에서 의심의 여지없이 국제법을 위반했다. 트럼프 행정부의 국가정보국장 존 랫클리프John Ratcliffe는 중국이 "미국 기업의 지적재산을 탈취하고 기술을 복제한 뒤, 글로벌 시장에서 미국 기업을 대체하고 있다"고 말했다. 2022년 7월 국가정보국 보고서는 "[미국의] 주 및 지방 정부 지도자 사이에서 중국에 대한 지지를 확산시키고, 이러한 관계를 활용해 중국에 우호적인 정책을 펼치도록 워싱턴을 압박하려는 중국의 사악한 노력"에 대해 경고하고 있다. 트럼프 행정부는 척 슈머Chuck Schumer 상원의원의 요청에 따라 중국을 공식적으로 '환율조작국'으로 지정했다. 윌리엄 바는 중국이 "가난한 나라에 빚을 떠넘기고, 재협상을 거부하고, 기반시설 자체를 장악함으로써" "현대판 식민주의"를 실천하고 있다고 말했다.[10]

그러나 이러한 비난 목록의 문제점은 그것이 미국에 명백히 위협이 되지 않거나, 혹은 미국도 비슷하게 행동하면서 자신이 관여할 권리가 있다고 주장하는 행위에 해당한다는 점이다.

예를 들어, 위구르족에 대한 중국의 탄압은 도덕적으로 매우 비난받아 마땅하다. 그러나 위구르족 탄압이 어떻게 해서 중국이 다른 나라에 위협이 된다는 논리로 이어지는지 이해하기 어렵다. 그리고 앞서 살펴본 바와 같이, 미국의 인권 논리는 자국의 힘과 이익에 유용할 때만 활용된다. 사우디아라비아의 범죄는 '사우디아라비아의 위협'을 입증하는 근거로 사용되지 않지만, 중국의 범죄는 특유의 위협임을 증명하는 데 활용된다.

약탈적 대출 관행을 통해 다른 나라를 착취한다는 신식민지적 '부채負債 함정'과 같은 중국에 대한 일부 비난은 과장된 면이 있다.[11] (반면, 일부 국제 부채 함정은 실제로 존재한다.[12]) 또 다른 비난들은 역사 속에서 미국이 자행한 사건의 목록과도 일치할 수 있다. AP 통신이 지적했듯이, 중국을 지적재산권 도용 혐의로 비난하는 것은 "2세기 전 미국이 유럽 경쟁국을 제치고 산업 대국으로 부상하는 데 도움을 준 바로 그러한 종류의 불법 관행"을 비난하는 것이나 다름없다. 뮤지컬에서 그 삶이 자주 그려지는 알렉산더 해밀턴Alexander Hamilton은 "다른 나라로부터 대규모 산업 기술 탈취를 위한 연방정부 정책"을 옹호했다. 피터 안드레아스Peter Andreas는 그의 저서 《밀수 국가: 불법 거래가 미국을 만들다Smuggler Nation: How Illicit Trade Made America》에서 "[미국은] 산업 강국이 된 이후에야 지적재산권 보호의 옹호자가 되었다"고 지적한다. 마찬가지로, 미국이 세계 기축 통화 보유를 통해 경제력을 행사하고, CIA가 해외에서 영향력 행사 작전을 수행하는 것을 굳이 숨기지 않는 상황을 고려해보면, 경제 전쟁과 영

향력 확대 활동에 대한 우리의 비난은 공허한 소리로 들린다.[13]

《디플로맷The Diplomat》의 카일 헤인스Kyle Haynes는 "신흥 강대국이 군사력을 급속히 확장"하고 "전략적으로 중요한 수로에 대한 군사적 통제를 강화하는 등 수십 년 된 규범과 협정을 일방적으로 폐기"하면서, "이 지역에서 지배적인 글로벌 패권국을 강제로 추방하려는" 상황을 상상해보라고 한다. 이는 오늘날 중국을 묘사하는 표현일 수 있다. 그러나 이는 또한 미국이 미주 대륙을 지배하게 된 시기에 대해서도 정확히 적용되는 설명이다. 중국 입장에서는 그저 미국은 "사다리를 걷어차도 괜찮다"는 원칙을 거부하고 있을 뿐이다. 이 용어는 한 국가가 온갖 비도덕적인 수단(폭력, 속임수, 첨단 기술 도용 등)을 동원해 발전의 사다리를 올라간 다음, 다른 국가가 같은 행동을 하지 못하도록 '규칙 기반 질서rules-based order'를 부과하는 패턴을 설명하는 데 사용된다.[14]

중국의 실제 '위협'은 전 호주 총리인 폴 키팅Paul Keating이 정확하게 설명하고 있다. "존재 자체만으로도" 중국은 "미국에 대한 모욕"이다. 키팅은 중국이 실제로 미국을 위협한 적은 없지만 "미국의 패권에 대한 도전"을 상징하고 있다고 지적한다. 따라서 중국이 제기하는 '위협'이란 중국이 존재한다는 사실 자체인 것이다.[15]

중국이 미국에게 위협이라면, 미국은 중국에 어떤 존재일까? 중국이 첫 해외 군사기지를 (지부티에) 설치했을 때, 이는 "세계 권력 역학을 변화시키고, 미국의 지배력을 약화시키며, 유럽을 국제 문제의 변방으로 밀어내려는" 계획의 일환으로 취급되었다. 그렇다면 80개국에 걸쳐 750개의 해외 기지를 운용하는 미국을 중국은 어떻게 인식해야 할까? 중국이 작은 솔로몬 제도와 안보 협정을 맺어 두 번째 해외 기지를 개설할 가능성을 제기하자 미국은 즉시 "압박을 가하기" 시작했다. 이에 대해 중국 관리들은 (정확히) "남태평양에서 먼로독트린(유럽 국가들의 아메리카 대륙 식민지 건설을 배격하고, 유럽 대륙과 미주 대륙 간 상호 간섭을 배제하자는 주장–옮긴이)을 부활시키려는 시도"라고 묘사했다.[16]

중국 전문가 라일 골드스타인Lyle Goldstein은 중국의 대서양 전략China's Atlantic Strategy이라는 일련의 중국 공식 문서를 검토한 후, "중국인들이 분명하게 말하고 있는 것은 '대서양은 미국에 절대적으로 중요하며, 미국이 우리의 뒷마당까지 와서 남중국해를 뒤지고 있으니 우리는 그들의 뒷마당으로 가야 한다'는 것이었다"고 보고했다. 공수攻守가 바뀌었는데, 이는 공정한 플레이일까, 아니면 국제 규범이란 경쟁자에게만 적용되는 것일까? 예를 들어, 중국은 실제로 해양법에 관한 유엔 협약을 위반했다. 하지만 미국은 이 협약에 서명하지도 않았다. 대만에 대한 중국의 행동은 위협적이다. 그러나 미국은 전 세계 어느 나라에서도 해당 정부를 축출할 권리가 있는 듯 행동해왔다.[17]

이러한 지적은 종종 '너는 다르냐? 전략whataboutism'이라고 지칭된다. 즉, 다른 범죄를 지적함으로써 특정 범죄로부터 주의를 분산시키는 전략이다. (이 경우에는, 적의 범죄를 살펴보는 것뿐만 아니라, 우리 자신의 범죄까지 살펴보라고 지적하는 것이다.) 사실 이러한 지적은 우리가 표방하는 이상理想에 대해 진정한 관심을 가지고 있지 않다는 증거다. 물론 중국도 이를 분명히 알고 있다. 자오리젠赵立坚 중국 외교부 대변인은 "중국에 대한 공격은 미국이 그동안 해왔던 것과 정확히 일치한다."고 말했다.[18] 자오 대변인은 미국이 "유엔헌장과 국제법이 뒷받침하는 국제 질서에 대한 존중이 없다"며, "조약과 기구에서 제멋대로 탈퇴"하고 "국내법을 국제법과 국제 규칙보다 우위에 놓는" "국제 질서의 파괴자"라고 비난했다. 자오는 미국이 저지른 불법 폭력의 오랜 역사를 지적하며, "미국의 눈에는 국제 규칙이란 자국의 이익에 종속되고 봉사해야 하는 존재"라고 언급했다. 이런 태도는 "국제 규칙이 미국의 이익과 일치할 때만 그 규칙을 권위로 인용하고, 그렇지 않으면 규칙은 간단히 무시해버리면 된다고 여기는 것"이라고 그는 표현했다.

중국의 입장을 반박할 사람이 있을지 의문이다. 중국이 군사적 침략, 인권, 국제법에 대한 미국의 그럴듯한 발언에 귀를 기울이지 않는 이유 중 하나는 미국의 역사가 바로 군사 침략, 인권유린, 공공연한 국제법 위반의 역사였기 때문이다.

그렇다면 대만은 어떨까? 이것만큼은 중국이 심각한 위협이 되는 사례라고 할 수 있다. 미국에 대한 직접적인 위협은 아니더라도, 자결권 원칙에 심각한 위협을 가하고 있는 사례가 나타난 것이다. 최근 몇 년 사이, 대만 통일에 대한 중국의 논조가 점점 더 호전적으로 변하고 있으며, 중국의 군사력이 성장함에 따라 대만을 정복하기 위해 전쟁을 일으킬 위험도 그만큼 커지고 있다는 불길한 징후가 있다. 라일 골드스타인은 "중국인민해방군은 통일을 이룰 의지와 능력이 있다"는 말이 중국 내에서 점점 더 널리 퍼지고 있다고 지적한다. 인민해방군 동영상에는 한 중국 해군 함장이 이렇게 말하는 장면이 나온다. "우리는 조국 통일을 방해하는 침략자에게 직접적이고 고통스러운 공격을 가할 결심과 능력이 있으며, 자비를 베풀지 않을 것이다."[19]

상황은 심각하다. 그러나 역사가 중요하다. 대만의 배경은 복잡하지만, 1895년 일본에 할양되기 전까지 대만은 중국의 일부였다. 제2차 세계대전 전후로 일본은 대만을 "가라앉지 않는 항공모함" 성격의 군사기지로 사용했다. 1945년 일본은 대만을 중화민국Republic of China, ROC에 반환했지만, 이후 몇 년간 대만의 주권을 둘러싼 논란이 있었다. 1949년 국공 내전에서 중화인민공화국People's Republic of China, PRC이 중화민국을 물리치자, 장제스蔣介石의 군대는 대만으로 후퇴하여 망명정부를 세웠다. 이후 수십 년간 중화인민공화국과 중화민국은 서로 본토와 대만을 포함한 중국 **전체**를 대표하는 합법적인 정부라고 주장했고, 1960년대에서 1970년대에 이르기까지도 대만의 장제스 정부는 본토 재탈환을 위한 침공을 계획하고 있었다. 미국은 오랫동안 대만이 중국의 일부라는 입장을 지지해왔으며, 중화인민공화국의 소멸 가능성이 없다는 것이 분명해지기 전까지는 대만을 중국 전체의 합법 정부로 인정해왔다. 대만은 아직 스스로를 공식적인 독립국가로 규정하지 않고 있으며, 여전히 중국 본토를 자국 영토의 일부로 간주하고 있다. 최근 수십 년간 대만에서는 자신을 대만인이 아닌 중국인으로 인식하는 주민 비율이 감소했으며, 대만을 중화민국이라기보다 별개의 국가로 인식하는 경향이 증가하고 있다. (사실 대만 관료들이 과거에는 자국이 대만으로 불리는 것을 **싫어**하곤 했다. 이는 대만이 본토를 포함한 유일한 합법 국가가 아닌 별도의 국가임을 암시한다고 생각했기 때문이다.)[20]

오늘날 대만을 둘러싼 갈등을 단순히 작은 이웃을 지배하려는 거대한 침략자의 이야기로 묘사하기 쉽다. 하지만 역사는 이 이야기를 더 복잡하게 만든다. 내전 이후 패한 세력이 그 나라의 일부 지역으로 후퇴한다면, 복잡한 주권 분쟁이 발생할 것은 충분히 예상할 수 있는 일이다. 시간이 지남에 따라 대만은 중국의 일개 분쟁 지역이라는 지위에서 자결권을 행사할 수 있는 독자적인 국가가 된 것이 분명하다. 그러나 중국의 관점에서 상황을 본다면, 대만을 지원하는 미국의 특정 행동이 실제로는 역효과를 낼 수 있는 이유를 알 수 있다. 첫째, 대만은 일본과 중화민국 둘 다에게 본토를 상대로 한 전쟁을 수행하거나 계획하는 데 이용된 적이 있다. 따라서 중화인민공화국이 대만 독립의 대의를 주변국을 활용해 중국을 포위하여 이 지역에서 미국의 힘을 유지하려는 미국의 전략과 연계시킬수록, 중화인민공화국은 대만 독립의 가능성을 분쇄하겠다는 결의를 더욱 굳게 다질 것이다. 다른 비유를 들어보겠다. 푸에르토리코가 독립을 추구한다고 할 때, 중국이 푸에르토리코를 군사적으로 방어하겠다고 선언하고 카리브해에서 미국의 헤게모니에 대항하기 위해 푸에르토리코를 이용한다면 푸에르토리코 독립이라는 대의에 대해 미국이 우호적 태도를 보일 가능성이 높아질지 아니면 낮아질지 한번 생각해봐야 한다.

대만의 자결권을 보장하기 위해서는 중국이 무력 통일을 시도하도록 만들 수 있는 조치를 미국이 취하지 않아야 한다. 미국은 평화로운 현 상황을 최선을 다해 유지해야 한다. 그 이유는 중국이 대만을 점령하기로 결정한다면 미국이 대만을 성공적으로 방어할지 불투명할 뿐만 아니라, 미중 전쟁은 특히 대만 국민에게 전례 없는 규모의 인도주의적, 경제적 재앙이 될 것이기 때문이다. "코끼리가 싸우면 고통받는 것은 풀이다."라는 옛 속담처럼 대만이 미국과 중국 간의 세력 다툼의 한 조각으로 이용된다면 대만은 필연적으로 세 나라 중 가장 큰 피해를 입을 수밖에 없다.[21]

사실 대만을 둘러싼 전쟁을 방지할 수 있다고 믿을 만한 충분한 이유가 있다. 여론조사에 따르면, 대만인들은 상황이 전쟁으로 귀결될 것이라고 생각하지 않는 경향이 훨씬 강했으며, "일부 대만 정치인들은 중국과 점점 더 격렬하게 경쟁하는 미국이 오히려 위험을 가중시키고 있다고 생각한다". 《파이낸셜 타임스》는 대만 전문가들의 말을 인용해 "미국이 중국의 공격 위험이 커지고 있다고 우려하는 이유를 보다 명확하게 설명할 필요가 있다."고 지적했다. 대만과 중국 정부는 실제로 상당히 우호적인 관계를 유지해왔으며, 지난 몇 년간 수백만 명의 중국인 관광객이 대만을 방문했다. 대만의 영구적인 자치권이 확립될 때까지 현 상태를 유지하다가, 궁극적으로 독립으로 이어지는 평화적인 길도 생각할 수 있다. (하지만 대만 내에서도 완전한 독립은 논란이 많으며, 장기적 관점에서 이상적인 결과가 무엇인지는 불분명하지만, 그것이 무엇이든 그 결과는 대만에 대한 미국의 열망에 의해 결정되어서는 안 된다.)[22]

지속적인 평화와 정의로운 해결의 길로 나아가기 위해서는, 미국이 중국으로 하여금 힘을 과시할 필요가 있다고 느끼게 만들거나, 무력을 통한 통일 추구 실패를 미국에 대한 굴욕적인 항복으로 비치게 하는 행동을 해서는 안 된다. 미국이 중국을 적으로 간주하고, 대만을 그 적에 맞서는 핵심 동맹으로 여기고 있다는 인상을 주지 않아야 한다. 아울러, 중국과의 군비경쟁에 뛰어들어 이 지역을 화약고로 만드는 일도 반드시 피해야 한다.

안타깝게도, 대만의 자결권에 대한 미국의 지지는 민주주의에 대한 원칙적인 믿음과는 거의 관련이 없고, 전적으로 아시아에서 미국의 영향력을 유지하는 것과 관련이 있다. 한편, 《애틀랜틱》의 크리스 호턴Chris Horton은 미국이 대만 문제에 그토록 깊이 몰두하는 이유를 다음과 같이 설명한다. "미국은 물론 점점 더 강경해지는 중국, 두 나라 모두에게 있어 대만의 전략적 중요성은 아무리 강조해도 지나치지 않다." 만약 대만이 중국의 일부가 된다면, "중국은 순식간에 태평양의 강대국이 되어 세계 최첨단 기술 중 일부를 통제하게 될 뿐만 아니라, 일본과 한국으로 향하는 원유 수송로를 차단할 수 있는 능력을 갖게 되며, 이를 지렛대로 양국에 주둔한 미군 기지의 폐쇄를 요구할 수도 있다".[23]

미국 정부는, 설령 그것이 긴장을 완화하는 데 도움이 되는 조치라 하더라도, 중국을 돕는 것으로 비칠 수 있다면 이를 기꺼이 포기할 수도 있다. 예를 들어, 라일 골드스타인은 외교적 해결 기회를 살리기 위해서는 중국과 대만 사이에 따뜻한 관계를 조성하는 것이 필요하다고 말한다. 그러나 미국은 우호적인 양안兩岸 관계를 촉진하는 대신, 오히려 대만이 중국의 침략에 저항할 수 있는 미사일로 무장한 '고슴도치'가 되도록 독려하고 있다. 미국 관료들은 의도적으로 중국의 반발을 살 만한 조치를 취했다. 예컨대 대만 문제를 놓고 중국과 전쟁도 불사하겠다는 바이든의 공언이나, 자신의 정치적 과시를 위한 낸시 펠로시의 대만 방문이 그것이다. 이런 식으로 미국은 대만의 자결권을 지지하고 있다고 스스로를 위로할 수는 있겠지만, 실제로는 전쟁 가능성만 높이고 있다. 지난 50년 동안 미국은 '하나의 중국' 정책을 수용해왔으며, "대만 해협 양안의 모든 중국인은 오직 하나의 중국만이 존재하며 대만은 중국의 일부"라고 여긴다는 점을 인정해왔다. 그리고 어느 쪽도 이를 훼손하는 행동을 삼가왔다. 미국의 무모하고 도발적인 움직임만 없으면 이러한 상황은 계속될 수 있을 것이다.[24]

사실, 대만에 대한 중국의 합리적인 장기 전략은 침략하지 않는 것이다. 침략은 중국 스스로의 미래를 심각하게 해칠 수 있고, 자멸적인 전쟁을 촉발할 가능성도 있다. (실제로 침공을 계획하고 있다는 징후도 보이지 않았다.) 하지만 놀랍게도, 미국 내에는 대만 문제와 관련하여 중국과의 전쟁이 불가피하다고 생각하는 사람들이 있다. "우리에게 전쟁은 만약의 문제가 아니라, 언제의 문제일 뿐이다."라고 인도·태평양 사령부 정보국장은 말했다. 전쟁이 상상할 수 없는 일이 아니라, 오히려 외교적 해결이 상상하기 어려운 일이 되어버린 것이다.[25]

미국과 중국 간의 긴장은 종종 국제관계의 고전적인 '안보 딜레마'를 보여주는 사례로 여겨진다. 즉, "기획한 쪽에서는 방어적으로 간주하는 군사 프로그램이나 국가 전략이 상대방에게는 위협으로 인식되는 상황"이라고 외교정책 연구소의 폴 고드윈Paul Godwin은 설명한다. 스티븐 M. 월트Stephen M. Walt는 "놀랍게도, 지적이고 교육 수준이 높은 서구인들(그중에는 저명한 전직 외교관도 포함된다)이 자신들의 선의가 다른 사람들에게 명확하게 전달되지 않을 수 있다는 사실을 이해하지 못하는 것 같다"고 경고한다. 다시 말해, 미국이 지역 군사동맹을 구축하고, 주변국에 중국을 겨냥한 초정밀 무기를 배치하고, 중국을 '적'으로 규정하고, 더 많은 군함을 보내 중국 해안을 순찰하고(미국이 서명하지도 않은 해양법 협약을 집행하기 위해서라고 주장하면서), 중국을 견제하기 위해 호주에 핵잠수함 함대를 보내고, 중국 해안 근처에서 군사훈련을 실시하는 등의 조치가 단지 중국의 침략을 억제하려는 방어적 노력일 뿐이라고 미국은 생각하지만, 중국은 그렇게 보지 않는다는 것이다. 이는 마치 중국 군함이 멕시코만에 지속적으로 집결해 군사훈련을 실시하는 경우 미국이 보일 반응과 같은 방식의 대응을 중국은 취하지 않을 것이라고 기대하는 것과 마찬가지다. 중국의 군사훈련을 우리는 적대적으로 해석하지만, 미국이 중국에 대한 경고의 의미로 세계 최대 규모의 해상전투 훈련을 실시하는 것을 중국은 적대적으로 해석해서는 안 된다고 주장하는 셈이다. 미국은 오직 '방어'만 하고, '공격'을 하는 쪽은 언제나 다른 나라라는 인식을 받아들여야 한다는 것이다.[26]

그러나 사실 미국의 행동은 '방어적'이라고 보기 어렵다. 어쩌면 중국은 미국의 정책을 비극적으로 오해하고 있는 것이 아니라, 그저 공개적으로 이용 가능한 미국의 전략 문서를 읽었을 뿐일지도 모른다. 미국의 정책 입안자들은 인도·태평양 지역에 대한 미국의 통제권을 유지하고자 하며, 아울러 미국이 미주 대륙에서 해왔던 일들을 중국은 아시아에서 할 수 없다고 주장하고자 한다. 중국은 이 사실을 잘 알고 있다. 그들은 《월스트리트 저널》을 펼쳐 헨리 키신저 석좌교수의 글을 읽었을지도 모른다. 그는 "미국이 건설한 세계"를 지키기 위해서라면 새로운 "냉전 스타일의 긴장과 위기"(즉, 인류 문명이 갑작스럽고 폭력적으로 종말을 맞이할 수 있다는 끊임없는 위협)를 초래할 수 있을지라도 이를 감수하고 "전진하는 경쟁자를 봉쇄하기 위한 긴급하고도 지속적인 노력"을 해야 한다고 주장한다. 중국 정부는 어쩌면 미국의 새로운 국방수권법을 분석했을 수도 있다. 이 법에 따르면, 국방부 장관은 "인도·태평양 지역에서 미국의 국방 동맹과 파트너십을 강화하여 중국과의 전략적 경쟁에서 비교 우위를 더욱 확고히" 할 임무를 담당한다. 그들은 '규칙 기반 질서'에 대한 미국의 주장을 듣고, 버락 오바마가 환태평양 경제동반자 협정 Trans-Pacific Partnership을 언급하며 다음과 같이 발언한 사실을 기억했을 수도 있다. "규칙이 곧 만들어질 것이다. 우리가 이 협정을 통과시키지 않는다면 (다시 말해 미국이 규정을 확립하지 않는다면) 중국과 같은 나라들이 그렇게 할 것이다." 2012년에는 대표적인 공화당의 '온건파' 유력 정치인 밋 롬니Mitt Romney가 "중국의 세기가 아닌 미국의 세기를 만들겠다"고 다짐하면서 "태평양의 안보란 곧 미국의 경제력과 군사력이 그 누구보다도 가장 앞서는 세상을 의미한다"고 주장하는 것을 봤을 수도 있다.[27]

《폴리티코》 기자 마이클 허시의 기사처럼, 중국도 "바이든 대통령이 후보 시절의 발언과는 극명하게 대조적으로" 행동하고 있음을 분명히 눈치채고 있을 것이다. 즉, 바이든이 '트럼프식'

정책을 채택해 중국에 대한 핵 위협을 고조시키고 있으며, "어떤 면에서는 전임자보다 더 공격적인 입장을 취하고 있다"는 점을 중국이 파악하고 있다는 것이다. 《포린 어페어스》의 분석에 따르면, 이러한 미국의 공격적인 태도로 인해 중국은 이에 대응해 자체 핵무력을 강화하고 있으며, 이는 "미국이 핵 사용 문턱을 낮췄다는 우려에서 비롯된 것"이라고 한다.[28]

미국은 자신의 행동을 이상주의적이고 자비로운 것이 아닌 다른 어떤 것으로 볼 수 있는 능력이 없을지 모르지만, 미국 정부는 '공정한 경쟁'을 막고, 미국의 힘에 도전하는 모든 사람을 전멸시킬 수 있는 능력을 유지하겠다는 의도를 분명히 밝혀왔다. 정치학자 존 미어샤이머John Mearsheimer가 2005년에 설명했듯, 중국의 힘이 커질수록 긴장이 고조되는 이유는 "미국이 경쟁국을 용납하지 않고", "세계 유일의 지역 패권국으로 남겠다고 결심했기" 때문이다. 미국은 인류 문명의 종말을 초래할 수 있는 전쟁 위험을 고조시키는 한이 있더라도 세계를 지배하려는 의도를 가지고 있다.[29]

따라서 중국과의 긴장을 완화하기 위한 출발점은 미국이 중국에 요구하는 사안이 과연 공정한지, 그리고 미국이 다른 나라에게 요구하는 것을 미국 스스로도 기꺼이 이행할 의향이 있는지 거울을 들여다보고 자문하는 것이다. 중국의 힘을 견제하기 위해 중국을 적대적인 감시국들로 포위하려고 시도한다면, 과연 우호적 관계가 형성될 가능성이 있는지 생각해볼 여지가 있다. 또한 중국이 미국의 요구에 대해 일정 부분 정당한 불만을 가지고 있는 것은 아닌지 숙고할 필요도 있다. 예를 들어, 기후변화와 관련하여, 미국은 중국이 미국보다 덜 파괴적으로 행동해주기를 기대하고 있다. 평균적인 미국인은 평균적인 중국인보다 훨씬 더 많은 탄소를 배출하고 있으며, 역사적 배출량의 대부분은 미국과 유럽의 책임이다. 그럼에도 불구하고 중국은 기후 재앙을 가속화하지 않기 위해 발전 과정에서 더 책임감 있게 행동할 것을 요구받고 있다. 미국이 중국에 대해 군사력을 전 세계로 확장하지 말 것, 자국의 이익을 위협한다고 생각하는 정부의 전복을 고려하지 말 것, 미국의 지적재산권 주장을 보편적 가치로 취급할 것을 요구할 때, 이는 결국 중국에게 미국보다 더 큰 자제력을 발휘하라고 요구하는 것과 마찬가지다. 이러한 요청이 타당할 수도 있다(즉, 모든 국가가 미국처럼 행동한다면 세계는 빠르게 파멸할 수도 있다는 의미니까). 그러나 이러한 요청을 하려면 겸손한 태도로 해야 한다.

지금 우리가 직면한 상황은 위험하다. 군비경쟁이 진행 중이다. 중국은 수년 동안 비교적 적은 수의 핵무기를 보유했고, 이를 자랑스럽게 여겨왔다. 그러나 이제 중국은 (1) (사용하지 않을 경우) 엄청난 자원 낭비이거나 (2) (사용할 경우) 대량 학살의 공포로 이어질 수밖에 없는 무기의 생산에 박차를 가하고 있다. (평화주의자와는 거리가 먼) 헨리 키신저조차도 미국과 중국이 제1차 세계대전과 유사한 재앙을 향해 나아가고 있다고 경고했다. 물론, 열핵무기(수소폭탄–옮긴이)의 시대에는 그 파괴의 잠재력이 1914년보다 훨씬, 훨씬 더 거대함은 물론이다.[30]

그런데 꼭 이런 방식이 될 필요는 없다.

중국이 미국 **자체**에 군사적 위협을 제기한다는 주장은 너무 터무니없어서 라일 골드스타인은 "미국 정가에서는 거의 농담거리에 불과하다"고 말한다. 그러나 중국은 아시아에서 미국이 원하는 수준의 경제적 지배력을 유지하려는 능력에 위협이 되고 있다. 우리가 지구에서 공존하려는 의지가 없다면, 충돌은 필연적이다.

의심할 여지없이, 미국과 중국 사이에는 오랜 시간에 걸친 고된 협상을 통해서만 해결될 수 있는 깊은 갈등이 존재한다. 어쩌면 어느 쪽도 만족할 수 없는 타협이 이루어질 수도 있다. 하지만 21세기에 전쟁은 생각할 수 있는 옵션이 아니다. 마틴 루서 킹 주니어Martin Luther King, Jr. 목사는 우리의 선택지는 분명하다며 다음과 같이 말했다. "우리는 형제로서 함께 사는 방법을 배워야 합니다. 그러지 않으면 바보로서 함께 멸망할 것입니다." 그의 말이 옳다. 어떤 상황에서도 제3차 세계대전은 일어나서는 안 된다. 필요한 것은 분쟁 사안에 대한 외교와 협상 그리고 지구온난화, 군비 통제, 미래의 팬데믹과 같은 국경을 초월한 심각한 위기에 대한 실질적 협력이다.

중국은 미국에게 "냉전적 사고방식"을 취하지 말라고 호소하며, 위협을 과장하는 것은 "무책임"한 행위라며, "상상의 악마를 떨쳐버려야 한다"고 주장했다. 아울러 중국은 미국이 "중국을 상상의 적으로 설정함으로써 국가적 목적 의식을 재점화하려 한다"고 비난했다. 사실 미국의 국내 문제에 대해 중국이 비난을 받은 것은 이번이 처음은 아니다. 《황화론!: 반아시아적 공포의 기록Yellow Peril!: An Archive of Anti-Asian Fear》의 편집자들은 "끔찍하고 해로운 타자他者가 미국이 직면한 모든 문제의 원인"이라는 점을 증명하기 위해 미국 정치인들이 동양의 적에 대한 공포를 부추겨온 역사를 재조명한다. 미국인의 삶의 방식을 위협하는 '그들'의 정체는 시대에 따라 끊임없이 바뀌지만, 해결 가능한 이해관계의 충돌은 언제나 "상상 속에서 극단적으로 대립하는 적들 간의 장대한 문명 대결"로 둔갑한다.[31](미국을 위협하는 존재의 양태는 시대마다 달라지지만, 사실 그 위협의 실체는 대체로 조정 가능한 이해관계의 충돌에 불과하다. 그러나 정치인들은 그들의 정치적 목적에 따라 이러한 갈등을 마치 문명의 운명이 걸린 거대한 싸움인 것처럼 과장한다는 의미－옮긴이)

미국은 중국과 협력해야 한다. 두 나라의 운명은 서로 얽혀 있다. 협력 이외에 다른 선택지가 없다. 하지만 양국 관계는 멀어지고 있다. 펠로시의 대만 방문 이후, 중국은 치명적인 실수나 확전으로 이어질 수 있는 새로운 군사훈련을 시작했고, 기후변화 등 여러 현안에 대해 미국과의 대화를 중단했다.[32]

두 강대국이 가장 시급한 문제의 해결 방안에 대해 논의조차 할 수 없다면 지구에 희망은 거의 없다. 이는 재앙으로 가는 길이다. 미국은 불필요하게 갈등을 조장하지 말고, 중국의 관점에서 바라보면 상황이 어떻게 보일지 생각해보고, 우리와 지구에서 함께 살아가야 하는 14억 인구를 가진 국가를 진심으로 이해하고, 함께 협력하기 위해 진지하게 노력해야 한다.

7장

냉전 이후의 NATO와 러시아

1990년대 소련이 해체된 이후, 북대서양조약기구North Atlantic Treaty Organization(이하 NATO)의 존재 목적은 불분명해졌다. 냉전 초기인 1949년에 창설된 이 조직은 냉전 종식 이후 존속할 명분을 찾기 어려웠다. 어차피 NATO는 서구 문명을 위협하는 소련 세력으로부터 서방을 방어하기 위해 존재했던 조직이었기 때문이다. 더 이상 위협적인 소련군이 존재하지 않는 상황에서, NATO의 존재 의미는 무엇인가? 클린턴 행정부의 국무부 관료 스트로브 탤벗Strobe Talbott은 당시 "많은 논평가와 일부 정치 지도자들이 NATO가 본래의 목적을 달성한 만큼 이제 명예로운 퇴장을 해야 하는 것이 아니냐는 의문을 제기하고 있었다."고 지적한다.[1]

퇴장하는 대신, NATO의 임무가 바뀌었다. 서방의 전략적 이익을 보호하는 전 세계적 임무를 수행하는 미국 주도의 개입군이 된 것이다. 그 임무 중 하나는 국제 에너지 시스템에 대한 통제권을 유지하는 것이었다. 2007년 6월 야프 더호프 스헤퍼르Jaap de Hoop Scheffer NATO 사무총장은 NATO 회의에서 "NATO

군은 서방으로 향하는 석유, 가스 수송 파이프라인을 보호해야" 하며, 더 일반적으로는 유조선과 기타 에너지 시스템의 "중요 기반시설"이 사용하는 해상 항로를 보호해야 한다고 지시했다. 그 결과 NATO는 전 세계적인 관할권을 주장하게 되었다.[2]

한때 미국에서는 냉전 이후 세계에서 NATO의 역할이 과연 건설적인지, 아니면 조직 확대가 힘을 과시하고 러시아를 견제하려는 적대적인 시도로 인식될지에 대해 다소 격렬한 논쟁이 벌어지기도 했다. 봉쇄 전략의 설계자인 조지 케넌은 NATO의 확대는 "새로운 냉전"을 촉발할 "비극적 실수"가 될 것이라고 경고했다. "아무도 다른 누군가를 위협하지 않는" 시기에 NATO의 회원국이 계속 늘어난다면, 러시아는 불필요하게 위협을 느끼게 되어 "상당히 부정적인 반응을 보일 것"이 당연하다는 것이었다. 케넌은 러시아가 그러한 반응을 보이는 경우, 그 반응이 NATO 확장 자체로부터 비롯된 예상 가능한 결과라 할지라도, NATO 확장을 지지하는 사람들은 그러한 반응을 오히려 러시아의 위협을 입증하는 증거로 제시할 것이라고 내다봤다. (실제로 정치학자 리처드 사크와Richard Sakwa는 우리 시대에 "NATO는 그 존재로 인해 발생하는 위험을 관리하기 위해 존재한다"고 주장했다.)[3]

케넌만이 이런 경고를 한 것은 아니었다. 1994년 클린턴 정부의 국가안전보장회의에서 근무했던 찰스 쿱찬Charles Kupchan 역시 "NATO가 확대되면 러시아는 옛 소련 공화국들에 대한 통제권을 다시 주장하고 재군사화를 추구할 것"이라고 주장했다. 쿱찬은 NATO를 확장하면 "러시아를 포함한 유럽 안보 공동체를 구축할 기회는 사라질 것"이라고 분명히 말했다. 1995년 정치학자 마이클 맨들바움Michael Mandelbaum은 《포린 어페어스》에 기고한 글에서 NATO 확대가 긍정적인지를 판단하는 가장 중요한 질문은 NATO 확장이 "우크라이나와 러시아의 평화적 공존에 어떤 영향을 미칠 것인가" 하는 점이라고 말했다. 케이토 연구소Cato Institute의 테드 갤런 카펜터Ted Galen Carpenter는 기록을 검토하면서 "미국의 대외 정책이 현실주의와 자제의 원칙을 추구해야 한다고 믿는 분석가들은, 25년이 넘는 세월 동안, 역사상 가장 강력한 군사동맹을 다른 주요 강대국의 국경 가까이로 계속 확대하는 것은 결코 좋은 결말을 보지 못할 것이라고 경고해왔다."고 밝혔다.[4]

예상대로, NATO와 러시아의 관계는, 협력하던 시기도 간혹 있기는 했었지만, NATO가 계속 확장함에 따라 더욱 악화되었다. 2022년에 이르러 NATO는 일부 미국 관리가 "대리전"이라 부르는 전쟁을 우크라이나에서 러시아와 치르는 중이다. 주류 논평가들은 미국이 러시아와 "제3차 세계대전"을 치를 가능성에 직면해 있다고 주장했다. 현재 NATO의 무기가 우크라이나에 대거 유입되면서 강대국 간의 핵전쟁으로 확전될 위험이 커지고 있다.[5]

NATO의 새로운 역할은 1999년 코소보 전쟁 중 유고슬라비아에 대한 폭격 작전에서 확실하게 드러났다. 이 공격은 잔학 행위를 막기 위한 "도덕적 의무"에 따라 미국이 단행한 "인도주의적 개입"의 성공 사례로 널리 소개되었다.[6]

그러나 코소보 폭격은 심각한 국제법 위반이자 러시아와 미국 간 관계 악화의 주요 원인이라는 점에서 좀 더 면밀히 살펴볼 필요가 있다. 또한 이 사건은 미국이 이타적인 목적을 위해 폭력을 사용하려는 의지를 가장 분명하게 보여준 위대한 인도주의적 승리라는 식으로 잘못 인식되고, 잘못 알려져 있다. 《뉴욕 타임스》 편집진은 "서방은 코소보에서 테러와 대량 추방을 종식시킨 자신의 역할에 대해 자부심을 가질 만하다."고 결론을 내렸다. 하비에르 솔라나Javier Solana 전 NATO 사무총장 역시 비할 바 없는 성공이라고 말하며, "자체 사상자 없이 NATO는 승리했다. 인도주의적 재앙을 피했다. 약 100만 명의 난민이 이제 안전한 곳으로 돌아갈 수 있게 되었다. 인종 청소 상황이 반전되었다."라고 평가했다. 서맨사 파워는 "미국과 동맹국들이 수십만 명의 생명을 구했을 것"이라고 주장한다.[7]

그러나 진실은 사뭇 다르다. NATO의 개입에 대한 《포린 어페어스》 분석 기사에서 마이클 맨들바움은 작전의 목표가 인도주의적 가치였다는 점에서 이번 개입은 "완벽한 실패"라고 설명한다. "서방 정치 지도자들은 발칸반도 주민들을 위해 싸우고 있다고 선언했지만, 전쟁이 끝난 후 주민들은 이전보다 훨씬 더 처참한 상황에 놓였다"고 맨들바움은 언급한다. NATO의 폭격 작전은 표면적으로는 코소보 알바니아계 주민에 대한 세르비아의 학대를 막기 위한 것이었다. 그러나 폭격 이전에 보고된 많은 학대 사례의 진위 여부에 대해 추후 의문이 제기되었고, 폭격에 대한 반작용으로 최악의 범죄가 자행되었다. NATO의 개입으로 상황은 훨씬 더 악화되었다. NATO는 이 작전으로 보호하려던 알바니아계 주민을 향한 세르비아의 보복을 촉발했다.[8]

《워싱턴 포스트》의 기사에서 크리스토퍼 레인Christopher Layne과 벤자민 슈바르츠Benjamin Schwarz가 요약한 바에 따르면, "미국이 주도한 NATO의 폭격은 정부가 개입해 막겠다고 주장한 바로 그 인도주의적 위기를 불러왔다". 파워 자신도 "NATO가 폭격을 시작한 순간부터 세르비아 정규군은 경찰 및 민병대와 협력하여 전례가 없고 예상치도 못한 일을 저질렀다."고 인정했다. "그들은 총구를 앞세워 사실상 전체 알바니아계 주민을 추방했다." 파워는 미국이 세르비아의 반응을 "잘못 계산"했다고 말하며 "슬로보단 밀로세비치Slobodan Milošević가 코소보의 알바니아계 주민들에게 그토록 폭력적이고 대담하게 보복하는 방식으로 폭격에 대응할 것이라고는 동맹국의 전략 입안자들도 미처 예측하지 못했다"고 지적했다.[9]

그러나 NATO 작전을 지휘한 웨슬리 클라크Wesley Clark는 세르비아의 보복적 잔학 행위가 "전적으로 예측 가능"했고, 또 "충분히 예견된 사태였다"고 말했다. 그는 NATO가 공격할 경우 "[세르비아가] 민간인을 공격할 것이 거의 확실하다"고 작전 개시 전에 백악관에 보고한 바 있다. 3월 초 마시모 달레마Massimo D'Alema 이탈리아 총리는 빌 클린턴에게 폭격 이후의 대규모 난민 유입에 대해 미리 경고했고, 클린턴의 국가안보 보좌관 샌디 버거Sandy Berger는 "그럴 경우, NATO는 계속해서 폭격할 것"이며 그 결과는 더욱 참담할 것이라고 답했다. 미국 정보기관 역시 "사실상 난민 급증"과 인종 청소가 벌어질 것이라고 경고했으며, 이는 유럽 감시단체들의 이전 예측을 재확인하는 것이었다. 폭격 자체도 종종 무차별적이었고, 그 결과 약 500명의 민간인이 사망했다. NATO는 주택, 난민 행렬, 난민 수용소, 여객열차, 버스, 중국 대사관 등을 폭격했다. 마지막 사례에서는 중국인 세 명이 사망했고, 중국에서 대규모 시위가 촉발되었으며 미중 관계는 심각한 타격을 입었다. 이란 여객기 격추 사건이나 북한에 대한 포화 폭격과 마찬가지로 미국인들은 이처럼 다른 나라의 반미 감정을 유발하는 이러한 사건에 대해 거의 인지하지 못하고 있다.[10]

이 폭격 작전은 《뉴욕 타임스》 칼럼니스트 토머스 프리드먼의 광적인 망상을 실현시켜주었다. 그는 이 권위 있는 신문의 지면을 통해 전쟁범죄를 공개적으로 조장했다.

> 적어도 제대로 된 공중전을 치르자. 세르비아인들이 코소보를 '청소'하는 동안 베오그라드(세르비아의 수도 – 옮긴이)에서는 여전히 록 콘서트가 열리고 일요일에 회전목마를 타러 나가는 등 일상을 즐긴다는 생각은 분노를 자아낸다. 베오그라드를 암흑으로 만들어야 한다. 즉, 모든 전력망, 수도관, 교량, 도로, 전쟁 관련된 공장은 모두 공격 대상이 되어야 한다. 좋든 싫든 우리는 세르비아라는 국가와 전쟁 중이다(세르비아인들 역시 그렇게 생각한다). 이해관계를 뚜렷이 인식시켜주어야 한다. 다시 말해, 너희가 코소보를 황폐화시킬 때마다 우리는 너희를 가루로 만들어 너희 나라를 10년 뒤로 후퇴시킬 것이라고 각인시켜주어야 한다. 1950년으로 돌아가고 싶은가? 1950년으로 만들어주겠다. 1389년을 원하는가? 역시 1389년으로 만들어주겠다.[11]

국제앰네스티에 따르면 "민간인을 공격했다는 사실이 명백히 드러난 후에도 NATO군이 공격을 중단하지 않은 사례가 여러 차례 있었다". 휴먼라이츠워치는 78일간의 폭격 기간 동안 민간인 사망과 관련된 90건의 개별 사건이 기록됐으며, 여기에는 교량과 난방용 발전 시설 같은 합법적 군사 목표가 아닌 민간 기반 시설을 겨냥한 폭격이 여러 차례 포함되어 있었다. NATO는 의도적으로 텔레비전 방송국을 표적으로 삼아 기자와 메이크업 아티스트를 살해하는 중대한 전쟁범죄를 저질렀다. 토니 블레어 Tony Blair는 이 방송국이 "독재를 떠받치는 도구"의 일부라며 방송국 표적을 정당화했고, NATO군 대변인은 이 방송국이 "증오와 거짓으로 전파를 채웠다"고 말했다.[12]

휴먼라이츠워치는 NATO가 민간인 밀집 지역에서 집속탄을 사용한 사례를 기록했으며, 특히 NATO가 자신의 행위에 대해 거짓말한 점을 다음과 같이 비판했다. 그들의 공개적인 거짓말은 "그들이 실제 민간인의 피해를 인정하지도 않고, 그 원인에 대한 평가에도 무관심하다는 점을 시사한다". 2009년, 국제앰네스티의 발칸반도 담당 전문가는 NATO의 행태를 맹비난했다. "NATO군이 전쟁법을 철저히 준수했더라면, 분쟁 기간 동안 민간인 사망자를 상당히 줄일 수 있었을 것"이라고 지적했다. "10년이 지난 지금까지도 NATO나 회원국들은 이 사건들에 대해 공개 조사를 실시한 적이 없으며" 명백한 범죄에 대해 아무도 책임을 지지 않았다고 밝혔다.[13]

이 폭격은 무고한 사람들을 죽이고 인도주의적 위기를 악화시켰을 뿐만 아니라 국제법상 명백히 불법이었다. 유엔헌장은 자위권 행사 또는 유엔 안전보장이사회가 승인한 경우를 제외하고는 무력 사용을 금지하고 있다. NATO의 행위는 유엔 안전보장이사회의 승인을 받지 않았고, 자위권 행사에도 해당하지 않았으므로 유엔헌장을 위반한 것이다. (논란의 여지는 있지만, 국제법을 준수하고 방어적으로 무력을 사용할 것을 규정하는 NATO의 자체 헌장도 위반했다고 볼 수도 있다.) 개입을 옹호하는 이들은 신뢰할 만한 법적 정당성을 제시하지 않았고, 대신 무력 사용이 도덕적으로 불가피했기에 국제법을 무시해도 무방하다고 주장했다. 주권국가를 침공할 권리가 없다는 주장에 대해 수전 손태그Susan Sontag는 《뉴욕 타임스》의 기고문에서 다음과 같은 질문을 던졌다. "지난 100년 동안 수없이 변경된 국경선이 과연 궁극적인 기준이 되어야 하는가?" 클린턴 대통령은 회고록에서 이 공격에 대한 법적 정당성을 제시하지 않았다. 대신, 공격이 필요하다고 느낀 이유만 설명했다. 코소보 독립 국제위원회Independent International Commission for Kosovo는 이 공격을 설명하는 데 "불법적이지만 정당한"이라는 놀라운 문구를 사용했다.[14]

하지만 세계 곳곳에는 국제법을 진지하게 받아들이는 사람들이 많았다. 국제관계 전문가인 마이클 맥과이어Michael MccGwire는 "세계는 스스로 판사, 배심원, 사형 집행자, … 역할을 자처하는 정치·군사동맹을 목격했다. … [NATO는] 국제사회를 대표하여 행동한다고 주장하며, 회원국들이 자체적으로 판단한 바를 강행하기 위해 기꺼이 유엔을 무시하고 국제법을 우회했다."고 요약했다. 실제로 코피 아난Kofi Annan 유엔 사무총장은 NATO가 유엔의 승인 없이 폭격을 결정한 것은 "국제 안보 시스템의 핵심"에 대한 위협이라고 말했다. 인도 총리는 공습 중단을 요청하며 다음과 같은 질문을 던졌다. "NATO의 임무는 전쟁을 막기 위한 것인가, 아니면 전쟁에 기름을 붓는 것인가?" 《워싱턴 포스트》는 공습 기간 동안 연이어 기사를 내면서, 전 세계적으로, 특히 개발도상국 등지에서 코소보 공습으로 인해 미국이 필요하다고 판단되는 곳이면 어디든 폭탄을 투하할 권리를 갖고 있다고 여기는 것에 대해 엄청난 분노가 일어나고 있다고 보도했다. 2000년, 넬슨 만델라Nelson Mandela는 미국과 영국이 다른 나라의 동의를 얻지 않고 "세계의 경찰"이 될 수 있다고 생각하는 것은 매우 잘못된 일이라고 말했다. 만델라는 코소보 사태와 1998년 이라크 폭격이 국제법의 근간을 무너뜨리는 위협이라고 말했다. 만델라는 "그들이 국제 문제에 혼란을 불러일으키고 있다."고 말하며, 이는 결국 다른 국가들에게도 자의적으로 행동할 수 있는 구실을 주는 것이라고 경고했다.[15]

폭격이 비인도적이었고, 위기를 악화시켰으며, 국제법의 기본 원칙을 무시한 조치였음에도 불구하고, 누군가는 이를 인도주의적 동기에서 비롯된 조치였다고 주장할 수 있다. 군사력을 사용해야 하는 중대한 도덕적 의무가 있는 경우, 국제법은 무의미하며 무시할 수 있다는 주장도 있을 수 있다. "핵심 국익"에 부합할 경우, 미국은 잔학 행위마저도 **적극 지원한다**는 사실을 우리는 잘 알고 있다. NATO가 코소보에서 도덕적 이유로 국제법을 위반한 바로 그때 NATO는 회원국인 튀르키예의 쿠르드족에 대한 잔학 행위를 지원하고 있었다. 심지어 파워조차도 NATO의 개입 결정이 "순전히 인도주의적 차원만은 아니었으며", 소위 '신뢰성'을 유지하려는 숨은 동기가 없었다면 개입하지 않았을 것이라고 인정한다. 그녀는 "전통적인 미국의 국익에 대한 위협이 없었다면 '동맹의 힘 작전Operation Allied Force'은 아마 단행되지 않았을 것"이라는 글을 썼다. 밀로셰비치는 클린턴을 "어리석어 보이게" 하고, 미국을 "굴욕적으로" 만든 것에 대한 대가를 치른 것이다.[16]

미국은 이 지역에 이미 수십억 달러를 투자했으며, "코소보 주변국들에 대한 투자가 낭비되지 않기를 바랐다"고 그녀는 말한다. 존 노리스John Norris는 미국 정책 입안자들에게 동기를 부여한 것은 "코소보 알바니아계 주민의 곤경이 아니었다"고 주장한다. 밀로셰비치는 통제하기 어려웠기 때문에 선을 넘지 않도록 통제할 필요가 있었다. NATO의 참전은 "서방의 정치, 외교계 주요 인사들이 더 이상 밀로셰비치를 봐줄 수 없다"고 느꼈기 때문이다. 그는 서방 지도자들을 "굴욕과 좌절"에 빠뜨렸다. 매들린 올브라이트는 밀로셰비치가 "우리를 괴롭히고 있었다"고 말했다. 어느 누구도 마피아 대부를 괴롭혀서는 안 되는 것이다.[17]

늘 그렇듯이, 무력 사용의 필요성을 피하기 위한 외교적 해결책은 시도되지 않았다. 분쟁 당시 영국 국방부 서열 2위였던 존 윌리엄 길버트 경Lord John William Gilbert은 NATO가 협상 과정에서 "도저히 수용할 수 없는 조건"을 의도적으로 제시함으로써 "슬로보단 밀로셰비치를 전쟁으로 내몰았다"고 훗날 토로했다. 길버트는 당시 "NATO에는 싸움을 벌이고 싶어 안달 난 사람들이 있었다."고 말했다. 맥과이어는 그들이 싸움을 벌이려 한 이유가 "[NATO] 동맹 50주년을 맞아 NATO 동맹의 지속적인 중요성을 증명해야 할 필요성이 있었으며, 코소보 위기가 NATO의 역외 이슈 진전(NATO의 작전 범위 확대 – 옮긴이)을 가능케하며, 유엔의 구체적 승인 없이 NATO가 행동할 수 있는 권리를 확립할 수 있는 기회"를 제공하기 때문이라고 설명한다.[18]

NATO가 국제법을 무시하고, 안전보장이사회 승인 없이 폭격할 수 있는 권리를 주장하는 것에 대해 러시아 정부는 격분했다. 보리스 옐친Boris Yeltsin은 클린턴에게 이렇게 따져 물었다. "NATO는 무슨 근거로 주권국가 국민의 운명을 결정할 권한을 스스로 떠맡은 것인가? 도대체 누가 NATO에게 질서의 수호자 역할을 부여한 것인가?" 존 노리스는 NATO가 "러시아의 의사와 상관없이 무력을 사용할 것임을 분명히 했을 때", 이는 "러시아 국민의 격렬한 분노를 샀고", 러시아의 국가적 자존심에 상처를 줬을 뿐만 아니라, 향후 "유엔의 승인 없이 러시아 내정에 개입할 가능성이 있다는 신호"로 해석될 수도 있었다고 설명한다. 옐친은 1995년 NATO의 보스니아 폭격 당시 "이것이 NATO가 러시아 연방 국경 바로 앞까지 진출했을 경우, 어떤 일이 발생할 수 있는지를 보여주는 첫 번째 징후"라고 경고하며, "전쟁의 불길이 유럽 전역으로 번질 수 있다"고 우려를 표한 바 있다.[19]

NATO의 규모와 군사력이 확대되자 러시아 지도자들은 NATO를 러시아에 대한 안보 위협으로 간주한다고 여러 차례 밝혔다. 또한 그들은 NATO가 러시아를 배제하는 안보 질서를 구축하는 것 외에 어떤 목적을 가질 수 있는지 이해할 수 없다고 주장했다. 매들린 올브라이트는 회고록에서 “옐친과 러시아 국민들은 NATO의 팽창을 자신들의 취약성을 악용하고 유럽의 분계선을 동쪽으로 이동시켜 러시아를 고립시키려는 전략으로 보고 강력하게 반대했다.”고 밝혔다. NATO 확장을 지지했던 스트로브 탤벗조차 이렇게 경고했다. “많은 러시아인들은 NATO를 본질적으로 자국을 겨냥한 냉전의 잔재로 보고 있다. 그들은 자신들이 군사동맹인 바르샤바 조약기구를 해체했음을 지적하며, 서방은 왜 같은 조치를 취하지 않느냐고 묻고 있다.”[20]

러시아 지도자들은 공개적으로나 사적으로나 NATO의 확장에 극도로 적대적이었으며, 특히 2008년 NATO가 조지아와 우크라이나가 궁극적으로 회원국이 될 것이라고 선언했을 때 더욱 그러했다. 《폴리티코》의 유럽 칼럼니스트 폴 테일러Paul Taylor는 이를 두고 “미국이 서방 노선에 맞춰 세계를 재편할 수 있다고 믿었던 ‘단극 시대unipolar moment’의 정점을 찍었다”고 평가하며, 당시 “자크 시라크Jacques Chirac 프랑스 대통령은 ‘러시아에 모욕감을 줘서는 안 된다’고 경고했고, 앙겔라 메르켈Angela Merkel 독일 총리는 러시아의 ‘정당한 안보 이익’을 고려해야 한다고 충고했다”고 밝혔다. 위키리크스가 공개한 외교 전문을 살펴보면, 러시아는 NATO 확장을 러시아 안보의 주요 이슈로 간주했음을 알 수 있다. 훗날 바이든 정부의 CIA 국장이 된 윌리엄 번스Willam Burns 당시 주러시아 미국 대사는 2007년 전문에서 “NATO의 확장과 미국의 유럽 내 미사일 방어체계 배치는 포위망에 대한 러시아의 고전적인 공포를 자극한다.”고 보고했다. (이러한 ‘고전적인 공포’는 부분적으로 20세기에 러시아가 훗날

NATO 회원국이 된 독일의 침략을 두 번이나 받았기 때문에 생겨났다.) 이후 번스는 우크라이나와 조지아의 NATO 가입이 "러시아 입장에서는 '상상할 수 없는' 곤경"이 될 것이라고 말했다.[21]

카네기 국제평화재단Carnegie Endowment for Peace의 드미트리 트레닌Dimitry Trenin은 2008년 외교 전문에서 "우크라이나의 NATO 가입 추진으로 촉발된 감정과 예민한 정서를 고려할 때, 장기적으로 우크라이나는 미·러 관계에서 가장 위험한 잠재적 불안 요인"이라고 경고한 바 있다. 번스는 러시아 외무부 차관으로부터 "러시아의 정치 엘리트들은 우크라이나와 조지아의 NATO 가입이 러시아에게 직접적인 안보 위협이 될 것이라고 굳게 믿고 있다."는 말을 들었다고 보고했다. 뿐만 아니라 러시아 지도자들은 NATO의 확장을 조지 H. W. 부시 행정부가 미하일 고르바초프Mikhail Gorbachev에게 한 약속을 배신한 것으로 보았다. 실제로 제임스 베이커James Baker 당시 국무부 장관은 다음과 같은 유명한 말을 남겼다. "미국이 NATO의 틀 안에서 독일 주둔을 유지하는 한, 우리는 소련뿐만 아니라 다른 유럽 국가들에게도 NATO의 현재 군사 관할권이 동쪽으로 한 치도 확장되지 않을 것이라고 보장하는 것이 중요하다는 점을 잘 알고 있다." 조지 W. 부시 대통령과 버락 오바마 대통령 행정부 모두에서 국방부 장관을 지낸 로버트 게이츠Robert Gates는 회고록에서 미국이 "러시아가 자국의 중대한 국익으로 간주하는 사안을 무모하게 무시하고 있다"고 결론지었다. 게이츠는 많은 구소련 국가들을 NATO에 편입시키려는 움직임은 러시아와의 관계를 손상시킨 "실수"였으며, 조지아와 우크라이나를 NATO에 가입시

키려는 시도는 "중대한 도발"이었다고 말했다.[22]

NATO에 대한 러시아의 시각이 편집증적이고 망상적이며, NATO의 목적은 온전히 방어적이기 때문에 러시아가 NATO 확장에 반대할 이유가 없다고 주장할 수도 있다. 그러나 NATO는 과거 여러 차례 불법적이고 공격적인 전쟁을 벌였다. 우리는 NATO가 국제법을 위반하고, 민간 기반시설을 표적으로 삼고, 자신들의 행위에 대해 거짓말을 하고, 그러한 범죄에 대한 수사를 거부한 코소보 사례를 이미 살펴본 바 있다. 2001년, NATO 회원국들은 아프가니스탄을 불법적으로 침공했으며, 그 비참한 결과에 대해서도 이미 검토한 바 있다. 물론 2003년에도 여러 NATO 국가들이 이라크를 불법적으로 침공했다. 그리고 2011년에는 리비아의 민간인을 보호하라는 유엔의 위임하에 작전을 수행하던 NATO가 대신 노골적인 정권 교체를 목표로 하는 군사작전에 착수했다. 이후 유엔 리비아 지원단장은 "군사작전의 전모가 예견되었더라면, 안전보장이사회에서 필요한 표를 확보하는 것은 고사하고, 러시아와 중국이 거부권을 행사하지 않을 것이라는 기대조차 할 수 없었을 것이다."라고 언급했다. 실제로 러시아와 중국은 임무에 대한 NATO의 해석이 지나치게 광범위하다고 맹렬히 비판했지만, 이는 무시되었다. 리비아 폭격은 리비아를 재앙으로 몰아넣었고, NATO 회원국들은 자신들이 초래한 민간인 사망에 대해 인정하거나 책임지기를 거부했다.[23]

러시아의 태도를 이해하려면, 중국이 주도하는 군사동맹이 수십 년에 걸쳐 서서히 미주 대륙 국가들을 회원국으로 받아들이고, 무기를 제공하고, 군사훈련을 실시한다면 미국 정책 입안자들이 어떻게 반응할지 상상해보는 것이 도움이 된다. 미국은 일부 국가가 자신들의 통제를 벗어나려 한다는 우려가 있을 때, 폭력을 동원하거나 심지어 노골적인 정권 교체로 대응해왔다. 게이츠가 "중대한 도발"이라고 칭한 사안에 대해 러시아가 유사한 반응을 보일 것으로 예상하는 것은 당연했다.

우크라이나의 경우, 서방은 우크라이나 국민의 입장에서 볼 때 최악의 선택을 한 셈이 되었다. NATO는 우크라이나가 궁극적으로 회원국이 될 것이라고 선언하여 러시아를 격분시켰지만, 실제로 우크라이나를 동맹에 가입시킬 의도는 없었다. 2015년, 존 미어샤이머는 서방이 "우크라이나를 꽃길로 이끄는 듯하지만, 결국 우크라이나는 파멸할 것"이라고 선언했다. 그럼에도 불구하고 미국은 같은 행보를 이어갔으며, NATO와 우크라이나 간의 군사 협력을 강화하는 한편, 새로운 전략적 동반자 협정을 체결했다. 유출된 외교 전문을 바탕으로 브랑코 마르치티치Branko Marcetic가 지적했듯 "러시아 정부는 이를 긴장 고조"로 인식했다. 푸틴은 바이든에게 직접 "NATO의 동진東進 확장이 우크라이나 국경에 군대를 파견하기로 한 자신의 결정에 주요 요인"이 되었다고 말했다.[24]

2022년 2월 24일, 블라디미르 푸틴은 우크라이나에 대한 "특별 군사작전"을 발표했다. 이 말은 전면적인 침공을 완곡하게 표현한 것이었다. 푸틴은 전쟁의 정당성을 설명하는 연설에서 "무책임한 서방의 정치인"들이 러시아에 "근본적인 위협"을 가하고 있다는 주장을 가장 먼저 언급했을 뿐만 아니라 또한 이 주장에 가장 많은 시간을 할애했다. 푸틴은 자신이 "NATO의 동진을 언급하고 있다"는 점을 분명히 하면서, 오랫동안 자신은 "NATO 주요 국가들과 합의에 도달하기 위해 노력"해왔지만 "우리의 항의와 우려에도 불구하고 NATO는 계속 확장"하고 있으며 작금에 이르러 "우리 국경에 접근"하며 "우리의 이익과 절대적으로 정당한 요구에 대해 경멸적이고 조롱 섞인 태도를 보였다"고 주장했다.[25]

이웃 국가에 대한 범죄적인 침략 전쟁을 개시하기로 한 푸틴의 결정은 변명의 여지가 없다. 이는 어떠한 정상 참작의 여지도, 명분도 없으며, 미국의 위선이 자신의 범죄를 정당화한다는 푸틴의 주장은 일고의 가치도 없다. 그러나 지난 수십 년간 미국의 대러시아 정책이 이러한 결정을 내릴 가능성을 높였다는 점은 부인할 수 없다. 토머스 프리드먼은 《뉴욕 타임스》에서 "[러시아가] 새로운 유럽 안보 질서에서 배제되지 않고 편입되었다면, 이웃 국가를 위협할 관심이나 동기가 훨씬 덜했을지도 모른다"고 인정했다. 프리드먼은 미국이 왜 "러시아가 약할 때 NATO를 빠르게 밀어붙이려고 했는지"는 오랫동안 풀리지 않는 "미스터리"라고 말했다. 미국이 다른 정책을 펼쳤다면 전쟁을 막을 수 있었을까? 알 수 없다. 그러나 러시아의 레드라인에 대한 모든 경고가 무시되었다는 사실은 우리가 분명히 안다. 푸틴이 우크라이나 국경을 따라 군대를 집결시키고 조 바이든에게 우크라이나를 NATO에 가입시키지 않겠다는 약속을 하라고 요구했을 때, 바이든은 "나는 어느 누구의 레드라인도 받아들이지 않는다."고 답했다.[26]

우크라이나 침공은 수년간 점점 더 위험으로 치닫던 오랜 분쟁의 정점이었다. 우크라이나 동부에서는 친러시아 분리주의자들이 8년 동안 우크라이나 정부와 전쟁을 벌여왔다. 2021년, 국제문제 전문가 아나톨 리벤Anatol Lieven은 "세계에서 가장 위험한 문제"가 우크라이나에서 다가오고 있다고 경고했다. 러시아어를 주로 사용하는 우크라이나 동부 지역의 지위를 둘러싼 기존의 분쟁은 통제 불능 상태로 비화될 위험이 있었으며, 해결되지 않으면 미국과 러시아를 끔찍한 전쟁으로 몰아넣을 수 있었다. 리벤은 기저에 있는 분쟁이 세계에서 가장 위험하지만 다행스럽게도 원칙적으로 보면 "가장 쉽게 해결될" 문제이기도 하다고 말했다. 그러나 그는 이 쉬운 해결을 위해서는 미국이 우크라이나에 대한 기존 정책을 수정하고 평화적인 협상 해결책을 이끌어내기 위해 능숙한 외교력을 발휘해야 한다고 경고했다.[27]

리벤은 2015년에 체결되어 유엔 안전보장이사회가 만장일치로 승인한 민스크 II 협정(돈바스 지역 분쟁을 끝내기 위해 우크라이나와 돈바스 분리주의 반군 사이에 맺은 협정—옮긴이)의 이행을 미국이 추진해야 한다고 주장했다. 그는 미국이 우크라이나를 NATO에 가입시키려는 목표를 포기하고, 우크라이나 정부가 돈바스 지역 자치를 인정하도록 압력을 가해야 한다는 글을 썼다. 이 문제에 대한 자연스러운 해결책은 우크라이나가 어떠한 군사동맹에도 가입하지 않고 중립국 선언을 하는 것이었을 것이다. 잭 매틀록Jack Matlock 전 러시아 주재 미국 대사도 마찬가지로 NATO의 확장이 없었다면 "현재의 위기는 없었을 것"이라고 결론 내렸다.[28]

그러나 미국은 합의를 추진하지 않았다. 우크라이나를 NATO에 가입시키지 않겠다는 약속이 대부분 형식적인 것에 불과하다는 점이 분명했음에도 불구하고, 이를 철회하는 것을 고려조차 하지 않았다. 실제로 2021년 12월, NATO는 결국 우크라이나를 가입시킬 계획임을 재확인했다. 미국은 우크라이나 침공이 임박했다고 경고하면서도, 러시아의 행동에 영향을 미치기 위한 외교적 노력을 기울이지 않았다. 심지어 랜드 연구소의 한 러시아 전문가는 2022년 1월 "러시아가 더 크게 항의할수록, 서방 국가들은 더욱 단호한 입장으로 대처했다"고 말했다. 그는 또한 이유도 설명했다. "러시아가 NATO의 의사결정에 거부권을 가진 듯 행동하는 것을 용납하지 않기 위해서였다"는 것이다.[29]

협상으로 기울지 않은 한 가지 이유는 러시아가 우크라이나를 침공할 경우 미국보다 러시아의 입장이 훨씬 더 악화되기 때문이었다. 애틀랜틱 협의회Atlantic Council의 연구원 존 데니John Deni는 2021년 12월 《월스트리트 저널》에 "서방이 강경한 노선을 유지하며 모스크바에 거의 운신의 폭을 주지 않는 데에는 좋은 전략적 이유"가 있었다는 글을 기고했다. 데니는 러시아의 침공이 궁극적으로 "유럽 전역에서 더욱 강력한 반러시아 공감대를 형성"하고, "러시아 경제를 더욱 약화"시키며, "러시아군의 전력과 사기를 저하"시키고, "전 세계적으로 러시아의 소프트 파워를 약화"시킬 것이라고 주장했다. 데니는 서방이 "유럽에서 수만 명의 사상자를 초래할 수 있는 전쟁을 피하고자 하는 목적으로 수동적 자세를 취하고 있다"고 비판했다. 대신 "설령 러시아가 한 번 더 우크라이나를 침공하는 결과를 초래하더라도, 서방은 단호한 입장을 견지해야 한다"고 주장했다. "러시아의 실수를 이용할" 기회를 잡은 상황에서, 미국이 러시아와 협상에 나설 이유는 없다는 것이다. (즉, '수만 명의 사상자'를 피하는 것 외에는 협상의 동기가 없다는 태도다).[30](수만 명의 목숨을 구하는 것만으로도 협상에 나설 충분한 동기가 되어야 한다는 의미 – 옮긴이)

이러한 태도는 1980년대 소련의 아프가니스탄 점령에 대한 미국의 태도와 유사한 면이 있다. 카터 대통령의 국가안보 보좌관이던 즈비그뉴 브레진스키는 무자헤딘에 대한 CIA의 지원이 소련의 침공 이전부터 시작되었으며, 미국은 이 지원이 "소련의 군사개입을 가져올 것"이라는 점을 알고 있었다고 주장했다. 브레진스키는 미국의 관점에서 보면 소련의 침공은 바람직한 일이라고 말했다. 그는 카터에게 "우리는 이제 소련에게 그들의 베트남 전쟁을 안겨줄 기회를 갖게 되었습니다."라고 말했다고 한다. 비록 최대 200만 명의 아프가니스탄인이 사망하고, 그와 더불어 수백만 명의 난민이 발생했지만, 훗날 브레진스키는 후회하지 않는다고 말했다. "무슨 후회요? 그 비밀 작전은 탁월한 아이디어였습니다." 그는 "러시아를 아프가니스탄이라는 함정으로 끌어들임으로써 … 러시아는 정권이 감당할 수 없는 전쟁을 이어가야 했습니다."라고 평가했다.[31]

아나톨 리벤은 전쟁이 끝날 무렵인 1989년, 이슬라마바드에서 미국 외교관과 나눈 대화를 바탕으로 미국의 태도를 분명히 알 수 있었다고 회상한다. 리벤이 왜 여전히 아프가니스탄 무자헤딘의 극단주의자들에게 자금을 지원하는지 묻자, 그 미국 외교관은 "러시아가 아프가니스탄에서 철수하도록 하는 것만으로는 충분하지 않아요. 그들이 베트남에서 우리에게 안겨준 것과 같은 굴욕을 그들에게 안겨주고 싶습니다."라고 대답했다. 리벤은 "아프가니스탄이나 그 국민에 대한 관심은 조금도, 정말 눈곱만큼도 없었다"며, "그 과정에서 얼마나 많은 아프가니스탄 국민이 죽었는지 그 사람은 전혀 상관하지 않았다."라며 경악했다.[32]

우크라이나 전쟁이 시작되자 바이든 행정부는 협상 타결의 가능성을 약화시키는 조치를 취했다. 《폴리티코》의 국가안보 담당 기자 알렉산더 워드Alexander Ward는 2022년 3월, 러시아에 대한 서방의 태도가 "뻔히 보이는 출구"를 차단하고 있으며, "역사적으로 위험한 상황을 더욱 악화시킬 수 있다"고 경고했다. 특정 조건에서 제재를 **해제하겠다**는 제안이 없었기 때문에, 이러한 제재는 푸틴으로 하여금 전쟁을 종식시키도록 유도할 동기를 제공하지 못했다. 대니얼 드레즈너Daniel Drezner는 《워싱턴 포스트》에 "압박이 목표라면 제재를 가하는 측은 러시아가 제재를 해제하기 위해 무엇을 할 수 있는지 명확히 밝힐 필요가 있다"는 기사를 썼다. 바이든 행정부는 단순히 러시아를 우크라이나에서 몰아내는 것에 그치지 않고, 러시아가 군사적으로 공격 능력을 상실할 정도까지 '약화'시키는 것이 목표임을 분명히 했다.[33]

외교라는 말은 미국 정치와 언론에서 빠르게 금기어가 되었다. 의회 내 진보 성향의 민주당 의원들이 바이든 행정부에 "협상 타결과 휴전을 지원하기 위해 활발한 외교적 노력을 기울이도록" 촉구하는 온건한 서한을 발표하자, 그들은 즉시 거센 비판에 직면했다. 많은 동료 민주당 의원들도 비판에 동참했는데, 그

중 한 명은 "일부 [민주당] 동료들이 우리가 푸틴과 협상할 수 있다고 생각한다는 사실에 실망했다"고 말했다. 진보 성향 의원들은 전쟁 종식을 위한 협상 타결에 대해 다시는 언급하지 않겠다며 서한을 재빨리 철회했다. 2022년 4월, 《워싱턴 포스트》는 "NATO 내 일부 회원국에게는 우크라이나가 계속 싸우다 죽는 상황이, 평화가 너무 이른 시점에 오는 것보다 그리고 너무 커다란 대가를 치르고 평화를 달성하는 것보다 더 낫다."는 "씁쓸한 현실"을 다룬 특별 기사를 게재했다. "NATO, 우크라이나의 평화협정 결정권 인정, 다만 제한적으로"라는 제목의 이 기사는 NATO 회원국들은 전쟁을 언제, 어떻게 끝낼지 결정하는 문제가 전적으로 우크라이나의 몫이라고 생각하지 않는다고 지적했다. 즉, 전적으로 우크라이나가 결정권을 가진다(단, 잘못된 선택을 하지 않는 한).[34]

미국 정부 내에서 모두가 외교에 반대한 것은 아니었다. 합참의장 마크 밀리Mark Milley 장군은 내부적으로 "우크라이나가 러시아와의 전쟁을 외교적으로 종식시키도록 압박할" 것을 촉구했으며, "협상 기회가 있을 때, 평화를 이룰 수 있을 때 그 기회를 포착해야 한다"고 공개적으로 주장했다. 《뉴욕 타임스》는 밀리의 견해가 바이든이나 그의 참모진의 견해와 "일치하지는 않았다"고 보도했으며, 한 미국 관리는 "군 수뇌부가 미국 외교관보다 더 열렬히 외교를 추진하는 독특한 상황"이 벌어지고 있다고 전했다.[35]

동맹국들이 군사적 해결책을 모색하는 데 주저하자 미국은 압력을 가했다. 2023년 초, 독일은 우크라이나에 대한 탱크 지원을 꺼려했었다. 유럽 외교관계위원회European Council on Foreign Relations의 한 독일 국방 정책 전문가의 말에 따르면, 그 이유는 “무기는 해결책이 될 수 없으며, 무기로 분쟁을 해결할 수 없다는 믿음이 있기 때문”이었다. 독일 관리들이 제2차 세계대전 이후 대량살상 프로젝트에 관여하지 않겠다는 독일의 약속과 탱크 제공이 일치하지 않을 뿐만 아니라 전쟁을 더욱 격화시킬 수 있다고 우려하자, 《워싱턴 포스트》 편집위원회는 격앙된 반응을 보이며, “바이든은 이를 용인해서는 안 된다.”고 주장했다. 미국의 강력한 압력(이 문제로 의견이 분분하던 독일 유권자의 압력은 아니었다) 끝에 독일은 굴복하고 탱크 제공에 동의했다.[36]

전쟁으로 인해 미국 내에서는 제1차 세계대전을 연상시키는 꼴사나운 분위기가 조성되었다. 당시, 사워크라우트는 ‘자유 양배추liberty cabbage’로 불렸고, 오케스트라는 바그너 작품 연주를 중단하기도 했다. (제1차 세계대전 침략국인 독일과 관계된 것을 무조건 기피하고자 하는 풍조가 있었다 – 옮긴이) 전 국무부 및 CIA 분석가인 그레이엄 E. 풀러Graham E. Fuller는 “냉전 시대에는 한 번도 본 적 없는 격렬한 반러시아 선전 공세”가 벌어졌다고 묘사했다. 민주당 하원의원 에릭 스월웰Eric Swalwell은 “모든 러시아 유학생을 미국에서 추방하는 방안도 검토해야 한다”고 제안했다. 우크라이나 전쟁은 미국의 이라크 침공보다 언론에서 훨씬 더 많이 다루어졌고, 러시아의 침공으로 인한 우크라이나 희생자들은 미국의 공격을 받은 예멘, 아프가니스탄, 이라크 피해자들이 결코 받지 못한 동정적인 대우를 받았다.[37]

일부는 전쟁이 미국에 가져다준 이점에 기쁨을 감추지 못했다. 티머시 애시Timothy Ash는 유럽정책분석센터Center for European Policy Analysis, CEPA의 논평에서 "비용 대비 효과라는 관점에서 볼 때, 우크라이나에 대한 미국과 서방의 지원은 믿을 수 없을 정도로 효율적인 투자"라고 평가했다. 밋 롬니 상원의원은 미국인들에게 우크라이나 지원의 논리를 설명하는 연설에서, 미국 정책의 주요 요소 중 하나는 경쟁국을 약화시킬 기회를 활용하는 것이라고 분명히 밝혔다. 그는 "우리는 이 전쟁에서 우크라이나를 지원함으로써 러시아 군대를 소모시키고 약화시키고 있다."며, "러시아를 약화시키는 것은 매우 바람직한 일"이라고 단언했다.[38]

마찬가지로, 랜드 연구소의 분석에 따르면, 장기전은 (재앙적인 핵확전 위험 때문에) 궁극적으로 미국의 국익에 부합하지 **않지만**, 반면 "역설적이게도 전쟁을 좀 더 지속하는 것이 잠재적으로 미국에게 이점을 제공하는 측면이 있다"고 한다. 애시는 이번 전쟁이 "미국인이 희생될 위험이 거의 없는" 상태에서 "러시아의 재래식 방어 능력을 약화시키고 쇠퇴"시킬 "절호의 기회"라고 흥분된 어조로 글을 썼다. 이 전쟁은 "믿을 수 없을 정도로 훌륭한 투자"이자 "횡재"라고 표현하면서, 러시아 입장에서는 이 전쟁이 "베트남 혹은 아프가니스탄"과 같은 골치거리가 될 수 있다고 주장했다. "러시아가 이길 수 없는 전쟁에 계속 휘말려 있는 것은 미국에게는 엄청난 전략적 승리인데, 이에 반대할 이유가 있을까?"라고 덧붙였다.[39]

누가 반대할까? 물론 피할 수 있는 전쟁에서 끔찍한 죽음을 맞이하는 사람들은 반대할 것이다. 그러나 애시는 전쟁이 마치

보너스처럼 미국 경제에 호재가 될 것이라고 주장하며, 전쟁으로 인해 "NATO 내 파트너들이 [군사비] 지출을 빠르게 늘릴 수밖에 없을 것"이라는 글을 썼다. 그는 또한 미국의 "방산 장비에 대한 우위를 감안할 때, 이러한 추가 군사비 지출의 상당 부분이 미국 장비 구입에 사용될 것"이며, 그렇다면 이 전쟁은 미국 무기 제조업체들에 상당한 수익을 안겨줄 것이라고 전망했다. 아울러 "전쟁은 방산업체들에게 있어 쇼윈도와 같기" 때문에 "올바른 생각을 가진 구매자라면 승자가 만든 기술을 원할 것"이며, 따라서 "푸틴의 오판은 [러시아의] 서방 경쟁자들에게 환상적인 마케팅 기회를 제공한 셈"이라고 주장한다[실제로 《월스트리트 저널》은 "우크라이나 전장에서의 성공적인 성능을 보인 M777(155밀리미터 곡사포－옮긴이)에 대한 관심이 되살아나면서" BAE 시스템즈에 대한 관심이 폭증하고 있다고 보도했고, 《뉴욕 타임스》는 2022년 12월 우크라이나 전쟁으로 "무기 제조업체들의 새로운 붐"이 일어났다고 전했다]. 2023년 중반, 《워싱턴 포스트》의 데이비드 이냐시오는 서방이 우크라이나의 파괴에 대해 "우울하게 생각해서는 안 된다"고 말하며, "지난 18개월간의 전쟁은 (우크라이나를 제외하면) 상대적으로 낮은 비용으로 전략적 횡재를 한 것"이라고 평가했다. 마찬가지로, 애틀랜틱 협의회의 논평은 "서방은 우크라이나를 지원함으로써 "여러 가지 이득"을 보고 있다고 주장했다. 그 이유는 자국의 병력을 투입하거나 사상자를 내지 않고도 러시아의 군사력을 극적으로 줄일 수 있기 때문"이라는 것이다. 이 전쟁은 미국의 국력에 큰 활력을 불어넣은 셈이었다.[40]

존스홉킨스 대학교 신보수주의 성향의 교수인 엘리엇 코언

Eliot Cohen은 《애틀랜틱》에 기고한 글에서 "우리의 주요 적대국인 러시아의 지상군과 공군을 분쇄하기 위해 수백억 달러를 지출하는 것은 이익 보는 거래"라고 주장했다. 코언은 모든 외교적 해결책은 배제하고, "협상에 대한 논의를 중단"해야 한다고 강조하며, "지금은 우크라이나 전쟁을 어떻게 종식시킬지 생각할 때"라는 견해를 일축했다. 대신, 그는 알 카포네Al Capone를 처리하는 데 사용된 "시카고 방식"을 채택해야 한다고 말했다. 그는 영화 〈언터처블The Untouchables〉을 인용하며 이렇게 말했다. "카포네를 어떻게 잡는지 알고 싶은가? 놈들이 칼을 뽑으면 여러분은 총을 뽑으면 되는 거야. 놈이 당신들 중 한 명을 병원으로 보내면, 당신은 놈들 중 한 명을 영안실로 보내는 거지." (다시 말해, 가장 무자비하고 잔인한 갱보다 더 무자비하고 잔인하게 대응하라는 것이다.) 미국의 베테랑 외교관인 채스 프리먼Chas Freeman은 미국의 정책 선택이 사실상 "장기전을 보장하는 것"과 다름없다고 지적하면서, 미국 내 많은 사람들이 장기전을 "그저 멋진 일"로 여기는 시각을 비판했다. "긴 전쟁이 뭐가 그렇게 끔찍한가? 우크라이나 사람이 아니라면 아마도 긴 전쟁의 장점도 볼 수 있을 것이다."라는 의견을 지적하며, 미국의 입장은 "마지막 한 명의 우크라이나인까지 러시아와 싸우도록 하겠다"는 것으로 보인다고 신랄하게 논평했다. 실제로 린지 그레이엄Lindsey Graham 미국 상원의원은 이렇게 말했다. "현재 우리가 취하고 있는 정책이 마음에 듭니다. 우크라이나에 필요한 무기와 경제적 지원을 제공하는 한, 우크라이나는 최후의 한 사람까지 싸울 겁니다."[41]

많은 유럽인이 "이 전쟁으로 가장 많은 이익을 얻고 있는 나라는 미국이며, 이는 미국이 더 많은 가스를 더 높은 가격에 수출하고, 더 많은 무기를 판매하고 있기 때문"이라는 불만을 토로하기 시작했다고 《폴리티코》는 보도했다. 한 외교관은 유럽 국가들 사이에서 "가장 믿을 만한 동맹국이 실제로는 당신의 어려움을 통해 막대한 이익을 얻고 있다"는 인식이 확산되고 있다고 설명했다. 마찬가지로 글로벌 사우스의 많은 국가에서는 미국의 대우크라이나 정책이 원칙에 입각한 것이 아니라고 의심하는 사람들이 있다. 유럽, 캐나다, 미국, 호주, 일본을 제외하면 우크라이나 전쟁에 대해 러시아에 제재를 가한 국가는 거의 없으며, 우크라이나에 군사원조를 제공한 국가도 소수에 불과하다. 이는 전 세계 많은 사람들이 이 전쟁을 민주주의와 권위주의 간의 대결이 아니라 강대국 간의 갈등으로서 개입할 가치가 없다고 인식하는 것도 한몫하고 있기 때문이다. 아프리카, 라틴아메리카, 중동의 국가들은 침략에 대항한다는 미국의 주장을 웃기는 위선이라고 생각한다.[42]

우크라이나 전쟁으로 세계는 냉전 이후 그 어느 때보다 재앙적인 강대국 간 충돌에 더욱 가까워진 상태다. "마치 세계가 유럽의 끔찍한 20세기로부터 아무것도 배우지 못한 것 같다"고 리처드 사크와는 현재의 분쟁이 일어나기 전부터 한탄한 바 있다. 우크라이나 국민에게 전쟁은 끔찍한 일이었다. 수만 명이 사망하고, 그보다 더 많은 사람이 불구가 되었으며, 수백만 명의 이재민이 발생하고, 경제가 붕괴되고, 도시 전체가 폐허로 변했다.[43]

침략자가 다른 나라를 공격했을 때 우리가 무엇을 해야 하는

지 묻는 것은 정당한 일이다. 우크라이나가 러시아의 점령에 저항하는 데 도움을 요청한다면, 당연히 이를 수용해야 한다. 그러나 전쟁 가능성을 키운 미국의 역할을 비판적으로 살펴보고, 전쟁을 가능한 한 빨리 종식시키기 위해 무엇을 해야 하는지도 함께 자문해야 한다. 외교적 해결책을 배제한 것은 누구에게도 이롭지 않은 장기전을 조장한다. 그리하여 우크라이나는 미국 무기의 '전시장'으로서의 역할을 하며, 그 무기들이 얼마나 많은 사람을 죽일 수 있는지 보여주고 있다.

미국의 대러시아 정책에 대한 비판을 블라디미르 푸틴의 살인적 광기에 대한 '옹호'로 취급한다거나, 협상으로 해결해야 한다는 믿음은 곧 우크라이나의 '항복'을 의미한다고 주장하는 것이 일반화되어 있다.[44] 그러나 두 주장 모두 타당하지 않다. 이라크와 아프가니스탄 전쟁이 미국에 대한 테러 가능성을 높였다는 증거가 테러 공격을 옹호하거나 합리화하는 근거가 될 수 없듯이, 미국이 러시아의 국익을 고려하지 않아 폭력적인 반응의 가능성이 높아졌다고 해서 푸틴의 전쟁이 합리화될 수 없다. 푸틴의 전쟁은 푸틴의 책임이다. 그러나 항상 그렇듯이, 미국인들이 던져야 할 질문은 미국의 정책이 예상되는 결과에 어떤 영향을 미치는가다. 러시아가 탈냉전 안보 질서에 편입되었거나, 미국이 러시아와 우크라이나 양측에 우크라이나에 대한 민스크 II 합의를 준수하도록 압력을 가했다면, 우크라이나 국민은 끔찍한 전쟁을 피할 수 있었을지도 모른다.

2023년 우크라이나의 유력 정치인 데이비드 아라카미아David Arakhamia는 전쟁 초기에 러시아는 "NATO에 가입하지 않는 대가로 우크라이나에 평화를 약속"했으며, "우크라이나가 (핀란드가 했던 것처럼) 중립에 동의한다면, 전쟁을 끝낼 준비가 되어 있었다."고 주장했다. 그는 "탈나치화"에 대한 모든 이야기는 "양념"에 불과했으며, 핵심은 NATO였다고 덧붙였다. 러시아 역시 이 시점에서 평화협정이 거의 성사될 뻔했다고 주장한다. 그때 보리스 존슨Boris Johnson 전 영국 총리가 키이우를 방문하여 우크라이나는 어떤 협상도 거부하고 "그냥 싸워야 한다"고 유도했다. 나프탈리 베네트 전 이스라엘 총리는 미국과 영국이 평화 협상을 가로막았다고 말한다. 전쟁이 진행되면서 미국 언론은 푸틴의 세계 정복 의도를 보여주고자 왜곡 보도를 이어나갔다. 하지만 정작 러시아의 지속적인 정전 협상 제안은 보도하지 않았고, 미국은 증거가 있음에도 불구하고 러시아가 협상에 관심이 없었다고 주장했다. 외교적 타결을 통해 정의로운 평화를 달성할 수 있었을지 여부는 가늠할 수 없다. 왜냐하면 외교는 시도조차 하지 않았기 때문이다.[45]

우크라이나는 "그냥 싸워라"라는 서방 파트너들의 조언을 받아들였다. 그 결과 전쟁으로 1년 만에 50만 명의 사상자가 발생했다. 우크라이나 인구가 너무 많이 감소하여 군인의 평균연령은 43세가 되었다. 전선에서는 제1차 세계대전과 같은 교착 상태가 발생했고, 영토 회복은 거의 하지 못한 채 사망자만 늘어났다. 흑해 지역의 자원이 차단되면서 전 세계 식량 공급이 위협받았다. 핵전쟁으로의 확전 위협은 냉전 이후 그 어느 때보다 심각해졌고, 기후 재앙을 해결하기 위한 노력은 크게 후퇴했다. 2024년에 이르러 우크라이나는 결국 불리한 평화협정을 받아들이고 영토 회복의 희망을 포기해야 할 가능성이 점점 더 커졌다. 1년 동안 자랑스럽게 우크라이나 국기를 흔들던 미국은 우크라이나를 돕는 데 관심을 잃기 시작했고, 그 관심은 다른 곳으로 향했다.[46]

우크라이나가 폐허가 되어가는 동안, 누군가는 잘 지내고 있다. 미국 군수산업 및 화석연료 산업은 엄청난 이익을 보고 있으며, 향후 수년간의 전망도 밝다. 《월스트리트 저널》은 우크라이나 전쟁이 미국 경제에 긍정적 영향을 미쳤고, 무기 제조업체를 크게 활성화시켰다고 보도했다. 바이든 행정부는 우크라이나에 대한 지원이 "미국의 방위 산업 기반 구축, 무기 및 탄약 생산 라인의 가동 및 확장, 그리고 40개 주에서 군수산업과 관련된 많은 일자리 확충"에 미친 영향을 강조했다. 또한 미국은 막대한 국방 예산의 극히 일부를 사용하여 주요 군사적 적국의 전력을 심각하게 약화시키고 있다. 지정학적 측면에서 살펴보면, 블라디미르 푸틴의 범죄적 침략은 미국이 가장 바라는 바를 실현해주었다. 즉, 유럽을 미국이 운영하는 NATO 체제에 더 깊이 끌어들인 것이다.[47]

라이벌 강대국을 약화시키는 것은 명백히 미국 국가 정책의 일부다. 2018년, 제임스 매티스James Mattis 국방부 장관은 국방 전략을 발표하면서 "강대국 경쟁(테러리즘이 아닌)이 이제 미국 국가안보의 주요 초점"이며, 국방부의 "주요 우선순위는 중국 및 러시아와의 장기적인 전략적 경쟁"이라고 직접 밝혔다. 그러나 중국은 이에 개의치 않고 유라시아를 가로질러 중동, 아프리카, 심지어 라틴아메리카까지 차관 및 개발 프로그램을 계속 확대하고 있으며, 이는 미국을 불편하게 만들고 있다. 한편, 영어권

국가들과 서유럽을 제외한 나머지 국가들은 이 전쟁을 우크라이나인의 희생으로 점철된 미국과 러시아의 대리전으로 보고 있으며, 여기에 동참하기를 꺼리고 있다. 글로벌 사우스는 미국이 주장하는 우크라이나 방어의 고결함을 인정하지 않으며, 그러한 수사를 위선적인 것으로 간주하고, 이 전쟁을 강대국 간의 패권 다툼으로 보고 있다. 미국에 의존하지 않으며, 미국의 제재와 기타 수단을 통한 맹렬한 보복을 당하지 않는 새로운 금융 체제와 상업적 거래를 동반한 새로운 동맹이 형성되고 있다.[48]

8장

핵 위협과 기후 재앙

21세기에는 인류의 생존을 위협하는 두 가지 문제(핵전쟁과 환경 재앙)가 있으며, 우리는 그것을 알면서도 이를 향해 돌진하고 있다. 게다가 이러한 위협의 상당 부분은 지난 수십 년간 미국 기업과 미국 정부가 내린 선택의 결과이기도 하다. 미국의 행위가 전례 없는 위험 상황을 만드는 데 일조한 셈이다.

기후 위기는 인류 역사상 유례가 없는 일이며, 매년 더욱 심각해지고 있다. 앞으로 몇십 년 안에 중대한 조치를 취하지 않는다면, 세계는 돌이킬 수 없는 지점에 도달할 가능성이 높다. 핵무기 문제는 덜 거론되지만, 우리 존재에 대한 중대한 위협이며, "강대국 경쟁"이라는 위험한 새 시대에 접어들면서 시간이 지남에 따라 그 위협은 점점 더 커지고 있다. 1945년 히로시마 원자폭탄 투하 이후 우리는 다모클레스의 칼 아래에서(언제 떨어질지 모르는 칼을 머리 위에 얹고 있는 사람처럼 위태롭다는 의미—옮긴이) 생존해왔다. 우리 시대의 이 두 가지 위협적인 위기를 이해하고 해결하지 않으면, 조직화된 인류의 삶은 이번 세기를 넘기지 못할 것이다.

인류의 역사는 끔찍한 전쟁, 고문, 대량 학살, 학대의 기록으로 점철되어 있다. 하지만 오늘날 우리는 그 규모 면에서 전혀 다른 위협에 직면해 있다. 즉, 처음으로 인류 전체가 **집단적** 재앙에 마주했다. 환경 위기와 핵무기 위협은 존재에 대한 위협이며, 우리가 어떤 선택을 하느냐에 따라 우리 인류뿐만 아니라 지구상 다른 모든 종의 운명이 결정될 것이다

핵무기의 전멸적 광기

우리가 인류 역사상 가장 평화로운 시대에 살고 있다는 주장이 있다. 하버드 대학교 심리학자 스티븐 핑커Steven Pinker는 우리가 "긴 평화"를 누리고 있다고 말한다. 그는 "폭력의 감소를 인식하게 되면, 세상이 다르게 보이기 시작한다"고 주장하며, "과거는 덜 순수해 보이고, 현재는 덜 사악해 보인다."라는 글을 썼다. 그러나 이러한 주장은 완전히 거꾸로 된 시각이다. "긴 평화"라는 개념은 제2차 세계대전 종전 이후 발생한 수백만 명의 전쟁 사망자, 특히 미국에 직접적인 책임이 있는 수많은 유혈사태를 얼마나 축소해서 보느냐에 따라 달라지는 개념이다. 오히려 이 시대를 인류 역사상 가장 위험한 시대로, 극단적인 폭력이 그 어느 때보다 큰 위협으로 다가온 시기로 묘사하는 것이 더 정확하다.[1]

세계에서 가장 강력한 국가들이 수천 개의 핵탄두를 보유하고 있다는 사실은 전 세계가 끊임없는 전멸의 위험에 처해 있음을 의미한다. 우리는 핵에 대해 생각하지 않으려 하고, 핵에 대해 생각하지 않고 일상생활을 이어가려고 노력할 수도 있다. 하

지만 핵 위협은 우리가 어디에 있든 매 순간 우리 머리 위에 드리워져 있다. 우리가 '평화'의 시대에 살고 있다는 생각은 위험한 착각이다.

핵무기는 사용되지 않은 채 배경 속에 방치되어 있는 것이 아니다. 핵무기는 적을 위협하는 용도로 항상 사용되고 있다. 마치 강도가 총을 쏘지 않더라도 상점 주인에게 겨누는 것처럼 겁주기 위해 사용하는 것과 마찬가지다. "억지력"이란 말은 오해의 소지가 있고 완곡한 표현일 뿐, "극도의 폭력으로 지속적인 위협을 가하는 행위"로 이해하는 것이 더 정확하다. 우리가 위협의 역할을 제대로 이해하지 못하면 실제보다 상황이 더 평화로워 보일 수 있다.[2]

강대국이 수천 개의 핵탄두를 보유하고 있는 상태에서, 강대국 간의 긴장 고조는 세계대전으로 이어질 수 있다. 이미 통제 불능인 군비경쟁을 대규모로 확대하려는 계획 등이 진행되고 있는 점을 고려하면, 우리는 인류 문명을 끝장낼 **종말 전쟁**의 가능성에 직면해 있다고 보아야 한다. 그리고 우리를 점점 더 벼랑 끝으로 내모는 강력한 세력들이 존재한다. 국가가 문명을 파괴하는 무기를 보유하고, 그 국가를 우리가 거의 통제할 수 없는 통치자들이 통제한다는 사실은 우리 모두가 위험에 처해 있다는 것을 의미한다.

1945년 8월 6일(히로시마 원자폭탄 투하 일－옮긴이) 미국은 인간의 지능이 곧 지구상의 거의 모든 생명체를 파괴할 수 있게 될 것임을 보여주었다. 1953년 열핵무기가 개발되기 전까지는 상황이 지금처럼 절박하지는 않았지만, 그래도 방향성은 분명했다. 즉, 핵무기는 국가에 엄청난 파괴력을 부여했고, 전 세계를 전례 없는 위험에 빠뜨렸다.

히로시마와 나가사키 원자폭탄 투하는 무고한 사람들의 생명을 경시하고 야만적이라는 점에서 도쿄 폭격과 크게 다르지 않았다. 다만, 원자폭탄은 민간인 대량 학살을 더 효율적으로 만들었을 뿐이다. 원자폭탄 투하는 인간의 기술 능력이 인간의 도덕 능력을 얼마나 앞질렀는지 보여주었다. 이 폭격은 스스로 인도적이고 정의롭다고 자처하는 국가가 어떻게 도시 전체를 초토화하는 신과 같은 힘을 행사할 수 있는지 보여주었다.[3]

유감스럽게도, 제2차 세계대전의 참상과 히로시마와 나가사키 원자폭탄 투하의 끔찍한 현실(미국에서는 원자폭탄 투하의 당혹스러운 진실이 은폐되었다)을 목도했음에도 불구하고, 이를 통해 강대국 간의 갈등 해소, 전쟁 종식, 핵무기의 폐기 혹은 사용 금지로 나아가지 못했다. 그 대신 지구상의 생명을 완전히 끝장낼 군비경쟁을 촉발시켰다.[4]

주요 과학자들의 필사적인 경고는 대체로 무시되었다. '원자폭탄의 아버지' J. 로버트 오펜하이머J. Robert Oppenheimer는 수소폭탄 개발을 공개적으로 반대하며, "세계는 우리가 직면한 것과 필적할 만한 파괴(실질적인 의미로는 전멸)에 직면한 적이 없었다"고 주장했다. 이로 인해, 오펜하이머는 "소련의 첩자일 가능성이 높다"는 오명을 뒤집어썼고, 그의 경력은 망가졌다. 맨해튼 프로젝트Manhattan Project(미국의 핵무기 개발 프로젝트-옮긴이)의 또 다른 물리학자 조지프 로트블랫Joseph Rotblat은 나치 독일이 핵무기 개발을 중단했다는 것이 분명해지자 계속적인 폭탄 개발을 거부했다. 로트블랫은 핵무기 폐기를 위해 평생을 바쳤다. 당연히 그 역시 미국 우익으로부터 "자신도 모르는 사이에 소련의 하수인 혹은 도구가 되었다"는 비난을 받았다.[5]

베르너 하이젠베르크Werner Heisenberg와 막스 보른Max Born 등 수십 명의 노벨상 수상자가 서명한 1955년 마이나우 선언The 1955 Mainau Declaration은 "과학이 인류에게 스스로를 파괴할 수단을 제공하고 있다"며, "정부가 [핵]무기에 대한 공포 때문에 장기간 전쟁을 피할 수 있다고 믿는다면 그것은 망상"이라고 지적했다. 따라서 "모든 국가는 최후의 수단으로 사용될 무기를 포기하는 결정을 내려야 하며", 그러지 않으면 "존재하지 않게 될 것"이라고 경고했다. 같은 해, 버트런드 러셀Bertrand Russell과 알베르트 아인슈타인Albert Einstein이 작성한 선언문에 세계 최고의 과학자들이 참여하여, 인류가 "엄중하고 끔찍하며 피할 수 없는" 딜레마에 직면해 있다고 경고했다. 그 딜레마는 "인류를 끝장낼 것인가, 아니면 인류가 전쟁을 포기할 것인가?"였다.[6]

1946년, 유엔 역사상 첫 총회 결의안은 "국가 무장에서 핵무기 및 대량살상이 가능한 다른 모든 주요 무기를 제거할 것"을 직접적으로 촉구했다. 소련 대표단은 핵무기 사용은 "헤아릴 수 없는 비참함을 가져온다"고 경고하면서, "무고한 민간인의 학살을 허용해서는 안 된다는 것이 전쟁의 규칙"이며 "완성된 상태이든 미완성 상태이든 모든 원자 에너지 무기 재고"를 즉시 폐기하는 다자간 조약을 제안했다. 그러나 미국은 다른 국가를 압박할 수 있는 강력한 수단의 포기는 처음부터 고려하지 않았다.[7]

미국은 소련이 자체 핵무기를 보유하기 수년 전부터 소련에 대한 잠재적 핵 공격 계획을 수립하기 시작했다. 물리학자 미치오 카쿠Michio Kaku와 대니얼 액셀로드Daniel Axelrod는 저서 《핵전쟁에서 승리하기: 펜타곤의 비밀 전쟁계획To win a Nuclear War: The Pentagon's Secret War Plans》에서 1940년대 후반 트루먼 행정부가 수립한 소련 도시에 대한 핵 공격 계획을 기록했다. 당시 합참의장의 메모에 따르면, "과거 최선의 방어 수단으로 인식되던 공격이 핵전쟁 시대에는 유일한 일반 방어 수단"이라고 되어 있다. 트루먼 행정부는 핵무기를 외교적 압박 수단으로 사용하는 것에 주저하지 않았다. 헨리 스팀슨 전쟁부 장관은 핵폭탄이 개발되는 동안 이것이 미국 외교에 "로열 스트레이트 플러시" 패를 쥐어줄 "마스터 카드"가 될 것이라고 언급했다.[8]

핵무기의 지속적인 사용을 수용하기로 한 결정은 미국 국민의 승인을 받지 못했다. 1946년 9월 발표된 한 여론조사에 따르면, 유엔이 "미국을 포함한 모든 국가의 원자폭탄 제조를 막아야 한다"고 답한 미국인이 3분의 2를 넘었다. 그리고 미국이 수소폭탄 개발 계획을 발표했을 때, 미국인의 68퍼센트는 소련과 군비통제 협정을 추진해야 한다는 데 동의했다.[9]

소련의 세계 정복 계획에 대한 편집증적 불안, 그리고 세계 패권을 유지하려는 확고한 집착 속에서 미국은 군비경쟁에 착수했으며, 이는 상상할 수 없는 극단으로 치달았다. 한때 미국은 3만 기가 넘는 핵탄두를 보유한 적이 있고, 소련 역시 결국 4만 기에 달했다. 이는 지구 전체를 몇 번이고 폐허로 만들기에 충분한 양이었다.

최악의 사태가 발생할 뻔했다. 핵무기의 역사는 아슬아슬한 '일촉즉발'의 사건들로 가득하다. 쿠바 미사일 위기를 예로 들어보자. 1962년 10월, 미국이 쿠바에서 소련의 탄도미사일을 발견하면서 미국과 소련은 13일간의 긴장된 대치를 이어갔다. 미국이 쿠바를 침공하지 않겠다고 약속하고 튀르키예에서 미국 미사일을 비밀리에 철수하는 대가로 소련의 지도자 니키타 흐루쇼프Nikita Khrushchev가 미사일 시설을 해체하기로 합의하면서 위기는 마무리되었다.

흐루쇼프는 왜 미국이 통제하고 있다고 주장하는 지역에 미사일을 배치하는 무모한 결정을 내렸을까? 두 가지 주요한 이유가 있었다. 첫째, 미국은 쿠바를 상대로 살인적인 테러 전쟁을 벌이고 있었고, 이는 침공으로 확대될 가능성이 있었다. 따라서 미사일 배치는 부분적으로 중대한 군사적 위협에 대한 방어적 조치의 성격이 있었다. 수년 뒤, 로버트 맥너마라Robert Mcnamara는 쿠바가 공격을 두려워하는 데는 그럴 만한 이유가 있다는 점을 인정했다. 그는 "내가 쿠바나 소련의 입장이었더라도 나 역시 그렇게 생각했을 것이다."라고 미사일 위기 40주년 회의에서 말했다. 둘째, 흐루쇼프가 공세적 군사 능력의 상호 감축을 제안했지만, 케네디 행정부는 이미 군사력에서 훨씬 앞서 있었음에도 불구하고, 전례 없는 평시 군비 증강으로 대응했다.[10]

케네디는 튀르키예에 배치한 미국의 주피터 미사일 철수와 쿠바에 배치된 소련 미사일의 공개 철수를 맞교환하자는 흐루쇼프의 제안을 거부하고, 쿠바에서의 철수만 공개하라고 주장했다. 케네디는 미국의 미사일 철수는 비밀리에 이루어져야 한다고 고집했다. 이는 미국은 소련 국경 근처에 치명적인 미사일을 배치해도 되지만, 그 반대의 경우는 허용되지 않는다는 원칙을 지키기 위한 것이었다. 따라서 케네디 행정부는 소련의 제안이 합리적인 거래인 줄 알면서도 거부했다. 역사상 이보다 더 끔찍한 결정은 생각하기 힘들지만, 이 때문에 케네디는 여전히 그의 냉철한 용기와 정치력에 대해 높은 평가를 받고 있다. 그러나 그의 이러한 입장은 세계를 재앙적인 파멸로 이끌 뻔했다. "케네디 자신의 논리를 여기에 적용해보면, 세계를 핵전쟁 직전까지 몰고 간 것은 쿠바에 핵미사일이 배치되었다는 사실 때문이 아니라 오히려 그 미사일을 제거해야 한다는 그의 고집 때문이었다."는 것이 역사학자 크리스천 애피의 시각이다. 즉, "흐루쇼프는 물론, 세계 여러 나라 및 자국민들에게 종이 호랑이로 비치지 않기 위해서라도", "공산주의자들에 맞서는 강경한 입장을 보여줘야 한다"는 그의 강박관념 때문이었다는 것이다.[11]

세계를 종말 직전까지 몰고 간 위기는 1962년 10월 케네디 대통령이 침공하겠다고 위협하며 쿠바를 압박하면서 시작되었다. 이 위기는 일견 '합리적인' 사람이라면 공정하다고 여길법하나 미국으로서는 수용할 수 없는 소련의 제안을 케네디가 거부하면서 끝이 났다. 미국은 핵미사일을 어디에든 일방적으로 배치할 권리가 있다는 원칙을 훼손할 수 있었기 때문이다. 그는 그러한 원칙을 확립하기 위해, 상상조차 할 수 없는 파괴적 전쟁의 위험에 직면한 상태에서 그 위협을 간단히 종식시킬 합리적이고 공정한 해결책을 거부하는 것이 전적으로 정당하다고 여긴 것이다.[12]

교훈은 굳이 설명할 필요조차 없다. 미국의 지배력 유지에 대한 집착은 물론, 스스로 주장하는 권리를 다른 국가에게는 인정하지 않는 것은 원칙에 어긋난 것만이 아니라 매우 위험하다. 1962년에 드러내 보인 패권 유지에 대한 타협 없는 고집은 현대 문명의 파괴로 이어질 뻔했다. 그런 일이 다시 일어나지 말라는 법은 없다.

실제로 냉전 기간 동안, 미국과 소련의 자동화 시스템은 임박한 핵 공격을 경고했는데, 사람이 개입하지 않았다면 자동 대응 공격으로 이어질 뻔한 경우가 여러 번이나 있었다. 예를 들어, 1983년 레이건 행정부는 소련 공격에 대비한 가상훈련을 실시하고, (모스크바까지 10분 만에 비행하는) 퍼싱 미사일을 유럽에 배치하는 방안을 논의하고 있었다. 소련 정부는 이를 미국이 핵 선제타격을 준비하고 있다는 신호로 믿게 되었다. 그 결과, 소련은 극도의 경계 태세를 갖추고, "공격이 예상되면 즉각 보복할 준비가 되어 있었다". 이로 인해, 소련은 "매우 불안한 상태에서 실수와 사고를 일으키기 쉬운" 상황이었다. 이 긴박한 순간, 소련의 자동 경보 시스템이 날아오는 탄도미사일을 감지했다. 소련군 장교 스타니슬라프 페트로프Stanislav Petrov가 절차를 어기고 다음 단계로 경고를 전달하지 않았다. 이를 두고 소련의 대규모 핵 공격으로 끝날 수 있었던 상황을 막아 세계를 구했다고 평가하는 사람도 있다.[13]

이뿐만이 아니었다. 전 전략사령부STRATCOM 사령관 리 버틀러Lee Butler 장군은 다음과 같이 회고했다. 냉전 이후 우리는 "기술, 운, 신의 가호의 조합으로 홀로코스트 없이 살아남을 수 있었고, 나는 후자가 가장 큰 비중을 차지한다고 생각한다". 버틀러는 공산주의 세계에 대한 자동화된 전면 타격을 규정한 1960년 미국의 전략 계획을 "내가 지금까지 검토한 문서 중 가장 터무니없고 무책임한 문서"라고 평가했다. 마찬가지로, 1960년대에 랜드 연구소의 핵 전략가로 일했던 대니얼 엘스버그도 한 비밀문서를 발견하고 경악했다. 그 문서에는 수억 명의 소련 민간인을 살해하는 비상 계획이 담겨 있었고, 그는 이를 노골적인 "대량 학살"이라 칭했다.[14]

미국과 소련 모두 서로와 세계를 파괴할 수 있는 능력과 계획을 개발했다. 그리고 몇 가지 단순한 실수나 오해만으로도 대재앙을 쉽게 촉발할 수 있는 시스템을 유지했다. 종말적 재앙이 발생할 확률이 낮은 사건일지라도, 오랜 시간이 지나면 확률이 낮은 사건은 더 이상 낮은 확률로 남지 않는다.[15]

우리는 여전히 그렇게 하고 있다. 무책임한 핵 정책은 냉전과 함께 끝나지 않았다. 클린턴 재임 시 전략사령부는 '냉전 이후 핵무기의 역할'에 대하여 '냉전 이후 억제력의 필수 요소'라는 제목의 중요한 연구 문서를 작성했다. 핵심 결론은 미국이 비핵 국가에 대해서도 선제공격권을 유지해야 한다는 것이었다. 또한 핵무기는 "모든 위기나 분쟁에 그 그림자를 드리우며" 위협을 통해 목적을 달성할 수 있는 수단이기 때문에 항상 준비되어 있어야 한다는 것이었다. 전략사령부는 이어서 "전략 기획자들은 상대방이 가장 중요하게 여기는 것이 … 무엇인지 판단할 때 지나치게 합리적인 입장을 취하지 말아야 한다."고 조언했다. 모든 것이 공격 목표가 되어야 한다는 의미였다. "우리 자신을 너무 이성적이고 냉철한 사람으로 묘사하는 것은 손해다. … 중요 국익이 훼손되는 경우, 미국은 비이성적이고 보복적으로 될 수 있을지도 모른다는 인상이 우리가 투영할 국가적 이미지가 되어야 한다." 즉, "일부 요소가 잠재적으로 '통제 불능'인 것처럼 보이는 경우, 결국 지속적인 핵 공격 위협을 가하는 것이 [우리 전략적 태세에] 유익하다"는 말이다. 이는 리처드 닉슨의 "미치광이 이론"을 전략으로 공식화한 것이다.[16]

핵무기 폐기를 지지한다고 밝힌 민주당 대통령들조차 실제로는 정반대의 행동을 취했다. 버락 오바마는 핵무기 폐기를 위한 노력에 대해 그럴듯한 말을 늘어놓은 후, 향후 30년간 미국 핵무기 체계에 1조 달러를 투입하는 계획을 수립했다. 《원자 과학자 회보Bulletin of the Atomic Scientists》의 설명에 따르면, 오바마의 핵무기 현대화 프로그램은 "살상력"을 향상시켜 "핵무장 국가가 기습적인 선제공격으로 적을 무장해제하고 핵전쟁에서 승리할 수 있는 능력을 갖추려는 계획"으로 봐야 한다고 한다.[17]

바이든 행정부가 2022년 발표한 핵태세 검토 보고서Nuclear Posture Review(이하 NPR)는 핵무기 사용 위협이 다른 나라로부터의 핵 공격을 억제하기 위한 수단일 뿐만 아니라 미국 외교정책의 핵심 구성 요소라는 사실을 숨기지 않았다. NPR은 "미국의 핵태세는 적의 전체적인 전략수립 계산, 즉 위기 유발, 무력 충돌 개시, 재래식 무기를 활용한 전략적 공격, 혹은 핵무기 사용 여부 등의 계산을 복잡하게 만들기 위한 것"이며, "따라서 국지적 침략 억제"를 포함한 "미국의 모든 국가 방위 우선순위의 기반을 형성한다"고 명시하고 있다. 미국이 비준한 1968년 핵무기

비확산 조약Treaty on the Non-Proliferation of Nuclear Weapons은 당사국들에게 "엄격하고 효과적인 국제 통제하에 전방위적이고 완전한 군축"을 추구할 의무를 부과하고 있다. 그러나 NPR은 "가까운 미래에도 핵무기는 미국 군사력의 다른 어떤 요소로도 대체할 수 없는 특별한 억지 효과를 계속 제공할 것"이라고 밝힌다. 실제로 '억지력'을 "상대를 순응시키기 위해 전멸의 위협을 가하는 것"으로 이해한다면, 문명을 모두 파괴할 무기를 다른 나라에 겨누는 것 자체가 대체 불가능한 강제력을 가진다는 의미라는 NPR의 주장은 맞다. 그러나 이 모든 것은 유엔헌장뿐만 아니라 핵무기를 완전히 폐기하기 위해 '선의'의 노력을 기울여야 한다는 핵확산 금지 조약을 위반하는 것이다.[18]

미국과 달리, 핵무기로 선제공격하지 않겠다는 공식 방침(미국은 자신의 "중대한 이익"이 위태로울 경우 선제적으로 사용할 수 있다는 입장)을 가진 중국은 미국의 태도에 강력 반발하며, "절대적 군사력 우위를 추구"하는 미국의 논리는 필연적으로 "핵 군비경쟁을 자극"할 뿐만 아니라, "국가안보 정책에서 핵무기의 역할을 강화하고, 그 사용의 문턱을 낮춤으로써" 미국은 점점 더 핵 충돌 위험의 발원지가 되고 있다고 주장했다.[19]

그러나 기존의 핵 정책이 핵 확산을 조장하고 세계를 위험에 빠뜨리는지에 대해 미국 내 주류의 논쟁은 사실상 없다.

1945년 미국이 최초로 민간인 집단을 두 번 전멸시킨 이후(히로시마와 나가사키 원자폭탄 투하—옮긴이), 전 세계적으로 핵무기를 제한하거나 폐기하려는 운동이 전개되었다. 로런스 위트너

Lawrence Wittner는 저서 《폭탄에 맞서다: 세계 핵군축 운동의 짧은 역사Confronting the Bomb: A Short History of the World Nuclear Disarmament》에서, 이러한 운동이 현재 존재하는 군비 통제 조치를 이끌어냈으며, 대중의 압력이 없었다면 역대 미국 행정부는 핵무기 재고를 줄이기 위한 어떤 조치도 취할 의사가 없었을 것이라고 지적한다. 1956년 유엔 주재 미국 대사이던 헨리 캐벗 로지 주니어Henry Cabot Lodge Jr.는 원자폭탄의 "악명이 너무 높아져서 … 우리가 핵무기를 사용하는 데 심각한 장애가 될 정도가 되었다"고 불평했고, 아이젠하워는 합동참모본부에 "세계 여론의 현재 상황"은 핵으로 위협하는 방식을 이 이상으로 허용할 수 없다는 것이라고 말했다. 핵무기의 확산과 사용을 제한하자는 견해는 대중의 여론이었지, 정책 입안자들의 인도주의적 본능은 아니었다.[20]

정부는 시위대에 대해서는 극도로 적대적인 반응을 보였다. 1980년대에 핵 동결 운동이 일어났을 때, 레이건 대통령의 국가안보보좌관이던 로버트 맥팔레인Robert McFarlane은 훗날 이를 심각한 정치적 위협이자 "[핵] 현대화 프로그램에 대한 의회의 지지를 약화시킬 운동"으로 간주했다고 회상했다. 당시 백악관 공보국장이던 데이비드 거건David Gergen은 핵 동결 운동을 "정부 국방 정책의 핵심을 겨누는 비수"로 인식하는 것이 행정부 내 지배적인 견해였다고 말한다. 위트너는 핵 동결 운동에 대한 불신감을 조장하기 위해 정부가 대대적인 노력을 기울였으며, 대통령이 공개적으로 이 운동은 "미국을 약화"시키기 위해 "외국 첩자들"이 부추기는 것이라고 선언했다고 밝혔다.[21]

운동에 참여했던 사람들은 끈질기고 영웅적이었다. 하지만 그들은 대부분 잊혔다. 예를 들어, 1981년 영국에서 한 무리의 여성이 핵 순항 미사일을 보관하기 위해 건설 중인 기지 밖에 그린햄 공동 여성 평화 캠프Greenham Common Women's Peace Camp를 세웠다. 여성들은 기지 건설을 지속적으로 방해했고, 한때는 3만 명에 달하는 여성이 모여 기지 주변에서 서로 손을 잡고 인간 띠를 형성했다. 결국 미사일은 철거되었지만, 평화 캠프는 2000년까지 반핵 시위의 장소로 남았다.[22]

전 세계적으로도 반핵 운동이 활발하게 전개되었다. 특히 1945년 이후 핵 강대국들이 실시한 2,000건이 넘는 핵실험에 노출된 국가들에서 더욱 강력하게 전개되었다. 위트너는 태평양 국가들의 몇몇 사례를 소개한다. 예를 들어 피지에서는 "교회, 노조, 학생 단체가 피지 반핵 그룹을 결성하여 핵 없는 태평양을 만들기 위해 노력"했고, "타히티에서는 수천 명의 사람들이 거리로 나서 프랑스의 핵 실험에 항의하며 프랑스로부터의 독립을 요구"했다. 마셜 제도 주민들은 미국의 군사적 팽창 계획에 저항하는 점거 시위를 벌였다. 팔라우에서는 투표에 영향을 미치려는 미국의 노력에도 불구하고 주민들이 핵무기 반대를 헌법에 명문화하는 데 찬성표를 던졌다. 평화 운동가들의 노력은 1963년 부분 핵실험 금지 조약Partial Test Ban Treaty, 1968년 핵확산 금지 조약, 1972년 탄도미사일 금지 조약Anti-Ballistic Missile Treaty, 1972년 생물무기 금지 협정Biological Weapons Convention, 1993년 화학무기 금지 협정Chemical Weapons Convention의 형태로 결실을 맺었다.

현재는 그들의 모든 성과가 위협받고 있다.

일레인 스캐리Elain Scarry는 핵무기의 존재가 필연적으로 매우 비민주적이라고 주장했는데, 이는 매우 설득력 있다. 그녀는, 현재 지구의 운명을 손에 쥐고 있는 사람은 극소수이며, 그렇다면 우리는 정확히 말해 "열핵 군주제thermonuclear monarchy" 치하에 살고 있다고 묘사했다. 상황을 더 잘 이해하기 위해, 스캐리는 각 국가가 "유연한 바닥", 즉 땅속으로 꺼지는 함정 위에 놓여 있는 가상의 세계라고 상상해보라고 말한다. 버튼 하나만 누르면 함정이 열리고, 그 나라와 국민 모두가 심연 속으로 영원히 사라지는 상상을 해보라고 제안한다. 소수의 사람들만 이 버튼을 누를 권한을 가지고 있고 언제든지 수억 명의 사람들을 소멸시킬 수 있는 상황이라면, 이 상황은 민주주의와 어울리지 않는다고 말하는 것이 옳은 설명이다. 민주주의를 **공동체의 운명을 대중이 통제하는 것**이라고 정의한다면 말이다. 리 버틀러 장군은 이렇게 물었다. "핵무기 보유국의 역대 지도자들은 무슨 권한으로 지구상의 지속적인 생존 확률을 결정할 수 있는 권한을 빼앗고 있는가?"[23]

하지만 이것이 바로 우리가 처한 상황이다. "내가 사무실로 돌아가 수화기를 들면 25분 안에 7,000만 명이 죽게 될 것이다."라고 리처드 닉슨이 말한 적이 있다. 닉슨의 말은 정확했다. 그는 좋든 싫든 수많은 사람들의 운명을 자신의 손에 직접 쥐고 있었다. 또한 닉슨은 이 끔찍한 살인 기계를 실제로 사용하는 것에 대해 주저하지 않았다. 헨리 키신저는 "대통령이 마음만 먹는다면, 매주 핵전쟁이 일어날 것"이라고 말했다. 실제로 1969년 북한이 동해 상공에서 미국 첩보기를 격추한 후, 닉슨은 술에 취해 그 대응으로 전술 핵 공격을 명령했다고 CIA 고위 관리가 증언했다. 키신저는 합동참모본부에 "닉슨이 아침에 술에서 깨기 전까지는 아무것도 하지 말라."고 지시해야 했다.[24]

클린턴 행정부에서 국방부 장관을 역임한 윌리엄 J. 페리William J. Perry는 대통령이 핵무기를 사용하고자 할 때 제약이 별로 없음을 지적한 바 있다. "대통령이 발사하기로 결정하면 발사 권한이 있고, 발사할 장비가 있으며, 발사되면 되돌릴 방법이 없고, 비행 중에 파괴할 방법도 없다." 제임스 클래퍼James Clapper 전 국가정보국장은 2017년에 이렇게 말했다. "대통령이 행사할 수 있는 권한을 어느 정도 이해하는 입장에서, 솔직히 핵 코드에 대한 접근이 걱정된다." 클래퍼 국장은 특히 도널드 트럼프를 콕 찝어서, 트럼프가 "자존심이 상한 나머지 욱해서" 북한에 핵 공격을 가하려 했다면, 현 시스템에서 "핵 옵션 행사에 대한 통제 장치가 없기" 때문에 "그를 막을 방법이 거의 없을 것"이라고 말했다. 클래퍼는 이를 "끔찍하게 무서운 일"이라고 평가했다.[25]

버락 오바마 정부에서 국가안보 부보좌관을 지낸 벤 로즈는 "어떤 형태로든 견제 장치, 절차, 지휘 체계, 의회 통지, 그리고 정말 이렇게까지 해야 하는지 생각할 잠깐의 시간 등 정말 모든 것이 부족하다"고 말했다. 우리 자신과 핵전쟁 사이의 유일한 장벽은 대통령뿐으로, "단지 한 사람만이 자기 재량으로 지구상의 생명을 말살할 수 있는 능력이 있다". 닉슨 행정부 시절, 닉슨의 음주와 편집증이 분명하게 드러나자 앨런 크랜스턴Alan Cranston 상원의원은 국방부 장관에게 전화를 걸어 "광폭한 대통령이 우리를 홀로코스트에 빠뜨리지 못하도록 해야 한다"고 경고했다. 하지만 그때나 지금이나 세계의 운명은 대통령이 광폭해지느냐

아니냐에 달려 있다.[26]

우리는 지구 멸망의 위협을 극복하는 방법을 정확히 알고 있다. 무기를 없애는 것이다. 완전한 제거까지는 아니더라도 위협을 완화할 조치가 있다. 비핵지대 Nuclear-Weapon-Free Zones, NWFZ 설정도 그중 하나다. 중앙아시아와 남반구를 포함한 전 세계 지역 대부분에 비핵지대가 존재한다. 예를 들어, 1996년 펠린다바 조약Treaty of Pelindaba으로 아프리카 대륙 전체가 아프리카 비핵지대로 설정되었다. 이 조약의 의정서에 따라, 핵무기 보유국은 "조약 당사국을 상대로 핵폭발 장치를 사용하거나, 그 사용을 위협하지 않을 것"과 "아프리카 지역 내에서 핵폭발 장치를 실험하거나, 실험을 지원 또는 조장하지 않을 것에 동의하도록" 요청받았다. 미국은 아직 이 조약을 비준하지 않았다.

가장 중요한 단계는 중동에 비핵지대를 설정하는 것이다. 이렇게 하면 (미국과 이스라엘의 이란 폭격, 암살, 사보타주의 구실이 되는) 이란의 핵 위협을 종식시킬 수 있다. 그러나 세계 평화를 위한 이 중요한 진전은 이스라엘의 핵무기 보유 정책을 옹호하는 데 방해가 된다는 이유로 미국이 오랫동안 막아온 방안이다. 2015년 베냐민 네타냐후는 중동 전체에서 핵무기를 금지하자는 이집트의 제안을 막아준 오바마 행정부에 감사를 표했다. 비핵지대 설정은 핵무기 위협 감소에서 중요한 단계이며, 미국이 민주주의가 제대로 작동하는 사회, 즉 여론이 정책에 영향을 미치는 사회라면 이 문제는 해결될 수 있을 것이다. 2007년 이란인과 미국인을 대상으로 한 여론조사 결과, 핵 에너지 개발 권리,

모든 핵무기의 폐기, 이스라엘 및 이슬람 국가를 포괄하는 중동 내 비핵지대 설정을 포함하여 이란의 핵무기 문제를 제외한 대부분의 핵확산과 관련된 주요 질문에 대해 의견이 일치하는 것으로 나타났다.[27]

다른 조치도 취할 수 있다. 여론조사에 따르면, 국민의 3분의 2가 지지하는 것으로 나타났음에도 불구하고, 미국은 핵무기 '선제 사용 금지' 정책 채택을 지속적으로 거부해왔다. 2021년 유엔의 핵무기 금지 조약Treaty on the Prohibition of Nuclear Weapons이 발효되었다. 이 조약은 핵무기를 포괄적으로 금지하는 최초의 구속력 있는 협약으로, 궁극적으로는 핵무기의 완전한 폐기를 목표로 한다. 약 100개국이 이 조약에 서명했다. 안타깝게도 "모든 핵무기 보유국, 대부분의 NATO 회원국 및 핵무기 보유국의 군사동맹국들은" 협상을 거부했다. 미국은 조약을 수용하고 다른 핵 보유국들에게도 같은 조치를 취하도록 촉구함으로써 진정한 국제적 리더십을 보여줄 수 있었다. 그러나 그렇게 하지 않았다.[28]

유감스럽게도, 이러한 문명 수준은 대부분의 강대국이 도달할 수 있는 영역을 벗어났다. (강대국들의 수준이 비핵화를 바라는 전 세계 사람들의 문명 수준에 미치지 못했다—옮긴이) 강대국은 지구에서 조직화된 인간의 삶을 종식시킬 수단을 업그레이드하고 강화하는 등 여전히 정반대 방향으로 나아가고 있다. 카네기 국제평화재단의 제임스 액튼James Acton은 탄도미사일 조약에서 미국이 탈퇴한 것은 명백히 조지 W. 부시의 "엄청난 실수"였다고 말한다. 부시 행정부는 또한 무기 용도로 사용할 수 있는 핵분열성

물질 생산에 대한 국제적 중단FISSBAN 제안을 유일하게 거부했다. 2004년 11월, 유엔 군축위원회는 검증 가능한 FISSBAN에 찬성표를 던졌다. 투표 결과는 147 대 1(미국)이었고 기권은 2표였다. 이스라엘과 영국. 트럼프 대통령은 레이건·고르바초프가 체결한 INF[중거리핵전력Intermediate-Range Nuclear Forces] 조약을 무력화시키고 즉시 이 조약에 위반되는 무기 시험을 실시했다. 미국은 이전 합의로 돌아가지 않을 것이다. 군비통제협회Arms Control Association에 따르면 바이든이 2021년 요청한 예산에는 "트럼프 행정부로부터 물려받은 논란이 많은 고비용 핵무기 유지 및 현대화 작업"에 소요되는 재원이 포함되어 있다.[29]

핵확산 금지 조약은 핵보유국들에게 핵무기 제거에 성실하게 조치를 취할 법적 의무를 부여하고 있다. 그러나 미국은 이러한 의무를 준수하지 않는 데 앞장서고 있다. 국제원자력기구의 사무총장인 무함마드 엘바라데이Mohamed ElBaradei는 "한 당사국이 의무를 이행하지 않으면, 다른 당사국도 하지 않으려고 한다."고 강조한다. 지미 카터 전 대통령은 미국을 핵확산 금지 조약 약화의 주범이라고 강하게 비판했다. 그는 미국 지도자들이 핵확산에 반대한다고 주장하면서도 "기존 조약이 요구하는 제약을 이행하지 않았을 뿐만 아니라 새로운 무기 시험 및 개발 계획"을 추진하며, 핵무기를 선제적으로 사용할 듯이 비핵 국가를 위협했다고 말했다.[30]

해리 트루먼은 퇴임하면서 "미래의 전쟁은 한 번의 공격으로 수백만 명의 생명을 앗아가고 세계의 대도시를 파괴하며 과거의 문화적 성취를 말살하는, 즉 수백 세대에 걸쳐 천천히 힘들게

쌓아온 문명 구조를 파괴하는 전쟁이 될 것이다. 그런 전쟁은 이성적인 사람들의 정책이 될 수 없다."고 언급했다. 로버트 맥너마라는 말년에 "현재의 미국 핵무기 정책은 부도덕하고 불법적이며 군사적으로도 불필요하고 끔찍하게 위험하다."고 말하며 "임박한 종말"을 경고했다. 그는 또한 미국의 핵무기 정책은 "우발적 혹은 부주의한 핵 발사", 테러리스트의 핵 공격 등 "다른 국가와 미국 스스로가 용납할 수 없이 심각한" 위험을 초래한다고 덧붙였다. 윌리엄 J. 페리 전 클린턴 행정부 국방부 장관은 순전히 운으로 세계 대재앙을 피했던 냉전 시대보다 "핵 재앙 발생 가능성은 오늘날이 더 높다"고 생각한다. 샘 넌Sam Nunn 전 상원의원도 "우리가 스스로 만든 아마겟돈의 위험을 불필요하게 감수하고 있다."며 경각심을 불러일으켰다. 2005년, 국제관계 전문가 마이클 맥과이어는 현재의 정책에서 "핵전쟁은 궁극적으로 불가피하다"고 결론지었다.[31]

이러한 위험을 고려할 때, 끔찍한 무기의 생산과 사용을 억제하기 위해 할 수 있는 일을 하지 않는 것은 잘못이며, 심지어 범죄행위다. 그러나 미국을 다른 강대국과의 파국적 대결로 몰아가는 국가주의적, 군사주의적 충동을 해결하지 않는 한, 우리는 단순히 종말적 충돌을 지연시킬 뿐이라는 점도 명심해야 한다. 단지 시기가 불확실할 뿐이다.

지구 파괴: 미국과 글로벌 기후 정책

2022년 7월, 영국 소방관들은 제2차 세계대전 이후 가장 바쁜 하루를 보냈다. 기록적인 폭염으로 치명적인 산불이 발생하여 전국의 도시와 마을을 휩쓸었다. 기온이 화씨 104도(섭씨 40도—옮긴이) 이상으로 치솟으면서, 소방관들은 런던에서만 1,100건의 화재를 진압하는 등 '전례 없는' 어려움을 겪었다. 일부 지역에서는 거리 전체가 불에 탄 폐허로 변했고, 사람들의 집은 불과 몇 분 만에 완전히 파괴되었다. 이를 목격한 일부 사람은 오두막집이 잿더미로 변하고 주민들이 삶을 처음부터 다시 시작하기 위해 떠나야 하는 "블리츠Blitz(제2차 세계대전 당시 독일의 영국 대공습—옮긴이)의 한 장면" 같았다고 말했다.[32]

이 사건은 기이하거나 비정상적인 일이 아니었다. 전적으로 예측 가능한 일이었다. 지구온난화로 영국에서는 폭염의 빈도와 강도가 증가하고 있으며, "매우 높은 화재 위험 지수를 가진 여름날의 숫자가 … 극적으로 증가하는 추세"에 있다. 블리츠의 한 장면과 같은 모습은 점점 더 일상이 될 것이고, 이전에는 "1세기에 한 번" 있을법한 화재 위험이 이제는 매년 반복되는 일이 될 것이다.[33]

영국에서 산불 참사가 발생한 다음 달 파키스탄에서는 유난히 많은 비가 내리기 시작했다. 비는 좀처럼 그치지 않았고, 곧 국토의 3분의 1이 홍수에 잠기는 역사상 최악의 자연재해를 겪게 되었다. 2만 7,000개의 학교와 1,500개의 공중 보건 시설이 파괴되거나 피해를 입었고, 수백 개의 다리와 댐, 수천 마일에 달하는 도로가 유실되었다. 총리는 "마을이 연달아 쓸려"나가고, "수백만 채의 집이 파괴되었다"고 발표했다. 2023년 초 유니세프는 "최대 400만 명의 어린이가 여전히 오염된 채 고여 있는 홍

수 물 근처에 살면서 생존과 안녕을 위협받고 있다고 밝혔다. [⋯] 또한 쇠약하고, 굶주린 어린이들이 급성 영양실조, 설사, 말라리아, 뎅기열, 장티푸스, 급성 호흡기 감염, 고통스러운 피부 질환과 싸우고 있다."고 덧붙였다. 이 홍수로 약 150억 달러의 피해가 발생한 것으로 추산되며, 이는 한 나라의 국민이 겪은 재난 가운데 가장 큰 경제적 피해 중 하나로 평가된다.[34]

영국 산불과 마찬가지로, 파키스탄의 홍수 역시 기이한 '천재지변'이 아니라 기후변화로 인한 예견된 결과였다. 대기 중 수분으로 인해 몬순이 심해지고 있으며, 기온 상승으로 파키스탄의 수천 개 빙하가 녹아 강이 더욱 불어나면서 문제를 악화시키고 있다.[35]

물론 이것은 시작에 불과하다.

기후 위기에 관한 과학 문헌들은 가히 충격적이다. 이들 문헌은 우리가 재앙을 향해 나아가고 있으며, 초기 경고가 지나치게 소극적이었음을 보여준다. 2019년 11월, 153개국의 1만 1,000명 이상의 과학자들은 지구가 "기후 비상사태"에 직면해 있다는 공개 경고를 발표했다. 이들은 (기온, 해수면, 빙하량, 열대우림 손실률, 생물 다양성 손실 등) 지구의 "행성 생체 신호planetary vital signs" 중 많은 부분이 위험 수위에 도달하고 있음을 보여주었다. 만약 지구가 사람이라면, 여러 치명적인 질병을 앓고 있어 즉각적인 응급치료가 필요한 상태라고 할 수 있다.[36]

기후학자들의 심각한 경고는 넘쳐난다. "상황이 점점 더 악화되고 있다."고 세계기상기구World Meteorological Organization의 페테리 탈라스Petteri Taalas 사무총장은 말한다. 그는 또한 "유일한 해결책은 전력 생산, 산업 및 운송 분야에서 화석연료를 없애는 것"이라고 덧붙였다. 수전 조이 하솔Susan Joy Hassol 기후 커뮤니케이션 책임자는 2023년 들어 "기온, 해빙 손실, 산불 분야에서 기존 기록이 깨진 것"을 지적하며, "이렇게 많은 기록이 한꺼번에 깨진 적은 처음"이라고 언급했다. 옥스퍼드 대학교 물리학 교수이자 IPCCIntergovernmental Panel on Climate Change(기후변화에 관한 정부 간 협의체)의 3차 평가 보고서의 책임 저자인 레이먼드 피러험버Raymond Pierrehumbert는 "우리는 심각한 난관에 봉착했다."고 분석하며, "이제는 공포를 느껴야 할 때"라고 경고한다. 아울러 "플랜 B가 없기 때문에" 탄소 배출 순제로net zero를 향해 신속하게 행동해야 한다고 충고한다. 2022년 11월, 안토니우 구테흐스 유엔 사무총장이 "우리는 기후 지옥으로 가는 고속도로를 가속페달을 밟고 달리고 있다."라고 말한 것은 과장이 아니다. 이스라엘의 기후학자 바루크 린케비치Baruch Rinkevich는 사람들이 "우리가 말하는 것의 의미를 완전히 이해하지 못하고 있다"며, "우리가 숨 쉬는 공기, 우리가 먹는 음식, 우리가 마시는 물, 우리가 보는 풍경, 바다, 계절, 반복되는 일상, 삶의 질이 모두 변할 것으로 예상된다."고 지적했다. 그는 "그때가 되면, 나는 이미 이 세상 사람이 아닐 것이기에 다행이다."라고 씁쓸하게 말했다.[37]

개연성 있는 시나리오를 살펴보면, 상상할 수 없는 고통이 이어질 것으로 예상된다. 지구상 동물 종의 절반은 적응할 수 없는 방식으로 변화된 환경에서 멸종할 수도 있다. 이미 동물 개체군에 가해진 피해는 충분히 끔찍하다. 10억 명 이상의 사람이 고향을 떠나 난민이 될 수 있으며, 파키스탄 홍수 재앙보다 몇 배나 더 큰 난민 위기가 연속될지도 모른다. 치명적인 기온 상승으로 전 세계 많은 지역이 생존에 부적합해질 수도 있다. (딱정벌레와 박테리아는 살아남을 수도 있다.)[38]

현재 대기 중 이산화탄소 농도는 수백만 년 전 지구 해수면이 지금보다 20미터 더 높았던 당시와 유사한 수준에 도달했다. 제러미 렌트Jeremy Lent는 세계 과학자들의 인류에 대한 경고를 요약하면서, "이산화탄소 배출량, 온도 변화, 해양 데드존ocean dead zone(산소가 고갈되어 생명체가 살 수 없는 바다 – 옮긴이), 담수 자원, 척추동물 종, 총 산림면적 등 어떤 지표를 보더라도 암울한 그래프들이 거의 예외 없이 동일한 비관적 방향을 가리키며 최후의 날로 향하는 추세가 지속되고 있음을 보여준다."고 지적한다. 열두 명의 연구자들은 《바이오사이언스BioScience》에 기고한 글에서, 지구의 생명체가 "공격받고 있다"고 솔직하게 경고하면서 "기상 기록이 전례 없이 연이어" 깨지고 있으며, "더 이상 시간이 없다"고 말했다. 그들은 "2023년 기상이변의 심각함에 충격을 받은 것이 사실"이라고 덧붙였다.[39]

그럼에도 불구하고, 그들은 낙담 대신 행동을 촉구하며 글을 맺는다. "지금은 지구상의 모든 생명체를 위해 중대한 변화를 가져올 우리의 순간이며, 우리는 흔들리지 않는 용기와 결단력으로 이를 받아들여 시간의 시험을 견딜 변화의 유산을 만들어야 한다."(일시적 변화가 아닌 오랜 시간 지속될 의미 있는 변화를 만들어 후대에 물려주어야 한다는 의미 – 옮긴이) 주저자인 윌리엄 리플William Ripple은 "우리의 상황은 절망적이지 않다."고 말한다. 그렇다고 낭비할 시간이 있는 것도 아니다.

기후 위기는 인간이 초래한 것이지만, 그 책임이 모든 사람에게 똑같이 돌아가는 것은 아니다. 부유한 국가, 특히 미국은 이 문제에서 피해자들보다 훨씬 더 큰 책임이 있다. 미국의 정책적 선택이 다른 사람들에게 엄청난 대가를 치르게 했다. 이재민이 된 3,300만 명의 파키스탄인들은 홍수 피해로 고통받고 있지만, 그들은 이 위기에 거의 아무런 역할을 하지 않았다. 이러한 위협을 초래한 온실가스 배출량 중 파키스탄이 차지하는 비율은 불과 0.4퍼센트에 불과하다.

이 문제에 대한 책임을 명확히 이해하려면 비교 배출량 총계를 살펴볼 필요가 있다. 2020년까지 파키스탄의 2억 3,000만 인구는 50억 톤의 탄소를 배출한 반면, 미국의 3억 3,000만 인구는 4,000억 톤 이상을 배출했다. 전체 탄소 배출량의 대부분은 서방 국가에서 발생했으며, 미국과 유럽의 기여도는 중국과 인도의 책임을 압도적으로 능가한다. 이들 나라 사람들은 미국 국민에 비해 훨씬 낮은 탄소 집약적 생활방식을 영위하고 있다. 인류학자 제이슨 히켈Jason Hickel이 지적했듯이, 탄소 배출량은 이미 지구의 지속가능성의 한계를 초과했다. 그중 글로벌 노스Global North(글로벌 사우스의 반대 개념으로 서구권 및 선진국을 의미—옮긴이) 국가들이 전체 배출량의 92퍼센트를 차지하고 있는 반면, 대다수 글로벌 사우스 국가들은 "공정한 몫의 한계" 안에 머물러 있다. 이는 "위기에 전혀 기여하지 않았다는 것을 의미"한다.

그럼에도 불구하고 이들은 "기후 파괴로 인한 경제적 비용의 82~92퍼센트, 기후 관련 사망자의 98~99퍼센트" 등 가장 큰 고통을 겪게 될 국가다. 히켈은 "이러한 불공정의 규모를 과장하기는 어려울 것"이라고 결론 내렸다.[40]

또한 한 국가에서도 모든 주민이 똑같이 위기에 책임이 있는 것은 아니다. 전 세계 상위 1퍼센트의 소득자가 전 세계 탄소 배출량의 16퍼센트를 차지하고, 상위 10퍼센트의 소득자가 전체의 약 절반을 차지한다. 경제학자 솔로몬 시앙Solomon Hsiang은 온난화의 부정적 영향이 모든 곳에서 동일하게 나타나는 것은 아니기 때문에, 기후변화가 불평등을 더욱 심화시킬 것이라고 지적한다. 다시 말해, 지구온난화가 가장 치명적인 영향을 미칠 적도 근처의 더운 나라들은 대개 가난한 반면, 일부 부유한 추운 지역은 "온난화가 실제로 인간의 건강과 경제적 생산성을 향상시킬 수 있기 때문에 종종 혜택을 본다"는 것이다. 따라서 부유층의 파괴적인 행동은 가난한 사람들의 삶을 망가뜨리지만, 가해자 가운데 상당수는 그 영향을 상대적으로 덜 받게 된다.[41]

다른 맥락에서, 어느 당사자가 고의적으로 타인의 생명과 재산을 파괴한 행동을 묘사할 때, 우리는 흔히 '절도', '방화', 심지어 '살인'과 같은 용어를 사용한다. 마찬가지로, '탄소 식민주의carbon colonialism'라는 용어는 서방 국가들이 화석연료를 태워 생활수준을 향상시키고, 그 혜택이 전 세계 1퍼센트에게만 집중되는 동안, 그에 대한 재앙적인 대가는 나머지 모든 사람들에게 전가되는 방식을 설명하기 위해 만들어졌다.[42]

고무적인 점은 문제의 원인을 파악했기 때문에 해결책의 윤곽이 드러났다는 것이다. 온실가스 배출량의 4분의 3이 화석연료 사용으로 발생하므로, 파멸적인 온난화를 막으려면 화석연료를 제거해야 한다. 이 때문에 점점 더 많은 과학자, 시민 사회 단체, 그리고 여러 국가의 정부가 화석연료 비확산 조약Fossil Fuel Non-Proliferation Treaty 구상에 지지를 표명하고 있다. 이 구상에 따르면, 기존 화석연료 생산을 단계적으로 감축하고, 정의의 요구에 부합하는 재생에너지원으로의 글로벌 전환을 목표로 하는 국제 조약을 추진하자는 것이다. 그러나 미국은 이 조약에 서명하려는 움직임도, 이를 추진하려는 관심도 전혀 보이지 않고 있다.[43]

미국에는 재생에너지로의 전환을 위한 명확한 국내 계획이 있다. 알렉산드리아 오카시오코르테스Alexandria Ocasio-Cortez 하원의원과 에드 마키Ed Markey 하원의원이 발의한 그린뉴딜The Green New Deal(이하 GND)결의안은, 미국이 탄소 배출량 감축 목표를 달성하는 동시에 고임금 일자리를 창출할 수 있도록 정부가 취해야 할 조치의 기본 틀을 제시하고 있다. 어떻게 작동하고 어떻게 자금을 조달할 수 있는지를 설명하는 탄탄한 연구 결과도 있다. 실질적인 요건에 대해 광범위한 연구를 수행한 경제학자 로버트 폴린Robert Pollin은 GND의 목표가 비현실적이거나 하늘의 별따기가 아니라 실제로 실행 가능한 목표라고 설명한다. 폴린은 "2050년까지 온실가스를 전혀 배출하지 않는 미국 경제를 구축하는 것은 전적으로 합리적이며 특별히 어려운 과제도 아니"라고 지적한다. 온실가스 감축이 사회에 순손실을 가져오는 것도 아니다. 오히려 순이익이 될 것이다. 따라서 재앙이 곧

닥칠 것 같은 이때, GND를 추구하지 않는 것은 도저히 변호할 수 없는 논리다.[44]

물론 GND는 국내 요소만 다루고 있다. 하지만 미국은 1인당 배출량이 세계에서 가장 높은 국가 중 하나이기 때문에, GND 채택은 향후 파괴적인 행동을 자제하고, 공정한 해결책을 모색하기 위해 전 세계와 건설적으로 협력하겠다는 의지를 보여주는 행위가 될 수 있다. 그럼에도 미국 정치인들은 일관되게 인류의 미래보다 국내 화석연료 산업의 이익을 우선시해왔다.

미국에서는 사회의 주요 기관들이 앞다투어 문제를 악화시키기로 결심한 듯 보인다. 특히 공화당은 의미 있는 기후 대응 조치를 막기 위해 노골적으로 나서고 있다. 기후변화가 중국인들이 만들어낸 사기라고 주장해온 도널드 트럼프는 화석연료 사용을 급격히 늘릴 것을 촉구했다. 재임 기간 동안 그는 환경 규제를 철폐했다. 트럼프 행정부는 2018년 연료 효율 기준을 재검토하면서 미국의 노력과 상관없이 지구온난화가 악화될 것이므로 탄소 배출량을 줄이기 위해 연료 효율을 높일 필요가 없다고 주장했다. 《뉴욕 타임스》 보도에 따르면, 트럼프는 연방 기관들이 "고속도로, 파이프라인 및 기타 주요 인프라 프로젝트의 환경 영향을 평가할 때 더 이상 기후변화를 고려할 필요가 없도록 만들려고 했다".[45]

미국 공화당 지도부는 2015년 채택된 탄소 배출 제한을 위한 주요 국제 협정인 글로벌 파리 협정Paris Agreement을 무력화하려는 의도를 솔직하게 드러내왔다. 그 이유 중 하나는 공화당이 싫어하는 오바마가 추진한 모든 것을 무너뜨리고 싶어하기 때문인데, 이를 굳이 숨기려 하지도 않는다. 또 다른 이유는 미국 권력에 대한 외부의 제약을 원칙적으로 반대하기 때문이다. 그러나 이러한 결정은 다가오는 환경 위기에 맞서려는 모든 노력을 일관되게 거부해온 당 지도부의 입장에서 직접 비롯된 것이다. 즉, 역사적으로 개인의 부와 기업 권력을 위해 봉사해온 공화당의 전력前歷과 그 행태가 맞닿아 있다.

공화당이 정권을 잡은 주州에서는 기후 위기에 대응하려는 은행을 처벌하려는 움직임도 있다. 공화당 의원들은 화석연료 기업에 대한 투자 정보 공개를 금지하는 '에너지 차별 철폐' 법안을 추진하고 있다. 공화당 변호사들은 연방 에너지 규제위원회Federal Energy Regulatory Commission에 미국 유틸리티 회사가 배출량 감축 프로그램에 참여하는 경우, 자산 운용사가 해당 기업의 주식을 매입하지 못하도록 조치할 것을 요청했다. 즉, 우리 모두를 파괴로부터 구하려는 노력에 제동을 걸고 있는 것이다.[46]

기후변화의 중요성에 대해 화려한 수사를 펼치지만 민주당 역시 재앙을 피하기 위해 필요한 조치를 취하는 데는 크게 낫지도 않다. 버락 오바마는 2008년 선거 연설에서 미래 세대는 자식들에게 "오늘 이 순간이 해수면 상승이 둔화되고, 지구가 치유되기 시작한 순간이었다."라고 말할 것이라고 선언했다. 그러나 재임 중 오바마는 전임자와 마찬가지로 세계 기후 회담을 방해하고 화석연료 생산을 확대했다. 2009년 코펜하겐 기후 정상회담이 실패한 주요 이유 중 하나는 미국이 다른 국가가 수용할 만한 제안을 제시하지 않았기 때문이다. 이후, 《베니티 페어Vanity

Fair》는 "오바마 행정부가 2020년까지 단 4퍼센트의 배출량 감축을 제안한 것에 대해, 부유한 나라와 가난한 나라 모두 오바마 정부가 조지 W. 부시 정부와 별반 다를 것이 없다고 인식하는 계기가 되었다."고 주장했다. 《포브스Forbes》는 "텍사스 오일맨으로 널리 알려진 조지 W. 부시의 재임 기간 8년이 원유 생산이 연속적으로 감축된 기간이었던 반면, 석유 및 가스 산업의 친구로 여겨지지 않는 … 오바마의 재임 기간 중 7년 동안 석유 생산이 계속 증가했다."는 "아이러니"를 언급했다. 오바마는 2012년에 "내가 재임하는 동안 미국은 지난 8년의 그 어느 때보다 오늘 더 많은 석유를 생산하고 있다. … 우리는 사방에서 시추하고 있다."고 자랑하며 자신의 파괴적인 기록에 자부심을 드러냈다.[47]

민주당 지도자들은 GND을 수용하기는커녕 폄하했다. 낸시 펠로시는 "녹색 꿈인지 뭔지"라고 비웃었다. 캘리포니아주 상원의원 다이앤 파인스타인Dianne Feinstein은 "추진할 재원이 없다"고 거짓 주장을 하며, 법안을 지지하는 10대 청소년 중 상당수가 투표권이 없다는 점을 들어 이 운동에 참여한 사람들을 무시했다.[48]

물론 대기업의 로비는 더 심하다. 미국 상공회의소, 미국석유협회 등은 미국인들에게 기후변화가 사기라는 점을 설득하기 위해 오랫동안 대대적인 홍보 캠페인을 벌여왔다. 화석연료 업계는 기후변화에 대해 의심의 씨앗을 뿌리는 캠페인을 수십 년 동안 벌여오며, 재앙을 막기 위한 어떤 조치도 취해지지 않도록 노력해왔다. 회사가 과학의 신뢰를 떨어뜨리기 위한 노력에 자금을 지원했을 뿐만 아니라, 문제 해결을 위한 노력을 더욱 방해하기 위해 채택되지 않을 것을 뻔히 알고 있는 정책(탄소세 등)

을 추진했다는 사실을 인정한 엑손모빌 수석 로비스트의 발언이 녹취되기도 했다. 이 로비스트는 회사가 실제로 "일부 과학적 연구결과에 맞서 적극적으로 반대하고", "그림자 그룹shadow group(특정 기업이나 단체의 배후에서 그 기업 혹은 단체의 이익을 위해 활동하지만 표면적으로는 독립적이거나 중립적인 것처럼 보이는 조직 – 옮긴이)에 가입하여 [기후 변화를 해결하기 위한] 초기 노력에 반대"한 것은 사실이지만, "불법적인 것은 아무것도 없었다"며 "우리는 투자를 보호하고, 주주를 위해 노력했을 뿐"이라고 말했다. 다시 말해, 살 만한 지구를 희생하면서까지 이윤을 추구하는 자본주의 기업의 구조가 문제인 것이다. 안타깝게도 기업의 힘이 너무 강력한 나머지, 현행 제도적 틀 안에서는 환경을 파괴하는 자들이라 할지라도 이를 멈추게 하려면 보상을 해야 한다. 이는 전혀 새로운 사실이 아니다. 80년 전 미국이 전쟁 준비에 역량을 집중하던 당시, 헨리 스팀슨 전쟁부 장관은 이렇게 설명했다. "자본주의 국가에서 전쟁을 수행하거나 준비하려면, 그 과정에서 기업이 돈을 벌 수 있도록 해야 하며, 그러지 않으면 제대로 되는 일이 없을 것이다." 만약 어떤 일이 공공의 이익에는 부합하지만 기업 부문의 이익에 부합하지 않는다면, 기업들은 문제 해결을 막기 위해 싸울 것이다.[49]

종種의 미래를 희생하면서까지 이윤을 지키려는 업계의 노력은 효과를 봤다. 파리 협정은 화석연료에 대한 언급을 담지 않았으며, 화석연료 로비스트들은 유엔의 기후 정상회의를 마음대로 드나들며 협정의 결과가 주요 기업의 수익을 위협하지 않도록 노력하고 있다. 상황은 급기야 2023년 유엔 COP28(유엔 기후변화협약United Nations Framework Convention on Climate Change, UNFCCC 당사국 총회) 기후 회의 의장을 화석연료 기업 임원이 맡는 지경에 이르렀고, 그는 자신의 지위를 이용하여 새로운 석유 및 가스 프로젝트를 위한 로비 활동을 벌였다. (바이든의 기후 특사 존 케리John Kerry는 그의 선임을 "훌륭한 선택"이라고 칭찬했다.) 기후 과학자 피터 칼무스Peter Kalmus는 인류의 미래를 보호하는 데 필요한 조치를 취하지 못하도록 막기 위해 화석연료 로비스트가 1,000명 넘게 몰려들면서 유엔 프로세스가 "역겨운 농담"이 되고 말았다는 절망적인 글을 썼다. 칼무스는 "COP28의 부패와 악을 적절히 설명할 단어를 찾지 못할 정도로 기가 막혔다"고 말했다.[50]

주요 과학 단체가 즉각 화석연료 사용 감축에 착수하고 금세기 중반까지 단계적으로 중단하지 않으면 재앙이 닥칠 것이라고 분명히 밝혔음에도 불구하고, 석유 생산을 늘리려는 움직임은 여전히 자살 행위가 아니라 합리적인 선택처럼 논의되고 있다. 석유 산업 관련 저널은 새로운 유전이 발견되었다는 소식에 들떠 있다. 경제지들은 미국 프래킹(수압파쇄법. 세일가스와 같이 전통적 방식으로 채굴할 수 없는 형태로 매장된 석유를 채굴하는 방식—옮긴이) 업계와 OPEC(석유수출국기구) 중 어느 쪽이 생산량을 늘리는 데 가장 유리한 위치에 있는지 논쟁을 벌인다. 《월스트리트 저널》에서는 "남미는 오랫동안 세계의 잠자는 에너지 거인으로, 아직 개발되지 않은 막대한 석유 및 가스 매장량을 보유한 상태"였지만, "이제 잠에서 깨어나 세계 시장에 큰 영향을 미치고 있다"는 기사를 게재했다. 이 기사는 기후변화를 딱 한 번 언급했는데, 유엔 기후변화협약 당사국 총회에서 각국이 "화석연료에서 벗어나기로 약속했지만 본질적으로는 각국 정부가 이를 달성하는 방법에 대해서는 스스로의 길을 선택할 수 있도록 했다"고 지적한 다음, "남미의 최근 행태는 이 지역 국가들이 곧 후퇴할 의향이 없음을 시사한다."고 언급한다. (화석연료의 생산을 줄이지 않겠다는 의미—옮긴이) "곧 후퇴하지 않을" 경우 어떤 결과가 초래될지는 전혀 언급되지 않았다. 한편, 미국에서는 석유와 천연가스 생산량이 2023년에 사상 최고치를 기록했으며, "둔화될 기미는 보이지 않는다".[51] 바이든의 임기 첫 21개월 동안 미국은 트럼프 정부 때보다 더 많은 원유를 생산했으며, 같은 기간 동안 트럼프보다 74퍼센트 더 많은 석유정 및 가스정을 승인했다.[52]

《뉴욕타임스》는 바이든이 기후변화에 대처하겠다고 선거 유세를 벌였지만, 대통령으로서 그는 "석유 회사들에게 생산량을 늘리도록 압박"할 정도로 "전혀 다른 노선을 취했다"고 주장한다. 바이든은 COP28 정상회의에 참석하지 않는 대신 부통령을 보내기로 결정했다. 이는 "지구온난화에 맞서 싸우겠다고 공언한 대통령이 보인 중대한 결례"였다. 바이든의 대표적인 '기후' 관련 법안인 인플레이션 감소법Inflation Reduction Act조차도 오히려 "화석연료 부문에 호재가 되었다"고 지적받았다. 중국의 "위협"을 "억제"하기 위해 바이든은 보조금 지급 대상 차량의 범위를 축소하였다. 이는 "배터리와 재생에너지로의 전환에 필요한 주요 광물에 대한 중국의 지배력을 약화시키는" 전략의 일환이었다. 이로 인해 전기 자동차 생산은 위협을 받았으며, 만약 "부품 공급업체 중 하나라도 중국과 약간이나마 연관이 있으면, 전

기차 보조금 지급 대상에서 제외되었다".[53]

민주당 진영 일부에서는 바이든에게 원유 생산 증대를 자랑하도록 부추기며, 이를 "중도적" 정책의 성과로 선전했다. 기후 과학자 빌 헤어Bill Hare는 AP 통신과의 인터뷰에서 화석연료 생산의 지속적인 확대는 "위선적이며, 화석연료를 단계적으로 감축해야 한다는 전 세계적인 요구와 전혀 부합하지 않는다"고 말했다. 피터 칼무스는 지식과 능력을 갖추고 있음에도 불구하고, 재앙으로 가는 길이 계속되는 것을 보면서 인류에 대한 믿음을 잃어가고 있다고 말한다. 기후 과학자로서 그는 "앞으로 닥쳐올 일들이 두렵다"고 말하며, 현재의 진행 상황을 고려할 때 "지구의 많은 부분이 사람이 살 수 없는 곳이 될 것"이라고 주장한다. 칼무스는 무서운 수준의 기온 상승으로 재앙이 닥칠 것이 분명한 가운데, 자신은 "우리의 희망과 꿈이 실현되려면 사람이 살 수 있는 지구가 필요하다는 사실을 모든 사람이 각성하고 깨닫게 될 것으로 믿었다"고 말한다. 그러나 기대했던 대중의 각성은 아직 일어나지 않았다.[54]

기후 재앙에 대한 미국 언론의 보도는 거의 대부분 끔찍했다. 금융 업계의 대표적 신문인 《월스트리트 저널》의 오피니언 페이지에는 끝없는 부정론적 선전이 이어지는데, 그 제목만 보더라도 이런 수준이다. **기후변화는 세상의 종말이 아니다, 기후 과학은 아직 확고한 학문이 아니다, 기후변화가 모든 재난의 원인은 아니다, 기후변화는 빈곤에 거의 영향을 미치지 않는다, 화석연료가 세상을 구할 것이다(정말), 기후변화에도 세상은 파멸하지 않는다, 기**

후변화는 생각보다 많은 생명을 구한다, 기후변화는 감내할 만한 수준이다, 우리는 그 어느 때보다 기후 재난으로부터 안전하다.

진보 매체인 《뉴욕 타임스》조차도 기후변화 보도에는 미흡했다. 《뉴욕 타임스》는 화석연료 광고를 게재할 뿐만 아니라, 화석연료 업계가 작성한 '스폰서' 기사를 내기도 하고, 계열 광고 회사를 통해 화석연료 업계의 광고를 **제작하기도** 했다. 심지어 버클리 대학교 연구진의 종합 연구에 따르면, 이 신문의 기후 기사에는 가장 기본적인 사실에 대한 언급도 거의 없었다고 한다. 즉, 온난화가 현재 일어나고 있다는 것, 온난화가 기록적인 수준의 이산화탄소로 인해 발생했다는 것, 화석연료 연소가 이러한 기록적인 수준을 초래했다는 것, 이에 대한 과학계의 합의가 있다는 것, 온난화는 항구적이라는 것 등이다.[55]

온난화로 인한 재난에 대한 《뉴욕 타임스》의 기사에는 화석연료의 역할을 언급하지 않는 경우가 종종 있다. 예를 들어, 2022년 겨울에 발생한 콜로라도의 커다란 산불에 대한 보도에서 《뉴욕 타임스》는 "지난 몇 년간의 심각한 가뭄으로 건조해져서 화재가 주거 지역을 휩쓸었다."고 언급했지만, 화석연료 연소가 극심한 가뭄을 **초래하고** 산불도 악화시켰다는 사실은 다루지 않았다. 그러나 콜로라도 대학교 볼더 캠퍼스의 지구 연구소 소장인 화재 과학자 제니퍼 볼치Jennifer Balch는 콜로라도 화재에 대해 확실한 입장을 밝혔다. "이 점을 분명히 하고 싶다. 기후변화가 이번 재난에 영향을 미쳤다, 절대적으로."[56]

기후 위기의 비극이 처음 대중의 관심을 끈 1980년대에 제대로 대처했더라면, 인류의 미래를 위협하는 재앙으로 치닫지는 않았을 것이다. 하지만 미국의 양대 정당이 전적으로 산업계 이해관계에 종속되고, 부인否認 및 의심의 씨앗을 뿌리는 조직적 캠페인을 통해 이 심각한 문제는 전 세계 수십억 명에게 엄청난 고통을 초래할 실존적 위기로 변해버렸다. 이는 끔찍한 불의다. 가장 부유한 국가에 살고 있는 가장 부유한 사람들이 문명을 지속할 기본 조치를 취하지 않으려 한 결과, 가장 가난한 사람들에게 불행을 안겨주고 있다.

IPCC의 2023년 보고서는 지금까지 발표된 보고서 중 가장 심각한 경고였다. 이 보고서는 지금 당장, 지체 없이 화석연료 사용을 줄이고 재생에너지로 전환하기 위한 단호한 조치를 취해야 한다는 점을 분명히 했다. 이 경고는 잠시 주목을 받았지만, 인류는 다시금 한정된 자원을 우리 자신의 파멸을 추구하는 데 투입했다.[57]

그러나 게임은 아직 끝나지 않았다. 급히 방향을 수정할 시간이 아직은 있다. 우리 모두 방법을 알고 있다. 의지만 있다면 재앙을 피할 수 있다. 그러나 여기에서도 대중의 동원은 필수적이다. 미래 세대의 안녕을 책임질 사람이 필요하다. 전 세계 원주민들이 써온 표현을 차용해본다. 누가 지구를 지킬 것인가? 누가 자연의 권리를 지킬 것인가? 누가 우리 공동의 자산인 공유지의 관리자 역할을 맡을 것인가?

2부

권력 시스템의 이해

군주제와 가장 민주적인 공화국 사이의 본질적인 차이는 단 하나뿐이다. 전자의 경우 관료 사회는 군주의 이름으로 백성을 억압하고 착취해 특권층과 유산계급의 이익을 불리고 자신의 주머니를 채우지만, 후자의 경우 같은 방식으로 국민을 억압하고 착취해 같은 계급의 이익을 불리고 같은 주머니를 채우면서도 국민의 뜻이라는 이름으로 이를 자행한다. 공화국에서는 가상의 국민, 즉 국가가 대변한다고 주장하는 '법적 국민'이 실제 살아 있는 국민을 질식시킨다. (국가가 실제 국민이 아닌 허상의 '법적 국민'을 대표한다는 명분을 내세우며 특정 집단의 이익을 대변하고 실제 국민의 의사는 무시한다는 의미 – 옮긴이) 그러나 때리는 몽둥이에 '국민의 몽둥이'라는 이름을 붙인다고 해서 국민의 고통이 줄어들지는 않는다.

– 미하일 바쿠닌Mikhail Bakunin

9장

대외 정책의 국내적 뿌리

어떤 국가의 대외 정책을 이해하고자 한다면, 먼저 그 국가의 사회 구조를 조사하는 것부터 시작하는 것이 좋다. 누가 대외 정책을 결정하는가? 그들은 어떤 이해관계를 대변하는가? 그들 권력의 국내 기반은 무엇인가? 정책이 정책 설계자의 특별한 이해관계를 반영할 것이라는 추론은 합리적이다. 국가는 내부 권력 구조를 가지고 있으며, 일부 집단은 다른 집단보다 훨씬 더 큰 권력을 가진다. 저명한 국제관계 이론가인 한스 모건도는 "남북전쟁 이래 실제로 미국을 지배해온 민간 권력은 해체 시도는 말할 것도 없고, 통제하려는 모든 시도마저 이겨내며 정치적 결정의 지렛대를 계속 쥐어왔다"고 주장한 바 있다.[1]

미국의 일반 대중은 자국의 대외 정책에 거의 영향을 미치지 못한다. 실제로, 여론과 국가 행위 사이의 괴리는 종종 극명하다. 예를 들어, 대다수의 미국인은 오랫동안 미국의 대이스라엘 정책을 반대해왔으며, 국제사회가 합의한 두 국가 해법을 지지하며, 미국이 분쟁에서 중립을 지켜야 한다고 생각한다. 만약 분쟁 당사자(이스라엘과 팔레스타인)가 이 해법에 대해 성실하게 협상하지 않는다면, 양측에 대한 원조를 거부해야 한다고 생각한다. 그러나 미국 정부는 이러한 여론을 단호히 무시하고 있다.[2]

비슷한 사례는 얼마든지 제시할 수 있다. 1984년 니카라과 항구에 기뢰를 설치하겠다는 로널드 레이건 대통령의 결정을 지지하는지에 대해 미국 국민을 대상으로 여론조사를 실시했다. 응답자들은 67퍼센트 대 13퍼센트라는 압도적인 차이로 반대했다. 2001년에는 지구온난화에 대해 들어본 적이 있는 미국인 중 88퍼센트가 교토 의정서를 지지했다. 그러나 부시 행정부는 이를 거부했다. 공화당원의 59퍼센트를 포함해 미국 인구의 3분의 2가 쿠바에 대한 금수 조치에 반대한다. 하지만 금수 조치는 여전히 시행 중이다. 정부의 감시 프로그램 역시 국민의 반대에 부딪히고 있다. 2023년 여론조사에 따르면, "성인의 28퍼센트만이 정부가 미국 밖에서 이루어지는 전화 통화를 영장 없이 감청하는 것에 찬성한다"고 답했다. 그럼에도 불구하고 이러한 관행은 일상적이고 합법적이다. 2023년 12월, 미국인의 압도적 다수가 이스라엘과 하마스 간의 항구적인 휴전을 원했지만, 대통령과 거의 모든 의원들은 휴전을 요구하지 않았다.[3]

이 책에서는 정책 옵션이 실제로 국민에게 알려져 있다고 가정한다. 그러나 현실에서는 국민들이 정부가 어떤 일을 하고 있는지 알지 못하는 경우가 대부분이어서, 어떤 의견을 가질래야 가질 수가 없다. 동티모르 초토화, 캄보디아와 라오스 폭격, 전 세계에서 벌어진 드론 암살과 같은 사건에서 국민은 자신들의 이름으로 무슨 일이 벌어졌는지 전혀 알지 못했다. 정책은 투표는 고사하고 공론의 대상도 되지 않았다. 경제학자 제프리 색스

Jeffrey Sachs는 "물어보지도 않고, 알려주지도 않고, 그저 국민은 무시당할 뿐"이라고 말한다.[4]

"대중은 속고 있다. 전장의 상황에 대해 속고, 전쟁의 진짜 이유에 대해 속고, 여러 가지로 속고 있다."라고 국제관계학자 존 미어샤이머는 말한다. 그는 정책 결정 과정에 대한 광범위한 연구를 다음과 같이 요약한다. "우리가 발견한 것은 여론이 … 의사결정 과정에서 거의 중요하지 않다는 것이다. 소수의 엘리트들이 모여 결정을 내린다." 이는 독재 국가뿐만 아니라 민주주의 국가에서도 마찬가지다. (실제로 미어샤이머는 민주주의의 지도자들이 독재자보다 국민에게 거짓말을 훨씬 더 자주 하는데, 그 이유는 민주국가에서는 국민이 지도자를 추방할 수 있는 메커니즘이 존재하기 때문에, 오히려 대중을 더욱 철저히 조종해야 하기 때문이라고 말한다.)[5]

로버트 맥너마라의 사례가 전형적이다. 그는 베트남에서 귀국하는 비행기에서 보좌관들에게 베트남에 병력을 쏟아부었음에도 "상황이 개선되지 않았다"고 말하며, "근본적인 상황은 더욱 악화되었다"고 고백했다. 그러나 비행기에서 내리자마자 맥너마라는 모여 있는 기자들에게 정반대의 말을 했다. "여러분 … 방금 베트남에서 돌아왔습니다. 모든 면에서 큰 진전을 보이고 있다고 말씀드릴 수 있게 되어 기쁩니다. 저는 이번 출장에서 보고 들은 모든 것에 크게 고무되었습니다."[6]

벤자민 페이지Benjamin Page와 마셜 부톤Marshall Bouton은 저서 《대외 정책의 단절The Foreign Policy Disconnect》에서 "해마다 그리고 수십 년 동안 관료들이 선호하는 대외 정책과 국민이 선호하는 대외 정책 사이에는 큰 차이가 있었다."고 주장했다. 예를 들어, 국민은 일반적으로 유엔 강화, 군비 통제 확대, 국제사법재판소의 재판 관할권 수용, 미국만 아니면 만장일치로 의결될 유엔 안전보장이사회 결정에 대한 미국의 거부권 포기, 무력보다는 외교를 통한 타 국가와의 협상 등 협력적이고 평화적인 대외 정책을 선호한다. 미국의 국제 합의 거부 행태는 "국민의 뜻을 정면으로 거스는 것"임을 반복적으로 보여주고 있다고 이들은 지적한다.[7]

여론 **조작**에 얼마나 많은 노력이 기울여지는지 고려해볼 때, 이러한 신념이 지속되는 현상은 매우 주목할 만하다. (정부가 여론을 지속적으로 조작함에도 불구하고, 국민들이 특정 정책에 지속적인 지지를 보내는 현상을 말한다–옮긴이) 미국 국민은 일반적으로 부시 행정부의 이라크 공격을 지지했지만, 이는 **오로지** 이라크가 미국에 가하는 위협에 대한 대통령의 거짓말을 믿었기 때문이었다. 그러다가 국민이 진실을 파악하고 반대로 돌아섰을 때, 국민은 무시해야 할 성가신 존재로 간주되었다. 실제로 딕 체니는 부시 행정부의 여론 경시 행태를 다음과 같이 공개적으로 드러냈다.[8]

> **마사 래다츠**Martha Raddatz, **ABC 기자**: 미국인의 3분의 2가 [이라크 전쟁은] 싸울 가치가 없다고 말합니다.
>
> **딕 체니**: 그래서요?
>
> **래다츠**: 그래서요라고 하셨나요? 미국 국민들이 어떻게 생각하든 상관없다는 말씀인가요?

체니: 아니요, 여론의 변동에 휘둘려 방향을 잃어서는 안 된다는 생각을 가지고 있을 뿐입니다.[9]

대통령이 자신의 정책을 국민이 지지하지 않을 것이라고 예상할 때, 국민은 그저 진실을 모른 채 어둠 속에 남겨진다. CIA의 역사는 공론의 대상이 된 적이 거의 없는 잔혹 행위로 점철되어 있다. 언론인 스티븐 킨저Stephen Kinzer의 설명에 따르면, CIA의 MK-ULTRA 프로젝트(CIA의 불법 인간실험. 취조 과정에서 세뇌와 심리적 고문을 활용해 자백을 이끌어내는 방법 연구－옮긴이)는 "본질적으로 일본과 나치의 강제수용소에서 시작된 작업의 연장선"으로서 마인드 컨트롤과 고문 등의 실험이 포함되어 있다고 한다. CIA는 "실제로 일본과 나치의 강제수용소에서 일했던 생체 해부 전문가와 고문 기술자들을 고용하여 그들이 발견한 내용을 설명하게 했고, 이를 기반으로 미국이 연구를 이어갈 수 있도록 했다". 미국은 1966년 뉴욕 지하철 승객에게 박테리아를 뿌린 실험을 비롯해 자국민 몰래 자국민을 대상으로 생물학 무기를 실험한 적이 있다. 10여 년에 걸친 생물무기 실험에서 미국방부는 "군인들과 수천 명의 민간인을 화합물에 노출"시켰다. 살포된 물질 중에는 "대장균 및 기타 물질도 포함되어 있었는데, 이 물질들은 훗날 어린아이, 노인, 면역 체계가 약한 사람들에게 해롭거나 치명적인 것으로 밝혀졌다". 미국의 저명한 민권 운동 지도자를 협박하여 자살로 몰아간 사건 등, FBI의 역사는 그 자체로 추악한 이야기다.[10]

이런 종류의 활동에 대한 문서 증거는 '국가안보'를 이유로 오랫동안 비밀로 유지되며, 공개되어도 대개 아무도 크게 신경 쓰지 않을 시점까지 기밀로 유지된다. 막상 기밀이 해제되면, 공개로 인한 '국가안보의 위협'은 전혀 없었다는 사실이 밝혀진다. 실상 정부가 우려한 위협이란 국민들이 민주주의 국가에 살고 있다는 믿음을 가지고 해당 기관의 행태를 바꾸려고 할 수도 있다는 것뿐이었다. 헨리 키신저는 1983년 니카라과 정부를 타도하려는 비밀 작전에 대한 지지를 설명하면서, 이 점을 분명히 했다. "나는 비밀 작전을 이름 그대로 비밀로 수행할 수 있다면, 그 작전에 동조한다. 그러나 비밀 작전을 공론에 부쳐 그 정당성을 확보해야 한다면 해당 작전은 더 이상 비밀이 아니게 되고, 결국 국민의 지지를 잃게 될 것이다." 정부의 정책이 국민에게 알려진다면, 국민은 그 정책을 지지하지 않을 것이다. 그러므로 이는 정책을 폐기해야 할 이유가 아니라, 비밀을 유지해야 할 이유로 간주되는 것이다.[11]

대중의 선호도와 실제 정책 사이에 상관관계가 거의 없는 이유는 무엇일까?

복잡하지 않다. 불평등이 심한 국가에서는, 의사결정 과정에서 국민의 역할이 제한적이다. 다른 나라와 마찬가지로 미국에서도 대외 정책은 국내에서 권력을 얻은 소수집단에 의해 설계되고 실행된다. 《미국 정치학 리뷰American Political Science Review》에 실린 한 연구에 따르면, "미국의 대외 정책은 국제 지향적인 기업 경영진의 영향을 가장 많이, 그리고 지속적으로 받는 경향"이 있으며, "여론"은 "정부 관료들에게 거의 또는 전혀 영향을 미치지 않는다"고 한다. 최고위층에서 국제 문제와 관련되어 자문 및 의사결정을 수행하는 직책은 소수의 특정 집단에 집중되어 있다. 주로 대기업, 은행, 투자 회사, 기업의 이익을 대변하는 소수의 로펌, 우리 삶의 대부분을 지배하는 민간 제국을 소유하고 경영하는 이들의 명령을 수행하는 기술 관료 혹은 정책 지향적인 지식인이다. 이들은 공적 책임이 있는 시늉도, 심지어 민주적 통제에 따르는 척조차 하지 않는다.[12]

이 문제는 어제오늘의 일이 아니다. 애덤 스미스는 자신이 살던 시대의 "상인과 제조업자"를 "대중의 이해관계와 결코 일치하지 않는, 대중을 기만하고 심지어 억압해야 이익을 향유하는, 그러므로 실제로 많은 경우 대중을 기만하고 억압하는 계층"으로 묘사했다. 이들은 일반 대중을 포함한 다른 사람들이 얼마나 많은 피해를 입든 개의치 않고, 오로지 자신들의 이익에 부합하도록 정책을 설계한다고 스미스는 말했다.

부의 집중은 권력의 집중을 가져오고, 특히 선거 비용이 폭등하면서 정당은 대기업의 재력에 더욱 종속된다. 이러한 정치적 권력은 곧 부의 집중을 심화시키는 입법으로 이어진다. 따라서 조세 정책, 규제 완화, 기업 지배구조 규정과 같은 재정 정책(모두 부와 권력의 집중을 강화하기 위해 고안된 정치적 조치)은 더 큰 정치권력을 낳으면서 동일 과정이 반복된다.

정치학자 토머스 퍼거슨Thomas Ferguson은 그의 저서 《황금률Golden Rule》에서 정당과 선거의 주요 투자자들이 특정 사안에서 의견이 일치하는 경우, 국민이 아무리 다른 정책을 강력히 원할지라도, 정당은 해당 이슈에 대해 대안을 고려하지 않을 것이라고 주장한다. 그는 일반 유권자가 선거 선택electoral choices(선거 과정에서 유권자가 후보자, 정당 또는 정책을 선택하는 결정-옮긴이)에 영향을 미치려면 "유권자의 숙의와 의사 표현을 직접적으로 촉진하는 강력한 채널"이 있어야 한다고 주장한다. 여기에는 집단적 힘을 통해 일반 유권자의 이해관계가 정치 시스템에서 더 큰 비중을 차지하도록 만들 수 있는 노조 및 기타 매개 조직이 포함될 수 있다.[13]

예를 들어, 여론조사에 따르면 전쟁 시기나 격렬한 전쟁 선동 기간을 제외하고는 국민은 국방 예산이 축소되기를 원하며, 국방 지출을 교육 및 기타 민간 부문으로 전환하는 것을 선호한다고 한다. 그러나 주요 투자자들이 국방 예산은 많아야 바람직하다는 생각에 동의하기 때문에, 두 주요 정당은 군비를 늘리겠다고 약속하며, 서로 상대 정당이 군사비 지출을 삭감하려 한다고 비난한다. 주류 언론 역시 논쟁을 두 정당이 설정한 틀 안에 한정하여 대규모 삭감의 타당성에 대한 논의는 배제한다. 한편, 미국 재계는 무기 구매 계약 및 연구 보조금 등 군사비 지출을 통해 얻는 막대한 이익 때문에 대규모 국방 예산을 선호해왔다.[14]

원칙적으로 민주적 의사결정에 맡겨진 좁은 범위의 사안도, 사적 권력의 중심부는 언론과 정치 조직을 통제하고, 마침내 선출되고 말 인물들을 내세우는 뻔한 방식으로 지나치게 과도한 영향력을 행사한다. (그나마 민주적 의사결정이 작동하는 경우에도 사적 권력은 정치와 언론을 통제하고 선출직 공무원을 자신의 영향력 안에 있는 사람으로 채우려 한다-옮긴이) 이 점은 과거와 크게 달라지지 않았다. 전후 국가안보 시스템에서 상위 400명의 의사

결정권자를 대상으로 한 리치 바넷Richard Barnet의 1969년 연구에 따르면, "이들 의사결정권자들은 뉴욕, 워싱턴, 디트로이트, 시카고, 보스턴 시내 겨우 15블록 안에서 근무하던 기업 임원과 로펌 출신들이었다".[15]

철학자 존 듀이John Dewey가 말했듯, "정치는 대기업이 사회에 드리우는 그림자다". (그는 "그림자를 희미하게 한다고 해서 본질이 변하는 것은 아니다."라고 덧붙였다.) 비즈니스 세계는 조직이 치밀하고, 자원이 풍부하며, 계급 의식이 철저하다. 구성원들은 스스로를 치열한 계급 투쟁을 치르는 존재로 인식하며, 오랫동안 그렇게 행동해왔다. AT&T의 한 전직 임원이 말했듯이, 기업은 오래전부터 소위 "대중의 마음"이 "회사가 직면한 단 하나의 심각한 위험"이라는 것을 이해해왔다". 정치적 결정은 극소수 특권층과 부유층에 의해 이루어진다. 대다수 대중의 의견은 정치 시스템에서 중요하지 않다. 그들은 사실상 투표권을 박탈당한 것과 마찬가지다. 변화하는 투자자 연합이 정치사의 상당 부분을 차지한다. (정치나 정당에 투자하는 사람들은 이해관계에 따라 시시때때로 다양한 연합을 형성하며 자신들의 이해를 관철시키는 데 주력하며, 이런 일은 정치사에서 자주 발생한다 – 옮긴이) 일반 대중이 공공사업이나 정책 선택에 영향을 미칠 수 있는 방법을 제시하는 데 노조나 기타 시민 단체의 역할은 거의 없다.[16]

현재 미국에는 본질적으로 두 개의 정파를 가진 하나의 정당, 즉 비즈니스 정당이 존재한다. 공화당은 민간 권력, 민간의 부富, 그리고 기업 권력을 위해 전적으로 헌신하고 있으며, 정상적인 의회 정당이라는 가식을 버린 지 이미 오래되었다. 미국기업연구소American Enterprise Institute의 노먼 오른스타인Norman Ornstein과 브루킹스연구소Brookings Institution의 토마스 E. 만Thomas E. Mann은 오늘날의 공화당을 "급진적 반란 세력(이념적으로 극단적이고, 사실facts과 타협을 경멸하며, 정치적 반대 세력의 정당성을 무시하는)", 즉 사회에 대한 심각한 위험이라고 묘사한다. 공화당은 그저 부유층 및 기업 부문과 보조를 맞춰 행진하고 있다. 부자를 더 부유하게 만들겠다는 공약으로는 표를 얻을 수 없기 때문에, '문화' 이슈에 대한 극단주의적 입장을 돌격대로 활용하며 신자유주의 정책을 국민에게 밀어붙인다. (현실에서는 부자를 더 부자로 만들겠다는 정책을 실시하지만 이를 공약으로 내세울 수는 없으므로, 사회·문화적 이슈에 대한 극단적인 입장, 다시 말해 성소수자 문제나 낙태 등에 대한 강경한 반대 입장을 이용하여 자신들의 의도를 은폐한 채 신자유주의 정책, 즉 작은 정부, 규제 완화 등을 실시한다는 의미 – 옮긴이) 공화당의 핵심 의제는 여전히 민영화, 규제 완화, 작은 정부이며, 군대와 같이 부유층과 권력층에 봉사하는 부문은 그대로 유지한다. 한편, 민주당은 과거에 가졌던 노동자와 빈곤층에 대한 헌신을 사실상 포기하고, 부유한 전문직 종사자와 월스트리트 기부자들의 정당이 되었다.[17]

교리 체계(특정 종교나 철학의 핵심 원리 혹은 특정 집단이나 사회가 공유하는 신념, 가치관 등을 체계적으로 정리한 것 – 옮긴이)의 가장 큰 성과 중 하나는 국민의 분노를 기업 부문이 아닌 정부로 돌린 것이었다. 사실 정부는 언론과 논평에서 "자유무역협정"으로 일률적으로 잘못 묘사되는 고도로 보호주의적인 기업·투자자 권리 협약과 같은 기업 부문이 설계한 프로그램을 실행한 죄밖에 없는데도. 결함이 있다고는 하지만, 그래도 정부는 기업 부문과 달리 어느 정도 대중의 영향력과 통제를 받고 있다. 형식적이고 권위적인 정부 관료에 대한 반감을 조장하여, 정부가 민의의 도구, 즉 국민의, 국민에 의한, 국민을 위한 정부가 될 수 있다는 위험한 생각을 사람들의 마음에서 몰아내는 것은 재계에 매우 유리하다.[18](기업의 입장에서 보면, 정부 관료를 경멸하도록 부추기면서 정부가 대중의 의지를 실현하는 도구가 될 수 있다는 근본적인 아이디어를 사람들의 머릿속에서 지워버리는 것이 유리하다−옮긴이)

그 결과 더 많은 의사결정 권한이 기업 세계를 구성하는 무책임한 민간인 폭군 손에 주어지게 되었다. 이것이 바로 현재 기업 권력이 달성하려 애쓰는 목표다. 즉, 공공의 필요에 부응하는 정부의 요소는 약화시키는 동시에 기업 권력에 부응하는 요소를 확대시키려고 노력하고 있다. 특히 국방부 시스템은 '안보'라는 명목하에 공공 자금을 첨단 산업 부문으로 이전하기 위한 장치로 설계되었으며, 지금도 여전히 그러한 기능을 계속 수행하고 있다.

우리 시대에는 일반적으로 기업과 금융기관이 정책을 수립한다. 그 과정에서 미국 국민을 포함한 타인에게 심각한 피해를 끼치는지는 고려되지 않는다. 그렇다고 해서 민족주의나 심지어 남성 우월주의 같은 다른 영향력이 전혀 작용하지 않는다는 의미는 아니다. 본질적 요점은 권력을 쥔 자들이 미국의 '안보'에 관심을 두지 않는다는 점이다. 대외 정책 및 국내 정책은 매우 특별한 의미의 '안보'를 달성하기 위해 수립된다. 애덤 스미스가 말한 "인류의 주인", 즉 사회를 소유하고 정책을 설계하는 핵심 집단을 위한 안보에만 집중하고 있다는 말이다.

미국 역사 전반에 걸쳐 많은 이들이 의사결정 과정에서 대중의 역할을 제한하는 것을 정당화해왔다. 이는 건국 세대까지 거슬러 올라간다. 존 제이John Jay는 "이 나라를 소유한 사람이 이 나라를 통치해야 한다."는 유명한 말을 남겼다. 제임스 매디슨James Madison은 당시 전 세계 어느 누구 못지않게 민주주의를 신봉하던 사람이었다. 그럼에도 불구하고 그는 미국 체제가 부유한 사람들이 권력을 갖도록 설계되어야 한다고 생각했다. 왜냐하면 그들이야말로 책임감 있는 사람들이라고 생각했기 때문이다. 정부의 역할은 "다수로부터 소수의 가진 자를 보호하는 것"이라고 인식하고 있는 "부유층", 즉 "더 유능한 사람들"에게 결정권을 위임해야 한다는 것이 그의 생각이었다. 매디슨은 권력을 행사할 "계몽된 정치가"와 "자비로운 철학자"가 "국가의 진정한 이익을 분별"하고 민주적 다수의 "폐해"로부터 공익을 보호할 것이라는 신념을 가지고 있었다. 그는 모든 사람이 자유 투표권을 갖게 된다면, 가난한 사람들이 뭉쳐 부자들의 재산을 빼앗을 것이라고 우려했다. "대중은 … 옳고 그름을 판단하거나 결정하는 경우가 거의 없다"는 알렉산더 해밀턴의 말은 헌법 제정 당시 엘리트들의 일반적인 견해를 대변한다.

건국 세대의 '최고의 인물들'이 표명했던 두려움은 결코 가라앉지 않았다. 영향력 있는 도덕주의자이자 외교 자문역이었던 라인홀드 니버Reinhold Niebuhr는 이러한 두려움을 표현했다. 그는 "이성은 냉철한 관찰자에게 속하고, 일반인은 이성이 아닌 믿음을 따른다."는 글을 썼다. 냉철한 관찰자는 "보통 사람의 어리석음"을 인식하고, 순진한 사람들이 길을 벗어나지 않도록 "필요한 환상"과 "감정적으로 강력한 과대 단순화"를 제공해야 한다고 그는 설명했다. 마치 어린아이가 감독 없이 길을 건너는 것을 허용하지 않는 것처럼 "미치거나 산만한 사람", 즉 무지한 대중을 스스로의 "타락하고 부패한" 판단으로부터 보호하는 것이 여전히 중요하다는 논리다.[19]

이 이론에 따르면 소수의 기업이 정보 시스템을 통제한다고 해서 민주주의가 침해되는 것은 아니며, 오히려 이것이 민주주의의 본질이다. 홍보 업계의 대표적인 인물인 에드워드 버네이즈Edward Bernays는 "민주적 절차의 본질"은 "설득하고 제안할 수 있는 자유", 즉 "동의의 조작the engineering of consent"이라고 설명했다. 버네이즈는 1928년 "대중의 조직화된 습관과 의견을 의식적이고 지능적으로 조작하는 일은 민주주의 사회에서 중요한 요소"라고 말하며, 그의 이론의 핵심을 표현했다. 그는 "지적인 소수는 … 선전을 지속적으로 그리고 체계적으로 활용해야 한다"고 말했다.[20]

"지적인 소수"는 오래전부터 이러한 기능이 자신들의 역할임을 이해해왔다. 1934년 미국정치학회 회장 기념사에서 윌리엄 셰퍼드William Shepard는 이렇게 주장했다. 정부는 "무지하고, 정보가 없는, 반사회적인 계층"이 아닌 "지성과 권력을 가진 지배계층"의 손에 맡겨야 한다. 1933년 저명한 정치학자 해럴드 라스웰Harold Lasswell은 《사회과학 백과사전The Encyclopedia of the Social

Sciences》에서 "인간이 자신의 이익에 대한 최고의 판단자라는 민주주의적 독단"에 굴복해서는 안 된다고 설명했다. 즉, 선견지명이 있는 지도자가 내린 결정을 사람들이 지지하도록 만들 방법을 찾아야 한다는 의미다.

월터 리프먼Walter Lippmann은 소위 "동의의 제조the manufacture of consent"라는 과정을 설명했다. 사회에는 두 계층, 즉 결정을 내리는 사람 그리고 대중이 있다. 전자는 혼자서 사회와 경제를 관리할 수 있는 "최고의 자질을 갖춘 사람들"이다. 이들은 정보에 접근할 수 있고, 정보를 이해할 수 있으며, "건전한 여론 형성"을 책임질 수 있는 "내부자"다. 이 전문화된 계층은 "무지하고 간섭하는 외부인", 즉 일반 대중으로부터 보호받아야 하며, 그래야만 소위 "국익"에 효과적으로 기여할 수 있다는 것이다.

리프먼이 정의한 "대중의 임무"는 훨씬 더 제한적이다. 그는 어떤 사안의 "고유한 본질에 대한 판단"이나 분석 또는 해결책을 제시하는 것은 대중의 역할이 아니라고 지적한다. 그는 "대중을 분수에 맞는 자리에 두어야 한다"고 주장하며, 그래야만 "우리가 혼란에 빠진 무리에게 짓밟히지 않고, 그들의 포효로부터 자유롭게 살 수 있다"고 말한다. 대중의 "기능"은 참여자가 아니라 "참여자의 행위를 관심있게 바라보는 관객"이 되어야 한다. 참여는 "책임 있는 사람들"의 영역으로 남아 있어야 한다는 주장이다.[21]

"혼란에 빠진 무리"가 관객 이상의 역할을 하려 하고, 민주적 행위에 참여하려고 시도하면 전문화된 계층은 공황 상태에 빠진다. 이것이 1960년대에 엘리트들 사이에서 증오가 팽배했던 이유다. 당시 역사적으로 소외된 집단이 조직화하여 전문화된 계층의 정책, 특히 베트남 전쟁과 국내 사회 정책에 대해 문제를 제기했다. 1975년 삼자 위원회Trilateral Commission(북미, 유럽 및 일본의 엘리트가 모여 세계 문제를 토론하고 공동의 해결책을 모색하기 위해 1973년 설립한 민간 조직 – 옮긴이)는 〈민주주의의 위기The Crisis of Democracy〉라는 보고서를 발표했다. 이 보고서에서 하버드 대학교 정부학과 학과장인 새뮤얼 헌팅턴은 문제점을 명쾌하게 설명했다. 미국이 지나치게 민주화되어가고 있다는 것이다. 그는 미국이 "민주주의의 과잉"으로 인해 어려움을 겪고 있다고 진단했다. 이전에 소외되었던 집단은 자신의 고유한 역할이 관객이라는 사실을 잊어버렸다고 말하며, "민주적 정치 체제가 효과적으로 작동하려면 일부 집단과 개인의 무관심과 비참여가 어느 정도 필요하다"고 주장했다.[22]

헌팅턴은 "흑인들" 같은 집단의 "요구"로 체제에 과부하가 걸린 상태이기 때문에 "정치적 민주주의의 무한한 확장에 대해 잠재적으로 바람직한 한계를 설정"해야 할 때라는 글을 썼다. 대중이 무엇을 생각하는지는 중요하지 않다고 노골적으로 언급하는 경우는 드물지만, 그러한 태도는 흔하다. 대중은 대외 정책을 결정해야 하는 사람들이 아니다. 그들은 "무관심과 비참여"를 보여주어야 하는 사람들이다. 이렇듯 중요한 결정에서 대중을 배제해야 한다는 태도는 여전히 지속되고 있다. 《월스트리트 저널》의 한 기고자는 "민주주의는 그 자체로 민주적이지 않거나 혹은 적어도 민주적이지 않아야 할 수많은 기관에 의해 작동되고 강화될 때만 제대로 기능한다."라고 설명한다.[23]

진정한 민주주의 사회에서는 대외 정책이 지금과는 크게 달라질 것임을 우리는 알고 있다. 그러나 현실에서는 권력 중심부가 그들의 목표를 가차없이 추진하며, 모든 기회를 이용해 가능한 가장 가혹한 방식으로 자신들의 계획을 밀어붙인다. 특히 지진이나 전쟁, 9·11 테러 및 그 여파 같은 위기를 이용해 공포와 고통의 분위기를 조성하고 이를 악용한다. 그들은 대중의 주의가 분산되고 공포에 질린 틈을 타, 자신들의 목표를 중단 없이 추진할 수 있게 되기를 원한다.

이처럼 안전한 상태에 있는 국민들이 외부의 위협에 대해 이토록 공포를 느낀 적은 없었다. 실제로 역사를 살펴보면, 1947년 아서 반덴버그Arthur Vandenberg 상원의원이 대통령에게 조언한 내용, 즉 소련에 대해 "국민들의 공포를 극대화해야 한다"는 것과 유사한 사례가 주기적으로 반복되는 것을 볼 수 있다. 전후 질서를 설계한 인물 중 한 명인 딘 애치슨은 냉전의 기초 문서인 1950년 NSC-68을 높이 평가했다. 이 문서에 따르면, 대규모 군비 증강과 더불어 위험할 정도로 자유로운 사회에 대한 규율을 강화해야만 "모든 사람을 지배하고 세계를 장악"하려는 "노예 국가"(소련－옮긴이)로부터 우리 자신을 방어할 수 있다고 되어 있다. 리처드 닉슨이 피델 카스트로를 만났을 때, 그는 카스트로가 "미국 언론과 미국 국민 전반에서 나타나는 불안한 모습"에 대해 경고했다고 전했다. 카스트로는 미국은 "자부심과 자신감을 갖고 행복해야 마땅한데, 내가 가는 곳마다 두려움에 휩싸인 것 같아 보인다. 즉, 공산주의를 두려워하고, 쿠바가 토지개혁을 해서 쌀을 조금만 재배해도 쌀 시장이 줄어들까 두려워하고, 라틴아메리카의 산업화가 진전되면 미국 공장들이 예전만큼 수출을 못하게 될까 두려워하는 것 같다."고 말했다. 닉슨은 카스트로가 "공산주의에 대해 믿을 수 없을 정도로 순진하다"고 결론 내렸다.[24]

국내적으로 볼 때, 냉전은 소련과 미국 양측 지도자 모두에게 편리했다. 냉전은 소련의 군부 관료 지배층이 권력을 공고히 하는 데 도움이 되었고, 미국에서는 국민들로 하여금 첨단 산업에 대한 보조금 지급을 당연시 여기게 할 방법을 제공했다. 이때 사용된 수법은 이전에도 늘 효과를 본 방식, 즉 강력한 적에 대한 두려움이었다. 그렇다고 해서 '악의 제국'이 선량했다는 뜻은 아니다. 그 나라는 제국이었으며, 또한 잔인했다. 그러나 두 초강대국은 모두 (실제로 자행된) 상대방의 범죄를 이용해 공포를 조성함으로써 주적主敵, 즉 자국 국민을 통제했다. 그런 점에서 보면, 냉전은 소련과 미국 간의 일종의 암묵적인 합의였다고 할 수 있다. 미국 입장에서 보면 제3세계에 대한 전쟁 수행 및 유럽 동맹국에 대한 통제를 가능하게 하는 구실을 제공하는 한편, 소련 지도자 입장에서는 국내 및 동유럽 위성 국가들에 대한 철권통치를 가능하게 했다. 양측이 서로 상대방을 이용해 자신의 영역에서 억압과 폭력을 정당화했던 것이다.

이러한 종류의 공포 조성은 지금도 계속되고 있으며, 국내외의 적들이 번갈아 등장하며, 사람들을 겁주고 궁극적으로 우리에게 해를 끼치는 국가 정책을 수용하도록 만든다. 우리를 금방이라도 박살낼 것 같은 무서운 적에 대한 두려움은 미국 문화에서 지속적으로 반복되는 주제다. 독립선언서에 등장하는 "무자비한 인디언 야만인"에서부터 오늘날의 이민자, 중국 혹은 "문화적 마르크스주의"에 대한 공포에 이르기까지 끊임없다. 그러나 미국이 직면한 가장 심각한 위협은 미국 스스로 초래한 위협, 즉 기후 위기와 핵 위협이다.[25]

반덴버그의 교훈을 도널드 트럼프만큼 마음 깊이 새긴 사람은 없었다. 그에게 있어 [안티파antifa(반파시스트 활동을 하는 개인 혹은 단체. 정치적으로는 주로 좌익 성향-옮긴이), 이란, 좌익 '해충' 등에 대해] "미국 국민을 겁주는 것"은 권력 유지에 필수적이었다. 한편, 트럼프의 실제 관심사는 화석연료 생산 업체의 주머니에 혈세를 쏟아부어 가능한 한 빨리 세계를 파괴하는 것이다. 트럼프는 미국 사회의 수면 아래 흐르는 독성毒性 흐름을 활용하는 데 정치적 천재성을 보여왔다. 그는 미국의 역사와 문화에 깊이 뿌리내린 백인 우월주의, 인종차별, 외국인 혐오를 교묘하게 자극하면서, 백인의 숫자가 점점 줄어드는 상황에서 '우리' 나라를 '그들'이 장악할 것이라는 공포를 더욱 심화시켰다. 공포 조성이 효과를 발휘하고 있다. 조지 워싱턴 대학교의 연구에 따르면, 공화당 지지자들은 "전통적인 미국식 삶의 방식이 너무 빨리 사라지고 있어 이를 지키기 위해 무력을 사용해야 할 수도 있다"고 느끼고 있으며, 40퍼센트 이상의 사람들이 "애국적인 미국인들이 직접 법을 집행할 때가 올 것"이라는 데 동의하고 있다고 한다.[26]

일반 국민 상당수는 조직화된 제도가 자신의 우려와 관심사, 필요를 반영하지 못한다고 인식한다. 그들은 자신이 정치 시스템에 의미 있게 참여하고 있다고 느끼지 않는다. 미디어가 진실을 말하거나 자신의 관심사를 반영한다고 생각하지도 않는다.

정치 시스템이 점점 더 대중의 의견 수렴 없이 작동하고 있으며, 국민의 투표 성향과 무관하게 의사결정이 내려진다고 생각한다. 그들은 제시된 정책에 대해 **비준**할 권한도 없다. 비준은 이미 결정된 정책에 대해 유권자들에게 판단을 요청하는 매우 약한 형태의 민주주의다. 진정한 의미의 민주주의는 모든 사람의 적극적인 참여와 숙의를 반영하여 의사결정을 **형성**하거나, 그러한 입장을 확정하는 과정에서 국민이 주도적인 역할을 하는 것이다. 우리가 알고 있는 국민의 선호도에 비추어 볼 때, 미국에 진정한 민주주의가 존재했다면 국내외 정책은 지금과는 근본적으로 다른 모습이었을 것이다.

평화에 대한 국민의 관심에도 불구하고, 미국은 다른 대부분의 동급 국가를 합친 것보다 더 많은 군비를 지출하고 있다. 이러한 막대한 군사 예산은 세계를 위험에 빠뜨릴 뿐만 아니라, 우리가 직면한 위기를 대처하는 데 필요한 막대한 자원을 낭비하는 등 우리 자신에게도 심각한 해를 끼치고 있다. 1953년 중요한 연설에서 드와이트 아이젠하워는 군사비 지출이 사회의 도둑질이라고 설명했다. "제조된 모든 총, 진수된 모든 군함, 발사된 모든 로켓은 결국 굶주리고 먹지 못하는 사람들, 추운데 옷을 입지 못하는 사람들로부터 훔친 것이다." 군사비 지출 대신 병원, 학교, 주택을 건설할 수 있다. 아이젠하워는 "[우리] 노동자들의 땀, [우리] 과학자들의 천재성, [우리] 어린이들의 희망"이 낭비되고 있다고 개탄하며 "구축함 한 척을 건조하기 위해 우리는 8,000명 이상을 수용할 새 집을 지을 금액을 지불하고 있다."고 지적했다. 아이젠하워는 사회적으로 자멸적인 군대의 무한 확장을 피하기 위해 "모든 국가의 군대와 보안군의 규모에 절대적인 숫자 또는 합의된 국제적 비율에 따라 제한을 두어야 한다"고 제안하기도 했다.[27]

2023년 조 바이든은 막대한 군사 예산안을 제안했다. 의회는 바이든이 원한 것 이상으로 증액했다. 아이젠하워가 오래전에 설명했듯이, 이는 사회에 대한 중대한 공격, 즉 절도 행위로 보는 것이 맞다. 그러나 이것은 '국가안보'라고 불린다. 국민의 안전은 정책 입안자들의 관심사가 아니다. 부유층, 기업 부문, 무기 제조업체의 안전. 이것이 그들의 관심사다. 나머지 국민의 안전은 관심 밖이다.[28]

10장

국제법과 '규칙 기반 질서'

1989년 미국의 파나마 침공은 미국 내에서는 별로 기억되고 있지 않지만, 파나마에서는 희생자들을 추모하는 국가 추모일이 있을 정도로 기억되고 있다. 이 작전으로 수백 명의 파나마 민간인이 사망하였으며, 이는 베트남 침공 이후 미국의 최대 전투 작전이었다. 이 침공으로 파나마시티의 빈곤층 주거지역인 엘초리요 지역이 초토화되었다. 구급차 기사들은 이 모습을 보고 "작은 히로시마"라고 부를 정도였다. 미국의 TV 방송사와 신문은 파나마의 사망자들에 대해 거의 보도하지 않았고, 대신 미군 사망자에 대해서만 집중적으로 다루었다.[1]

'정당한 명분 작전Operation Just Cause'이라고 불리는 이 침공은 성공적인 저항에 대한 전형적인 응징이었다. 1980년대 미국의 자산으로 활동하던 파나마의 독재자 마누엘 노리에가Manuel Noriega는 더 이상 미국에 고분고분하지 않고, 자국에 주둔한 미군을 괴롭혔다. 정보 전문가인 토머스 파워스는 한마디로 노리에가가 "미국을 공공연히 조롱했다"고 설명했다. 그는 사담 후세인처럼 골칫거리가 되었다. 미국은 노리에가가 니카라과의 콘트라에 대한 미국의 지원에 협조하지 않았다는 이유로 그에게 등을 돌렸다. 하지만 정작 그에게 적용된 범죄 혐의는 그의 1980년대 초 행적에서 비롯된 것이었다. 그즈음 미국은 그가 승리한 1984년 선거를 놀랍도록 "자유로운" 선거라고 칭송했다. (사실 그는 자신이 미는 후보를 당선시키기 위해 살인, 사기, 워싱턴의 비밀자금 지원 등의 행위를 했다. 조지 슐츠George Shultz 국무부 장관은 노리에가가 "민주주의 과정을 시작했다"고 칭찬하기 위해 비행기를 타고 날아갔는데, 레이건 시대의 "민주주의 증진"이라는 개념에 비추어 보면 그렇게 이상한 발언은 아니었다.)[2]

중요한 것은 이 침공이 노골적으로 불법이었다는 점이다. 유엔총회는 "국제법과 국가의 독립, 주권, 영토 보전에 대한 명백한 위반에 해당하는 미합중국 군대의 파나마 개입을 강력히 규탄한다"는 결의안을 통과시키며 이를 비난했다. 다른 법률 전문가들도 이번 침공이 국제법에 대한 "중대한 위반"이라는 점에 동의했다. 조지 H. W. 부시는 파나마 침공에 대해 설명하면서 합법성을 주장하지 않았다. "우리 말이 법이다."라는 원칙이 적용되었기 때문에 그럴 필요가 없었다.[3]

20세기 전반기의 범죄행위(제1, 제2차 세계대전–옮긴이)는 미래의 전쟁으로부터 인류를 구하고자 하는 헌신적인 노력으로 이어졌다. 이러한 노력은 모든 국가가 따라야 할 원칙에 대한 폭넓은 국제적 합의를 이끌어냈고, 이는 미국에서 "최상위 법"으로 불리는 유엔헌장으로 공식화되었다. 헌장은 "우리 일생에 두 차례나 인류에게 말할 수 없는 슬픔을 가져다준 전쟁의 참화로부터 다음 세대를 구하겠다는" 서명국들의 결의를 표명하는 것으로 시작된다. 사실, 그 시점에서 전쟁은 더 이상 단순한 "참화"가 아니었다. 핵무기 개발 이후, 전쟁은 인류의 전멸을 가져올 수 있는 위협이 되었다. 따라서 헌장은 회원국들에게 "평화적인 방법으로 국제 분쟁을 해결"하고, "어떤 국가의 영토나 정치적 독립에 대한 무력 위협 또는 사용을 자제"할 것을 분명히 밝혔다. 헌장에 따르면 무력은 안전보장이사회의 승인을 받은 경우, 혹은 헌장 51조에 따른 경우에만 합법적으로 동원될 수 있다. 헌장 51조는 "유엔 회원국에 대한 무력 공격이 발생한 경우, 안전보장이사회가 국제 평화와 안보를 유지하기 위해 필요한 조치를 취할 때까지 개별적 또는 집단적 자위권"을 허용하고 있다.

그 외의 모든 무력 사용은 전쟁범죄다. 사실, 공격적인 무력 사용은, 뉘른베르크 재판소의 표현을 빌리자면, "최고의 국제범죄"다. 국제법 전문가인 하워드 프리엘Howard Friel과 리처드 포크Richard Falk는 "국제법은 모든 국가가 따라야 할 무력 사용 및 전쟁 개시에 대한 명확하고 권위 있는 기준을 제시하고 있다"고 지적하며, "예외적인 상황에서" 일탈이 허용된다면 "예외를 주장하는 국가는 설득의 무거운 부담을 안게 된다"고 강조한다. 이는 품위 있는 사회에서는 당연한 상식이다. 일반 미국인 사이에서는 이러한 생각이 보편화되어 있는 것으로 보인다. 그러나 이와는 극명하게 대조적으로, 엘리트 집단의 의견을 살펴보면 이러한 생각이 거의 지지를 얻지 못하고 있다.[4]

유엔헌장은 현대 국제법의 기초가 되는 문서다. 헌장의 기본 원칙은 유엔 창설 이래 일관되게 재확인되어왔다. 그 원칙은 명확하고 건전하다. 무력 사용은 유엔의 승인을 필요로 한다. 특히 개별 국가는 "개입권"을 가지지 않는다. 이에 대한 근거는 1949년 국제사법재판소가 설명한 바 있다. 이에 따르면, "소위 개입권"이라는 것은 "국제법에서 설 자리를 찾을 수 없다". 만약 이러한 권한이 인정된다면 "강대국들만이 이를 행사할 수 있게 될 것이며, 사법행정 자체의 왜곡으로 이어지기 쉽기 때문"이라는 것이다.[5]

미국은 국제법이 부과하는 제약을 거의 존중하지 않았다. 예를 들어, 유엔총회는 1992년 이후 매년 미국의 대쿠바 금수 조치를 규탄하는 결의안을 채택하고 있다. 이 결의안은 미국의 금수 조치가 "[국가의] 내정에 대한 불간섭 및 불개입 원칙과 국제 무역 및 항해의 자유"를 위반하고 있다고 규탄한다. 30년 연속 결의안이 통과된 2022년에는 미국과 이스라엘만 반대표를 던진 가운데 185 대 2로 통과되었다. 유엔 회원국들은 이 금수 조치를 "잔인하고 비인도적이며 징벌적"이라고 비판했고, 쿠바의 카리브해 이웃 국가들은 "쿠바의 성장뿐만 아니라 역내 전체의 성장을 저해하고 있다"고 주장했다.[6]

법치를 기본적으로 존중하는 국가라면, 국제사회 전체의 압도적인 반대에 직면했을 때 자국 정책을 수정할 것이다. 그러나 미국은 오히려 앤드루 잭슨Andrew Jackson(제7대 미국 대통령—옮긴이)이 미국 대법원에 던졌던 악명 높은 도전과 똑같은 주장을 유엔에 던진다. 판결을 내렸으니, 집행도 해보라는 태도가 그것이다. 이러한 반항적 행태는 민주당과 공화당 대통령을 막론하고 지속되고 있다.

다른 예를 들자면, 1980년대 니카라과는 미국을 상대로 법적으로 주장할 바가 있었다. 미국이 콘트라 반군을 지원하면서 촉발된 내전으로 수만 명이 사망했고, 나라는 크게 파괴되었다. 이 공격과 함께 발생한 경제 전쟁은 초강대국 때문에 고립된 작은 나라가 감당해내기에는 힘든 것이었다.

이에 니카라과는 국제사법재판소에 제소했고, 법원은 미국의 행위에 대한 중지 명령을 내림과 동시에 니카라과에게 상당한 배상금을 지불하라고 명령했다. 니카라과는 외세에 의한 테러에 대해 정확하고 올바른 방식으로 대처했다. 국제법과 조약 의무를 따른 것이다. 증거를 수집하고, 현존하는 최고 재판소에 증거를 제출하여 판결을 받았다.

미국은 법원 판결을 무시하고 즉각 전쟁을 확대했다. 니카라과는 유엔 안전보장이사회에 문제를 제기했고, 모든 국가가 국제법을 준수할 것을 촉구하는 결의안이 상정되었다. 미국만 거부권을 행사했다. 니카라과는 다음으로 유엔총회로 향했고, 비슷한 결의안을 제출했다. 이 결의안은 두 해 연속 통과되었으나, 미국과 이스라엘은 두 해 연속 반대표를 던졌다(엘살바도르가 한 차례 동참했다). 미겔 데스코토Miguel d'Escoto 니카라과 외무부 장관은 "국제관계에서 법치를 무시하는 것은 인류를 고통, 죽음, 파괴의 미래로 내모는 행위와 같다"고 항의했다. 그러나 미국의 정책은 특정 행위가 "인류를 고통, 죽음, 파괴의 미래로 내모는지에 따라 결정되지 않는다".[7]

미국은 자국의 행위에 보편적 정의正義에 대한 글로벌 기준을 적용하려는 노력을 지속적으로 약화시켜왔다. 예컨대, 미국은 자국민이 저지른 범죄로 기소될 수 있다(이는 용납할 수 없는 결과다)는 두려움 때문에 국제형사재판소(이하 ICC) 가입을 거부해왔다. 사실, 미국은 더 나아가 법원을 약화시키기 위해 극단적인 조치까지 취했다. 미국은 각 국가에 미국 시민을 ICC에 넘기지 않겠다고 약속하는 협정에 서명하도록 강한 압력을 가했고, 협정 체결을 거부한 국가에 대한 지원을 중단했다. 2002년, 미국은 유엔이 미국 국민을 ICC 관할권에서 영구히 면제하기로 동의하지 않으면 안전보장이사회 거부권을 행사하여 유엔 평화유지 활동의 갱신을 저지하겠다고 위협했다. 2002년 제정된 미국 군인 보호법은 연방, 주, 지방 당국이 ICC와 협력하는 것을 금지하고, 심지어 ICC 가입국에 대한 군사원조도 금지하고 있다(단, 우호적인 동맹국은 예외다). 이 법은 ICC에 구금된 "미국 또는 동맹국 인사"의 석방을 위해 "필요하고 적절한 모든 수단"을 사용할 권한을 대통령에게 부여하고 있기 때문에 헤이그 침공법이라는 별명이 붙었는데, "필요한 경우" 헤이그를 침공하는 것도 포함될 수 있다.[8]

미국이 ICC를 인정하지 않은 것은 블라디미르 푸틴이 우크라이나를 침공했을 때 반작용을 낳았다. 조 바이든을 비롯한 미국의 정치인들은 푸틴을 전쟁범죄로 재판에 회부할 것을 요구하기 시작했다. 크리스 도드Chris Dodd 전 민주당 상원의원과 존 벨린저 3세John B. Bellinger III 전 국가안보회의 법률 고문은 《워싱턴 포스트》에 기고한 글에서, 미국이 ICC의 관할권에 구속되기를 거부하면서 다른 국가를 기소하도록 촉구하는 것은 "이중 잣대"에 해당하지 않는다고 주장했다. 그 이유는 ICC는 "모든 위법 행위 의혹을 조사하는 것이 아니라", 오로지 "해당 국가가 스스로 다루지 않는" 혐의만 조사해야 하기 때문이라는 것이다. 이렇게 되면 미국은 이미 자신이 저지른 모든 위법 행위를 자체적으로 해결한 나라이므로, 결과적으로 미국에는 전 세계 어떤 법도 적용되지 않는다는 "단일 잣대"와도 부합한다는 논리다.[9]

우리는 국제법이 존재하는데도, 미국은 원한다면 이를 무시해왔음을 보아왔다. 미국은 또한 세상을 더 안전하게 만들기 위한 새로운 국제 협약 체결 노력을 방해해왔다. 집속탄을 예로 들어보겠다. 인권 단체들 사이에서는 집속탄은 본질적으로 야만적인 무기라는 공감대가 형성되어 있다. 수백 개의 작은 불발 자탄이 전장 곳곳에 남겨져 전쟁이 끝난 후에도 수년 동안 사람들을 죽이고 불구로 만들기 때문이다. 국가안보 분야의 베테랑 기자인 제러미 스캐힐Jeremy Scahill이 그 피해를 직접 목격한 이야기를 들려준다. 세르비아의 한 시장에서 그는 집속탄 사용의 여파를 목격했다. "[폭탄의] 살상 반경 내에 있는 모든 것을 고기 조각으로 만들어버리고 사지를 갈기갈기 찢어버렸다"고 묘사한다. 그는 폭격의 참상은 언제나 끔찍하지만 집속탄은 특히 더 잔인하며, 공격 며칠 뒤 불발 자탄을 주운 어린이들에게 어떤 일이 벌어졌는지 목격했다고 말한다.[10]

100개국 이상이 집속탄 금지 협약에 서명하며, 어떤 상황에서도 이러한 무기를 개발, 비축, 사용하지 않겠다고 약속했다. 미국은 가입을 거부했다. 집속탄 사용에 반대하는 국제적 공감대가 형성되었지만, (집속탄의 최대 제조국이자 사용국인) 미국은 집속탄을 유효한 전쟁 도구로 옹호하고 있다고 미국 정책연구소

The Institute for Policy Studies는 지적한다. 로버트 게이츠 국방부 장관은 집속탄이 "군사적 효용성이 분명한 합법적인 무기"라고 말했고, 미 국무부 무기 제거 및 감축국의 리처드 키드Richard Kidd 국장은 "미국이 보유한 모든 전투기에서 집속탄을 사용할 수 있으며, 집속탄은 모든 육군 또는 해병대 기동 부대의 필수 전력일 뿐만 아니라, 경우에 따라 전술 간접 화력 지원의 최대 50퍼센트를 차지한다"고 밝혔다. 인권 단체의 비난에도 불구하고, 미국은 이러한 무기를 생산하고 사용한다. 2001년과 2002년 사이 미국은 아프가니스탄에서 1,200개가 넘는 집속탄을 투하했다. 그렇다고 해서 미국이 러시아의 우크라이나 내 집속탄 사용을 비난하지 않는 것도 아니다. 유엔 주재 미국 대사는 러시아가 "전장에 있어서는 안 되는" "금지된" 무기를 사용하고 있다고 비난했다. (이후 공식 회의록에서 그녀의 발언은 민간인을 겨냥한 집속탄 사용만을 비난하는 것으로 수정되었다.)[11]

사례는 얼마든지 있다. 미국은 167개국이 가입한 유엔 해양법 협약에 가입하기를 거부하고 있다. 그리고 협정 준수 검증 방법에 반대하며 생물무기 금지 협정을 무력화시켰다. 미국이 비준하지 않은 다른 중요한 조약으로는 여성에 대한 모든 형태의 차별 철폐 협약Convention on the Elimination of All Forms of Discrimination Against Women, CEDAW, 아동 권리 협약Convention on the Rights of the Child, CRC, 강제 실종으로부터 모든 사람을 보호하기 위한 국제 협약International Convention for the Protection of All Persons from Enforced Disappearance, ICPPED, 대인 지뢰 금지 협약Anti-Personnel Mine Ban Convention, 장애인 권리 협약Convention on the Rights of Persons with

Disabilities, 교토 의정서 등이 있다. 대량 학살 금지 협약의 경우, 미국은 40년이 지나서야 비준하였고, 그마저도 미국은 대량 학살 혐의로 기소되지 않는다는 명시적인 유보 조항을 달았다. 모든 경우에 문제는 동일하다. 미국은 다른 국가의 권한에 대한 제한은 기꺼이 받아들이지만, 자신이 원하는 대로 행동할 권리는 계속 보유하고자 한다.[12]

미국은 또한 안전보장이사회에서 거부권을 행사하여 국제사회가 지지하는 사안에 대한 유엔의 조치를 저지하기도 했다. 첫 번째 거부권은 유엔이 제재를 가하려 했던 남로디지아의 인종차별주의적 정권을 옹호하기 위해 행사했다. 2023년에는 "이스라엘·하마스 전쟁에서 발생한 민간인에 대한 폭력을 규탄하고 가자지구 팔레스타인인들에 대한 인도적 지원을 촉구"하는 안전보장이사회 결의안에 거부권을 행사했다.[13]

데이비드 케이David Kaye는 저명한 외교 전문지 《포린 어페어스》에서 미국이 다른 나라들과 상이한 한 가지 측면, 즉 다자 조약을 "마치 스포츠처럼" 거부하는 행태를 조명했다. 일부 조약의 경우, 미국은 공공연히 거부해버린다고 그는 지적한다. 미국 상원이 "직접 부결시킨 2012년 장애인 권리 협약Convention on the Rights of Persons with Disabilities과 1999년 포괄적 핵실험 금지 조약Comprehensive Nuclear- Test- Ban Treaty, CTBT"이 그런 경우다. 반면, "노동, 경제권, 문화권, 멸종 위기 종種, 공해, 무력 분쟁, 평화 유지, 핵무기, 해양법, 여성 차별 등의 주제"에 대해서는 무대응으로 무력화시킨다. 케이는 "국제적 의무를 거부하는 행태가 지나치게 고착화되어서, 외국 정부는 더 이상 미국이 이러한 조약을 비준하거나, 조약으로 설립되는 기관에 적극적으로 참여할 것이라고 기대하지 않으며, 세계는 미국 없이도 앞으로 나아가고 있고, 법은 다른 곳에서 만들어지며, 미국의 참여는 (있더라도) 제한적"이라고 지적한다. 이러한 관행이 새로운 것은 아니지만 최근 몇 년간 더욱 확고해졌으며, 미국 내에서도 미국은 불량 국가rogue state로서 행동할 권리가 있다는 교리가 조용히 받아들여지고 있다.[14]

미국 대통령들의 국내법 존중 태도도 크게 다르지 않았다. 대통령들은 대체로 행정 권력에 대한 헌법적 제한을 단지 권고사항 정도로 간주한다.

예를 들어, 미국 헌법에 따르면 누구도 "적법한 절차" 없이는 자유를 박탈당하지 않아야 한다. 하지만 미국은 쿠바 관타나모만의 작은 섬에 위치한 교도소에 적법 절차라는 최소한의 형식도 없이 수백 명의 외국인을 가두었다. 수년에 걸친 변호사들의 끈질긴 노력 덕분에 "구금자" 대부분이 석방되었지만, 30명이 여전히 구금되어 있다. 민주당과 공화당 대통령 모두 이 정책을 유지해왔다. 사실 관타나모만에는 감옥이 있어야 할 이유가 없다. 오로지 범죄 피의자에게 기본적인 권리를 보장하는 국내법적 절차를 피하기 위해 존재할 뿐이다.[15]

미국 대통령들이 벌이는 전쟁은 종종 불법이다. 예를 들어 버락 오바마는 전쟁 권한 결의안War Powers Resolution을 노골적으로 위반하며 리비아를 공격했다. 이 결의안에 따르면, 행정부가 군사개입을 할 경우, 의회의 승인을 받도록 규정하고 있다. 승인이 필요 없다고 주장하며 내세운 행정부의 변명은 실소를 자아냈다. 백악관 대변인은 지상군을 투입하지 않았기 때문에 리비아 폭격이 "적대 행위에 해당하지 않는다"고 주장했다. 즉, 리비아 정부를 전복하는 행위는 "적대 행위"에 해당하지 않는다고 주장한 셈이다. 《프로퍼블리카ProPublica》는 사람을 살해하는 데 있어 행정부의 권한을 제한하는 의회의 권위를 역대 대통령들이 인정한 적이 없었던 만큼, 오바마는 그저 그들이 걸어온 "익숙한 길"을 따라 법을 무시한 것이라고 주장했다.[16]

버락 오바마는 전장에서 멀리 떨어져 있어도 적법한 절차 없이 미국 국민을 살해할 수 있는 권리를 주장했다. 오바마는 사법부의 판단도 없이 살생부(혹은 조지 오웰의 완곡한 표현으로는 "처분 매트릭스disposition matrix")를 직접 승인했다. 《뉴욕 타임스》는 이 디스토피아적 내부 심의에 대해 보도했다. "정부의 거대한 국가안보 기구의 구성원들"이 "음산한 토론회"에서 대상을 면밀히 검토하고 "다음으로 제거할 사람을 대통령에게 추천"하는 "가장 이상한 관료적 의식"이라고 표현했다. 《뉴욕 타임스》는 "학창 시절 아우구스티누스와 토마스 아퀴나스의 전쟁에 관한 저서를 읽어서, [오바마는] 그러한 행동에 대해 도덕적 책임을 져야 한다고 믿고 있다"고 전하면서도, 생사 결정이 법원이 아닌 계몽된 철학자이자 왕의 손에 있어야 하는지에 대해서는 의문을 제기하지 않았던 것으로 보인다고 지적한다. 결국 이 "가장 이상한 관료적 의식"은 마그나카르타에 기원을 둔 기본적인 법적 보장을 무시해야만 가능한 것이다.[17](마그나카르타 제39조는 법적 절차에 의하지 아니하고는 신체의 자유 혹은 재산을 박탈당하지 않을 권

리를 규정하고 있다 – 옮긴이)

국민이 주권자인 민주주의 사회에서는 국민의 대표(입법부)가 법을 만들고, 대통령(행정부)은 법을 집행한다. 그러나 미국에서는 종종 대통령은 법에 구속되지 않는다고 여기는 경우가 있다. 리처드 닉슨의 악명 높은 표현을 인용하자면, "대통령이 하면 불법이 아니다."라는 것이다.

또 다른 충격적인 예를 들어보겠다. 미국 법률은 고문을 조직적으로 자행하는 국가에 대한 원조를 명시적으로 금지하고 있다. 이 법은 타당하며, 또한 인도적이다. 하지만 대통령들은 이 법을 무시한다. 미국은 세계 최악의 고문 가해자 중 한 명이었던 사담 후세인을 지원했다. 미국의 주요 원조 수혜국으로는 이스라엘, 이집트, 튀르키예가 있으며, 이들 국가는 모두 인권 단체로부터 고문 사용에 대해 지적받은 바 있다.

인권유린자를 지원한 사례는 셀 수 없이 많다. 2021년, 국제앰네스티는 "콜롬비아 국민에게 자행된 끝나지 않는 폭력의 악순환을 부추기는 미국의 역할"을 비난하며, "미국 정부는 살인, 실종, 성폭력 및 기타 고문 그리고 수십 건의 평화적인 시위에 대한 끔찍한 탄압의 당사자였다"고 지적했다. 미국은 "좌파 활동가들에 대한 암살의 배후에 콜롬비아 군대가 있다는 사실을 알고 있었음에도 이후 20년 동안 콜롬비아 군부와의 관계는 더욱 깊어졌다"고 국제앰네스티는 비판했다. 클린턴 행정부 시절 튀르키예는 끔찍한 인종청소 행위를 자행했다. 수만 명이 사망하고 수천 개의 마을과 촌락이 파괴되었으며, 수십만 명이 고향에서 쫓겨났다. 국가 범죄에 대한 주요 지원은 워싱턴에서 나왔다. 클

린턴은 참상이 심화되는 동안 무기의 80퍼센트를 제공했다.[18]

2023년 인권 단체들은 이집트의 지속적인 인권침해를 이유로 군사 지원을 중단해달라고 바이든 행정부에 호소했다. 하원 외교위원회 소속 의원 11명도 바이든에게 서한을 보내, 이집트의 "언론인, 평화적 시민사회 활동가, 인권 옹호자 및 정치인"의 투옥을 언급하며 원조 중단을 촉구했다. 법 조문만 따져보면, 바이든은 이집트에 대한 원조를 **반드시** 철회해야 했지만, 정부는 법 적용을 무턱대고 '면제'했다. 《뉴욕 타임스》는 행정부가 "이집트의 인권 진전을 위해 의회가 제정한 기준보다 국가안보 이익이 더 중요하다"는 결론을 내렸다고 전한다. 물론 의회가 요구한 인권 전제 조건을 전혀 부과하지 않은 채 이집트에 지원한 수억 달러가 미국의 '국가안보'에 어떤 도움이 되는지는 아무도 설명하지 않는다. 이집트는 미국에게 인권 문제에서 양보할 필요가 없다는 교훈을 확실히 배웠다. 어차피 돈은 계속 들어올 테니까. 《뉴욕 타임스》에 따르면, 바이든 행정부는 "역내에서 인구가 가장 많은 국가와의 대외 관계는 미국에게 너무나 중요한 문제이므로 강경 노선을 촉구하는 인권 운동가들의 탄원에도 불구하고 분열의 위험을 감수할 수 없다"는 결론을 내렸다고 한다. 그러나 이는 행정부가 결정할 사안이 아니다. 바이든이 그 결과를 어떻게 생각하든 관계없이 법은 인권침해자에 대한 지원을 금지하고 있다.[19]

대통령이 언제 법을 위반하는지 알기는 어려울 수 있다. 에드워드 스노든Edward Snowden은 의회가 승인한 범위를 훨씬 뛰어넘는 정부 감시 프로그램을 폭로했는데, 이는 위헌 소지가 있었다. 스노든은 사람들에게 정부가 무슨 일을 하고 있는지 알림으로써 공공 서비스를 수행했다. 그는 승진했어야 했다. 하지만 그를 기소하고자 하는 노력이 지속되고 있어 아마도 평생 망명 생활을 해야 할 것이다. 정부의 중대한 잘못을 폭로한 내부 고발자는 일반적으로 기소된다. 버락 오바마는 (한때 "역대 가장 투명한 정부"를 약속했음에도 불구하고) 가장 가혹한 고발을 적용한 사람 중 한 명으로 꼽힌다. 제러미 스캐힐은 대통령 권력에 대한 부시·체니의 절대주의적 견해와 오바마 행정부의 관점 사이에 존재하는 연속성을 지적하며, 오바마는 전임 대통령의 "행정부 권력 장악을 일부 되돌릴 기회가 있었"지만, 대신 "부시와 체니 체제하에서 사용되던 것과 같은 과도한 방식으로 행정부의 완전한 권력을 사용하면서", 이를 유지했고 심지어 확대했다고 설명했다.[20]

정부가 국내법을 무시하는 이러한 행태는, 우리가 미국의 국가 행위를 언급할 때 그것이 미국 국민의 집단적 의지를 말하는 것이 아님을 재확인시켜준다. (정부가 국내법을 무시하는 경우, 반드시 여론을 반영하여 결정한 것은 아니다 – 옮긴이) 국민이 그들의 대표를 통해 행정부를 견제하는 데 성공하더라도, 행정부가 이를 무시하는 경우가 많다.

전쟁 이후의 대통령들

미국의 국제법 위반은 심각하고 지속적이었다. 이러한 위반은 민주당과 공화당 대통령을 막론하고 저질러졌으며, 그 사실은 잘 기록되어 있다. 역사적 기록에서 몇 가지 사례만 살펴봐도, 뉘른베르크 기준이 일관되게 적용되면 제2차 세계대전 이후 모든 대통령이 유죄판결을 받고 형을 선고받아야 한다는 것을 알 수 있다.

트루먼의 경우, 히로시마와 나가사키 원자폭탄 투하뿐만 아니라, 나가사키 원폭 이후 일본이 항복 의사를 표명한 뒤에도 일본 도시에 대규모 폭격을 단행했다. "전쟁 중 가장 강도 높은 재래식 폭격"이었던 이 폭격은 군사적 정당성이 전혀 없는 '피날레'를 위한 것이었다. 앞서 우리는 그리스 사례를 살펴본 바 있다. 당시 미국은 살인적인 내전을 조장하여 나치에 저항했던 세력을 완벽하게 파괴하고, 나치 협력자들을 포함하는 구질서를 복원했다. 이 과정에서 약 16만 명이 목숨을 잃었으며, 수만 명의 고문 희생자가 발생했다.[21]

아이젠하워의 1951년과 1952년 북한에 대한 폭격은 명백한 전쟁범죄였다. 《워싱턴 포스트》의 블레인 하든Blaine Harden 기자는 "도시에서 목표물이 바닥나자, 전쟁 후반기에 미 폭격기는 수력발전소와 관개 댐을 파괴해 농경지를 침수시키고 농작물을 쓸어버렸다"고 설명한다. 커티스 르메이는 공군 공식 역사서에서 "3년여에 걸쳐 미국은 북한 인구의 20퍼센트를 죽였다."고 언급한다. 훗날 국무부 장관을 역임한 딘 러스크는 미국이 "북한에서 움직이는 모든 것, 벽돌 하나까지 모두 파괴했다"고 말한다. 뉘른베르크에서는 그보다 덜한 행위로도 교수형에 처해진 사람들이 있었지만, 아이젠하워 시대의 끔찍한 범죄는 이것만이 아니었다. 민주적으로 선출된 이란의 모하마드 모사데그 총리에 대한 CIA 주도의 쿠데타, 과테말라의 하코보 아르벤스구스만 정권의 전복도 있었는데, 모두 민중봉기와 대량 학살로 이어졌다.[22]

케네디, 존슨, 닉슨 대통령 시절 베트남, 라오스, 캄보디아에 대한 범죄에 대해서는 더 이상 언급할 필요가 없다. 많은 진보 인사들이 여전히 그리워하는 케네디의 **카멜롯** 정부(케네디 대통령 시절, 대통령은 아더 왕에, 그의 내각은 카멜롯에 비유하는 인식이 있었다 – 옮긴이)는 공군을 파견하여 베트남 폭격을 시작하고 네이팜탄 사용을 승인했다. 케네디는 또한 미국 정부가 직접 지원하여 신나치 독재자들을 내세워, 라틴아메리카 전역에 대규모 탄압 사태가 확산되는 기반을 마련했다. 존슨의 경우, 도미니카 공화국 침공이 언급되어야 한다. 미국이 지원하던 독재자가 축출되자, 존슨은 해병대를 파견하여 "도미니카 공화국의 공산화를 막았다". 그러고 나서야, 그는 FBI 국장 J. 에드거 후버Edgar Hoover에게 "도미니카 공화국 내 공산주의자들을 찾아내라."고 명령하며, 침공의 정당성을 확보하려 했다. (존슨은 진보 지식인 후안 보쉬Joan Bosch의 재집권을 막으려 했다.) 다시 말하지만, 이는 명백한 유엔헌장 위반이다.[23]

인도차이나에서 벌인 리처드 닉슨의 범죄에 대해서는 더 이상 설명이 필요 없지만, 20세기 최악의 대량 학살 중 하나인 1971년 파키스탄의 벵골인 학살에 대한 닉슨 행정부의 지원은 널리 보도되지 않았다. 《워싱턴 포스트》의 이샨 타루르Ishaan Tharoor 기자는 벵골 민족주의자들이 선거에서 승리하자, 파키스탄 군부의 기존 탄압이 "대량 학살로 격화되었고", 그 과정에서 "수십만 명의 여성이 강간"당하고, "마을 전체가 초토화되고, 도시가 황폐화되었다"고 설명했다. 그러나 닉슨 대통령은 "파키스탄 장군들(명백한 냉전 동맹)의 편에 서서" "의회의 무기 금수 조치를 위반하고 파키스탄에 은밀하게 무기를 지원"했다. 이 대량 학살에 대한 지원은 몰랐다는 이유로 변명할 수가 없다. 키신저가 현장의 미국 외교관들로부터 "미국의 공모로 대량 학살이 일어나고 있음을 경고하는 메시지와 전문"을 여러 차례 받았기 때문이다.[24]

제럴드 포드는 재임 기간이 길지 않았지만, 중대 범죄를 저질렀다. 포드와 키신저 국무부 장관은 인도네시아의 동티모르 침공을 승인했다. 이로 인해 20만 명이 사망했다. 포드는 라틴아메리카 전역의 좌파 정부를 약화시키고 우파 독재 정권을 지원한 콘도르 작전Operation Condor에 대한 미국의 지원을 주도했다. 포드는 국내 반체제 인사에 대한 불법 감시 활동, 심리적 고문을 포함한 인간 대상 불법 실험, 외국 지도자에 대한 암살 음모 등 미국의 비밀 작전에 대한 처치위원회Church Committee(CIA, NSA, FBI 및 IRS 등 국가기관의 권력 남용을 조사하기 위해 1975년 구성된 상원 특별위원회-옮긴이)의 조사를 방해하려고 시도했다. 그는 "암살 대상과 관련된 보고를 공개하는 것"은 "국익에 심각한 해를 끼칠 수 있다"고 위원회에 경고했다. 국민이 충분한 정보를 바탕으로 대외 정책에 대해 판단하지 못하도록 해야 하며, '국익'이란 국민이 스스로 판단할 수 있는 사안이 아니라는 태도에 다시 한번 주목할 필요가 있다.[25]

카터 행정부 시기의 중대 범죄에는 앞서 언급한 인도네시아의 동티모르 침공 지원에 더해 니카라과의 소모사 정권에 대한 미국의 지원이 포함된다. 사실, 언론이 여전히 카터 행정부 시기를 '인권 운동'의 시대로 언급할 수 있다는 것은 선전의 위력을 보여주는 사례다. 실상을 들여다보면, 카터 행정부는 니카라과의 소모사 가문, 이란 국왕, 필리핀의 마르코스Marcos, 한국의 박정희, 칠레의 피노체트, 인도네시아의 수하르토, 자이르의 모부투, 브라질 군부 그리고 이들과 함께 탄압과 폭력을 자행한 수많은 협력자를 후원하고 지지했다.

레이건의 경우, 별다른 주장을 덧붙일 필요가 없다. 비록 미국이 무시했지만, 국제사법재판소가 이미 **니카라과 대 미국** 판결을 내렸기 때문이다. 하지만 그레나다 침공은 언급할 가치가 있다. 이 사건은 유엔총회에서 "국제법에 대한 명백한 위반"으로 규탄받았다. 레이건은 전 세계 어디든 원하는 곳에 폭력적 무력을 배치할 수 있는 권리가 있다는 듯 행동했다. 또한 남아프리카공화국이 국제적으로 왕따 국가가 되었음에도 불구하고, 백인 우월주의 정부를 지지했다. 1988년 레이건 행정부는 넬슨 만델라의 아프리카민족회의African National Congress를 세계에서 "악명 높은" 테러 단체 중 하나로 규정했다. 국제적으로 큰 존경을 받았음에도 만델라는 2008년 의회 결의안에 따라 특별 허가 없이 "자유의 땅"(미국-옮긴이)에 입국할 수 있게 되기까지 미국의 테러리스트 명단에 남아 있었다.[26]

조지 H. W. 부시 시대의 주요 범죄는 이미 광범위하게 다루어졌다. 파나마 침공은 유엔헌장을 명백히 위반한 노골적인 침략 행위로 국제적으로 규탄받았다. 걸프전에서 간과된 범죄와, 외교가 아닌 폭력에 의존한 문제에 대해서도 이미 논의한 바 있다.

빌 클린턴은 취임 후 몇 달 만에, 신빙성 있는 명분도 없이 유엔헌장을 명백히 위반하면서 바그다드를 미사일로 폭격했다. 그의 재임 기간 동안 라틴아메리카에 대한 군사원조와 훈련 지원의 절반가량이 남반구에서 최악의 인권 기록을 가진 콜롬비아에 집중되었고, 그곳에서 수천 명이 목숨을 잃었다. 1993년 이라크 미사일 폭격 당시 미사일 세 발이 주거 지역에 떨어졌다. 이 공격의 법적 정당성은 전적으로 허구였지만, 이러한 위법은 너무나 일상적이어서 클린턴 대통령에게 이 공격은 그저 사소한 일에 불과했다. 1998년에도 클린턴은 수단의 알시파 제약 공장을 폭격하여 가난한 나라의 핵심 의약품 공급망을 파괴했다. 클린턴은 이 공장이 화학무기를 생산하고 있다고 주장했지만 증거는 제시되지 않았다. 그는 이 사안(화학무기 생산 의혹－옮긴이)을 유엔에 제소하는 대신 주권국가를 폭격하는 길을 택했다. 수년 후 《뉴욕 타임스》는 수단인들이 여전히 이 공격에 분노하고 있으며, "사과도 없었고, 보상도 하지 않았다는 사실에 격분하고 있다"고 보도했다.[27]

조지 W. 부시 시대의 주요 범죄도 이미 광범위하게 다루었다. 그러나 부시 행정부의 고문 행태에 대해서는 더 살펴볼 필요가 있다. 2011년, 국제앰네스티는 〈조지 W. 부시 법정에 세우기Bringing George W. Bush to Justice〉라는 보고서를 발표했는데, 이 보고서는 CIA가 국제법을 심각하게 위반하면서 고문을 자행했다는 사실을 명백히 보여주었다. 앰네스티 인사들은 부시 본인이 "1949년 제네바 협약의 보호 규정을 … [탈레반이나 알카에다] 구금자들에게 적용하지 않는다는 결정"을 직접 한 책임이 있다고 지적했다. 앰네스티는 유엔 고문 방지 협약UN Convention Against Toture에 따라 회원국은 부시 대통령을 조사하고 기소할 의무가 있다고 밝혔다.[28]

다른 전문가들 역시 이러한 견해에 의견을 같이하고 있다. 인권침해에 관한 주요 내부 보고서의 저자인 안토니오 타구바Antonio Taguba 미 육군 소장은 다음과 같이 결론을 내렸다. "현 정부가 전쟁범죄를 저질렀는다는 것에는 더 이상 의심의 여지가 없다. 남은 유일한 의문은 고문을 지시한 사람들에게 책임을 물을지 여부다." 휴먼라이츠워치는 〈고문 책임 회피Getting Away with Torture〉라는 보고서에서 9·11 테러 발생 며칠 만에 부시 행정부는 "전쟁법, 국제인권법, 미국 연방 형법을 위반하는" 정책을 수립하기 시작했다고 밝혔다. 여기에는 "다른 나라가 사용할 경우, 고문이나 학대에 해당한다고 미국이 지속적으로 비난해온 수법"이 포함되어 있었다. 정부는 수감자들을 비공개 장소로 이송해 "구타하고, 벽에 던지고, 좁은 상자에 강제로 가두고, 물고문을 했다". 관타나모 수용자 중 일부는 "자기 배설물 위에 앉으라고 강요당했고, 일부는 여성 심문관에게 성적 모욕을 당했다"고 한다. 관타나모에 수감되었던 호주 국적의 데이비드 힉스David Hicks는 "고통에 대한 두려움, 구타에 대한 두려움, 내가 당하는 이상한 심리 게임에 대한 두려움"을 회상하면서 이렇게 생각했다고 한다. "어떻게 다른 사람을 이렇게 대할 수 있을까? 어떻게 저렇게 잔인할 수 있을까?" 휴먼라이츠워치는 이러한 학대 행위가 "규칙을 어긴 개별 병사나 정보 요원의 행위에서 비롯된 것이 아니라 미국 지도부가 규칙을 의도적으로 무시하기로 결

정한 결과"라는 점을 분명히 했다.[29]

부시 행정부가 완곡한 표현을 사용했음에도 불구하고, 동원된 기술이 고문이었다는 점은 의심의 여지가 없다. 《베니티 페어》에 기사를 게재하기 위해 직접 물고문을 경험한 어느 전쟁 옹호론자 칼럼니스트는 단호하게 이런 결론을 내렸다. "물고문이 고문에 해당하지 않는다면, 세상에 고문이라는 것은 존재하지 않는다."[30]

이러한 사례는 계속된다. 버락 오바마는 취임 직후 향후 평화에 기여할 것이라는 기대 속에 노벨 평화상을 수상했다. 헌법학 교수 출신인 오바마는 전임자의 무법적 행태와 다를 것이라는 기대가 있었다. 오바마는 노벨상 수락 연설의 상당 부분을 미국의 군사력 옹호에 할애하면서 "국제사회의 말은 의미가 있어야 한다"며 "규칙을 어기는 정권은 반드시 책임을 져야 한다"고 단언했다. 오바마는 자신이 국제법에 헌신하고 있다는 증거로 "관타나모만의 감옥을 폐쇄하도록 명령했다"는 사실을 언급했다. (그러나 오바마는 관타나모 감옥을 폐쇄하지 않았다.[31])

규칙을 어기는 정권에 맞서 규칙을 집행하겠다는 오바마의 약속은 즉시 시험대에 올랐다. 전임 정부가 국내법과 국제법을 위반하면서 끔찍한 고문 행위를 저질렀다는 증거가 산더미처럼 쌓여 있었다. 하버드 로스쿨의 국제인권클리닉이 유엔 고문방지위원회에 제출한 보고서에 따르면 고문 프로그램은 "그 범위가 숨이 막힐 정도"라고 묘사했다. 그러나 오바마는 법을 집행하는 대신 "과거를 돌아보기보다는 미래를 내다보겠다"고 결정했다. 물론 가족과 친구를 잃은 트라우마로 과거에 갇혀 있는 피해자들은 계속 "과거를 돌아보고" 있을지 모르지만, 미국은 이미 과거를 넘어섰다고 오바마는 인식한 것이다. 오바마 대통령은 "우리가 일부 사람들을 고문했다"고 인정하면서도, CIA 조사를 진행하면 요원들이 자신의 행동이 감시받고 있다고 느낄 수 있다는 점을 우려하며 이렇게 말했다. "나는 요원들이 모든 일을 극히 조심스럽게 진행해야 한다는 부담을 느끼지 않기를 바란다." 무르타자 후사인Murtaza Hussain은 《인터셉트》에서 이러한 "과거를 돌아보지 않는 태도"는 (다른 범죄에 적용된다면 어처구니없는 것으로 보이겠지만) 미래의 잘못에 대한 완전한 면책을 보장했다고 지적하며, 부시 정부 관계자들을 기소하지 않음으로써 "정부 관료들이 상상할 수 있는 가장 극악한 범죄를 저지른다고 해도 동료들에게 의지하여 자신의 잘못을 은폐하고 기소로부터 보호받을 수 있다는 것을 보여주었다"고 주장했다.[32]

오바마는 또한 전 세계에서 불법 드론 공습을 자행하며, 자신이 살려둘 가치가 없다고 판단한 사람을 암살할 권리가 있다는 듯 행동했다. 2013년, 말랄라 유사프자이Malala Yousafzai는 오바마를 만난 자리에서 "이러한 행위로 무고한 희생자가 발생하면 파키스탄 국민들의 분노로 이어질 것이고", 이는 궁극적으로 "드론 공습이 테러리즘에 기름을 붓는 결과"를 초래할 것이라고 경고했다. NYU·스탠포드 연구에서도 같은 결론에 도달했다. 이를 요약하면, "드론이 하루 24시간 상공을 맴돌면", 그 아래에서 파키스탄인들은 "남성, 여성, 어린이 가릴 것 없이 공포에 떨게 되며, 이는 민간인 사회에 불안과 심리적 트라우마를 유발"하게 된다는 것이다. 부정적인 영향은 이루 헤아릴 수 없이 많다. 인도주의 활동가들은 제2의 테러를 우려해 피해자 지원을 꺼리게 되고, 사람들은 단체로 모이기를 두려워하며, 가족들은 장례식 참석을 무서워하고, 아이들은 집에 머물게 된다. 지역 사회의 전반적인 구조가 붕괴되는 것이다. 미국에서 교육을 받은 예멘인 파레아 알무슬리미Farea Al-Muslimi는 2013년 상원에서, 자신이 아무리 미국의 이미지를 개선하려고 노력해도 소용이 없다고 말했다. 그 이유는 "예멘 사람들은 미국을 떠올릴 때, 자신들 머리 위를 맴돌다가 언제든 미사일을 발사할 준비가 되어 있는 드론을 생각하며 공포를 느끼기" 때문이라고 증언했다.[33]

2013년, 열세 살이던 주바이르 어 레만Zubair uh Rehman은 미국의 드론 공습으로 어머니가 산산조각이 나는 것을 목격한 뒤, "더 이상 푸른 하늘을 사랑하지 않는다"고 의회에서 증언했다. 드론은 "밝고 푸른 하늘에서 나타났다". 주바이르는 "하늘이 회색일 때는 드론이 날지 않기 때문에", "회색 하늘을 선호하게 되었다"고 말했다.[34]

폭력적인 성향을 숨기지 않는 도널드 트럼프 대통령(그는 한때 안티파 활동가를 살해하기 위해 연방 요원을 파견한 적이 있다고 자랑한 적이 있다) 아래에서 불법성은 더욱 극단적이 되었다. 드론 공습으로 인한 민간인 사상자도 크게 증가했다. 이란의 가셈 솔레이마니 암살을 계기로 트럼프는 제3국에서 다른 나라의 고위 관료 암살을 일방적으로 명령할 수 있는 권리까지 있는 듯 행동했다.[35]

베네수엘라 정부가 국민을 탄압한다는 이유로, 트럼프 행정부는 오히려 베네수엘라 국민에게 더 큰 피해를 입히는 조치를 시행했다. 마크 와이스브로트와 제프리 색스가 제재의 영향을 분석한 연구에 따르면, 이러한 조치로 인해 "베네수엘라 국민의 칼로리 섭취량이 줄고 (성인과 유아 모두) 질병과 사망률이 상승했으며, 경제 불황과 초인플레이션의 결과로 수백만 명의 베네수엘라인이 나라를 떠났다"고 한다. 이 제재로 인해 2년 동안 약 4만 명이 사망했으며, 베네수엘라에서도 가장 빈곤한 계층이 가장 큰 피해를 보았다. 무엇보다도, 와이스브로트와 색스는 "이러한 제재는 미국도 가입한 제네바 및 헤이그 국제 협약에서 규정한 민간인에 대한 집단 처벌에 해당하며, 미국이 서명한 국제법 및 조약에 비춰봐도 불법이며, 미국 국내법에도 위배되는 것으로 보인다."고 결론 내렸다. 그러나 많은 이의 죽음을 초래한 트럼프의 불법적인 베네수엘라 제재와 관련하여, 그를 탄핵해야 한다는 문제는 공론화조차 되지 않았다.[36]

블라디미르 푸틴은 군사력으로 우크라이나를 러시아의 영향권에 묶어두려 했다는 이유로 미국 내에서 전방위적으로 비난을 받았다. 우크라이나가 스스로 동맹을 선택할 권리가 있으며, 러시아는 우크라이나의 NATO 가입 여부를 결정할 권리가 없다는 주장이 있다. 러시아는 우크라이나가 러시아 품을 벗어나려 한 시도를 정권 교체의 구실로 삼을 수 없다. 모두 일리가 있는 주장이다. 하지만 도널드 트럼프 정부에서 국무부 장관을 역임한 마이클 폼페이오가 회고록에서 밝힌 고백을 살펴보자. 폼페이오는 베네수엘라에 대해 언급하며 플로리다 인근에 위치한 국가가 러시아와 이란 같은 나라에 "환영 매트를 깔아주는" 것을 "용납할 수 없었"으며, 이는 "21세기판 먼로 독트린 위반"이기 때문이라고 설명했다. 폼페이오는 기존 정부를 축출하기 위해 경제적 압박을 사용했고, "군사적 옵션"(즉, 베네수엘라 침공)까지도 고려했다고 인정했다. 군사적 옵션이 실행되지 않은 이유는 트럼프 행정부가 유엔헌장을 존중했기 때문이 아니었다. 오히려 폼페이오 장관은 베네수엘라 정부의 원유 수출 능력 무력화 등 다른 수단이면 정권 교체를 강제하기에 충분할 것으로 예상했다고 말한다.[37]

조 바이든의 임기는 아직 끝나지 않았지만(이 책이 출판된 시기는 2024년 바이든 정부 시절이었다 – 옮긴이), 이 글이 작성되는 현재 시점에서 이미 심각한 국제법 위반이 다수 기록되어 있다. 시리아에 대한 불법 공습, 망명 신청자의 권리 보호 실패, 우크라이나로의 집속탄 이전, (전 세계 거의 모든 국가의 만장일치 비난을 무릅쓰고) 이스라엘의 가자지구 전쟁에 대한 지지 등이 그것이다. 바이든은 의회 승인 절차를 무시하고 이스라엘로 무기 이전을 단행했으며, 유엔에서 이스라엘을 보호하기 위해 전 세계를 상대로 맞섰다. 바이든의 기후 정책은 트럼프보다 나은 편이지만, 석유로 인한 지구 파괴에도 불구하고 기록적인 석유 생산량을 기록했으며, 이는 행정부가 자랑스러워하는 성과다.[38]

유엔헌장의 기본 원칙이 준수되고 위반자가 재판을 받고 유죄판결을 받는 세상이라면, 이들 지도자 중 누구도 심각한 범죄로 인한 유죄판결을 면할 수 없었을 것이다. 게다가 우리에게는 헌법이 있다. 헌법은 정부가 체결한 조약은 최상위 법령이라고 규정하고 있다. 그중 하나가 유엔헌장이다. 유엔헌장 2조 4항은 국제 문제에서 **무력 행사의 위협 혹은 행사**를 금지하고 있다. 이는 모든 주요 정치인들이 헌법을 위반했음을 의미한다.

이 문제는 공론화조차 되지 않는다.

국제법을 따르는 대신, 미국은 유엔에 기반한 질서에 대한 대안적 비전을 제시했다. 그리고 이를 "규칙 기반 질서"라고 칭한다. 이 문구는 유엔이 만든 국제법의 집행을 의미하는 것이 아닌, 모호한 일련의 '규칙'을 채택하는 것을 의미한다. 실제로 그 '규칙'은 전 세계 대부분의 지역에서 지배적인 글로벌 강대국인 미국에 의해 수립된다. 국제관계학자 스티븐 M. 월트는 "미국 관료들이 '규칙 기반 질서'라고 말하는 것은 대부분 미국에서 만들어진 규칙을 적용하는 **현재의** 질서를 의미한다."고 설명한다. 미국에게는 유엔 기반 질서를 반대할 강력한 이유가 있다. 유엔 기반 질서는 특별한 상황을 제외하고는 국제 문제에서 무력 사용이나 위협을 금지하는 것이 기본 원칙이다. 그러므로 신뢰할 만한 명분없이 어떤 국가를 공격하는 것, 테러 전쟁을 개시하는 것, 가혹한 제재를 통해 의회 정부를 전복시키려는 것, 특정 국가가 특정 요구를 충족하지 않으면 "모든 옵션이 열려 있다"고 선언하는 것 등 이 모든 것은 유엔헌장 제2조를 명백하게 위반하는 행위다.[39]

마이클 바이어스Michael Byers는 저서 《전쟁법: 국제법과 무력 충돌 이해하기War Law: Understanding International Law and Armed Conflict》에서 "여전히 공정하고 지속가능한 국제법 체계를 원하는 세계와 단일 초강대국 사이의 긴장"을 감추려는 노력은 거의 없다고 주장한다. 이 단일 초강대국은 다른 국가들의 주권에 대해서는 시대에 뒤떨어진 허튼소리라고 일축하면서도, 자국에 대해서는 "17세기 절대주의적 주권 개념을 고수한다는 측면에서 미얀마, 중국, 이라크, 북한과 거의 동등한 반열에 위치하고 있다"고 덧붙였다.[40]

법을 위반했다고 해서 그 행위가 반드시 그릇된 것은 아니며, 어떤 행위가 합법적이라고 해서 반드시 '범죄'가 아니라고 단정할 수 없다는 점에도 유의할 필요가 있다. 보통 사람의 상식으로 보아도, 미국이 주요 범죄에 대해 책임이 있다는 사실을 우리는 알고 있다. 그렇다면 우리의 합리적인 질문은 그 기록된 행위들이 법률적인 의미에서도 범죄에 해당하는지다. 또한 이 질문을 제기할 때는, 그 법 자체 역시 심판대에 오른다고 인식해야 한다. (그 법이 잘못 제정되었거나 혹은 잘못 적용된 결과, 범죄를 구성하지 않는 것은 아닌지 따져봐야 한다는 의미－옮긴이) 만약 국제법이 특정 잔학 행위를 기술적인 의미에서 범죄로 규정하지 않는다는 사실을 알게 된다면, 합리적인 사람은 그런 식으로 그 법을 이해하고, 왕의 신성한 권리만큼 존중할 것이다. (국제법이 느슨하게 제정되거나 적용되어서 처벌을 피할 수 있다면, 그 법을 계속 유지하고 이용할 것이라는 의미－옮긴이)

국제법은 여러 면에서 부적절하고 불공평하다. (왜 미국과 몇몇 강대국들은 안전보장이사회 거부권을 가져야만 하는가? 그리고 그 거부권을 동맹국의 잘못을 비호하는 데 활용하는가?) 그럼에도 불구하고, 제2차 세계대전 이후 도입된 유엔 기반 질서의 기본 원칙은 오늘날까지도 여전히 건전하게 유지되고 있다. 그렇기에 '규칙'에 헌신한다고 주장하는 어떤 국가는 이러한 원칙의 준수

를 고려해야만 한다.[41]

앞서 살펴본 바와 같이, 미국은 마음대로 조약을 위반한다. 국제사법재판소가 니카라과 콘트라 반군을 지원하는 과정에서 미국이 불법 행위를 저질렀다고 판결했을 때, 미국은 해당 법원의 재판 관할권을 인정하지 않고 판결 집행을 막았다. 다른 국가와 동일한 규칙을 적용받지 않도록 하기 위해서라면 무슨 일이든 서슴지 않겠다는 태도다. 이에 대한 어떠한 정당성도 제시된 바 없다. 그럴 필요가 없다고 생각하는 것이다. 세계를 지배할 권리를 당연시 여기고 있다.

11장

신화는 어떻게 만들어지는가?

조지 오웰은 《동물농장Animal Farm》의 미발표 서문에서 언론의 자유가 폭넓게 보장되는 사회에서도 '인기 없는 사상'에 대한 검열이 어떻게 일어날 수 있는지 날카로운 통찰을 남겼다. 오웰은 전체주의적 디스토피아에서 사상이 어떻게 무력에 의해 통제되는지를 비판한 인물로 오늘날 잘 알려져 있다. 그러나 자유 사회에 대한 그의 유용한 논의는 상대적으로 덜 알려져 있다. 그는 그러한 사회에서는 검열이 국가에 의해 강제되지 않는다고 말한다. 그럼에도 불구하고 검열은 여전히 존재하며, "주류 이념"에 반대하는 사람들을 침묵시키는 데 효과적이다. 오웰은 검열의 작동 방식을 설명하면서, 종속과 순응이라는 가치의 내면화와 "특정 중요 사안에 관해 거짓말할 동기가 넘쳐나는 부유한 사람들에 의한 언론의 통제"를 거론했다.[1]

조지 오웰은 민주주의 사회가 어떻게 지식인들의 순응을 유도하고 인기 없는 견해를 억압할 수 있는지 날카롭게 포착했다. 언론은 정부의 간섭을 받지 않는다는 의미에서 자유로울 수는 있다. 하지만 언론의 소유자가 특정 관점을 부각시키지 않기로 선택하면, 그 관점이 대중에게 전달될 가능성은 거의 없다. 이러한 종류의 선택은 매일 이루어지며, 이때 우리는 언론 소유자의 편견과 이해관계가 정보에 반영될 것이라고 합리적으로 예상할 수 있다. 철학자 존 듀이도 비슷한 메커니즘을 발견했다. 그는 "우리의 자유롭지 못한 언론our un-free press"에 대해 언급하면서 "현재의 경제 체제가 전체 보도 시스템에 미치는 영향"에 대해 관찰했다. "즉, 무엇이 뉴스가 될지에 대한 판단, 게재되는 사안의 선택과 제거, 사설과 일반 뉴스 섹션에서 특정 뉴스를 취급하는 방식 등에 미치는 영향"에 주목했다. 그는 "현 경제 체제하에서 진정한 지적 자유와 사회적 책임이 어느 정도까지 가능한지 자문해봐야 한다"고 말했다.[2] (그렇게 크지 않다고 그는 생각했다.)

미국은 법적으로 허용되는 발언에 대해서는 놀라울 정도로 자유로운 나라다. 그럼에도 불구하고 조지 오웰이 묘사한 메커니즘은 여전히 작동하고 있으며, 실제로 우리가 듣고 읽는 내용은 그 메커니즘에 따라 형성된다. 주요 미디어 기업이 제시하는 견해는 천편일률적이지 않으며, 모든 국가 정책을 기계적으로 지지하지는 않지만 이들은 미국 엘리트들이 당연시 여기는 사안과 관점을 확실하게 반영하고 있다. 미디어에서 격렬한 비판과 토론이 이루어지기는 하나, 이는 일정한 전제와 원칙의 틀 안에서만 허용된다. 이러한 방식으로 엘리트 계층의 합의를 구성하게 되고, 개별 행위자는 대부분 의식하지 못한 채 이를 내면화한다.

미국 정치 담론에서 널리 퍼져 있지만 대놓고 말하지 않는 가정 중 하나는 미국이 전 세계를 지배할 고유한 권리를 가지고 있다는 견해다. 실제로 저명한 진보적 논평가인 매슈 이글레시아스Matthew Yglesias는 이를 "논쟁의 여지가 없는 전제"라고 부르며, 소수의 주변부 "좌파 지식인"을 제외하고 대부분의 사람들은 미국의 지배권을 당연한 것으로 여긴다고 말한다. 그는 "미국은 내 평생 세계 최고의 강대국이었다"고 말하며, "이러한 상태가 바람직하고 또한 지속되어야 한다는 생각은 오늘날 미국 정치에서 논쟁의 여지가 거의 없는 관념 중 하나"라고 설명한다. 이글레시아스 자신도 이 전제를 받아들이며, 너무나 당연한 것이어서 굳이 논쟁할 필요가 없다고 생각한다. 그가 '선출직 공직자' 중 누구도 이 견해에 반대하지 않으며, 미국 언론에서도 거의 이의를 제기하지 않는다는 말까지 덧붙였어도 이상하지 않을 것이다. 미국의 무력 사용이 현명한 선택이었는지를 둘러싼 논쟁을 할 때조차도, 과연 미국이 무력을 사용할 **권리**가 있는지에 대한 의문은 거의 제기되지 않는다.[3]

이라크를 예로 들어보자. 이라크 침공으로 유혈사태가 건잡을 수 없이 심각해지자, 미국 언론에서는 전쟁에 대한 비판이 쏟아졌다. '테러와의 전쟁'에 대한 언론 보도 행태 연구 보고서에서 앤서니 디마지오Anthony DiMaggio는 주류 진보 논객들의 비판은 전쟁의 합법성보다는 전쟁이 효과적으로 수행되고 있는지에 초점이 맞춰져 있었다고 밝혔다. 《뉴욕 타임스》의 밥 허버트Bob Herbert 기자는 이 전쟁을 "일관된 전략도 없이" 수행되고, "부실하게 관리되는", "지속 불가능한", "이길 수 없는" 전쟁이라고 묘사했다. 《로스앤젤레스 타임스Los Angeles Times》의 편집자들은 "끔찍하게 실패한 점령"이라고 말하며, 점령이 문제가 아니라 실패했다는 점을 문제삼는 식의 보도를 했다. 민주당 전략가인 폴 베갈라Paul Begala는 부시가 이라크에 "충분한 병력을 배치하지 않았다"고 비판했다. 디마지오는 "전쟁 반대 입장"으로 보이는 이러한 비판은 사실상 전쟁을 옹호하는 입장이라고 지적한다. 그 이유는 이러한 비판은 "군사적 오류"에 초점을 맞추고 있는데, "만약 그 오류만 수정되었다면 점령과 전쟁 수행이 더욱 원활하게 이루어졌을 것"이라는 논지이기 때문이라는 것이다. 디마지오는 "만약 전쟁이 제국주의적이고 비도덕적이며 민주주의를 촉진하기보다는 석유 통제권을 확보하기 위한 것이라면, 왜 전쟁을 효과적으로 수행하지 못한다는 이유로 정부를 비판하는 것인가?"라고 묻는다. 그는 또한 "애초에 미국이 억압적인 제국주의 전쟁을 '승리'하려 하거나, '관리'하려는 시도 자체가 잘못된 것인데, 왜 '이길 수 없다' 또는 '잘못 관리하고 있다'는 이유로 전쟁에 대해 불평을 하는가?"라고 덧붙였다.[4]

미국이 목표를 달성하는 과정에서 실수가 있었다고 시사하는 것은 허용된다. 그러나 목표 자체에 대한 논쟁은 허용되지 않는다. 예를 들어, 《뉴욕 타임스》는 베트남 전쟁이 끝난 후 전쟁을 평가하는 사설에서 논쟁의 범위를 이렇게 정의했다. "전쟁이 … 다른 방식으로 수행될 수 있었다고 믿는 사람들이 있다." 반면, 다른 이들은 "비공산주의 남베트남이란 개념 자체가 애당초 신화에 불과했다"고 믿는다. 사람들은 "진행 중인 논쟁"이 해결되지 않았다고 말한다. 매파는 우리가 이길 수도 있는 전쟁이었다고 말했다. 비둘기파는 우리는 이길 수 없었다고 말했다. 이런 차원에서의 토론은 가능하다.[5](전쟁 수행 방식이나 승패에 대한 논쟁 정도는 토론의 대상이 될 수 있으나 그 이상의 범위, 즉 전쟁의 정당성 자체에 대한 논의는 허용되지 않는다–옮긴이)

"오도된", "비극적인", "실수"와 같은 표현이 논평에 반복적으로 등장한다. (이 단어들은 베트남전에 대한 근원적 질문과 직접적으로 연결되는 단어는 아니라는 의미–옮긴이) 그렇다면 다음과 같은 가능한 입장은 어떠한가? 즉, 미국이 애초부터 베트남에 개입할 법적 또는 도덕적 권리가 없었다는 주장 말이다. 미국은 "남베트남 국민들이 스스로 정부 형태를 결정할 수 있기를 바라지" **않았다**. 오히려 민주주의의 태동을 막았다. 미국은 베트남을 재정복하려는 프랑스의 시도를 지지할 권리가 없음은 물론, 1954년 제네바 협정을 위반할 권리도, 선거를 통한 베트남 통일을 반대할 권리도 없었다. "우리가 이길 수 있었을까?"라는 질문은 언론에서 논의된다. 그러나 진정으로 올바른 질문들, 다시 말해 "우리에게 시도할 권리가 있었을까?", "우리는 범죄적 침략을 저지른 것인가?", "불법 침략 전쟁을 일으킨 자들에 대한 전범재판은 언제 열릴 것인가?"는 논의되지 않는다. 이러한 질문은 《뉴욕 타임스》가 정한 기본 규칙에 따라 논의에서 배제된다.

줄리안 E. 젤라이저Julian E. Zelizer 프린스턴 대학교 역사 및 공공정책 교수는 《포린 폴리시》에서 지배적인 견해를 다음과 같이 정리했다. 미국 역사에서 "한 가지 변함없는 사실"은 "대통령들이 국가안보를 다루는 과정에서 종종 간과하는 부분이 있거나, 오판을 하거나, 심지어 중대한 실수를 저지른다는 점이다". 간과. 오판. 실수. 어디에도 최종 목적에 대한 질문은 없다. 수단이 무모할 수도 있다는 점 등, 오직 목적 달성을 위한 수단에 초

점을 맞춘 질문만 있다. 미국의 전쟁 역사를 살펴보면, 미국이 전 세계에 걸쳐 권력을 행사해야 된다는 전제하에 전술에 국한된 논의만 진행된다. 논의의 스펙트럼은 전쟁이 성공적으로 진행되고 있다는 주장부터 전쟁이 잘못 관리되고 있다는 주장 사이에 한정된다. (이는 우크라이나 전쟁을 둘러싸고 러시아에서 벌어지고 있는 논의와 동일한 스펙트럼이다. 푸틴이 전쟁을 효과적으로 수행하지 못했다는 비판은 있지만, 애초에 전쟁을 일으킨 것에 대한 비판은 없다.) 어떤 전쟁이 **승리할** 전쟁인지, 혹은 **실수**였는지를 둘러싼 논의가 곧 전쟁 자체에 대한 논의라고 생각하는 것은 잘못이다. 히틀러의 장군들조차 전쟁이 **실수**였다는 점, 즉 원하는 목표를 달성하지 못했다는 사실에 대해서는 비판할 수 있었을 것이다. 그러나 그렇게 비판했다고 해서 그들이 총통Führer보다 나치즘에 덜 광신적인 신념을 가지고 있었다고 볼 수는 없다. 독일의 사례에서 우리는 전략에 대한 비판이 근본적인 목적에 대한 비판이 아니라, 오히려 그 목표에 대한 지지를 전제로 한다는 점을 깨닫게 된다. 한편 미국에서는, 자신들은 헌법상 범죄를 저지를 수 없다는 민주, 공화 양당의 합의를 그대로 받아들인 채, 대외 정책에 대한 비판으로 인식되는 많은 주장이 실제로는 전략에 대한 비판 수준에 머무르고 있는 실정이다.[6]

1980년대 미국의 지원을 받은 콘트라 반군이 니카라과를 공포의 도가니로 몰아넣던 시기, 진보 진영의 이러한 '비둘기파적 태도', 즉 전술에 대한 의문은 제기하지만 목표에는 의문을 제기하지 않는 태도를 언론에서 쉽게 찾아볼 수 있었다. 예를 들어, 《워싱턴 포스트》는 전술적 이유로 콘트라에 대한 지원을 비판했다. 니카라과가 소련식 위협이며 따라서 반드시 이에 맞서야 한다는 점을 "기정사실"로 취급했다. 레이건 행정부의 주장을 그대로 반영하듯, 이 신문의 편집위원회는 산디니스타를 "(니카라과의 시민 평화와 민주주의, 그리고 역내 안정과 안보에 대한) 심각한 위협"으로 간주하고, "산디니스타의 적극적인 공세를 … 억제해야 한다"는 데 동의했다. 다만, 그들은 "콘트라 세력은 이를 위한 유용한 수단이 아니"라고 판단했다. 즉, 니카라과 정부를 약화시키기 위한 "최선의 방법"이 아니라고 본 것이다. 미국이 무력을 행사해야 하는 **정당성** 자체는 애초에 논의의 대상이 아니었다.[7]

아프가니스탄 전쟁에 대해서도 진보 성향 비평가들 사이에서 비슷한 우려가 제기되었다. MSNBC는 민주당을 지지하는 진보 성향의 방송사로 간주된다. 이 방송국에서 오랫동안 대표적 진행자로 활동한 (자칭 "진보적 국가안보주의자") 레이철 매도Rachel Maddow는 미국의 아프가니스탄 전쟁에 대해 상당히 비판적이었다. 하지만 전술적인 이유에서였다. 매도는 "만약 2010년 미국의 행동으로 … 아프가니스탄에 진정한 정부가 들어설 가능성을 높일 수 없다고 믿었다면, 미국인에게 아프가니스탄에서 죽으라고 요구하는 것은 잘못된 일"이라고 결론지었다. 다시 말해, 도덕적 판단 기준은 아프가니스탄인의 권리가 아닌, 미국의 성공 가능성에 초점을 맞추고 있다.[8]

전쟁이 끝나면, 그 전쟁이 **실수**였는지를 제외하고는 사실상 국가적 자기 성찰은 거의 이루어지지 않는다. 앞서 살펴본 바와 같이, 베트남 전쟁에 대해 일반 국민의 인식은 켄 번스의 설명에서 대표적으로 드러난다. 그는 베트남전을 "운명적인 오해, 미국의 과신, 냉전의 오산 속에서 선의를 가진 고결한 사람들이 시작한 전쟁"이라고 설명한다. 이라크에서 학살의 규모가 커지자 《뉴욕 타임스》의 니컬러스 크리스토프는 "이라크인들은 자신들을 해방시키고자 했던 선의의 보수주의자들로 인해 끔찍한 대가를 치르고 있다."라는 글을 썼다.[9]

미국의 미디어 비평가 애덤 존슨Adam Johnson과 니마 시라지Nima Shirazi는 종전 후 미국 언론이 전쟁을 되돌아보며 내리는 평가는 미국의 무력 사용은 "불쾌하고, 불완전하며, 실수였지만, 궁극적으로는 고결하고 정의로운 제국이 의도치 않게 빚어낸 부산물일 뿐이며, 무엇보다도 선의에서 비롯되었다"는 식이라고 지적한다. 이들은 전쟁이 대중적으로 인기가 없어지면, "정치 평론가와 사이비 역사가들로 이루어진 영세 산업이 등장"하여 "전쟁은 사고였다, 그들이 실수했다, 잘못된 정보에 속았다, 자유와 민주주의에 대한 우려로 인해 일어났다"는 주장을 퍼뜨린다고 설명한다. (전쟁이 국민의 지지를 잃으면, 소규모 사무실을 차린 정치 평론가나 역사가가 우후죽순처럼 나타나, 미국은 좋은 의도를 가지고 전쟁을 시작했으나 진행 과정에서 실수가 나타나고 있다는 식의 미화 작업이 진행된다–옮긴이) 존슨과 시라지는 이 상황을 마치 의뢰인이 1급 살인죄가 아닌 과실치사죄로 유죄판결을 받게 하려는 변호사에 비유한다. (종전 후, 전쟁이 실수나 정보 착오에 의한 것이었다고 정당화하려는 방식은 법정에서 형량을 줄이려는 변호사의 전략과 유사하다–옮긴이) 적국은 "007 영화에 나오는 악당"처럼 악행을 저지르는 존재인 반면, 미국은 무고하고 선

량한 나라로 미국 신화 속에서 그려지기 때문에 이러한 전략이 필요하다는 것이다.[10]

많은 중요한 문제와 질문은 제기되지 않는다. 아프가니스탄과 이라크는 사실상 우리의 시야에서 사라졌다. 미국이 이라크에서 드론 공습을 했다는 기사 속에 이라크 정부가 주권 침해에 강력히 항의했다는 내용은 없으며, 이에 대한 논의도 없다. 아이티에서 라오스에 이르기까지 미국의 '개입'으로 인한 장기적인 영향으로 고통받는 국가들에 대해서는 피상적으로 언급되거나 혹은 전혀 보도되지 않는다. '비인간'은 세상에 존재하지 않는 것이나 다름없다.[11]

테러리즘: 선전 선동 개념의 해부

《신의 도시City of God》에서 성 아우구스티누스는 알렉산더대왕이 해적을 만난 이야기를 들려준다. 알렉산더는 해적과 대면하여 왜 "바다를 제멋대로 차지"할 권리가 있다고 생각하느냐고 물었다. 해적은 "당차게" 대답했다. "온 세상을 정복한다는 게 무슨 의미입니까? 저는 조그만 배 한 척으로 그런 짓을 하니 강도라고 불리고, 대함대를 거느리고 같은 행동을 하는 당신은 황제라고 불립니다."라고 대답했다. 똑같은 행동을 해도 누구는 해적이 되고, 누구는 대왕이 된다.

미국 정치 담론에서 드러나지 않은 이념적 가정의 명백한 사례는 '테러리즘'이라는 단어의 사용 방식이다. 미 국방부는 테러리즘을 다음과 같이 정의한다. "정치적 목적을 추구하는 과정에서 공포를 유발하고 정부나 사회를 강압하기 위해 종종 종교적, 정치적 또는 기타 이념적 신념에 따른 불법적 폭력 행사 혹은 폭력을 행사하겠다고 위협하는 행위." 그러나 이러한 정의는 사용할 수 없다. 그렇게 되면 미국은 반드시 테러 국가로 간주될 것이기 때문이다. 정치적 목표를 추구하기 위해 이념적 신념에 따라 불법적으로 폭력을 사용하여 사회를 강압한 조지 W. 부시는 틀림없이 세계 주요 테러리스트 중 한 명이 될 것이다. 존경받는 정치가 헨리 키신저와 노벨 평화상 수상자인 버락 오바마도 마찬가지다.

다른 공식적인 정의도 있다.[12] 이 중 어느 것도 실제로 미국 정치 담론에서 사용된 적이 없는데, 그 이유는 각각의 정의가 모두 동일한 결론에 도달하기 때문이다. 즉, 존경받는 미국 정치인이 테러리스트가 되는 것이다. 린든 존슨은 테러리스트가 된다. 1972년 북베트남에 200대의 B-52 폭격기를 파견하여 2만 톤의 폭탄을 투하하는 '크리스마스 폭격'(라인배커 II 작전)을 감행한 리처드 닉슨도 확실히 테러리스트가 된다. 이 폭격은 북베트남을 협상 테이블로 돌아오도록 하기 위한 것이었으나, 그들이 협상장을 떠난 이유는 닉슨 행정부가 자신들의 이전 제안을 스스로 폐기했기 때문이었다.[13] 이 폭격으로 인해 박마이Bạch Mai 병원이 파괴되었으며, 수십 명의 직원이 사망했고, "의료 및 약학 서적들만 … 찢어진 철근, 부서진 콘크리트 기둥, 무너진 벽 사이에 어지럽게 흩어져 있었다". 리처드 닉슨은 공격을 시작하면서 "개네들 혼비백산할 거야."라고 말했다.[14]

따라서 '테러리즘'이라는 단어가 미국에서 실제로 어떻게 사용되는지 대충만 살펴봐도 다음과 같은 암묵적인 전제가 깔려 있음을 알 수 있다. 즉, 테러리즘은 정의상 미국이나 동맹국을 대상으로 한 행위만을 의미한다. 미국이나 동맹국이 저지르는 행위는 테러가 될 수 없다. 사실 여부와 관계없이, 미국이 테러를 자행한다는 생각은 **교리적으로 용납될 수 없다**는 논리다.

예를 들어, 미국은 현재 쿠바를 얼마 되지 않은 '테러 지원국' 중 하나로 지정하고 있다. 실상은 미국이 쿠바에 대해 수십 년간의 테러를 저질러왔다. (쿠바는 버락 오바마 정부에서 잠시 테러 지원국 명단에서 제외되었다가 도널드 트럼프 정부에서 다시 추가되었다. 조 바이든 정부도 계속 테러 지원국 지정을 유지했다. 이와 같은 근거 없는 테러 지원국 지정은 "생필품과 의료품 부족으로 어려움을 겪고 있는 쿠바에 인도주의적 지원을 제공하는 데 추가적인 장애물이 되고 있다".) 미국은 또한 다른 국가에 대해 테러를 저지른 자들의 범죄인 인도를 거부하고 있다. 여기에는 아이티와 쿠바의 범죄 혐의자들도 포함된다. 테러리스트에 '은신처'를 제공한 국가는 무력 공격을 받을 수 있다는 부시 행정부의 원칙에 따라, 아이티와 쿠바 정부는 정당하게 미국을 폭격할 수 있을 것이다.[15]

《워싱턴 포스트》는 블라디미르 푸틴의 대우크라이나 미사일 공격을 "공중 테러"라고 비난하며 "테러 폭격"이라고 표현했다. 러시아가 지원하는 우크라이나 분리주의자들이 민간 여객기를 격추했을 때(경솔했지만 고의는 아닌 듯) 힐러리 클린턴은 즉각 이를 "테러 행위"라고 불렀다. 하지만 테러리즘이 아닌 것으로 간주된 사례도 있다. 이라크에 대한 미국의 "충격과 공포" 폭격 작전, (역시 경솔했지만 고의성은 없어 보이는) 미국의 이란 민간 여객기 격추, 드레스덴 폭격과 유사한 가자지구의 학살 등이 그것이다.[16] 인도차이나 상공에서 B-52 폭격기가 마을 전체를 쓸어버리는 것, 그리고 이 공격을 승인한 고위 당국자도 '테러리즘'에 포함되지 않는다.

지난 반세기의 역사를 훑어보면 여러 사례를 찾을 수 있다. 이스라엘 민간인에 대한 팔레스타인의 공격은 미국 언론에서 "테러 공격"으로 보도된다. 이스라엘 정착민의 팔레스타인인 공격은? 이는 단순히 "정착민의 폭력 사건"으로 다룰 뿐이다. 니카라과의 콘트라가 CIA와 국방부 지휘관의 지시에 따라 민간인 표적을 공격했을 때, 《뉴 리퍼블릭New Republic》의 편집장 마이클 킨슬리Michael Kinsley는, 주류 논평계에서는 진보적 입장을 취하고 있다는 평가를 받고 있지만, 테러 공격의 정당성을 너무 성급하게 일축해서는 안 된다고 주장했다. 그는 이렇게 말했다. "현명한 정책"은 "비용 대비 편익 분석을 통해 평가받아야 한다". 이는 "쏟아질 피와 참담함, 그리고 그 결과로 마침내 구현될 민주화의 가능성"을 비교해 측정한다. 즉, 미국 엘리트들은 이러한 분석을 수행하고, 그 결과가 타당하다면 프로젝트를 추진할 권리가 있다는 것이다.[17]

1986년, 장애인이던 미국인 레온 클링호퍼Leon Klinghoffer는 팔레스타인 해방전선 대원들에게 납치된 유람선 아킬레 라우로호에서 살해당했다. 이 살인은 "테러리스트들 사이에서 잔혹함의 기준을 세운 사건으로 보인다"고 《뉴욕 타임스》 수석 특파원 존 번스John Burns는 보도했다. 이는 비열한 범죄가 사람들에게 불러일으킨 일반적인 공포를 잘 포착한 표현이었다. 그러나 비슷한 사건이 발생했음에도 같은 기준이 세워지지 않은 사례도 많다. 예를 들어, 아리엘 샤론의 2002년 봄 공세 이후 영국 기자들이 보도한 제닌 난민 캠프Jenin refugee camp의 잔해에서 발견된 "납작해진 휠체어"와 같은 사례가 그러했다. 기자들은 다음과 같이 보도했다. "마치 만화 속 한 장면처럼 완전히 짓눌려 납작하게 다림질된 듯한 모습이었다." "잔해 한가운데에는 부러진 백기가 놓여 있었다." 장애를 가진 팔레스타인인 케말 주가이어Kemal Zughayer가 들고 있던 백기였다. 그는 "휠체어를 타고 도로로 나가려다 총에 맞아 사망했다". "[친구가] 시신을 발견했을 때 한쪽 다리와 양팔이 없었고 얼굴은 두 동강이 난 상태였기 때문에 이스라엘 탱크가 그의 시신을 깔고 지나간 것이 틀림없다." 레온 클링호퍼 사건이 테러의 역사에 기록된 것과는 대조적으로, 이 사건은 언테러un-terror(공식적으로 테러행위로 기록되지는 않았으나 실적적으로 테러와 유사한 행위－옮긴이) 행위로서 테러의 역사에 기록되지는 않는다. 그의 죽음은 '괴물'의 지시가 아닌, 조지 W. 부시가 "평화의 사나이"라고 불렀던 아리엘 샤론의 지시에 따른 것이었다.[18]

테러리즘이란 단어는 정직한 담론에서는 자리할 곳이 없는 단어다. 그럼에도 우리는 이 단어가 무심코 반복적으로 사용되는 것을 목격한다. 커뮤니케이션학자 마이클 스톨Michael Stohl은 "관례적으로" 강대국의 무력 사용은 "일반적으로 테러리즘의 한 형태가 아니라 강압 외교coercive diplomacy로 묘사"된다고 지적한다. 그는 또한 소위 강압 외교 역시 "동일한 전술을 강대국이 아닌 다른 주체가 행사했다면 테러리즘적 목적을 위한 것이라고 규정되었을 폭력 행사의 위협 및 실제 폭력의 행사에 해당한다는 점을 인식해야 한다"고 설명한다. 여기에 한 가지 조건이 추가되어야 한다. "강대국"이라는 용어는 특정 우호 국가에만 적용되어야 한다는 것이다. 따라서 위에서 언급한 "관례"에서 러시아는 그러한 수사적 특권을 부여받지 못한다.[19](러시아는 강대국이지만 우호 국가가 아니기에 러시아의 행위는 강압 외교가 아닌 테러리즘으로 불린다–옮긴이)

'테러리즘'이라는 용어의 무원칙한 사용은 미국과 동맹국이 저지른 폭력 행위와 공식적인 적대 세력이 저지른 폭력이 서로 다르게 평가되는 것을 보여주는 한 가지 사례일 뿐이다. 미디어에는 희생자 사이의 위계가 암묵적으로 존재한다. 즉, 일부 희생자는 다른 희생자보다 더 큰 주목을 받는다. 《뉴스데이Newsday》의 편집자 앤서니 마로Anthony Marro는 이라크 전쟁과 관련하여 "우리는 이라크인의 죽음보다 미국인의 죽음에 더 많은 관심을 기울인다."고 인정한 바 있다. 우크라이나 전쟁 발발 이후, 기자들은 다른 분쟁의 희생자들보다 우크라이나 전쟁의 희생자를 더욱 인간답게 취급하는 태도를 놀랄 만큼 솔직하게 드러냈다. 한 CBS 특파원은 "비교적 문명화된, 비교적 유럽적인" 곳에서 분쟁이 발생하는 것을 보는 것이 얼마나 끔찍한 일인지 설명하며, 그곳에서 "그런 일이 일어나리라고는 기대하지도, 바라지도 않았다"고 언급했다.[20]

또한 누가 살인을 저질렀는가에 따라 그리고 미국이 분쟁에서 어떤 입장을 취하는가에 따라 보도 태도도 달라졌다. 1980년대에 폴란드 사제 예지 포피에루슈코Jerzy Popieluszko가 공산주의자들에 의해 살해된 사건은 미국 언론의 집중적인 관심을 불러일으켰다. 반면, 미국의 독재 정권 지원에 반대했던 엘살바도르의 오스카 로메로 신부가 살해된 사건에 대한 관심은 훨씬 덜했다. 이러한 사례들은 보도에 체계적인 편향성이 존재함을 드러낸다.[21]

미디어 감시 기관인 공정보도 및 정확성 감시기구Fairness and Accuracy in Reporting(이하 FAIR)는 1986년 이래 미국 언론을 면밀히 추적하며 이러한 편견 사례들을 수집해왔다. 이들의 사례 연구는 미국 정부의 대외 정책 기조가 주류 언론의 보도 행태에 반영되고 있다는 결정적인 증거를 제시한다. 다음은 연구 결과 중 몇 가지 사례다.

- 이라크 전쟁 중 FAIR가 케이블 뉴스를 조사한 결과, 출연자의 64퍼센트가 전쟁을 지지한 반면, 반전 의견은 10퍼센트에 불과했다.[22]
- 이스라엘과 팔레스타인 간의 분쟁에서, 이스라엘 사망자에 대한 언급이 팔레스타인 사망자에 대한 언급의 7배에 달하는 등 사망자 보도가 동등하게 이루어지지 않았으며, 팔레스타인 인들의 법적 권리는 축소되거나 잘 다루어지지 않았다.[23]
- 미국 언론은 전 세계에서 발생한 폭력 사건에 '이란산 무기'가 사용되었을 때는 자주 언급하지만, 미국산 무기로 자행된 살인에 대해서는 유사한 언급을 하지 않는다.[24]

• "폭력을 포기하라"는 요구는 무슬림에게는 제기된다. 그러나 미국에는 제기되지 않는다.[25]

• 홍콩에서 행해지는 중국의 제국주의에 대한 보도는 있지만, 미국이 다른 국가를 지배하는 내용에 대해서는 그에 상응하는 보도가 거의 없다.[26]

• 아프가니스탄 전쟁에 대해 몇 시간씩 보도하면서도, 미국의 정책이 그곳의 상황을 어떻게 악화시켰는지에 대한 실질적인 논의는 이루어지지 않는다.[27]

• 도널드 트럼프가 시리아 공습을 단행했을 때, 언론에서는 반대 여론이 전혀 없었고, 심지어 《뉴욕 타임스》는 다음과 같은 어처구니없는 헤드라인을 달기도 했다. "시리아 공격, 트럼프의 심장이 먼저였다."[28][시리아 공격 결정 때 전략적 고려보다는 트럼프의 감정적 반응(따뜻한 마음, 즉 heart)이 중요한 역할을 했다는 의미 – 옮긴이]

• 미국이 지원하는 사우디의 예멘 전쟁은 언론에서 거의 다루지 않았다.[29]

• 새롭게 발표된 국방부 예산보다 펠로톤(미국의 가정용 운동기구 판매업체 – 옮긴이)의 휴일 광고에 대한 언론 보도가 훨씬 더 많았다.[30]

미국 언론의 해외 분쟁에 대한 보도가 어떻게 국수주의적 편견과 정부 소식통에 의존하여 왜곡되는지 알 수 있는 충분한 증거가 있다. 예를 들어, 미국의 경쟁국인 중국에 대한 《뉴욕 타임스》의 보도를 살펴보자. "중국의 침략성"은 미국 언론에서 확립된 사실로 취급된다.[31] 반면, "미국의 침략성"은 있을 수 없는 일로 간주된다. "중국, 전 세계 군사시설에 스파이 풍선 띄워, 미국 관리들 주장"이라는 제목의 기사에는 "중국의 스파이 풍선 프로그램은 전 세계 여러 나라의 군사 능력에 대한 정보를 수집하기 위한 글로벌 감시 활동의 일환이라고 미국 정보기관이 밝혔다"고 쓰고 있다. 기사는 이러한 스파이 프로그램을 통해 중국은 "다섯 개 대륙에 걸친 국가들의 주권을 침해했다"고 주장하는 전문가의 말을 인용하고 있다.

그러나 정직한 언론이라면 다음과 같은 분명하고 중요한 맥락을 논의해야 할 것이다. 즉, **미국**은 중국에 대해 어떤 스파이 프로그램을 수행하고 있는가? 결국, 중국의 행동이 특별히 악의적인지 평가하려면, 그 행위가 우리도 할 수 있다고 주장할 수 있는 행동인지 알아야 한다. 대외정책학자인 밴 잭슨Van Jackson은 중국의 스파이 활동은 풍선이 미국 상공을 잠시 떠돌다 격추된 것에 불과하지만, 미국의 중국 내 스파이 활동은 훨씬 더 심각하다고 설명한다. 실제로 2010년 중국 지도부는 "CIA가 보안 및 정보 부처를 포함한 당 기관에 고위급 인적 정보원을 심어두었다는 사실을 발견했다."고 한다. 중국 지도부는 이러한 미국의 침투를 "체제 안보에 대한 극단적인 위협"으로 간주했고, 이로 인해 "중국의 공격적 태도가 크게 가속화"되었다. 잭슨은 "미국 외교가의 어느 누구도 중국이 CIA의 중국 내 최고위층 침투 활동을 발견했다는 사실에 대해 이야기하지 않는 것이 이상하다"고 지적하며 이렇게 말했다. "감시 문제에 대해 얘기하자면, 우리는 지금 풍선에 대해서만 걱정하고 있다!"[32]

주제 선정 역시 중요하다. 일부 주제는 그저 다루지 않아서 논의되지 않는 경우도 있다. 예를 들어, 우크라이나 전쟁에 대한 언론의 보도는 광범위했으며, 《뉴욕 타임스》에는 우크라이나 전사들과 민간인 희생자에 대한 동정적인 기사가 끝없이 등장했다. 그러나 사우디아라비아의 공격을 받은 예멘 희생자, 튀르키예 공격을 받은 쿠르드족 희생자, 미국 공격을 받은 이라크 희생자들에 대해서는 이에 상응하는 보도가 없다. 이스라엘의 폭력에 의한 팔레스타인 희생자는 팔레스타인의 폭력에 의한 이스라엘 희생자보다 훨씬 적게 기사화된다. 생명의 가치가 객관적으로 (즉, 모든 사람이 동등하게 대우받도록) 결정되는 것이 아니라 미국 대외정책의 우선순위에 따라 결정되고 있다.[33]

선전 선동의 언어

조지 오웰은 에세이 《정치와 영어Politics and the English Language》에서 완곡어법을 사용해 "옹호할 수 없는 것을 옹호"하는 일이 어떻게 가능한지에 대해 썼다. 방어 능력이 없는 마을에 대한 폭격은 "평정화pacification"라고 완곡하게 칭할 수 있다. 농민들의 땅을 강탈하고 그들을 쫓아내는 행위는 "인구 이동transfer of population"이라고도 불린다. 악행은 모호하고 듣기 좋은 문구로 은폐되는데, 이는 "사물의 구체적인 이미지를 떠올리지 않도록 이름을 붙이고 싶을 때 필요한 행위"다. 따라서 정치적 담론을 이해하려면 우리는 끊임없이 평이한 언어로 번역을 해야 한다. 용어의 선택이 사고의 틀을 왜곡시키기 때문에, 무슨 일이 일어

나고 있는지 이해하거나 인간적으로 중요한 문제에 대해 일관되게 이야기하는 것이 어렵게 된다.[34]

미국의 정치 담론에서 발견되는 조지 오웰식 표현을 해독하여 선전 용어집을 만들 수도 있다. 특히 대외 정책은 순화된 용어 뒤에 공포가 숨어 있는 영역이다. 우리는 이미 '테러리즘'이라는 단어가 중립적인 정의에 따르지 않고 기회주의적으로 사용되는 것을 살펴보았다. 때때로 단어는 우리의 행동을 부드럽게 표현하기 위해 사용된다. (수감을 '구금'으로, 고문을 '강화된 심문'으로, 집속탄을 '치명적인 지원'으로 등) '억지 태세deterrence posture'는 폭력적인 전멸을 위협하는 방식을 뜻한다. '균형'이나 '안정'과 같은 단어는 미국의 권력 지위 유지를 뜻하는 완곡어법이다. 한 학자는 "칠레에서 자유롭게 선출된 마르크스주의 정부를 흔들려는 미국의 노력"을 묘사하기 위해 "미국은 안정을 추구하기로 결심했다."라고 표현했다. '안정'이라는 단어가 '미국의 국익 추구'를 의미한다는 사실을 깨닫게 되는 순간, 모순은 사라진다.[35]

러시아에는 '올리가키Oligarchy'(소련 붕괴 이후 민영화 과정에서 급속히 부를 축적한 소수의 부유한 엘리트 계층－옮긴이)라는 말이 있는 반면, 미국에서는 같은 부류의 사람들을 '사업가'로 묘사한다는 점에 주목하여야 한다. 마찬가지로 '독재자'라는 용어의 선택적 사용에 대해서도 경계해야 한다. '안보'라는 표현은 국민의 안보를 의미하는 것이 아니다. '정책의 주요 설계자들'의 안보를 의미한다. 즉, 애덤 스미스 시대에는 '상인과 제조업자', 오늘날에는 국가의 지원을 받는 대기업과 거대 금융기관을 의미하며, 이들이 나라를 지배한다. 서방 국가와 지식인들이 '국제 공동체'라는 용어를 사용할 때, 이는 자신들을 지칭하는 것이다. 예를 들어, NATO의 세르비아 폭격은, 서방의 일관된 어법에 따르면, '국제 사회'에 의해 이루어졌다. 그러나 현실을 의도적으로 외면하는 사람이 아니라면 누구라도 이 폭격에 대해 세계 대부분의 국가가 반대한다는 사실, 그것도 꽤 큰 목소리로 반대한다는 사실을 알고 있었다. 부와 권력을 가진 자들의 행동을 지지하지 않는 사람들은 '글로벌 커뮤니티'의 일부가 아니라고 해석될 수밖에 없다.[36]

불평등이 극심한 사회인 미국에서 국내 엘리트 계층의 이익에 대한 편향은 의식적인 음모의 산물이 아니다. (미국 언론이 엘리트 계층의 이익을 편향되게 대변하는 이유가 언론인들의 의도적인 음모 때문은 아니다—옮긴이) 오히려 에드워드 허먼Edward Herman이 설명한 것처럼, 이러한 편향은 "시스템 구조에 내재되어 있으며, 언론인의 활동 범위를 설정하는 소유자, 후원자, 정부 및 기타 이익 단체 등 다양한 세력의 압력과, 언론이 지속적인 뉴스 흐름을 위해 의존하는 취재원의 특성에서 자연스럽고 쉽게 흘러나오는 것"이라고 할 수 있다. 언론인은 스스로를 검열하기 위해 음모를 꾸미지 않으며, 대개 자신의 업무에 지극히 성실하고 헌신적이다. 언론인이 스스로 하는 말을 믿고 있는지는 모르지만, 만약 다른 신념을 가지고 있었다면 현재의 자리에 있지 않았을 것이다.[37]

한계를 넘어선 사람들은 담론이 어떻게 특정한 좁은 테두리 안에 갇히게 되는지 금방 알아차릴 수 있다. (담론에서 허용된 범위를 넘어선 견해를 표명하는 사람들은 그 범위가 얼마나 엄격하게 적용되는지 몸소 느낄 수 있다–옮긴이) 필 도나휴Phil Donahue는 높은 시청률에도 불구하고 이라크 침공에 의문을 제기했다는 이유로 2003년 MSNBC 진행자 자리에서 해고당했다. 방송국 경영진은 그가 "전쟁 중에 NBC에 대한 불편한 이미지"를 시청자들에게 전달할 것이라고 생각했다. 《뉴욕 타임스》 기자 크리스 헤지스는 이라크 침공이 초래할 혼란과 유혈사태에 대해 "공개 포럼에서 경고"한 후, 자신은 공식적으로 문책을 받은 반면, 침공을 지지한 다른 기자는 그러지 않았다고 회상한다.[38]

CNN의 크리스티안 아만푸어Christiane Amanpour 기자는 "언론에 재갈을 물렸고, 언론 스스로도 입을 막았다고 생각한다."라고 말했다. 그녀는 "확실히 텔레비전 방송은, 아마도 우리 방송국 역시도 어느 정도는 정부와 폭스 뉴스의 하수인들에게 위축된 측면이 있었다"고 인정하며, "우리가 제작한 방송 보도에도 공포 분위기와 자기 검열 분위기가 있었다."고 밝혔다. 《뉴욕 타임스》 기자 엘리자베스 부밀러Elisabeth Bumiler는 정부에 대해 어려운 질문을 던지는 데 관심이 없었다고 솔직하게 시인했다. "우리는 매우 공손했다." "황금 시간대 생방송에 출연하여 … 미국 대통령에게 전쟁을 앞둔 상황에서 질문을 던지는 것 자체가 두려운 일이다. … 이 엄중한 시기에 대통령과 논쟁을 벌이고 싶은 사람은 아무도 없었다."고 그녀는 말한다.[39]

CBS의 댄 래더Dan Rather도 마찬가지로, 민족주의에 영향받지 않은 보도를 제작할 수 없다는 사실을 솔직하게 인정했다.

저는 미국인입니다. 저는 누구에게도 제가 국제주의자 혹은 그

> 런 유의 사람이라고 속이려 한 적이 없어요. 그리고 조국이 전쟁 중일 때, 저는 '승리'의 정의가 무엇이든 간에 제 조국이 이기기를 바랍니다. 이제 저는 그것이 편견 없는 보도라고 주장할 수도 없고, 또 주장하지도 않습니다. 그 점에서 저도 편견이 있다고 할 수 있습니다.[40]

일부 기자는 자신의 보도를 강력하게 옹호했다. 이라크 전쟁을 앞두고 정부의 허위 주장을 그대로 반복한, 가장 악명 높은《뉴욕 타임스》기사들을 쓴 주디스 밀러Judith Miller는《뉴욕 타임스》기자의 임무는 정부의 선전을 무비판적으로 전달하는 것이라고 주장하며, 이렇게 말했다. "나의 임무는 정부의 정보를 평가하고 독립적으로 정보를 분석하는 것이 아니다. … 나의 임무는《뉴욕 타임스》독자들에게 정부가 이라크의 무기 현황에 대해 어떻게 생각하는지 알리는 것이다." 독자들이 진실을 알고 싶다면, 이제는 스스로 '독립적인 정보 분석가'가 되어야 하는 모양이다.[41]

그럼에도 불구하고 이라크 전쟁의 실패 이후 언론인들 사이에서는 기자들이 익명의 정부 소식통의 주장을 반복해야 하는지에 대한 자기 성찰이 이어졌다. 그러나 10년이 지난 지금도 익명의 소식통은 여전히 많이 사용되고 있으며, '정보 및 군 관계자의 말'이라는 문구가 '사실'의 동의어처럼 신문에 등장하고 있다. 군산복합체와 직접적인 연관이 있는 출연자가 케이블 뉴스에 자주 등장한다. 의견은 여전히 좁은 범위 내에서만 논의되고 있으며, 2003년 필 도나휴를 침묵시켰던 것과 동일한 메커니즘

이 계속 작동하고 있다.[42]

전체주의 국가에 몽둥이가 있다면, 민주주의 국가에는 선전이 있다. 데이비드 흄David Hume은 "정부의 첫 번째 원칙First Principles of Government"에서 통치자는 궁극적으로 사상 통제에 의존해야 한다고 주장했다. "그러므로 정부는 오직 여론 위에 세워지는 것이며, 이 원칙은 가장 독재적이고 가장 군국주의적인 정부뿐만 아니라, 가장 자유롭고 가장 대중적인 정부에도 적용된다." 통치자가 권력을 유지하고자 한다면, 여론을 자기 편으로 만들어야 한다. 독재 정권에서는 반체제 인사들을 감옥에 투옥함으로써 여론을 부분적으로 통제할 수 있다. 그러나 비교적 자유롭고 민주적인 사회에서는 사상의 통제가 다른 방식으로 작동된다.[43]

미국 언론은 국가가 새로운 적을 만들어내는 데 도움을 주었다. 여러 사례에 비추어 보면, 미국 언론은 미국 대외 정책의 기본 교리를 강화하고 확산시키며, 미국이 저지른 침략과 테러 행위를 정당방위 혹은 훌륭한 비전을 위한 헌신으로 묘사하는 경향이 있다. 현재 미국의 적은 미국을 파멸시키려는 악마 같은 존재로 묘사되고 있다. 반면, 미국의 과거 잘못은 기억에서 사라지거나, 또 다른 '고결한 실수'로 재구성된다. 해럴드 핀터Harold Pinter는 노벨 문학상 수상 연설에서 다음과 같이 주장했다. "미국의 범죄는 체계적이고, 지속적이며, 악랄하고, 무자비했다. 그러나 실제로 이에 대해 이야기하는 사람은 거의 없다." 마치 "그런 일이 없었던 것처럼", 심지어 "그런 일이 일어나고 있는 동안에도 일어나지 않은 것처럼". 그는 미국이 "전 세계에서 보편적

선을 추구하는 권력으로 위장하면서, 매우 냉철하게 권력 조작을 행사해왔다"고 말한다.[44]

우리는 많은 정보를 가지고 있으면서도, 아는 것은 너무 적다. 인터넷의 발달로 대안 정보 채널이 등장하면서 기업 미디어의 독점 체제가 어느 정도 흔들리고는 있지만, 정보가 확산되는 플랫폼은 여전히 기업의 이윤이라는 이해관계에 따라 운영되고 있다. 그 결과 일반 대중은 여전히 세상에서 무슨 일이 일어나고 있는지 제대로 알지 못하며, 심지어 자신이 알지 못한다는 사실조차 모르는 경우가 많다. 대중의 이익을 위해 운영되는 진정한 민주적 미디어가 이러한 상황을 바꿀 수 있으며, 이를 구축할 수 있는 여러 방안이 제시되고 있다. 그때까지 미디어 소비자는 자신의 지식 부족이 권력자가 그들의 지위를 유지하는 데 중요한 역할을 한다는 사실을 명심해야 한다.[45]

결론

패권인가 생존인가?

미국은 유난히 피로 얼룩진 역사를 가지고 있다. 일부 기준에 따르면, 미국은 1775년부터 2018년에 이르기까지 93.5퍼센트에 해당하는 연도 동안 전쟁에 관여해왔다. 미국 건국자들은 미국을 '초기 제국'으로 명시적으로 간주했으며, 초기 역사는 원주민을 말살하는 정복으로 점철되어 있다. "우리가 사랑하는 나라"는 "맑은 눈을 지니고 있고", "넓은 가슴을 가지고 있으며", "비무장한 진실과 무조건적인 사랑이 결국 최후의 승리를 거둘 것이라는 점을 믿고 있습니다"(오바마 국정 연설에서)라는 수사의 이면에는 폭력이 뒷받침된 권력이 자리 잡고 있다.[1]

버트런드 러셀은 "이상주의라고 인식되는 많은 것들이 … 권력욕의 위장된 모습"이라고 말했다. 실제로 미국의 역사는 두 개의 평행 궤적을 따라 전개되어왔다. 하나는 신문과 대통령 연설에 등장하는 수사적 궤적이며, 다른 하나는 피해자들의 삶 속에서 경험되는 사실의 궤적이다. 어느 시대나 언론은 경건한 말로 가득 차 있다. 한편, 미국은 원주민을 전멸시킨 것 외에도, 하와이 왕국과 필리핀을 정복하고, 멕시코 영토의 절반을 빼앗았으며, 주변 지역에 폭력적으로 개입했고, (제2차 세계대전 이후에는) 전 세계로 무력 사용을 확대해왔다. 희생자 수는 실로 어마어마하다.[2]

전후 고위급 인사 열람용 문서를 살펴보면, 미국의 정책 기획자들은 미국이 주도하는 새로운 세계 질서에 대한 주요 위협은 "민족주의 정권"이라는 견해를 피력했다. 민족주의 정권이라 함은 "대중의 낮은 생활수준을 즉각적으로 개선하고", 국내 수요 충족을 위한 생산력 향상에 대한 국민적 요구에 부응하는 정권을 말한다. 기획자들의 기본 목표는 반복적으로 강조되었다. 바로 이러한 "극단적 민족주의" 정권이 집권하는 것을 막거나, 설령 우연히 정권을 잡더라도 이를 축출한 뒤, 민간투자와 수출 지향적 생산체제를 장려하고 이윤의 국외 반출을 허용하는 정부를 수립하는 것이었다.

민주주의와 사회 개혁에 대한 반대는 피해 국가에서 결코 인기가 있을 수 없다. 따라서 미국은 무력에 의존하거나, 군부와 연대한다. (케네디 정부 기획자들이 표현한 바에 따르면, 군부는 "라틴아메리카의 어떤 정치적 집단보다 반미 정서가 가장 덜하기" 때문에) 이러한 연대는 현지 민중 집단들이 미국의 통제를 벗어나는 것을 차단하기 위한 조치였다.

일정 조건에서는 민주주의가 실제로 허용되기도 한다. 즉, 전략 및 경제 계획과 일치하는 경우에는 민주적 의사결정이 허용된다. 결과를 통제할 수 없다고 판단되면 미국은 언제나 민주주의를 반대했다. 노동권이 억압되고 외국인 투자 환경이 유지되는 경우에만 사회 개혁을 용인했다. 레이건 행정부 국무부에서

"민주주의 증진" 프로젝트를 담당했던 토머스 캐러더스Thomas Carothers는 "미국과 지속적으로 연대해온 전통적인 권력 구조를 뒤흔들 위험이 없는 제한적인 하향식 민주주의만을 추구했다"고 결론지었다. 중요한 것은 해당 정부가 민주적인지가 아니라 '미국의 이익'에 부합하는지였다. 프랑코Franco 치하의 스페인에서 영감을 받은 콜롬비아의 파시스트 쿠데타는 미국 정부로부터 큰 반발을 일으키지 않았다. 베네수엘라의 군사 쿠데타나, 파나마에서 파시즘을 지지하는 인물이 복귀한 사건도 마찬가지였다. 그러나 루스벨트의 뉴딜 정책을 모델로 삼았던 과테말라 역사상 최초의 민주 정부는 미국의 격렬한 반감을 불러일으켰다. 그 후로도 상황은 크게 다르지 않았다. 투자자의 권리가 위협받는다면 민주주의는 사라져야 하고, 만약 그러한 권리가 보호된다면 살인자나 고문자들도 상관없다는 식이다.[3]

정책 입안자들이 직면한 기본적인 딜레마는 때때로 진보적인 비둘기파 쪽에게도 솔직하게 인정되기도 한다. 카터 대통령의 라틴아메리카 국가안보 참모였던 로버트 패스터Robert Pastor의 사례가 이를 잘 보여준다. 그는 왜 니카라과의 살인적이고 부패한 소모사 정권을 지원해야 했는지 설명했다. 아울러, 소모사 정권 지원이 불가능하다고 판명되자, 미군의 훈련을 받은 국가방위군이 "어떤 국가가 일반적으로 적을 향해 사용하는 수준의 잔인함으로" 국민을 학살함에도 불구하고, 왜 최소한 이들이라도 유지하려 했는지 그 이유도 덧붙였다. 그 이유는 익숙한 것이었다. "미국은 니카라과나 역내 다른 국가들을 통제하고 싶지 않았지만, 상황이 통제 불가능한 상태로 치닫는 것도 원하지 않았다.

미국은 나카라과인들이 독자적으로 행동하기를 원했지만, 미국의 이익에 부정적인 영향을 미치는 경우에는 예외였다."[4]

명백한 침략 사례는 수없이 많다. 몇몇 사례만 보더라도, 과테말라, 칠레, 이란, 쿠바, 아이티, 영국령 가이아나 등 여러 나라 정부를 전복하려는 (때로는 성공했지만, 때로는 실패한) 계획이 있었다. 비록 반드시 성공한다는 보장은 없었지만, 외교와 협상을 통한 타결 가능성이 상당했던 적도 여러 차례 있었다. 그러나 이러한 방안은 폐기되고 무시되었고, 무력과 폭력을 행사하는 방식이 선택되었다. 현재 중국과의 군비경쟁, 그리고 애초에 피할 수 있었던 우크라이나 전쟁은 협력보다 위협을 선택해온 미국의 태도가 우리를 끊임없이 새로운 재앙으로 몰아넣고 있으며, 훨씬 더 위험한 세상을 만들어가고 있다는 사실을 보여주는 비극적인 사례다.

미국이 침략자가 아니었던 경우에도, 미국의 극단적인 무력 의존 정책은 불필요한 희생을 낳았다. 제2차 세계대전 중 태평양 전쟁은 양측 모두에게 잔인했지만, 일본인에 대한 수많은 인종차별적 잔학 행위는 제대로 알려지지 않았다. 일본 도시를 대상으로 한 폭격은 (69개 도시가 파괴되고 최대 50만 명이 사망한) 민간인 사상자 수를 극대화하기 위해 계산된 작전이었다. 미군 전술가들은 심지어 도시의 '가연성 지도flammability maps'를 만들어 가능한 한 많은 사람을 산 채로 불태워 죽이려 했다. 철학자 A. C. 그레일링A. C. Grayling은 연합군의 민간인 대상 지역 폭격 Area bombing(특정 목표물을 정밀하게 타격하는 것이 아닌, 넓은 지역을 무차별적으로 폭격하는 것-옮긴이)에 대해 면밀히 평가한 끝에, 이를 '도덕적 범죄'로 간주해야 한다고 결론 내렸다. 커티스 르메이는 연합군이 전쟁에서 패했다면 전범으로 기소되었을 가능성이 높지만, 전후 형사재판은 미국이 저지르지 않은 범죄만 범죄로 간주하는 방식으로 구성되었다는 점을 지적했는데, 이는 일리가 있었다. 뉘른베르크 재판의 검사였던 텔포드 테일러Telford Taylor는 "양측 모두 도시 파괴라는 끔찍한 게임을 진행했으며, 연합군이 훨씬 더 성공적으로 수행했기 때문에" 독일이나 일본 지도자들에게 공중 폭격에 대한 범죄 혐의를 적용할 근거가 없다고 주장했다. 결과적으로, 조작적 정의라는 측면에서 보면 '전쟁범죄'는 승리자가 아닌 패배한 적들만 유죄판결을 받는 범죄행위다.[5]

이 모든 과정에서 미국식 이상주의의 신화가 지속되어왔다. 내부 기록을 보면, 미국의 정책 결정권자들은 이상주의적 동기가 아닌, '국가의' 경제적 이익을 지키거나 '신뢰'를 유지하려는 동기에서 정책을 결정했다. 그럼에도 불구하고 미국의 선의와 관대함에 대한 흔들리지 않는 믿음은 정치적 사고를 마비시키고 정치적 담론을 약화시킨다. (미국이 선의로 대외 정책을 펼친다고 믿는 이들이 많기 때문에, 실제로는 미국의 정책은 자국의 이익이나 권력 유지를 위한 것이라는 사실을 인식하지 못하게 된다—옮긴이) 때때로 대외 정책은 '윌슨식 이상주의'와 '키신저식 현실주의' 사이에서 오락가락하는 것으로 묘사되기도 한다. 그러나 실제로 이러한 구분은 대부분 수사적 표현에 불과하다. 모든 강대국들은 선한 의도를 가지고 세계를 돕기 위해 희생하고 있다는 수사적 표현을 가지고 장난을 친다. 미국 예외주의에 대한 미국인의 믿음이야말로 미국을 예외적이지 않게 만든다.

또한, 언제든 꺼내 쓸 수 있도록 준비된 '노선 변경'이라는 교리도 있다. 이 교리의 핵심은 우리가 과거에 실수를 저질렀던 것은 사실이지만, 그것은 우리의 순수함과 지나친 선의의 결과였을 뿐이라는 것이다. 과거의 잘못은 이제 지나갔으니, 여전히 변함없는 제도의 기능과 작동 원리에 대해 역사가 주는 교훈 따위는 무시하고, 앞에 놓인 웅대한 미래만 바라보고 나아가면 된다는 식이다. 이 교리는 놀라울 정도로 빈번하게 소환되며, 이를 들을 때마다 사람들은 마치 그 안에 심오한 통찰력이라도 담겨 있는 듯 진지하게 고개를 끄덕이며 수긍한다.

미국 패권의 정당성에 대해서는 놀라울 정도로 초당적인 공감대가 형성되어 있다. 조 바이든 취임 후, 《뉴욕 타임스》는 "미국 대외정책에서 새로운 보스가 이전 보스와 매우 흡사하게 행동한다"는 제목의 기사에서, 바이든이 중국을 위협하고, 살인을 저지른 사우디 왕세자를 따뜻하게 포용하며, 팔레스타인 점령에 대한 국제적 비난에도 불구하고 이스라엘을 계속해서 지지하는 점을 언급했다. 《뉴욕 타임스》는 도널드 트럼프의 전 국무부 부장관의 말을 인용하여, "트럼프와 바이든처럼 다른 대통령들 사이에서도 연속성은 기본"이라고 보도했는데, 이는 정확한 평가였다.[6]

선의에 대하여

어떤 지배 세력도 스스로를 악하다고 생각하지 않는다. 그들은 자신들이 선하고, 상대방은 악하다고 믿는다. 우리는 단순히 그렇게 들었기 때문에 우리가 옳은 편이라고 믿는 함정에 빠지지 않도록 주의해야 한다. 대신, 추악한 진실을 직시하고, 미국의 행위로 인한 피해자들에게 관심을 기울여야 한다. 지배적인 교리 체계가 미디어, 오피니언 저널journal of opinion(특정 주제에 대한 의견이나 분석을 제시하는 간행물—옮긴이), 그리고 학계에 널리 퍼져 있다. 정직하게 조사하면, 미국이 국제적으로 행하는 행위의 충격적이고 체계적인 여러 특징이 은폐되거나, 묵살되거나, 부인되고 있다는 사실이 드러날 것이다. 또한 고통과 억압, 심지어 고문과 대량 학살을 영속화하는 데 미국의 역할이 규모 면에서도 상당할 뿐만 아니라, 이러한 행위가 오랜 지정학적 개념과 제도적 구조의 체계적이며 예측 가능한 결과라는 사실도 드러날 것이다.

그러나 미국의 폭력 뒤에 선한 의도가 있었다는 믿음을 유지하더라도, 의도는 도덕적으로 그다지 중요한 요소가 아니다. 우리가 적국을 평가할 때, 의도는 거의 고려하지 않는다. 우리는 블라디미르 푸틴이 우크라이나가 나치로 가득 차 있다고 진정으로 믿었는지를 기준으로 우크라이나 침공의 정당성을 판단하지 않는다. 그의 행동이 범죄였기 때문에 그의 진정성은 관련 없는 요소로 간주된다. 1958년에서 1961년까지 중국의 대기근 역시 단순한 '실수'였을 뿐이고, 마오쩌둥毛澤東이 수천만 명을 죽일 '의도'가 없었다는 이유로 묵인되지 않는다. 기아 사태를 초래한 그의 명령에 내재한 개인적 동기에 대한 추측도 책임을 완화시키는 근거가 되지 않는다. 적을 평가함에 있어, 우리는 종종 그들이 스스로 선한 일을 하고 있다고 느꼈는지 여부와 관계없이, 그들의 행위가 가져올 예측 가능한 결과에 대해 그들을 비난한다. 그리고 최악의 괴물조차도 자신이 도덕적으로 가치 있는 일을 하고 있다고 스스로 확신할 수 있다는 사실을 우리는 잘 알고 있다.[7]

정복하고 억압하는 자들은 자신의 행위가 피해자를 위한 것이라고 주장한다는 사실을 우리는 알고 있다. 노예주들은 자신의 이익을 위해 쉽게 착취할 수 있는 값싼 노동력을 원했다고 말하는 대신, 노예의 이익을 위해 행동한다고 말했다. 노예제를 "긍정적 선善"으로 옹호한 존 C. 캘훈John C. Calhoun은 "역사의 여명기부터 현재까지, 중앙아프리카의 흑인들이 육체적으로뿐만 아니라 도덕적, 지적으로도 이렇게 문명화되고 개선된 상태에 도달한 적은 없었다"고 말했다. 캘훈이 이 말을 진심으로 믿었는지 여부가 중요한가? 만약 진심이었다 한들, 무엇이 나아질까?[8]

그렇다면 미국이 무엇을 하려 했는지에 초점을 맞추는 대신, 실제로 무엇을 했는지를 살펴봐야 한다. '테러리스트'와 미국을 구별하면서, 미국은 다음과 같은 사실을 지적한다. **그들**이 민간인을 쏘는 것은 의도적인 반면, **미국과** 그 동맹국은 우발적으로 쏜다. 즉, 미국으로 인한 희생자는 '부수적 피해'라는 것이다. 물론 이러한 설명은 피해자들에게는 아무런 의미가 없다. 이런 점도 생각해보자. 마을에 폭탄을 투하하는 사람이 마을 주민을 죽일 의도였는지 아니면 단지 집만 쓸어버리려 의도했는지가 중요할까?

이중 잣대(정확히 말하자면 앞서 언급한 단일 잣대, 즉 미국은 본질적으로 결코 악의적일 수 없다는 기준)를 적용하면 엄청난 지적知的 곡예로 이어진다. (이중 잣대를 적용하려다 보니 스스로도 앞뒤가 맞지 않는 논리를 만들어낸다－옮긴이) 피델 카스트로가 미국 대통령에 대한 암살 시도를 여러 차례 조직했거나 가담했다면, 혹은 가축과 농작물을 파괴했다면, 그는 야만적인 악의 상징이 되었을 것이다. 하지만 미국은 쿠바에 대해 그렇게 할 권리가 있는 듯 행동했다. 또한 소련의 뒷마당에 미사일을 배치할 권리를 당연하게 여겼다. 그러나 소련이 같은 권리를 행사하려 했을 때, 미국은 거의 제3차 세계대전을 일으킬 뻔했다. 그러나 이러한 모순은 거의 눈에 띄지 않는다. (이중 잣대가 적용된 결과 이러한 모순은 눈에 띄지 않는다－옮긴이)

자신이 속한 사회의 본질과 행태에 대해 진지한 질문을 던지는 것은 종종 어렵고 불쾌한 일이다. 그 해답이 대개 숨겨져 있기 때문에 어렵고, 그 해답이 추하고 고통스럽기 때문에 불쾌하다. 그러나 우리는 이 노력을 계속해야 한다. 우리의 착각이 계속되면 위험이 더욱 커지기 때문이다.

1999년, 정치 분석가 새뮤얼 헌팅턴은 전 세계 대부분 지역에서 미국은 "불량 초강대국"이 되어가고 있으며, "자신들 사회의 가장 큰 외부적 위협"으로 인식되고 있다고 경고했다. 조지 W. 부시 대통령의 첫 임기가 시작된 지 몇 달 후, 미국 정치학회 로버트 저비스Robert Jervis 회장은 "세계 대부분의 시각에서 … 오늘날 대표적인 불량 국가는 미국"이라고 경고했다. 그러나 미국인은 미국을 공격적이거나 위협적인 존재로 좀처럼 상상하지 않는다. 미국은 단지 **방어만** 한다고 생각할 것이다.[9]

'방어'라는 말을 들으면, 이를 '공격'으로 해석하는 것이 대체로 정확하다. 제국의 추진력은 종종 방어적 용어로 위장된다. 즉, 미국이 통합된 세계 체제를 지배하려는 것이 아니라, 소련이나 중국이 전략적 요충지를 확보하지 못하게 함으로써 그들의 '침략'으로부터 미국과 다른 나라를 보호해야 한다는 논리다. 소련의 지도자들 역시 비슷한 태도를 취했으며, 의심할 여지없이 비슷한 진정성과 명분을 가지고 있었을 것이다. 이러한 관행은 역사적으로 오랫동안 이어졌으며, '안보'라는 용어는 통상적인 완곡어법이다. 정책 기획자들은 국가안보를 위한 것이라고 포장하지만, 실제로는 사회 지배계층의 이익을 지키려 한다.

미국은 이미 재래식 전력과 대량살상무기 분야에서 압도적 우위를 보이고 있으며, 차순위 10개국의 군비 지출을 모두 합친 것보다 더 많은 방위비를 지출하고 있다. 미국은 계속해서 방대한 글로벌 군비경쟁에 박차를 가하고 있으며, 아직 군사화되지 않은 새로운 영역에 진출하려 하고 있다. 바로 우주다. 이는 지금까지 우주의 군사화를 막아온 1967년 우주 조약Outer Space Treaty(미국과 이스라엘은 유엔에서 이 조약 재인준에 기권했다)을 위반하는 행위다. 미 우주사령부 문서에 따르면, 미국의 목표는 "국익과 투자를 보호하기 위한 우주 군사작전"에서 지배권을 확보하는 것이다. 미국은 또한 새로운 종류의 자율 무기 시스템을 개발하고 배치하는 데 선도적 위치에 있다. 이 무기 체계는 언제 누구를 죽일지 스스로 결정한다. 이는 극도로 위험하지만, 거의 논의되지 않고 있다.[10]

미국이 그동안 추구해온 길과는 다른, 대안적인 길이 있다. 명시된 이상을 진지하게 받아들이고 이를 실천하는 것이다. 미국이 국제법을 준수하고 유엔헌장을 존중하며, 국제사법재판소와 국제형사재판소의 재판 관할권을 받아들이기로 약속하는 방안이 있다. 교토 의정서에 서명하고 이를 이행할 수도 있다. 대통령이 실제로 국제 기후 회의에 참석해 중재에 주도적 역할을 할 수도 있다. 미국이 안전보장이사회 결의안에 대한 거부권 행사를 중단하고, 미 독립선언서에 명시된 대로 "인류의 의견을 존중"하는 방안도 있다. 군비 지출을 축소하고 사회적 지출을 늘리며, 군사적 조치가 아닌 외교적, 경제적 조치를 통해 갈등을 해결할 수도 있다.

민주주의를 믿는 이들에게 이 모든 제안은 온건하고 보수적인 것이다. 국민의 압도적 다수가 이를 지지하고 있다. 다만 기존의 정책과 전혀 다른 길일 뿐이다.

행동에 나설 책임

미국의 패권을 무력을 통해 강요하려는 시도가 초래할 결과를 안다면, 우리는 이에 반대해야 할 의무가 있다. 국가의 폭력에 저항하고, 그 폭력을 억제하는 것은 시민의 기본 의무다. 자신의 범죄는 모른 체하거나 정당화하면서, 타인의 범죄를 개탄하는 것은 쉬운 일이다. 정직한 사람은 다른 길을 선택할 것이다.

행동할 능력이 있는 사람에게는 행동할 의무가 있다. 엄청난 부를 누릴 수 있는 자유 사회에서 산다는 것은, 최소한 권력이 어떻게 작동하는지 이해하고 기본적인 도덕적 질문을 제기할 책임이 부여된다는 의미다.

타고난 '영웅'이 아닌 사람도 저항할 수 있다. 대중운동은 항상 그 시대의 도덕적 도전에 맞설 용기와 지적 도덕성을 갖춘 평범한 사람들이 참여해왔다. 세상은 고통, 고난, 폭력, 재앙으로 가득 차 있다. 각자가 결정해야 한다. 어떤 사안이 당신에게 중요한지 아니면 그렇지 않은지.

특권을 누리는 많은 이들은 권력에 봉사하는 대가로 누리는 부유한 사회가 제공하는 충분한 보상을 기꺼이 포기하고, 정직이 요구하는 희생을 받아들이기를 주저할 수 있다. 가장 인도적이고 민주적인 사회에서도, 평화를 해치는 범죄에 가담하기를 거부하는 데에는 상당한 용기가 필요하다.

다행히도 그러한 용기는 부족하지 않다. 세계 역사는 잔혹 행위의 암울한 기록이기도 하지만, 동시에 잔인함과 억압을 자연스럽고 정상적이며 불가피한 것으로 받아들이기를 거부한 이들의 저항의 서사이기도 하다. 불의가 존재하는 곳에는 언제나 이를 저지하려는 사람들이 있다.

미국에서 대중운동은 놀라운 성공을 거두었다. 19세기에는 노동자들이 "공장에서 일하는 사람이 공장을 소유해야 한다."는 원칙에 따라 독립적인 노동운동을 전개하려 노력했다. 오늘날보다 훨씬 더 열악하고 억압적인 조건하에서 그들은 자신과 서로를 위해 더 나은 조건을 확보하고자 했다. 그들은 결국 패배했지만, 그들의 노력은 지속적으로 영향을 미쳤다. 같은 시기에 대중 교육이 등장하였고, 이는 민주주의에 크게 기여했다(따라서 대중교육이 오늘날 민주주의에 대한 공격의 주요 표적이 된 것은 당연한 일이다). (민주주의의 발전에 교육이 기여했기 때문에, 민주주의를 약화시키려는 세력에게는 교육이 주요 공격 대상이 된다는 의미—옮긴이) 윌슨 시대의 탄압의 잿더미 속에서 등장한 1930년대 강경한 노동운동은, 유럽이 파시즘에 굴복하는 동안, 미국을 사회민주주의로 이끌었다(현재는 사회민주주의가 공격의 대상이 되는 역전 현상이 진행되는 과정이다). 그리하여 미국은 파시즘 대신 사회보장제도와 단체 교섭권 보장을 쟁취했다.[11]

1960년대에는 많은 사람들이 수동적이고 무관심한 태도를 거부하고, 자신들의 요구를 관철하기 위해 정치 무대에 나섰다. 이들이 시작한 운동(흑인 민권, 여성 해방, 성소수자 인권, 환경 보호, 베트남 전쟁 종식)은 미국을 더 나은 나라로 만들었으며, 그 효과는 계속 이어지고 있다. 오늘날 우리는 인종차별과 성차별적 억압에 대해 더욱 민감하게 반응하며, 환경에 대한 관심도 높아졌으며, 다른 문화와 인권에 대한 존중도 커졌다. 다음과 같은 운동에 참여했던 사람들의 말과 행동을 연구하면서 많은 것을 배울 수 있다. 미시시피 자유 여름 운동Mississippi Freedom Summer(1964년 여름 미시시피주에서 일어난 흑인 유권자 등록 운동—옮긴이), 아메리칸 인디언 운동American Indian Movement(아메리카 원주민의 권익을 보호하고, 그들의 문화와 전통을 유지하기 위한 운동—옮긴이), 자유 발언 운동Free Speech Movement(1964년 캘리포니아 대학교 버클리 캠퍼스에서 일어난 학생운동. 대학 내 정치적 표현의 자유를 억압하는 학교 당국의 정책에 대항한다—옮긴이), 치카노 운동Chicano Movement(인종차별과 불평등에 맞선 멕시코계 미국인들의 사회운동—옮긴이), 멕시코의 무비미엔토 에스투디안틸 운동

Movimiento Estudiantil(권위주의 정권에 저항하여 1968년 발생한 멕시코의 학생운동-옮긴이), 그리고 권력 재분배를 위해 들고 일어선 여러 글로벌 봉기들.

미국의 역사와 현재의 불공정에 대한 대중의 이해를 높이려는 노력 또한 이루어졌다. 1960년대 사회운동의 결과로 흑인학 및 여성학 프로그램이 등장했다. 이들 학문은 그동안 주류 학계의 시각에서는 완전히 배제되었던 관점을 조명했다. 하워드 진 Howard Zinn의 《미국 민중사People's History of the United States》(이 책과 동반 출간된 《목소리Voices》)와 같은 주요 저작은 기존의 애국주의 역사 서술에 가려졌던 진실을 드러내고, 사람들이 논의하기를 꺼려 했던 미국의 과거를 비췄다. 이러한 진실이 알려지자 반발이 일어났고, 이른바 위험하다고 간주되는 자료를 검열하고 삭제하려는 시도가 이어졌다. 예를 들어, '비판적 인종 이론 critical race theory'(인종과 사회, 정치, 법률, 대중매체 사이의 관계를 구명하는 학문. 인종차별은 개인의 편견이 아니라, 다양한 법률과 사회 규칙에 의해 발생하는 구조적 문제라고 주장한다-옮긴이)은 체계적, 구조적, 문화적 요인들이 어떻게 지난 400년에 걸친 이 나라의 인종차별적 억압의 역사를 형성했는지 탐구하는 모든 학문을 지칭하는 공포의 문구로 오늘날 사용된다. (비판적 인종 이론과 유사한 학문적 접근법들이 원래의 의미나 목적과는 달리, 의도적으로 왜곡되어 위험한 학문으로 낙인 찍혔다는 의미-옮긴이) 젊은 세대가 미국을 비판 없이 찬양하고 숭배하는 선전만 접하도록 만들려는 조직적인 노력도 진행되고 있다.[12]

오늘날 대중운동가들의 노력 덕분에 전 세계에서 벌어지는 미국의 범죄에 대한 대중의 반감은 더욱 커졌다. 예를 들어, 1963년 케네디 행정부가 남베트남을 직접 공격하기 시작했을 때, 미국 내에서는 거의 아무런 저항이 없었다. 그러나 1960년대 후반에 이르러 국민의 분노가 상당히 커지자 군 당국은 베트남에 추가 파병을 주저하였는데, 그 이유 중 하나는 대중의 봉기를 진압하기 위해 국내에도 병력이 필요할 것으로 예상되었기 때문이다. 미국의 행위에 대한 국민의 감시는 계속되었다. 대중운동가들의 압력은 남아프리카공화국의 아파르트헤이트에 대한 미국의 지원을 제한하고, 궁극적으로 종식시키는 데 기여했다. 중앙아메리카의 잔학 행위에 대한 레이건 행정부의 지원은 부분적으로 비밀리에 이루어졌는데, 그 이유는 이 정책에 대한 국민적 지지가 거의 없다는 것을 알고 있었기 때문이었다.

2003년 부시 행정부가 이라크를 상대로 범죄적 전쟁을 개시했을 때, 즉각 역사상 최대 규모의 반전 시위가 일어났다. 시위대는 전쟁을 막지는 못했지만, 잔학 행위를 용납하지 않으려는 의지가 커졌음을 보여주는 분명한 증거가 되었으며, 이는 1960년대의 '문명화 효과'를 보여주는 한 사례였다. 이라크 침공에 대한 국민적 지지를 모으기 위해, 부시 행정부는 한 약소국을 궁극의 악이자 미국의 생존에 대한 임박한 위협으로 묘사하는 대대적인 선전 공세를 펼쳐야 했다. 이처럼 국민의 저항은 국가 폭력에 일정한 제약을 가할 수 있다.[13]

우리는 사안을 명확히 파악한 후, 자신의 자유를 희생할 위험을 감수하며 용기를 내어 행동에 나섰던 수많은 사람들의 이야기를 떠올린다. 미국에서 첼시 매닝Chelsea Manning은 이라크에서의 미국 전쟁범죄를 폭로한 뒤 수년간 독방에 갇혀 여러 번 자살 직전까지 내몰렸다. 에드워드 스노든은 미국 정부의 감시 활동 범위를 폭로할 경우 영구히 추방당할 수 있다는 것을 알고 있었다. 이스라엘의 핵 기술자 모르데차이 바누누Mordechai Vanunu는 자국의 비밀 핵 프로그램을 내부 고발한 대가로 거의 20년(독방 감금 11년 포함)의 감옥살이를 겪어야 했다. 이스라엘에서 미국인 학생 레이철 코리Rachel Corrie는 팔레스타인 주택 철거를 막으려다 불도저에 깔려 사망하면서 평화를 위한 순교자가 되었다. 온두라스의 환경 운동가이자 원주민 지도자인 베르타 카세리스Berta Cáceres는 자신의 공동체에 대한 약탈과 파괴를 막기 위해 시위를 조직하다 살해당했다. (살해범 중 한 명이 미국 정부의 훈련을 받은 인물이라는 사실은 이제 놀랍지도 않다.[14])

그러나 영웅적인 개인의 이야기는 대중운동이 어떻게 성공하는지에 대한 잘못된 인상을 심어줄 수 있다. 필요한 사회 변화는 대부분 이름조차 알려지지 않은 수많은 헌신적인 사람들이 각계각층에서 하루하루 함께 노력한 결과로 이루어진다. 소수의 유명한 지도자만 강조하는 역사책은 우리를 오도한다. 실제로 노예제 폐지부터 1960년대 민주화 운동, 흑인의 생명도 소중하다Black Lives Matter 운동, 그리고 오늘날의 민주사회주의 운동에 이르기까지, 변화는 보통 사람들의 행동 덕분에 이루어졌다. 고故 하워드 진이 말했듯이, “중요한 것은 역사적으로 중요한 사건의 토대를 마련한 이름없는 사람들의 수많은 작은 행동들이다”.

우리 시대에도 영감을 주는 사건들이 많다. (미국의 자금 지원을 받은) 이스라엘군의 총탄을 무릅쓰고 ‘위대한 귀환 행진Great

March of Return' 시위를 벌인 팔레스타인 사람들은 놀라운 용기를 보여주었다. 로자바 지역의 쿠르드족은 (미국이 지원하는) 적대적인 군대에 저항했을 뿐만 아니라, 대중의 정치 참여와 여성 해방을 강조하는 혁신적인 사회 모델을 실험해왔다. 멕시코의 사파티스타Zapatistas(멕시코 아나키즘을 대표하는 단체 – 옮긴이) 역시 진정한 민주 정치의 모범을 보여준다. 글로벌 사우스 전역에서 정의를 위한 놀라운 대중운동이 일어나고 있다.

대중운동이 중요한 정책 변화를 이끌어낸 사례는 많이 있다. 1960년대의 환경 운동은 공화당 정부로 하여금 오염 억제 조치를 취하도록 만드는 성과를 거뒀다. 오늘날 선라이즈 운동본부 Sunrise Movement(기후 위기에 대처하기 위한 미국의 청년 단체 – 옮긴이)는 기후 운동의 선두에 서서 시민 불복종 운동을 펼쳐왔다. 그들은 바이든 행정부가 기후 정책을 개선하도록 성공적으로 압력을 가했다. 2016년과 2020년의 버니 샌더스Bernie Sanders 캠페인에서 많은 영향을 받은 우리 시대의 대중운동은 바이든 행정부로 하여금 이전에는 정치적으로 가능하지 않았던 진보적인 입장을 채택하도록 만들었다. 노동 문제에 대한 바이든의 성과는 아쉬운 점이 있지만, 그는 프랭클린 D. 루스벨트 이후 처음으로 노조 결성을 공개적으로 강력히 지지한 대통령이다. 이는 개인적인 신념 때문만이 아니라, 새롭게 활기를 띠고 있는 대중적인 노동운동이 그를 그렇게 하도록 압박했기 때문이다. 뉴딜 정책 역시 마찬가지다. 전투적인 노동운동, CIOCongress of Industrial Organizations(산업별 노동조합 조직 – 옮긴이)의 조직화, 연좌 파업, 그리고 이에 공감하는 정부의 조합을 통해 이루어진 결과였다.

범죄의 기록은 무감각해질 수 있다. (범죄가 너무 많거나 반복적이면, 사람들이 그에 대해 무감각해진다–옮긴이) 꿈쩍하지 않는 패권 국가를 바라보며 절망감을 느끼기 쉽다. 하지만 우리가 행동하기로 마음먹는다면, 보다 인간적이고 품위 있는 세상을 만들 수 있는 기회는 얼마든지 있다. 정책을 진보적인 방향으로 바꾸고자 하는 사람들이 권력 중심부가 무시할 수 없을 만큼 성장하고 강해져야 한다. 우리는 지난 세월 사회정의를 위한 지난한 노력에서 많은 것을 배울 수 있었으며, 이제 그 성과를 바탕으로 더욱 발전하고, 과거 성과를 뛰어넘기 위해 앞으로 나아가야만 하고, 또 나아갈 수 있다.

우리는 기만의 그물에 얽혀 살고 있다. 종종 자기 기만의 그물에 얽힌다. 하지만 조금만 정직하게 노력하면 스스로 빠져나올 수 있다. 그렇게 된다면 우리는 기존 이데올로기 체계가 성공적으로 우리에게 보여주었던 세상과는 전혀 다른 세상을 마주하게 될 것이다. 또한 사상 통제 시스템이 매우 빠르게 붕괴될 수 있다는 점을 깨닫게 될 것이다. 베트남 전쟁 중에 그런 일이 일어났으며, 그 영향은 오늘날까지 지속되고 있다. 위계질서의 주요 성과는 '비인간'들로 하여금 억압받는 것을 당연하게 받아들이도록 만들었다는 것이다. 변화를 만들기 위한 첫 번째 단계는 존재하는 억압의 형태를 인식하는 데 있다. 역사의 교훈은 우리에게 많은 것을 가르쳐주지만, 그중에서도 가장 분명한 교훈은 사회적 투쟁을 통해 우리의 의식과 이해understanding가 해방될 때까지는, 우리가 피해자거나 또는 때때로 가해자가 되는 억압의 형태를 전혀 인식하지 못한다는 점이다.

지금 우리에게는, 위대한 반전 운동가 A. J. 머스티A. J. Muste가 "혁명적 평화주의revolutionary pacifism"라고 불렀던 것이 필요하다. 머스티는 "평화주의자가 되기 전에 먼저 혁명가가 되어야 한다"고 역설했는데, 이는 우리가 "악한 조건에 너무 쉽게 순응하지 말고", "현 체제의 기반이 되는 폭력 및 이로 인해 전 세계 대중에게 가해지는 모든 악(물질적, 정신적 악)을 정직하고 적절하게 대처해야 한다."는 뜻이었다.[15]

우리는 민주 사회 시민으로서 조작과 통제로부터 스스로를 보호하기 위해 지적 자기방어의 일환으로 비판적 사고 능력을 키워야 한다. 우리는 할 수 있다. 사회과학, 역사, 혹은 그 무엇이든지 평범한 열다섯 살 아이의 지적 능력을 넘어서는 것은 없다. 조금만 노력하면 된다. 약간의 독서가 필요하다. 하지만 너무 심오해서 이해할 수 없는 것이란 없다.

우리는 역사상 중요한 순간에 직면해 있다. 지금 당장 내려야 하는 결정에 따라 우리의 미래(만약 미래가 있다면)가 결정될 것이다. 우리는 환경의 대재앙적 파괴를 막기 위해 필요한 조치를 실행할 수 있는 좁은 창을 가지고 있다. 안타깝게도 세계에서 가장 강력한 국가를 가진 '인류의 주인들'은 그 창을 닫기 위해 애쓰며, 세계가 불길에 휩싸여도 자신들의 막대한 단기적 이익과 권력을 그대로 유지하려 발버둥치고 있다.

세계를 파괴할 수 있는 핵무기가 축적되고 있으며, 이를 보유한 국가들은 서로 협력하지 못하고, 전쟁 가능성에 대해 공개적으로 논의하지도 못하고 있다. 문명 전체를 위협하는 재앙의 위험에 대해 전문가들이 최선의 평가를 제공하는《원자 과학자 회보》의 '지구 종말 시계Doomsday Clock'는 최근 자정 90초 전으로 설정되어 있으며, 이는 종말에 가장 근접한 상태다. 시계를 설정한 분석가들은 두 가지 핵심적인 이유를 꼽았다. 핵전쟁의 위협이 커지고 있다는 점, 그리고 지구온난화를 막기 위해 필요한 조치를 제때 취하지 않으면 너무 늦어버릴 수 있다는 점이다. 더 심각한 공포로부터 세상을 구하고자 하는 사람들이 신속하고 단호하며 결단력 있게 행동하지 않는다면, 90초라는 시간은 너무 관대한 평가일 수 있다.[16]

현 상황의 긴급성에 대한 대중의 이해가 부족하다. 퓨 리서치 센터Pew Research Center의 여론조사에서, 응답자들에게 여러 현안을 제시하고 긴급한 순서대로 순위를 매기도록 했다. 핵전쟁은 아예 목록에 포함되지도 않았다. 기후변화는 거의 최하위에 위치했다. 공화당 지지자 중에서 기후변화 완화가 최우선 과제가 되어야 한다고 답한 사람은 13퍼센트에 불과했다.[17]

만약 우리 인류를 바라보는 외계인 관찰자가 있다면, 우리의 행보가 자멸을 향하고 있으며, 집단적으로 절벽을 향해 달려가고 있다고 말할 것이다. 거의 1만 년 전 비옥한 초승달 지역에서 시작된 인류 문명은 이제 그 불명예스러운 종말에 다가가고 있는지도 모른다. 지능이 발전한 것은 일종의 '진화적 실수'로 밝혀질지도 모른다. 지금까지 우주의 다른 곳에서 지적 생명체가 발견되지 않은 이유에 대해 제시된 이론 중 하나인 '페르미의 역설 Fermi Paradox'은 지적 생명체가 발생하면, 이 생명체는 스스로를 소멸시키는 일종의 치명적인 돌연변이일 수 있다는 가설을 제시한다. 인간은 진화의 시간 척도로 볼 때 단지 1초 동안 존재한 새로운 종이며, 지금까지의 상황으로 보면, 우리는 지능이 자멸로 이어진다는 이론을 증명하는 데 진심인 것처럼 보인다.

우리는 지금 인류의 도덕적 역량이 우리 스스로를 파멸시킬 수 있는 기술적 능력을 통제할 수 있을 만큼 충분히 성숙했는지 확인하기 위한 실험을 하고 있다. 안타깝게도 전망은 암울해 보이며, 외계의 관찰자는 도덕적 역량과 기술적 능력 사이의 격차가 너무 커서 인류의 자멸을 막을 수 없다는 결론을 내릴지도 모른다.

하지만 관찰자가 틀렸을 수도 있다. 그 판단이 잘못됐다는 것을 증명하는 것은 우리의 몫이다.

정직하고 헌신적인 노력만으로 우리가 직면한 문제를 해결하거나 완화할 수 있을지는 알 수 없다. 하지만 그러한 노력조차 하지 않는다면 재앙이 닥칠 것이라는 점은 확신할 수 있다. 이제 자유와 민주주의는 단순히 소중히 여겨야 할 가치를 넘어, 생존을 위한 전제 조건이 되었다. 따라서 우리에게 남은 선택은 두 가지뿐이다. 하나는 "가망 없다, 포기하자"라고 말하는 것이다. 이렇게 되면 최악의 상황이 올 것이다. 다른 하나는 "상황을 개선하고 싶으니 우리가 노력하겠다."라고 다짐하는 것이다.

우리가 직면한 위기의 긴급성을 고려할 때, 더 이상 지체할 시간이 없다.

주

머리말

1 이때까지 이에 가장 근접한 자료는 《촘스키, 세상의 물음에 답하다Understanding Power》였으며, 이는 매우 잘 편집된 인터뷰 모음집이지만 아쉽게도 이제는 30년이나 된 자료다. 촘스키의 개별 저서는 이 책에서 다루는 각 주제를 더 깊이 탐구하며, 주장에 대한 맥락과 뒷받침하는 증거를 더욱 풍부하게 제공한다. 촘스키의 언론 비판은 《불평등의 이유Requiem for the American Dream》와 촘스키 에드워드 허먼Edward Herman이 공동 저술한 《여론 조작: 매스미디어의 정치경제학Manufacturing Consent: The Political Economy of Mass Media》에서 더욱 폭넓게 다루어진다. 이와 관련하여 촘스키의 저작 《환상을 만드는 언론Necessary Illusions》, 《렉싱턴에서 온 편지: 선전 선동에 대한 고찰Letters from Lexington: Reflections on Propaganda》, 《노엄 촘스키의 미디어 콘트롤Media Control》, 《프로파간다와 여론Propaganda and the Public Mind》도 참고할 만하다. 미국 내 권력 구조와 관련해서는 촘스키와 마브 워터스톤Marv Waterstone이 함께 저술한 《문명은 지금의 자본주의를 견뎌낼 수 있을까Consequences of Capitalism》를 읽어볼 만하다. 베트남 전쟁과 관련해서는 《미국의 권력과 새로운 관료들American Power and the New Mandarins》, 《아시아와의 전쟁At War with Asia》, 《국가적 이유로For Reasons of State》, 《카멜롯 다시 생각하기Rethinking Camelot》를 살펴보면 좋을 듯하다. (특히, 《카멜롯 다시 생각하기》는 존 F. 케네디John F. Kennedy가 평화주의자였다는 신화를 철저히 무너뜨리고, 자유주의자들이 케네디 시대를 그리워하는 것이 얼마나 도덕적으로 부당한지를 잘 보여준다.) 냉전의 왜곡된 대중적 이미지에 대한 논의는 《구 세계질서와 신 세계질서World Orders Old and New》에 잘 설명되어 있다. 중앙아메리카에 대해서는 《흐름 바꾸기Turning the Tide》와 《민주주의를 억제하다Deterring Democracy》를, 이스라엘·팔

레스타인 문제에 대해서는 《숙명의 트라이앵글Fateful Triangle》과 《중동의 평화에 중동은 없다Middle East Illusions》를 참고할 만하다. 인터뷰집 《팔레스타인에 대하여On Palestine》와 《위기의 팔레스타인과 가자Gaza in Crisis》도 (두 저서 모두 일란 파페Ilan Pappé와의 인터뷰) 유익한 자료다. 이라크와 아프가니스탄에 대해서는 《패권인가 생존인가》와 《촘스키, 실패한 국가, 미국을 말하다》가, 쿠바에 대해서는 (비자이 프라샤드Vijay Prashad와 공동 저술한) 《쿠바에 대하여On Cuba》가 있다. 아메리카 대륙의 식민화 과정에 대한 논의는 《501년: 정복은 계속된다Year 501: The Conquest Continues》에서 다루어진다. 무정부주의와 정치철학에 대해서는 《촘스키의 아나키즘Chomsky on Anarchism》을, 교육에 대해서는 《실패한 교육과 거짓말Chomsky on Mis-Education》을 참고할 만하다. 촘스키의 지식인 비판은 〈지식인의 책무The Responsibility of Intellectuals〉 및 〈대외 정책과 지식인 계층Foreign Policy and the Intelligentsia〉이라는 두 편의 에세이에서 확인할 수 있다. 전자는 단행본으로 출간되었으며, 후자는 《신냉전을 향하여Towards a New Cold War》라는 에세이집에 수록되었는데, 이 책은 헨리 키신저Henry Kissinger 회고록에 대한 촘스키의 통쾌한 비판이라고 볼 수 있다. 언어학과 인지과학에 대한 촘스키의 통찰을 쉽게 접할 수•있는 입문서로는 《촘스키, 인간이란 어떤 존재인가?What Kind of Creatures Are We?》를 읽어볼 만하다. 촘스키의 다양한 견해를 폭넓게 다룬 책으로는 《촘스키, 知의 향연The Essential Chomsky》(앤서니 아노브Anthony Arnove 편집)이 있으며, 데이비드 바사미언David Barsamian과 C. J. 폴리크로니우C. J. Polychroniou가 촘스키와 나눈 여러 인터뷰집도 참고할 만하다. 촘스키의 언어학 및 정치 분석에 대한 짧은 입문서로는 《촘스키, 러셀을 말하다Problems of Knowledge and Freedom》를 꼽을 수 있는데, 이 책에는 "세상 해석하기에 대하여On Interpreting the World"와 "세상 바꾸기에 대하여On Changing the World"라는 두 개의 강연이 수록되어 있다. 이 두 강연 모두 매우 중요한 내용이다.

서론

1 Heinrich Himmler, "Himmler's Posen Speech – 'Extermination,'" October 4, 1943, Jewish Virtual Library; *Foreign Relations of the United States, Diplomatic*

Papers, 1939, Vol. 1 (Washington, DC: U.S. Government Printing Office, 1956), 45-47, 51-52에 수록된 "Decree of the Government of the Reich on the Protectorate of Bohemia and Moravia," March 16, 1939.

2 Hirohito, Emperor of Japan, "Surrender Address," 라디오 방송, August 14, 1945; Edward Said, *Orientalism* (1978; repr.: London: Penguin, 2003), xvi.

3 Maximilien Robespierre, "On the Moral and Political Principles of Domestic Policy," February 5, 1794; Andrew Kopkind, *The Thirty Years' War* (London and New York: Verso, 1995), 61.

4 매들린 올브라이트Madeleine Albright는 "만약 우리가 무력을 사용해야 한다면, 그것은 우리가 미국이기 때문이다. 우리는 없어서는 안 될 국가다."라고 말한 것으로 유명하다. *Today*, NBC, February 19, 1998 인터뷰에서

5 "Remarks by President Obama at the 70th Anniversary of D-Day," Normandy, France, June 6, 2014; George W. Bush, "State of the Union Address," January 20, 2004.

6 Charles E. Bohlen, *The Transformation of American Foreign Policy* (New York: W. W. Norton, 1969), 95-96; Michael Howard, "The Bewildered American Raj; Reflections on a Democracy's Foreign Policy," *Harper's Magazine*, March 1985, 56-57.

7 Samuel Huntington, "Why International Primacy Matters," *International Security* 17, no. 4 (Spring 1993): 82; Jessica T. Mathews, "The Road from Westphalia," *New York Review of Books*, March 19, 2015. 미국은 "자신의 안보를 좁은 의미에서 증진하는 것"과 "이상주의적 관점에서 타국의 이익을 대변하는 것" 사이에서 왔다갔다한다고 제시카 C. 매슈스Jessica T. Mathews는 주장한다. 즉, 미국은 자신의 안보를 내세울 때는 자신의 행위가 방어를 위한 것이라고 주장하고, 이상주의를 말할 때는 자비를 내세우는 등, 어떤 경우에도 결코 공격적이지는 않다는 것이다.

8 Hans J. Morgenthau, *The Purpose of American Politics* (New York: Vintage, 1964).

9 물론 경제적, 전략적 이익만이 유일한 동기는 아니다. 자존심, 무기력화에 대

한 두려움, 또는 노골적인 편견과 같은 극히 비이성적인 영향도 존재한다. 린든 존슨Lyndon Johnson이 왜 베트남 전쟁을 계속하느냐는 질문을 받았을 때, 그는 자신의 성기를 꺼내 기자에게 보여주며 "이것이 이유다."라고 대답했다고 전해진다. 잘 알려진 사례로, 1919년 암리차르 학살을 저지른 영국의 준장은 군중이 자신을 비웃는 것을 원치 않았기 때문에 실탄을 사용했다고 주장했다. Robert Dallek, *Flawed Giant: Lyndon Johnson and His Times* (New York: Oxford University Press, 1998), 491; Ferdinand Mount, "They Would Have Laughed," *London Review of Books*, April 4, 2019.

10 Adam Smith, *An Inquiry into the Nature and Causes of the Wealth of Nations*, Bk. III, Ch. IV.

11 주목할 점은 마피아 대부 역시 사람들에게 친절을 베풀 수 있다는 것이다. 그들도 자녀를 사랑할 수 있다. 미국이 마치 마피아 두목처럼 세계를 운영한다고 말한다고 해서, 전체 역사 기록을 통틀어 미국이 인도주의적 행위를 한 적이 전혀 없다는 의미는 아니다. 알 카포네Al Capone도 한때 무료 급식소를 후원한 적이 있다.

12 Franklin D. Roosevelt, Annual Message to Congress, January 6, 1941.13 "Paper Prepared by the National Security Council Planning Board," July 29, 1958, *Foreign Relations of the United States, 1958–1960, Near East Region; Iraq; Iran; Arabian Peninsula, Vol. XII* (Washington, DC: U.S. Government Printing Office, 1956).

13 "Paper Prepared by the National Security Council Planning Board," July 29, 1958, *Foreign Relations of the United States, 1958–1960, Near East Region; Iraq; Iran; Arabian Peninsula, Vol. XII* (Washington, DC: U.S. Government Printing Office, 1956).

14 커티스는 비인간unpeople이란 단어를 정책 입안자들이 보기에 생명을 희생시켜도 상관없거나 생명의 가치가 없다고 여겨지는 사람들을 의미하는 것으로 사용한다. Mark Curtis, *Unpeople: Britain's Secret Human Rights Abuses* (London: Vintage, 2004) 참조.

15 언어는 깡패처럼 거칠고 위협적일 수 있다. 린든 존슨은 그리스 대사에게 다

음과 같이 말했다고 전해진다. "당신네 나라 의회와 헌법은 개나 주세요. 미국은 코끼리예요. 키프로스Cyprus는 벼룩에 불과해요. 그리스도 벼룩이고요. 벼룩 두 마리가 계속해서 코끼리를 간지럽히면 언어터지는 수가 있어요. 우리는 그리스에 엄청난 돈을 주고 있어요, 대사 양반. 만약 당신네 총리가 나에게 민주주의, 의회, 헌법에 대해 왈가왈부한다면, 총리는 물론 당신네 의회와 헌법은 오래가지 못할 거요." Philip Deane, *I Should Have Died* (New York: Atheneum, 1977), 113-14에서 인용. 실제로 그리스 민주주의는 곧 전복되었고, 그리스는 미국의 지원을 받는 우익 군사정권의 통치를 받게 되었다.

16 Jorge I. Domínguez, "The @#$%& Missile Crisis: (Or, What Was 'Cuban' About U.S. Decisions During the Cuban Missile Crisis?)," *Diplomatic History* 24, no. 2 (2000), 305-15; *Foreign Relations of the United States, 1961–1963, Cuban Missile Crisis and Aftermath, Vol. XI*에 수록된 "Memorandum from Gordon Chase of the National Security Council Staff to the President's Special Assistant for National Security Affairs (Bundy)," September 12, 1963; Ernest R. May, Philip D. Zelikow, eds., *The Kennedy Tapes: Inside the White House During the Cuban Missile Crisis* (New York: W. W. Norton, 2002), 47.

17 "Russia: 20,000 Activists Subject to Heavy Reprisals as Russia Continues to Crack Down on Anti-War Movement at Home," Amnesty International, July 20, 2023.

18 Larry Shoup and William Minter, *Imperial Brain Trust* (New York: Monthly Review Press, 1977), 130.

19 Winston S. Churchill, *The Second World War, Vol. V: Closing the Ring* (New York: Houghton Mifflin, 1951), 337; Carl Marzani, *We Can Be Friends: Origins of the Cold War* (New York: Topical Books, 1952), 107에서 Leo Welch, "Speech at the National Trade Convention," November 12, 1946 인용.

20 Shoup and Minter, *Imperial Brain Trust*, 163, 164.

21 George Kennan, "Report by the Policy Planning Staff," February 24, 1948, *Foreign Relations of the United States, 1948, General; The United Nations, Vol. I, Part 2*.

22 Shoup and Minter, *Imperial Brain Trust*, 130.

23 Michael Schaller, "Securing the Great Crescent: Occupied Japan and the Origins of Containment in Southeast Asia," *Journal of American History* 69, no. 2 (September 1982): 403에서 Under Secretaries' Meeting, April 4, 1949, UM D-26, Office of the Executive Secretary 인용; *Foreign Relations of the United States: Diplomatic Papers, 1945, The Near East and Africa, Vol. VIII* (Washington, DC: U.S. Government Printing Office, 1969)에 기록된 "Memorandum by the Under Secretary of State (Acheson) to the Secretary of State," October 9, 1945; *Foreign Relations of the United States, 1958–1960, Near East Region; Iraq; Iran; Arabian Peninsula, Vol. XII*에 수록된 "Memorandum from the Assistant Secretary of State for Near Eastern, South Asian, and African Affairs (Rountree) to Secretary of State Dulles," March 24, 1958.

24 Gerald Haines, *The Americanization of Brazil* (Wilmington, DE: Scholarly Resources, 1989). 미국은 "자국의 이익을 위해 세계 자본주의 체제의 안녕에 대한 책임을 떠맡았다."고 헤인스는 주장했다. Gabriel Kolko, *The Politics of War: The World and U.S. Foreign Policy* (New York: Random House, 1968), 471에서 스팀슨 인용; Jenny Pearce, *Under the Eagle: U.S. Intervention in Central America and the Caribbean* (Boston: South End Press, 1981), 17에서 윌리엄 하워드 태프트 대통령 인용.

25 David Green, *The Containment of Latin America: A History of the Myths and Realities of the Good Neighbor Policy* (Chicago: Quadrangle Books, 1971), 175-76; "U.S. Economic and Industrial Proposals Made at Inter-American Conference," *New York Times*, February 26, 1945.

26 Donald Brandon, "Henry Kissinger's Approach to Foreign Policy," *Worldview* 12, no. 3 (March 1969): 9에서 인용된 "전반적인 질서 체계"란 문구는 키신저가 사용한 표현이다.

27 Adam Smith, *An Inquiry into the Nature and Causes of the Wealth of Nations*, Bk. V, Ch. III.

28 Carol Cohn, "Sex and Death in the Rational World of Defense Intellectuals,"

Signs 12, no. 4 (1987): 687-718.

29 Ashleigh Banfield, Landon Lecture, Kansas State University, April 24, 2003; Michael Isikoff, "Yemenis: Drone Strike 'Turned Wedding into Funeral,'" NBC News, January 7, 2014; "Iraqi Child Crushed by U.S. Tank," *Al Jazeera English*, November 3, 2003.

30 Chris Hedges, *The Greatest Evil Is War* (New York: Seven Stories Press, 2022), ebook.

31 Aaron Blake, "John Kelly's Full-Throated Confirmation of Trump's Ugliest Comments, Parsed," *Washington Post*, October 2, 2023.

32 Nominations of the 113th Congress, First Session. Hearings Before the Committee on Foreign Relations, United States Senate, One Hundred Thirteenth Congress, First Session, May 7 Through December 17, 2013. 파워는 "인류 역사상 가장 강력한 제국으로서" 미국은 "과테말라, 칠레, 콩고 쿠데타에 대한 CIA의 조력, 캄보디아 폭격, 그리고 라틴아메리카 우익 테러집단에 대한 지원"과 같은 "미국이 저지르거나, 지원하거나, 승인한 범죄에 대하여 역사적 성찰을 할 필요가 있다"는 글을 쓴 바 있다. Samantha Power, "Force Full," *New Republic*, March 2, 2003.

33 코튼의 저서 《오직 강자만Only the Strong》에 대한 자세한 고찰은 Nathan J. Robinson, "We Can't Overstate the Danger of Tom Cotton's 'Might Makes Right' Foreign Policy," *Current Affairs*, April 17, 2023 참조.

34 "미국부터 비난하는"이라는 표현은 1984년 공화당 전당대회 연설에서 진 커크패트릭Jeane Kirkpatrick 대사가 사용하여 레이건 행정부 시절 널리 알려졌다.

35 예를 들어, 제국주의 지배의 선배인 영국을 살펴보자. 캐럴라인 엘킨스Caroline Elkins와 샤시 타루르Shashi Tharoor 같은 역사가들은 수 세기에 걸친 영국 제국주의의 끔찍한 기록을 밝혀내기 시작한다. 영국의 부와 세계적인 힘은 해적질(프랜시스 드레이크 경Sir Francis Drake과 같은 영웅적인 인물들), 기만과 폭력에 의한 인도 약탈, 끔찍한 노예제도, 세계 최대의 마약 밀매 사업, 그리고 이와 유사한 기타 품위 있는 행위에서 비롯되었다. ('영웅적인', '품위 있는' 등의 표현으로 영국의 행위를 비꼬고 있다—옮긴이) 프랑스도 다르지 않았다. 벨

기에는 끔찍한 범죄 분야에서 기록을 경신했다. 오늘날의 중국 역시 영향력은 훨씬 제한적이지만, 자신의 영향력 범위 내에서 결코 온건한 정책을 펼치지는 않는다. 예외를 찾아보기 힘들다. 영국 지식인들은 영국이 끔찍한 만행을 저지르던 시기에도 스스로를 세계에서 가장 도덕적인 민족이라고 찬양했으며, 이 점에서는 미국도 마찬가지다. 동인도 회사의 직원이었던 존 스튜어트 밀John Stuart Mill은 영국 제국이 저지른 살인 행위와 범죄적인 파괴 행위를 알고 있었다. 그러나 밀은 외국에 대해 개입할 경우 적용해야 할 원칙에 대해 쓴 글에서, 영국은 예외로 취급했다. 그는 영국은 천사 같은 나라라고 말했다. "이 나라는 다른 나라의 희생을 대가로 얻는 어떠한 이득도 원하지 않을 뿐만 아니라, 모든 국가가 자유롭게 참여하지 않는 이득 또한 원하지 않는다." 실제로 그는 영국은 너무나 위대하기 때문에 다른 나라들이 이를 이해하지 못한다고 주장하며, 그들은 "우리가 한 행동이 인류의 이익을 위한 것임을 보지 못하기 때문에 우리에게 '비난'을 퍼붓고 있다"고 말했다. 그들은 "우리 행위를 이기심에 의한 것으로 해석할 근거를 찾기 위해 사방을 뒤진다". 우리가 인도인을 죽였을 때, 아편 무역에 대한 통제력을 강화하기 위해 인도의 더 많은 지역을 정복했을 때, 무력으로 중국에 침입했을 때, 사람들은 우리를 비난한다. 그러나 밀은, 그럼에도 불구하고 우리는 그들의 비판을 신경 쓰지 말고, 그들이 우리의 위대함을 이해할 능력이 없다는 것을 인식하며 우리의 인도적인 행위를 계속 이어가야 한다고 말했다. Shashi Tharoor, Inglorious Empire: What the British Did to India (N.p.: Scribe, 2018) ; Caroline Elkins, Legacy of Violence: A History of the British Empire (New York: A. A. Knopf, 2022); *The Collected Works of John Stuart Mill, Vol. XXI: Essays on Equality, Law, and Education* (London: Routledge, 2014)에 수록된 John Stuart Mill, "A Few Words on Non-Intervention," 1859.

36 이러한 이분법적 사고방식의 극단적 사례를 살펴보기 위해서는 2023년 하버드 해리스 여론조사Harvard Harris Poll, October 19, 2023 참조. 응답자들에게 "이스라엘과 하마스 중 어느 편을 지지하는가?"라고 묻고, 가자지구에 대한 무차별 폭격과 10월 7일의 잔학 행위 중 반드시 어느 하나를 선택하여 지지하도록 강제하는 여론조사였다.

37 소련은 어떤 의미로든 제대로 된 공산주의 국가가 아니었으며, 미국은 자유 시장 경제를 실천하는 국가가 아니다. 자세한 설명은, Noam Chomsky, World Orders Old and New (New York: Columbia University Press, 1994), *passim* 참조.

38 Rob Schmitz, "Poll: Much of the World Sees the U.S. as a Threat to Democracy," NPR, May 5, 2021.

1장 글로벌 사우스 길들이기

1 Henry Kissinger, *White House Years* (New York: Little, Brown, 1979), ebook; "The CIA and Chile: Anatomy of an Assassination," National Security Archive, October 22, 2020.

2 "Kissinger and Chile: The Declassified Record," National Security Archive Electronic Briefing Book No. 437, ed. Peter Kornbluh, National Security Archive, September 11, 2013; Peter Kornbluh, *The Pinochet File: A Declassified Dossier on Atrocity and Accountability* (New York: New Press, 2003); David E. Sanger, "Henry Kissinger Is Dead at 100; Shaped the Nation's Cold War History," *New York Times*, December 1, 2023; Peter Kornbluh, "Kissinger's Bloody Paper Trail in Chile," *Nation*, May 15, 2023; "Allende and Chile: 'Bring Him Down,'" National Security Archive, November 3, 2020; David Schmitz, *Thank God They're on Our Side* (Chapel Hill, NC: University of North Carolina Press, 1999).

3 "Memorandum of Conversation of a Meeting of the National Security Council," November 6, 1970, *Foreign Relations of the United States, 1969–1976, Chile, 1969–1973 Vol. XXI* (Washington, DC: U.S. Government Printing Office, 2014); "Telegram from the Central Intelligence Agency to the Station in Chile," October 16, 1970, *Foreign Relations of the United States, 1969–1976, Vol. XXI.*

4 "Kissinger and Chile: The Declassified Record"; Stephen M. Streeter, *"Uncool and Incorrect" in Chile: The Nixon Administration and the Downfall of Salvador Allende* (Jefferson, NC: McFarland, 2023). 키신저의 참모는 다음과 같이 말했

다. "헨리는 아옌데를 카스트로Castro보다 훨씬 더 심각한 위협으로 보았다. … 라틴아메리카에서 아옌데는 민주적 사회 개혁의 살아 있는 본보기였기 때문이다."

5 반파시스트 저항운동 탄압에서 나타난 한 가지 양상은 '리옹의 도살자'라는 별명을 가진 SS 장교 클라우스 바르비Klaus Barbie와 같은 전범들을 발탁하는 것이었다. 그가 수많은 끔찍한 범죄를 저질렀음에도 불구하고 미 육군은 그를 스파이로 고용하고 전범으로 기소되는 것을 피하도록 볼리비아로 탈출하는 것을 도왔다. 훗날 이러한 쓸모있는 인물들을 유럽에서 보호하는 것이 어렵게 되거나 불가능해졌을 때, 많은 사람들이 (바르비를 포함해) 미국 혹은 다른 지역으로 비밀리에 이송되었고, 미국은 나치 잔당에게 '안전한 피난처'가 되었다. 실제로 "미국은 약 1만 명의 나치 잔당을 맞아들였으며, 그중 일부는 대량 학살에서 중추적인 역할을 담당했다". "미국 방첩 기관이 어떻게 전 게슈타포 장교, SS 참전 군인 및 나치 협력자들을 포섭했는지"에 대한 국립기록보관소의 보고서에 따르면, 전후 "전범 추적 및 처벌은 미군의 우선순위가 아니었다."고 한다. 대신, 육군 방첩대는 "독일 공산주의자들에서부터 정치적으로 활발하게 활동하는 유대인 난민에 이르기까지 수상한 집단을 감시"하는 한편, "전직 나치와 그 협력자들의 일부 범죄행위에 대해서는 눈감아줘야 한다고 믿었다."는 것이다. 소련과의 패권 경쟁에서 "이들이 유용한 자산이 될 수 있을 것으로 보았기 때문이다". Sam Roberts, "Declassified Papers Show U.S. Recruited Ex-Nazis," *New York Times*, December 11, 2010. Richard Breitman and Norman J. W. Goda, "Hitler's Shadow: Nazi War Criminals, U.S. Intelligence, and the Cold War," National Archives, 2010 참조; Martin Lee, "The CIA's Worst-Kept Secret: Newly Declassified Files Confirm United States Collaboration with Nazis," *Foreign Policy in Focus*, Institute for Policy Studies, May 1, 2001; Stuart Taylor Jr., "U.S. Army Shielded Barbie; Offers 'Regrets' to the French," *New York Times*, August 17, 1983; Tom Bower, *The Paperclip Conspiracy: The Battle for the Spoils and Secrets of Nazi Germany* (London: Michael Joseph, 1987); Eric Lichtblau, *The Nazis Next Door: How America Became a Safe Haven for Hitler's Men* (Boston: Mariner, 2015); Deborah

E. Lipstadt, "'The Nazis Next Door,' by Eric Lichtblau," *New York Times*, October 31, 2014; Billie Anania, "Why Monuments to Nazi Collaborators Are All Over America," *ARTNews*, November 1, 2022; Eric Lichtblau, "Nazis Were Given 'Safe Haven' in U.S., Report Says," *New York Times*, November 13, 2010.

6 Frank Kofsky, *Harry S. Truman and the War Scare of 1948: A Successful Campaign to Deceive the Nation* (New York: St. Martin's, 1993), 268 참조. 프랭크 코프스키Frank Kofsky는 이 책에서 트루먼이 "소련의 의도와 전쟁 가능성에 대해 의회와 국민을 기만"했고, "미국과 타협하기 위한 소련의 모든 노력을 거부했음"을 보여준다. John Lewis Gaddis, *Strategies of Containment: A Critical Appraisal of American National Security Policy During the Cold War* (1982, rev. ed.: New York: Oxford University Press, 2005), 39에서 케넌 인용; Melvyn Leffler, *A Preponderance of Power: National Security, the Truman Administration, and the Cold War* (Redwood City, CA: Stanford University Press, 1992).

7 Thomas Boghardt, "'By All Feasible Means': New Documents on the American Intervention in Italy's Parliamentary Elections of 1948," *Sources and Methods* blog, Cold War International History Project, Wilson Center, May 1, 2017. 미국 국민은 아무것도 모르고 있었다. 트루먼 행정부는 미국이 이탈리아를 권위주의 통치에서 해방시키기 위해 노력했다는 확실한 증거인 미군 병사들이 묻혀 있는 이탈리아에서 수천 명의 미군이 법적, 도덕적으로 의심스러운 비밀 작전을 수행한다는 말이 새어나갈 경우 국내에서의 파장을 우려했다. 특히, 일부 작전 자금이 압수된 나치의 자산에서 나왔으며, 이는 유럽에서 살해된 유대인을 포함하여 다른 사람들로부터 탈취한 자산이었기 때문에 더욱 그러했다. Robert A. Ventresca, *From Fascism to Democracy: Culture and Politics in the Italian Election of 1948* (Toronto: University of Toronto Press, 2004), 95-96.

8 "Report by the National Security Council," November 14, 1947, *Foreign Relations of the United States, 1948, Western Europe, Vol. III*; Alan A. Platt and Robert Leonardi, "American Foreign Policy and the Postwar Italian

Left," *Political Science Quarterly* 93, no. 2 (1978); 197-215; Michael Peck, "Declassified: How America Planned to Invade Italy (to Save It from Russia)," *National Interest*, February 12, 2017; "CIA Covert Aid to Italy Averaged $5 Million Annually from Late 1940s to Early 1960s, Study Finds," National Security Archive, February 7, 2017; "Interview with Mark Wyatt," National Security Archive, February 15, 1996. John L. Harper, *America and the Reconstruction of Italy* (Cambridge, UK: Cambridge University Press, 1986) 역시 참조할 것; James E. Miller, *The United States and Italy 1940–1950* (Chapel Hill: University of North Carolina Press, 1986).

9 Dov H. Levin, "Partisan Electoral Interventions by the Great Powers: Introducing the PEIG Dataset," *Conflict Management and Peace Science* 36, no. 1 (2019): 88-106; Scott Shane, "Russia Isn't the Only One Meddling in Elections. We Do It, Too," *New York Times*, February 17, 2018. 이러한 활동을 자랑하는 CIA 요원은 조직의 문화를 정확히 반영하고 있었다. 마이클 폼페이오Michael Pompeo는 다음과 같이 고백했다. "웨스트포인트 생도의 모토가 무엇입니까? 거짓말, 도둑질을 하지 말고, 이를 행한 자를 용납하지 말라는 것입니다. 저는 CIA 국장이었습니다. 우리는 거짓말을 하고, 속이고, 훔쳤습니다. 우리는 이러한 행위를 수행하는 데 필요한 훈련 과정을 운영했습니다. 그것은 미국 실험의 영광을 떠올리게 합니다. (미국의 비윤리적인 행위마저도 미국 건국 과정에서 시도한 공화정, 삼권분립, 법치수의 등 새로운 정치 질서를 마련하는 실험과 유사한 것으로 미화하고 있다 – 옮긴이) Mike Pompeo, "Why Diplomacy Matters," speech at Texas A&M University, April 15, 2019.

10 "재교육"에 대해서는 Lawrence Wittner, *American Intervention in Greece, 1943–1949* (New York: Columbia University Press, 1982), 164, 참조. 이 책에는 그 계획에 국무부가 '적극적인 지지'를 표명했다고 기록되어 있다. 로런스 위트너Lawrence Wittner는 "혁명에 대한 공포에 사로잡혀, 어떤 대가를 치르더라도 혁명 지지 세력을 제거하기로 결심한 미국 관리들은 그리스 우파와 손잡고 탄압 정책을 추진했다."고 언급한다(166). "Text of Stevenson's Speech at UN and Excerpts from Fedorenko's Reply," *New York Times*, May 22, 1964.

다른 관리들도 비슷하게 베트남의 모델로 그리스를 언급했는데, 이에 대해서는, Wittner, 308 참조. 위트너는 전쟁으로 "그리스의 지역 대부분이 폐허가 됐고, 미국은 그리스 문제에서 지배적인 강국으로 자리 잡았으며, 미국의 해외 개입이 점점 확대되는 양상에 영향을 미쳤다"고 지적한다(312).

11 John W. Dower and Hirata Tetsuo, "Japan's Red Purge: Lessons from a Saga of Suppression of Free Speech and Thought," *Asia-Pacific Journal: Japan Focus* 5, no. 7 (2007); Joe Moore, *Japanese Workers and the Struggle for Power, 1945–1947* (Madison: University of Wisconsin Press, 1983); Christopher Reed, "The United States and the Japanese Mengele: Payoffs and Amnesty for Unit 731," *Asia-Pacific Journal: Japan Focus 4, no. 8 (2006);* John W. Dower, *Embracing Defeat: Japan in the Wake of World War II* (New York: W. W. Norton, 1999), 525.

12 Donald Kirk, "Is the U.S. to Blame for the Massacre on Jeju?," InsideSources.com, April 25, 2018; Anthony Kuhn, "Survivors of a Massacre in South Korea Are Still Seeking an Apology from the U.S.," NPR, September 7, 2022. 배경 지식을 알고 싶다면, Bruce Cumings, *Origins of the Korean War, Vol. 1: Liberation and the Emergence of Separate Regimes, 1945–1947* (Princeton, NJ: Princeton University Press, 1981); Bruce Cumings, *Origins of the Korean War, Vol. 2: The Roaring of the Cataract, 1947–1950* (Princeton, NJ: Princeton University Press, 1992) 참조.

13 Remarks by the Honorable Dean Acheson, *Proceedings of the American Society of International Law* (1963): 13-14; Michael Grow, *U.S. Presidents and Latin American Interventions: Pursuing Regime Change in the Cold War* (Lawrence: University Press of Kansas, 2008).

14 Stephen G. Rabe, *U.S. Intervention in British Guiana: A Cold War Story* (Chapel Hill: University of North Carolina Press, 2005). 아서 슐레진저 주니어Arthur Schlesinger Jr.는 존 F. 케네디가 해당 국가 국민들의 의사와는 상관없이, "어떤 새로운 국가도 카스트로와 같은 길을 걷는 것을 막겠다는 확고한 의지"를 가지고 있었다고 지적한다, Arthur Schlesinger, Jr., *A Thousand Days: John F. Kennedy in the White House* (Greenwich, CT: Fawcett Publications, 1965), 712.

린든 존슨도 마찬가지로 "미주 대륙에 두 번째 공산국가가 탄생하도록 허용하는 사람이라면 그 누구라도 탄핵당할 것이며, 마땅히 그래야 한다."는 생각을 가지고 있었다, Eric F. Goldman, *The Tragedy of Lyndon Johnson* (New York: Dell Publishers, 1969), 451.

15 미국은 루뭄바가 죽기를 바랐으나, 직접적으로 암살을 기획하지는 않았다. 그럼에도 불구하고 스튜어트 리드Stuart Reid가 기술한 바에 따르면, 미국은 "루뭄바의 실각과 사망에 이르는 모든 사건에서 일정 역할을 수행했다"고 한다. Emmanuel Gerard and Bruce Kuklick, *Death in the Congo: Murdering Patrice Lumumba* (Cambridge, MA: Harvard University Press, 2015); Stuart A. Reid, *The Lumumba Plot: The Secret History of the CIA and a Cold War Assassination* (New York: A. A. Knopf, 2023); Sean Kelly, *America's Tyrant: The CIA and Mobutu of Zaire* (Washington, DC: American University Press, 1993); Susan Williams, *White Malice: The CIA and the Covert Recolonization of Africa* (New York: PublicAffairs, 2021), 509. 윌리엄스는 "식민지 지배에서 벗어나 다수결에 의한 통치를 달성하기 위해 온갖 역경을 딛고 투쟁한 아프리카 국가에서 자행된 미국의 의도적인 민주주의 훼손은" "미국식 민주주의란 이름으로" 이루어졌다고 지적한다(517). 모부투는 다른 어떤 아프리카 지도자보다 미국 대통령들에게 더 큰 영향력을 행사했으며, 조지 H. W. 부시George H. W. Bush 대통령이 취임 후 처음으로 만난 외국 정상이었다. 로널드 레이건은 모부투를 "건전한 판단력과 선의를 지닌 사람"이라고 불렀으며, 부시는 그를 "가장 소중한 친구 중 한 명"이라고 묘사하며, "그의 평화적 문제 해결을 위한 노력을 지지한다"고 말했다. 모부투는 자국의 빈한한 사람들로부터 수십억 달러를 착복한 폭군이었으며, "1876년 콩고를 개인 자산이라고 선언하며 사익을 위해 착취했던 벨기에 국왕 레오폴드 2세와 비견되는 인물이었다." 모부투 사후, 《워싱턴 포스트The Washington Post》는 그의 "횡령과 인권유린은 미국 정가에서 그의 반공주의 이력보다 덜 중요한 문제로 취급되었다"고 보도했다. J. Y. Smith, "Congo Ex-Ruler Mobutu Dies in Exile," *Washington Post*, September 8, 1997; George H. W. Bush, "Remarks Following Discussions with President Mobutu Sese Seko of Zaire," June 29, 1989; Howard W. French, "Mobutu

Sese Seko, 66, Longtime Dictator of Zaire," *New York Times*, September 8, 1997.

16 Maureen Dowd, "War in the Gulf: White House Memo; Bush Moves to Control War's Endgame," *New York Times*, February 23, 1991.

17 "Minutes of Telephone Conversations of John Foster Dulles and Christian Herter," June 19, 1958, Dwight D. Eisenhower Library, Abilene, Kansas, "A View from Below," *Diplomatic History* (Winter 1992)에서 인용; Lars Schoultz, *Human Rights and United States Policy Toward Latin America* (Princeton, NJ: Princeton University Press, 1981), 7.

18 George Gedda, "50 Years Ago in Guatemala," *Foreign Service Journal* (June 2004); Piero Gleijeses, *Shattered Hope: The Guatemalan Revolution and the United States, 1944–54* (Princeton, NJ: Princeton University Press, 1991), 365에서 찰스 R. 버로우스Charles R. Burrows 인용.

19 Arthur M. Schlesinger, Jr., *Robert Kennedy and His Times* (Boston: Houghton Mifflin Harcourt, 1978). "지구상에서 일어날 수 있는 최고의 공포"란 표현은 슐레진저가 사용했다. Louis A. Pérez, Jr., "Fear and Loathing of Fidel Castro: Sources of U.S. Policy Toward Cuba," *Journal of Latin American Studies* 34, no. 2 (2002): 227-54; "Kennedy and Cuba: Operation Mongoose," National Security Archive, October 3, 2019.

20 Christian Appy, *American Reckoning: The Vietnam War and Our National Identity* (New York: Viking, 2015), 193fn. 합동참모본부는 "미국의 쿠바 군사 개입을 위한 명분이 될 만한 구실"을 제공하는 문서를 작성했고, 여기에는 미국을 표적으로 한 공격을 연출한 뒤 이를 쿠바의 소행으로 전가할 가능성도 포함하고 있었다. 심지어 신보수주의 작가 맥스 부트Max Boot조차 이 문서를 두고 "히틀러가 제2차 세계대전을 시작하기 위해 1939년 8월 31일 사용했던 술수를 연상시키는, 이보다 더 기괴하고 불쾌한 문서는 상상하기 어렵다"고 평했다. Max Boot, "Operation Mongoose: The Story of America's Efforts to Overthrow Castro," *Atlantic*, January 5, 2018; Taylor Branch and George Crile III, "The Kennedy Vendetta: How the CIA Waged a Silent War

Against Cuba," *Harper's Magazine*, August 1975; Aviva Chomsky, *A History of the Cuban Revolution* (Hoboken, NJ: WileyBlackwell, 2010); Keith Bolender, *Voices from the Other Side: An Oral History of Terrorism Against Cuba* (London: Pluto Press, 2010).

21 "우리는 피그스만 침공 시 그리고 그 이후 카스트로에 대해 히스테리 상태였다."고 로버트 맥너마라Robert McNamara는 회고했다. 케네디 행정부 내부 기록에 따르면, 미국의 쿠바 재정복 실패에 대해 소위 '광기'어린 분위기가 있었다고 한다. 2015년 12월 14일 북미 라틴아메리카 의회North American Congress on Latin America, NACLA(라틴아메리카와 미국 간의 관계 및 역내 정치, 경제, 사회 동향에 대하여 정보를 제공하고 분석하는 비영리 단체 – 옮긴이)에서 발표한 루이스 A. 페레즈 주니어Louis A. Pérez, Jr.의 "Change Through Impoverishment: A Half-Century of Cuba-U.S. Relations"; Soraya M. Castro Marino and John S. Reitan, eds., *Fifty Years of Revolution: Perspectives on Cuba, the United States, and the World* (Gainesville, FL: University Press of Florida, 2012)에 수록된 Louis A. Pérez, Jr.의 "The Personal Is Political: Animus and Malice in the U.S. Policy Toward Cuba, 1959-2009"; Document 270, *Foreign Relations of the United States, 1961–1963, Cuba, January 1961–September 1962, Vol. X.*

22 Salim Lamrani, *The Economic War Against Cuba: A Historical and Legal Perspective on the U.S. Blockade* (New York: Monthly Review Press, 2013).

23 *Denial of Food and Medicine: The Impact of the U.S. Embargo on Health and Nutrition in Cuba*, American Association for World Health, Executive Summary, March 1997, Washington, DC; Maria C. Werlau, "The Effects of the U.S. Embargo on Health and Nutrition in Cuba: A Critical Analysis," *Cuba in Transition*, 1998; Amnesty International, "The U.S. Embargo Against Cuba: Its Impact on Economic and Social Rights," 2009; "Research-Based Progress Report of the Human Rights Council Advisory Committee Containing Recommendations on Mechanisms to Assess the Negative Impact of Unilateral Coercive Measures on the Enjoyment of Human Rights and to Promote Accountability," United Nations Human Rights Council,

February 10, 2015.

24 Lars Schoultz, *That Infernal Little Cuban Republic: The United States and the Cuban Revolution* (Chapel Hill: University of North Carolina Press, 2009), 561.

25 Anna Samson, "A History of the Soviet-Cuban Alliance (1960-1991)," *Politeja*, no. 10/2 (2008): 89-108.

26 "성공적인 저항"이란 용어는 1960년 3월 CIA가 작성한 국가정보평가 보고서에서 쓰인 표현이다; Remarks of Senator John F. Kennedy at Democratic Dinner, Cincinnati, Ohio, October 6, 1960; "Summary of conversation between the Vice President and Fidel Castro," April 19, 1959.

27 "Memorandum from the President's Special Assistant (Schlesinger) to President Kennedy," March 10, 1961, *Foreign Relations of the United States, 1961–1963, American Republics, Vol. XII*; Stephen G. Rabe, *The Most Dangerous Area in the World: John F. Kennedy Confronts Communist Revolution in Latin America* (Chapel Hill: University of North Carolina Press, 1999); *The Cambridge History of Communism, Vol. 2*, eds., Norman Naimark et al. (Cambridge, UK: Cambridge University Press, 2017), 364-87에 수록된 Piero Gleijeses, "The Cuban Revolution: The First Decade."

28 John Quincy Adams, *Writings of John Quincy Adams, Vol. VII*, ed. Chauncey Ford Worthington (Boston: Adamant Media, 2001), 372; Ada Ferrer, *Cuba: An American History* (New York: Scribner, 2021), 179; Bolender, *Voices from the Other Side*.

29 Ernest R. May and Philip D. Zelikow, eds., *The Kennedy Tapes: Inside the White House During the Cuban Missile Crisis* (New York: W. W. Norton, 2002), xi; Michael J. Strauss, *The Leasing of Guantanamo Bay2* (Westport, CT: Praeger Security International, 2009). 조지 H. W. 부시 및 클린턴 행정부는 아이티 난민을 관타나모에 수용했다. "Haitians and GTMO," Guantánamo Public Memory Project 참조. 지금은 잊힌 수치스러운 사건이 하나 있다. 클린턴은 "정치적 망명 자격이 충분하다고 평가되는" HIV 양성 아이티인들을 관타나모에 최장 20개월 동안 수용했다. HIV 바이러스 보균자들의 미국 입국이 금

지되어 있었기 때문이었다. 그리하여 관타나모는 "HIV 수용소"로 전락했다. 관타나모의 의료 서비스가 열악했기 때문에 난민들은 그곳에서 상태가 더 악화되었다. 한 명은 석방 직후 사망했다. Lynne Duke, "U.S. Ordered to Free HIV-Infected Haitians," *Washington Post*, June 9, 1993; George J. Annas, "Detention of HIV-Positive Haitians at Guantanamo—Human Rights and Medical Care," *New England Journal of Medicine* 329, no. 8 (August 1993). 바이든 행정부는 아이티 난민을 관타나모에 수감하는 관행을 부활시키는 방안을 고려했다. Priscilla Alvarez, "Biden Administration Discussing Using Guantanamo Bay to Process Possible Influx of Haitian Migrants," CNN, March 13, 2024.

30 A. G. Hopkins, *American Empire: A Global History* (Princeton, NJ: Princeton University Press, 2019), 559에서 루스벨트 인용; Lamrani, *The Economic War Against Cuba*, 75.

31 미국은 이 쿠데타를 조장하고 지원했지만, 직접적으로 참여하지는 않았다. 미국은, 필요한 경우 군부의 권력 장악을 지원할 준비를 마친 상태였으며, 케네디의 쿠바 침공에 대한 지지를 거부했던 주앙 굴라르João Goulart 온건 좌파 정부를 약화시키기 위해 노력해왔다. "Brazil Marks 40th Anniversary of Military Coup: Declassified Documents Shed Light on U.S. Role," James G. Hershber and Peter Kornbluh, eds., National Security Archive; John DeWitt, "The Alliance for Progress: Economic Warfare in Brazil (1962-64)," *Journal of Third World Studies* 26, no. 1 (2009): 57-76; Matias Spektor, "The United States and the 1964 Brazilian Military Coup," Oxford Research Encyclopedia of Latin American History, 2018; Anthony W. Pereira, "The U.S. Role in the 1964 Coup in Brazil: A Reassessment," *Bulletin of Latin American Research* 37, no. 1 (January 2018).

32 "Statement of Policy by the National Security Council," March 18, 1953, *Foreign Relations of the United States, 1952–1954, The American Republics, Vol. IV* (Washington, DC: U.S. Government Printing Office, 1983).

33 Office of Intelligence Research Report, 1949, Walter LaFeber, *Inevitable*

Revolutions: The United States in Central America (New York: W. W. Norton, 1993), 97-98에서 인용; 존 포스터 덜레스, 앨런 덜레스와의 전화 통화, 1958년 6월 19일, Minutes of Telephone Conversations of John Foster Dulles and Christian Herter, Eisenhower Presidential Library, Abilene, KS; William Y. Elliott, ed., *The Political Economy of American Foreign Policy* (New York: Henry Holt & Co., 1955), 42. Russell Crandall, *The Salvador Option: The United States in El Salvador 1977–1992* (Cambridge, UK: Cambridge University Press, 2011), 501에서 케네디 인용.

34 National Intelligence Estimate, May 19, 1953, *Foreign Relations of the United States, 1952–1954, The American Republics, Vol. IV*; 대니얼 덴버Daniel Denvir의 그레그 그랜딘 인터뷰, "The United States Has Used Latin America as Its Imperial Laboratory," *Jacobin*, March 23, 2023.

35 Grandin, "The United States Has Used Latin America as Its Imperial Laboratory." 쿠데타에 대한 고전은 Stephen Schlesinger and Stephen Kinzer, *Bitter Fruit: The Untold Story of the American Coup in Guatemala* (1982; repr: Cambridge, MA: Harvard University Press, 2005)다. Nick Cullather, *Secret History: The CIA's Classified Account of Its Operations in Guatemala 1952–1954* (Redwood City, CA: Stanford University Press, 2006) 역시 참조할 것.

36 Kirsten Weld, *Paper Cadavers: The Archives of Dictatorship in Guatemala* (Durham, NC: Duke University Press, 2014), 117; Greg Grandin, *The Last Colonial Massacre: Latin America in the Cold War* (Chicago: University of Chicago Press, 2004), 99; Schlesinger and Kinzer, *Bitter Fruit*, 254, 미국이 그 나라와 그 지역 모두에 끼친 끔찍하고도 지속적인 영향에 주목할 필요가 있다. 쿠데타는 "그 나라 현대사의 중요 사건으로 남아 있다". 이는 "그 지역에서 평화로운 개혁이 퇴보하였고, 독재자의 입지가 강화되었고, 독재가 조장되었으며, 사회운동가들이 사회 변화를 가져오는 유일한 방법으로 선거보다는 게릴라전에 눈을 돌리는 계기가 되었다."는 것을 의미했다.

37 "Did Reagan Finance Genocide in Guatemala?," ABC News, May 14, 2013; Question-and-Answer Session with Reporters on the President's Trip to

Latin America," December 4, 1982, Ronald Reagan Presidential Library and Museum; Keane Bhatt, "This American Life Whitewashes U.S. Crimes in Central America, Wins Peabody Award," *North American Congress on Latin America* blog, July 29, 2013; Lou Cannon, "Reagan Praises Guatemalan Military Leader," *Washington Post*, December 5, 1982; Sibylla Brodzinsky and Jonathan Watts, "Former Guatemalan Dictator Convicted of Genocide and Jailed for 80 Years," *Guardian*, May 10, 2013; Julio Godoy, "Return to Guatemala: Unlike East Europe Fear Without Hope," *Nation* 250, no. 9, March 5, 1990.

38 이와 같은 책이 많이 존재한다. 예를 들어 David Schmitz, *Thank God They're on Our Side: The United States and Right-Wing Dictatorships, 1921–1965* (Chapel Hill: University of North Carolina Press, 1999) 참조; David Schmitz, *The United States and Right-Wing Dictatorships, 1965–1989* (New York: Cambridge University Press, 2006); Stephen G. Rabe, *The Killing Zone: The United States Wages Cold War in Latin America* (New York: Oxford University Press, 2015).

39 Greg Grandin, *Empire's Workshop: Latin America, the United States, and the Rise of the New Imperialism* (New York: Henry Holt, 2007), 4; "Memorandum from the President's Assistant for National Security Affairs (Kissinger) to President Nixon," October 7, 1970; "Conversation Between the President's Assistant for National Security Affairs (Kissinger) and President Nixon," June 11, 1971, *Foreign Relations of the United States, 1969–1976, Documents on American Republics, 1969–1972, Vol. E-10*; Stephen G. Rabe, *Kissinger and Latin America: Intervention, Human Rights, and Diplomacy* (Ithaca, NY: Cornell University Press, 2020), 70-73.

40 John Dinges, *The Condor Years: How Pinochet and His Allies Brought Terrorism to Three Continents* (New York: New Press, 2004), 245; J. Patrice McSherry, *Predatory States: Operation Condor and Covert War in Latin America* (Lanham, MD: Rowman and Littlefield, 2005). 리텔리에르 암살 며칠 전, 헨리 키신저는 피노체트에게 암살에 가담하지 말라던 미국의 경고를 철회했다, "New Docs

Show Kissinger Rescinded Warning on Assassinations Days Before Letelier Bombing in DC," *Democracy Now!*, April 12, 2010. "Memorandum from the Assistant Secretary of State for Inter-American Affairs (Shlaudeman) to Secretary of State Kissinger," *Foreign Relations of the United States, 1969–1976, Documents on South America, 1973–1976, Vol. E-11, Part 2*. 이 메모는 콘도르 작전에 대한 우려를 담고 있지만, 그 우려는 주로 작전의 역풍에 대한 것이었다. 메모는 미국이 지지하는 정권과 나치 독일 사이에 "불편한 유사점"이 있으며, 그들을 파시스트라고 부르는 것은 "기술적으로 정확하다"고 언급한다. 실제로, "국가안보 독트린NSD"은 다음과 같은 핵심 원칙에서 파시스트적이었다. (1) 국가는 절대적이고 개인은 무의미하다. (2) 모든 국가는 항구적인 전쟁에 참여하고 있으며, 당시에는 "공산주의" 대 "자유세계" 사이의 전쟁이었다. (3) "전복subversion"에 대한 통제는 전복 세력과 투쟁하는 자연스러운 지도층natural leadership(태생적으로 우월하여 지배할 권리가 있다고 인정되는 기득권층—옮긴이)의 지배를 통해서만 가능하다. 제2차 세계대전 이후 반공주의 때문에 미국이 전직 파시스트들과 협력한 것을 포함하여, 유럽 파시즘과 미국의 지원을 받는 라틴아메리카 독재 정권 사이의 연관성에 대한 자세한 내용은 Branko Marcetic, "The CIA's Secret Global War Against the Left," *Jacobin*, November 30, 2020 참조.

41 Rabe, *The Killing Zone*, xxxix, 148. 레이브는 다양한 세력이 저지른 사회불안과 폭력이 있었음에도 불구하고, "모든 라틴아메리카 국가에서 발생한 살인 사건의 90퍼센트 이상은 미국의 지원을 받은 지도자들과 보안군들이 자행했다."고 지적한다.

42 William LeoGrande, *Our Own Backyard: The United States in Central America 1977–1992* (Chapel Hill: University of North Carolina Press, 2000), 26에서 로런스 페줄로 인용. Robert Pastor, *Not Condemned to Repetition: The United States and Nicaragua* (Boulder, CO: Westview Press, 2018), ebook에서 브레진스키 인용. Morris H. Morley, *Washington, Somoza and the Sandinistas: State and Regime in U.S. Policy Toward Nicaragua 1969–1981* (Cambridge, UK: Cambridge University Press, 2002) 참조; Holly Sklar, *Washington's War on Nicaragua*

(Boston: South End Press, 1988); Aviva Chomsky, *Central America's Forgotten History: Revolution, Violence, and the Roots of Migration* (Boston: Beacon Press, 2021).

43 Bernard Gwertzman, "Kissinger on Central America: A Call for U.S. Firmness," *New York Times*, July 19, 1983; "Notice of the Continuation of the National Emergency with Respect to Nicaragua," April 22, 1986, Ronald Reagan Presidential Library and Museum; "Address to the Nation on the Situation in Nicaragua," March 16, 1986, Ronald Reagan Presidential Library and Museum.

44 니카라과 국민을 무시했다는 사실을 더욱 분명히 보여주는 사건이 있다. 미국은 1988년 허리케인 조앤Joan 발생 후 재난 구호를 유보했다. (이 결정은 1972년 지진 이후 대규모 원조가 이루어진 것과는 뚜렷하게 대비된다. 이때 원조의 대부분은 소모사 정권이 횡령했다.) 산디니스타 집권기에 미국은 원조를 유보함으로써 미국의 지원이 산디니스타 정부의 국민 지원 노력에 어떠한 도움도 되지 않도록 하였다. 이는 인도주의적 고려보다는 정치적 목적을 우선시했음을 다시 한번 보여준다; "U.S. Accused of Impeding Relief Effort for Nicaragua," *Los Angeles Times*, October 29, 1988.

45 Thomas W. Walker and Christine J. Wade, *Nicaragua: Living in the Shadow of the Eagle* (Boulder, CO: Westview Press, 2011), ebook; *The Cambridge Companion to Chomsky*, ed. James McGilvray (Cambridge, UK: Cambridge University Press, 2017), 295-313에 수록된 Greg Grandin, "Chomsky Listens: Latin America and the Ethics of Solidarity."

46 Archbishop Óscar Romero, "Letter to President Carter on Aid to Military in El Salvador," February 17, 1980, United States Conference of Catholic Bishops.

47 "From Madness to Hope: The 12-Year War in El Salvador," Report of the Commission on the Truth for El Salvador; Hilary Goodfriend, "30 Years Ago Today in El Salvador, U.S.-Trained Soldiers Murdered 6 Priests in Cold Blood," *Jacobin*, November 16, 2019; "Justice Remains Elusive to Survivors

of Salvador's Sumpul River Massacre," Catholic News Service, May 18, 2021; LaFeber, *Inevitable Revolutions*, 250. 다음 날 강으로 간 한 신부는 "물속의 시신을 뜯어먹는 독수리가 너무 많아 마치 검은 양탄자처럼 보였다."고 말했다. 더 자세한 배경 정보는 Raymond Bonner, *Weakness and Deceit: U.S. Policy and El Salvador* (New York: Times Books, 1984) 참조.

48 Danny Hajek, "'I Miss Them, Always': A Witness Recounts El Salvador's 1989 Jesuit Massacre," NPR, November 11, 2016; Carlos Dada, "The Beatification of Óscar Romero," *New Yorker*, May 19, 2015; Mary McGrory, "Salvador Murder and Resurrection," *Washington Post*, April 14, 1990. 메리 맥그로리Mary McGrory는 "엘살바도르 군부가 미국이 제공한 화력을 이용하여 사회의식이 투철한 교회 관계자, 특히 예수회 신부를 말살하기 위해 무슨 짓이든 할 것처럼 보인다."고 논평한다.

49 Raymond Bonner, "In Salvador, a U.S.-Trained Unit at War," *New York Times*, July 13, 1981; Tracy Wilkinson, "Notorious Salvadoran Battalion Is Disbanded," *Los Angeles Times*, December 9, 1992; Nelson Rauda and John Washington, "The U.S. Role in the El Mozote Massacre Echoes in Today's Immigration," *Washington Post*, May 12, 2021; Leigh Binford, *The El Mozote Massacre: Human Rights and Global Implications* (Tucson: University of Arizona Press, 2016); Mark Danner, *Massacre at El Mozote: A Parable of the Cold War* (New York: Vintage, 1993); *El Salvador: The Making of U.S. Policy, 1977–1984*, National Security Archive; Dustin Hill, "Commitment Beyond Morality: American Complicity in the Massacre at El Mozote" (master's thesis, Eastern Kentucky University, 2011); John Beverley, "El Salvador," *Social Text* no. 5 (Spring 1982), 67-72; Mark Hertsgaard, *On Bended Knee: The Press and the Reagan Presidency* (New York: Farrar, Straus and Giroux, 1988). 그레그 그랜딘이 설명한 바에 따르면, 레이건 행정부는 대중앙아메리카 정책의 인도주의적 결과에 대한 보도를 억제하기 위해 집중적으로 노력했다. "1983년 레이건 정부는 공공외교실Office of Public Diplomacy을 설치했다. 이는 미국 국민에 대한 선전 선동 및 허위 정보 제공을 금지한 국가안보법National Security Act을 직접적으로 위반한 행위

다. 공공외교실은 국방부 심리전 요원들로 구성되었으며, 뉴욕 메디슨가(광고와 마케팅의 중심지–옮긴이)에 위치한 공화당계 광고회사를 고용하여 여론조사와 포커스 그룹 인터뷰(소규모 그룹을 대상으로 특정 주제, 제품, 정책에 대해 집중토론을 하게 하여 그 반응과 의견을 조사하는 방법–옮긴이)를 통해 어떤 표현이 국민에게 효과적인지 파악했다. 만약 누군가 미국이 지원한 엘살바도르 정권을 부정적으로 보도한다면, 이에 대한 대응은 그 보도를 부인하는 것이 아니라 여론을 혼탁하게 만들어 누구도 무슨 일이 발생했는지 알 수 없도록 하는 전략을 구사하는 것이었다."

50 인권유린자에 대한 미국의 훈련, 특히 악명 높은 "미주 학교School of the Americas"(중남미 국가 군인을 대상으로 미군이 운영한 교육, 훈련 기관–옮긴이)에서의 훈련에 대한 자세한 내용은 Lesley Gill, The School of the Americas: Military Training and Police Violence in the Americas (Durham, NC: Duke University Press, 2004) 2쪽 참조. 레슬리 길Lesley Gill의 결론은 직설적이다. "토지개혁, 더 나은 임금, 개선된 의료 서비스, 교육, 그리고 기본적인 자기 결정권을 원하는 평범한 사람들은 미국이 지원한 정권에게 공산주의자로 낙인찍히고, 미국이 훈련시킨 그림자 같은 민병대 암살단과 국가 보안군에 의해 살해되거나 고문당하거나 실종되었다."

51 Central Intelligence Agency, Directorate of Intelligence, "Intelligence Report: Indonesia 1965–The Coup That Backfired," 1968. 이 보고서는 이번 쿠데타와 살인을 "20세기 가장 중요한 사건 중 하나라고 부르며, 훨씬 더 많은 주목을 받은 다른 많은 사건들보다 더 중요하다."고 평가했지만, 왜 다른 사건이 "훨씬 더 많은 주목"을 받았는지에 대해서는 언급하지 않았다." Jess Melvin, *The Army and the Indonesian Genocide: Mechanics of Mass Murder* (New York: Routledge, 2018). 제스 멜빈Jess Melvin은 자행된 살인들이 1948년 집단 학살 방지 협약에서 규정한 집단 학살 사례에 해당한다고 주장한바, 이는 설득력이 있다.

52 Geoffrey B. Robinson, *The Killing Season: A History of the Indonesian Massacres, 1965–66* (Princeton, NJ: Princeton University Press, 2018), 122-23; Vincent Bevins, *The Jakarta Method: Washington's Anticommunist Crusade and the Mass*

Murder Program That Shaped Our World (New York: PublicAffairs, 2020), 11. 빈센트 베빈스Vincent Bevins는 "우리가 추정치에 만족해야 하는 이유가 있다."고 상기시킨다. 그 이유는 "50년이 넘는 세월 동안 인도네시아 정부는 실제로 무슨 일이 있었는지 기록하려는 모든 시도를 거부해왔으며, 전 세계 어느 누구도 이에 대해 묻고자 하지 않았기 때문"이라고 설명한다.

53 "Indonesia: Vengeance with a Smile," *Time*, July 15, 1966; 2001년 8월 1일 《가디언Guardian》에 실린 이사벨 힐튼Isabel Hilton의 기사 〈인도네시아에서 우리가 공모한 유혈 쿠데타Our Bloody Coup in Indonesia〉에서 《애틀랜틱》 인용; James Reston, "Washington: A Gleam of Light in Asia," *New York Times*, June 19, 1966; 1970년 《뉴욕 타임스》는 수하르토가 미국에게 "국유화 조치를 단행하자는 압력을 포함하여, 북미, 유럽, 일본의 투자에 대한 여타의 공격도 차단할 수 있다"고 확언했다고 보도했다, *New York Times*, July 9, 1970.

54 Robinson, *The Killing Season*, 198. Kathy Kadane, "U.S. Officials' Lists Aided Indonesian Bloodbath in '60s," *Washington Post*, May 21, 1990.

55 Reston, "Washington: A Gleam of Light in Asia"; Robinson, *The Killing Season*; Bevins, *The Jakarta Method*. 베빈스는 다음과 같이 지적한다. "우리가 아는 한, 미국 관리들이 공산주의자와 공산주의자로 의심되는 사람들의 명단을 동맹국에 제공하여 그들이 체포되고 살해되도록 한 것은 최소한 이번이 세 번째였다. 첫 번째는 1954년 과테말라, 두 번째는 1963년 이라크에서였다. "Telegram from the Embassy in Indonesia to the Department of State," April 8, 1958; "Memorandum from the Joint Chiefs of Staff to Secretary of Defense McElroy," April 8, 1958, *Foreign Relations of the United States, 1958–1960, Indonesia, Vol. XVII* (Washington, DC: U.S. Government Printing Office, 1994).

56 Kadane, "U.S. Officials' Lists Aided Indonesian Bloodbath in '60s."

57 Kadane, "U.S. Officials' Lists Aided Indonesian Bloodbath in '60s"; Brad Simpson, "Accomplices in Atrocity," *Inside Indonesia*, July-September 1996; Jaechun Kim, "U.S. Covert Action in Indonesia in the 1960s: Assessing the Motives and Consequences," *Journal of International and Area Studies* 9, no. 2

(2002): 63-85. 실제로 로버트 맥너마라 당시 국방부 장관은 의회에서 미국의 군사원조와 훈련이 "성과를 거두었다"고 말했다. 맥너마라는 린든 존슨에게 미국의 군사원조 덕분에 "기회가 주어졌을 때 [군이] 공산당에 맞서는 조치를 취할 수 있었다"고 말했다.

58 서방 강대국 중 미국만 책임이 있는 것은 아니다. 영국 역시 살인자들에게 계속 행동하라고 촉구하는 뉴스레터를 포함하여 반反 공산주의 선전 선동을 조장했다. "공산주의는 어떤 형태든 사라져야 한다. 군이 시작한 일은 계속되어야만 하고, 오히려 강화되어야 한다."라고 뉴스레터에 적혀 있었다. "많은 공산주의자를 처치할 수 있어 기쁘다"고 인도네시아 주재 영국 "정치전쟁 조정관"인 노먼 레더웨이Norman Reddaway는 말했다. Paul Lashmar, Nicholas Gilby, and James Oliver, "Slaughter in Indonesia: Britain's Secret Propaganda War," *Guardian*, October 17, 2021; "Survivors of 1965 Indonesia Massacres Urge UK to Apologise," *Observer*, October 24, 2021.

59 Daniel Patrick Moynihan, *A Dangerous Place* (Boston: Little, Brown, 1978), 247; John Pilger의 "The Rape of East Timor," *Fair Observer*, February 25, 2016에서 리히터 인용.

60 "Remarks by President Carter," December 6, 1978, *Foreign Relations of the United States, 1977–1980, Foundations of Foreign Policy, Vol. I* (Washington, DC: U.S. Government Printing Office, 2014); R. Gellately and B. Kiernan, eds., *The Specter of Genocide: Mass Murder in Historical Perspective* (Cambridge, UK: Cambridge University Press, 2003), 163-86에 수록된 G. Taylor, "'Encirclement and Annihilation': The Indonesian Occupation of East Timor"; Hearings Before the Subcommittee on International Organizations of the Committee on International Relations, House of Representatives, Ninety-fifth Congress, First Session, June 28 and July 19, 1977.

61 S. Staveteig, "How Many Persons in East Timor Went 'Missing' During the Indonesian Occupation?: Results from Indirect Estimates," IIASA Interim Report, International Institute for Applied Systems Analysis, Laxenburg, Austria, 2007; Clinton Fernandes, *The Independence of East Timor: Multi-*

Dimensional Perspectives—Occupation, Resistance, and International Political Activism (Durham, NC: Duke University Press, 2004), 48, 58; John Pilger, *Distant Voices* (New York: Vintage, 1994), 233.

62 1991년 학살을 목격한 기자 앨런 네언Allan Nairn은 "매우 조직적이고, 매우 체계적인" 공격을 생생하게 묘사한다. 이러한 공격으로 티모르 사람들은 "아무도 살아남지 않을 때"까지 "총알에 찢겨져나간" 것이다; "Amy Goodman Recounts the East Timor Massacre 15 Years Ago," *Democracy Now!*, November 13, 2006; Krithika Varagur, "Declassified Files Provide Insight into Indonesia's Democratic Transition," Voice of America, July 24, 2018; David E. Sanger, "Real Politics: Why Suharto Is In and Castro Is Out," *New York Times*, October 31, 1995; Jim Mann and Glenn F. Bunting, "Clinton Aided Indonesia Regime," *Los Angeles Times*, October 16, 1996; "U.S. Promoted Close Ties to Indonesian Military as Suharto's Rule Came to an End in Spring 1998," National Security Archive, July 24, 2018.

63 Brian Knowlton, "Albright Nudges Suharto to Resign: 'An Opportunity for Statesmanship,'" *New York Times*, May 21, 1998. "수하르토 대통령은 지난 30년 동안 그의 조국에 많은 기여를 했다."고 올브라이트는 덧붙였다. 주목할 만한 점은 그녀가 동티모르 사람들에게 자결권을 허용하자고 요구하지 않았다는 것이다.

64 Dan Merica and Jason Hanna, "In Declassified Document, CIA Acknowledges Role in '53 Iran Coup," CNN, August 19, 2013.

65 Roham Alvandi and Mark J. Gasiorowski, "The United States Overthrew Iran's Last Democratic Leader," *Foreign Policy*, October 30, 2019; Tim Weiner, *Legacy of Ashes: The History of the CIA* (New York: Doubleday, 2007), 92.

66 Mostafa T. Zahrani, "The Coup That Changed the Middle East: Mossadeq v. the CIA in Retrospect," *World Policy Journal* 19, no. 2 (2002): 93-99; "Iranian Nuclear Scientists Studied in U.S.," NPR, March 12, 2007.

67 "The Iranian Accord," *New York Times*, August 6, 1954. 《뉴욕 타임스》에서 모사데그는 "아랍의 미친 사람"에 불과했다. 주목할 만한 점은 이란 국왕이 권

력을 잡자 《뉴욕 타임스》의 논조가 변했다는 것이다. 그동안 《뉴욕 타임스》는 모사데그가 요구한 국민투표를 히틀러나 스탈린 치하에서 치러진 국민투표보다 "더 황당하고 우스꽝스러운" 행사라고 비난했다. 그러나 10년 후 99퍼센트가 국왕을 지지하는 결과가 나오는 등 "훨씬 의심스러운 상황에서" 이란 국왕이 주도하여 치러진 국민투표에 대해서는 "이란 국민이 의심의 여지없이 국왕의 대담한 개혁 추진을 지지"한다는 "공감할 수 있는 증거"라고 찬사를 보냈다. 국왕의 부정선거 역시 똑같이 열성적으로 칭송받았다. Richard W. Cottam, *Iran and the United States: A Cold War Case Study* (Pittsburgh, PA: University of Pittsburgh Press, 1989), 129. William A. Dorman and Mansour Farhang, *The U.S. Press and Iran: Foreign Policy and the Journalism of Deference* (Oakland: University of California Press, 1988) 역시 참고할 것.

68 Andrew Scott Cooper, "Declassified Diplomacy: Washington's Hesitant Plans for a Military Coup in Pre-Revolution Iran," *Guardian*, February 11, 2015; Ray Takeyh, "The Coup That Wasn't: Jimmy Carter and Iran," *Survival* 64, no. 4 (2022): 137-50; Mahan Abedin, "36 Years On, the U.S. Is Still Struggling to Understand Iran," *Middle East Eye*, February 20, 2015.

69 Gary Milhollin, "Building Saddam Hussein's Bomb," *New York Times*, March 8, 1992. 게리 밀홀린Gary Milhollin은 "미국의 장비가 이라크의 대량 살상무기 프로그램에 직접적으로 투입되었고", "미국 관리들은 장비가 그곳으로 향하는 것을 알고 있었다."고 말한다. 미국 정부는 "민삼한 미국 장비가 대량살상무기 생산에 전용轉用될 가능성이 있다는 점을 알면서도 이들 장비가 이라크의 위장 회사로 흘러가도록 계속 허용했다". Gary Milhollin, "Testimony: U.S. Exports to Iraq," Senate Committee on Banking, Housing, and Urban Affairs, October 27, 1992. 1989년 미국 무기 회의The 1989 U.S. weapons conference는 이라크의 핵무기 개발 추진에 "매우 도움"이 되었다. David Albright and Kevin O'Neill, "Iraq's Efforts to Acquire Information About Nuclear Weapons and Nuclear-Related Technologies from the United States," Institute for Science and International Security, November 12, 1999.

70 Farah Pandith, "Extremism Is Riyadh's Top Export," *Foreign Policy*, March

24, 2019; Sudarsan Raghavan, "An Unnatural Disaster: Yemen's Hunger Crisis Is Born of Deliberate Policies, Pursued Primarily by a Saudi-Led Coalition Backed by the United States," *Washington Post*, December 27, 2018. 《워싱턴 포스트》는 "연합군이 감행한 1만 8,000건의 공습 중 3분의 1이 공장, 농장, 시장, 발전소, 식량 창고 등 비군사적 시설을 겨냥했다."고 보도했다. Radhya Almutawakel and Abdulrasheed Alfaqih, "Saudi Arabia and the United Arab Emirates Are Starving Yemenis to Death," *Foreign Policy*, November 8, 2019. 라디야 아무타와켈Radhya Almutawakel과 압둘라시드 알파키Abdulrasheed Alfaqih는 "사우디아라비아와 아랍에미리트는 미국의 군사 지원이 없었다면 예멘에서 폭격 작전을 계속할 수 없었을 것"이라고 주장한다. Natasha Bertrand and Alex Marquardt, "U.S. Seeks Full Reset with Saudi Arabia, Effectively Moving On from the Murder of Jamal Khashoggi," CNN, June 10, 2022; "The AP Interview: Khashoggi Fiancee Criticizes Biden Visit," Associated Press, July 14, 2022; Ellen Knickmeyer and Matthew Lee, "U.S. Moves to Shield Saudi Crown Prince in Journalist Killing," Associated Press, November 18, 2022.

71 "Iran and Nuclear Weapons Production," Congressional Research Service, March 20, 2024.

72 Martin Van Creveld, "Sharon on the Warpath: Is Israel Planning to Attack Iran?," *International Herald Tribune*, August 21, 2004; Thomas Powers, "Iran: The Threat," *New York Review of Books*, July 17, 2008; "Tehran Accuses Netanyahu of Threatening to Nuke Iran in His UN Speech," *Times of Israel*, September 27, 2023; Ben Norton, "UN Votes 152 to 5 Telling Israel to Get Rid of Its Nuclear Weapons," *Monthly Review*, November 3, 2022.

73 "'Maximum Pressure': U.S. Economic Sanctions Harm Iranians' Right to Health," Human Rights Watch, October 29, 2019; Adam Dubard, "Biden Has Maintained Trump's Failed Sanctions Policy," *The Hill*, June 22, 2023; Michael D. Shear and Farnaz Fassihi, "Iran Releases 5 Americans as U.S. Unfreezes Billions in Oil Revenue for Tehran," *New York Times*, September

18, 2023. 그러나 정부는 결국 해당 합의를 번복하고 이란의 자금을 계속 동결했다; Nancy Cordes, "U.S. Reaches 'Quiet Understanding' with Qatar Not to Release $6 Billion in Iranian Oil Revenues," CBS News, October 12, 2023.

74 "U.S. State Department: Iran Remains 'World's Worst State Sponsor of Terrorism,'" Radio Free Europe, November 2, 2019; "Country Reports on Terrorism 2020: Iran," U.S. Department of State; "2023 Annual Threat Assessment of the U.S. Intelligence Community," Office of the Director of National Intelligence.

75 해당 공격으로 인구의 거의 5분의 1에 해당하는 1,500만 개의 은행 직불 카드 정보가 유출되었으며, 이는 "이란 역사상 최대 규모의 금융 사기financial scam"였다. 《뉴욕 타임스》는 이 사건이 "미국의 제재로 이미 타격을 받고 있던 경제를 더욱 불안정하게 만들 가능성이 있다"고 경고했다.

76 Thomas Warrick, "U.S.-Iran Tensions: Implications for Homeland Security," Statement to the House Committee on Homeland Security, January 15, 2020; Paul Wagenseil, "Hard-Rocking Cyberattack Said to Strike Iranian Nuclear Plants," NBC News, July 23, 2012; Edward Lucas, *Cyberphobia: Identity, Trust, Security, and the Internet* (New York: Bloomsbury, 2015), 137-38에서 세이모어 인용; David E. Sanger, "Obama Order Sped Up Wave of Cyberattacks Against Iran," *New York Times*, June 1, 2012; Idrees Ali and Phil Stewart, "U.S. Carried Out Secret Cyber Strike on Iran in Wake of Saudi Oil Attack: Officials," Reuters, October 16, 2019. 미샤 글레니Misha Glenny는 미국과 이스라엘의 스턱스넷 유포가 "인터넷의 군사화에서 중대하고도 위험한 전환점이 되었다"고 주장하며, "[바이러스를] 추후 사용하기 위해 안전하게 보관하는 것"과 "평시에 이를 유포하는 것"의 차이를 지적한다. 그는 스턱스넷이 "새로운 군비경쟁의 출발 신호탄을 쏘아올렸다"고 평가하며, "이제 첫발이 발사된 이상 공격적 사이버 역량을 보유한 모든 국가들이 이를 사용할 유혹을 느낄 것"이라고 경고한다. Misha Glenny, "A Weapon We Can't Control," *New York Times*, June 24, 2012.

77 Archit Shukla, "The Killing of General Soleimani—A Blatant Violation

of International Laws," *Jurist*, April 14, 2020; Nick Cumming-Bruce, "The Killing of Qassim Suleimani Was Unlawful, Says UN Expert," *New York Times*, July 9, 2020; Michael Crowley, "For Some Never Trumpers, Killing of Suleimani Was Finally Something to Like," *New York Times*, January 6, 2020; Mohammed Rasool, "New Call of Duty Starts with 'Assassination of Qassem Soleimani,'" *Vice*, October 24, 2022.

78 LaFeber, *Inevitable Revolutions*, 107에서 인용.

79 "Report by the Special Study Group," 1954, *Foreign Relations of the United States, 1950–1955, The Intelligence Community, 1950–1955* (Washington, DC: U.S. Government Printing Office, 2007); Lars Schoultz, U.S. Foreign Policy and Human Rights Violations in Latin America: A Comparative Analysis of Foreign Aid Distributions," *Comparative Politics* 13, no. 2 (1981): 149-70.

80 "U.S. Foreign Assistance to the Middle East: Historical Background, Recent Trends, and the FY2022 Request," Congressional Research Service, September 7, 2021; Philippe Nassif and Sara Salama, "Biden's Egypt Problem," *Just Security*, July 19, 2021, "'창살 없는 감옥에 비견되는 이집트에서 압둘팟타흐 시시Abdel Fattah al-Sisi(이집트 대통령－옮긴이)를 비판하는 사람들'에 대한 시시의 노골적인 인권침해를 계속 눈감아주고 용인하는 미국의 관행"을 주목한다; "Egypt: U.S. to Provide Security Assistance Despite Repression," Human Rights Watch, September 15, 2023; Alex Emmons, "State Department Fails to Vet or Monitor Military Aid to Egypt," *Intercept*, May 12, 2016; "The Questionable Legality of Military Aid to Egypt," *New York Times*, August 19, 2015.

81 Nazeeha Saeed and Vivian Nereim, "Mass Hunger Strike in Bahrain Prison Sets Off Rare Protests," *New York Times*, September 6, 2023; Brian Dooley, "Bahrain Faces New Crisis as Prison Protests Escalate," Human Rights First, August 18, 2023.

82 Barak Ravid, "U.S. and Bahrain to Sign Strategic Security and Economic Agreement," *Axios*, September 11, 2023; Vivian Nereim, "U.S. Deepens

Security Pledge to Bahrain, an Adversary of Iran," *New York Times*, September 13, 2023; Karen DeYoung, "U.S. Pact with Bahrain Seen as Model for Strengthening Persian Gulf Ties," *Washington Post*, September 13, 2013; Paul R. Pillar, "Is Bahrain a Dry Run for Controversial U.S.-Saudi Pact?," Quincy Institute for Responsible Statecraft, September 18, 2023.

83 "Biden-Harris Administration Strengthens Partnership with Kingdom of Bahrain and Launches 'Comprehensive Security Integration and Prosperity Agreement,'" White House, September 13, 2023.

84 Leila Fadel, "The Family of a Jailed Bahrain Activist Says He Has Resumed a Hunger Strike," NPR, September 14, 2023.

85 Daniel Flatley, "Biden Signs Bipartisan Law Punishing China Over Uyghur Abuse," Bloomberg.com, December 23, 2021; Quint Forgey and Kelly Hooper, "Biden Fist Bump with MBS Triggers Backlash," *Politico*, July 15, 2022.

2장 동남아시아 전쟁

1 Anthony Lewis, "Look on My Works…," *New York Times*, May 1, 1975; John K. Fairbank, "Assignment for the '70s," presidential address, American Historical Association, New York City, December 29, 1968; Pete Buttigieg, *Shortest Way Home* (New York: Liveright, 2019), ebook; Max Hastings, *Vietnam: An Epic Tragedy, 1945–1975* (New York: Harper Collins, 2018), ebook.

2 Daniel Ellsberg, *Secrets: A Memoir of Vietnam and the Pentagon Papers* (New York: Penguin Books, ebook, 2003).

3 *On Revolution: Selected Writings, 1920–66*, ed. Bernard B. Fall (New York: Frederick A. Praeger, 1967), 143-45에 수록된 Hồ Chí Minh, "Declaration of Independence of the Democratic Republic of VietNam."

4 Telegram from Hồ Chí Minh to President Harry Truman, February 28, 1946; Letter from Hồ Chí Minh to President Harry Truman, January 18, 1946.

5 Hastings, Vietnam; Murrey Marder, "When Ike Was Asked to Nuke

Vietnam," *Washington Post*, August 22, 1982.

6 Michael Schaller, *The American Occupation of Japan* (New York: Oxford University Press, 1987), 151; "The Secretary of State to the Embassy in the United Kingdom," April 4, 1954, *Foreign Relations of the United States, 1952–1954, Indochina, Vol. XIII, Part 1* (Washington, DC: U.S. Government Printing Office, 1982); "Department of State Policy Statement on Indochina, September 27, 1948," *Foreign Relations of the United States, 1948, The Far East and Australasia, Vol. VI* (Washington, DC: U.S. Government Printing Office, 1974).

7 George Kahin, *Intervention: How America Became Involved in Vietnam* (New York: A. A. Knopf, 1986), 89, 60-66; Dwight D. Eisenhower, *The White House Years (1953–1956): Mandate for Change* (Garden City, NY: Doubleday, 1963), 372; Charles Mohr, "Nightmare for Saigon," *New York Times*, October 24, 1966.

8 Christian Appy, *American Reckoning: The Vietnam War and Our National Identity* (New York: Viking, 2015), ebook; Seth Jacobs, *Cold War Mandarin: Ngo Dinh Diem and the Origins of America's War in Vietnam, 1950–1963* (Lanham, MD: Rowman & Littlefield, 2006), 123-25; *Viet-Nam: The First Five Years*, ed. R. Lindholm (Lansing: Michigan State University Press, 1959), 346에 기록된 데이비드 호담.

9 Stanley Karnow, *Vietnam: A History* (London: Guild Publishing, 1985), 255.

10 *Los Angeles New Advocate*, April 1-15, 1972에 다시 게재된 독일 잡지 《슈테른Stern》과 응우옌 칸Nguyễn Khánh 장군의 인터뷰; Paper "Prepared by the Ambassador in Vietnam (Taylor)," *Foreign Relations of the United States, 1964–1968, Vol. I, Vietnam, 1964* (Washington, DC: U.S. Government Printing Office, 1992).

11 Douglas Pike, Viet Cong (Cambridge, MA: MIT Press, 1966), 110; Eric M. Bergerud, *The Dynamics of Defeat: The Vietnam War in Hau Nghia Province* (Boulder, CO: Westview Press, 1993), ebook에서 존 폴 반 인용.

12 Bernard B. Fall and Marcus G. Raskin, eds., *The Viet-Nam Reader (New York: Vintage Books, 1965); Bernard B. Fall, Last Reflections on a War* (Garden City, NY:

Doubleday, 1967). 필립 존스 그리피스Philip Jones Griffiths는 저서 《베트남 주식회사Vietnam Inc.》에서 한 조종사로부터 네이팜탄이 얼마나 인상적인 무기인지에 대해 들었던 것을 다음과 같이 회상한다. "다우Dow[화학 회사] 연구팀은 정말 탁월합니다. 원래 제품은 그다지 좋지는 않았어요. (구크gook 놈들이 재빨리 긁어내면 떨어져버렸죠. 그래서 그 친구들이 폴리스티렌을 첨가하기 시작했어요.) 이제는 담요에 똥이 달라붙는 것처럼 찰싹 붙어요. 그런데 구크들이 물속에 뛰어들면, 불이 꺼지는 문제가 발생했죠. 그래서 그 친구들이 윌리 피터Willie Peter[WP, 백린]를 첨가해서 불이 계속 붙어 있게 했죠. 이제는 물속에서도 계속 타죠. 단 한 번의 폭격이면 충분해요. 뼛속까지 계속 타들어가서 결국 인산 중독으로 죽게 되죠."

13 "역사상 가장 많은 폭탄을 투하한 인물"이란 표현은 《워싱턴 포스트》에서 사용한 표현이며, 곧 존 V. 튜니John V. Tunney(민주당-캘리포니아주) 상원의원 및 프랭크 모스Frank Moss(민주당-유타주) 상원의원도 사용했다, *Congressional Record–Senate*, April 17, 1972, p. 12817, and April 19, 1972, p. 13455; "Conversation Between President Nixon and His Assistant for National Security Affairs (Kissinger)," April 19, 1972, *Foreign Relations of the United States, 1969–1976, Soviet Union, October 1971–May 1972, Vol. XIV* (Washington, DC: U.S. Government Printing Office, 2006); Appy, American Reckoning; Martha Gellhorn, *The Face of War* (New York: Simon & Schuster, 1959), 224.

14 이 단락에서 논의된 사실들은 닉 터스Nick Turse의 *Kill Anything That Moves: The Real American War in Vietnam* (New York: Metropolitan Books, 2013)에서 발췌되었다. 터스의 중요한 저서는 이 책 곳곳에서 인용된다; Truong Nhu Tang, *A Vietcong Memoir: An Inside Account of the Vietnam War and Its Aftermath* (New York: Vintage, 1986).

15 Quy-Toan Do, "Agent Orange and the Prevalence of Cancer Among the Vietnamese Population 30 Years After the End of the Vietnam War," Policy Research Working Paper no. 5041, World Bank Development Research Group, September 2009; *Veterans and Agent Orange: Health Effects of Herbicides Used in Vietnam*, Institute of Medicine Committee to Review the Health

Effects in Vietnam Veterans of Exposure to Herbicides (Washington, DC: National Academies Press, 1994)에 수록된 "The U.S. Military and the Herbicide Program in Vietnam"; Arthur H. Westing, "'Agent Blue' in Vietnam," *New York Times*, July 12, 1971; John Milner, *Vietnam: After the Fire* (Acacia Productions, Channel Four, and Cinema Guild, 1988).

16 Gabriel Kolko, *Vietnam: Anatomy of a Peace* (New York: Routledge, 1997), 2; Turse, *Kill Anything That Moves*, 95에서 랜드 연구소 인용.

17 Guenter Lewy, *America in Vietnam* (New York: Oxford University Press, 1978), 226; Nick Turse, "The Ken Burns Vietnam War Documentary Glosses Over Devastating Civilian Toll," *Intercept*, September 28, 2017.

18 Geoffrey C. Ward and Ken Burns, *The Vietnam War: An Intimate History* (New York: A. A. Knopf, 2017), 153.

19 Lewy, *America in Vietnam*, 180–81; David Gates, "Transition: Westmoreland," *Newsweek*, July 31, 2005.

20 Lewy, *America in Vietnam*, 96. 루이의 역사관에 대한 보다 철저한 비평을 원한다면, *Towards a New Cold War* (New York: Pantheon, 1982), 154–65에 수록된 Noam Chomsky, "On the Aggression of South Vietnamese Peasants Against the United States" 참조.

21 Ward and Burns, *The Vietnam War*, 54; Lewy, *America in Vietnam*, 243.

22 Wallace Terry, *Bloods: An Oral History of the Vietnam War by Black Veterans* (New York: Presidio Press, 1984); Turse, *Kill Anything That Moves*, 28.

23 Peter Davis, *Hearts and Minds* (Culver City, CA: Columbia Pictures, 1974); John Mecklin, *Mission in Torment* (Garden City, NY: Doubleday, 1965), 76.

24 Andrew Preston, "How Vietnam Was America's Avoidable War," *New Statesman*, September 19, 2018; Tim O'Brien, *The Things They Carried* (Boston: Houghton Mifflin, 1990).

25 Deborah Nelson, *The War Behind Me: Vietnam Veterans Confront the Truth About U.S. War Crimes* (New York: Basic Books, 2008), 76; Lewy, *America in Vietnam*, 452.

26 Ward and Burns, *The Vietnam War*, 273; Nick Turse, "A My Lai a Month," *The Nation*, November 13, 2008; Turse, *Kill Anything That Moves*, 206.

27 Ward and Burns, *The Vietnam War*, 154.

28 Lewis M. Simons, "The U.S. Promised Ukraine Cluster Bombs. In Laos, They Still Kill Civilians," NPR, July 11, 2023; "War Legacy Issues in Southeast Asia: Unexploded Ordnance," Congressional Research Service, June 3, 2019.

29 Leah Zani, *Bomb Children: Life in the Former Battlefields of Laos* (Durham, NC: Duke University Press, 2019), 19; Joshua Kurlantzick, *A Great Place to Have a War: America in Laos and the Birth of a Military CIA* (New York: Simon & Schuster, 2017), 18.

30 Antonia Bolingbroke-Kent, "'I Don't Want More Children to Suffer What I Did': The 50-Year Fight to Clear U.S. Bombs from Laos," *Guardian*, April 27, 2023.

31 Thomas Fuller, "One Woman's Mission to Free Laos from Millions of Unexploded Bombs," *New York Times*, April 5, 2015; Kurlantzick, *A Great Place to Have a War*, 179에서 스턴스 인용, "폭격기 조종사들이 폭격 훈련을 할 수 있도록 특정된 군사시설 목표 없이" 폭탄을 투하했다고 언급하며, 북베트남 폭격 중단 기간 동안 "비행기를 녹슬게 놔둘 수는 없지 않느냐"고 농담하는 또 다른 미국 관리의 말을 인용했다; Fred Branfman, *Voices from the Plain of Jars: Life Under an Air War* (Madison: University of Wisconsin Press, 1972). Brett S. Morris, "Laos After the Bombs," *Jacobin*, July 3, 2015 역시 참조할 것.

32 Bolingbroke-Kent, "'I Don't Want More Children to Suffer What I Did.'" 긍정적인 측면으로는, 일부 농민들이 이제 불발탄을 모아서 팔며 생계를 유지할 수 있게 되었다.

33 Elizabeth Becker, "Kissinger Tapes Describe Crises, War and Stark Photos of Abuse," *New York Times*, May 27, 2004; Taylor Owen and Ben Kiernan, "Bombs over Cambodia," *The Walrus*, October 2006.

34 Ben Kiernan, *The Pol Pot Regime: Race, Power, and Genocide in Cambodia Under*

the Khmer Rouge, 1975–79 (New Haven, CT: Yale University Press, 1998), 16. *Sideshow: Kissinger, Nixon, and the Destruction of Cambodia* (London: Andre Deutsch, 1979)에서 윌리엄 쇼크로스William Shawcross 역시 비슷한 결론을 내린 바 있다; Taylor Owen and Ben Kiernan, "Making More Enemies Than We Kill? Calculating U.S. Bomb Tonnages Dropped on Laos and Cambodia, and Weighing Their Implications," *Asia-Pacific Journal: Japan Focus* 13, no. 16 (April 27, 2015).

35 Elizabeth Becker, *When the War Was Over: The Voices of Cambodia's Revolution and Its People* (New York: Simon & Schuster, 1986), 440; Adam Jones, *Genocide: A Comprehensive Introduction* (London: Taylor & Francis, 2010), 302. 애덤 존스Adam Jones는 "대학살을 자행했음에도 1980년대 내내 미국의 확고한 지지를 받은 공산주의자들의 기이한 광경"에 대해 논평한다.

36 Don Oberdorfer, "U.S. to Support Pol Pot Regime for UN Seat," *Washington Post*, September 15, 1980; Elizabeth Becker, "Death of Pol Pot: The Diplomacy," *New York Times*, April 17, 1998; Ben Kiernan, *How Pol Pot Came to Power* (London and New York: Verso, 2008), xxix.

37 Shawcross, Sideshow, 395; William Shawcross, "Sihanouk's Case," *New York Review of Books*, February 22, 1979. 키신저에 대해 더 자세히 알아보려면, Nick Turse, "Blood on His Hands," *Intercept*, May 23, 2023 참조; Reed Brody, "Is Henry Kissinger a War Criminal?," *Just Security*, June 27, 2023; René Rojas, Bhaskar Sunkara, and Jonah Walter, eds., *The Good Die Young: The Verdict on Henry Kissinger* (London and New York: Verso, 2024).

38 "Year Zero Author on Justice," *Phnom Penh Post*, April 11, 2013.

39 Christian Appy, *Patriots: The Vietnam War Remembered from All Sides* (New York: Penguin Books, 2003), 126.

40 Elizabeth Becker, "The Secrets and Lies of the Vietnam War, Exposed in One Epic Document," *New York Times*, June 9, 2021.

41 Howard Zinn, *A People's History of the United States* (New York: HarperCollins, 1999), 499에서 맥노튼 인용. 하워드 진Howard Zinn의 저서에서 베트남 장章은

전쟁의 배경뿐만 아니라 전쟁을 막으려 했던 저항운동을 이해하는 데 필수적이다; "Conversation Among President Nixon, the Assistant to the President (Haldeman), and the President's Assistant for National Security Affairs (Kissinger)," May 5, 1972, *Foreign Relations of the United States, 1969–1976, Vietnam, January–October 1972, Vol. VIII* (Washington, DC: U.S. Government Printing Office, 1972).

42 William Ehrhart, "A Vietnam Vet," 데이비드 호프먼David Hoffman이 진행한 인터뷰, 1989, YouTube, https://www.youtube.com/watch?v=tixOyiR8B-8.

43 Jimmy Carter, The President's News Conference, March 24, 1977.

3장 9·11과 아프가니스탄의 몰락

1 George W. Bush, "President Bush Addresses the Nation," September 20, 2001; Osama bin Laden, *Messages to the World: The Statements of Osama bin Laden* (London and New York: Verso, 2005), 46-47.

2 "Victims Relive the Terror of Israel Attack on Lebanon," *Deseret News*, April 17, 1997; AP 통신은 "155밀리미터 포탄이 떨어져 많은 희생자들이 갈기갈기 찢겨나갔기 때문에 정확한 숫자를 아는 사람은 아무도 없다."고 보도했다. Sam F. Ghattas, "A Year Later, Survivors Carry Scars of Qana Massacre," Associated Press, April 16, 1997. 20년 후 생존 피해자들의 인터뷰에서 밝혀졌듯이, 상처는 쉽게 사라지지 않는다: Federica Marsi, "Two Decades of Pain: Lebanese Village Still Reeling from Israeli 'Massacre,'" *Middle East Eye*, August 1, 2016.

3 "Israel/Lebanon: Unlawful Killings During Operation 'Grapes of Wrath,'" Amnesty International, July 23, 1996; 휴먼라이츠워치는 "경고도 없이 민간인이 밀집한 지역에 근접하여 이러한 포탄을 지속적으로 발사하는 것은 국제 인도주의 법의 핵심 원칙을 위반한 것"이라고 결론 내렸다; "Operation 'Grapes of Wrath': The Civilian Victims," Human Rights Watch, September 1997; "Qana Dead 'a Bunch of Arabs,'" *Independent*, May 10, 1996. 이 공격의 사령관이던 프탈리 베넷Naftali Bennett은 결국 이스라엘의 총리가 되었다.

4 Osama bin Laden, "Letter to America," *Guardian*, November 24, 2002.

5 Scott D. Seligman, "The Franklin Prophecy," *Tablet*, August 4, 2021 참조.

6 Peter Waldman et al., "The Moneyed Muslims Behind the Terror," *Wall Street Journal*, September 14, 2001; Peter Waldman and Hugh Pope, "Worlds Apart: Some Muslims Fear War on Terrorism Is Really a War on Them," *Wall Street Journal*, September 21, 2001. "아랍인과 무슬림 사이에서 자주 나오는 탄식은, 만약 자유와 평등이 서방의 중요한 가치라면 왜 미국은 무슬림 세계에서 그 가치를 위해 나서지 않는 것인가"라고 《월스트리트 저널》은 보도했다. 아랍 신문 《알쿠드스 알아라비al-Quds al-Arabi》는 9·11 공격을 규탄하면서도, "그 많은 서방의 대사관, 건물, 방어 시설 중에서 왜 유독 미국 시설들만 테러의 표적이 되는지 질문을 던져볼 것을 미국 국민들에게 촉구했다.

7 Waldman and Pope, "Worlds Apart"; David Gardner, "The West's Role in Islam's War of Ideas," *Financial Times*, July 8, 2005.

8 Serge Schmemann, "War Zone; What Would 'Victory' Mean?," *New York Times*, September 16, 2001.

9 더 정확히 말하자면 재개된 것이었다. 사실 최초의 "글로벌 테러와의 전쟁"은 레이건 행정부가 출범하면서 선포되었다. 당시에는 레이건이 지칭한 "문명 자체를 반대하는 타락한 자들이 퍼뜨리는 전염병" 혹은 "현대 시대에 등장한 야만으로의 회귀"(조지 슐츠George Shultz 국무부 장관의 말)라는 격앙된 수사가 사용되었다. 이 "테러와의 전쟁"은 조용히 역사에서 사라졌다. 그러다 곧 중미, 남아프리카, 중동을 휩쓴 살인적이고 파괴적인 테러 전쟁으로 변질되었고, 그 암울한 여파는 오늘날까지 이어지고 있다.

10 "Costs of War: Summary of Findings," Watson Institute for International and Public Affairs, Brown University, n.d.

11 "U.S. Tried for Years to Secure Bin Laden," *Orlando Sentinel*, October 29, 2001; Carter Malkasian, *The American War in Afghanistan: A History* (New York: Oxford University Press, 2021), ebook.

12 David B. Ottaway and Joe Stephens, "Diplomats Met with Taliban on Bin Laden," *Washington Post*, October 29, 2001; Mujib Mashal, "Taliban 'Offered

bin Laden Trial Before 9/11,'" *Al Jazeera English*, September 11, 2011; John Mueller, "What If the U.S. Didn't Go to War in Afghanistan After 9/11?," Cato Institute, September 3, 2021; Vahid Brown, "The Facade of Allegiance: Bin Ladin's Dubious Pledge to Mullah Omar," *CTC Sentinel* 3, no. 1 (January 2010).

13 John F. Burns, "Pakistan Antiterror Support Avoids Vow of Military Aid," *New York Times*, September 16, 2001; Samina Ahmed, "The United States and Terrorism in Southwest Asia: September 11 and Beyond," *International Security* 26, no. 3 (Winter 2001-2002): 92.

14 Patrick E. Tyler, "Bush Warns 'Taliban Will Pay a Price,'" *New York Times*, October 8, 2001; "Bush Announces Strikes Against Taliban," *Washington Post*, October 7, 2001; Alice Thomas, "Exercise Caution, Experts Say," *Columbus Dispatch*, September 16, 2001; Michael Howard, "What's in a Name? How to Fight Terrorism," *Foreign Affairs*, January/February 2002; Robert Kagan, "It Wasn't Hubris That Drove America into Afghanistan. It Was Fear," *Washington Post*, August 26, 2021; Dan Balz, Bob Woodward, and Jeff Himmelman, "Afghan Campaign's Blueprint Emerges," *Washington Post*, January 28, 2002; Carlos Lozada, "9/11 Was a Test. The Books of the Last Two Decades Show How America Failed," *Washington Post*, September 3, 2021.

15 Malkasian, *The American War in Afghanistan*, 60-61; Patrick Cockburn, "Who Killed 120 Civilians? The U.S. Says It's Not a Story," *Independent*, May 10, 2009.

16 Rory McCarthy, "New Offer on Bin Laden," *Guardian*, October 16, 2001; Carl Conetta, "Strange Victory: A Critical Appraisal of Operation Enduring Freedom and the Afghanistan War," Project on Defense Alternatives Research Monograph 6, January 30, 2002; "Afghanistan: New Civilian Deaths Due to U.S. Bombing," Human Rights Watch, October 30, 2001; "U.S. Planes Bomb a Red Cross Site," *New York Times*, October 27, 2001; "A Future

for the Afghans," *Guardian*, October 16, 2001.

17 Sarah Chayes, "Spinning the War in Afghanistan," *Bulletin of the Atomic Scientists* 62, no. 5 (2006): 54-61.

18 "Pentagon: Afghan Village a 'Legitimate Target,'" CNN, November 2, 2001; Jason Burke, "U.S. Admits Lethal Blunders," *Guardian*, October 13, 2001; Robert Nickelsberg with Jane Perlez, "Survivors Recount Fierce American Raid That Flattened a Village," *New York Times*, November 2, 2001.

19 Barry Bearak, "Leaders of the Old Afghanistan Prepare for the New," *New York Times*, October 25, 2001; Anatol Lieven, "On the Road: Interview with Commander Abdul Haq," Carnegie Endowment for International Peace, October 14, 2001. 하크는 "아프간인들이 지금은 이 아랍 광신도들 때문에 고통받고 있지만, 1980년대에 누가 이 아랍인들을 아프가니스탄에 끌어들였는지 우리는 알고 있다."고 말했다. 하크는 CIA와 파키스탄 정보기관이 아프가니스탄에서 종교 근본주의 극단주의자들을 선발하고, 무장시키고, 자금 지원을 했던 시기를 언급하고 있다. 소련 점령 시기에 러시아에 최대한의 타격을 가하기 위해 이들을 활용한 것이다. 레이건 정부의 "단 하나의 목표"는 "러시아인들을 피 흘리게 만들고, 소련의 평판에 흠집을 내는 것이었다." 즉각적인 결과는 전쟁이었고, 이로 인해 아프가니스탄은 폐허가 되었다. 소련이 철수한 이후 레이건이 지원했던 지하디스트jihadis가 정권을 장악했고, 상황은 더 악화되었다. 장기적인 결과는 20년에 걸친 테러와 내전이었다. Steve Coll, *Ghost Wars: The Secret History of the CIA, Afghanistan, and bin Laden, from the Soviet Invasion to September 10, 2001* (New York: Penguin Press, 2004) 참조.

20 "RAWA Statement on the U.S. Strikes on Afghanistan," Revolutionary Association of the Women of Afghanistan, October 11, 2001, http://www.rawa.org/us-strikes.htm.

21 Donald Rumsfeld news conference, October 29, 2001; Leslie Rose, "U.S. Bombing of Afghanistan Not Justified as Self-Defense Under International Law," 59 Guild Prac. 65 (2002); Alfred W. McCoy, "You Must Follow International Law (Unless You're America)," *Nation*, February 24, 2015.

22 Craig Whitlock, *The Afghanistan Papers* (New York: Simon & Schuster, 2021), 28.

23 "Not Inviting Taliban to Bonn Conference Was a Historic Mistake," *South Asia Monitor* (December 31, 2020); 머케이지안은 럼즈펠드가 "만약 어떤 합의라도 이루어진다면, 미국이 지원을 철회할 수 있다고 위협했을 가능성도 있다."고 썼다.

24 별도의 표시가 없는 한, 모든 인용은 Malkasian, *The American War in Afghanistan*, 및 Whitlock, *The Afghanistan Papers*에서 가져왔다.

25 Joel Roberts, "Plans for Iraq Attack Began on 9/11," CBS News, September 4, 2002; Maura Reynolds, "Bush 'Not Concerned' About Bin Laden in '02," *Los Angeles Times*, October 14, 2004.

26 Office of the Secretary of Defense, Donald Rumsfeld "snowflake" to [redacted], Subject: "Meetings with President," October 21, 2002, 5:50 p.m., National Security Archive.

27 James Risen, "A War's Epitaph," *Intercept*, August 26, 2001; "The United States' Response to Corruption in Afghanistan," Institute of World Politics, May 1, 2018.

28 Rodric Braithwaite, "New Afghan Myths Bode Ill for Western Aims," *Financial Times*, October 15, 2008.

29 "Dexter Filkins on the Fall of Afghanistan," *New Yorker Radio Hour*, August 20, 2021; Patrick Cockburn, "Return to Afghanistan: A Report from Kabul," *London Review of Books*, June 11, 2009.

30 Sarah Chayes, *The Punishment of Virtue: Inside Afghanistan After the Taliban* (New York: Penguin Books, 2007), ebook.

31 Luke Harding, "Afghan Massacre Haunts Pentagon," *Guardian*, September 14, 2002. 백악관은 도스툼이 자행한 끔찍한 학살 사건을 조사하라는 인권단체의 압력을 거부했다." James Risen, "U.S. Inaction Seen After Taliban P.O.W.'s Died," *New York Times*, July 10, 2009; Rod Nordland, "Accused of Rape and Torture, Exiled Afghan Vice President Returns," *New York Times*,

July 22, 2018; Joshua Partlow, "Dostum, a Former Warlord Who Was Once America's Man in Afghanistan, May Be Back," *Washington Post*, April 23, 2014; Matthew Rosenberg, "Afghanistan's Vice President Is Barred from Entering U.S.," *New York Times*, April 25, 2016.

32 Hillary Clinton, "The Way Forward in Afghanistan," Testimony Before the Senate Foreign Relations Committee, Washington, DC, June 23, 2011, Whitlock, *The Afghanistan Papers*에서 인용.

33 Nick Davies and David Leigh, "Afghanistan War Logs: Massive Leak of Secret Files Exposes Truth of Occupation," *Guardian*, July 25, 2010.

34 Peter Finn, "Staff Sgt. Robert Bales Admits to Killing 16 Afghans," *Washington Post*, June 5, 2013; Ben Doherty, "Ben Roberts-Smith Called Alleged Killing of Unarmed Afghan Teenager 'Beautiful Thing,' Court Hears," *Guardian*, February 11, 2022; "On 3 October 2015, U.S. Airstrikes Destroyed Our Trauma Hospital in Kunduz, Afghanistan, Killing 42 People," Médecins Sans Frontières; Spencer Ackerman, "Doctors Without Borders Airstrike: U.S. Alters Story for Fourth Time in Four Days," *Guardian*, October 6, 2015.

35 Risen, "A War's Epitaph."

36 Risen, "A War's Epitaph"; Scott Shane, "Drone Strikes Reveal Uncomfortable Truth: U.S. Is Often Unsure About Who Will Die," *New York Times*, April 23, 2015; Scott Shane, "Drone Strike Statistics Answer Few Questions, and Raise Many," *New York Times*, July 3, 2016; Ryan Bort, "The U.S. Government Just Killed 30 Innocent People," *Rolling Stone*, September 19, 2019; Peter Finn, "Rise of the Drone: From Calif. Garage to Multibillion-Dollar Defense Industry," *Washington Post*, December 23, 2011; 전쟁 비용 프로젝트는 미국이 개입한 기간 동안 아프가니스탄과 파키스탄 전쟁 지역에서 7만 명의 민간인이 목숨을 잃은 것으로 추정한다.

37 Malkasian, *The American War in Afghanistan*, 113에서 고팔Gopal 인용.

38 "U.S. Drops Its Biggest Non-Nuclear Bomb on Afghans, Already Traumatized

by Decades of War," *Democracy Now!*, April 14, 2017; Alex Emmonds, "'Mother of All Bombs' Never Used Before Due to Civilian Casualty Concerns," *Intercept*, April 13, 2017; U.S. official quoted in Dexter Filkins, "Last Exit from Afghanistan," *New Yorker*, March 1, 2021.

39 "Dexter Filkins on the Fall of Afghanistan," *New Yorker Radio Hour*; Eliza Griswold, "The Afghans America Left Behind," *New Yorker*, December 20, 2021.

40 Matthew Aikins et al., "In U.S. Drone Strike, Evidence Suggests No ISIS Bomb," *New York Times*, September 20, 2021; Eric Schmitt, "No U.S. Troops Will Be Punished for Deadly Kabul Strike, Pentagon Chief Decides," *New York Times*, December 13, 2021.

41 "15 Million Afghans Receive WFP Food Assistance So Far in 2021; Massive Uplift Needed as Economy Disintegrates," World Food Program, December 14, 2021; Saeed Shah, "As Afghanistan Sinks into Destitution, Some Sell Children to Survive," *Wall Street Journal*, October 16, 2021; Sune Engel Rasmussen, "'No Father Wants to Sell His Son's Kidney.' Afghans Pushed to Desperate Measures to Survive," *Wall Street Journal*, April 19, 2022; "Afghanistan: WFP Forced to Cut Food Aid for 2 Million More," *UN News*, September 5, 2023; Mansoor Khosrow, "'Life of Toil': Growing Number of Starving Afghan Families Send Children to Work," Radio Free Europe, May 17, 2023.

42 Ellen Ioanes, "U.S. Policy Is Fueling Afghanistan's Humanitarian Crisis," *Vox*, January 22, 2022; Charlie Savage, "Spurning Demand by the Taliban, Biden Moves to Split $7 Billion in Frozen Afghan Funds," *New York Times*, February 11, 2022; Ruth Pollard, "Joe Biden's $7 Billion Betrayal of Afghanistan," Bloomberg, February 13, 2022.

43 아프가니스탄은 세계에서 가장 가난한 나라 중 하나지만, 절대적으로 가장 가난한 나라는 아니다.

44 Sima Samar, *Outspoken: My Fight for Freedom and Human Rights in Afghanistan*

(Toronto: Random House Canada, 2024), 290-91에서 인용.

45 Pollard, "Joe Biden's $7 Billion Betrayal of Afghanistan"에서 바헤르 인용; Lynne O'Donnell, "Afghanistan Still Wants Its Frozen Funds," *Foreign Policy*, July 21, 2022; "The Biden Administration Frees Up $7 Billion in Afghan Assets Frozen in the U.S.," NPR, February 14, 2022; Javed Ahmad Kakar, "Biden Extends Freeze on Afghan Central Bank's Assets," *Pajhwok Afghan News*, February 8, 2024.

46 Laurel Miller, "Afghanistan Is in Meltdown, and the U.S. Is Helping to Speed It Up," *New York Times*, January 11, 2022; David Miliband, "The Afghan Economy Is a Falling House of Cards. Here Are 5 Steps to Rebuild It," CNN, January 20, 2022; Mark Weisbrot, "Biden's Sanctions on Afghanistan Threaten to Kill More Civilians Than Two Decades of War," *USA Today*, March 10, 2022.

47 Camilo Montoya-Galvez, "U.S. Is Rejecting over 90% of Afghans Seeking to Enter the Country on Humanitarian Grounds," CBS News, June 20, 2022; Dan De Luce, "Afghans Subject to Stricter Rules Than Ukrainian Refugees, Advocates Say," NBC News, April 29, 2022; Claire Adida et al., "Americans See Afghan and Ukrainian Refugees Very Differently. Why?," *Washington Post*, April 29, 2022; Alice Speri, "The Biden Administration Is Keeping Thousands of Afghans in Limbo Abroad," *Intercept*, September 13, 2023; Moustafa Bayoumi, "They Are 'Civilised' and 'Look Like Us': The Racist Coverage of Ukraine," *Guardian*, March 2, 2022.

48 Miller, "Afghanistan Is in Meltdown, and the U.S. Is Helping to Speed It Up."

49 "Taliban Diplomat Condemns Attacks," CNN, September 12, 2001; Rajiv Chandrasekaran, *Little America: The War Within the War for Afghanistan* (New York: Vintage, 2013), 22; "Human and Budgetary Costs to Date of the U.S. War in Afghanistan, 2001-2022," Costs of War Project, Watson Institute for International and Public Affairs, Brown University; Nitin J. Ticku,

"Taliban Says They Condemned 9/11 Terror Attacks in 2001, Were Ready to Cooperate with the U.S.," *Eurasian Times*, September 12, 2021.

50 Howard, "What's in a Name?"

51 Patrick Cockburn, "Wasn't Bin Laden the Reason We Went to War?," *Independent*, May 8, 2011.

52 Patrick Cockburn, *The Age of Jihad* (London and New York: Verso, 2016), ebook. 아프가니스탄 전쟁에 대한 더 자세한 사항이나 정보는 Scott Horton, *Fool's Errand: Time to End the War in Afghanistan* (independently published, 2017) 참조.

4장 이라크: 세기의 범죄

1 이에 견줄 수 있는 사례는 미국의 기후 정책이다.

2 Bryan Pietsch, "George W. Bush Called Iraq War 'Unjustified and Brutal.' He Meant Ukraine," *Washington Post*, May 19, 2022; Meredith Clark, "The War Killed 500,000 Iraqis," NBC News, October 16, 2013; "Iraqi Civilians," Costs of War Project, Watson Institute for International and Public Affairs, Brown University. 사상자 추정치가 매우 다양하다는 점에 주목할 것.

3 Dahr Jamail, "Iraq: War's Legacy of Cancer," *Al Jazeera English*, March 15, 2013; Aaron Rupar, "Red Cross: Iraq Situation Getting Worse," ThinkProgress.com, April 11, 2007; "Iraq Conflict: Crisis of an Orphaned Generation," BBC News, November 28, 2012. 2005년에 이라크 대학 강사협회장은 "약 300명의 학자들과 대학 행정가들이 2003년 미국이 이라크를 점령한 이후 의문의 연쇄살인으로 암살당했으며", 또한 "약 2,000명은 … 목숨을 잃을까봐 두려워 나라를 떠났다."고 추산했다, Charles Crain, "Approximately 300 Academics Have Been Killed," *USA Today*, January 17, 2005. 《타임》은 그 결과를 2006년 다음과 같이 보도했다. "이러한 이탈로 대학은 자격 미달의 교육자를 정교수로 급히 임용하거나 아예 학과 운영을 중단해야 했다. 이는 이라크 학생들이 형편없는 교육을 받고 있으며, 결국 국가의 미래에 재앙적인 결과를 가져올 것이라는 것을 의미한다. 지금은 믿기 어렵겠지만, 1960년

대와 1970년대 이라크 학계는 아랍 세계에서 부러움의 대상이었다. 지금은 완전히 엉망진창이 되었다." Aparisim Ghosh, "Baghdad Bulletin: Death Stalks the Campus," *Time*, November 2, 2006.

4 William Kristol, "We Were Right to Fight in Iraq," *USA Today*, May 20, 2015. 2003년 크리스톨은 다음과 같이 말했다. "우리가 대량살상무기를 발견하지 못한다면 충격을 받을 것이다. … 나는 우리가 무기를 찾을 것으로 예상한다. 만약 찾지 못한다면 전쟁의 정당성은 일부 훼손될 것이다." 그럼에도 불구하고, 버니 샌더스Bernie Sanders가 크리스톨에게 이 끔찍한 전쟁을 옹호한 사실에 대해 사과할 의향이 있는지 묻자, 크리스톨은 "준準스탈린주의적 강압적인 사과 요구를 좋아하지 않는다"고 말하며, 이를 거부했다. Jon Schwarz, "Bernie Sanders Asked Bill Kristol to Apologize for Pushing the Iraq War. Guess What Happened Next," *Intercept*, May 28, 2019 참조. Andrew Sullivan, *I Was Wrong* (independently published, 2013), ebook.

5 David Ignatius, "A War of Choice, and One Who Chose It," *Washington Post*, November 2, 2003. 항상 이상주의자였던 울포위츠는 레이건 행정부 당시 인도네시아 주재 미국 대사를 지냈다. 그는 직책을 이용해 수하르토의 인권 행적으로 레이건 행정부가 난처해지는 것을 막는 데 기여했다. 수하르토가 축출된 후, 울포위츠는 대량 학살을 저지른 독재자에 대해 "판단을 내리기에는 아직 이르다"고 주장하는 사설을 썼다. Paul Wolfowitz, "The Tragedy of Suharto," *Wall Street Journal*, May 27, 1998.

6 "Obama Says His Position on Iraq Is Unchanged," NPR, July 3, 2008. 오바마 부부는 조지 W. 부시와 좋은 관계를 유지하고 있다. 하물며 미셸 오바마Michelle Obama는 〈투데이 쇼Today show〉에서 "나는 그를 정말 좋아한다. 그는 훌륭한 사람이다." 그리고 "그는 내 절친이다."라고 말했다. Hannah Yasharoff, "George W. Bush Thinks It's a 'Problem' That People Can't Understand His Friendship with Michelle Obama," *USA Today*, April 19, 2021.

7 덧붙이자면, 후세인이 속한 바트Ba'ath당의 부상浮上은 CIA의 지원이 있었기에 가능했다. 아브드 알카림 카심Abd al-Karim Qasim이 영국과 미국이 소유한

이라크 국영 석유회사Iraq Petroleum Company 지분을 몰수한 이후, CIA는 카심의 민족주의 정부를 전복하기 위한 쿠데타 분위기를 조성하기 위해 노력했다. 역사학자 에릭 제이콥슨Eric Jacobsen의 설명에 따르면, 미국 정책 입안자들은 카심으로 인해 역내 다른 국가에서도 민족주의가 발호하여 "전후 신新식 민주의적 사회질서"를 약화시킬 수 있다고 우려했다고 한다. Eric Jacobsen, "A Coincidence of Interests: Kennedy, U.S. Assistance, and the 1963 Iraqi Ba'th Regime," *Diplomatic History* 37, no. 5 (2013): 1029-59. CIA가 바트당 쿠데타를 적극적으로 지원했는지, 아니면 당시 CIA 자체 쿠데타를 계획하고 있었는지에 대해서는 여전히 논란이 있다. 그러나 쿠데타 이후 "CIA가 기관총으로 무장한 이라크 국가 방위군에게 공산주의자 혐의가 있는 사람들의 명단을 제공했고, 그들은 구금되어 심문을 받은 후 즉결 처형당했다."는 증거가 있다. "현재 기밀 해제된 문서에 따르면, 미국 관리들이 카심에 대한 다양한 계획을 적극적으로 고려하고 있었으며, CIA가 이라크에서 비밀 작전을 위한 자산을 구축하고 있었다."는 점만은 확실히 알 수 있다. David Ryan and Patrick Kiely, eds., *America and Iraq: Policy-making, Intervention and Regional Politics* (New York: Routledge, 2008)에 수록된 Kenneth Osgood, "Eisenhower and Regime Change in Iraq: The United States and the Iraqi Revolution of 1958." 브랜든 울프-허니컷Brandon Wolfe-Hunnicutt은 "쿠데타에서 미국의 역할에 대한 강력한 증거가 있다."고 말한다. Brandon Wolfe-Hunnicutt, "Oil Sovereignty, American Foreign Policy, and the 1968 Coups in Iraq," *Diplomacy & Statecraft* 28, no. 2 (2017): 235-53. Richard Sale, "Saddam Key in Early CIA Plot," United Press International, April 10, 2003 역시 참조할 것.

8 Ian Black, "Iran and Iraq Remember War That Cost More Than a Million Lives," *Guardian*, September 23, 2010; "존재하는 유일한 국가"라는 표현은 Kenneth Pollack, *The Threatening Storm: The Case for Invading Iraq* (New York: Random House, 2002), ebook에서 인용; Matt Kelley, "U.S. Supplied Germs to Iraq in '80s," Associated Press, October 1, 2002; Julian Borger, "Rumsfeld 'Offered Help to Saddam,'" *Guardian*, December 31, 2002. 미국은 또한 같은 시기에 이란에도 무기를 판매했는데, 이는 결국 "이란·콘트라Iran-Contra" 사건

으로 알려지게 되었다. 이는 해리 트루먼이 나치 독일과 소련에 적용해야 한다고 제안했던 원칙에 따랐을 것이다. 그 원칙은 "만약 우리가 독일이 이기고 있다고 본다면 러시아를 도와야 하고, 러시아가 이기고 있다고 본다면 독일을 도와야 하며, 그렇게 해서 그들을 가능한 한 많이 죽게 해야 한다."는 것이다. David McCullough, *Truman* (New York: Simon & Schuster, 1992), 262.

9 James Gerstenzang, "U.S. Sinks or Damages 6 Iran Ships in Persian Gulf Clashes: Tehran Strikes Back After Oil Rig Shellings," *Los Angeles Times*, April 19, 1988; International Court of Justice, *Case Concerning Oil Platforms (Islamic Republic of Iran v. United States of America)*, judgment of November 6, 2003. 미국에서는 사실상 잊혔지만, 그 격추 사건은 "이란 정부가 수십 년간 미국을 불신하게 된 이유로 꼽는 주요 순간 중 하나다." 이란의 분노를 더욱 부채질한 것은 미국이 여객기를 격추한 함장에게 공로 훈장을 수여했다는 것이다. Jon Gambrell, "30 Years Later, U.S. Downing of Iran Flight Haunts Relations," Associated Press, July 3, 2018. 한 이란 교수는 (미국 전투기 두 대가 또 다른 이란 여객기와의 충돌을 간신히 면한 사건 이후인) 2020년 NBC 뉴스에서 1988년 격추 사건으로 인해 이란인들 사이에는 "미국은 무고한 사람의 생명을 중요하게 생각하지 않는다."는 인상이 널리 퍼졌다고 말했다. Amin Hossein Khodadadi and Isobel van Hagen, "Iranian Passenger Flight Incident a Grim Echo of U.S. Downing of Airliner in 1988," NBC News, July 25, 2020. Marty Steinberg, "'Kinder, Gentler,' and Other George HW Bush quotes," CNBC, December 1, 2018.

10 Robert Fisk, *The Great War for Civilization: The Conquest of the Middle East* (New York: A. A. Knopf, 2005), ebook; Julian Borger, "Rumsfeld 'Offered Help to Saddam,'" *Guardian*, December 31, 2022. 줄리언 보거Julian Borger는 1983년 조지 슐츠 국무부 장관이 이라크가 "거의 매일 CW[화학 무기]를 사용"한다는 정보 보고를 받았으나, 불과 몇 주 후 "레이건 대통령은 이라크가 패전하는 일이 없도록 정부가 '필요한 모든 합법적인' 조치를 취하라는 비밀 명령에 서명했다."고 언급한다. Patrick E. Tyler, "Officers Say U.S. Aided Iraq in War Despite Use of Gas," *New York Times*, August 18, 2002; Shane Harris and

Matthew M. Aid, "CIA Files Prove America Helped Saddam as He Gassed Iran," *Foreign Policy*, August 26, 2013.

11 Tyler, "Officers Say U.S. Aided Iraq in War Despite Use of Gas." 유엔에 제출된 이라크의 무기 신고 보고서 중 수천 페이지를 미국이 삭제했다는 주장이 있으며, 그중 일부는 "24개 미국 기업 그리고 레이건 및 아버지 조지 부시 대통령 행정부가 사담 후세인 정부에 수많은 대량살상무기를 불법적으로 공급하고 이들 무기의 사용법을 훈련시켰음을 암시하는 문건이었다." "U.S. Illegally Removes Pages from Iraq UN Report," ProjectCensored.org, April 29, 2010; "President Bush: Monday 'Moment of Truth' for World on Iraq," White House, Office of the Press Secretary, March 16, 2003.

12 Joost R. Hiltermann, "Halabja: America Didn't Seem to Mind Poison Gas," *New York Times*, January 17, 2003; Peter W. Galbraith, "The True Iraq Appeasers," *New York Times*, September 4, 2006.

13 Steven A. Holmes, "Congress Backs Curbs Against Iraq," *New York Times*, July 28, 1990; John Edward Wilz, "The Making of Mr. Bush's War: A Failure to Learn from History?," *Presidential Studies Quarterly* 25, no. 3 (1995): 525.

14 후세인이 그 발언을 미국이 개입하지 않겠다는 신호로 해석했는지에 대해서는 논란이 있으며, 케네스 폴락Kenneth Pollack은 당시 미국 대사가 "미국은 쿠웨이트와 이라크 분쟁에 개입할 의사가 없음을 확실히 밝히면서, 평화적 해결책을 찾도록 사담에게 촉구했다."는 글을 썼다. Years later in captivity, Hussein would ask U.S. investigators: "If you didn't want me to go in, why didn't you tell me?," Steve Coll, *The Achilles Trap: Saddam Hussein, the C.I.A., and the Origins of America's Invasion of Iraq* (New York: Penguin Press, 2024), 174. 스티브 콜Steve Coll은 후세인이 심지어 "부시가 자신이 쿠웨이트를 차지하길 원할지도 모른다."고 생각했다고 말했다. 이는 후세인이 스스로 준비 태세를 갖춘 것을 숨기지 않았고, 미국이 "공격을 하지 말라는 직접적이거나 강력한 경고를 하지 않았기 때문"이라고 전했다.

15 Elaine Sciolino, "U.S. Gave Iraq Little Reason Not to Mount Kuwait Assault," *New York Times*, September 23, 1990; Pollack, *The Threatening Storm*.

16 R. W. Apple Jr., "Standoff in the Gulf: U.S. 'Nightmare Scenario': Being Finessed by Iraq," *New York Times*, December 19, 1990.

17 William Drozdiak, "Arab Nations Break Silence, Condemn Iraq," *Washington Post*, August 4, 1990; George H. W. Bush, "Remarks to Community Members at Fort Stewart, Georgia," February 1, 1991; "Confrontation in the Gulf; Proposals by Iraqi President: Excerpts from His Address," *New York Times*, August 13, 1990; "Bush Tabbed for 'Nobel War Prize,'" *Greensboro News and Record*, February 26, 1991; Times of India cited by William Dalrymple, *Spectator*, February 23, 1991.

18 1990년 《올랜도 센티널Orlando Sentinel》에 이런 기고문이 실렸다. "10년 동안 미국은 사담 후세인의 침략과 만행을 지켜보았다. 그럼에도 정책적으로 그를 지원했으며, 그가 미국 선박을 공격하는 것을 눈감아줬고, 그의 자금 흐름을 보호했다. 따라서 미국이 페르시아만에서 전쟁을 벌인 이유가 갑자기 이라크의 침략에 원칙적으로 반대하게 되었기 때문이거나, 후세인의 만행에 갑자기 충격을 받았기 때문이거나, 또는 '정의와 자유라는 대의를 위해서'라는 부시 대통령의 설명을 곧이곧대로 받아들이기는 어려운 상황이다"; Joshua Holland, "The First Iraq War Was Also Sold to the Public Based on a Pack of Lies," BillMoyers.com, June 27, 2014. 전쟁 동안 적에 대한 거짓말이 얼마나 쉽게 퍼지는지에 대한 더 자세한 내용은 Arthur Ponsonby's *Falsehood in War-Time* 참조, 제1차 세계대전을 다룬 이 책은 1928년 출판되었으나 여전히 시사하는 바가 크다.

19 베트남 전쟁과 관련한 키신저의 악명 높은 발언 때문에 우리에게 친숙한 이 문구는 일반적인 교전규칙을 무시하라는 대량 학살 요구로 이해되어야 한다.

20 "Hussein to 'Get Ass Kicked' in War—Bush," *Los Angeles Times*, December 20, 1990; "Needless Deaths in the Gulf War: Civilian Casualties During the Air Campaign and Violations of the Laws of War," Human Rights Watch, 1991; Noura Boustany, "Bombs Killed Victims as They Slept," *Washington Post*, February 14, 1991; Al Kamen, "Iraqi Factory's Product: Germ Warfare or Milk?," *Washington Post*, February 8, 1991; "No Justice for the Victims of Al-

Amiriyah," Geneva International Center for Justice, February 13, 2019; Ray Howze, "'Highway of Death' Still Stands Out for One Gulf War Veteran," *Leaf Chronicle*, February 26, 2016; Patrick Cockburn, "In Middle East Wars It Pays to Be Skeptical," *CounterPunch*, April 23, 2018; Tim Arango, "After 25 Years of U.S. Role in Iraq, Scars Are Too Stubborn to Fade," *New York Times*, February 16, 2016; Eric Schmitt, "U.S. Army Buried Iraqi Soldiers Alive in Gulf War," *New York Times*, September 15, 1991; "Army Tanks Buried Iraqi Soldiers Alive in Trenches," *Deseret News*, September 12, 1991; 이 돌격 작전에서 제1여단을 지휘했던 론 마가트Lon Maggart 대령은 그 관행을 옹호하며 이렇게 말했다. "그런 식으로 사람을 묻는 것이 꽤 끔찍하게 들린다는 것은 알고 있다. 하지만 우리 병사들이 참호에 들어가 총검으로 그들을 처치해야 했다면 훨씬 더 끔찍했을 것이다." 그 학살이 어떻게 하여 보도되지 않았는지에 대한 자세한 내용은 Patrick J. Sloyan, "'What I Saw Was a Bunch of Filled-In Trenches with People's Arms and Legs Sticking Out of Them. For All I Know, We Could Have Killed Thousands,'" *Guardian*, February 14, 2003 참조.

21 Barton Gellman, "Allied Air War Struck Broadly in Iraq: Officials Acknowledge Strategy Went Beyond Purely Military Targets," *Washington Post*, June 23, 1991.

22 Mehdi Hasan, "The Ignored Legacy of George H. W. Bush: War Crimes, Racism, and Obstruction of Justice," *Intercept*, December 1, 2018; George H. W. Bush, "Remarks to Community Members at Fort Stewart," Georgia, February 1, 1991; George H. W. Bush, "Remarks to the American Legislative Exchange Council," March 1, 1991.

23 George H. W. Bush, The President's News Conference on the Persian Gulf Conflict, March 1, 1991.

24 미국이 독재자를 지지하는 경우 단점으로 언급되는 잔학 행위는 그저 "도덕적 잘못sins"으로 축소된다는 점에 주목해야 한다. 독재자가 아무리 많은 잔학 행위를 저질렀다 하더라도 그 독재자가 안정을 위한 최고의 희망이었다는 논리를 펼친다면 이는 미국의 입장이 부도덕하게 들릴 수 있기 때문이다. "안정"

이라는 용어의 실질적 의미를 쉽게 번역하면, 이 경우 "미국의 이익에 대한 종속"을 의미하는데, 위 문장의 올바른 해석은 다음과 같다. **아무리 끔찍한 공포와 억압이 있다고 하더라도, 미국 정부는 이라크인의 인권을 미국의 국익보다 우선시할 수는 없다.** Thomas L. Friedman, "A Rising Sense That Iraq's Hussein Must Go," *New York Times*, July 7, 1991; 아메리칸 대학교에서 이라크 반체제 세력에 대한 연구를 하는 캐럴 올리리Carole O'Leary는 부시 대통령이 반군에게 사실상 "당신들이 나서면 우리가 도와줄 것"이라고 말한 것이나 다름없다고 주장한다, Jason Embry, "Uprising in Iraq May Be Slow Because of U.S. Inaction in 1991," Cox News Service, April 4, 2003에서 인용; Tim Arango, "A Long-Awaited Apology for Shiites, but the Wounds Run Deep," *New York Times*, November 8, 2011; Alan Cowell, "Kurds Assert Few Outside Iraq Wanted Them to Win," *New York Times*, April 11, 1991.

25 사담 후세인이 최악의 잔학 행위를 자행했던 기간 동안 미국이 그를 지원했다는 사실은 사담이 재판에 회부되었을 때 복잡한 문제를 야기했다. "후세인이 도널드 럼즈펠드 국방부 장관 같은 증인을 불러 미국이 후세인 정부와 이전에 협력했던 사안에 대해 증언하게 하려는 시도를 차단하기 위해" 재판 절차가 세심하게 설계되었다, Neil A. Lewis and David Johnston, "U.S. Team Is Sent to Develop Case in Hussein Trial," *New York Times*, March 7, 2004.

26 폭격에 대해서는, "the longest sustained U.S. air operations since the Vietnam War," Chip Gibbons, "When Iraq Was Clinton's War," *Jacobin*, May 6, 2016 참조; Anthony Arnove, ed., *Iraq Under Siege: The Deadly Impact of Sanctions and War* (Boston: South End Press, 2003)에서 할리데이 인용; H. C. von Sponeck, *A Different Kind of War: The UN Sanctions Regime in Iraq* (Oxford, UK, and New York: Berghahn Books, 2006). 특히, 제재가 아동 사망률에 미친 영향에 대한 보고서는 훗날 조작된 통계를 기반으로 작성되었다는 논란이 일었다, Tim Dyson and Valeria Cetorelli, "Changing Views on Child Mortality and Economic Sanctions in Iraq: A History of Lies, Damned Lies and Statistics," British Medical Journal, Global Health, 2017. 그러나 매들린 올브라이트 국무부 장관은 당시 그 결과로 50만 명의 이라크 어린이가 사망

했을 수 있다는 주장에 대해 이의를 제기하지 않은 채, 그만한 '대가'는 "감수할 가치가 있었다"고 말했다. 어린이 사망자 수가 과장되었다는 사실에 안도한 나머지, 많은 어린이가 사망할 수도 있는 정책을 미국의 고위관리가 합리화했다는 사실에 대한 경각심까지 흐려져서는 안 된다, "Madeleine Albright Saying Iraqi Kids' Deaths 'Worth It' Resurfaces," *Newsweek*, March 23, 2022.

27 Yasmin Husein Al-Jawaheri, *Women in Iraq: The Gender Impact of International Sanctions* (Boulder, CO: Lynne Rienner, 2008); Joy Gordon, *Invisible War: The United States and the Iraq Sanctions* (Cambridge, MA: Harvard University Press, 2010), 2-3, 102; Lisa Blaydes, *State of Repression: Iraq Under Saddam Hussein* (Princeton, NJ: Princeton University Press, 2020), 25.

28 "Comical Ali/Baghdad Bob," KnowYourMeme.com.

29 Thom Shanker, "Rights Group Faults U.S. Over Cluster Bombs," *New York Times*, December 12, 2003; Peter Maass, "Good Kills," *New York Times*, April 20, 2003.

30 Ali A. Allawi, *The Occupation of Iraq: Winning the War, Losing the Peace* (New Haven, CT: Yale University Press, 2007) 참조.

31 George F. Will, "A Report Overtaken by Reality," *Washington Post*, December 7, 2006.

32 *Winter Soldier: Iraq and Afghanistan: Eyewitness Accounts of the Occupations* (Chicago: Haymarket Books, 2008), ebook.

33 Christian Appy, *American Reckoning* (New York: Penguin Books, 2015), 309. 럼즈펠드는 그 일이 고문이었다는 사실을 부인하며, 이는 단지 "학대에 불과하며 기술적으로 고문과는 다르다고 생각한다"고 말했다, "U.S. Avoiding 'Torture' to Describe Soldiers' Actions," CBC News, May 14, 2004. 부시 행정부는 범죄를 부인하거나 축소하려고 노력했지만, 미국의 우파 일각에서는 그러한 행위를 대놓고 옹호했다. 러시 림보Rush Limbaugh는 "매일 총격을 받은" 군인들은 "감정적 해소"를 위해 "즐거운 시간을 가질 자격이 있다"고 말했고, 마이클 새비지Michael Savage는 고문이 더 심했으면 좋겠다고 말했다. "나는 그들의 특정 부위에 다이너마이트를 쑤셔넣는 것을 보고 싶었다. 우리는 굴

욕 전술을 줄이는 게 아니라 오히려 더욱 강화해야 한다."고 말했다, Andrew Sullivan, "Limbaugh on Torture: A Recap," DailyDish.com, July 28, 2009; Nicole Casta and Shant Mesrobian, "Savage Nation: It's Not Just Rush; Talk Radio Host Michael Savage: 'I Commend' Prisoner Abuse; 'We Need More,'" MediaMatters.org, May 13, 2004; 아부 그라이브 고문 피해자들은 법정 문턱도 밟지 못했다, Elise Swain, "Iraqis Tortured by the U.S. in Abu Ghraib Never Got Justice," *Intercept*, March 17, 2023 참조.

34 Mike Hoyt and John Palattella, eds., *Reporting Iraq: An Oral History of the War by the Journalists Who Covered It* (Hoboken, NJ: Melville House, 2007), 21, 62, 65-66. 통역사였던 알리 파딜Ali Fadhil은 매일 울려 퍼지는 기도 소리를 마치 일어나서 미국인을 죽이라는 반군의 신호라고 생각해서 당황해하는 두 명의 젊은 미군 병사들을 안심시켜야 했던 일을 떠올리며 얘기한다.

35 Hoyt and Palattella, *Reporting Iraq*, 65-66; Jason Burke, *The 9/11 Wars* (New York: Penguin Books, 2012), ebook.

36 Ali Fadhil, "City of Ghosts," *Guardian*, January 11, 2005.

37 Joe Carr, "A Drive Through Devastated Fallujah," *National Catholic Reporter*, June 17, 2005.

38 예를 들어, 2003년 미군 탱크가 세계 언론 관계자들이 체류하던 바그다드 호텔을 향해 발포하여 두 명의 기자가 사망한 사건이 있었다. Giles Tremlett, "Tank Captain Admits Firing on Media Hotel," *Guardian*, April 23, 2003.

39 사망한 기자들의 동료인 로이터 통신 기자가 말했듯이, 그들의 대화는 "아이들이 비디오 게임에서나 쓸법한 종류의 언어"다. ("저 죽은 놈들 좀 봐.", "잘했어."였다.) 군은 기자들의 사망 경위에 대해 반복적으로 거짓말을 했고, 사건을 은폐했다, Paul Daley, "'All Lies': How the U.S. Military Covered Up Gunning Down Two Journalists in Iraq," *Guardian*, June 14, 2020.

40 Remarks by the Vice President to the Veterans of Foreign Wars 103rd National Convention, White House, August 26, 2002; "우리는 그 위협이 어느 정도인지 정확히 알지 못한다."라고 리처드 하스Richard Haass 국무부 정책국장이 고백했다, Bob Roberts and Richard Wallace, "Blair: I Have No Idea

What Saddam's Up To," *Mirror*, September 9, 2002에서 인용.

41 David Corn, "'Hubris': New Documentary Reexamines the Iraq War 'Hoax,'" *Mother Jones*, February 16, 2013에서 앤서니 지니 인용. 소위 다우닝가 메모는 "부시 대통령이 미국 국민에게 그의 결정을 알리기 거의 1년 전부터 이라크 침공을 결심했다고 영국 고위 관리들이 믿고 있었다는 것을 보여준다." 《선데이 타임스Sunday Times》 마이클 스미스Michael Smith 기자는 이 메모들은 영국 정부 관리들이 다음과 같이 결론 내렸음을 보여준다고 말했다. "사담 후세인에 대한 증거는 희박하고 … 정권 교체는 국제법상 불법이기 때문에, 우리는 전쟁을 피하기 위한 방법이 아니라 전쟁을 합법화하기 위한 구실로 유엔이 이라크에 대해 최후통첩을 하게 해야 한다고 결론내고 … 우리는 전쟁 이후에 일어날 일에 대해 준비하고 있지 않으며, 전쟁 후 이라크가 어떻게 될지에 대해 막연하게라도 알고 있는 사람은 전혀 없다." Joseph Cirincione, "The Media and the Downing Street Memos," Carnegie Endowment for International Peace, June 21, 2005; Richard Clarke, *Against All Enemies: Inside America's War on Terror* (New York: Free Press, 2004), ebook.

42 중요한 점은 이라크에서 대량살상무기가 발견되지 않았다고 흔히 말하지만, 이는 엄밀히 말하면 사실이 아니다. 1991년 이전부터 버려진 화학무기 비축분이 여러 곳에서 발견되었다. 부시 행정부는 실제로 이 발견을 숨기려고 노력했다. 왜냐하면 "더럽고, 녹슬고, 부식된" 이 무기들은 "오래전에 버려진 것"이 분명했기 때문이었다. 이 무기들로 인해 미군 병사들과 이라크 경찰들은 심각한 부상을 당했고, 미국은 "자국 군대가 발견한 화학무기를 제대로 관리하지 못했고, 대량의 은닉처를 보안 없이 방치했으며, 야외에서 화학무기를 급히 폭발시킬 때 사람들에게(이라크인들과 외국 군대를 포함하여) 경고하지 않았다". 이러한 발견을 비밀로 유지한 까닭에 "전쟁에서 가장 위험한 임무를 수행하는 일부 군인들이 적절한 치료를 받지 못했고, 혹은 부상에 대해 공식적으로 인정받지 못했다". 부시 행정부가 공개를 원하지 않았던 한 가지 이유는 "군인들이 화학물질에 의해 부상을 입은 6건 중 5건에서 포탄이 미국에 의해 설계되고 유럽에서 제조되었으며 서구 기업들이 이라크에서 건설한 화학물질 생산 라인에서 충전된 것으로 보였기 때문이다", C. J. Chivers, "The

Secret Casualties of Iraq's Abandoned Chemical Weapons," *New York Times*, October 14, 2014.

43 Barton Gellman and Walter Pincus, "Depiction of Threat Outgrew Supporting Evidence," *Washington Post*, August 10, 2003. 이러한 주장을 담은 유일한 보고서는 1990년대 초반 발표되었다. 이 보고서는 이후 폐기된 핵무기 프로그램에 관한 것이었다. 실제로 당시 국제원자력기구의 결론은 "핵 활동이 재개되었다는 어떠한 조짐도 없으며 … 핵과 관련하여 금지 활동을 수행했다는 어떠한 징후도 없다."는 것이었다. "In a Chief Inspector's Words: 'A Substantial Measure of Disarmament,'" *New York Times*, March 8, 2003 참조. 2003년 국제원자력기구 대변인은 이렇게 말했다. "우리 기관에서 그런 보고서를 발표한 적은 없다. 4년 동안 사찰이 없었는데 현재 이라크의 핵 상황을 안다고 말하는 사람이 있다면, 나는 그 사람들이 당신을 오도하고 있다고 말할 것이다. 왜냐하면 확실한 증거가 없기 때문이다." Mehdi Hasan, "Blair: Truth and Lies," *Guardian*, January 29, 2010에서 인용. 메디 하산Mehdi Hasan은 토니 블레어Tony Blair 영국 총리가 과거부터 유사한 패턴을 가지고 기만 행위를 해왔음을 기록했다. 총리는 활성화된 무기 프로그램이 확실히 ("의심의 여지가 없이") 존재한다고 주장했으나, 이는 영국 정보기관의 결론(증거가 "간헐적이고 단편적"이어서 확신할 수 없음)과 직접적으로 충돌한다. 블레어는 이후 모호한 사죄를 하면서도 "거짓말은 없었고, 속임수도 없었다."고 말했는데, 이 또한 거짓말이다. "Tony Blair: 'I Express More Sorrow, Regret and Apology Than You Can Ever Believe,'" *Guardian*, July 6, 2016. "Powell '01: WMDs Not 'Significant,'" CBS News, September 28, 2003. 2003년 파월은 유엔 안전보장이사회에서 "지금 이 순간의 엄중함은 이라크 대량살상무기가 세계에 가하는 위협의 엄중함과 같다. 이제 이 치명적인 무기 프로그램으로 주제를 돌려 이 무기가 왜 역내와 세계에 대한 실제적이고 즉각적인 위험인지 설명하겠다."라고 말했다. 그는 나중에 "나는 내 평가를 바꾸지 않았다."고 거짓으로 주장했다. "Lies and More Lies," *Outlook India*, February 3, 2022. 독재 정권이 **실제** 대량살상무기를 보유하고 있다고 하더라도 이를 이유로 전쟁을 통해 국민에게 고통을 가하는 것이 정당화될 수 있는지에 대한 논의는 거의 없었다. 또

한 후세인은 대량살상무기를 보유할 권리를 가질 수 없지만, 미국(민간인에게 베트남에서 화학무기를, 그리고 일본에서 핵무기를 반복적으로 사용한 국가)은 왜 보유할 권리를 가지는가에 대한 공개적인 토론도 분명히 없었다. 흥미롭게도 부시는 한때 다음과 같이 말했다. "해마다 사담 후세인은 대량살상무기를 제조하고 유지하기 위해 엄청난 노력을 하고, 막대한 자금을 투여하고, 큰 위험을 감수했다. 왜 그랬을까? 유일한 설명은, 그리고 그가 이 무기를 사용할 유일한 가능성은 지배, 위협 혹은 공격을 위한 것이다." 이라크가 이러한 무기를 보유하려 했던 유일한 이유가 지배, 위협, 공격이라면, 미국이 이러한 무기를 후세인보다 훨씬 더 많이 보유하고 있는 이유는 도대체 무엇일까 의문을 제기할 수 있다. 그러나 이는 미국 언론에서 결코 다뤄지지 않을 질문이다.

44 "In Their Own Words: Iraq's 'Imminent' Threat," Center for American Progress, 2004; "Iraq on the Record: The Bush Administration's Public Statements on Iraq," U.S. House of Representatives Committee on Government Reform, March 16, 2004; Jeffrey Lewis, "Rumsfeld on the Imminent Threat from Iraq," Arms Control Wonk, March 18, 2004; 《복스Vox》의 딜런 매슈스Dylan Matthews 기자는 보다 극악한 사례를 구체적으로 인용한다. Dylan Matthews, "No, Really, George W. Bush Lied About WMDs," *Vox*, July 9, 2016; Barton Gellman and Walter Pincus, "Depiction of Threat Outgrew Supporting Evidence," *Washington Post*, August 9, 2003.

45 "Official's Key Report on Iraq Is Faulted: 'Dubious' Intelligence Fueled Push for War," *Washington Post*, February 9, 2007. 기밀 자료인 2001년 9월 21일 자 일일 정보 보고서를 보면 "이라크가 알카에다와 상당한 협력 관계를 맺었다는 믿을 만한 증거는 거의 없다."는 내용이 부시 대통령에게 전달되었다는 사실을 알 수 있다. 그럼에도 불구하고 그는 국민들은 자신의 목소리만 듣고 정보 보고서 내용은 볼 수 없다는 사실을 알고 있었기에 향후 1년 반 동안 정반대의 주장을 반복했다.

46 Joseph Cirincione, "Let's Go to the Videotape," Carnegie Endowment for International Peace, March 22, 2006; "Communication from the President of the United States Transmitting a Report Consistent with the War Powers

Resolution That He Directed U.S. Armed Forces, Operating with Other Coalition Forces, to Commence Combat Operations on March 19, 2003, Against Iraq," March 21, 2003; "President Bush Announces Major Combat Operations in Iraq Have Ended," Office of the Press Secretary, White House, May 1, 2003.

47 Pollack, *The Threatening Storm*, xxi.

48 Mattathias Schwartz, "Secret 9/11 Memo Reveals Bush Rewriting the History of the 9/11 Attacks and the Warnings He'd Tuned Out," *Business Insider*, November 30, 2022; "O'Neill: Bush Planned Iraq Invasion Before 9/11," CNN, January 10, 2004; letter to William J. Clinton, Project for the New American Century, January 26, 1998.

49 전쟁의 명분이 위협 방지에서 이라크 국민을 위한 봉사로 바뀐 이후, 휴먼라이츠워치의 켄 로스Ken Roth는, 비록 이라크 국민을 위한다는 명분이 거짓이 아니라고 가정하더라도, 이 전쟁이 '인도주의적' 군사 행동으로 간주되기 위해 필요한 기준을 충족하지 못하는 이유에 대해 자세히 설명했다. "War in Iraq, Not a Humanitarian Intervention," Human Rights Watch, January 25, 2004. 대량살상무기를 찾지 못했음에도 불구하고, 부시는 거짓말을 하며 다음과 같이 정반대 주장을 했다. "우리는 대량살상무기를 찾았다. 우리는 생물학 실험실을 발견했다." 훗날 부시는 백악관 출입기자 만찬에서 꽁트를 했다. 그 자리에서 그는 대량살상무기를 찾지 못한 사실을 희화화했다. 그 꽁트에서 부시는 백악관을 이리저리 돌아다니며 이렇게 말했다. "대량살상무기가 여기 어디 있어야만 해." 아니면 "여기 아래에". 그 속임수로 인해 끔찍하고 폭력적인 죽음을 맞은 사람들의 숫자를 고려할 때, 그 꽁트는 "품위없고 경솔하다"고 평가받았다. David Teather, "Bush Jokes About Search for WMD, But It's No Laughing Matter for Critics," *Guardian*, March 26, 2004. "단 하나의 문제"에 대하여는 "President George Bush Discusses Iraq in National Press Conference," Office of the Press Secretary, March 6, 2003 참조; Augustus Richard Norton, "The United States in the Middle East: Grand Plans, Grand Ayatollahs and Dark Alleys," Middle East Policy Council, September 5, 2004.

50 Walter Pincus, "Skepticism About U.S. Deep, Iraq Poll Shows," *Washington Post*, November 12, 2003; "Poll: U.S. Are Occupiers, Not Liberators," *Al Jazeera English*, May 20, 2004; Tom Hayden, "What Iraqis Really Think About the Occupation," *Nation*, October 11, 2005; Jane Arraf, "Iraqi Parliament Votes to Expel U.S. Troops, Trump Threatens Sanctions," NPR, January 6, 2020.

51 Don van Natta, Jr., "U.S. Recruits a Rough Ally to Be a Jailer," *New York Times*, May 1, 2005; Matt Bivens, "Uzbekistan's Human Rights Problem," *Nation*, November 12, 2001.

52 Alison Langley, "Readying Relief for Iraqis," *New York Times*, February 17, 2003; Kenneth H. Bacon, "Iraq: The Humanitarian Challenge," *Bulletin of the Atomic Scientists*, January 1, 2003; Ed Vulliamy, Burhan Wazir, and Gaby Hinsliff, "Aid Groups Warn of Disaster in Iraq," *Guardian*, December 22, 2002.

53 "Powell to UN: Butt Out," *New York Post*, March 27, 2003; Peter W. Galbraith, *The End of Iraq: How American Incompetence Created a War Without End* (New York: Simon & Schuster, 2007), 142; Walter Gibbs, "Scowcroft Urges Wide Role for the UN in Postwar Iraq," *New York Times*, April 9, 2003.

54 David Rohde, "Iraqis Were Set to Vote, but U.S. Wielded a Veto," *New York Times*, June 19, 2003.

55 John D. Colgan, "Oil, Conflict, and U.S. National Interests," *International Security*, October 2013; 미국이 이라크를 침공하기로 결정함에 있어 석유가 어떤 역할을 했는지에 대한 균형 잡힌 논의는 Jane K. Cramer and A. Trevor Thrall, eds., *Why Did the United States Invade Iraq?* (New York: Routledge, 2012)에 수록된 John S. Duffield, "Oil and the Decision to Invade Iraq"에서 찾아볼 수 있다; "Address by President Carter on the State of the Union Before a Joint Session of Congress," January 23, 1980.

56 "Bush Says Iraqi Aggression Threatens 'Our Way of Life,'" *New York Times*, August 16, 1990; "Bush: Out of These Troubled Times, a New World Order,"

Washington Post, September 12, 1990. 조지 H. W. 부시는 다음과 같이 말했다. 원칙의 문제뿐만 아니라 "중요한 경제적 이해관계 역시 위험에 처했다. 이라크 자체만 하더라도 전 세계의 확인된 원유 매장량의 약 10퍼센트를 관할하고 있다. 이라크와 쿠웨이트를 합치면 그 두 배에 달한다. 이라크가 쿠웨이트를 집어삼킨다면 경제, 군사적 강대국이 될 뿐만 아니라 교만해져서 주변국들(세계 원유 매장량의 가장 큰 지분을 차지하는 주변국들)을 위협하고 강하게 압박할 것이다". "Address Before a Joint Session of the Congress on the Persian Gulf Crisis and the Federal Budget Deficit," September 11, 1990; John Abizaid, "Courting Disaster: The Fight for Oil, Water and a Healthy Planet," panel discussion, Stanford University, October 13, 2007; Richard Haass, *War of Necessity, War of Choice: A Memoir of Two Iraq Wars* (New York: Simon & Schuster, 2009), ebook. 하스는 이 사실이 "두 번의 [이라크] 전쟁(걸프전과 이라크 전쟁 – 옮긴이)이 원유 때문에 발생했다."는 주장을 뒷바침하지 않는다고 말한다. 그 이유는 "이 지역 내 원유에 대한 미국의 관심은 전략적 차원이지 … 금전적 이익을 얻기 위함이 아니"기 때문이라는 것이다. 그러나 그 관심이 본질적으로 '전략적' 성격을 띤다는 사실이 과연 전쟁이 원유와 '관련된' 것인가에 대한 질문에 영향을 주지는 않는다.

57 그러나 프럼은 또한 아마드 찰라비Ahmed Chalabi와 딕 체니를 만난 때를 이렇게 회상했다. "그와 체니는 긴 시간을 함께하며 이라크 내 친서방 정부 수립 가능성을 구상했다. 즉, 또 하나의 원유 공급원이자 불안정해 보이는 사우디아라비아에 대한 미국의 의존을 대체할 수 있는 대안"에 대한 구상이었다, Jillian Rayfield, "David Frum on Iraq: There Was No WH Debate," *Salon*, March 19, 2013에서 인용.

58 Pollack, *The Threatening Storm*, 152, 272.

59 Michael Moore, "Six Years Ago, Chuck Hagel Told the Truth About Iraq," *HuffPost*, January 5, 2013; Peter Beaumont and Joanna Walters, "Greenspan Admits Iraq Was About Oil, as Deaths Put at 1.2m," *Guardian*, September 16, 2007; Clarke, *Against All Enemies*.

60 Kim Cobb, "Writer Says Bush Talked About War in 1999," *Houston Chronicle*,

November 1, 2004.

61 Scott McClellan, "George W. Bush, the Great Pretender," *Sunday Times*, June 1, 2008.

62 Monica Prasad, "Republicans Play Dirty Because Republican Policies Are Unpopular," *Economic Sociology* 21, no. 2 (March 2020); Richard Perle, "Thank God for the Death of the UN," *Guardian*, March 20, 2003; Roger Owen, "War by Example," *Al-Ahram Weekly*, April 3-9, 2003; "Interview: Richard Perle," PBS, *Frontline*.

63 Thomas Ricks, Fiasco: *The American Military Adventure in Iraq, 2003–2005* (New York: Penguin Books, 2006), 87에서 인용.

64 Riverbend, *Baghdad Burning: Girl Blog from Iraq* (New York: Feminist Press at the City University of New York, 2005), 251; Kim Sengupta, "How the Iraq War Unleashed Jihad and the Rise of Isis," *Independent*, March 20, 2023. 전쟁을 일으킨 사람들은 세계를 불안정하게 만들었다는 사실을 결코 인정하지 않았다. 도널드 럼즈펠드는 그의 회고록에서 "그 지역에서 사담의 철권통치 정권을 제거하는 일이야말로 세계를 더욱 안정적이며 안전하게 만드는 일이었다."라고 주장했다.

65 Ben Terris, "George W. Bush's Wars Are Now Over. He Retreated a While Ago," *Washington Post*, September 1, 2021; Peter Schjeldahl, "George W. Bush's Painted Atonements," *New Yorker*, March 3, 2017; 조너선 올디Jonathan Alter 역시 "부시의 향수鄕愁는 과대평가되었지만, 그의 그림 모음집은 그렇지 않다."라는 제목의 《뉴욕 타임스》 화평畵評에서 부시는 "감동적이며 놀라울 정도로 능숙한 예술가"라는 점에 동의했다. "오직 미국에서만 전쟁범죄자가 새로운 밥 로스Bob Ross(화가 – 옮긴이)로 재탄생할 수 있다."고 마이클 무어Michael Moore는 비꼬았다.

66 우파 언론에서 심하게 비난받는 원칙주의 반전론자인 시핸은 버락 오바마를 "백악관의 전범"이라 칭하며 똑같이 비난했다, Stephen L. Carter, "Cindy Sheehan Antiwar Activism Continues Despite Being Used by the Democrats," *Daily Beast*, May 16, 2011; Anna Iovine, "The Iraqi Man

Who Threw His Shoes at George W. Bush Is a Twitter Hero for Today's Protesters," *Mashable*, June 4, 2020.

67 Robert D. McFadden, "Donald H. Rumsfeld, Defense Secretary During Iraq War, Is Dead at 88," *New York Times*, June 30, 2021; Eric Schmitt, "Colin Powell, Who Shaped U.S. National Security, Dies at 84," *New York Times*, October 18, 2021. "거짓말로 인류에 대한 주요 범죄를 정당화한 콜린 파월, 향년 84세로 사망"이라고 해야 보다 정확한 제목이 될 것이다. Benjamin Hart, "Paul Bremer Is Alive and Well and Teaching Skiing in Vermont," *New York*, March 2003; Emily Cochrane, "The Cheneys, Once Despised by the Left, Are Welcomed Warmly by Democrats at a January 6 Observance," *New York Times*, January 6, 2022.

68 Jonathan Snyder, "USS *Fallujah*: Future Navy Amphibious Assault Ship Will Honor Marine Battles in Iraq," *Stars and Stripes*, December 14, 2022; Nabil Salih, "U.S. Empire's Legacy: Fallujah and Football Played in a Graveyard," *Al Jazeera English*, January 5, 2023.

69 Peter Bergen and Paul Cruickshank, "The Iraq Effect: War Has Increased Terrorism Sevenfold Worldwide," *Mother Jones*, March 1, 2007; "Declassified Key Judgments of the National Intelligence Estimate on Global Terrorism," *New York Times*, September 27, 2006; Carter Malkasian, *The American War in Afghanistan: A History* (New York: Oxford University Press, 2021), 79.

70 J. M. Berger, *Jihad Joe: Americans Who Go to War in the Name of Islam* (Lincoln, NE: Potomac Books/Nebraska Press, 2011), 351. 2010년 타임스스퀘어의 차량 폭발 테러를 계획했던 서른 살의 파키스탄계 미국인은 자신이 "미국 정책에 대한 무슬림 세계의 반대 기조에 영향을 받았으며," 미국인들은 "세계 다른 나라 사람들이 죽어나가도 전혀 신경쓰지 않는다"고 말했다. 혹시라도 민간인이 사망하면 이를 어떻게 정당화할 수 있느냐는 질문을 받자, 그는 "미국 드론이 아프가티스탄과 이라크를 공격했을 때 … 여성도 죽었고, 어린이도 죽었고, 모두 죽었다."고 대답했다. "이것은 전쟁이다. … 내가 바로 무슬림 국가와 무슬림 사람들에게 테러를 자행하는 미국에 대한 대답이다. … 나는 미국

의 공격에 보복하는 것이다." 《뉴욕 타임스》는 비록 그가 "서방 세계에서 즐거운 삶을 영위하고 있었지만", 그의 "미국 대외 정책에 대한 반감은 9·11 이후에 커졌다"고 보도했다. 테러를 계획했던 다른 사람들도 유사한 증언을 한다. 2009년 뉴욕 지하철 폭탄 테러를 계획했던 아프가니스탄계 미국인 나지불라 자지Najibullah Zazi는 자신의 계획이 "미국이 아프가니스탄에서 자행한 일에 대한 나의 감정 때문"이라고 말했다. 2001년 12월 아메리칸 항공 여객기를 폭파하려 했던 "신발 폭탄 테러범" 리처드 리드Richard Reid 역시 비슷한 설명을 한다. 그는 자신이 "폭력적으로 변하게 된 동기는 미국 정부의 대외 정책 때문이며, 이러한 정책으로 인해 베트남으로부터 남아프리카, 아프가니스탄 및 팔레스타인에 이르기까지 전 세계 수천 명의 무슬림과 억압받는 사람들이 살해당하는 결과를 초래했다"고 말했다. 포트 후드(텍사스주 소재 미군 기지—옮긴이) 총격범 니달 하산Nidal Hasan은 "이라크와 아프가니스탄 전쟁에 대해 깊고도 공개적인 반대 입장"을 가지고 있었으며, '테러와의 전쟁이 곧 이슬람과의 전쟁인 이유'라는 파워포인트 프레젠테이션을 제작했다. "속옷 폭탄 테러범" 우마르 파루크 압둘무탈랍Umar Farouk Abdulmutallab은 자신의 행동이 이스라엘에 대한 미국의 지원 때문이라고 주장하며, "팔레스타인, 특히 가자지구 봉쇄로 인해 무고한 민간인 무슬림들이 살해당한 것에 대한 보복이자, 대부분 여성, 어린이, 비전투원이었던 예멘, 이라크, 소말리아, 아프가니스탄 등지의 무고한 민간인 무슬림들의 살해에 대한 보복" 차원이라고 말했다. 2013년 보스턴 마라톤 폭탄 테러에서 살아남은 범인은 조사관들에게 "이라크와 아프가니스탄에서의 미국의 전쟁이 자신과 형에게 테러를 일으킬 동기를 부여했다"고 말했다. 미국에 대한 폭력을 조장하는 설교를 하곤 했던 급진적 성직자 안와르 알아울라끼Anwar Al-Awlaki는 뉴멕시코에서 태어난 미국 시민이자 조지워싱턴 대학교 박사 과정 학생이었다. 알아울라끼(2011년 오바마 정부에 의해 사법 절차 없이 처형됨)는 "미국의 이라크 침공과 무슬림에 대한 지속적인 공격을 겪으면서 나는 미국에 사는 한 사람의 무슬림으로서의 삶을 누릴 수 없다는 결론에 이르게 되었고, 결국 미국에 대한 지하드는 모든 무슬림에게 의무인 것처럼 나에게도 의무라는 결론을 내리게 되었다."고 말했다.

5장 미국, 이스라엘 그리고 팔레스타인

1 Noam Chomsky, "Palestine 2012 – Gaza and the UN Resolution," Chomsky.info, 2012.

2 Ronald Reagan, "Remarks at the Welcoming Ceremony for Prime Minister Menachem Begin of Israel," September 9, 1981; Crossman quoted in Amy Kaplan, *Our American Israel: The Story of an Entangled Alliance* (Cambridge, MA: Harvard University Press, 2018), ebook.

3 Avi Shlaim, "Britain and the Arab-Israeli War of 1948," *Journal of Palestine Studies* 16, no. 4 (1987): 70; "Paper Prepared by the National Security Council Planning Board," July 29, 1958, *Foreign Relations of the United States, 1958–1960, Near East Region; Iraq; Iran; Arabian Peninsula, Vol. XII* (Washington, DC: U.S. Government Printing Office, 1956).

4 바이든은 특히 "이스라엘이 존재하지 않았다면 미국은 이 지역에서 국익을 보호하기 위해 이스라엘을 발명해야만 했을 것"이라고 말했다. M. Muhannad Ayyash, "Biden Says the U.S. Would Have to Invent an Israel if It Didn't Exist. Why?," TheConversation.com, July 24, 2023; Henry Jackson, *Congressional Record*, May 21, 1973, S9446.

5 이 절節에 나오는 모든 피해자 인용은 Maram Humaid, "'Blood, Body Parts, Screams': Gaza Reels After Israeli Strikes," *Al Jazeera English*, August 7, 2022에서 가져온 것이다.

6 예를 들어, Andrew Carey and Abeer Salman, "More Than 40 People Killed in Gaza in Weekend of Violence," CNN, August 7, 2022를 참조할 것. 이 기사는 수많은 가자지구 주민의 사망과 더불어 연료 부족, 정수 처리 시설 폐쇄, 가자지구 가정의 전기 부족 등 동반되는 인도주의적 위기를 언급하고 있다. 그러나 이스라엘의 가자지구 봉쇄 자체에 대해서는 언급하지 않는다.

7 2020년 현재, 이스라엘 공군은 "전투기 및 지상 공격기 324대를 보유하고 있으며 모두 미국산이다. 그 구성은 보잉 F-15 83대, 록히드마틴 F-16 224대, 록히드마틴 F-35 16대다. Salih Booker and William D. Hartung, "Israel's Military, Made in the USA," *Nation*, May 21, 2021.

8 Fawaz Turki, *The Disinherited: Journal of a Palestinian Exile* (New York: Monthly Review Press, 1972), ebook.

9 이스라엘 장윌Israel Zangwill은 1901년 "사람 없는 땅을 땅 없는 사람을 위해"라는 문구를 사용한 것으로 유명하다. 장윌은 후에 "팔레스타인 땅에는 이미 주민이 있다. 예루살렘 지역의 인구밀도는 이미 미국보다 두 배나 높다."고 인정했다. 장윌은, 따라서 "[우리는] 선조들이 그랬던 것처럼, 칼을 들어 이 땅에 이미 자리 잡고 있는 [아랍] 부족들을 몰아낼 준비를 하거나, 아니면 대부분 모하메드교도이고 수 세기 동안 우리를 경멸하는 데 익숙한 대규모 외래 민족 문제와 씨름할 준비를 해야 한다."고 결론 내렸다. 그리고 "두 민족의 나라가 되도록 허용하는 것은 완전히 어리석은 짓이다. … 유대인 혹은 그들의 이웃을 위한 다른 장소를 찾아야 한다."고 말했다. Nur Masalha, *Expulsion of the Palestinians: The Concept of "Transfer" in Zionist Political Thought, 1882–1948* (Beirut, Lebanon: Institute for Palestine Studies, 1992), 6, 10에서 인용; Benny Morris, *Righteous Victims: A History of the Zionist-Arab Conflict, 1881–1999* (New York: A. A. Knopf, 1999), 42에서 스밀란스키 인용. 베니 모리스Benny Morris는 (654쪽에서) "시온주의 지도자들과 정착민들"은 대체로 "아랍인과 '마주치지' 않으려고 애쓰며", 가급적 언급하지 않고 내버려두었다고 말한다. 그가 생각하기에, 이러한 행동은 부분적으로 "'원주민'을 아예 정신적으로 지워버리는 유럽 식민지배자의 일상적인 방식이자", 다른 한편으로는 '아랍 문제'라고 알려진 현실적 어려움에 직면하지 않기 위해서였기도 했고, 또 다른 한편으로는 팽창주의적 활동에 대한 '도덕적 의구심'에서 비롯된 '죄책감'을 피하려는 시도이기도 했다. *Kol Kitve Ahad Ha'am* (Tel Aviv: Hotsaat Dvir, 1947), 23, Edward W. Said and Christopher Hitchens, eds., *Blaming the Victims: Spurious Scholarship and the Palestinian Question* (London and New York: Verso, 1988), 216에 수록된 Rashid Khalidi, "Palestinian Peasant Resistance to Zionism Before World War I"에서 인용.

10 Hillel Zeitlin, "Ha-mashber" ("The Crisis"), *Ha-Zman* 3 (July-September 1905), Anita Shapira, *Land and Power: The Zionist Resort to Force, 1881–1948* (Redwood City, CA: Stanford University Press, 1999), 46에서 인용; Yitzhak Epstein,

"She'ela Ne'elama" ("A Hidden Question"), *Ha-Shilo*'ah 17 (November-April 1907/8), Shapira; letter from Yusuf Diya Pasha al-Khalidi, Pera, Istanbul to Chief Rabbi Zadok Kahn, March 1, 1899에서 인용, Central Zionist Archives, H1\ 197 [Herzl Papers], Rashid Khalidi, *The Hundred Years' War on Palestine* (New York: Metropolitan Books, 2020), 10에서 인용; Theodor Herzl, *Complete Diary*, ed., Raphael Patai, trans. Harry Zohn (New York: Herzl Press and T. Yoseloff, 1960), 1:88; Edward W. Said, *The Question of Palestine* (New York: Vintage, 1980), 13.

11 Vladimir Jabotinsky, "The Iron Wall," trans. L. Brenner, 1923.

12 William B. Quandt, Fuad Jabber, and Ann Mosely Lesch, eds., *The Politics of Palestinian Nationalism* (Berkeley: University of California Press, 1973), 12에 수록된 Ann Moseley Lesch, "The Palestine Arab Nationalist Movement Under the Mandate"에서 바이츠만 인용; Said, *The Question of Palestine*, 100에서 Joseph Weitz, My Diary and Letters to the Children (Masada: Ramat Gan, 1965), 2:181-82 인용; Morris, *Righteous Victims*, 654.

13 Khalidi, *The Hundred Years' War on Palestine*, 47에서 E. L. Woodward and R. Butler, eds., *Documents on British Foreign Policy, 1919–1939*, first series, 1919-1929 (London: Her Majesty's Stationery Office, 1952), 340-48 인용; Michael Cohen, *Churchill and the Jews 1900–1948* (New York: Routledge, 2003), 62-63; Isaiah Friedman, *The Question of Palestine: 1914–1918: British-Jewish-Arab Relations* (New York: Schocken Books, 1973), 7.

14 The King-Crane Commission Report, August 28, 1919.

15 Benny Morris, "Refabricating 1948," *Journal of Palestine Studies* 27, no. 2 (Winter, 1998), 86에서 인용된 Masalha, *Expulsion of the Palestinians*; Protocol of the Meeting of the Jewish Agency Executive with the Political Committee of the Zionist Actions Committee (June 2, 1938), CZA 참조; Masalha, "A Critique of Benny Morris," *Journal of Palestine Studies* 21, no. 1 (Autumn 1991), 92에 수록된 Benny Morris, article in *Ha'aretz*, May 9, 1989 인용; 〈재구성 1948년Refabricating 1948〉에서 모리스는 "시온주의 운동 지도자

들 다수가" 강제 이주(인종 청소의 일환)를 지지한 "산더미 같은 증거"가 있다고 말한다. Benny Morris, *The Birth of the Palestinian Refugee Problem Revisited* (Cambridge, UK: Cambridge University Press, 2004) 2장에 수록된 심층적 논의 역시 참조할 것.

16 Vincent Sheean, *Personal History* (New York: Doubleday, Doran & Co., 1935, Walid Khalidi, ed., *From Haven to Conquest* [Institute for Palestine Studies, Beirut, 1971]에서 일부 절節 재인쇄). Theodor Herzl, *The Jewish State* (New York: American Zionist Emergency Council, 1946), 15; 헤르츨은 또한 그 국가가 "아시아에서 유럽을 위한 방어벽"이 될 것으로 예상했다. Amira Hass, "Barak's Jargon Is Identical to That of Gush Emunim," *Haaretz*, December 21, 1999; Said, *The Question of Palestine*, 8.

17 대신, 아랍 고위 위원회Arab High Committee는 "모든 유대인 및 기타 소수민족의 정당한 권리를 보호하고 영국의 합리적인 이익을 보장하는" 독립적인 팔레스타인을 요구했다, Sumantra Bose, *Contested Lands: Israel-Palestine, Kashmir, Bosnia, Cyprus, and Sri Lanka* (Cambridge, MA: Harvard University Press, 2007), 223-24에서 인용.

18 Khalidi, *The Hundred Years' War on Palestine*, 34에서 Filastin (May 19, 1914) 특별호, 1 인용; Abba Eban, *Personal Witness: Israel Through My Eyes* (New York: Putnam, 1992), 49-50.

19 Morris, *Righteous Victims*, 136-37; Rashid Khalidi, interview with *Current Affairs*, July-August 2022; "The Case Against a Jewish State in Palestine: Albert Hourani's Statement to the Anglo-American Committee of Enquiry of 1946," *Journal of Palestine Studies* 35, no. 1 (2005-2006), 80-90. 초기 시오니즘의 확장주의적 성격과 팔레스타인 아랍인들이 분할을 "징검다리"로 두려워한 이유에 대해서는, Jerome Slater, *Mythologies Without End: The U.S., Israel, and the Arab-Israeli Conflict, 1917–2020* (New York: Oxford University Press, 2020)의 3장 논의 참조.

20 팔레스타인 사람들의 이탈을 자발적인 것으로 호도하려는 시도가 있었지만, 이러한 주장은 근거가 없다. 베니 모리스는 "무엇보다도 … 난민 문제는 아랍

마을과 도시에 대한 유대인 군대의 공격과 이러한 공격에 대한 주민들의 두려움에서 비롯되었다. 여기에 더해 추방, 잔혹 행위, 잔혹 행위에 대한 소문, 그리고 1948년 6월 난민 귀환을 금지하기로 한 이스라엘 내각의 결정이 문제를 복잡하게 만들었다."고 언급하며, 팔레스타인 사람들은 "처참한 상태가 되어 약 70만 명이 망명으로 내몰리고 또 다른 15만 명은 이스라엘 통치하에 남겨졌다."고 설명한다. 팔레스타인 사람들이 자발적으로 도망쳤다고 하더라도, 이 사실이 그들의 귀환이나 재산권 반환 요구를 차단하는 정당한 이유가 되는지는 불분명하다. 벤구리온은 1948년 이렇게 말했다. 난민 귀환은 "반드시 막아야 한다. … 어떤 대가를 치르더라도." "우리는 그들의 재입국을 좌절시켜야 한다. … 나는 또한 전쟁 이후 그들의 재등장을 막는 것을 지지하겠다," Yoav Gelber, *Palestine 1948: War, Escape, and the Emergence of the Palestinian Refugee Problem* (Liverpool, UK: Liverpool University Press, 2006), 283.

21 Mark Tessler, *A History of the Israeli-Palestinian Conflict* (Bloomington: Indiana University Press, 2009), 298에서 샤레트 인용; "인간 먼지"란 표현은 Avi Shlaim, *Collusion Across the Jordan: King Abdullah, the Zionist Movement, and the Partition of Palestine* (Oxford: Clarendon Press, 1988), 491에서 인용.

22 Ari Shavit, "Interview with Ehud Barak," *Haaretz*, February 2, 2001; Simha Flapan, *Zionism and the Palestinians* (New York: Harper & Row, 1979), 141-42에서 David Ben-Gurion, "Speech at the Mapai Political Committee," June 7, 1938 인용. 벤구리온은 또한 다음과 같이 말했다. "만약 내가 아랍 지도자라면, 나는 이스라엘과 절대 합의하지 않겠다. 이는 당연하다. 우리가 그들의 나라를 빼앗았기 때문이다. 신께서 우리에게 이 땅을 약속하신 것은 분명하나, 그 사실이 아랍인들에게 무슨 상관이겠는가? 우리의 신은 그들의 신이 아니다. 반유대주의 정서, 나치, 히틀러, 아우슈비츠 등 여러 일들이 있었지만, 그것이 아랍인들의 잘못인가? 그들은 오직 한 가지 사실만 본다. 우리가 와서 그들의 나라를 빼앗았다는 사실 말이다. 왜 그들이 이를 받아들이겠는가?", *Le Paradoxe Juif (The Jewish Paradox)* (New York: Grosset & Dunlap, 1978), 121에서 나훔 골드만Nahum Goldmann에 의해 인용.

23 Frank Giles, "Golda Meir: 'Who Can Blame Israel,'" *Sunday Times*, June 15,

1969, 12. 일부는 이스라엘 건국 당시 팔레스타인에 거주하던 아랍인들이 최근에 이주해온 사람들이라는 것을 암시하기 위해 증거를 조작하기도 했다. *Image and Reality of the Israel-Palestine Conflict* (London and New York: Verso, 2003)에 수록된 Norman G. Finkelstein, "A Land Without a People: Joan Peters' 'Wilderness' Image" 참조. 팔레스타인 사람들은 팔레스타인에 살았을지라도 "팔레스타인 정체성"을 가지지 않았다고 주장하는 사례는 흔하다. (이는 곧 그들이 민족 자결권을 가질 자격이 없다는 것을 암시한다.) 아이러니하게도, 시온주의 프로젝트는 단순히 유대인을 위한 땅을 확보하려는 노력이었을 뿐만 아니라, 새로운 민족 정체성을 구축하려는 노력이기도 했다. Slater, *Mythologies Without End*, 108에서 인용된 이스라엘 신문 *Yediot Aharanot*, October 17, 1969에서 베긴 인용.

24 "Israel's Occupation: 50 Years of Dispossession," Amnesty International, June 7, 2017.

25 Carollee Bengelsdorf, Margaret Cerullo, and Yogesh Chandrani, eds., *The Selected Writings of Eqbal Ahmad* (Pakistan: Oxford University Press, 2006), 313에 수록된 Eqbal Ahmad, "Pioneering in the Nuclear Age: An Essay on Israel and the Palestinians"; Morris, *Righteous Victims*, 341. 점령지에서의 일상은 Nathan Thrall, *A Day in the Life of Abed Salama* (New York: Metropolitan Books, 2023)에 잘 묘사되어 있다.

26 이번 이스라엘의 철수는 팔레스타인 자치권을 인정하는 선의의 조치는 아니었다. 당시 총리였던 아리엘 샤론의 측근이자 협상 및 이행을 담당했던 도브 바이스글라스는 《하레츠Haaretz》 신문에 그 조치에 담긴 냉소적인 계산을 다음과 같이 설명했다. "철수 계획이 의미하는 바는 평화 프로세스의 동결이다. 평화 프로세스를 동결시키면 팔레스타인 국가 수립을 막을 수 있을 뿐만 아니라, 난민, 국경 및 예루살렘에 대한 논의도 차단할 수 있다. 팔레스타인 국가라고 불리는 이 패키지는 그에 수반되는 모든 사안을 포함하여 전체가 우리의 관심사에서 무기한 사라져버린다. 그리고 이 모든 것은 승인과 허가를 받은 것이다. 모든 것이 [미국] 대통령의 축복과 양원 의회의 비준을 받았다. … 철수는 사실상 포름알데히드(방부제의 일종으로, 여기서는 정치적 프로

세스의 진전을 막는다는 의미 – 옮긴이)다. 철수는 팔레스타인에서 정치적 프로세스가 진행되지 않도록 필요한 만큼의 포름알데히드를 주입하는 역할을 한다." 군사적 철수에도 불구하고, 봉쇄 상태를 유지한다는 점은 유엔이 가자지구를 여전히 점령된 영토로 간주한다는 것을 의미한다. 이스라엘 언론인 기드온 레비Gideon Levy가 지적하듯, 고려해야 할 사안은 이스라엘이 군대를 외부에 주둔시키면서 가자지구를 통제하는지 아니면 내부에 배치한 군대로 통제하는지가 아니라, 이스라엘의 행위가 가자지구 내에서 어떤 상황을 초래할 것인지다. 즉, "점령자가 외부에서 통제하는 것이 더 편리하다는 사실은 점령된 사람들의 견딜 수 없는 생활 조건과는 아무런 관련이 없다."는 것이다. Gideon Levy, *The Punishment of Gaza* (London and New York: Verso, 2010).

27 "Gaza in 2020: A Liveable Place?," United Nations Relief and Works Agency for Palestine Refugees in the Near East, 2012. 심지어 보수당 출신 데이비드 캐머런David Cameron 영국 총리도 가자지구를 "감옥 같은 수용소"라고 묘사했다, Nicholas Watt and Harriet Sherwood, "David Cameron: Israeli Blockade Has Turned Gaza Strip into a 'Prison Camp,'" *Guardian*, July 27, 2010. 이스라엘 인권 단체 베첼렘은 2005년 해당 지역이 "거대한 감옥"이 되었다고 말하며, 이스라엘의 "정책으로 인해 인권(이동의 자유, 가족 생활, 건강, 교육, 노동권) 마저도 이스라엘이 인색하게 제공하는 '인도주의적 제스처'로 전락했다"고 밝혔다, "One Big Prison: Freedom of Movement to and from the Gaza Strip," B'Tselem.org, 2005; Conal Urquhart, "Gaza on Brink of Implosion as Aid Cut-Off Starts to Bite," *Guardian*, April 15, 2006에서 바이스글라스 인용.

28 Juan Cole, "Top 10 Myths About Israel's Attack on Gaza," *Arab American News*, November 23, 2012. 후안 콜은 "Gaza's Children: Falling Behind, the Effect of the Blockade on Child Health in Gaza," Save the Children, 2012를 인용하고 있다; "Trapped: The Impact of 15 Years of Blockade on the Mental Health of Gaza's Children," Save the Children, 2022; "Gaza Children Living in 'Hell on Earth,' UN Chief Says, Urging Immediate End to Fighting," UN News, May 20, 2021; Rajaie Batnijii, "Searching for Dignity," *Lancet* 380, issue 9840 (August 4, 2012): 466-67.

29 Suzanne Goldenberg, "U.S. Plotted to Overthrow Hamas After Election Victory," *Guardian*, March 3, 2008; Levy, *The Punishment of Gaza*. 힐러리 클린턴은 미국이 선거 결과에 영향을 미칠 수 없다면 팔레스타인 선거가 열리도록 허용하지 말았어야 했으며, "만약 우리가 선거를 추진하려 했다면, 누가 승리할지 결정할 수 있도록 확실하게 무슨 조치를 취했어야 했다."고 말했다. "Recording Released of Clinton Suggesting Rigging 2006 Palestinian Election," *Jerusalem Post*, October 29, 2016. 캐스트 리드 작전 중 사용된 극단적인 폭력에 대해서는, "Breaking the Silence: Soldiers' Testimonies from Operation Cast Lead, Gaza, 2009" 참조, 이 보고서는 "인구 밀집 지역에서의 백린탄 사용, 이스라엘군에 대한 직접적인 위협과 무관한 건물의 대규모 파괴, 무고한 사람들의 희생을 초래한 느슨한 교전규칙" 및 "미친" 수준의 대규모 화력 사용을 기록하고 있다. Norman G. Finkelstein, *Gaza: An Inquest into Its Martyrdom* (Berkeley: University of California Press, 2018) 역시 참조할 것. 보충적으로 이 시기에 대하여 자세한 내용을 알고 싶으면, Noam Chomsky, "Ceasefires in Which Violations Never Cease: What's Next for Israel, Hamas, and Gaza?," TomDispatch, September 9, 2014 참조; Noam Chomsky, "Guillotining Gaza," InformationClearingHouse.info, July 30, 2007; Noam Chomsky, interview by Solomon Eppel and Tushar Khadloya, "Contradictions in U.S. Foreign Policy," *Brown Journal of World Affairs* 14, no. 2 (Spring/Summer 2008): 229-39.

30 Sara Roy, "A Deliberate Cruelty: Rendering Gaza Unviable," Said Memorial Lecture, 2012; Sara Roy, *Unsilencing Gaza: Reflections on Resistance* (London: Pluto Press, 2021) 역시 참조할 것.

31 "Desmond Tutu: Israel Guilty of Apartheid in Treatment of Palestinians," *Jerusalem Post*, March 10, 2014; Hirsh Goodman, *Let Me Create a Paradise, God Said to Himself: A Journey of Conscience from Johannesburg to Jerusalem* (New York: PublicAffairs, 2009), 78; 허시 굿맨Hirsh Goodman은 1967년 벤구리온의 라디오 연설을 회상하고 있다; "In 1976 Interview, Rabin Likens Settler Ideologues to 'Cancer,' Warns of 'Apartheid,'" *Times of Israel*, September 25,

2015. "Olmert Warns of 'End of Israel,'" BBC News, November 29, 2007. 법적으로 인정된 이스라엘의 국경 내에서도 이스라엘 국적의 아랍인에 대한 심각한 차별이 존재하지만, 이는 아파르트헤이트 수준에 이르지는 않았다. 이 점이 때때로 이스라엘이 아파르트헤이트를 시행하지 않는다는 증거로 잘못 이용되곤 한다.

32 Tom Perry, "Israel Is Imposing 'Apartheid Regime' on Palestinians, UN Agency Says," *Independent*, March 16, 2017; Mehdi Hasan, "Top Israelis Have Warned of Apartheid, so Why the Outrage at a UN Report?," *Intercept*, March 22, 2017.

33 "A Threshold Crossed: Israeli Authorities and the Crimes of Apartheid and Persecution," Human Rights Watch, April 27, 2021.

34 "Israel's Apartheid Against Palestinians: A Look into Decades of Oppression and Domination," Amnesty International, February 2022; "A Regime of Jewish Supremacy from the Jordan River to the Mediterranean Sea: This Is Apartheid," B'Tselem.org, January 12, 2021.

35 팔레스타인 사람들에게는 이스라엘의 "존재할 권리"를 인정하라는 일관된 요구가 있는 반면, 이스라엘이 팔레스타인의 "존재할 권리"를 인정해야 한다는 요구는 없다는 점에 주목해야 한다. 더 나아가 팔레스타인 사람들에게든 혹은 그 누구에게든 이스라엘의 "존재할 권리"를 받아들이라고 요구하는 것은 국제사회의 그 어떤 국가에게도 주어지지 않은 특권을 이스라엘에게 부여하는 것이다. 국가는 승인받을 수는 있지만, 어떤 국가도 "존재할 권리"를 부여받지는 않는다. 이스라엘의 경우, 이는 팔레스타인인에게 자신들의 강제 추방이 정당하다고 인정하라는 것과 같다. 마치 정복을 통해 미국이 차지한 멕시코 영토의 절반에 대해 멕시코가 미국의 존재할 권리를 인정해야 한다고 요구하는 것과 마찬가지다. 멕시코인은 이를 받아들일 수 없으며, 또 받아들여서도 안 된다. 전 세계 대부분 국경은 정복의 결과다. 국경은 인정되지만, 그 정당성까지 인정하라고 요구하는 경우는 없다. 특히 쫓겨난 사람들에게 이를 인정하라고 요구하지는 않는다.

36 "유대와 사마리아"는 이스라엘이 팔레스타인 점령지인 서안지구를 지칭하는

용어다.

37 Israeli Government Election Plan, Jerusalem, May 14, 1989, 워싱턴 주재 이스라엘 대사관에서 배포한 공식 문서, the *Journal of Palestine Studies* XIX, no. I (Autumn 1989): 145-48에 재수록; Yitzhak Rabin, "Speech to Knesset on Ratification of Oslo Peace Accords," October 5, 1995; Liel Leibovitz, "Fibi Netanyahu," *Tablet*, July 15, 2010. 네타냐후는 녹화되고 있다는 사실을 모른 채 연설하고 있었다. 그는 자신의 방법을 설명했다. "선거 전에, 그들이 내게 [오슬로 협정을] 준수할 것인지 질문했습니다. 그러겠다고 말했지만 … 나는 1967년 경계선으로 급격히 복귀하려는 흐름을 종식시킬 수 있는 방식으로 그 협정을 해석할 것입니다. 우리가 어떻게 그 일을 해냈는데요? 아무도 군사 구역이 무엇인지 정의하지 않았습니다. 정의된 군사 구역은 안보 구역입니다. 내가 보기에는 요르단 계곡 전체가 정의된 군사 구역입니다. 가서 논쟁해보세요." 비디오에서 그는 또한 팔레스타인 사람들을 다루는 방법은 "한 번이 아니라 반복적으로 그들을 때리고, 견딜 수 없을 정도로 아플 때까지 때리는 것"이라고도 말한다. Michael Hirsh and Colum Lynch, "The Long Game of Benjamin Netanyahu," *Foreign Policy*, April 9, 2019; 인용문은 네타냐후의 입장을 마이클 허시Michael Hirsh와 콜럼 린치Colum Lynch가 표현을 바꿔 쓴 것이다. "Netanyahu: No Palestinian State on My Watch," *Times of Israel*, March 16, 2015. 그는 또한 다음과 같이 말했다. "나는 1967년 경계선으로 돌아가기로 동의한 적이 없고, 귀환권을 인정하는 것에 동의한 적이 없으며, 요르단 계곡에서의 우리의 존재를 포기하는 것에 동의한 적이 없습니다. 결코." "Netanyahu Agreed to Withdraw to '67 Lines, Document Confirms," *Haaretz*, March 8, 2015. "Likud—Platform," 1999; 당 강령은 "팔레스타인의 일방적인 국가 수립 선언"이 있을 경우 "엄격한 조치"를 취할 것을 약속하고 있다. Ron Pundak, "From Oslo to Taba: What Went Wrong?," *Survival* 43, no. 3 (Autumn 2001), 33; David Matz, "Why Did Taba End? (Part 2)," *Palestine-Israel Journal* 2, no. 3 (2003); 마지막 기자회견에서 양측은 "합의 도달까지 그 어느 때보다 가까워졌으며, 따라서 이스라엘 선거 후 협상이 재개되면 남은 격차를 좁힐 수 있다는 것이 우리의 공통된 믿음"이라고 선언하는

공동성명을 발표했다.

38 Reuven Pedatzur, "No One Is Blameless," *Haaretz*, February 25, 2005.

39 Greg Myre, "4 Israeli Ex-Security Chiefs Denounce Sharon's Hard Line," *New York Times*, November 15, 2003; Joel Greenberg, "Yeshayahu Leibowitz, 91, Iconoclastic Israeli Thinker," *New York Times*, August 19, 1994.

40 Moshe Gorali, "'The Lines Between Good and Evil Have Blurred,'" *Haaretz*, March 31, 2004; Morris, *Righteous Victims*, 342. Reuven Pedatzur, review of Akiva Eldar and Idit Zartel, *Adonei Ha'aretz (Lords of the Land), Ha'aretz*, February 21, 2005에서 엘다르와 자르텔 인용.

41 "U.S. Foreign Aid to Israel," Congressional Research Service, February 18, 2022; Josh Ruebner, Salih Booker, and Zaha Hassan, "Bringing Assistance to Israel in Line with Rights and U.S. Laws," Carnegie Endowment for International Peace, May 12, 2021.

42 《뉴욕 타임스》가 야세르 아라파트Yasser Arafat를 묘사할 때 사용한 표현.

43 Jacob Magin, "UN Panel Votes 163-5 in Support of Palestinian Statehood, End of Occupation," *Times of Israel*, November 20, 2020.

44 Elaine Sciolino, "Self-Appointed Israeli and Palestinian Negotiators Offer a Plan for Middle East Peace," *New York Times*, December 2, 2003; "From Oslo to Taba: What Went Wrong?," 41; Aaron David Miller, *The Much Too Promised Land: America's Elusive Search for Arab-Israeli Peace* (New York: Bantam Books, 2008), 243. 2005년, 밀러는 "나를 포함한 미국 관리 다수가 아랍·이스라엘 평화 구축 과정에 참여하면서 이스라엘의 변호사 역할을 하고, 이스라엘 측에 영합하고, 협력한 결과 성공적인 평화 협상을 이뤄내지 못했다"고 인정했다. Aaron David Miller, "Israel's Lawyer," *Washington Post*, May 23, 2005. John Crowley, "Israel Rejects Arab Peace Initiative," *Telegraph*, March 29, 2007; Barak Ravid, "Netanyahu: Israel Will Never Accept Arab Peace Initiative as Basis for Talks with Palestinians," *Haaretz*, June 13, 2016.

45 Shlomo Shamir, "United States Vetoes Anti-Israel Security Council Resolution," *Haaretz*, March 26, 2004.

46 Barack Obama, Speech to AIPAC, March 4, 2012; Ben Rhodes, *The World as It Is: A Memoir of the Obama White House* (New York: Random House, 2018), 162-63; Jeffrey Goldberg, "Obama to Iran and Israel: 'As President of the United States, I Don't Bluff,'" *Atlantic*, March 2, 2012.

47 Adam Entous, "The Maps of Israeli Settlements That Shocked Barack Obama," *New Yorker,* June 11, 2018; Natasha Mozgovaya, "Lieberman Praises Obama's UN General Assembly Speech," *Haaretz*, September 21, 2011, Rashid Khalidi, *Brokers of Deceit* (Boston: Beacon Press, 2014), 145에서 인용. 리에베르만의 인종차별에 대한 자세한 내용은 Samah Salaime, "This Election, Lieberman's Racism Is Going Mainstream," *+972 Magazine,* January 17, 2015 참조; David Gardner, "Israeli Hardliners Sense an Opportunity in Donald Trump's Victory," *Financial Times*, December 7, 2016.

48 "Greenlighting De Facto Annexation: A Summary of Trump's Impact on the Settlements," Peace Now, September 11, 2020; Slater, *Mythologies Without End*, 595.

49 Slater, *Mythologies Without End*, 338; "Kushner: Palestinians Showing They Aren't Ready for Statehood," *Times of Israel*, January 29, 2020; Jonathan Swan, "Kushner Uncertain Palestinians Are Capable of Governing Themselves," *Axios*, June 2, 2019. 특히, 쿠슈너는 오바마가 "이스라엘을 홀대하고 팔레스타인에게 모든 것을 주려 했다"는 생각을 가지고 있었는데, 이는 트럼프 행정부가 팔레스타인에게 얼마나 적게 주려 했는지를 잘 보여준다. 왜냐하면 오바마는 그들에게 정확히 아무것도 주지 않았기 때문이다. Adam Entous, "Donald Trump's New World Order," *New Yorker*, June 11, 2018.

50 Alexander Ward, Nahal Toosi, and Jonathan Lemire, "The One Word Biden Won't Say in Israel," *Politico*, July 13, 2022.

51 이스라엘이 가자지구 내에 "출입 금지 구역"을 선포할 수 있다는 사실은 해당 지역을 점령하지 않았다는 이스라엘의 주장을 약화시킨다는 점에 주목해야 한다. 유엔 인도주의 업무조정국UN Office for the Coordination of Humanitarian Affairs은 이스라엘이 "실탄 사격, 토지 평탄화, 재산 파괴, 체포 및 장비 압수"

등의 방법을 통해 가자지구 내에서 이러한 "접근 제한 구역Access Restricted Areas" 제도를 시행한다고 지적한다. "2015 Overview: Movement and Access Restrictions," UNOCHA 참조.

52 "Report of the Independent International Commission of Inquiry on the Protests in the Occupied Palestinian Territory," United Nations Human Rights Council, 2019, 11.

53 Rosie Perper, "120 Countries Voted to Condemn Israel for Using 'Excessive' Force in Gaza Clashes That Killed over 100 People," *Business Insider*, June 13, 2018; Report of the Independent International Commission of Inquiry.

54 Noa Landau, "UN Council: Israel Intentionally Shot Children and Journalists in Gaza," *Haaretz*, February 28, 2019.

55 Isabel Kershner and David M. Halbfinger, "Israelis Reflect on Gaza: 'I Hope at Least That Each Bullet Was Justified,'" *New York Times*, May 15, 2018; Declan Walsh and Isabel Kershner, "After Deadly Protests, Gazans Ask: What Was Accomplished?," *New York Times*, May 18, 2018; Shmuel Rosner, "Israel Needs to Protect Its Borders. By Whatever Means Necessary," *New York Times*, May 18, 2018. 외부 필자 기고 면op-ed에 제기된 주장에 대한 심층 분석을 원한다면, Nathan J. Robinson, "Propaganda 101: How to Defend a Massacre," *Current Affairs*, May 21, 2018 참조.

56 "UN General Assembly Urges Greater Protection for Palestinians, Deplores Israel's 'Excessive' Use of Force," *UN News*, June 13, 2018.

57 펜실베이니아주 민주당 상원의원 존 페터먼John Fetterman은 "이스라엘의 안보를 강화하고 증진시키는 일이나 미국과 이스라엘의 관계를 심화시키는 사안을 지지해야 하는 상황에 닥칠 때마다 나는 적극적으로 나설 것이다."라고 말했다. 2021년, 미국 민주사회주의자협회Democratic Socialists of America 회원들은 회원인 저말 보먼Jamaal Bowman 하원의원이 이스라엘에 대한 지속적인 군사 지원에 찬성표를 던지자 그의 제명을 고려했다. 그럼에도 불구하고, 친이스라엘 아메리카Pro-Israel America(친 이스라엘 정책을 지원하는 미국의 로비 단체 – 옮긴이)의 국장은 보먼이 이스라엘 문제에 대해 "신뢰할 수 없으며", "증오에 찬"

의제를 지지한다고 그를 비난했다.

58 Bret Stephens, "Ilhan Omar Knows Exactly What She Is Doing," *New York Times*, March 7, 2019; Liam Quinn, "Meghan McCain Slams Rep. Ilhan Omar's 'Blatantly Anti-Semitic Rhetoric' Amid Bitter Twitter Spat," Fox News, March 8, 2019; Kevin D. Williamson, "Anti-Semitism's Collaborators," *National Review*, March 6, 2019.

59 작가 타네히시 코츠Ta-Nehisi Coates는 점령지 방문 후 비슷한 깨달음을 얻었다고 묘사했다. 복잡한 갈등으로 묘사된 상황이 실제로는 매우 단순하다는 것을 알게 되었다. "내가 가장 충격받은 사실이 있다. 이스라엘과 팔레스타인의 갈등에 대해 내가 읽은 모든 논평 혹은 보도에서 … 항상 등장하는 단어가 '복잡성'이다. … 그래서 나는 옳고 그름을 분별하기 어려운 상황, 도덕적 판단을 내리기 어려운 상황, 이해하기 어려운 갈등이 존재하는 상황을 예상했다. [하지만] 나는 그곳에서 무슨 일이 일어나고 있는지 즉시 이해할 수 있었다. … 그리고 그것은 상당히 익숙한 광경이었다. 다시 말해, 그곳은 이동도 제한되고, 투표권도 제한되고, 물을 사용할 권리도 제한되고, 주거권도 제한되는 지역이었다. 그리고 이 모든 제한은 모두 민족을 기준으로 이루어지고 있었다. 그곳에서 보낸 시간 동안 가장 충격적었던 점은 그곳 상황이 실제로 전혀 복잡하지 않았다는 사실이었다."

60 "The Perle-Chomsky debate," Ohio State University, 1988.

61 "Israeli Forces Open Fire to Stop People Returning to North Gaza," *Al Jazeera English*, November 24, 2023.

62 Maayan Lubell et al., "Israel Vows 'Mighty Vengeance' After Surprise Attack," Reuters, October 7, 2023; "Gaza: 3,195 Children Killed in Three Weeks Surpasses Annual Number of Children Killed in Conflict Zones Since 2019," Save the Children International, October 29, 2023; Nicholas Kristof, "So Many Child Deaths in Gaza, and for What?," *New York Times*, December 6, 2023; Allegra Goodwin, et al., "Infants Found Dead and Decomposing in Evacuated Hospital ICU in Gaza," CNN, December 8, 2023. 이스라엘군은 철수하는 의료진에게 영아들을 위해 구급차를 보내주겠다고

약속했지만, 지켜지지 않았다.

63 "'Are You Seriously Asking Me About Palestinian Civilians?': Ex-Israeli PM," *TRT World*, October 2023.

64 Yuval Abraham, "'A Mass Assassination Factory': Inside Israel's Calculated Bombing of Gaza," *+972 Magazine*, November 30, 2023; Yuval Abraham, "'Lavender': The AI Machine Directing Israel's Bombing Spree in Gaza," *+972 Magazine*, April 3, 2024. 이스라엘이 명백한 군사적 목적 없이 민간 기반 시설을 공격한 구체적인 사례는 다수 존재한다, "Gaza: Israeli Strike Killing 106 Civilians an Apparent War Crime," Human Rights Watch, April 4, 2024 등을 참조할 것.

65 John Paul Rathbone, "Military Briefing: The Israeli Bombs Raining on Gaza," *Financial Times*, December 5, 2023; Julian Borger, "Civilians Make Up 61% of Gaza Deaths from Airstrikes, Israeli Study Finds," *Guardian*, December 9, 2023; "'Pallywood Propaganda': Pro-Israeli Accounts Online Accuse Palestinians of Staging Their Suffering," France 24, November 21, 2023. Omar Shakir, "While a Fire Rages in Gaza, the West Bank Smolders," Human Rights Watch, November 22, 2023.

66 Ryan Grim, "Netanyahu's Goal for Gaza: 'Thin' Population 'to a Minimum,'" *Intercept*, December 3, 2023; Aurora Almendral and Yasmine Salam, "A Forced Exodus from Gaza to Egypt? Israeli 'Concept Paper' Fuels Outrage," NBC News, November 2, 2023; "PM Warns Ministers to Pipe Down After Comments on New 'Nakba' and Nuking Gaza," *Times of Israel*, November 12, 2023; "Israel's Unfolding Crime of Genocide of the Palestinian People & U.S. Failure to Prevent and Complicity in Genocide," Center for Constitutional Rights, October 8, 2023; Neil Vigdor, "Republican Congressman Says of Gaza: 'It Should Be Like Nagasaki and Hiroshima,'" *New York Times*, March 31, 2024. 이와 같은 인용은 넘쳐난다. 더 자세한 내용은 Nathan J. Robinson, "My Date with Destiny," *Current Affairs*, March 28, 2024 참조.

67 "Former Israel General Says 'Severe Epidemics' in Gaza Would Help Israel

Win the War," *Middle East Eye*, November 21, 2023; Gretchen Stenger, "Infectious Disease Specialist with UVA Health Explains Effects of Water Crisis in Gaza," CBS-19 News, April 1, 2024.

68 Mitchell McCluskey and Richard Allen Greene, "Israel Military Says 2 Civilians Killed for Every Hamas Militant Is a 'Tremendously Positive' Ratio Given Combat Challenges," CNN, December 6, 2023; Yaniv Kubovich, "Israel Created 'Kill Zones' in Gaza. Anyone Who Crosses into Them Is Shot," *Haaretz*, March 31, 2024; @DavidKlion, Twitter (X) post, December 22, 2023, https://twitter.com/DavidKlion/status/1738387640817197241.

69 Steve Holland and Jeff Mason, "U.S. Not Drawing Red Lines for Israel, White House Says," Reuters, October 27, 2023, 바이든은 나중에 이를 수정하며 라파를 침공하면 "레드라인"을 넘는 것이라고 말했다. 그럼에도 불구하고 이스라엘은 라파를 침공했고, 미국은 이를 "레드라인"을 넘은 것은 아니라고 말을 바꿨다; Benjamin Q. Huỳnh et al., "No Evidence of Inflated Mortality Reporting from the Gaza Ministry of Health," *Lancet*, vol. 403, 10421 (2024): 23-24; "U.S. State Dept Human Rights Officer Latest to Resign in Gaza Protest," *Al Jazeera English*, March 27, 2024; Maria Abi-Habib et al., "More Than 500 U.S. Officials Sign Letter Protesting Biden's Israel Policy," *New York Times*, November 14, 2023.

70 "'Please Stop This War Against Us': Gaza Doctor Begs for World's Help as Hunger & Disease Spread," *Democracy Now!*, April 4, 2024; Irfan Galarian, "I'm an American Doctor Who Went to Gaza. What I Saw Wasn't War—It Was Annihilation," *Los Angeles Times*, February 16, 2024; Jason Burke, "UNICEF Official Tells of 'Utter Annihilation' After Travelling Length of Gaza," *Guardian*, March 22, 2024.

71 Alexander Ward, Adam Cancryn, and Jonathan Lemire, "Biden Admin Officials See Proof Their Strategy Is Working in Hostage Deal," *Politico*, November 21, 2023; Emily Rauhala, "U.S. Backs Israel Before UN Court as Biden-Netanyahu Tension Simmers," *Washington Post*, February 21, 2024.

72 John Hudson, "U.S. Approved More Bombs to Israel on Day of World Central Kitchen Strikes," *Washington Post*, April 4, 2024; Isaac Chotiner, "Biden's Increasingly Contradictory Israel Policy," *New Yorker*, April 2, 2024. 10월 7일 이후의 상황에 대한 가장 좋은 책은 Jamie Stern-Weiner, ed., *Deluge: Gaza and Israel from Crisis to Cataclysm* (New York and London: OR Books, 2024)이다.

6장 거대한 중국의 위협

1 Trump Twitter Archive; *The Situation Room with Wolf Blitzer*, CNN, January 20, 2011; Hui Feng, "Trump Took a Sledgehammer to U.S.-China Relations. This Won't Be an Easy Fix, Even If Biden Wins," TheConversation.org, October 19, 2020; Barbara Plett Usher, "Why U.S.-China Relations Are at Their Lowest Point in Decades," BBC, July 24, 2020; Adam Shaw, "Pompeo Says Chinese Threat 'Inside the Gates' Amid Rising Fears About Risk to U.S. Data, Economic Security," Fox News, July 9, 2022; Stephen K. Bannon, "We're in an Economic War with China. It's Futile to Compromise," *Washington Post*, May 6, 2019; Christopher Wray, "The Threat Posed by the Chinese Government and the Chinese Communist Party to the Economic and National Security of the United States," Hudson Institute, Washington, DC, July 7, 2020.

2 "Attorney General William P. Barr Delivers Remarks on China Policy at the Gerald R. Ford Presidential Museum," Office of Public Affairs, U.S. Department of Justice, July 16, 2020.

3 "National Security Strategy of the United States of America," December 2017.

4 "U.S. Strategic Framework for the Indo-Pacific," National Archives (declassified 2021).

5 Edward Wong et al., "Joe Biden's China Journey," *New York Times*, October 6, 2021; Nahal Toosi, "Biden Ad Exposes a Rift over China on the Left,"

Politico, April 23, 2020; Joe Leahy and Demetri Sevastopulo, "China Hits Out at U.S. After Joe Biden Calls Xi Jinping a 'Dictator,'" *Financial Times*, June 21, 2023; Joseph R. Biden Jr., "Why America Must Lead Again," *Foreign Affairs*, March/April 2020.

6 Jennifer Conrad, "A Year In, Biden's China Policy Looks a Lot Like Trump's," *Wired*, December 30, 2021; Gavin Bade, "'A Sea Change': Biden Reverses Decades of Chinese Trade Policy," *Politico*, December 26, 2022; Michael Schuman, "China Will Get Stronger," *Atlantic*, January/February 2024; Didi Tang and Ken Moritsugu, "China Sees Two 'Bowls of Poison' in Biden and Trump and Ponders Who Is the Lesser of Two Evils," Associated Press, January 29, 2024.

7 Michael Hirsh, "The Big, Quiet Issue Biden and Xi Are Avoiding," *Politico*, November 14, 2023; Ivana Saraci, "Blinken: China Poses 'Most Serious, Long-Term Challenge' to World Order," *Axios*, May 26, 2022; "Fact Sheet: 2022 National Defense Strategy," Department of Defense; Van Jackson, "America Is Turning Asia into a Powder Keg," *Foreign Affairs*, October 22, 2021; Edward Wong, "On U.S. Foreign Policy, the New Boss Acts a Lot Like the Old One," *New York Times*, July 24, 2022; "Fact Sheet: Advancing the Rebalance to Asia and the Pacific," Office of the Press Secretary, White House, November 16, 2015; "Obama Tells Asia U.S. 'Here to Stay' as a Pacific Power," *Guardian*, November 16, 2011.

8 배경 정보를 알고 싶으면, Robert P. Newman, *Owen Lattimore and the "Loss" of China* (Berkeley: University of California Press, 1992) 참조.

9 Michael T. Klare, "Welcome to the New Cold War," *Nation*, January 14, 2022; Demetri Sevastopulo, "Joe Biden Announces U.S., UK and Australia Co-Operation on Hypersonic Weapons," *Financial Times*, April 5, 2022; "U.S. Dept. of Defense, Military and Security Developments Involving the People's Republic of China 2021," USC U.S.-China Institute, November 2, 2021.

10 Deb Riechmann, "U.S. Intelligence Director Says China Is Top Threat to America," AP News, December 30, 2020; "Safeguarding Our Future: Protecting Government and Business Leaders at the U.S. State and Local Level from People's Republic of China (PRC) Influence Operations," National Counterintelligence and Security Center, July 2022; Burgess Everett, "Schumer Presses Trump to Label China a Currency Manipulator," *Politico*, January 24, 2017; "Attorney General William P. Barr Delivers Remarks on China Policy at the Gerald R. Ford Presidential Museum," July 16, 2020.

11 Deborah Brautigam and Meg Rithmire, "The Chinese 'Debt Trap' Is a Myth," *Atlantic*, February 6, 2021.

12 Rob Larson, "The IMF's Bottomless Bottom-Line Cruelty," *Current Affairs*, February 2, 2022 참조.

13 Paul Wiseman, "In Trade Wars of 200 Years Ago, the Pirates Were Americans," Associated Press, March 28, 2019. "Trade Secrets: Intellectual Piracy and the Origins of American Industrial Power," Working Knowledge, Harvard Business School, June 21, 2004; Jack Goldsmith, "Does the U.S. Still Interfere in Foreign Elections?," Project-Syndicate.org, October 28, 2020. 또 다른 사례가 있다. 미국은 다른 강대국들이 타국에 간섭하기 위해 온라인 영향력을 행사한다고 일상적으로 비난한다. 그러나 코로나19 팬데믹 기간 동안, 미 국방부는 코로나19를 악화시키기 위해 고의적으로 백신 접종 반대를 조장하는 역정보를 퍼뜨려 중국의 국제 백신 캠페인을 약화시키려 했으며, 이는 중국 정부를 전복하려는 목적이었다. Chris Bing and Joel Schectman, "Pentagon Ran Secret Anti-Vax Campaign to Undermine China During Pandemic," Reuters, June 14, 2024.

14 Kyle Haynes, "Would China Be a Benign Hegemon?," *Diplomat*, June 2, 2017; Ha-Joon Chang, *Kicking Away the Ladder: Development Strategy in Historical Perspective* (London: Anthem Press, 2002).

15 "Statement by PJ Keating," September 28, 2021.

16 Cobus van Staden, "Fears of a Chinese Naval Base in West Africa Are Overblown," *Foreign Policy*, March 3, 2022; Phelim Kine, "U.S. Turns the Screws on Solomon Islands to Counter China," *Politico*, April 28, 2022.

17 "We Shouldn't Underestimate the Incredible Danger Posed by the Taiwan Crisis," interview with Lyle Goldstein, *Jacobin*, August 6, 2022.

18 "U.S. Poses Most Serious Long-Term Challenge to International Order: Spokesperson," *Xinhua*, May 31, 2022.

19 Chris Buckley, "After China's Military Spectacle, Options Narrow for Winning Over Taiwan," *New York Times*, August 7, 2022.

20 Nathaniel Sher, "Why We Shouldn't Declare Taiwan an Independent Country," Quincy Institute for Responsible Statecraft, October 9, 2023.

21 Kyle Mizokami, "The U.S. Military 'Failed Miserably' in a Fake Battle over Taiwan," *Popular Mechanics*, August 2, 2021.

22 Kathrin Hille and Demetri Sevastopulo, "Taiwan: Preparing for a Potential Chinese Invasion," *Financial Times*, June 6, 2022; Kathrin Hille and Demetri Sevastopulo, "U.S. Accused of Undermining Taiwan Defences by Focusing on 'D-day' Scenario," Financial Times, May 17, 2022; Richard C. Bush, "What the Historic Ma-Xi Meeting Could Mean for Cross-Strait Relations," Brookings Institution, November 9, 2015.

23 Chris Horton, "Taiwan's Status Is a Geopolitical Absurdity," *Atlantic*, July 8, 2019.

24 Jack Detsch, "The U.S. Is Getting Taiwan Ready to Fight on the Beaches," *Foreign Policy*, November 8, 2021; Christina Lu, "Biden Vows to Defend Taiwan," *Foreign Policy*, May 24, 2022; Ben Burgis, "Nancy Pelosi Is Rolling the Dice on World War III," *Jacobin*, August 4, 2022.

25 Chris Buckley and Steven Lee Myers, "'Starting a Fire': U.S. and China Enter Dangerous Territory over Taiwan," *New York Times*, October 9, 2021.

26 Paul Godwin, "Asia's Dangerous Security Dilemma," *Current History* 109, no. 728 (September 2010), 264-66; Stephen Walt, "Does Anyone Still Understand

the 'Security Dilemma'?," Quincy Institute for Responsible Statecraft, July 26, 2022; Roger Cohen, "In Submarine Deal with Australia, U.S. Counters China but Enrages France," *New York Times*, September 16, 2021; Stavros Atlamazoglu, "The U.S. Navy Is Training for War in the South China Sea," *1945*, July 18, 2022; Takahashi Kosuke, "U.S.-Led RIMPAC, World's Largest Maritime Exercise, Starts Without China or Taiwan," *Diplomat*, July 1, 2022; Stavros Atlamazoglu, "What Is RIMPAC 2022? Simple: A Warning to China," *1945*, July 18, 2022.

27 Hal Brands, "Containment Can Work Against China, Too," *Wall Street Journal*, December 3, 2021; S.2226—National Defense Authorization Act for Fiscal Year 2024; Alexa Fee, "Romney Calls for a Change of Course Concerning China," *Daily Caller*, February 16, 2012; Jackie Calmes, "Trans-Pacific Partnership Text Released, Waving Green Flag for Debate," *New York Times*, November 5, 2015.

28 M. Taylor Fravel, "China's Misunderstood Nuclear Expansion," *Foreign Affairs*, November 10, 2023.

29 John Mearsheimer, "The Rise of China Will Not Be Peaceful at All," *Australian*, November 18, 2005.

30 Richard Stone, "'National Pride Is at Stake.' Russia, China, United States Race to Build Hypersonic Weapons," *Science*, January 8, 2020; Peter Martin, "Kissinger Warns Biden of U.S.-China Catastrophe on Scale of WWI," November 16, 2020.

31 Gordon Corera, "China: MI5 and FBI Heads Warn of 'Immense' Threat," BBC, July 7, 2022; Tom Mitchell, "China Blasts 'Extremely Dangerous' U.S. Policy at High-Level Talks," *Financial Times*, July 25, 2021; John Kuo Wei Tchen and Dylan Yeats, eds., *Yellow Peril! An Archive of Anti-Asian Fear* (London and New York: Verso, 2014).

32 Cindy Wang and Isabel Reynolds, "China Likely Fired Missiles over Taiwan in High-Risk Milestone," Bloomberg, August 3, 2022; Stuart Lau, "China

Suspends Climate Talks with U.S.," *Politico*, August 5, 2022.

7장 냉전 이후의 NATO와 러시아

1 Strobe Talbott, introduction, in John Norris, *Collision Course: NATO, Russia, and Kosovo* (Westport, CT: Praeger, 2005).

2 J. de Hoop Scheffer, AP/Novum, *Trouw* (Netherlands), June 29, 2007.

3 Thomas L. Friedman, "Now a Word from X," *New York Times*, May 2, 1998에서 케넌 인용; Richard Sakwa, *Frontline Ukraine* (London: I. B. Tauris & Co., 2015), 4.

4 Charles A. Kupchan, "Expand NATO—and Split Europe," *New York Times*, November 27, 1994; Michael Mandelbaum, "Preserving the New Peace: The Case Against NATO Expansion," *Foreign Affairs*, May/June 1995; Ted Galen Carpenter, "Ignored Warnings: How NATO Expansion Led to the Current Ukraine Tragedy," Cato Institute, February 24, 2022. 테드 갤런 카펜터 자신도 당시 이런 글을 썼다. "NATO가 동쪽으로 확장하는 것을 러시아는 비우호적으로 간주할 수밖에 없을 것이다. 가장 소극적인 계획조차도 NATO의 국경을 옛 소련의 국경과 맞닿게 할 것이다. 일부 더 야심찬 버전은 NATO가 사실상 러시아 연방 자체를 둘러싸게 만들 것이다. … [확장은] 러시아에 불필요한 도발이 될 것이다."

5 "'We're Fundamentally at War': Rep. Moulton Says U.S. in Proxy War with Russia," *Democracy Now!*, May 9, 2022; Susan B. Glasser, "What If We're Already Fighting the Third World War with Russia?," *New Yorker*, September 29, 2022.

6 이는 빌 클린턴이 그 폭격을 명령한 동기에 대해 직접 설명한 표현이다. "Clinton's Statements on Kosovo," *Washington Post*, June 1, 1999.

7 "A Cash-Starved Peace in Kosovo," *New York Times*, March 7, 2000; Javier Solana, "NATO's Success in Kosovo," *Foreign Affairs*, November/December 1999; Samantha Power, *"A Problem from Hell": America and the Age of Genocide* (New York: Basic Books, 2002), ebook.

8 Michael Mandelbaum, "A Perfect Failure: NATO's War Against Yugoslavia," *Foreign Affairs* 78, no. 5 (1999): 2-8.

9 Christopher Layne and Benjamin Schwarz, "Was It a Mistake?," *Washington Post*, March 26, 2000.

10 Wesley Clark, *Waging Modern War* (New York: PublicAffairs, 2001), 171; Elaine Sciolino and Ethan Bronner, "Crisis in the Balkans: The Road to War," *New York Times*, April 18, 1999; Jeremy Hammond, "Syria and Lessons Unlearned from the U.S./NATO Bombing of Kosovo," *Foreign Policy Journal*, September 6, 2013; "Kosovo: Civilian Deaths in the NATO Air Campaign," Human Rights Watch, February 1, 2000. 유엔 주재 중국 대사는 대사관 폭격을 "야만적 행위"이자 "유엔헌장, 국제법, 국제 관계 규범의 노골적인 위반"일 뿐만 아니라 "제네바 협약 위반"이라고 비난했다. NATO는 버스 폭격에 대해 그 책임을 부인하며, 그 기사는 "의도적인 왜곡"이라고 비난했다. 또한 NATO의 개입 증거는 없다고 주장했다. 그러나 휴먼라이츠워치는 NATO의 책임임을 시사하는 추가적인 증거를 확보하고 희생자들을 NATO의 폭격에 의한 피해자로 집계했다. 《로스앤젤레스 타임스Los Angeles Times》의 폴 왓슨Paul Watson 기자는 버스 폭격에 대해 다음과 같은 가슴 아픈 이야기를 전했다. "나다Nada는 월요일 발생한 폭격에서 살아남은 43명의 민간인 중 한 명이다. 여성과 아이 열 명이 있는 페치 병원의 병실에는 네 살쯤 되어 보이는 부상당한 금발 소녀도 있었다. 한편, 나다와 그녀의 어머니가 계획한 결혼식은 이제 더 이상 기대할 수 없을 것으로 보인다. 파편 조각이 칼처럼 나다의 척추를 심하게 손상시켰고, 페치 병원의 원장인 미오드라크 야소비치Miodrag Jasovic 박사는 그녀가 다시 걸을 가능성은 전혀 없다고 판단했다. … 데차니 출신의 25세 승객 슬라자나 프라스체비치Sladjana Prascevic는 버스를 타고 가다가 NATO의 공격을 받을 것이라는 생각은 전혀 하지 못했다. 그래서 처음에는 코소보 해방군Kosovo Liberation Army 게릴라의 매복 공격이라고 생각했다. … 한편, 마비된 채 피투성이가 된 나다는 공포에 질려 탈출하려는 사람들 속에서 빠져나오지 못했다. 극도로 당황한 어머니는 나다의 두 손을 움켜쥐고 승객, 경찰, 군인 등 여러 시신을 넘어 그녀를 버스 밖으로 끌어냈다. 목격자들의 말에 따

르면, 그때 NATO 전투기가 집속탄을 투하했다. 이 집속탄에서 수십 발의 자탄子彈이 터지면서 수많은 파편이 퍼져 아스팔트 곳곳에 야구공 크기의 구멍을 냈다. 노란색 원통형 자탄 한 발은 터지지 않았다. 그 폭탄은 버스 뒤편 한참 떨어진 곳에 파란 위장복을 입은 채 죽어 누워 있는 경찰관의 시신 근처에서 언제 폭발할지 모른 채 위태롭게 남아 있었다. 도로 한가운데 떨어진 모탄母彈 본체의 둥근 파편에는 리벳으로 고정한 라벨이 붙어 있었다. 거기에는 그 폭탄의 제조원과 유형이 기재되어 있었으며, 이렇게 쓰여 있었다. "센서 근접Sensor proximity FZU 39/B." 로트 번호Lot Number MN89F005-010, 부품번호 77757-10. 폭탄은 미국에서 제조되었으며, 제조사는 마그나복스Magnavox로 표기되어 있었다. 마타노비치Matanovic와 다른 목격자들에 따르면, 도로를 따라 집속탄의 자탄이 폭발하는 순간 나다의 어머니는 나다를 붙잡고 근처 숲으로 몸을 피했으며, 다른 생존자들도 당황하여 수풀 속으로 더 깊이 도망쳤다고 한다. 이후 경찰과 군인이 도착하여 생존자들을 병원으로 이송했다. 오후 3시 30분경 일단의 기자들이 현장에 도착했을 때 경찰은 마지막 시신들을 트럭에 싣고 있었다." Paul Watson, "NATO Bombs Kill 17 More Civilians," *Los Angeles Times*, May 4, 1999.

11 Thomas L. Friedman, "Stop the Music," *New York Times*, April 23, 1999.

12 "No Justice for the Victims of NATO Bombings," Amnesty International, April 23, 2009; "Serb Media Battles NATO with Scenes of Destruction," CNN, April 9, 1999; Richard Norton-Taylor, "Serb TV Station Was Legitimate Target, Says Blair," *Guardian*, April 23, 1999.

13 Bradley Graham, "Report Says NATO Bombing Killed 500 Civilians in Yugoslavia," *Washington Post*, February 7, 2000.

14 Susan Sontag, "Why Are We in Kosovo?," *New York Times, May 2, 1999; The Kosovo Report*, The Independent International Commission on Kosovo (New York: Oxford University Press, 2000).

15 Michael MccGwire, "Why Did We Bomb Belgrade?," *International Affairs* (Royal Academy of International Affairs, London), 76.1 (January 2000); "Bombing of Yugoslavia Awakens Anti-U.S. Feeling Around World,"

Washington Post, May 18, 1999. 《워싱턴 포스트》는 NATO의 행위에 대한 전 세계적인 반대가 라틴아메리카, 아시아, 아프리카에 걸쳐 광범위하게 나타나고 있으며, "신문 사설, 여론 조사, 대중 시위, 인터넷 논쟁, 거리 낙서 등에서" 그 모습을 확인할 수 있다고 보도했다. Anthony Sampson, "Mandela Accuses 'Policeman' Britain," *Guardian*, April 4, 2000.

16 마찬가지로, 토니 블레어도 "우리는 패배해서는 안 된다."는 핵심 이유로서 "NATO의 신뢰성"을 들었다; "Moral Combat: NATO at War," BBC Two, March 12, 2000.

17 본문에 나오는 모든 인용은 Norris, *Collision Course*에서 가져왔다. 노리스의 책에는 클린턴 행정부의 국무부 부장관이던 스트로브 탤벗이 쓴 서문이 실려 있다는 점에 주목할 필요가 있다.

18 Patrick Wintour, "War Strategy Ridiculed," *Guardian*, July 20, 2000.

19 Norris; "Yeltsin Sees War Threat in NATO Enlargement," *Monitor* 1, no. 91, September 8, 1995에서 옐친 인용.

20 Galen Carpenter; Strobe Talbott, "Why NATO Should Grow," *New York Review of Books*, August 10, 1995에서 올브라이트 인용.

21 Paul Taylor, "Ukraine: NATO's Original Sin," *Politico*, November 23, 2021; Branko Marcetic, "Diplomatic Cables Show Russia Saw NATO Expansion as a Red Line," American Committee for U.S.-Russia Accord, January 16, 2023.

22 국가안보문서보관소 기록에 따르면, 영국 정부도 비슷한 발언을 했다. 모스크바 주재 영국 대사의 일기에서 확인된 바와 같이, "1991년 3월 말 존 메이저John Major 영국 총리는 직접 고르바초프에게 '우리는 NATO 확장을 논의하고 있지 않다.'라고 확언했다. 그 후, 소련 국방장관 드미트리 야조프Dmitri Yazov 원수가 메이저에게 동유럽 지도자들의 NATO 가입 의향을 묻자, 영국 총리는 '그런 일은 일어나지 않을 것이다.'라고 대답했다"; "NATO Expansion: What Gorbachev Heard," National Security Archive, December 12, 2017. Robert M. Gates, *Duty: Memoirs of a Secretary at War* (New York: Vintage, 2015), 157. 1998년에서 2000년까지 우크라이나 대사를 역임한 스티븐 파이퍼Steven Pifer

역시 비슷한 판단을 내렸다. 그는 "그것은 큰 실수였다. … 그로 인해 러시아가 극도로 분노했다. 우크라이나와 조지아에 NATO 가입의 기대를 심어주었으나, 결국 이루어지지 못했다."라고 말했다.

23 Horace Campbell and Ali A. Mazrui, *Global NATO and the Catastrophic Failure in Libya* (New York: New York University Press, 2013); Ian Martin, *All Necessary Measures? The United Nations and International Intervention in Libya* (London: Hurst, 2022); Joe Dyke, "NATO Killed Civilians in Libya. It's Time to Admit It," *Foreign Policy*, March 20, 2021.

24 "This Man Predicted Russia-Ukraine War in 2015: The West Is Leading Ukraine Down the Primrose Path," *India Times*, February 27, 2022; Shane Harris et al., "Road to War: U.S. Struggled to Convince Allies, and Zelensky, of Risk of Invasion," *Washington Post*, August 16, 2022.

25 "On Launching a Special Military Operation in Ukraine," Address by the President of the Russian Federation, February 24, 2022.

26 Thomas L. Friedman, "This Is Putin's War. But America and NATO Aren't Innocent Bystanders," *New York Times*, February 21, 2022. 1996년 프리드먼은 NATO 확장을 "냉전 이후 시대의 가장 잘못 구상된 프로젝트"라고 묘사했다". Noor Ibrahim, "Biden Tells Putin Where to Shove His 'Red Lines,'" *Daily Beast*, December 7, 2021.

27 Anatol Lieven, "Ukraine: The Most Dangerous Problem in the World," *Nation*, November 15, 2021.

28 Jack F. Matlock, Jr., "I Was There: NATO and the Origins of the Ukraine Crisis," Quincy Institute for Responsible Statecraft, February 15, 2022.

29 Michael Schwirtz, "NATO Signals Support for Ukraine in Face of Threat from Russia," *New York Times*, December 16, 2021; Samuel Charap, "NATO Honesty on Ukraine Could Avert Conflict with Russia," *Financial Times*, January 13, 2022.

30 John R. Deni, "The Strategic Case for Risking War in Ukraine," *Wall Street Journal*, December 22, 2021.

31 Interview with Zbigniew Brzezinski, *Le Nouvel Observateur* (France), January 15-21, 1998, 76.

32 Andrew Van Wagner, "Stopping the Killing," *Join Andrew* Substack, January 19, 2023에서 인용.

33 Alexander Ward, "Tell Us How the Ukraine War Ends," *Politico*, March 1, 2022; Daniel W. Drezner, "What Is the Plan Behind Sanctioning Russia?," *Washington Post*, April 25, 2022; Natasha Bertrand et al., "Austin's Assertion That U.S. Wants to 'Weaken' Russia Underlines Biden Strategy Shift," CNN, April 26, 2022.

34 Congressional Progressive Caucus letter, October 24, 2022; Alexander Ward et al., "House Progressives Retract Russia-Diplomacy Letter amid Dem Firestorm," *Politico*, October 25, 2022; Michael Birnbaum and Missy Ryan, "NATO Says Ukraine to Decide on Peace Deal with Russia—Within Limits," *Washington Post*, April 5, 2022.

35 Peter Baker, "Top U.S. General Urges Diplomacy in Ukraine While Biden Advisers Resist," *New York Times*, November 10, 2022; Kylie Atwood and Oren Liebermann, "Biden Admin Divided over Path Ahead for Ukraine as Top U.S. General Milley Pushes for Diplomacy," CNN, November 11, 2022.

36 Yasmeen Serhan, "Why Germany Agonized over Sending Tanks to Ukraine," *Time*, January 25, 2023; "Germany Is Refusing to Send Tanks to Ukraine. Biden Cannot Let This Stand," *Washington Post*, January 21, 2023.

37 Graham E. Fuller, "Washington Denies Reality of 'Spheres of Influence'—a New Pinnacle of Hypocrisy," Graham E. Fuller's blog, February 6, 2022; Fiona Harrigan, "Don't Kick Russian Students Out of the U.S.," *Reason*, March 1, 2022; Jim Lobe, "Networks Covered the War in Ukraine More Than the U.S. Invasion of Iraq," Quincy Institute for Responsible Statecraft, April 9, 2022. 실제로 많은 언론 매체는 유럽 피해자들에게 더 큰 동정심을 보이는 것을 숨기지 않았으며, CBS의 한 기자는 다음과 같이 말했다. "알다시피, 이곳은 상대적으로 문명화되고, 상대적으로 유럽적인(나 역시도 이 단

어는 신중하게 선택해서 사용해야 한다) 도시[키이우]로서, 그런 일이 일어날 것이라고 예상하지도, 희망하지도 않는 곳이다." H. A. Hellyer, "Coverage of Ukraine Has Exposed Long-Standing Racist Biases in Western Media," *Washington Post*, February 28, 2022.

38 Timothy Ash, "It's Costing Peanuts for the U.S. to Defeat Russia," Center for European Policy Analysis, November 18, 2022; Dennis Romboy, "Mitt Romney Says U.S. Support of Ukraine Is Good for Americans," *Deseret News*, January 26, 2023.

39 Samuel Charap and Miranda Piebe, "Avoiding a Long War: U.S. Policy and the Trajectory of the Russia-Ukraine Conflict," RAND Research & Commentary, January 25, 2023.

40 Alistair MacDonald and Daniel Michaels, "BAE, U.S. in Talks to Restart M777 Howitzer Production After Ukraine Success," *Wall Street Journal*, October 9, 2022; Eric Lipton et al., "Military Spending Surges, Creating New Boom for Arms Makers," *New York Times*, December 18, 2022; David Ignatius, "The West Feels Gloomy About Ukraine. Here's Why It Shouldn't," *Washington Post*, July 18, 2023; Taras Kuzio, "The West Reaps Multiple Benefits from Backing Ukraine Against Russia," Atlantic Council, January 12, 2023. 우크라이나 국방부 장관은 실제로 자국의 전쟁을 서방 무기의 이상적인 '시험장'으로 홍보했다, Roman Olearchyk, "Military Briefing: Ukraine Provides Ideal 'Testing Ground' for Western Weaponry," *Financial Times*, July 5, 2023.

41 Eliot A. Cohen, "Western Aid to Ukraine Is Still Not Enough," *Atlantic*, January 17, 2023; Eliot A. Cohen, "Cut the Baloney Realism," *Atlantic*, November 21, 2023; Eliot A. Cohen, "Let's Use Chicago Rules to Beat Russia," *Atlantic*, July 6, 2023; Aaron Maté, "U.S. Fighting Russia 'to the Last Ukrainian': Veteran U.S. Diplomat," TheGrayzone.com, March 24, 2022; Aaron Maté, "U.S., UK Sabotaged Peace Deal Because They 'Don't Care About Ukraine': Fmr. NATO Adviser," TheGrayzone.com, September 27,

2022; Branko Marcetic, "Ukraine's Tragedies: A 'Good Deal' for Some War Supporters," Quincy Institute for Responsible Statecraft, February 26, 2025.

42 Barbara Moens et al., "Europe Accuses U.S. of Profiting from War," *Politico*, November 24, 2022; "Ukraine Crisis: List of Countries That Have Imposed Sanctions on Russia," BusinessToday.in, February 23, 2022; Howard W. French, "Why Ukraine Is Not a Priority for the Global South," *Foreign Policy*, September 19, 2022.

43 Sakwa, *Frontline Ukraine*; Oli Brown et al., "The Consequences of Russia's War on Ukraine for Climate Action, Food Supply and Energy Security," Chatham House, September 13, 2023.

44 일반적 비판에 대한 반응을 자세히 알고 싶으면, Noam Chomsky, "The Ukraine War: Chomsky Responds," CounterPunch.org, June 3, 2022 참조. 미국의 입장에 의문을 제기하는 것이 우크라이나의 주권을 존중하지 않는다는 주장에 대해서는, Branko Marcetic, "Free Agents?," *New Left Review*, November 23, 2023 참조.

45 "Head of Ukraine's Leading Party Claims Russia Proposed 'Peace' in Exchange for Neutrality," *Ukrainska Pravda*, November 24, 2023; Robert Semonsen, "Former Israeli PM: West Blocked Russo-Ukraine Peace Deal," *European Conservative*, February 7, 2023; Catherine Belton, "Russia Will Stop 'in a Moment' if Ukraine Meets Terms—Kremlin," Reuters, March 7, 2022; Anton Troianovski, "Putin Quietly Signals He Is Open to a Cease-Fire in Ukraine," *New York Times*, December 23, 2023; "Putin Says Russia Does Not Reject Talks with Ukraine," Reuters, July 29, 2023; Ben Aris, "Lavrov Confirms Ukraine War Peace Deal Reached Last April, but Then Abandoned," Intellinews, September 27, 2023; "Russia Has Shown No Interest in Negotiations to End War Despite Putin's Words, U.S. Officials Say," Radio Free Europe, December 23, 2022; Kaitlin Lewis, "Russia Offered to End War if Ukraine Dropped NATO Bid: Kyiv Official," *Newsweek*, November 27, 2023; "Blinken: 'Kiev Willing to Negotiate if Russia Shows

Interest in a Diplomatic Solution,'" *Agenzia Nova*, September 11, 2023.

46 Helene Cooper et al., "Troop Deaths and Injuries in Ukraine War Near 500,000, U.S. Officials Say," *New York Times*, August 18, 2023; Erin Snodgrass, "The Average Age of Ukrainian Soldier Is Older Than 40 as the Country Grapples with Personnel Problems," *Business Insider*, November 6, 2023.

47 Oliver Milman, "How the Gas Industry Capitalized on the Ukraine War to Change Biden Policy," *Guardian*, September 22, 2022; Tom Fairless, "How War in Europe Boosts the U.S. Economy," *Wall Street Journal*, February 18, 2024.

48 James Mattis, "National Defense Strategy and Nuclear Posture Review," Committee on Armed Services, U.S. House of Representatives, February 6, 2018.

8장 핵 위협과 기후 재앙

1 Alvin Powell, "Pinker Explains the Long Peace," *Harvard Gazette*, March 30, 2012; Steven Pinker, *The Better Angels of Our Nature: Why Violence Has Declined* (New York: Viking, 2011); 폴 토머스 체임벌린Paul Thomas Chamberlain은 "제2차 세계대전 종전 이후부터 1990년까지 2,000만 명이 넘는 사람들이 폭력적인 분쟁으로 사망했다."고 말한다. 그는 또한 다음과 같이 지적한다. "이를 세분화하면, 45년 동안 매일 평균 1,200명 이상의 사람들이 다양한 유형의 전쟁으로 사망했음을 뜻한다. 그들 대부분은 민간인이었다. 단순히 숫자만으로 보면, 이는 45년 동안 밀라이 학살 사건(1968년 3월 남베트남에서 미국이 자행한 민간인 학살 사건–옮긴이)이 하루 평균 세 차례 이상 발생한 것이다. 그러나 피해자 대부분은 사람들의 기억에서 잊혔다." Paul Thomas Chamberlain, *The Cold War's Killing Fields: Rethinking the Long Peace* (New York: Harper, 2018). 핑커의 주장에 대한 자세한 답변은 Edward S. Herman and David Peterson, *Reality Denial: Steven Pinker's Apologetics for Western-Imperial Violence*, Znetwork.org, July 24, 2012, 및 Nathan J. Robinson, "The

World's Most Annoying Man," *Current Affairs*, May 29, 2019 참조.

2 예를 들어, 짐 크로Jim Crow 시대(흑인을 차별하던 시대-옮긴이) 남부에서 발생한 린치 사건 수만 집계하면 그 체제의 폭력성을 제대로 측정하지 못한다. 왜냐하면 린치의 위협은 어디에나 만연했기 때문이다. 다시 말해, 이는 실제로 총에 맞은 경우만 무장 강도로 집계하는 것과 마찬가지인 셈이다.

3 대규모 소이 폭격firebombing의 참상과 그 정당화에 대해서는, Edwin P. Hoyt, *Inferno: The Fire Bombing of Japan, March 9–August 15, 1945* (Montebello, NY: Madison Books, 2000) 참조.

4 Greg Mitchell, "The Great Hiroshima Cover-Up—and the Greatest Movie Never Made," *Asia-Pacific Journal* 9, no. 21 (August 2011) 참조. 그레그 미첼Greg Mitchell은 미국 당국이 원자탄 피해자들의 충격적인 영상이 공개되지 않도록 통제하는 과정을 기록하며, 해당 영상에 대한 미 육군 영화 제작팀 감독의 말을 인용한다. "[미국 관리들은] 그 영상이 묻히기 원했다. … 그 영상이 담고 있는 공포 때문에 두려워했다. … 남성, 여성, 어린이에게 미치는 영향을 보여주기 때문에…. 그들은 그 자료가 공개되는 것을 원하지 않았다. 자신의 죄를 후회하기 때문이기도 하고, 새로운 핵무기를 개발하고 있었기 때문이기도 했다." 해당 영상은 결국 일본의 반핵 운동가들의 노력 덕분에 공개되었다.

5 J. Robert Oppenheimer, *Atom and Void: Essays on Science and Community* (Princeton, NJ: Princeton University Press, 2014), 141; Harold P. Green, "The Oppenheimer Case: A Study in the Abuse of Law," *Bulletin of the Atomic Scientists* 33, no. 7 (September 1977): 12; Holcomb B. Noble, "Joseph Rotblat, 96, Dies; Resisted Nuclear Weapons," *New York Times*, September 2, 2005.

6 Mainau Declaration, 5th Lindau Nobel Laureate Meeting, July 15, 1955; "The Russell-Einstein Manifesto," Atomic Heritage Foundation, July 9, 1955.

7 "Nuclear Weapons," United Nations Office for Disarmament Affairs. *Documents on Disarmament, Vol. 1* (Washington, DC: United States Arms Control and Disarmament Agency, 1960), 19-21에 수록된 Address by the Soviet Representative (Gromyko) to the United Nations Atomic Energy Commission, June 19, 1946.

8 *To Win a Nuclear War: The Pentagon's Secret War Plans* (Boston: South End Press, 1999), 30에 수록된 Michio Kaku and Daniel Axelrod; Henry Stimson, 일기, May 14-15, 1945.

9 Lawrence S. Wittner, *One World or None: A History of the World Nuclear Disarmament Movement Through 1953* (Redwood City, CA: Stanford University Press, 1993), 79.

10 Marion Lloyd, "Soviets Close to Using A-Bomb in 1962 Crisis, Forum Is Told," *Boston Globe*, October 13, 2002.

11 Christian Appy, *American Reckoning* (New York: Penguin Books, 2015), 76.

12 Sheldon M. Stern, *The Cuban Missile Crisis in American Memory: Myths versus Reality* (Redwood City, CA: Stanford University Press, 2012) 참조; Noam Chomsky, "Cuban Missile Crisis: How the U.S. Played Russian Roulette with Nuclear War," *Guardian*, October 15, 2012.

13 "President Reagan's Plan to Deploy 572 Intermediate Range Missiles," United Press International, September 13, 1983; Ewa Pieta, "The Red Button and the Man Who Saved the World" (Ithaca, NY: Log In Productions, 2006), 다큐멘터리.

14 George Lee Butler, "General Lee Butler Addresses the Canadian Network Against Nuclear Weapons," Nuclear Age Peace Foundation, March 11, 1999; Daniel Ellsberg, *The Doomsday Machine: Confessions of a Nuclear War Planner* (New York: Bloomsbury, 2017), ebook. 엘스버그는 미국의 현재 핵 계획을 "거의 헤아릴 수 없고 상상할 수 없는 파괴력과 의도적인 살인 성향으로 인해 아찔할 정도로 정신 나간 행위이자 비도덕적 행위"라고 평가했다. 그는 "어떠한 이해관계도, 명분도, 원칙도, 명예나 의무 또는 현재 동맹에서의 지도력 유지를 위한 고려사항도 … 지구에서 인간과 동물의 생명을 멸종시킬 위험을 정당화할 수 없다."고 주장한다.

15 더 많은 사례가 Eric Schlosser, *Command and Control: Nuclear Weapons, the Damascus Accident, and the Illusion of Safety* (New York: Penguin Books, 2013)에 기록되어 있다. "Accidental Nuclear War: A Timeline of Close Calls," Future

of Life Institute, February 23, 2016 역시 참조할 것.

16 "Essentials of Post-Cold War Deterrence," STRATCOM, 1995.

17 Alex Emmons, "Obama's Russian Rationale for $1 Trillion Nuke Plan Signals New Arms Race," *Intercept*, February 23, 2016; Hans M. Kristensen, "How U.S. Nuclear Force Modernization Is Undermining Strategic Stability," *Bulletin of the Atomic Scientists*, March 1, 2017.

18 2022 Nuclear Posture Review, Department of Defense; David A. Koplow, "Parsing Good Faith: Has the United States Violated Article VI of the Nuclear Non-Proliferation Treaty," *Wisconsin Law Review* 301 (1993).

19 Liu Zhen, "China Warns U.S. Nuclear Policy Will Fuel Arms Race and Threaten Peace," *South China Morning Post*, October 28, 2022.

20 Lawrence S. Wittner, *Confronting the Bomb: A Short History of the World Nuclear Disarmament Movement* (Redwood City, CA: Stanford University Press, 2009), 79; "Memorandum of Discussion at the 277th Meeting of the National Security Council," February 27, 1956, *Foreign Relations of the United States, 1955–1957, National Security Policy, Vol. XIX* (Washington, DC: U.S. Government Printing Office, 1990).

21 Wittner, *Confronting the Bomb*, 166.

22 "The Women Who Took on the British Government's Nuclear Programme," Imperial War Museum, London.

23 Elaine Scarry, *Thermonuclear Monarchy: Choosing Between Democracy and Doom* (New York: W. W. Norton, 2014); George Lee Butler, "The Risks of Nuclear Deterrence: From Superpowers to Rogue Leaders," National Press Club, February 2, 1998.

24 Lisbeth Gronlund et al., "An Expert Proposal: How to Limit Presidential Authority to Order the Use of Nuclear Weapons," *Bulletin of the Atomic Scientists*, January 8, 2021; Anthony Summers, *The Arrogance of Power: The Secret World of Richard Nixon* (New York: Penguin Books, 2001). 앤서니 서머스 Anthony Summers는 키신저의 보좌관을 인용하며, 술에 취한 닉슨이 다른 자리

에서 키신저에게 "헨리, 우리가 저놈들에게 핵을 쏴야 해."라고 말하는 것을 들었다고 전한다. 닉슨 자신도 베트남에서 핵무기 사용을 고려했다고 인정했다. "Nixon Proposed Using A-Bomb in Vietnam War," Associated Press, March 1, 2002 참조. 닉슨은 '미치광이 이론'이라 지칭한 전략을 신봉한 인물로 흔히 묘사되는데, 이는 끔찍한 폭력을 행사할 만큼 정신 나간 듯한 모습을 보여 상대를 위협하는 일종의 허세였다. ("나는 북베트남이 내가 전쟁을 끝내기 위해 어떤 일이든 할 수 있는 지경에 이르렀다고 믿기를 바란다." 즉, "핵 버튼에 손을 대는 것"을 포함하여 잠재적으로 대량 학살을 저지를 사람처럼 보이려고 했다.) 실제로 기록을 보면, 그 광기는 허세가 아니었고, 베트남 목표물에 대한 핵 파괴는 심각하게 고려되었다. "Nixon White House Considered Nuclear Options Against North Vietnam, Declassified Documents Reveal," National Security Archive, July 31, 2006 참조. 어찌되었든, 레 둑 토Le Duc Tho가 키신저에게 말했듯이, 베트남은 이미 수백 개의 원자폭탄에 상당하는 폭격을 당한 상태였다. 즉, 이러한 범죄적 광기는 단순한 위협이나 외교 전략이 아니라, 미국의 공식 정책이었다.

25 William Perry, PBS와의 인터뷰. "75 Years After Hiroshima, Should U.S. President Have Authority to Launch Nuclear Attack?," PBS *Newshour*, August 5, 2020; Julian Borger, "Ex-Intelligence Chief: Trump's Access to Nuclear Codes Is 'Pretty Damn Scary,'" *Guardian*, August 23, 2017.

26 William J. Perry and Tom Z. Collina, *The Button: The New Nuclear Arms Race and Presidential Power from Truman to Trump* (Dallas, TX: BenBella Books, 2020); Garrett M. Graff, "The Madman and the Bomb," *Politico*, August 11, 2017.

27 "Netanyahu Thanks U.S. for Blocking Push for Middle East Nuclear Arms Ban," *Guardian*, May 23, 2015; "Public Opinion in Iran and America on Key International Issues," WorldPublicOpinion.org, Program on International Policy Attitudes, January 24, 2007; "Iranian Public Opinion Under 'Maximum Pressure,'" Center for International & Security Studies, University of Maryland, October 16, 2019. 심지어 이스라엘 국민들도 지

난 몇 년 동안 핵 없는 중동을 지지한다는 입장을 보여왔다, Michael Felsen, "Finding the Way to Helsinki," *Jerusalem Post*, December 13, 2012.

28 "No First Use FAQs," Global Zero; "Treaty on the Prohibition of Nuclear Weapons (TPNW)," January 22, 2021에 발효, Nuclear Threat Initiative.

29 James M. Acton, "The U.S. Exit from the Anti-Ballistic Missile Treaty Has Fueled a New Arms Race," Carnegie Endowment for International Peace, December 13, 2021; Paul Meyer, "Is There Any Fizz Left in the Fissban? Prospects for a Fissile Material Cutoff Treaty," Arms Control Association, 2007; Kingston Reif, "Biden Continues Trump Nuclear Funding," *Arms Control Today*, July/August 2021.

30 Mohamed ElBaradei, "Towards a Safer World," *Economist*, October 16, 2003; Jimmy Carter, "Saving Nonproliferation," *Washington Post*, March 27, 2005.

31 Harry S. Truman, "Annual Message to the Congress on the State of the Union," January 7, 1953; Robert S. McNamara, "Apocalypse Soon," *Foreign Policy*, October 21, 2009; Julian Borger, "Nuclear Weapons Risk Greater Than in Cold War, Says Ex-Pentagon Chief," *Guardian*, January 7, 2016; Sam Nunn, "The Cold War's Nuclear Legacy Has Lasted Too Long," *Financial Times*, December 5, 2004; Michael MccGwire, "Shifting the Paradigm," *International Affairs* 78, no. 1 (2002).

32 Alexandra Topping, "Heatwave Led to London Firefighters' Busiest Day Since Second World War," *Guardian*, July 20, 2022; Aspen Pflughoeft, "'Busiest Day Since World War II' Sends Firefighters Rushing to 1,100 Fires in London," *Miami Herald*, July 20, 2022; "Fire Which Swept Through Village 'Like a Scene from the Blitz,'" Says Resident," *Independent*, July 20, 2022.

33 Claire M. Belcher et al., *UK Wildfires and Their Climate Challenges*, University of Exeter Global Systems Institute, 2021. 연구진은 "기후변화로 향후 수십 년 동안 영국 전역에서 예상되는 기온 상승, 강수량 감소, 낮은 습도, 그리고 강한 바람으로 인한 화재 위험이 증가할 것으로 예상된다."고 밝혔다.

34 "Up to 4 Million Children in Pakistan Still Living Next to Stagnant and Contaminated Floodwater," UNICEF, January 9, 2023; "Devastating Floods in Pakistan," UNICEF, 2023; Leo Sands, "Pakistan Floods: One Third of Country Is Under Water—Minister," BBC News, August 29, 2022; "'It Was Just the Perfect Storm for Malaria'—Pakistan Responds to Surge in Cases Following the 2022 Floods," World Health Organization, April 18, 2023.

35 John Schwartz, "A Million Years of Data Confirms: Monsoons Are Likely to Get Worse," *New York Times*, June 4, 2021; Benji Jones, "How Melting Glaciers Fueled Pakistan's Fatal Floods," *Vox*, August 30, 2022.

36 Damian Carrington, "Climate Crisis: 11,000 Scientists Warn of 'Untold Suffering,'" *Guardian*, November 5, 2019.

37 Henry Fountain, "Climate Change Is Accelerating, Bringing World 'Dangerously Close' to Irreversible Change," *New York Times*, December 4, 2019; Jason P. Dinh, "Climate Scientists Fear the 'Uncharted Territory' Earth Has Entered," Atmos, November 13, 2023; Raymond Pierrehumbert, "There Is No Plan B for Dealing with the Climate Crisis," *Bulletin of the Atomic Scientists* 75, no. 5 (2019): 215-21; Ammar Frangoul, "'We're on a 'Highway to Climate Hell,' UN Chief Guterres Says, Calling for a Global Phase-Out of Coal," CNBC, November 7, 2022; Oded Carmeli, "'The Sea Will Get as Hot as a Jacuzzi': What Life in Israel Will Be Like in 2100," *Haaretz*, August 17, 2019.

38 Cristian Román-Palacios and John J. Wiens, "Recent Responses to Climate Change Reveal the Drivers of Species Extinction and Survival," *PNAS*, 2020; Betsy Mason, "Spiders Might Be Quietly Disappearing," *Atlantic*, October 28, 2023; Chi Xu et al., "Future of the Human Climate Niche," *PNAS*, 2019.

39 Timothy M. Lenton, "Climate Tipping Points—Too Risky to Bet Against," *Nature*, November 27, 2019; Oana A. Dumitru, "Constraints on Global Mean Sea Level During Pliocene Warmth," *Nature*, August 30, 2019; William J. Ripple et al., "The 2023 State of the Climate Report: Entering Uncharted

Territory," *BioScience*, October 24, 2023; Jeremy Lent, "What Will It Really Take to Avoid Collapse?," *Patterns of Meaning*, December 19, 2017.

40 Hannah Ritchie and Max Roser, "Pakistan: CO2 Country Profile," Our World in Data; *The Climate Book* by Greta Thunberg (New York: Penguin Books, 2022), 310에 수록된 Jason Hickel, "Degrowth."

41 "Richest 1% Emit as Much Planet-Heating Pollution as Two-Thirds of Humanity," Oxfam, November 19, 2023; "Global Carbon Inequality," World Inequality Report, 2022; Solomon Hsiang, "Warming and Inequality," in *The Climate Book*.

42 Laurie Parsons, *Carbon Colonialism: How Rich Countries Export Climate Breakdown* (Manchester, UK: Manchester University Press, 2023); Jag Bhalla, "We Can't Have Climate Justice Without Ending Computational Colonialism," *Current Affairs*, February 4, 2023 역시 참조할 것.

43 https://fossilfueltreaty.org/ 참조.

44 Robert Pollin, "How to Pay for a Zero Emissions Economy," *American Prospect*, December 5, 2019; Noam Chomsky and Robert Pollin, *Climate Crisis and the Global Green New Deal* (London and New York: Verso, 2020) 역시 참조할 것.

45 Lisa Friedman, "Trump Rule Would Exclude Climate Change in Infrastructure Planning," *New York Times*, January 3, 2020; Juliet Eilperin et al., "Trump Administration Sees a 7-Degree Rise in Global Temperatures by 2100," *Washington Post*, September 28, 2019.

46 Maxime Joselow, "Bills in Red States Punish Climate-Conscious Businesses," *Washington Post*, June 1, 2022; Saul Elbein, "Documents Reveal How Fossil Fuel Industry Created, Pushed Anti-ESG Campaign," *Hill*, May 18, 2023.

47 Branko Marcetic, "The Democrats Are Climate Deniers," *Jacobin*, January 28, 2019; "Remarks by the President on American-Made Energy," March 22, 2012, Office of the Press Secretary, White House; "Barack Obama's Remarks

in St. Paul," *New York Times*, June 3, 2008; George Monbiot, "If You Want to Know Who's to Blame for Copenhagen, Look to the U.S. Senate," *Guardian*, December 21, 2009; Mark Hertsgaard, "The Ugly Truth About Obama's 'Copenhagen Accord,'" *Vanity Fair*, December 21, 2009; Robert Rapier, "The Irony of President Obama's Oil Legacy," *Forbes*, January 15, 2016; Nathan J. Robinson, "We Now Know the Full Extent of Obama's Disastrous Apathy Toward the Climate Crisis," *Current Affairs*, June 5, 2023.

48 Chris Cillizza, "Nancy Pelosi Just Threw Some Serious Shade at Alexandria Ocasio-Cortez's 'Green New Deal,'" CNN, February 8, 2019; Lois Beckett, "You Didn't Vote for Me': Senator Dianne Feinstein Responds to Young Green Activists," *Guardian*, February 23, 2019.

49 Nathan J. Robinson, "Exxon Admits Capitalism Created the Climate Crisis," *Current Affairs*, July 5, 2021; Kate Aronoff, *Overheated: How Capitalism Broke the Planet—and How We Fight Back* (New York: Bold Type Books, 2021) 역시 참조할 것.

50 Sammy Westfall, "Why Has It Been So Hard to Get Fossil Fuels Mentioned in UN Climate Deals?," *Washington Post*, November 10, 2021; Ruth Michaelson, "'Explosion' in Number of Fossil Fuel Lobbyists at Cop27 Climate Summit," *Guardian*, November 10, 2022; Hiroko Tabuchi, "Files Suggest Climate Summit's Leader Is Using Event to Promote Fossil Fuels," *New York Times*, November 28, 2023; Julia Conley, "Outrage After Kerry Backs UAE Oil Exec as President of UN Climate Summit," Common Dreams, January 16, 2023; Peter Kalmus, "The Climate Summit Is a Sick Joke. You Should Be Angry and Afraid," *Newsweek*, December 1, 2023.

51 Kelsey Vlamis, "Despite Biden Climate Change Pledges and Conservative Complaints About a War on Energy, the U.S. Is on Pace for Record Oil and Gas Production in 2023," *Business Insider*, November 29, 2023.

52 Kejal Vyas, "Global Conflicts Stir Sleeping Energy Giant in South America," *Wall Street Journal*, December 21, 2023; Vlamis, "Despite Biden Climate

Change Pledges and Conservative Complaints About a War on Energy."

53 Clifford Krauss, "Surging U.S. Oil Production Brings Down Prices and Raises Climate Fears," *New York Times*, December 1, 2023; Rachel Frazin and Zack Budryk, "Biden's First-Ever UN Climate Summit Snub Carries Symbolic Weight," *Hill*, November 28, 2023; Timothy Puko and Katy Stech Ferek, "Climate Bill Is Boon for Fossil-Fuel Sector," *Wall Street Journal*, July 28, 2022; James Bikales, "Biden's Latest China Crackdown Puts His EV Ambitions at Risk," *Politico*, December 1, 2023; Nathan J. Robinson, "Can a 'Boon for the Fossil Fuel Sector' Really Be Called a Climate Bill?," *Current Affairs*, July 29, 2022 참조; Oliver Milman and Nina Lakhani, "Biden Backtracks on Climate Plans and 'Walks Tightrope' to Court Both Young Voters and Moderates," *Guardian*, March 8, 2024.

54 Jim Takersley and Lisa Friedman, "Biden's Absence at Climate Summit Highlights His Fossil Fuel Conundrum," *New York Times*, November 27, 2023; Seth Borenstein, "U.S. Oil Production Hits All-Time High, Conflicting with Efforts to Cut Heat-Trapping Pollution," Associated Press, October 20, 2023; Nathan J. Robinson, "A Climate Scientist on Why the Global Climate Summit Is a Disaster and a 'Sick Joke,'" *Current Affairs*, December 8, 2023.

55 Nathan J. Robinson, "Turning Down the Money," *Current Affairs*, May 16, 2019 참조; Robert Sanders, "In Media Coverage of Climate Change, Where Are the Facts?," *Berkeley News*, September 19, 2019.

56 Nathan J. Robinson, "The Media's Climate Coverage Is Indefensible," *Current Affairs*, January 5, 2019 참조; Simon Romero and Giulia Heyward, "Colorado Wildfire Inquiry Focuses on Christian Sect," *New York Times*, January 3, 2022; Sam Brasch, "Why a Fire Scientist Sees Climate Fingerprints on the Suburban Boulder County Fires," *CPR News*, January 3, 2022.

57 Fiona Harvey, "Scientists Deliver 'Final Warning' on Climate Crisis: Act Now or It's Too Late," *Guardian*, March 20, 2023; Sarah Kaplan, "World Is on Brink of Catastrophic Warming, UN Climate Change Report Says,"

Washington Post, March 20, 2023.

9장 대외 정책의 국내적 뿌리

1 Hans Morgenthau, "Defining the National Interest—Again: Old Superstitions, New Realities," *New Republic*, January 22, 1977.

2 "Americans Continue to Say the U.S. Should Stay Impartial in Israeli-Palestinian Conflict," Chicago Council on Global Affairs, February 28, 2024; Brendan Rascius, "Should U.S. Keep Arming Israel? Poll Finds Most Americans Want Weapon Shipments to Stop," *Miami Herald*, March 12, 2024.

3 David Shribman, "Poll Finds a Lack of Public Support for Latin Policy," *New York Times*, April 29, 1984; Anthony Leiserowitz, "International Public Opinion, Perception, and Understanding of Global Climate Change," Yale Program on Climate Change Communication, July 17, 2009; "Growing Public Support for U.S. Ties with Cuba—and an End to the Trade Embargo," Pew Research Center, July 21, 2015; Nomaan Merchant and Hannah Fingerhut, "Democrats and Republicans Are Skeptical of U.S. Spying Practices, an AP-NORC Poll Finds," Associated Press, June 8, 2023; "Voters Want the U.S. to Call for a Permanent Ceasefire in Gaza and to Prioritize Diplomacy," DataforProgress.org, December 5, 2023.

4 "Jeffrey Sachs w/John Mearsheimer—a Missed Opportunity for Peace," YouTube, November 16, 2023.

5 "Jeffrey Sachs w/John Mearsheimer—a Missed Opportunity for Peace."

6 Christian Appy, *American Reckoning* (New York: Penguin Books, 2015)에서 인용.

7 Benjamin I. Page and Marshall M. Bouton, *The Foreign Policy Disconnect: What Americans Want from Our Leaders but Don't Get* (Chicago: University of Chicago Press, 2006).

8 Carroll Doherty and Jocelyn Kiley, "A Look Back at How Fear and False Beliefs Bolstered U.S. Public Support for War in Iraq," Pew Research Center, March 14, 2023.

9 Alex Koppelman, "You Don't Care What the American People Think?," *Salon*, March 19, 2008.

10 "The CIA's Secret Quest for Mind Control: Torture, LSD and a 'Poisoner in Chief,'" NPR's *Fresh Air*, September 9, 2019; "The U.S. Has a History of Testing Biological Weapons on the Public—Were Infected Ticks Used Too?," TheConversation.com, July 22, 2019; George Lardner, "Army Report Details Germ War Exercise in N.Y. Subway in '66," *Washington Post*, April 21, 1980; "How the U.S. Government Exposed Thousands of Americans to Lethal Bacteria to Test Biological Warfare," *Democracy Now!*, July 13, 2005; John Hendren, "Cold War Bioweapon Tests Included California," *Los Angeles Times*, October 10, 2002; Andrew Prokop, "Read the Letter the FBI Sent MLK to Try to Convince Him to Kill Himself," *Vox*, January 15, 2018; Tim Weiner, *Enemies: A History of the FBI* (New York: Random House, 2013) 역시 참조할 것.

11 Bernard Gwertzman, "Kissinger on Central America: A Call for U.S. Firmness," *New York Times*, July 19, 1983.

12 Lawrence R. Jacobs and Benjamin I. Page, "Who Influences U.S. Foreign Policy?," *American Political Science Review* 99, no. 1 (2005): 107–23.

13 Thomas Ferguson, *Golden Rule: The Investment Theory of Party Competition and the Logic of Money-Driven Political Systems* (Chicago: University of Chicago Press, 1995); Martin Gilens, *Affluence and Influence: Economic Inequality and Political Power in America* (Princeton, NJ: Princeton University Press, 2014) 역시 참고할 것; Benjamin Page and Martin Gilens, *Democracy in America? What Has Gone Wrong and What We Can Do About It* (Chicago: University of Chicago Press, 2017); Larry Bartels, *Unequal Democracy: The Political Economy of the New Gilded Age* (Princeton, NJ: Princeton University Press, 2018).

14 Robert Weissman, "Americans Widely Reject Proposals for More Pentagon Spending—so Should Congress," DataforProgress.org, June 7, 2022.

15 Richard J. Barnet, *The Economy of Death* (New York: Atheneum, 1969), 9.

16 Edward K. Hall, "Remarks on Public Relations of Utility Companies," Telephone Society of New England, *Public Service*, March 1910에 재수록.

17 Thomas E. Mann and Norman Jay Ornstein, "Finding the Common Good in an Era of Dysfunctional Governance," *Daedalus* (Spring 2013).

18 '자유무역'의 환상에 대해 자세한 내용은 Noam Chomsky, *Profit over People: Neoliberalism and the Global Order* (New York: Seven Stories Press, 1999) 참조.

19 Noam Chomsky, "Reinhold Niebuhr," *Grand Street* 6, no. 2 (Winter 1987) 참조.

20 Edward Bernays, *Propaganda* (New York: Horace Liveright, 1928).

21 Walter Lippmann, *The Phantom Public* (New York: Harcourt, Brace and Company, 1925).

22 이 위원회에 대한 자세한 내용은 Holly Sklar, ed., *Trilateralism* (Boston: South End Press, 1980) 참조.

23 Kevin D. Williamson, "Election 2024: You Asked for It, America," *Wall Street Journal*, December 15, 2023.

24 Walter LaFeber et al., *The American Century* (New York: Taylor & Francis, 2015), 227에서 반덴버그 인용; 1959년 4월 19일 부통령과 피델 카스트로 사이의 대화 요약.

25 H. 브루스 프랭클린H. Bruce Franklin은 그의 저서 《전쟁의 별: 수퍼 무기와 미국적 상상War Stars: The Superweapon and the American Imagination》에서 대중문학의 주요 주제 중 하나는 우리가 어떤 끔찍하고 엄청난 적에 의해 파멸 직전에 놓이지만, 마지막 순간에 수퍼 히어로나 수퍼 무기에 의해 구원받는 것임을 보여준다.

26 Larry Bartels, "Ethnic Antagonism Erodes Republicans' Commitment to Democracy," *PNAS*, August 31, 2020; Daniel A. Cox, "After the Ballots Are Counted: Conspiracies, Political Violence, and American Exceptionalism," American Enterprise Institute, February 11, 2021.

27 Dwight D. Eisenhower, "The Chance for Peace," speech before the American Society of Newspaper Editors, April 16, 1953.

28 William Hartung, "Biden's New Whopping $886B Defense Budget Request,"

Quincy Institute for Responsible Statecraft, March 10, 2023.

10장 국제법과 '규칙 위반 질서'

1 "Panama Sets National Holiday for Victims of 1989 U.S. Invasion," Associated Press, March 31, 2022; Jeff Cohen and Mark Cook, "How Television Sold the Panama Invasion," FAIR, January 1, 1990; Belén Fernández, "The Truth Behind U.S.' Operation Just Cause in Panama," *Al Jazeera English*, January 31, 2016; 침공의 배경에 대한 자세한 논의는 Noam Chomsky, *Deterring Democracy* (New York: Hill and Wang, 1992) 참조.

2 Thomas Powers, "Panama: Our Dangerous Liaison," *New York Times,* February 18, 1990.

3 Don Shannon, "UN Assembly Condemns U.S. Invasion," *Los Angeles Times*, December 30, 1989; Carl T. Bogus, "The Invasion of Panama and the Rule of Law," *International Lawyer* 26, no. 3 (1992): 781-87; George H. W. Bush, "Address to Nation on Panama Invasion," December 20, 1989.

4 Howard Friel and Richard Falk, *The Record of the Paper: How the 'New York Times' Misreports U.S. Foreign Policy* (London and New York: Verso, 2004), ebook.

5 International Court of Justice Reports, 1949, 35.

6 "Adopting Annual Resolution, Delegates in General Assembly Urge Immediate Repeal of Embargo on Cuba, Especially amid Mounting Global Food, Fuel Crises," United Nations, November 3, 2022.

7 Stuart Taylor, Jr., "Nicaragua Takes Case Against U.S. to World Court," *New York Times*, April 10, 1984.

8 "Countries Opposed to Signing a U.S. Bilateral Immunity Agreement (BIA): U.S. Aid Lost in FY04 & FY05 and Threatened in FY06," Coalition for the International Criminal Court, November 2006; David A. Koplow, "Indisputable Violations: What Happens When the United States Unambiguously Breaches a Treaty?," *Fletcher Forum of World Affairs* 37, no.

1 (Winter 2013); Steven Mufson and Alan Sipress, "UN Funds in Crossfire over Court," *Washington Post*, August 15, 2001; "U.S.: 'Hague Invasion Act' Becomes Law," Human Rights Watch, 2002.

9 Christopher J. Dodd and John B. Bellinger III, "How the U.S. Can Support a War Crimes Investigation into Russia," *Washington Post*, April 5, 2022.

10 Noam Chomsky, Amy Goodman, and Jeremy Scahill, "The Truth About America's Secret, Dirty Wars," panel discussion, Harvard University, April 27, 2013.

11 "Cluster Munitions: Background and Issues for Congress," Congressional Research Service, March 20, 2024; "U.S.: Commit to Joining Cluster Munitions Ban," Human Rights Watch, September 15, 2021 참조, 휴먼라이츠워치는 "미국은 전 세계에서 집속탄을 사용한 끔찍한 역사를 가지고 있다"고 지적한다.; Tom Fawthorp, "The Curse of Cluster Bombs," Institute for Policy Studies, September 30, 2011; "U.S. Amends UN Ambassador's Condemnation of Russia's Use of Cluster Bombs," *Democracy Now!*, March 10, 2022.

12 "U.S. Against 180+: Washington the Solo Dissenter to Biological Weapons Verification Regime in Intl Community," *Global Times*, April 8, 2022; "International Criminal Court: U.S. Efforts to Obtain Impunity for Genocide, Crimes Against Humanity and War Crimes," Amnesty International, September 1, 2002; Samantha Power, "The United States and Genocide Prevention: No Justice Without Risk," *Brown Journal of World Affairs* 6, no. 1 (1999): 19-31.

13 Sam Pope Brewer, "U. S., in First Veto in U.N., Backs Britain on Rhodesia," *New York Times*, March 18, 1970; Edith M. Lederer, "U.S. Vetoes UN Resolution Condemning All Violence Against Civilians in Israel-Hamas War," AP News, October 18, 2023.

14 David Kaye, "Stealth Multilateralism," *Foreign Affairs*, September/October 2013.

15 이러한 보장에도 불구하고, 미국 국내 법원 시스템은 여전히 검사 측에 유리하게 되어 있다. 관타나모 수감자들에 대한 재판을 미국 내 법원에서 진행할 수조차 없다는 사실은 검사측 주장이 극도로 취약함을 보여주는 증거다. Stephen Bright and James Kwak, *The Fear of Too Much Justice: Race, Poverty, and the Persistence of Inequality in the Criminal Courts* (New York: New Press, 2023) 참조.

16 Marian Wang, "What Exactly Is the War Powers Act and Is Obama Really Violating It?," *ProPublica*, June 17, 2011.

17 Jo Becker and Scott Shane, "Secret 'Kill List' Proves a Test of Obama's Principles and Will," *New York Times*, May 29, 2012.

18 "The United States Must Stop Providing Weapons Used to Repress Colombia's Protests," Amnesty International, May 20, 2021; "Colombia Panel's Report Is a Step Toward Mending a Civil War's Scars," *New York Times*, June 28, 2022; Stephen Zunes, "The United States and the Kurds: A Brief History," Common Dreams, October 25, 2007; Michelle Ciarrocca, "U.S. Arms for Turkish Abuses," *Mother Jones*, November 17, 1999.

19 "Meeks Leads Letter Urging Administration Not to Certify Certain Foreign Military Financing for Egypt," House Foreign Affairs Committee, August 10, 2023; Michael Crowley and Vivian Yee, "Choosing Security over Rights, U.S. Approves $235 Million in Egypt Aid," *New York Times*, September 14, 2023. 놀랍게도, 《뉴욕 타임스》는 "[이집트에 대한] 미국의 연간 군사 지원금 중 나머지 9억 8,000만 달러는 인권 개선 조건이 적용되지 않는다"는 점을 상기시킨다. 이는 바이든 행정부가 모든 지원금의 중단을 요청을 받은 것이 아니라, **법적으로 인권 개선 조건이 적용되는 일부 지원금만** 중단하라는 요구를 받았다는 뜻이다.

20 "NSA Surveillance Exposed by Snowden Was Illegal, Court Rules Seven Years On," *Guardian*, September 3, 2020. 미국의 여러 전쟁범죄를 폭로한 조직인 위키리크스를 설립한 줄리언 어산지Julian Assange 사건도 마찬가지로 충격적이었다. Noam Chomsky and Alice Walker, "Julian Assange Is Not on

Trial for His Personality—but Here's How the U.S. Government Made You Focus on It," *Independent*, September 9, 2020 참조; Chomsky, Goodman, and Scahill, "The Truth About America's Secret, Dirty Wars."

21 Nina Tannenwald, *The Nuclear Taboo: The United States and the Non-Use of Nuclear Weapons Since 1945* (New York: Cambridge University Press, 2007), 80.

22 Blaine Harden, "The U.S. War Crime North Korea Won't Forget," *Washington Post*, March 24, 2015; Max Fisher, "Americans Have Forgotten What We Did to North Korea," *Vox*, August 3, 2015; "Strategic Air Warfare: An Interview with Generals Curtis E. LeMay, Leon W. Johnson, David A. Burchinal, and Jack J. Catton," Richard H. Kohn and Joseph P. Harahan, eds., Office of Air Force History, Washington, DC, 1988.

23 David Coleman, ed., National Security Archive Electronic Briefing Book No. 513, National Security Archive, April 28, 2015.

24 Ishaan Tharoor, "The Bengali Blood on Henry Kissinger's Hands," *Washington Post*, December 1, 2023; Gary J. Bass, *The Blood Telegram: Nixon, Kissinger, and a Forgotten Genocide* (New York: A. A. Knopf, 2013) 역시 참조할 것.

25 Dana Milbank, "1975 East Timor Invasion Got U.S. Go-Ahead," *Washington Post*, December 6, 2001; David F. Schmitz, *The United States and Right-Wing Dictatorships 1965–1989* (New York: Cambridge University Press, 2006), 129-30; Gerald R. Ford, "Letter to the Chairman and Members of the Senate Select Committee to Study Governmental Operations with Respect to Intelligence Activities," November 4, 1975.

26 미국이 그레나다 침공을 규탄하는 안전보장이사회 결의안에 11 대 1로 거부권을 행사하였다는 점에 주목할 필요가 있다, Richard Bernstein, "U.S. Vetoes UN Resolution 'Deploring' Grenada Invasion," *New York Times*, October 29, 1983. 레이건의 1986년 리비아 폭격에 대한 정보는 Noam Chomsky et al., "The First Prime Time Bombing in History," *MERIP Middle East Report* 140 (1986): 12-14 참조; 레이건 정부의 CIA 국장 윌리엄 케이시William Casey는 베이루트에서 발생한 차량 폭탄 테러를 주도한 것으로 알려져 있으며, 이 폭발

로 80명이 사망했다, "Interview: Bob Woodward," PBS *Frontline*, September 2001; Robert Windrem, "U.S. Government Considered Nelson Mandela a Terrorist Until 2008," NBC News, December 7, 2013.

27 John Lancaster and Barton Gellman, "U.S. Calls Baghdad Raid a Qualified Success," *Washington Post*, June 28, 1993; Dino Kritsiotis, "The Legality of the 1993 U.S. Missile Strike on Iraq and the Right of Self-Defence in International Law," *International and Comparative Law Quarterly* 45, no. 1 (1996): 162-77; Marc Lacey, "Sudan Says, 'Say Sorry,' but U.S. Won't," *New York Times*, October 20, 2005.

28 "Bringing George W. Bush to Justice: International Obligations of States to Which Former U.S. President George W. Bush May Travel," Amnesty International, 2011; 미국 대통령의 중대한 국제범죄를 기록한 국제앰네스티 보고서는 미국 언론에서 보도되지 않았다는 점에 주목할 필요가 있다.

29 "Getting Away with Torture: The Bush Administration and Mistreatment of Detainees," Human Rights Watch, July 12, 2011; David Hicks, *Guantanamo: My Journey* (New York: Random House, 2010), ebook.

30 Christopher Hitchens, "Believe Me, It's Torture," Vanity Fair, July 2, 2008; Carol Rosenberg, "What the C.I.A.'s Torture Program Looked Like to the Tortured," *New York Times*, December 4, 2019 참조.

31 오바마의 옹호자들은 이에 대해 의회를 비난하지만, 백악관은 수용소 폐쇄를 추진하는 데 노력을 기울이지 않았다. 한 백악관 관계자는 《뉴요커》에서 이렇게 말했다. 백악관 관계자 사이의 분위기는 "왜 우리가 수감자들에게 정치적 자본을 낭비해야 하는가? 관타나모 수용소를 폐쇄한다고 해서 아무도 공로를 인정해주지 않을 것이다"였다. Connie Bruck, "Why Obama Has Failed to Close Guantánamo,"*New Yorker*, July 25, 2016.

32 Josh Gerstein, "Obama: We Tortured Some Folks," *Politico*, August 2, 2014; David Johnston and Charlie Savage, "Obama Reluctant to Look into Bush Programs," *New York Times*, January 11, 2009; Murtaza Hussain, "Report to UN Calls Bullshit on Obama's Look Forward, Not Backwards Approach to

Torture," *Intercept*, October 30, 2014.

33 "Malala to Obama: Drone Strikes 'Fueling Terrorism,'" CNN, October 12, 2013; "Living Under Drones: Death, Injury, and Trauma to Civilians," Stanford International Human Rights and Conflict Resolution Clinic/NYU Global Justice Clinic, September 2012; "Yemeni Man Brings the Horror of Drone Strikes Home to U.S. Senate," *Independent*, April 24, 2013. 오바마 행정부가 드론 공격의 영향에 대해 보도한 기자를 감옥에 가두도록 예멘 정부에 압력을 가했다는 점에 주목해야 한다, "Prominent Yemeni Journalist Lands in Jail; U.S. Wants Him to Stay There," *World*, April 6, 2012.

34 Karen McVeigh, "Drone Strikes: Tears in Congress as Pakistani Family Tells of Mother's Death," *Guardian*, October 29, 2013; Matthew Byrne, "Drone Skies," *Current Affairs*, June 22, 2022.

35 Tim Dickinson, "Trump Claims—and Celebrates—Extrajudicial Killing of Antifa Activist," *Rolling Stone*, October 15, 2020; Stephanie Nebehay, "UN Expert Deems U.S. Drone Strike on Iran's Soleimani an 'Unlawful' Killing," Reuters, July 6, 2020.

36 Mark Weisbrot and Jeffrey Sachs, "Economic Sanctions as Collective Punishment: The Case of Venezuela," Center for Economic and Policy Research, April 2019.

37 Mike Pompeo, *Never Give an Inch: Fighting for the America I Love* (New York: Broadside Books, 2023), ebook.

38 Adil Ahmad Haque, "Biden's First Strike and the International Law of Self-Defense," JustSecurity.org, February 26, 2021; William Partlett, "Does It Matter That Strikes Against Syria Violate International Law?," *Pursuit*, April 16, 2018; Julia Conley, "Biden's Expansion of Title 42 Violates International Law: UN," Common Dreams, January 6, 2023.

39 Stephen M. Walt, "Some Rules of Global Politics Matter More Than Others," *Foreign Policy*, March 27, 2023; Dominic Tierney, "What 'All Options Are on the Table' with Iran Actually Means," *Atlantic*, August 10, 2012.

40 Michael Byers, *War Law: Understanding International Law and Armed Conflict* (New York: Grove, 2007).

41 유엔 안전보장이사회의 구조적 불공정성에 대해서는 Julian Borger et al., "Vetoed! What's Wrong with the UN Security Council—and How It Could Do Better," *Guardian*, September 23, 2015 참조.

11장 신화는 어떻게 만들어지는가?

1 George Orwell, "The Freedom of the Press," *Times Literary Supplement*, September 15, 1972; Orwell Foundation.

2 *Common Sense*, November 1935에서 발췌, Jo Ann Boydston, ed., *John Dewey: The Later Works*, Vol. 2.

3 Matthew Yglesias, *One Billion Americans: The Case for Thinking Bigger* (New York: Portfolio/Penguin, 2020). 이 전제가 미국 내에서 당연한 것으로 여겨지기에, 이글레시아스는 이를 사실로 간주한다. 그리하여 우리가 중국의 "작은 개"가 되지 않기 위해 세상을 "10억 명의 미국인"으로 채워야 한다는 황당한 결론을 내린다.

4 Anthony DiMaggio, *Mass Media, Mass Propaganda: Understanding the News in the "War on Terror"* (Lanham, MD: Rowman & Littlefield, 2008); Bob Herbert, "Dangerous Incompetence," *New York Times*, June 30, 2005; "A Failed Presidency," *Los Angeles Times*, November 1, 2004; Crossfire, CNN, October 19, 2004.

5 "To Save the Future," *New York Times*, April 5, 1975.

6 Julian E. Zelizer, "Why U.S. Presidents Really Go to War," *Foreign Policy*, September 10, 2023.

7 "Is There a Chance in Nicaragua?," *Washington Post*, March 14, 1986.

8 Hena Ashraf, "Narrow Afghan Debate on Cable's 'Liberal' Channel," FAIR, May 1, 2011; *The Rachel Maddow Show*, MSNBC, July 15, 2010, transcript.

9 Nicholas D. Kristof, "Saving the Iraqi Children," *New York Times*, November 27, 2004.

10 "U.S. Media's 5 Most Popular Revisionist Tropes About the Iraq and Vietnam Wars," *Citations Needed*, May 10, 2023.

11 Haley Britzky and Natasha Bertrand, "U.S. Kills 5 Iran-Backed Militia Members in Drone Strike in Iraq," CNN, December 4, 2023. 아이티에 대한 구체적 정보는 Noam Chomsky가 쓴 Paul Farmer, *The Uses of Haiti* (Monroe, ME: Common Courage Press, 1994)의 서문 참조; Noam Chomsky and Paul Farmer, "The Uses of Haiti," MIT Technology and Culture Forum, 2004; Cécile Accilien, "U.S. Media Have Distorted Narratives on Haiti Since 1804. It's Still Happening," Truthout.org, September 29, 2021.

12 테러리즘이란 다음과 같이 정의된다. "정부 또는 국제 정부기구에 영향을 미치거나, 대중 또는 대중의 일부를 위협하기 위해 고안된 행위의 실행 또는 실행하겠다는 위협. 정치적, 종교적, 인종적 혹은 이념적 목적을 달성하기 위하여 이루어지는 행위 또는 그 실행에 대한 위협. 그리고 다음을 포함하거나 초래하는 행위. 개인에 대한 중대한 폭력, 재산에 대한 심각한 손상, 개인의 생명에 대한 위협, 대중의 건강과 안전에 대한 심각한 위험, 또는 전자 시스템에 대한 중대한 간섭 또는 교란," 2000년 영국 테러 법.

13 결국, 이전과 동일한 조건이 제시되었고 이에 키신저의 한 보좌관은 "우리가 북베트남을 폭격하여 미국이 양보한 조건을 그대로 수용하도록 만들었다."고 결론 내렸다.

14 "Hospital Deaths," *New York Times*, December 24, 1972; Brad Lendon, "'Like Walking on Missiles': U.S. Airman Recalls the Horror of the Vietnam 'Christmas Bombings' 50 Years On," CNN, December 17, 2022.

15 "State Sponsors of Terrorism," U.S. Department of State; Ryan Grim, "State Department Stuns Congress, Saying Biden Is Not Even Reviewing Trump's Terror Designation of Cuba," *Intercept*, July 6, 2020; Mariakarla Nodarse Venancio and Alex Bare, "The Human Cost of Cuba's Inclusion on the State Sponsor of Terrorism List," Washington Office on Latin America, March 28, 2023.

16 "Russia's Terror Bombing Will Fail if NATO Helps Ukraine Withstand It,"

Washington Post*, October 10, 2022.

17 Avishay Artsy, "Israeli Settler Violence Against Palestinians in the West Bank, Briefly Explained," *Vox*, December 2, 2023; Michael Kinsley, "Down the Memory Hole with the Contras," *Wall Street Journal*, March 26, 1987.

18 John F. Burns, "Ringleader of '85 Achille Lauro Hijacking Says Killing Wasn't His Fault," *New York Times*, November 8, 2002. 클링호퍼 살인범은 의도적으로 "장애인을" 선택했다고 진술했다. "그렇게 해야 우리가 누구에게도 연민을 보이지 않는다는 것을 그들도 알게 될 것이다. 이는 미국이 이스라엘에 무기를 지원해놓고도, 이스라엘이 우리 민족의 여성과 아이들을 살해하는 것을 고려하지 않는 것과 마찬가지다."라고 말했다. 살인범은 이스라엘 탱크가 장애인을 깔고 지나간 것이 고의가 아닌 과실이라는 주장에도 전혀 흔들리지 않은 것으로 보인다. Justin Huggler and Phil Reeves, "Why Israel Dreads a Full Investigation," *Arab News*, April 28, 2002.

19 *Root Causes of Terrorism: Myths, Realities, and Ways Forward*, ed. Tore Bjorgo (New York: Routledge, 2005), 208-9에 수록.

20 DiMaggio, *Mass Media, Mass Propaganda*, 183에서 마로 인용; Harper Lambert, "CBS Reporter Calls Ukraine 'Relatively Civilized' as Opposed to Iraq and Afghanistan, Outrage Ensues," TheWrap.com, February 26, 2022.

21 자세한 사례 연구는 Edward S. Herman and Noam Chomsky, *Manufacturing Consent: The Political Economy of Mass Media* (New York: Pantheon, 2002) 참조.

22 Steve Rendell and Tara Broughel, "Amplifying Officials, Squelching Dissent," FAIR, May 1, 2003.

23 Adam Johnson, "On 50th Anniversary of Israeli Occupation, Palestinian Opinions Largely Ignored," FAIR, June 7, 2017; Conor Smyth, "For Cable News, a Palestinian Life Is Not the Same as an Israeli Life," FAIR, November 17, 2023; Gregory Shupak, "When They Don't Ignore, U.S. Media Often Disparage Palestinians' Right of Return," FAIR, March 20, 2019.

24 Gregory Shupak, "To U.S. Papers, Iranian Weapons Far More Newsworthy Than Those Made in USA," FAIR, January 27, 2023.

25 Adam Johnson, "'Renouncing Violence' Is a Demand Made Almost Exclusively of Muslims," FAIR, March 29, 2019.

26 Joshua Cho, "Chinese 'Imperialism' in Hong Kong Concerns U.S. Media; Puerto Rican, Palestinian Colonies, Not So Much," FAIR, July 24, 2020.

27 Bryce Greene, "NPR Devotes Almost Two Hours to Afghanistan over Two Weeks—and 30 Seconds to U.S. Starving Afghans," FAIR, September 2, 2022; Julie Hollar, "Biden's Multi-Billion Afghan Theft Gets Scant Mention on TV News," FAIR, February 15, 2022.

28 Adam Johnson, "Out of 26 Major Editorials on Trump's Syria Strikes, Zero Opposed," FAIR, April 18, 2018; Adam Johnson, "Few to No Anti-Bombing Voices as Trump Prepares to Escalate Syria War," FAIR, April 13, 2018; 《뉴욕 타임스》의 헤드라인은 조롱거리가 된 이후 수정되었다; Margaret Sullivan, "The Media Loved Trump's Show of Military Might. Are We Really Doing This Again?," *Washington Post*, April 8, 2017.

29 Ben Norton, "MSNBC Ignores Catastrophic U.S.-Backed War in Yemen, Finds Russia 5000% More Newsworthy," FAIR, January 8, 2018.

30 Matthew Kimball, "To Corporate Media, an Exercise Bike Ad Is More Newsworthy Than 3/4 of a Trillion for the Pentagon," FAIR, December 19, 2019.

31 예를 들어, Damien Dave, "U.S. Pursues Defense Partnership with India to Deter Chinese Aggression," *New York Times*, October 17, 2023 참조; Edward Wong and Steven Lee Myers, "Officials Push U.S.-China Relations Toward Point of No Return," *New York Times*, July 25, 2020.

32 Nathan J. Robinson, "Why This Foreign Policy Expert Thinks Americans Dangerously Misunderstand China," *Current Affairs*, May 16, 2023.

33 Natalie Khazaal, "Bias Hiding in Plain Sight: Decades of Analyses Suggest U.S. Media Skews Anti-Palestinian," TheConversation.com, February 29, 2024; Adam Johnson and Othman Ali, "Coverage of Gaza War in *The New York Times* and Other Major Newspapers Heavily Favored Israel, Analysis

Shows," *Intercept*, January 9, 2024; "Off the Charts: Accuracy in Reporting of Israel/Palestine," IfAmericansKnew.org, 2004; Laura Albast and Cat Knarr, "How Media Coverage Whitewashes Israeli State Violence Against Palestinians," *Washington Post*, April 28, 2022; 일반적으로 널리 퍼져 있는 가정假定에 대한 추가적인 사례는 Norman Solomon, *War Made Easy: How Presidents and Pundits Keep Spinning Us to Death* (Nashville, TN: Turner, 2005)과 Norman Solomon, *War Made Invisible: How America Hides the Human Toll of Its Military Machine* (New York: New Press, 2023)에서 찾아볼 수 있다.

34 오웰의 이중사고doublethink 개념은 다음과 같다. "자유는 예속이다. 이 말과 같이 모순된다는 것을 알면서도 서로 상충되는 두 가지 의견을 동시에 유지하고 둘 다 믿는 것 … 잊어야 할 것[은] 무엇이든 잊었다가 그것[이] 필요한 순간에 다시 기억해내고, 곧바로 다시 잊어버리는 것"이다. 조지 W. 부시의 다음과 같은 인용문은 이 개념을 잘 보여준다. "전쟁에 대해 이야기하는 것이 실제로는 평화에 대해 이야기하고 있는 것이라는 점을 알아주었으면 한다."

35 James Chace, "How 'Moral' Can We Get?," *New York Times*, May 22, 1977.

36 Alan MacLeod, "Russia Has 'Oligarchs,' the U.S. Has 'Businessmen,'" FAIR, September 14, 2019; Alan MacLeod, "Dictator: Media Code for 'Government We Don't Like,'" FAIR, April 11, 2019.

37 Edward Herman, *The Real Terror Network* (Boston: South End Press, 1982), 139.

38 "Some Critical Media Voices Face Censorship," FAIR, April 3, 2003; Chris Hedges, *The Greatest Evil Is War* (New York: Seven Stories Press, 2022), ebook. 이 책의 저자들은 모두 이러한 형태의 기업 검열을 개인적으로 경험했다. 노엄 촘스키의 《반혁명적 폭력Counterrevolutionary Violence》(에드워드 허먼과 공저)은 1973년 출판사 최고 임원이 "존경받는 미국인들에 대한 악의적인 공격"으로 간주한 후, 출판이 취소되고 폐기되었다. 네이선 J. 로빈슨은 이스라엘에 대한 미국의 군사 지원을 비판하는 농담조의 트위터 메시지를 작성한 후, 정치 칼럼니스트로 재직하던 《가디언》에서 해고되었다.

39 John Plunkett, "CNN Star Reporter Attacks War Coverage," *Guardian*, September 16, 2003; Eric Alterman, "The Buck Stops Where?," Center for

American Progress, September 29, 2005.

40 댄 래더와의 인터뷰, *Larry King Live*, CNN, April 14, 2003.

41 Michael Massing, "Now They Tell Us," *New York Review of Books*, February 26, 2004.

42 예를 들어, 2023년 11월 MSNBC는 이스라엘에 대한 미국의 지원을 가장 강하게 비판한 진행자 메디 하산의 프로그램을 취소했다; Erum Salam, "Dismay as Mehdi Hasan's MSNBC and Peacock news show cancelled," *Guardian*, November 30, 2023; Glenn Greenwald, "The Spirit of Judy Miller Is Alive and Well at the *NYT*, and It Does Great Damage," *Intercept*, July 21, 2015; Julie Hollar, "Afghanistan Withdrawal: Sundays with the Military Industrial Complex," FAIR, October 20, 2021.

43 *Essays, Moral, Political, and Literary*, Hume Texts Online에 수록된 David Hume, "Of the First Principles of Government."

44 Harold Pinter, "Art, Truth & Politics," Nobel Literature Prize Lecture, 2005.

45 더욱 민주적이고, 사회적 선에 헌신적인 저널리즘으로 개혁하기 위한 여러 제안에 대해 알고 싶다면 Victor Pickard, *Democracy Without Journalism? Confronting the Misinformation Society* (New York: Oxford University Press, 2019) 참조; Victor Pickard, *America's Battle for Media Democracy: The Triumph of Corporate Libertarianism and the Future of Media Reform* (New York: Cambridge University Press, 2015); Robert W. McChesney, "Rejuvenating American Journalism: Some Tentative Policy Proposals," presentation to Workshop on Journalism, Federal Trade Commission, Washington, DC, March 10, 2010.

결론 패권인가 생존인가?

1 "Introducing Our Special Issue on America at War," *Smithsonian*, January 2019; "U.S. Periods of War and Dates of Recent Conflicts," Congressional Research Service, February 5, 2024; letter from George Washington to Lafayette, August 15, 1786; Barack Obama, "State of the Union Address,"

Washington, DC, January 12, 2016. 영토 정복은 끔찍했다. 북아메리카의 영국 식민지 개척자들은 자신들이 무슨 일을 하고 있는지 의심하지 않았다. 토머스 베일리Thomas Bailey가 저술한 한 미국 외교사 관련 저서에는, 식민지 개척자들이 "나무와 인디언을 베는" 임무에 자신감 있게 착수했다고 기술되어 있다. 독립 전쟁의 영웅이자 새로 해방된 미국 식민지의 초대 전쟁부 장관인 헨리 녹스Henry Knox 장군은 "멕시코와 페루를 정복한 사람들이 했던 행위보다 더 파괴적인" 수단으로 "연방의 가장 인구밀도가 높은 지역에 있는 모든 인디언을 완전히 제거"했던 장면을 묘사했는데, 이는 엄청난 사건이었다. 조지 워싱턴은 인디언들이 늑대와 같고, 인간의 형상을 한 야만인, 황야로 몰아내야 할 "짐승"과 같다고 말했다. 미국의 국부로 알려진 워싱턴은 이로쿼이Iroquois족에게는 "마을 파괴자"로 알려져 있었다. 왜냐하면 독립 전쟁이 끝나기도 전에 그는 이로쿼이 부족들을 상대로 대규모 파괴 작전을 벌였기 때문이다. 워싱턴은 휘하 장군 중 한 명에게 내린 명령서에 이렇게 썼다. "즉각적인 목표는 그들의 정착지를 완전히 파괴하고 황폐화시키며 연령과 성별을 가리지 말고 가능한 한 많은 포로를 잡는 것이다. 현재 심겨 있는 농작물을 파괴하고 더 이상 농사를 짓지 못하게 하는 것이 필수적이다." 워싱턴은 "그들의 정착지에 대한 완전히 파괴"가 전략적으로 필요하다고 보았다. 왜냐하면 "미국의 미래 안전은 … 인디언들이 느낄 공포에 달려 있다."고 보았기 때문이었다. 실제로 세니커Seneca 부족의 추장인 콘플랜터Cornplanter는 워싱턴에게 이렇게 말했다. "당신의 군대가 여섯 부족의 땅(오늘날 뉴욕주 인근과 캐나다 일부 지역에 해당하는 곳으로, 이로쿼이의 6개 부족 연합이 거주하던 지역 – 옮긴이)에 들어왔을 때, 우리는 당신을 마을 파괴자라 불렀고, 오늘날까지도 당신의 이름이 들리면 우리의 여성들은 뒤를 돌아보며 창백해지고, 우리 아이들은 엄마 목을 꼭 붙들고 매달린다."

2 Bertrand Russell, Nobel Lecture, December 11, 1950; on the conquest of the Americas, David E. Stannard, *American Holocaust* (New York: Oxford University Press, 1993).

3 A. Lowenthal, ed., *Exporting Democracy* (Baltimore, MD: Johns Hopkins University Press, 1991)에 수록된 Thomas Carothers, "The Reagan Years." 같은

저자의 저서 *In the Name of Democracy* (Berkeley: University of California Press, 1991) 역시 참조할 것.

4 Robert Pastor, *Not Condemned to Repetition: The United States and Nicaragua* (Boulder, CO: Westview Press, 2018), ebook.

5 Nathan J. Robinson, "The Great American World War II Story," *Current Affairs*, January/February 2022 참조; John W. Dower, *War Without Mercy: Race & Power in the Pacific War* (New York: W. W. Norton, 1986); David Fedman and Cary Karacas, "A Cartographic Fade to Black: Mapping the Destruction of Urban Japan During World War II," *Journal of Historical Geography* 38 (2012): 306-28; Edwin P. Hoyt, *Inferno: The Fire Bombing of Japan, March 9–August 15, 1945* (Montebello, NY: Madison Books, 2000); Telford Taylor, *Nuremberg and Vietnam* (Chicago: Quadrangle Books, 1970); A. C. Grayling, *Among the Dead Cities: The History and Moral Legacy of the WWII Bombing of Civilians in Germany and Japan* (London: Walker Books, 2006).

6 Edward Wong, "On U.S. Foreign Policy, the New Boss Acts a Lot Like the Old One," *New York Times*, July 24, 2022.

7 실제로, 요제프 멩겔레Josef Mengele는 쌍둥이를 고문하고 살해하면서, 자신이 정당한 과학적 연구를 하고 있다고 믿었던 것으로 보인다. 그는 친구에게 "아우슈비츠가 쌍둥이 연구를 위한 가능성을 제공하고 있는데, 이를 활용하지 않는 것은 죄악이자 범죄 … 그리고 무책임한 일일 것"이라고 말했다, Robert Jay Lifton, "Who Made This Man? Mengele," *New York Times*, July 21, 1985.

8 John C. Calhoun, "On the Reception of Abolition Petitions," February 6, 1837, *The Senate, 1789–1989: Classic Speeches, 1830–1993*에 수록, Robert C. Byrd, ed., U.S. Government Printing Office, 1988.

9 Samuel P. Huntington, "The Lonely Superpower," *Foreign Affairs* 78, no. 2 (1999): 35-49; Robert Jervis, "Weapons Without Purpose? Nuclear Strategy in the Post-Cold War Era," *Foreign Affairs* 80, no. 4 (2001): 143-48.

10 Review of the U.S. Department of Defense Air, Space, and Supporting Information Systems Science and Technology Program (Washington, DC:

National Academies Press, 2001); Dave Lawler, "U.S. Spent More on Military in 2022 Than Next 10 Countries Combined," *Axios*, April 24, 2023; 유엔총회는 "찬성 175표, 반대 0표, 기권 2표(이스라엘과 미국)로 … '우주 공간에서의 군비경쟁 방지' 결의안 초안을 승인했다."; Sa'id Mosteshar, "Space Law and Weapons in Space," *Planetary Science*, 2019.

11 Norman Ware, *The Industrial Worker, 1840–1860: The Reaction of American Industrial Society to the Advance of the Industrial Revolution* (Chicago: Ivan R. Dee, 1990) 참조; David Milton, *The Politics of U.S. Labor: From the Great Depression to the New Deal* (New York: Monthly Review Press, 1982).

12 하워드 진에 대한 히스테리적 반응에 대해서는 David Detmer, *Zinnophobia: The Battle over History in Education, Politics, and Scholarship* (Winchester, UK: Zero Books, 2018) 참조; Nicole Gaudiano, "Trump Creates 1776 Commission to Promote 'Patriotic Education,'" *Politico*, November 2, 2020; Caleb Ecarma, "From Florida to Oklahoma, PragerU's Propaganda Project Isn't Slowing Down," *Vanity Fair*, September 6, 2023. Nathan J. Robinson, "Why Critical Race Theory Should Be Taught in Schools," *Current Affairs*, July 27, 2021 역시 참조할 것.

13 Tim Adams, "'A Beautiful Outpouring of Rage': Did Britain's Biggest Ever Protest Change the World?," *Guardian*, February 11, 2023.

14 Chiara Eisner, "The U.S. Military Trained Him. Then He Helped Murder Berta Cáceres," *Guardian*, December 21, 2021.

15 *American Power and the New Mandarins* (New York: Pantheon, 1969)에 수록된 Noam Chomsky, "The Revolutionary Pacifism of A. J. Muste," 참조.

16 "It Is Still 90 Seconds to Midnight, 2024 Doomsday Clock Statement," *Bulletin of the Atomic Scientists*, January 23, 2024.

17 "Economy Remains the Public's Top Policy Priority; COVID-19 Concerns Decline Again," Pew Research Center, February 6, 2023.

미국은 어떻게 세계를 위험에 빠뜨리는가

초판 1쇄 발행 2026년 4월 2일

지은이 노엄 촘스키, 네이선 J. 로빈슨 **옮긴이** 심운
펴낸이 김현종
기획총괄 배소라 **출판본부장** 안형태
편집 최세정 진용주 김남혁 황정원 김수진 장진경
디자인 조주희 김연주 **마케팅** 김예리 신잉걸
방송사업·미래전략본부 정태준 문상철 이주리 백범선 남궁주철 김대준

펴낸곳 (주)메디치미디어
출판등록 2008년 8월 20일 제300-2008-76호
주소 서울특별시 중구 중림로7길 4
전화 02-735-3308 **팩스** 02-735-3309
이메일 medici@medicimedia.co.kr **홈페이지** medicimedia.co.kr
페이스북 medicimedia **인스타그램** medicimedia
유튜브 medici_media

ISBN 979-11-5706-549-3 (03340)